Kompakt-Wörterbuch Marketing

Wolfgang J. Koschnick

Kompakt-Wörterbuch Marketing

Englisch-Deutsch/Deutsch-Englisch

1997
Schäffer-Poeschel Verlag Stuttgart

Die Deutsche Bibliothek – CIP-Einheitsaufnahme

Koschnick, Wolfgang J.:
Kompakt-Wörterbuch Marketing : englisch-deutsch/deutsch-englisch /
Wolfgang J. Koschnick. – Stuttgart : Schäffer-Poeschel, 1997
ISBN 3-7910-1240-1

NE: HST

Gedruckt auf chlorfrei gebleichtem, säurefreiem und alterungsbeständigem Papier

Dieses Werk einschließlich aller seiner Teile ist urheberrechtlich geschützt. Jede Verwertung außerhalb der engen Grenzen des Urheberrechtsgesetzes ist ohne Zustimmung des Verlages unzulässig und strafbar. Das gilt insbesondere für Vervielfältigungen, Übersetzungen, Mikroverfilmungen und die Einspeicherung und Verarbeitung in elektronischen Systemen.

© 1997 Schäffer-Poeschel Verlag für Wirtschaft · Steuern · Recht GmbH
Satz: FotoSatz Pfeifer GmbH, Gräfelfing bei München
Druck: Franz Spiegel Buch GmbH, Ulm
Printed in Germany

Schäffer-Poeschel Verlag Stuttgart
Ein Tochterunternehmen der Verlagsgruppe Handelsblatt

Vorwort

Die vier Bände meines deutsch-englischen/englisch-deutschen **Enzyklopädischen Wörterbuchs Marketing/Encyclopedic Dictionary Marketing** umfassen mit Definitionen und ausführlichen Begriffserläuterungen zusammen rund 3500 Druckseiten. Das ist –wenigstens für den eiligen Nutzer, der nur rasch eine einfache Übersetzung eines Fachbegriffs sucht– eine nur schwer zu handhabende Menge Buch.

Wir haben uns deshalb entschlossen, all jenen, denen mit einer bloßen Übersetzung vorerst gedient ist, diese Kompaktversion des großen Enzyklopädischen Wörterbuchs Marketing zur Verfügung zu stellen. Sie hat einen Umfang, der eine rasche sprachliche Orientierung ermöglicht. Das **Kompakt-Wörterbuch Marketing/Compact Dictionary of Marketing** verzeichnet im wesentlichen die selben Begriffe wie das Enzyklopädische Wörterbuch, verzichtet jedoch völlig auf alle Definitionen oder Erläuterungen und bietet zu jedem Begriff die jeweilige Übersetzung bzw. mehrere alternative Übersetzungen.

Wer für seine Arbeit eine ausführliche Erläuterung eines Begriffs benötigt, der sei daher ausdrücklich auf die Bände des großen **Enzyklopädischen Wörterbuchs Marketing/Encyclopedic Dictionary Marketing** verwiesen.

Bei einer solchen Verkürzung auf die Begriffsübersetzungen lassen sich sprachliche Absonderlichkeiten in Wissenschaften, die stark von angelsächsischen Denktraditionen geprägt sind, nicht vermeiden. Dieses Buch verzeichnet auch unkritische Übernahmen von Amerikanismen und englischen Fachtermini ins Deutsche klaglos, solange das dem faktischen Fachsprachgebrauch entspricht.

Allensbach am Bodensee   Wolfgang J. Koschnick
im Sommer 1997

Preface

Taken together, the four volumes of my English-German/German-English **Encyclopedic Dictionary Marketing/Enzyklopädisches Wörterbuch Marketing** comprise some 3,500 printed pages. Since this is an enormous amount of book for a user who needs nothing but the translations of marketing terms, we have decided to put out this compact version of the Encyclopedic Dictionary Marketing. This **Compact Dictionary of Marketing** is an attempt to set down in two volumes a fairly exhaustive range of marketing terms without providing any definitions or explanations of the terms.

Some 20,000 terms from all areas of marketing are listed in this book. In cases where a term was originated by a person or is otherwise closely linked with a specific author, the name is given in parentheses. The general idea underlying the selection of the terms – and the rejection of others – was to compile the minimum of common terms shared by marketing researchers und practitioners from all disciplines.

All users who need more background information on the meaning of terms, rather than on the mere translation, are advised to consult the **Encyclopedic Dictionary Marketing/Enzyklopädisches Wörterbuch Marketing**.

Allensbach on Lake Constance Wolfgang J. Koschnick
Summer 1997

Abkürzungen/Abbreviations

Abk	Abkürzung	abbreviation
adj	Adjektiv	adjective
Am	Amerikanisch, amerikanisches Englisch	American, American English
brit	Britisch, britisches Englisch	British, British English
bzw.	beziehungsweise	respectively
cf.	vergleiche (Verweis auf Gegenbegriffe)	confer (reference to antonyms and contrasted terms)
colloq	umgangssprachlich	colloquial speech
derog	derogatorisch	derogatory
eigentl	eigentlich	originally
etc.	usw.	et cetera
f	feminin, weiblich	feminine
fig	figürlich, bildlich	figuratively
m	maskulin, männlich	masculine
n	neutrum, sächlich	neuter
obsol	obsolet, veraltet	obsolete
pl	Plural	plural
sg	Singular	singular
sl	Slang, Fachjargon	slang
ungebr	ungebräuchlich	not commonly used
v/i	transitives Verb	transitive verb
v/t	intransitives Verb	intransitive verb
_	siehe, siehe auch (Verweis auf Synonyme und verwandte Begriffe)	see, see also (reference to synonyms and related terms)

Deutsch-Englisch

A

aa (AA, A.A.)
Abk average audience

aa rating (A.A. rating, AA rating)
Abk average audience rating

A and M (A & M)
Abk art and mechanical

A-B split (a/b split)
Anzeigensplit *m*, Anzeigen-Splitting *n*, Auflagengabelung *f*, Auflagensplit *m*, Gabelung *f* der Auflage für verschiedene Anzeigen *(Zeitung/ Zeitschrift) (Mediaplanung)*

ABA (A.B.A.)
Abk area-by-area allocation

abandonment of patent
Patentaufgabe *f*

abandonment stage
→ decline

ABC analysis
ABC-Analyse *f (Marketing)*

abeyance order
schwebender Werbeauftrag *m*, schwebende Werbeorder *f (Hörfunk/Fernsehen) (Mediaplanung)*

A board ("A" board)
Klappschild *n*, Klapp-Plakat *n* (*POP-Werbung*)

above-line advertising
→ above-the-line advertising

above-line cost
→ above-the-line cost

above-the-line advertising
Sachwerbung *f*, Sachmittelwerbung *f*, Werbung *f* über dem Strich, vergütungsfähige Werbung *f*, klassische Werbung *f*, streufähige Werbung *f*

above-the-line cost
Herstellungskosten *pl*, Produktionskosten *pl* *(Werbung)*

absolute guaranty
selbstschuldnerische Bürgschaft *f*

absolute liability
Gefährdungshaftung *f*

absolute size (of an ad)
absolute Anzeigengröße *f*

absolute price factor
absoluter Preisfaktor *m (Mediaeinkauf)*

absorption
Kostenübernahme *f*, Absorption *f (Marketing)*

absorption point
Sättigungspunkt *m*, Sättigungsgrenze *f (Marketing)*

absorption pricing *(Marketing)*
Absorptions-Preisbildung *f*, Übernahme-Preisbildung *f*, Stückkosten-Preisbildung *f*

A-B split (a-b split)
Anzeigengabelung *f*, Zweifach-Anzeigensplit *m*, Anzeigensplit *m*, gegabelte Anzeigenwerbung *f (Werbung) (Werbeplanung)*

abstraction
Abstraktion *f* in der Werbegraphik

A card ("A" card)
→ A board

accelerated depreciation
beschleunigte Abschreibung *f*, beschleunigte Sonderabschreibung *f*

accelerator
Terminüberwacher *m*, Terminer *m (Werbung)*

accelerator effect
Akzeleratoreffekt *m (Wirtschaftslehre)*

acceptable price
annehmbarer Preis *m*

acceptable price range
annehmbarer Preisbereich *m*

acceptance
1. Akzeptanz *f*, Aufnahme *f* am Markt, Marktakzeptanz *f* (*Marketing*)
2. Annahme *f*, Bekräftigung *f* von Vertrags- oder Kaufbedingungen für Werbung, Güter, Dienstleistungen

accessories *pl*
Accessoires *n/pl*

accessory advertising
flankierende Werbung *f*, flankierende Werbemaßnahmen *f/pl*, begleitende Werbung *f*, Ergänzungswerbung *f*, unterstützende Werbung *f*, akzidentelle Werbung *f*, Extensivwerbung *f*

accessory equipment
Zusatzausrüstung *f*, zusätzliche Ausrüstung *f*

accomodation desk
Bedienungstresen *m* (*Einzelhandel*)

accordion fold
Leporellofalz *m*, Zickzackfalz *m*, Harmonikafalz *m*

accordion folding
Leporellofalzung *f*, Zickzackfalzung *f*, Harmonikafalzung *f*

accordion insert
Leporellofalzbeilage *f*, -beihefter *m*, -beikleber *m*, -beipack

account
1. Werbeetat *m* des Kunden einer Werbeagentur, Kundenetat *m* einer Agentur
2. Auftraggeber *m*, Kunde *m* einer Werbeagentur
3. Geschäftsbeziehung *f* zwischen einer Werbeagentur und ihrem Auftraggeber

account conflict
Etatkonflikt *m* (*Werbung*)

account controller
→ account executive

account executive
1. Etatdirektor *m*, Kontakter *m*, Kundenbetreuer *m* Werbungssachbearbeiter *m*, Verbindungsmann *m*
2. Kundenwerber *m*

account management
Account Management *n*, Etatbetreuung *f*, Kundenbetreuung *f* (*Werbung*)

account manager
→ account executive

account opener
Konto-Eröffnungsprämie *f*, Konto-Eröffnungszugabe *f*

account planning
Etatplanung *f*, Kundenetatplanung *f*, Werbeplanung *f* (einer Agentur für ihren Kunden)

account representative
Kontakter *m* (*Werbung*)

account supervisor
Kontaktgruppenleiter *m*, Etatdirektor *m* (*Werbung*)

accumulated audience
kumulierte Reichweite *f*, Nettoreichweite *f* (*Mediaforschung*)

accumulated households *pl*
kumulierte Haushalte *m/pl*, Haushaltsreichweite *f*, Nettohaushaltsreichweite *f* (*Mediaforschung*)

accumulation
Kumulation *f*, Akkumulation *f*, Akkumulierung *f*, Häufung *f* (*Statistik*) (*Mediaforschung*)

accumulative audience
kumulierte Leserschaft *f*, Hörerschaft *f*, Zuschauerschaft *f*, kumuliertes Publikum *n*, (*Mediaforschung*)

accuracy problem
Akkuranzproblem *n* (*Kommunikationsforschung*)

A.C.D.
Abk associate creative director

achievement
Leistung *f*

achievement motivation
Leistungsmotivation *f* (*Psychologie*)

achiever
Erfolgreicher *m*, Leistungsmensch *m* (*Marktforschung*)

A contour
Sendebereich *m* höchster Empfangsqualität (*Fernsehen*)

A county
A-Kreis *m* (Verwaltungskreis) *(Marktforschung)*

acquisition
Erwerb *m*, Akquisition *f*

acquisition analysis
Erwerbsanalyse *f*, Kaufanalyse *f*

acquisitory distribution
akquisitorische Distribution *f*

across the board
tägliche Sendung *f*, tägliches Programm *n* *(Hörfunk/Fernsehen)*

across-the-board
adj täglich zur selben Zeit, werktäglich zur selben Zeit, „selbe Stelle, selbe Welle" *(Hörfunk/Fernsehen)*

across-the-board broadcast
→ across the board

across-the-board commercial
tägliche Werbesendung *f*, täglicher Werbespot *m* *(Hörfunk/Fernsehen)*

across-the-board program
tägliche Sendung *f*, tägliches Programm *n* *(Hörfunk/Fernsehen)*

across-the-network
adj täglich zur selben Zeit, werktäglich zur selben Zeit, „selbe Stelle, selbe Welle" innerhalb eines Sendernetzes *(Hörfunk/Fernsehen)*

across-the-network broadcast
→ across the board

across-the-network commercial
tägliche Werbesendung *f*, täglicher Werbespot *m* innerhalb eines Sendernetzes *(Hörfunk/Fernsehen)*

across-the-network program
tägliche Sendung *f*, tägliches Programm *n* innerhalb eines Sendernetzes *(Hörfunk/Fernsehen)*

act of purchase
Kaufhandlung *f*, Kaufakt *m*

action effect
Kauferfolg *m*, Kaufwirkung *f*, Aktionserfolg *m*

action field (of pricing)
Aktionsfeld *n* der Preispolitik

action movie-theater
Action-Kino *n*, Aktionsfilmtheater *n*

action program
Aktionsprogramm *n* *(Marketing)*

activation
Aktivierung *f*, Aktivation *f* *(Psychologie)*

activation interview
Aktivationsinterview *n* *(Marktforschung)*

activation level
→ level of activation

activation research
Aktivationsforschung *f*, Aktivierungsforschung *f*, Kaufentschlußforschung *f* *(Psychologie) (Marktforschung)*

activation survey
Aktivationsumfrage *f*, Aktivationsbefragung *f*, Kaufentschlußbefragung *f* *(Marktforschung)*

active price awareness
aktive Preiskenntnis *f* *(Konsumforschung) (Marktforschung) (Marketingplanung)*

active subscription list
Liste *f* zahlender Abonnenten *(Zeitung/Zeitschrift)*

activity quota
Tätigkeitsquote *f*, Betätigungsquote *f*

actual buyer-reader
tatsächlicher Kaufleser *m* (einer Publikation), Erstleser *m* *(Leserschaftsforschung)*

actual issue recognition
Originalheft-Wiedererkennung *f* *(Leserschaftsforschung)*

actual non-buyer reader
tatsächlicher Nichtkauf-Leser *m*, Zweitleser *m* *(Leserschaftsforschung)*

ad
1. *kurz für* advertisement
2. *adj kurz für* advertising

AD (A.D.)
1. *Abk* art director
2. *Abk* assistant director
3. *Abk* associate director

ad agency
→ advertising agency

adapter
Adapter *m*, Zusatzgerät *n*, Zwischenstecker *m*, Anpassungsvorrichtung *f*

adaptation
Adaptierung *f*, Anpassung *f* *(Psychologie)* *(empirische Sozialforschung)*

adaptation-level theory
Adaptations-Niveau-Theorie *f* *(Psychologie)* *(Marktforschung)*

adapted product
→ adaptive product

adaptive innovation
adaptive Innovation *f*, Anpassungsinnovation *f* *(Marketing)*

adaptive product
adaptiertes Produkt *n*, Produktadaption *f*

ad audience
Leserschaft *f* einer Anzeige, Anzeigenleserschaft *f*, Leser *m/pl* pro Seite (LpS)

ADBUG
Abk advertising budgeting decision

ad canvasser
→ advertising canvasser

ad column
Anzeigenspalte *f*

ad columns *pl*
Anzeigenteil *m* (einer Seite, einer Zeitung)

ad composition
Anzeigensatz *m*

ad copy
1. Anzeigentext *m*, Werbetext *m*
2. Anzeigeninhalt *m*

ad coupon
Anzeigengutschein *m*, Anzeigenkupon *m*, Werbegutschein *m*, Werbekupon *m*

ad coupon clipper
Gutscheinbenutzer *m* *(Gutscheinwerbung)*

ad coupon clipping
Gutscheinverwendung *f* *(Gutscheinwerbung)*

add
weitere Textfolge(n) *f(pl)*, Fortsetzung *f*

add-a-card advertisement
Add-a-card-Anzeige *f*

addition
Ergänzung *f*, Zusatz *m*

additional color
Schmuckfarbe *f*, zweite Farbe *f* *(Druck)*

additional color charge
Farbzuschlag *m* für farbige Anzeigen *(Werbung)* *(Druck)*

add-on
Zusatz *m*, Ergänzungsprodukt *n*

address
1. Adresse *f*, Anschrift *f*
2. Ansprache *f*, Rede *f*, Vortrag *m*

address catalogue
Adressenkatalog *m* *(Direktwerbung)*

addressee
Adressat(in) *m(f)*, Empfänger(in) *m(f)*

addresser
Absender(in) *m(f)*, Adressant(in) *m(f)*, Sender(in) *m(f)*, Übersender(in) *m(f)*

address evaluation
Adressenbewertung *f* *(Direktwerbung)*

address source
Adressenquelle *f* *(Direktwerbung)*

adequacy-importance model
Adequacy-Importance-Modell *n* *(Marktforschung)*

adequate stimulus
adäquater Stimulus *m*, adäquater Reiz *m*, hinreichender Reiz *m* *(Psychologie)*

ad evaluation
Anzeigenbewertung *f*, Werbemittelbewertung *f*, Anzeigenevaluierung *f*, Werbemittelevaluierung

ad-evaluation technique
Verfahren *n* zur Anzeigenbewertung, zur Anzeigenevaluierung, Werbemittelbewertung, -evaluierung

ad exposure
→ advertising exposure, exposure

ad exposure audience
Leser-, Hörer-, Zuschauerschaft *f*, Publikum *n* mit Werbemittelkontakt, Anzeigenkontakt *(Werbe-/Mediaforschung)*

adflation
aus advertising + inflation
1. Anzeigeninflation *f*, Werbemittelinflation *f*, Reklameinflation *f*, Überhäufung *f* des Publikums mit Werbung
2. Kosteninflation *f* für Werbung, Inflation *f* der Werbe-, Anzeigenkosten

AdForS (ADFORS)
Abk Advertisement Format Selection

adhesive label
Aufkleber *m*, Aufklebezettel *m*, Aufklebeetikett *n (Werbung)*

ad-hoc salesman
Aktionsreisender *m*

ADI (A.D.I.)
Abk area of dominant influence

ad insert
Anzeigenbeilage *f*, -beihefter *m*, -beipack *m*

ADI rating (A.D.I. Rating)
Abk area-of-dominant-influence rating

adjacency
1. angrenzendes Programm *n*, Nachbarprogramm *n (Hörfunk/Fernsehen)*
2. Werbespot *m* am Anfang oder Ende einer Programmsendung
3. Werbeblock *m* zwischen zwei Programmsendungen, für Werbung verfügbare Sendezeit *f* zwischen zwei Programmsendungen *(Hörfunk/Fernsehen)*

adjacent commercial
→ adjacency 2.

adjacent program
→ adjacency 1.

adjusted gross audience
sichtbarkeitsjustierter Netto-Kontaktsummenwert *m (Außenwerbung)*

adjusted gross passage
sichtbarkeitsjustierter Netto-Kontaktsummenwert *m (Außenwerbung)*

ad lib
1. Improvisation *f*, Extemporation *f*
2. improvisierter Text *m*

ad-lib
adj improvisiert, extemporiert

to ad lib
v/t + *v/i* improvisieren, extemporieren

adman (ad man)
1. Werbe-, Anzeigen-, Reklamefachmann *m*, -agent *m*, -experte *m*
2. Anzeigensetzer *m*, Setzer *m* für den Anzeigenteil *(Druck)*

admass (Admass)
1. *derog* etwa „Reklamevieh" *n*, „Werbevieh" *n* (in Anlehnung an Stimmvieh)
2. *adj* dieser großen Masse zugehörig

ad mat
kurz für advertisement matrix

AD-ME-SIM model
AD-ME-SIM-Modell *n* (Advertising Media Simulation) *(Mediaplanung)*

Admira system
Admira-System *n*, Schneeballverfahren *n (Werbung)*

adnorm (Adnorm, Ad Norm)
Anzeigennorm *f*, Anzeigenstandard *m (Leserschaftsforschung)*

ad noter
Leser *m* (im weitesten Sinne) eines Werbemittels, einer Anzeige *(Leserschaftsforschung)*

ad noting
Lesen *n* eines Werbemittels, einer Anzeige, Anzeigenbeachtung *f*, Werbemittelbeachtung *f (Leserschaftsforschung)*

ad noting audience
weitester Leserkreis *m* eines Werbemittels, einer Anzeige *(Leserschaftsforschung)*

adopter
Adopter *m*, Adopter-Klasse *f (Marktforschung)*

adoption
Adoption *f (Marktforschung)*

adoption model
Adoptionsmodell *n (Marktforschung) (Werbeforschung)*

adoption process model
Adoptions-Prozeß-Modell *n (Marktforschung) (Werbeforschung)*

adpage (ad page)
1. Anzeigenseite *f*
2. Seite *f* auf der eine Anzeige steht

ad-page audience (adpage audience)
Leserschaft *f* einer Anzeigenseite, Zahl *f* der Leser pro Anzeigenseite, Beachtung *f* pro Anzeigenseite, Leser *m/pl* pro Seite (LpS) *(Leserschaftsforschung)*

ad-page exposure (apx)
Anzeigenseitenkontakt *m (Leserschaftsforschung)*

ad-page exposure days *pl*
Tage *m/pl* mit Anzeigenseitenkontakt *(Leserschaftsforschung)*

ad-page plan
Anzeigenspiegel *m*, Anzeigenseitenspiegel *m*

ad-page traffic
Lesegeschehen *n* auf einer Anzeigenseite, Lesevorgänge *m/pl*, Blickverlauf *m* auf einer Anzeigenseite, auf einer Seite mit einer oder mehreren Anzeigen *(Leserschaftsforschung)*

ad playback
Erinnerung *f* an den Inhalt der Werbebotschaft, der Anzeige *(Leserschaftsforschung) (Werbeforschung)*

ad playback audience
Leserschaft *f* die sich an den Inhalt der Werbebotschaft erinnert *(Leserschaftsforschung) (Werbeforschung)*

ad pre-test (ad pretest)
→ advertising pre-test

ad-produced purchases *pl*
→ Net Ad-Produced Purchases (Netapps)

adrate
Anzeigenpreis *m*, Anzeigentarif *m*

adrate card
Anzeigenpreisliste *f*

ad recall
Werbeerinnerung *f*, Anzeigenerinnerung *f (Werbe-/Mediaforschung)*

ad retention
überprüfte Werbeerinnerung *f*, überprüfte Anzeigenerinnerung *f (Werbe-/Mediaforschung)*

ad-retention rate
überprüfte Erinnerungsquote *f (Werbe-/Mediaforschung)*

adspective market research
adspektive Marktforschung *f*, rekognoszierende Marktforschung *f*

adstock
Werbebestand *m*, Werbungsbestand *m*, Werbevolumen *n (Werbeforschung)*

adult probability
→ reading probability

adult serial
Hörfunkserie *f*, Fernsehserie *f* für Erwachsene *(Hörfunk/Fernsehen)*

adult site passage
Plakatstandortverkehr *m* Erwachsener, Standortverkehr *m* Erwachsener, Erwachsenen-Standortverkehr *m (Außenwerbung)*

adv.
Abk ungebr advertisement, advertising

advalorem duty
Import-Zolltarif *m*

advance booking rate
→ advance rate

advance canvass
Vorausbesuch *m (Werbeplanung) (Verkaufsförderung)*

advance copy
nicht veröffentlichte Ausgabe *f*, Vorausausgabe *f*, Vorausheft *n (Leserschaftsforschung)*

advance dating
Vordatierung *f (Marketing)*

advance order
Vorbestellung *f*

advance publication
Vorabdruck *m* (*Zeitung/Zeitschrift*)

advance publicity
Vorwerbung *f*, Vorauswerbung *f*, Werbung *f* im voraus, Vorauspublizität *f*

advance rate
Subskriptionspreis *m*, Vorbestellungspreis *m* (*Werbung*)

advance renewal
Vorausverlängerung *f*, Abonnementserneuerung *f* vor Erlöschen (*Zeitung/Zeitschrift*)

advance sales *pl*
Vorverkauf *m*

advert
brit colloq für advertisement

to advertise (*Am* **to advertize** *ungebr*)
1. *v/t* werben für, Reklame machen für
2. *v/t* bekanntgeben, bekanntmachen, ankündigen, anzeigen
3. *v/i* inserieren, annoncieren
4. *v/i* werben, Reklame machen

advertised brand
beworbene Marke *f*

advertised price
1. Grundpreis *m*, Basispreis *m*
2. Listenpreis *m*
3. Bezugspreis *m*, Listenpreis *m* (eines Periodikums) (*Zeitung/Zeitschrift*)
4. Einheitspreis *m*, Grundpreis *m* (*Hörfunk/Fernsehen*)

advertised special
Werbesonderangebot *n*

advertisement (*Am ungebr* **advertizement**)
1. Anzeige *f*, Annonce *f*, Inserat *n*, Offerte *f*
2. Werbemittel *n*, Streumittel *n*
3. Ankündigung *f*, Ansage *f*

advertisement analysis
Werbemittelanalyse *f*, Streumittelanalyse *f*

advertisement board
Anschlagtafel *f*, schwarzes Brett *n* (*Anschlagwerbung*)

advertisement broker
Annoncenexpedition *f*, Anzeigenexpedition *f*, Anzeigenexpediteur *m*

advertisement budget
Anzeigenetat *m*

advertisement canvasser
Anzeigenakquisiteur *m*, Anzeigenwerber *m*, Annoncenakquisiteur *m*, Anzeigenvertreter *m*

advertisement column
Anzeigenspalte *f* (*Zeitung/Zeitschrift*)

advertisement columns *pl*
1. Anzeigenteil *m*, Inseratenteil *m* (*Zeitung/Zeitschrift*)
2. Anzeigenspalten *f/pl* (*Zeitung/Zeitschrift*)

advertisement composition
→ ad composition

advertisement cooperative
1. Anzeigengemeinschaft *f*
2. Anzeigenring *m*

advertisement curtain
Reklamevorhang *m*, Werbungsvorhang *m*

advertisement effect
Anzeigenwirkung *f*, Werbewirkung *f* einer Anzeige, Wirkung *f* einer Anzeige, eines Werbemittels

advertisement experiment
Werbeexperiment *n*, Anzeigenexperiment *n*

advertisement exposure
Werbemittelkontakt *m*, Anzeigenkontakt *m* (*Werbe-/Mediaforschung*)

advertisement format
Aufmachung *f* der Werbung, Anzeigenaufmachung *f*, Art *f* der Anzeigengestaltung

Advertisement Format Selection (AdForS)
etwa Anzeigengestaltungswahl *f* (*Werbeforschung*)

advertisement height
Anzeigenhöhe *f*, Höhe *f* der Anzeige

advertisement impact
Stärke *f* des Werbeeindrucks, Werbe-Impact *m*, Werbebeachtung *f*, Bekanntheitsgrad *m* der Werbung

advertisement lineage (linage)
Zeilenumfang *m* der Anzeige, Zeilenzahl *f* der Anzeige, Anzeigengröße *f* (*Werbung*) (*Mediaforschung*) (*Mediaplanung*)

advertisement makeup
1. Aufmachung *f* der Werbung, der Anzeige, Anzeigenlayout *n*, Anzeigengestaltung *f*
2. Anzeigenumbruch *m*

advertisement manager
Werbeleiter *m* bei einem Werbeträger, Anzeigenleiter *m*, Leiter *m* der Anzeigenabteilung

advertisement marketing
Anzeigenmarketing *n*

advertisement noting
Anzeigenbeachtung *f*, Lesen *n* (im weitesten Sinne) *(Werbeforschung) (Leserschaftsforschung)*

advertisement office
Anzeigenannahme *f*, Inseratenannahme *f*, Anzeigenabteilung *f (Zeitung/Zeitschrift)*

advertisement order
Anzeigenauftrag *m*, Werbeauftrag *m*, Insertionsorder *f*

advertisement page
Anzeigenseite *f*, Seite *f* mit Anzeigen

advertisement page plan
Anzeigenspiegel *m*, Anzeigenseitenspiegel *m*, Anzeigenseitenentwurf *m*

advertisement playback
Erinnerung *f* an den Inhalt der Werbebotschaft, der Anzeige *(Werbeforschung) (Mediaforschung)*

advertisement post test
Anzeigen-Posttest *m*, Werbemittel-Posttest *m (Werbeforschung)*

advertisement premium

advertisement pretest
Anzeigen-Pretest *m (Werbeforschung)*

advertisement reading/noting study
→ noting/reading

advertisement recognition
Anzeigenwiedererkennung *f*, Wiedererkennung *f* der Werbung *(Werbeforschung) (Mediaforschung)*

advertisement recognition test
Anzeigenwiedererkennungstest *m (Werbeforschung) (Mediaforschung)*

advertisement representative
1. Anzeigenagentur *f*, -expedition *f*, Annoncenexpedition *f*
2. Anzeigenvertreter *m*

advertisement revenue
Anzeigeneinnahmen *f/pl*, Anzeigenerlös(e) *m(pl)*

advertisement sales *pl*
Anzeigenakquisition *f*, Anzeigenmarketing *n*

advertisement sales department
Anzeigenabteilung *f*, Anzeigenakquisition *f*

advertisement section
Anzeigenteil *m* (einer Publikation) *(Zeitung/Zeitschrift)*

advertisement size
Anzeigenformat *n*, Anzeigengröße *f (Werbung) (Mediaforschung) (Mediaplanung)*

advertisement test
Anzeigentest *m*

advertisement type area
Anzeigensatzspiegel *m*, Anzeigenspiegel *m*

advertisement typographer
Anzeigensetzer *m*

advertisement typography
Anzeigensatz *n*

advertiser *(Am* **advertizer** *ungebr)*
1. Werbungtreibender *m*, Inserent *m*, Anzeigenkunde *m*, Kunde *m* einer Werbeagentur
2. öffentlicher Anzeiger *m*, Mitteilungsblatt *n* für öffentliche Anzeigen

advertiser's copy
Belegexemplar *n* für den Anzeigenkunden, Inserenten, Inserentenbeleg *m*, Inserentenexemplar *n*, *(Zeitung/Zeitschrift)*

advertiser's test
→ advertising field test, advertising test

advertising *(Am ungebr* **advertizing***)*
1. Werbung *f*
2. Werbewesen *n*, Anzeigenwesen *n*
3. Anzeigen *f/pl*, Werbemittel *n/pl*, Streumittel *n/pl*
4. *adj* Anzeigen-, Reklame-, Werbe-, Streu-, Werbungs-, werblich
5. *obsol* Reklame *f*
→ account 1.

advertising accumulation
→ accumulation, cumulation

advertising action
werbliches Handeln *n*, Werbeaktion *f*, Werbehandlung *f*

advertising agency
Werbeagentur *f*, Anzeigenagentur *f*

advertising agency commission
→ agency commission, 15 & 2, media commission

advertising agency compensation
Agenturvergütung *f*, Agentur-Abrechnungsverfahren *n*

advertising agency copy
Agenturbeleg *m*, Agenturbelegexemplar *n*, Agenturbelegstück *n*, Belegexemplar

advertising agency fee
Agenturgebühr *f*, Agenturvergütung *f*

advertising agency personnel
Mitarbeiterstab *m* der Werbeagentur, Agenturpersonal *n*

advertising agency recognition
Agenturanerkennung *f*

advertising agency recommendation
→ agency recommendation, recommendation

advertising agency remuneration
Agenturvergütung *f*, Bezahlung *f* der Werbeagentur, Honorierung *f* der Werbeagentur, Reklame-Berater-Kommission (RBK, BK) (in der Schweiz)

advertising aids *pl*
Werbematerial *n*, werbliche Hilfsmittel *n/pl*

advertising airplane (plane)
Werbeflugzeug *n*

advertising allocation
→ allocation

advertising allowance
Werbungsnachlaß *m*, Werbungsrabatt *m*, Werbungszuschuß *m*

advertising analysis
Werbeanalyse *f*

advertising angle
werblicher Gesichtspunkt *m*, Werbegesichtspunkt *m*, Werbestandpunkt *m*

advertising announcement
Werbeansage *f*, Werbedurchsage *f*, Werbespot *m (Hörfunk/Fernsehen)*

advertising appeal
1. Anziehungskraft *f* der Werbung, Appeal *m* der Werbung, Anklang *m*, (positive) Wirkung *f*, Zugkraft *f* der Werbung
2. Werbeappell *m*

advertising apperception
→ apperception;

advertising approach
1. Werbeansatz *m*, Konzept *n* der Werbung
2. Anreißer *m*, Aufmacher *m*, Aufmerksamkeitserreger *m* am Anfang eines Werbetexts, einer Anzeige

advertising appropriation
1. (bewilligtes) Werbebudget *n*, (bewilligter) Werbeetat *m*, Werbefonds *m*
2. Bewilligung *f* des Werbebudgets, -etats, -fonds

advertising art
Gebrauchsgraphik *f*, Werbegraphik *f*

advertising artist
Gebrauchsgraphiker(in) *m(f)*, Werbegraphiker(in) *m(f)*, Werbezeichner(in) *m(f)*

advertising assistant
Werbeassistent(in) *m(f)*

advertising association
Werbefachverband *m*, Werbeverband *m*

advertising audience
Werbemittelpublikum *n*, Werbepublikum *n* Leser- Hörer-, Zuschauerschaft *f* eines Werbemittels, von Werbung, einer Anzeige

advertising-audience combination *(Mediaforschung)*
Kombination *f* von Leser-, Hörer-, Zuschauerschaften

advertising audit
Werbeleistungsüberprüfung *f*, -revision *f*

advertising awareness
1. Bekanntheit *f* der Werbung, Bekanntheitsgrad *m* der Werbung, Werbeawareness *f*
2. Bewußtheit *f* der Werbung

advertising believability
Glaubwürdigkeit *f* der Werbung

advertising bill
Werbeplakat *n*, Werbeanschlag *m*, Anschlag *m* *(Anschlagwerbung)*

advertising break
Sendeunterbrechung *f* für eine Werbedurchsage, Werbeunterbrechung *f* *(Hörfunk/Fernsehen)*

advertising brochure
Werbebroschüre *f*

advertising budget
Werbeetat *m*, Werbebudget *n*, Anzeigenetat *m*, Anzeigenbudget *n*

advertising budget determination
Bestimmung *f* des Werbeetats, Festsetzung *f* des Werbeetats, Werbebudgetierung *f*

advertising business
1. Werbeunternehmen *n*, Werbefirma *f*, Unternehmen *n* der Werbewirtschaft
2. Werbewirtschaft *f*, Werbewesen *n*

advertising by word of mouth
Mund-zu-Mund-Werbung *f*, Mundreklame *f*, Mundwerbung *f*, Mundpropaganda *f*, mündliche Werbung *f*

advertising campaign
Werbefeldzug *m*, Werbekampagne *f*

advertising campaign concept
Konzept *n* eines Werbefeldzugs, einer Werbekampagne

advertising canvasser
Anzeigenwerber *m*, Anzeigenakquisiteur *m*, Annoncenakquisiteur *m*

advertising card
Werbeplakat *n*, kleineres Plakat *n* *(Anschlagwerbung)*

advertising carryover
Langzeitwirkung *f*, Zeitzündereffekt *m* der Werbung

advertising cartoon
Trickzeichnung *f* in einer Anzeige, Werbezeichnung *f*

advertising cartoonist
Werbezeichner(in) *m(f)*

advertising circular
Werberundschreiben *n*, Werberundbrief *m*

advertising claim
Werbebehauptung *f*, Anspruch *m*, der in der Werbung erhoben wird

advertising club
Werbeklub *m*, Werbeverband *m*

advertising college
Werbefachhochschule *f*, Werbefachschule *f*

advertising column
Anzeigenspalte *f*

advertising columns *pl*
Anzeigenteil *m* (einer Seite, einer Zeitung, Zeitschrift)

advertising combination
→ audience combination

advertising communication
Werbekommunikation *f*, werbliche Kommunikation *f*

advertising company
Werbeunternehmen *n*, Werbegesellschaft *f*, Werbefirma *f*

advertising concept
Werbekonzept *n*

advertising conception
Werbekonzeption *f*, Anzeigenkonzeption *f*

advertising constant
Werbekonstante *f*

advertising consultancy
1. Werbeberatung *f*
2. Werbeberatungsunternehmen *n*, Werbeberatungsbüro *n*

advertising consultant
1. Werbeberater *m*
2. Werbeberatungsunternehmen *n*, Werbeberatungsbüro *n*

advertising content
Werbeinhalt *m*, Anzeigenteil *m* einer Publikation, Reklameteil *m*

advertising contest
Werbepreisausschreiben *n*, Werbewettbewerb *m*

advertising contract
Werbevertrag *m*, Insertionsvertrag *m*, Anzeigenwerbungsvertrag *m*, Anzeigenvertrag *m*

advertising contractor
1. Werbemittler *m*, Anzeigenmittler *m*, Werbungsfirma *f*, Anzeigenpächter *m*, Werbemittlung *f*, Werbungsmittler *m*
2. Vertragspartner *m* in einem Werbevertrag

advertising control
1. Überprüfung *f* der Werbeaktivitäten, der Werbung
2. Werbeerfolgskontrolle *f*, Anzeigenerfolgskontrolle *f*

advertising cooperative
Anzeigengemeinschaft *f*

advertising copy
1. Werbetext *m*, Anzeigentext *m*
2. Gesamtinhalt *m* der Anzeige, der Werbung

advertising copy response
Werbereaktion *f*, Anzeigenreaktion *f*

advertising copywriter
Werbetexter *m*, Anzeigentexter *m*

advertising costs *pl*
Werbekosten *pl*
→ above-the-line costs

advertising counselor (*brit* **counsellor**)
1. Werbeberater *m*
2. Werbeberatungsbüro *n*, Werbeberatungsfirma *f*

advertising credibility
Glaubwürdigkeit *f* der Werbung, der Werbeaussage *(Werbeforschung) (Mediaforschung)*

advertising customer
Anzeigenkunde *m*, Werbekunde *m*

advertising decay
→ advertising wearout

advertising delivery
→ commercial delivery

advertising delivery channel
Streuweg *m (Mediaplanung)*

advertising density
Streudichte *f (Mediaplanung)*

advertising department
1. Werbeabteilung *f*
2. Anzeigenabteilung *f*, Anzeigenannahme *f (Zeitung/Zeitschrift)*

advertising design
Werbeentwurf *m*, Anzeigenentwurf *m*, Werbedesign *n*, Anzeigendesign *n*

advertising director
Werbeleiter *m*, Werbedirektor *m*

advertising directory
1. Branchenverzeichnis *n* der Werbewirtschaft, Werbeadreßbuch *n*
2. Werbeleitfaden *m*, Leitfaden *m* für Werbungtreibende

advertising discount
Anzeigenrabatt *m*, Anzeigenpreisnachlaß, *m* Werbepreisnachlaß *m*, Werberabatt *m*, Preisnachlaß *m*, Rabatt *m* für Werbung

advertising display
→ display, display advertisement, display advertising

advertising display art
Schauwerbung *f*

advertising dosage
Dosierung *f* der Werbung, Werbedosierung *f*, Werbedosis *f (Werbeforschung) (Werbeplanung)*

advertising education
werbliche Ausbildung *f*, werbliche Bildung *f*

advertising effect
Werbewirkung *f*

advertising effectiveness
Werbeerfolg *m*, Werbewirksamkeit *f*

advertising effectiveness control
Werbeerfolgskontrolle *f*

advertising effectiveness study
Werbeerfolgsstudie *f*, Untersuchung *f* des Werbeerfolgs, Werbeerfolgstest *m*, Werbeerfolgskontrollstudie *f (Werbeforschung)*

advertising effect model
Werbewirkungsmodell *n (Werbeforschung)*

advertising efficiency
Nutzeffekt *m* der Werbung, Wirkungsgrad *m* der Werbung, Effizienz *f* in der Werbung, Leistungsfähigkeit *f* der Werbung, Tauglichkeit *f*, Brauchbarkeit *f* der Werbung

advertising effort
Werbeanstrengung *f*

advertising elasticity (of demand)
Werbeelastizität *f* (der Nachfrage)

advertising end
Werbeziel *n*, Ziel *n* der Werbung

advertising evaluation
Beurteilung *f*, Bewertung *f*, Einschätzung *f* der Werbung, Werbungsevaluierung *f*

advertising evaluation technique
Verfahren *n* zur Beurteilung, Bewertung von Werbung

advertising execution
Durchführung *f*, Ausführung *f* von Werbung

advertising expenditure
Werbeaufwendungen *f/pl*, Werbeaufwand *m*, Werbeausgaben *f/pl*

advertising expenses *pl*
Werbekosten *pl*, Unkosten *pl* für Werbung

advertising experience
Werbeerfahrung *f*

advertising experiment
Werbeexperiment *n*, Anzeigenexperiment *n* *(Werbeforschung)*

advertising experimentation
Durchführung *f* eines Werbeexperiments, von Werbeexperimenten *(Werbeforschung)*

advertising experimenter
Werbeexperimentator *m*, Versuchsleiter *m* eines Werbeexperiments *(Werbeforschung)*

advertising expert
Werbeexperte *m*, Werbeexpertin *f*, Werbefachmann *m* Werbefachfrau *f*

advertising exposure
1. Werbemittelkontakt *m* *(Werbe-/Mediaforschung)*
2. Anzeigenkontakt *m* *(Werbe-/Mediaforschung)*

advertising exposure study
Werbemittelkontaktuntersuchung *f*, Anzeigenkontaktuntersuchung *f* *(Werbe-/Mediaforschung)*

advertising facilities *pl*
Einrichtungen *f/pl*, Anlagen *f/pl*, Ausrüstung *f* für die Werbung

advertising factor
Werbefaktor *m* *(Werbe-/Mediaforschung)*

advertising field experiment
→ advertising experiment

advertising field test
→ advertising test;

advertising film
Werbefilm *m*

advertising filmlet
Werbekurzfilm *m*

advertising film slide
Werbedia(positiv) *n*

advertising folder
Werbefaltprospekt *m*

advertising frequency
Schaltfrequenz *f*, Schalthäufigkeit *f*, Werbehäufigkeit *f*, Werbeintensität *f*, Häufigkeit *f* der Veröffentlichung von Werbemitteln (Anzeigen, Werbesendungen etc.) *(Werbeplanung)* *(Mediaplanung)*

advertising function
Werbefunktion *f* *(Werbeforschung)*

advertising fund
Werbefonds *m*

advertising gift
Werbegeschenk *n*, Werbegabe *f*

advertising gimmick
Werbegag *m*, Werbescherz *m*, Werbetrick *m*

advertising goal
Werbeziel *n*

advertising graphics *(pl als sg konstruiert)*
Werbegraphik *f*, graphische Darstellung *f* in der Werbung

advertising guide
Werbeleitfaden *m*, Leitfaden *m* für Werbung, für Werbungtreibende

advertising handbill
Werbehandzettel *m*, Handzettel *m* für Werbung

advertising idea
Werbeidee *f*

advertising impact
→ advertisement impact, impact

advertising impression
Werbeeindruck *m*, Eindruck *m*, den Werbung bei einem Betrachter hinterläßt

advertising impressions *pl*
1. Werbeeindrücke *m/pl*
2. Werbemittelkontakte *m/pl (Außenwerbung)*

advertising industry
Werbewirtschaft *f*, Werbebranche *f*

advertising influence
Werbeeinfluß *m*

advertising input
Werbe-Input *n (Werbeplanung)*

advertising intensity
Werbeintensität *f*, Intensität *f* der Werbung *(Werbeplanung)*

advertising investment
Werbungsinvestition *f*, Investition *f* in Form von Werbung

advertising journal
Werbefachzeitschrift *f*, Werbezeitschrift *f*, Werbejournal *n*

advertising label
1. Werbeaufschrift *f*
2. Werbeanhänger *m*
3. Werbeaufkleber *m*, Werbeetikett *n*

advertising law
1. Werberecht *n*
2. Werbegesetz *n*

advertising leaflet
Werbehandzettel *m*, Werbeflugblatt *n*

advertising legislation
Werbegesetzgebung *f*, Werberecht *n*

advertising letter
Werbebrief *m*

advertising level
Höhe *f* des Werbeaufwands *(Werbeplanung)*

advertising life
Wirkungsdauer *f* der Werbung
vgl. carryover effect

advertising lineage (linage)
1. Umfang *m* des Anzeigenteils einer Publikation *(Zeitung/Zeitschrift)*
2. Gesamtzahl *f* der Zeilen in einer Anzeige *(Zeitung/Zeitschrift)*
3. Textteil *m* einer Anzeige, Gesamtmenge *f* an Text, den eine Anzeige hat *(Zeitung/Zeitschrift)*

advertising location
1. Standort *m* der Werbung *(Außenwerbung)*
2. Anzeigenposition *f (Druckwerbung) (Zeitung/Zeitschrift)*

advertising magazine
Werbefachzeitschrift *f*, Werbezeitschrift *f*

advertising man
Werbe-, Anzeigen-, Reklamefachmann *m*, -experte *m*, -agent *m*

advertising management
Werbeleitung *f*, Werbemanagement *n*

advertising manager
1. Werbeleiter *m*, Werbemanager *m*, Werbechef *m*
2. Anzeigenleiter *m*, Leiter *m* der Anzeigenannahme, Anzeigenabteilung

advertising material
Werbematerial *n*

advertising matter
1. Werbedrucksache *f (Direktwerbung)*
2. Anzeigentext *m*, Anzeigenteil *m* (eines Werbeträgers) *(Zeitung/Zeitschrift)*

advertising measure
Werbemaßnahme *f (Werbeplanung)*

advertising measurement
1. Werbemessung *f*, Messung *f* von Werbung *(Werbeforschung) (Werbeplanung)*
2. Werbemaß *n (Werbeforschung)*

advertising media

advertising media *pl*
Werbeträger *m/pl*, Streumittel *n/pl*, Werbemedien *n/pl*

advertising media recall
Werbeträgererinnerung *f (Mediaforschung)*

advertising media recognition
Werbeträgerwiedererkennung *f (Mediaforschung)*

advertising media research
Werbeträgerforschung *f*, Mediaforschung *f*

advertising media selection
Werbeträgerauswahl *f*, Media-Auswahl *f*, Mediaselektion *f*, Medienauswahl *f (Mediaplanung)*

advertising medium
Werbeträger *m*, Streumittel *n*, Werbemedium *n*

advertising memory
Werbeerinnerung *f*, Werbegedächtnis *n (Werbeforschung)*

advertising message
Werbeaussage *f*, Werbebotschaft *f*

advertising mix
Werbemix *m*, Werbemittelmix *m*, Mischung *f* der Werbemittel *(Mediaplanung)*

advertising money
Werbeausgaben *f/pl*, Werbegelder *n/pl*

advertising monopoly
Anzeigenmonopol *n*, Werbemonopol *n*

advertising network
Agenturkette *f*, Netz *n* von Werbeagenturen

advertising news *sg*
Werbenachricht *f*, Werbenachrichten *f/pl*

advertising novelty
Werbeartikel *m*, Werbegeschenkartikel *m*, Werbegeschenk *n*

advertising object
Werbeobjekt *n (Werbeplanung)*

advertising objective
Werbeziel *n*, Zielsetzung *f* der Werbung

advertising office
Anzeigenbüro *n*, Werbebüro *n*

advertising operator
Werbeflächenpächter *m*, Werbeflächenverwalter *m*, Werbeflächeninhaber *m*, Anschlagflächenpächter *m (Außen-/Verkehrsmittelwerbung)*

advertising opportunity
Werbechance *f*, günstige Werbegelegenheit *f (Werbeforschung)*

advertising opportunity analysis
Analyse *f* von Werbechancen, Werbegelegenheiten, Werbechancenanalyse *f (Werbeforschung) (Werbeplanung)*

advertising order
Werbeauftrag *m*, Anzeigenauftrag *m*, Insertionsorder *f*

advertising outlay
Werbeausgabe *f*

advertising output
Werbeoutput *n*

advertising page
1. Anzeigenseite *f (Zeitung/Zeitschrift)*
2. Seite *f*, auf der eine Anzeige steht *(Zeitung/Zeitschrift)*

advertising pages *pl*
1. Anzeigenteil *m* einer Publikation *(Zeitung/Zeitschrift)*
2. Anzeigenseiten *f/pl (Zeitung/Zeitschrift)*

advertising page audience
Leserschaft *f* einer Anzeigenseite, Zahl *f* der Leser pro Anzeigenseite, Beachtung *f* pro Anzeigenseite, Leser *m/pl* pro (Anzeigen-)-Seite (LpS) *(Leserschaftsforschung)*

advertising page exposure (apx)
Anzeigenseitenkontakt *m (Leserschaftsforschung)*

advertising page plan
Anzeigenspiegel *m*, Anzeigenseitenspiegel *m (Zeitung/Zeitschrift)*

advertising pamphlet
Werbebroschüre *f*, Werbeprospekt *m*, Broschüre *f*, Prospekt *m*, Heft *n*, Werbeschrift *f*

advertising panel
→ bulletin board, panel 2.

advertising paper
Werbefachzeitung *f*, Werbezeitung *f*, Fachzeitung *f* für Werbung, für Werbungtreibende

advertising payout
Werbegewinn *m*, Werbegewinne *m/pl*, Werbeprofite *m/pl*, durch Werbung erzielte Gewinne *m/pl*

advertising payout rate
Verhältnis *n* von Werbeaufwendungen *f/pl* zu durch Werbung erzielten Gewinnen, Werberentabilität *f*, Rentabilität *f* der Werbung

advertising penetration
Werbedurchdringung *f*, Werbepenetration *f*, qualifizierte Reichweite *f*, Werbenutzung *f*, Nutzung *f* der Werbung, einer Anzeige, Anzeigenserie *(Werbeforschung) (Mediaplanung)*

advertising perception
Wahrnehmung *f* der Werbung, der Anzeige, Perzeption *f* der Werbung, der Anzeige, Werbungsperzeption *f*, Werbungswahrnehmung *f*, Anzeigenperzeption *f*, Anzeigenwahrnehmung *f*

advertising performance
Werbeleistung *f*, Werbeausführung *f*, Anzeigenleistung *f*, Anzeigenausführung *f*

advertising performance audit
Werbeleistungsprüfung *f* *(Werbeforschung) (Werbeplanung)*

advertising period
Streuperiode *f*, Werbeperiode *f*, Insertionsperiode *f*, Laufzeit *f* der Werbekampagne *(Marketingplanung) (Werbeplanung) (Mediaplanung)*

advertising picture
1. Werbefilm *m*, Werbestreifen *m* *(Kino)*
2. Werbebild *n*

advertising plan
Werbeplan *m* *(Werbeplanung)*

advertising planner
Werbeplaner *m*

advertising planning
Werbeplanung *f*

advertising playback
Erinnerung *f* an den Inhalt der Werbebotschaft, der Werbung, der Anzeige *(Werbeforschung)*

advertising point
Werbeargument *n*, Hauptargument *n* einer Werbung, einer Anzeige

advertising policy
Werbegrundsätze *m/pl*, Werbungspolitik *f*, grundsätzliche Orientierung *f* der Werbemaßnahmen, Werbepolitik *f*

advertising portfolio
Werbemappe *f*, Angebotsmappe *f*

advertising position
Plazierung *f* der Werbung, der Anzeige, Anzeigenplazierung *f* *(Werbeplanung) (Werbeforschung) (Mediaplanung)*

advertising practice
1. praktische Werbeerfahrung *f*, praktische Erfahrung *f* in der Werbung, im Anzeigenwesen
2. Brauch *m*, Gewohnheit *f*, Usus *m* in der Werbung, im Anzeigenwesen, Werbepraktik *f*, Werbepraktiken *f/pl*
3. Werbepraxis *f*, Praxis *f* der Werbung (im Gegensatz zur Theorie)

advertising practitioner
1. Werbepraktiker *m*, Praktiker *m* der Werbung
2. Werbeberater *m*

advertising premium
1. Zugabe *f*, Werbezugabe *f*
2. Abonnementszugabe *f*, Abonnementsgeschenk *n*, Subskriptionszugabe *f*, Subskriptionsgeschenk *n* *(Zeitung/Zeitschrift)*
3. Sonderpreis *m* für eine Anzeige, für Werbung

advertising pretest (pre-test)
Werbemittel-Pretest *m*, Werbungspretest *m*, Anzeigen-Pretest *m* *(Werbeforschung)*

advertising profession
1. Werbebranche *f* die (gesamten) Vertreter *m/pl* oder Angehörigen *m/pl* der Werbebranche, Berufskollegen *m/pl* der Werbebranche
2. werblicher Beruf *m*, Beruf *m* des in der Werbung Tätigen, Werbeberuf *m*

advertising profit
Werbegewinn *m*, Werbeprofit *m* durch Werbung erzielter Gewinn

advertising program

advertising program (*brit* **programme**)
1. Werbeprogramm *n* (*Hörfunk/Fernsehen*)
2. Gesamtprogramm *n*, -plan *m* einer Werbekampagne (*Werbeplanung*)

advertising program planning
Werbeprogrammplanung *f*

advertising psychology
Werbepsychologie *f*, Psychologie *f* der Werbung

advertising publication
werbliche Publikation *f*, Werbeveröffentlichung *f*, Werbepublikation *f*

advertising/purchase response relationship
Verhältnis *n* von Werbung und den durch sie bewirkten Käufen, Kaufreaktion *f* der Werbung, Kauferfolg *m* der Werbung, Absatzerfolg *m* der Werbung (*Werbeforschung*)

advertising purpose
Werbezweck *m*, Zweck *m* den Werbung zu erreichen beabsichtigt

advertising pylon
Werbepylon *m*, Werbeturm *m* (*POP-Werbung*)

advertising pyramid
Anzeigenpyramide *f*, Annoncenpyramide *f* (*Zeitung/Zeitschrift*)

advertising quadrangle
Werbeviereck *n*, Viereck *n* der werblichen Kommunikation (*Werbeforschung*) (*Kommunikationsforschung*)

advertising rate
Anzeigenpreis *m*, Anzeigentarif *m*, Werbepreis *m*, Werbetarif *m*

advertising rate card
Anzeigenpreisliste *f*, Werbetarifliste *f*

advertising reach
Werbemittelreichweite *f*, Anzeigenreichweite *f* (*Werbe-/Mediaforschung*)

advertising readership
Anzeigenleserschaft *f*, Werbepublikum *n*

advertising recall
Werbemittelerinnerung *f*, Werbeerinnerung *f*, Anzeigenerinnerung *f* (*Werbe-/Mediaforschung*)

advertising receipts *pl*
Werbeeinnahmen *f/pl*, Anzeigeneinnahmen *f/pl*, Gesamtwerbeeinnahmen *f/pl*, Gesamtanzeigeneinnahmen *f/pl*, Bruttowerbeeinnahmen *f/pl*, Bruttoanzeigeneinnahmen *f/pl*

advertising recognition
Werbemittelwiedererkennung *f*, Werbewiedererkennung *f*, Anzeigenwiedererkennung *f* (*Werbe-/Mediaforschung*)

advertising record
Leumund *m* in der Werbung, auf vergangenen und gegenwärtigen Leistungen beruhender Ruf *m*

advertising regulations *pl*
werberechtliche Vorschriften *f/pl*, werberechtlich relevante Vorschriften *f/pl*, werberechtliche gesetzliche Bestimmungen *f/pl*

advertising representative
1. Anzeigenexpedition *f*, Anzeigenagentur *f*
2. Anzeigenvertreter *m*, Anzeigenakquisiteur *m*

advertising research
Werbeforschung *f*, Werbewissenschaft *f*, Werbemittelforschung *f*

advertising reserve
Reservefonds *m* für Werbung, Werbereserve *f* (*Werbeplanung*)

advertising response
Werbereaktion *f*, Publikumsreaktion(en) *f (pl)* auf Werbung

advertising response curve
Werbereaktionskurve *f* (*Werbeforschung*)

advertising response function
Werbereaktionsfunktion *f*, Werbewirkungsfunktion *f*, Response-Funktion *f* (*Werbeforschung*)

advertising restriction
Werbebeschränkung *f*

advertising results *pl*
greifbare Werbeergebnisse *n/pl*

advertising revenue
Werbeeinnahmen *f/pl*, Werbeeinkünfte *f/pl*, Werbeertrag *m*, Werbeerlös *m*

advertising sales *pl*
durch Werbung ausgelöste Verkäufe *m/pl*

advertising sales effect
Verkaufswirkung *f* der Werbung, der Anzeige

advertising schedule
1. Werbeplan *m*, Terminplan *m* einer Werbekampagne *(Werbeplanung)*
2. Insertionsplan *m*, Einschaltplan *m*, Anzeigenschaltplan *m (Mediaplanung)*

advertising section
Anzeigenteil *m (Zeitung/Zeitschrift)*

advertising sector
Werbesektor *m*

advertising service
Werbedienst *m*, Anzeigendienst *m*

advertising share
Werbeanteil *m*, Anzeigenanteil *m (Werbeplanung)*

advertising sheet
obsol Werbeplakat *n* mit dem Format 26 x 39 Zoll = 66,04 x 99,06 cm *(Anschlagwerbung)*

advertising slang
Werbejargon *m*, Werbefachjargon *m*

advertising slogan
Werbemotto *n*, Werbeslogan *m*, Werbespruch *m*

advertising sociology
Werbesoziologie *f*

advertising space
1. Anzeigenraum *m*, Anzeigenfläche *f (Zeitung/Zeitschrift)*
2. Werbefläche *f*, Reklamefläche *f (Außen-/Verkehrsmittelwerbung)*

advertising space buyer
Anzeigenkunde *m*, Inserent *m*, Anzeigenexpediteur *m*, Anzeigenexpedition *f*

advertising specialty
Werbeartikel *m*, Werbegeschenkartikel *m*, Werbegeschenk *n*

advertising specialty distributor
Werbeartikelhändler *m*, Werbeartikelgroßhändler *m*, Werbeartikelvertrieb *m*

advertising spiral
→ spiral theory

advertising spot
Werbespot *m (Hörfunk/Fernsehen)*

advertising spread
1. doppelseitige Anzeige *f*
2. *ungebr* ganzseitige Anzeige *f*

advertising stage
Stadium *n*, Phase *f* der Werbewirkung *(Werbeforschung)*

advertising standards *pl*
Grundsätze *m/pl* ethischer Werbung, lauterer Werbung

advertising statistics *pl als sg konstruiert*
Werbestatistik *f*, Anzeigenstatistik *f*

advertising strategy
Werbestrategie *f*

advertising strip
Bauchbinde *f*, Buchstreifen *m*, Buchband *n*

advertising studio
→ studio

advertising subject
Werbesubjekt *n*

advertising substantiation
Substantiierung *f* des Werbeinhalts, Erhärtung *f*, Dokumentation *f* des Werbeinhalts

advertising success
Werbeerfolg *m*, Einzelerfolg *m* einer Werbekampagne, einer Anzeige

advertising supplement
Werbebeilage *f*, Werbesupplement *n (Zeitung/Zeitschrift)*

advertising support
→ advertising weight, support 2.

advertising tactics *pl*
Werbetaktik *f (Werbeplanung)*
vgl. advertising strategy

advertising tax
Anzeigensteuer *f*, Werbesteuer *f*

advertising team
Werbeteam *n*, Werbegruppe *f*

advertising technique
Werbeverfahren *n*, Werbetechnik *f*

advertising terminology
Werbeterminologie *f*, Terminologie *f* der Werbung

advertising test
Anzeigentest *m*, Werbetest *m*, Anzeigenversuch *m*, Werbeversuch *m* *(Werbeforschung)*

advertising text
→ advertising copy, copy

advertising theme
Tenor *m* der Werbung, der Anzeige, Hauptthema *n* der Werbung, der Anzeige

advertising theme audit
Prüfung *f* der thematischen Resonanz einer Werbekampagne, einer Anzeigenserie *(Werbeforschung)*

advertising theory
Theorie *f* der Werbung, Werbungstheorie *f* *(Werbeforschung)*

advertising time
Laufzeit *f* der Werbung, der Kampagne *(Werbeplanung)*

advertising to editorial ratio
Verhältnis *n* Redaktion zu Anzeigen (in Werbeträgern) *(Zeitung/Zeitschrift)*

advertising-to-sales ratio (A/S ratio)
Kauferfolg *m* von Werbung, Verhältnis *n* von Werbeaufwendungen zu Verkäufen *(Werbeplanung) (Werbeforschung)*

advertising tracking
Wiederholungsbefragung *f*, Trendbefragung *f* zur Messung von Werbewirkung, Anzeigenwirkung *(Werbeforschung)*

advertising trade
Werbebranche *f*

advertising trade school
Werbefachschule *f*, Werbeschule *f*

advertising treatment
Werbestrategieversion *f*, Version *f* einer Werbestrategie, Werbeversion *f*, Ausprägung *f* einer Werbekampagne *(Werbeforschung)*

advertising turnover
Werbeumsatz *m*, -umsätze *pl*

advertising typographer
1. Anzeigensetzer *m*, Anzeigendrucker *m*
2. Anzeigensetzerei *f*, Anzeigendruckerei *f*

advertising typography
Anzeigensatz *m*, Anzeigendruck *m*, Anzeigenbuchdruck *m*, Anzeigentypographie *f*

advertising value
Werbewert *m* *(Werbeplanung)*

advertising vehicle
Werbeträger *m*, Streumittel *n* *(Mediaplanung)*

advertising volume
1. Werbevolumen *n*, Werbeumfang *m*, Umfang *m* der Werbung
2. Anzeigenvolumen *n*, Anzeigenumfang *m*

advertising wearout
Nachlassen *n* der Werbewirkung (im Zeitverlauf), Verfall *m* der Werbewirkung, Abnutzung *f* der Werbewirkung, Werbungsverschleiß *m*, Verschleiß *m* der Werbewirkung *(Werbeforschung)*

advertising weight
Gesamtwerbeaufwand *m*, Gesamtumfang *m* der Werbung, gesamte Werbemenge *f*, Werbevolumen *n* *(Werbeplanung)*

advertising weight experiment
→ budget-level experiment

advertising zone
Streufeld *n*, Werbezone *f*, Werbegebiet *n* *(Werbeplanung)*

advertorial
aus advertisement + editorial
1. redaktionell aufgemachte Anzeige *f*, redaktionell gestaltete Anzeige *f*, redaktionelle Anzeige *f*, PR-Anzeige *f*
2. politische Anzeige *f*, Anzeige *f* zu politischen und sozialen Themen des öffentlichen Interesses

advocacy ad
→ advocacy advertisement

advocacy advertisement
engagierte Anzeige *f*, engagierte Werbung *f*, engagiertes Werbemittel *n*

advocacy advertising
1. engagierte Werbung *f*
2. engagierte Imagewerbung *f*, politische Firmen- oder Branchenwerbung *f*

advocacy campaign
engagierte Werbekampagne *f*

advt.
Abk advertisement

advtg.
Abk advertising

aerial advertising
Luftwerbung *f*, Himmelswerbung *f*, Luftreklame *f*, Himmelsreklame *f*

aerosol package
Aerosolverpackung *f*

affection
→ three-step model

affect-related action
Affekthandlung *f*, affektive Handlung *f* *(Psychologie) (Werbeforschung)*

affective-cognitive consistency
affektiv-kognitive Konsistenz *f (Psychologie)*

affiche
ungebr Anschlag *m*, Plakat *n*

affidavit (of performance)
Sendebestätigung *f*, Sendebeleg *m*, Vollzugsmeldung *f (Hörfunk/Fernsehen)*

affiliate
1. Zweigfirma *f*, Zweigunternehmen *n*, Tochterfirma *f*, Tochtergesellschaft *f*, Tochterunternehmen *n*
2. Zweigsender *m*, Zweigstation *f (Hörfunk/Fernsehen)*

affinity
1. Affinität *f (empirische Sozialforschung) (Statistik)*
2. Zielgruppenaffinität *f*, Zielgruppennähe *f*, Affinität *f (Mediaforschung)*
3. Zuständigkeit *f (Mediaforschung)*
4. Zuwendung *f*, Zuständigkeitswert *m*, Z-Wert *m (Mediaforschung)*

affirmative disclosure
Offenlegung *f* negativer Produkteigenschaften *(Marketing)*

affixed merchandise
angehängte Ware *f*, Warenanhang *m (POP-Werbung)*

affordable method
finanzmittelbezogene Budgetmethode *f*, finanzmittelbezogene Methode *f*, Residualmethode *f* (der Budgetierung)

A frame ("A" frame)
Klappschild *n*, Klapp-Plakat *n (POP-Werbung) (Außenwerbung)*

after-demand
→ aftermath demand

after-market (after market)
Anschlußmarkt *m (Marketing)*

aftermath demand
Ersatzbedarf *m*, Ersatznachfrage *f*, Erneuerungsnachfrage *f (Marketing)*

aftermath market
→ aftermath demand

afternoon drive
Stoßverkehrszeit *f* am Nachmittag *(Hörfunk)*

after-sales advertising
Nachkaufwerbung *f (Werbeplanung)*

after-sales service
→ after-sales support

after-sales support
Kundendienst *m*, Nachkaufservice *m (Marketing)*

age of (an) issue
Alter *n* der Ausgabe eines Periodikums, Heftalter *n (Leserschaftsforschung)*

agency
Agentur *f*

agency agreement
Agenturvertrag *m*

agency briefing

agency commission
Agenturprovision *f*, -kommission *f*, AE-Provision *f*, Mittlervergütung *f*, Mittlerprovision *f (Werbung) (Mediaplanung)*

agency copy
Agenturbeleg *m*, Agenturbelegexemplar *n*, Agenturbelegstück *n*, Agenturstück *n*

agency creative
Kreativmitarbeiter *m*, Kreativer *m*, Werbegestalter *m* (in einer Agentur)

agency discount
Agentur-Nachlaß *m*, Agentur-Bonus *m*

agency fee
Agenturgebühr *f*

agency network
Agenturennetz *n*, Agenturkette *f*, Netz *n* von Werbeagenturen

agency of record (A.O.R.)
federführende Agentur *f*, bevollmächtigte Hauptagentur *f*, koordinierende Agentur *f*

agency presentation
Agenturpräsentation *f*

agency-produced program
Eigensendung *f* einer Werbeagentur, Agentursendung *f* (*Hörfunk/Fernsehen*)

agency recognition
Agenturanerkennung *f*

agency recommendation
Agenturempfehlung *f*

agency representative
→ account executive

agency structure
Agenturstruktur *f*, Struktur *f*, organisatorische Gliederung *f* einer Werbeagentur

agent
1. Agent *m*, Bevollmächtigter *m*, Handelsbeauftragter *m*
2. Agent *m*
3. Makler *m*, Agent *m*, Vermittler *m*, Mittler *m*, Mittelsmann *m*, Kommissionär *m*

aggregate preference
gehäufte Präferenz *f* (*Wirtschaftslehre*) (*Marktpsychologie*) (*Marketing*)

aggregation
Aggregation *f*, Aggregierung *f* (*Statistik*)

Agostini approach
Agostini-Ansatz *m*, Agostini-Methode *f*, Agostini-Verfahren *n* (*Leserschaftsforschung*)

Agostini formula
Agostini-Formel *f* (*Leserschaftsforschung*)

agricultural journal
landwirtschaftliche Fachzeitschrift *f*

agricultural magazine
landwirtschaftliche Zeitschrift *f*, Landwirtschaftszeitschrift *f*

agricultural marketing
Agrarmarketing *f*

AHP
Abk analytic hierarchy process

AIA (A.I.A.)
Abk average-issue audience
K_1-Wert *m* (*Mediaforschung*)

AID (A.I.D.)
Abk Automatic Interaction Detector

AIDA (A.I.D.A.)
Abk Attention, Interest, Desire, Action

AIDA model
AIDA Modell *n* (*Werbeforschung*)

AIDA process
AIDA-Prozeß *m*

AIDCA model
AIDCA-Modell *n* (*Werbeforschung*)

AIDCAS (A.I.D.C.A.S.)
Abk Attention, Interest, Desire, Conviction, Action, Satisfaction

AIDCAS model
AIDCAS-Modell *n* (*Werbeforschung*)

aided recall
gestützte Erinnerung *f*, Erinnerung *f* mit Gedächtnisstütze, mit Gedächtnishilfe, passiver Bekanntheitsgrad *m* (*empirische Sozialforschung*)

aided recall interview (aided-recall interview)
Interview *n* mit Erinnerungsstütze, mit Gedächtnisstütze, Interview *n* zur Ermittlung des passiven Bekanntheitsgrads (*Werbe-/Mediaforschung*)

aided recall method (aided-recall method)
Methode *f*, Verfahren *n* der gestützten Erinnerung, Methode *f* der Erinnerungshilfe *(Werbe-/Mediaforschung)*

aided recall test (aided-recall test)
Erinnerungstest *m* mit Gedächtnisstütze, mit Gedächtnishilfe *(Werbe-/Mediaforschung)*

AIO
Abk activities, interest, and opinions

AIO segmentation
AIO-Segementation *f*, Lifestyle-Segmentierung *f*, Lebensstil-Segmentation *f (Marktforschung) (Mediaforschung)*

AIOV segmentation
→ AIO segmentation

to air
1. *v/t* senden, ausstrahlen, über Radio oder Fernsehen verbreiten
2. *v/t* öffentlich bekanntmachen, an die Öffentlichkeit bringen, öffentlich zur Schau stellen

A.I.R.
Abk average-issue readership

air advertisement
Luftreklame *f*, Luftwerbung *f*, Himmelswerbung *f*, Rauchschriftwerbung *f* (einzelnes Werbemittel) *(Außenwerbung)*

air advertising
Luftreklame *f*, Luftwerbung *f*, Himmelswerbung *f*, Rauchschriftwerbung *f* (Werbegattung) *(Außenwerbung)*

air bill
→ airway bill

aircast
Rundfunksendung *f*, Rundfunkprogramm *n (Hörfunk/Fernsehen)*

air check
Sendebeleg *m*, Kontrollaufnahme *f (Hörfunk/Fernsehen)*

air consignment note
Luftfrachtbrief *m*

aircraft advertising
Flugzeugwerbung *f*, Flugzeugreklame *f (Außenwerbung)*

aircraft trailing banner
Flugzeugtransparent *n*, Schlepptransparent *n (Außenwerbung)*

air date (airdate)
Sendedatum *n*, Sendetermin *m*, Sendezeit *f*, Sendezeitpunkt *m (Hörfunk/Fernsehen)*

airline advertising
Verkehrslinienwerbung *f*, Luftverkehrslinienwerbung *f*, Fluglinienwerbung *f*

airmail edition
Luftpostausgabe *f (Zeitschrift)*

airplane advertising
Flugzeugwerbung *f (Außenwerbung)*

airplane banner
Flugzeugtransparent *n*, Schlepptransparent *n* Reklametransparent *n*, das vom Flugzeug gezogen wird *(Außenwerbung)*

airport advertising
Flughafenwerbung *f*, Werbung *f* an Flughäfen *(Außenwerbung) (Anschlagwerbung)*

airship advertising
Luftschiffreklame *f*, Luftschiffwerbung *f*, Zeppelinwerbung *f*, Zeppelinreklame *f (Außenwerbung)*

airspace
Radiofrequenzkanal *m*

airtime (air time)
1. Sendezeit *f (Hörfunk/Fernsehen)*
2. Werbezeit *f*, Sendezeit *f* für Werbung *(Hörfunk/Fernsehen) (auch: Kino)*
3. Laufzeit *f* (der Werbesendung oder des Werbeblocks) *(Hörfunk/Fernsehen)*
4. Sendezeitpunkt *m*, Sendetermin *m (Hörfunk/Fernsehen)*

airtime buyer
Werbungtreibender *m*, Auftraggeber *m*, Werbungskunde *m (Hörfunk/Fernsehen)*

airtime blocked to advertisers
für Werbung gesperrte Sendezeit *f (Hörfunk/Fernsehen)*

airtime buying
→ time buying

airway bill
Luftfrachtbrief *m*

aisle arch
Mittelgangsbogen *m*, Verkaufsreihenbogen *m*, Werbebogen *m* im Einkaufszentrum *(POP-Werbung)*

aisle display
Mittelgangsauslage *f*, Hauptgangsauslage *f*, Warenauslage *f* im Mittelgang, im Hauptgang *(POP-Werbung)*

aisle jumper
Deckengitter *n*, Deckengestänge *n* *(POP-Werbung)*

aisle table
Verkaufstisch *m* im Mittelgang (eines Warenhauses) *(Marketing)*

aleatory advertising
aleatorische Werbung *f*

all-copy advertisement
Fließsatzanzeige *f*, reine Textanzeige *f* *(Werbung)*

allegatory advertising
allegatorische Werbung *f*, zitierende Werbung *f*

alliteration
Stabreim *m*, Alliteration *f* *(Werbung)*

to allocate
v/t anweisen, zuweisen, zuteilen, bestimmen für, kontingentieren (Marketingmittel)

allocation
Anweisung *f*, Aufteilung *f*, Verteilung *f*, Zuweisung *f*, Zuteilung *f*, Allokation *f* (von Mitteln für bestimmte Marketingaufgaben)

allocation of advertising
1. Übersicht *f* über Themen, Zeitplan *m* einer Kampagne
2. Warenzuteilung *f* *(Verkaufsförderung)*

allocation draft
Etatentwurf *m* mit den einzelnen Budgetposten für Werbeaufgaben, Abteilungen, Medien, Werbeträger etc.

allocation of advertising expenditure
→ allocation

to allot
v/t zuteilen, vergeben, bewilligen, zuerkennen (Etatposten, Werbefläche, Mittel)

all other (all other circulation)
eigentl restliche, übrige Auflage *f* (einer Zeitung), Auflage *f* außerhalb des Stadtkerns und der Einkaufsgebiete, Landauflage *f*

allotment
Anteil *m*, Zuteilung *f*, Zugewiesenes *n*, Zuweisungsbetrag *m*, Anteilsposten *m*
1. Einzelposten *m* des Gesamtbudgets; auch Festsetzung *f* der Einzelposten des Budgets für die einzelnen Aufgaben, Abteilungen, Maßnahmen etc.
2. Zuweisung *f*, Zuteilung *f* von Anzeigenraum/Sendezeit in Fällen, in denen die Nachfrage größer als das Angebot ist, Zuweisung *f* bei Überbuchung
3. Netzanschlag *m* *(Außen-/Verkehrsmittelwerbung)*
4. zugeteilte Sendezeit *f*, Sendezeitzuweisung *f*, zugewiesene Sendezeit *f* *(Hörfunk/Fernsehen)*

allowance
Nachlaß *m*, Ermäßigung *f*, Sondernachlaß *m*, Rabatt *m* *(Marketing)*

all-you-can-afford budgeting
→ all-you-can-afford method

all-you-can-afford method
finanzmittelbezogene Budgetierung *f*, All-you-can-afford-Methode *f*

alternate-bundles run
Anzeigengabelung *f* nach Bündeln, bündelweise gegabelte Anzeigenwerbung *f* *(Zeitung/Zeitschrift) (Werbeplanung)*

alternate sponsorship
Ko-Sponsoring *n*, abwechselnde Programmfinanzierung *f*, Doppelpatronat *n*, Ko-Programmfinanzierung *f*, alternierendes Sponsoring *n* *(Hörfunk/Fernsehen)*

alternate weeks (a/w, A/W) *pl*
jede zweite Woche *f*, alle vierzehn Tage *m/pl*, in zweiwöchigen Abständen *m/pl* *(Werbeplanung)*

altruistic display
etwa selbstlose Auslage *f*, altruistische Auslage *f*, altruistischer Display *m* *(POP-Werbung)*

A.M.
kurz für morning (news)paper
Morgenzeitung *f*

ambivalence
Ambivalenz *f* *(Psychologie) (Marktpsychologie) (Marktforschung)*

A.M. drive
kurz für A.M. drive time

A.M. drive time
→ morning drive time

Amoroso-Robinson equation
Amoroso-Robinson-Relation *f*, Amoroso-Robinson-Gleichung *f (Marketing)*

amortization
Amortisation *f*, Amortisierung *f*

amplification and details *pl*
Ausführung *f* und Erläuterung *f*, ausführliche Erläuterung *f* mit Einzelheiten *f/pl (Werbung)*

analog method
→ analogue method

analogue method (of store site determination)
Analog-Methode *f* (der Standortwahl), Analogiemethode *f* (der Standortwahl)

analysis of advertising to editorial ratio
Umfangsanalyse *f (Zeitschrift)*

analysis of audience structure
Analyse *f* der Leserschafts-, (Zu)Hörerschafts-, Zuschauerschafts-, Publikumsstruktur *(Mediaforschung)*

analysis of buyer flow
Käuferwanderungsanalyse *f (Marktforschung)*

analysis of household supply
Bedarfsdeckungsanalyse *f*, Analyse *f* des Haushalts-Ausstattungsgrads *(Marktforschung)*

analysis of listenership structure
Analyse *f* der Zuhörerschafts-, Hörerschaftsstruktur *(Mediaforschung)*

analysis of readership structure
Empfänger-Strukturanalyse *f*, Analyse *f* der Leserschaftsstruktur, Leser-Strukturanalyse *f*, Nutzer-Strukturanalyse *f (Leserschaftsforschung)*

analysis of viewership structure *(Fernsehen)*
Analyse *f* der Zuschauerschaftsstruktur

analytic hierarchy process (AHP)
analytischer Hierarchieprozeß *m*

anchor
fig Orientierungspunkt *m*, -prinzip *n*, Bezugsrahmen *m* (für Konsumenten) *(Marktforschung) (Marketing)*

anchorman
Moderator *m*, Studioredakteur *m*, Diskussionsleiter *m (Hörfunk/Fernsehen)*

anchor store
Absatzmagnet *m*

anchor tenant
→ anchor store

ancillary covenant
Kartellabsprache *f*, wettbewerksbeschränkende Nebenabsprache *f*

ancillary restraint
→ ancillary covenant

ancillary service
Zusatzservice *m*, Kulanz *f*, zusätzliche Dienstleistung *f (Marketing)*

angled position
Schrägstellung *f*, Schrägposition *f (Außenwerbung)*

angled poster
schräggestellter Anschlag *m*, schräggestelltes plakat *n (Außenwerbung)*

anglemeter test
Anglemeter-Test *m (Werbeforschung)*

angle of vision
Sichtwinkel *m (Außenwerbung)*

to animate
v/t eigentl beleben, beseelen, mit Leben erfüllen

to animate a cartoon
einen Trickfilm herstellen, zeichnen

animated bulletin board
beweglicher Großanschlag *m*, Großplakat *n* mit beweglichen Elementen (wie z.B. einer laufenden Schrift) *(Außenwerbung)*

animated cartoon
Zeichentrickfilm *m*, Trickfilm *m*

animated drawing
Trickzeichnung *f (Druck)*

animated motion-picture advertisement
Kino-Trickfilm-Werbung *f*, Kino-Werbetrickfilm *m*

animated storyboard (story board)
→ storyboard

animated title
Tricktitel *m* *(Film/Fernsehen)*

animatic
1. Probewerbesendung *f* mit halbfertigen Illustrationen, Testwerbesendung *f*, Animatic *n* *(Film/Fernsehen)*
2. *adj* Zeichentrickfilm-, Trickfilm-

animatic test
Animatic-Test *m* *(Fernsehen)* *(Werbeforschung)*

animation
Herstellung *f* eines Zeichentrickfilms, Trickfilmzeichnung *f*, Zeichentrick *m* *(Film/Fernsehen)*

animator
Trickzeichner *m*, Trickfilmzeichner *m* *(Film/Fernsehen)*

ann.
Abk announcer

anniversary publication
Jubiläumsschrift *f*

anniversary sale
Sonderangebotsverkauf *m* aus Anlaß eines Firmenjubiläums, Jubiläumsverkauf *m* *(Marketing)*

announcement
1. Ansage *f*, Ankündigung *f*
2. Werbeansage *f*, Werbesendung *f* in der Programmpause, Werbesendung *f*, Werbeansage *f* zwischen zwei Programmsendungen *(Hörfunk/Fernsehen)*

announcement advertisement
Ankündigungsanzeige *f*, Einführungsanzeige *f*

announcer (ann.)
Ansager(in) *m(f)*, Sprecher(in) *m(f)*, Rundfunksprecher(in) *m(f)*, Fernsehansager(in) *m(f)*

annual discount
Jahresrabatt *m*, Jahresnachlaß *m*, Jahresbonus *m* *(Marketing) (Konditionenpolitik)*

annuals *pl*
jährlich erscheinende Publikationen *f/pl*, Jahrbücher *n/pl*

annual sales
Jahresabsatz *m*, Jahresumsatz *m* *(Wirtschaftslehre) (Betriebswirtschaft)*

annual sales plan
Jahresabsatzplan *m* *(Marketing)*

annual sales premium
Jahres-Umsatz-Prämie *f*, Jahresumsatz-Bonus *m*

annual sales volume
Jahresabsatzvolumen *n*, jährliches Absatzvolumen *n*, Volumen *n* des Jahresabsatzes, Jahresumsatzvolumen *n*, jährliches Umsatzvolumen *n*, Volumen *n* des Jahresumsatzes

annual subscription
Jahresabonnement *n* *(Zeitung/Zeitschrift)*

annual subscription rate
Preis *m*, Gebühr *f* für ein Jahresabonnement *(Zeitung/Zeitschrift)*

annual volume discount (AVD)
Jahres-Umsatz-Prämie *f* (JUP), Mengenrabatt *m* auf Jahresbasis, Mengenrabatt *m* für das Jahreswerbeaufkommen

anonymous product test
anonymer Produkttest *m* *(Marktforschung)*

anonymous product testing
anonymes Produkttesten *n*, Durchführung *f* anonymer Produkttests *(Marktforschung)*

Ansoff's matrix of marketing strategies
Ansoffsche Matrix *f* der Marketingstrategien

anticipated average life
erwartete durchschnittliche Lebensdauer *f*, geschätzte durchschnittliche Lebensdauer *f*

anticipated effect
angenommene Wirkung *f*, Wirkungshypothese *f*, vermutete Wirkung *f*

anticipation
eigentl Erwartung *f*
Preis *m* einschließlich Inflationszuschlag *(Marketing)*

anticyclical advertising
antizyklische Werbung *f*

anti-marketing
Antimarketing *n*

antitrust law
Kartellgesetz *n*

antitrust legislation
Kartellrecht *n*

anxiety
Angst *f (Psychologie)*

anxiety creating advertising
angsterzeugende Werbung *f*, Angstappell *m (Werbepsychologie)*

A.O.R.
Abk agency of record

apparative techniques *pl*
apparative Verfahren *(Marktforschung) (Mediaforschung) (Werbeforschung)*

apparel industry
Bekleidungsindustrie *f*

appeal
Appeal *m*, Anziehungskraft *f*, Wirkung *f*, Ansprache *f*, Werbeappeal *m*

to appeal (to)
v/i Gefallen *m* finden (bei), Anklang *m* finden (bei), jemandem gefallen, zusagen, (angenehm, positiv) wirken (auf jemanden), Anziehungskraft ausüben

to appear
v/i erscheinen, herauskommen, veröffentlicht werden (Zeitschrift, Zeitschrift, Buch etc.)

appearance
Erscheinen *n*, Veröffentlichung *f*, Vorgang *m* des Veröffentlichens, des Veröffentlichtwerdens

apperception
Apperzeption *f*, Apperzeptionswirkung *f (Psychologie) (Werbeforschung)*

appetizing appeal
1. appetitanregende Werbung *f*, appetitanregende Werbegestaltung *f*, appetitanregende Wirkung *f*
2. Begierden weckende Werbung *f*, Interesse weckende Werbung *f*

applause mail
zustimmende Post *f*, Zustimmungsbriefe *m/pl*, Dankschreiben *n/pl*, Dank- und Anerkennungsschreiben *n/pl*

appointed dealer
Vertragshändler *m*

appointed dealer system
Vertragshändlersystem *n*

approach
1. Ansatz *m*, Betrachtungsweise *f*, Art *f* und Weise *f* ein Problem in Angriff zu nehmen, Einstellung *f* (zu)
2. Anreißer *m*, Anriß *m*, Aufmerksamkeitserreger *m* am Anfang eines Texts, Aufmerksamkeit erregender Einleitungstext *m (Werbung)*
3. Art *f* und Weise *f*, in der eine Werbeaktion, Werbekampagne in Angriff genommen wird, Grundorientierung *f* der Kampagne *(Werbeplanung)*
3. Kontaktstrecke *f (Werbeforschung) (POP-Werbung)*
4. Kontaktzone *f*, Kontaktstrecke *f (Außenwerbung)*

approach behavior
Appetenzverhalten *n (Psychologie)*

approach to billboard
Kontaktstrecke *f*, Kontaktzone *f (Außenwerbung)*

appropriation
Etat *m*, Etatfestsetzung *f*

apron
offene Ausstellungsfläche *f*, offene Auslagenfläche *f (POP-Werbung)*

approval sale
Probekauf *m*, Kauf *m* auf Probe

apx
1. *Abk* adpage exposure
2. *Abk* average page exposure

AR
Abk aspect ratio

arbitrage
Arbitrage *f*, Schlichtung *f*

arbitrage pricing theory (APT)
Arbitrage-Preisbildungs-Theorie *f*

arbitrary mark
Phantasiename *m*, willkürlich gewählter Markenname *m*, Phantasie-Markenzeichen *n*

arbitrary method
„über den Daumen gepeilte" Festsetzung f des Werbeetats, intuitive Etatfestsetzung f, gewillkürte Etatfestsetzung f

arcade shopping center
Einkaufspassage f, Arkaden-Einkaufszentrum n, überdachtes Einkaufszentrum m

arch
Spannbogen m, Spannband n, Spannplakat n *(POP-Werbung)*

area allocation
Aufteilung f des Etats auf einzelne geographische Gebiete

area-by-area allocation (ABA, A.B.A.)
gebietsweise Etataufteilung f, Aufteilung f des Werbeetats nach Werbegebieten *(Werbeplanung)*

area chart
→ area diagram

area diagram
Flächendiagramm n *(Statistik)*

area graph
→ area diagram

area histogram
Flächenhistogramm n *(Statistik)*

area of dominant influence (ADI, A.D.I.)
Hauptsendegebiet n, Vorherrschaftssendebereich m *(Fernsehen)*

area-of-dominant-influence rating (ADI rating, A.D.I. rating)
Aufteilung f in Hauptsendegebiete, Bezeichnung f, als Hauptsendegebiet, als Vorherrschaftssendebereich *(Fernsehen)*

area overlap
Sendegebietsüberschneidung f der unabhängigen britischen Fernsehstationen (Independent Television)

area sales test
Gebietsverkaufstest m *(Werbeforschung)*

area sales testing
Durchführung f von Gebietsverkaufstests

area test
Gebiets(verkaufs)test m

area testing
Durchführung f von Gebiets(verkaufs)tests

argumentative copy
argumentativer (Werbe)Text m, argumentative Werbung f

arousal
emotionale Erregung f, Stimulation f *(Psychologie) (Kommunikationsforschung)*

arousal method
Galvanometermethode f, galvanometrische Methode f, Erregungsmethode f *(Werbeforschung)*

arousal model
Erregungsmodell n, Modell n der emotionalen Erregung, Arousal-Modell n *(Kommunikationsforschung)*

arrangement
Anordnung f, Gliederung f, Aufbau m, Einteilung f, Arrangement n, Bearbeitung f

arrears *pl*
Rückstand m, Rückstände m/pl, Verzug m, säumige Abonnenten m/pl *(Zeitung/Zeitschrift)*
to be in arrears: in Verzug sein

Arrow's paradox
Arrowsches Paradoxon n *(empirische Sozialforschung)*

art
Graphik f, Gebrauchsgraphik f, Kunst f, künstlerische Gestaltung f, graphische Gestaltung f, Werbgraphik f, Illustration f, Anzeigenillustration f, Design n

art and mechanical (A & M)
1. Material n, das für die künstlerische Gestaltung von Werbemitteln verwendet wird, graphisches Material n
2. *adj* graphisches Herstellungsmaterial betreffend

art and mechanical costs (A & M costs) *pl*
Materialkosten *pl* für die künstlerische Gestaltung von Werbung, Herstellungskosten *pl*

art buyer
eigentl Kunstkontakter m, Kunstkäufer m Art-Buyer m *(Werbung)*

art department
graphische Abteilung f, Werbestudio n, Werbeatelier n, Atelier n

art design
künstlerische Gestaltung *f* (von Werbung)

art director
Atelierleiter *m*, Studioleiter *m*, Leiter *m* der graphischen Abteilung, Chef-Layouter *m*, Art-Direktor *m*, künstlerischer Leiter *m*, Filmarchitekt *m*

art editor
Cheflayouter *m*, Chefdesigner *m*, Leiter *m* der graphischen Abteilung

art film
Kunstfilm *m*, künstlerischer Film *m*

article
Artikel *m*

artificial obsolescence
künstliche Veralterung *f*

artificial USP
künstlicher USP *m*, konstruierter USP *m* *(Marketing) (Werbeforschung)*

artist
Künstler *m*, Graphiker *m*, Designer *m*, Photograph *m*, Typograph *m*, Retuscheur *m*, Zeichner *m*, Graveur *m*, Layouter *m*, Experte *m* für musikalische Effekte, Bühnenbildner *m*, Gestalter *m*, Illustrator *m*

artists' medium
Utensilien *f/pl* für Graphiker, Designer, Photographen, Zeichner, Illustratoren, Retuscheure, Typographen, Designer, Layouter

artist's proof
Künstlerabzug *m (Druck)*

art library
Bildarchiv *n*, Photoarchiv *n*, graphisches Archiv *n*

art order
Bestellung *f* von graphischem, künstlerischem kunstgewerblichem Material (für Werbezwecke)

art representative
1. Künstleragent *m*, Agent *m*
2. Künstleragentur *f*, Agentur *f*

arts and crafts *pl*
Gestaltungs- und Handwerkskunst *f*

art school
Kunstschule *f*, Kunstgewerbeschule *f*

art service
graphisches Büro *n*, Büro *n* für Werbegraphik

artsman
Künstler *m*, Graphiker *m*, Designer *m*, Photograph *m*, Typograph *m*, Retuscheur *m*, Zeichner *m*, Graveur *m*, Layouter *m*, Gestalter *m*, Illustrator *m*

art-type mechanical
Druckvorlage *f*

artwork (art work)
Gebrauchsgraphik *f*, Werbegraphik *f*, Photographie *f*, Illustration *f*, Design *n*, Bildgestaltung *f*, künstlerische Gestaltung *f*

ashcanning
eigentl in den Mülleimer werfen
Wegwerfwerbung *f*

as inserted
Anzeigenbeleg *m*, Insertionsbeleg *m*, Insertionsabzug *m*

as-it-falls method
proportionale Planzuteilung *f*, proportionale Werbeplangestaltung *f*

aspiration level
Anspruchsniveau *n* *(Psychologie) (Marktpsychologie)*

as produced script
Manuskript *n* (Radio-/Fernsehsendung, Werbesendung) in der tatsächlich gesendeten Form, Sendungsprotokoll *n*

A/S ratio
→ advertising-to-sales ratio

assessment method
Veranlagungsmethode *f*, Abschätzungsmethode *f*

ASSESSOR model
ASSESSOR-Modellkomplex *m (Marktforschung)*

assimilation
Assimilation *f (Psychologie)*

assimilation effect
Assimilationseffekt *m (Psychologie)*

assimilation-contrast theory
Assimilations-Kontrast-Theorie *f (Psychologie) (Kommunikationsforschung) (Werbeforschung)*

assimiliation process
Assimilationsprozeß *m (Marketing)*

assistant director
1. stellvertretender Direktor *m*
2. Regieassistent *m (Film/Fernsehen)*

associate creative director
stellvertretender Studioleiter *m*, stellvertretender Atelierleiter *m (Werbung)*

associated buying office
assoziierte Einkaufszentrale *f*, Gemeinschafts-Einkaufszentrale *f*, Einkaufsgemeinschaft *f*, Einkaufsgenossenschaft *f*

associate director
1. stellvertretender Direktor *m*
2. Direktionsassistent *m*

association advertising
1. Sammelwerbung *f*
2. Verbandswerbung *f*

association journal
Verbandsfachzeitschrift *f*, Verbandszeitschrift *f*, Vereinszeitschrift *f*

association magazine
Verbandszeitschrift *f*, Vereinszeitschrift *f*

association marketing
Verbandsmarketing *n*

association member copy
Mitgliederstück *n*, Zeitschriftenexemplar *n* für Verbands-, Vereinsmitglieder

association organ
Verbandsorgan *n*, Vereinsorgan *n (Zeitung/Zeitschrift)*

association paper
Verbandszeitung *f*, Vereinszeitung *f*

association subscription
Mitgliedsabonnement *n*

association trademark
Verbandszeichen *n*

associative advertising
Assoziationswerbung *f*

assortment
1. Sortiment *n*, Warensortiment *n (Einzelhandel) (Großhandel)*
2. Auswahlsortiment *n*

assortment analysis
Sortimentsanalyse *f (Einzelhandel) (Großhandel)*

assortment display
Sortimentsauslage *f*, Gesamtauslage *f*, Auslage *f* des gesamten Warensortiments *(POP-Werbung)*

assortment display window
Stapelfenster *n*, Massenfenster *n (POP-Werbung)*

assortment of samples
Musterkollektion *f*

astonisher *sl*
1. Balkenüberschrift *f (Zeitung/Zeitschrift)*
2. Anreißer *m*, Anriß *m*, Aufreißer *m*, Aufmerksamkeit erregende Einleitung *f* eines Texts *(Werbung)*

asymmetrical balance
asymmetrisches Layout *n*, asymmetrisches Anzeigenlayout *n*

at-home audience
Leser-, (Zu)Hörer-, Zuschauerschaft *f*, die zuhause liest, hört, schaut *(Mediaforschung)*

at-home listener
Radiohörer *m*, der zuhause hört, Zuhausehörer *m (Mediaforschung)*

at-home reader
Leser *m*, der zuhause liest, Zuhauseleser *m (Mediaforschung)*

at-home viewer
Zuschauer *m*, Fernseher *m*, der zuhause sieht *(Mediaforschung)*

atomistic competition
atomistische Konkurrenz *f*

atomistic evaluation
atomistische Bewertung *f*, Einzelbewertung *f (Werbung)*

A-to-S ratio
→ advertising-to-sales ratio

A-T-R model
→ Awareness-Trial-Reinforcement model

attained involvement
etwa stabilisierte Werbeberührtheit *f*, gefestigtes Engagement *n*, gefestigte Produktbindung *f* *(Werbeforschung) (Marktforschung)*

attention (attn.)
Aufmerksamkeit *f*, Beachtung *f (Psychologie) (empirische Sozialforschung) (Marktforschung) (Mediaforschung)*

attention factor
Aufmerksamkeitsfaktor *m (Werbeforschung)*

attention getter
Aufmerksamkeitserreger *m*, jemand *m*, der Aufmerksamkeit auf sich zieht, etwas *n*, das Aufmerksamkeit auf sich zieht, Blickfang *m (Werbung)*

attention getting capacity (of an advertisement)
Fähigkeit *f* (eines Werbemittels), Aufmerksamkeit auf sich zu ziehen, Aufmerksamkeit zu erregen

attention incentive
Aufmerksamkeit auslösendes Moment *n*, Aufmerksamkeitsauslöser *m (Werbeforschung)*

attention measurement
Aufmerksamkeitsmessung *f (Werbeforschung)*

attention span
Konzentrationsspanne *f*, Aufmerksamkeitsspanne *f (Psychologie)*

attention value
Beachtungswert *m*, Aufmerksamkeitswert *m (Werbeforschung)*

attentiveness
Aufmerksamkeitsintensität *f*, Grad *m* der geistigen Anwesenheit, Aufmerksamkeit *f (Hörfunk/Fernsehen) (Mediaforschung)*

attitude
Einstellung *f*, Haltung *f*, Attitüde *f*, Geisteshaltung *f*, Standpunkt *m (Psychologie) (empirische Sozialforschung) (Marktforschung)*

attitude change
Einstellungswandel *m*, Einstellungsänderung *f* *(Psychologie) (empirische Sozialforschung) (Marktforschung)*

attitude intensity
Einstellungsintensität *f (Psychologie) (empirische Sozialforschung) (Marktforschung)*

attitude measurement
Einstellungsmessung *f (Psychologie) (empirische Sozialforschung) (Marktforschung)*

attitude research
Einstellungsforschung *f (Psychologie) (empirische Sozialforschung) (Marktforschung)*

attitude scale
Einstellungsskala *f (Psychologie) (empirische Sozialforschung) (Marktforschung)*

attitude segmentation
Einstellungssegmentierung *f (Marktforschung) (Marketing)*

attitude share of market
etwa Einstellungsmarktanteil *m* (eines Produkts) *(Marktforschung)*

attitude study
Einstellungsuntersuchung *f*, Einstellungsstudie *f (Psychologie) (empirische Sozialforschung) (Marktforschung)*

attitudinal measurement
→ attitude measurement

attitudinal research
Einstellungsforschung *f (Psychologie) (empirische Sozialforschung) (Marktforschung)*

attn.
Abk attention

to attract
v/t anziehen, fesseln, gewinnen, locken, anlocken, Anziehungskraft ausüben, haben, anziehend wirken

attraction
Anziehungskraft *f*, Attraktion *f*

attraction power (of an advertisement)
Anziehungskraft *f*, Zugkraft *f* (eines Werbemittels)

attribution
Attribution *f*, Attribuierung *f*, Attributionsprozesse *m/pl (empirische Sozialforschung) (Marktforschung) (Marketing)*

auction

auction
Auktion *f*, Versteigerung *f*

auction sale
→ auction

audience
Reichweite *f*, Nutzerschaft *f*, Publikum *n* (eines Werbemittels oder Werbeträgers) *(Mediaforschung)*
1. Leserschaft *f (Druckmedien) (Leserschaftsforschung)*
2. Hörerschaft *f*, Zuhörerschaft *f (Hörfunk) (Hörerforschung)*
3. Zuschauerschaft *f (Fernsehen) (Zuschauerschaftsforschung)*
4. Publikum *n*, *(Kino)*Besucher *m/pl*, Passanten *m/pl*, Passagiere *m/pl (Kino) (Außen-/Verkehrsmittelwerbung) (Mediaforschung)*

audience accumulation
interne Überschneidung *f*, Kumulierung *f*, Leserschaftskumulierung *f*, Hörerschaftskumulierung *f*, Zuschauerschaftskumulierung *f*, Publikumskumulierung *f*, Nettoreichweite *f (Mediaforschung)*

audience analysis
Leser-, (Zu)Hörer-, Zuschauer-, Publikumsanalyse *f*, Reichweitenanalyse *f (Mediaforschung)*

audience attention
Leserschafts-, (Zu)Hörerschafts-, Zuschauerschafts-, Publikumsbeachtung *f*, -aufmerksamkeit *f (Mediaforschung)*

audience attentiveness
Nutzungsintensität *f*, Aufmerksamkeitsintensität *f* der (Zu)Hörer, Zuschauer *(Hörfunk/Fernsehen) (Mediaforschung)*

audience breakdown
demographische Aufgliederung *f* der Leser, (Zu)Hörer, Zuschauer, des Publikums *(Mediaforschung)*

audience builder
zugkräftiger Werbeträger *m*, zugkräftiges Werbemittel *n*

audience carry-over
→ carry-over

audience characteristics *pl*
demographische Charakteristika *n/pl* der Leser, (Zu)Hörer, Zuschauer, des Publikums *(Mediaforschung)*

audience combination
kombinierte Reichweite *f*, Leserschafts-. (Zu)Hörerschafts-, Zuschauerschafts-, Publikumskombination *m/pl (Mediaforschung)*

audience combination pattern
Kombinationsmuster *n* von Leser-, (Zu)Hörer-, Zuschauerschaften, Muster *n*, nach dem Leser-, (Zu)Hörer- Zuschauerschaften kombiniert werden *(Mediaforschung)*

audience comp
kurz für audience composition

audience comp analysis
kurz für audience composition analysis

audience composition
demographische Zusammensetzung *f* der Leser-, Hörer- oder Zuschauerschaft *(Mediaforschung)*

audience consciousness
→ audience attention

audience cumulation
interne Überschneidung *f*, Kumulation *f (Mediaforschung)*

audience delivery
eigentl Zustellung *f*, Anlieferung *f* (eines Programms) an ein Publikum, Streuweg *m*, Reichweite *f*, Durchdringung *f*, Zahl *f* der Hörer, Zuschauer, Leser *(Mediaforschung)*

audience duplication
externe Überschneidung *f*, Quantuplikation *f*, Duplikation *f*, Überschneidung *f*, Duplizierung *f*, Überlappung *f* von Leser-, (Zu)Hörer-, Zuschauerschaften *(Mediaforschung)*

audience estimate
geschätzte Leser-, (Zu)Hörer-, Zuschauerzahl *f* Reichweitenschätzung *f (Mediaforschung)*

audience flow
Zuschauerschaftsfluß *m*, (Zu)Hörerschaftsfluß *m*, Zuschauerfluß *m*, Hörerfluß *m*, Publikumsfluß *m (Hörfunk/Fernsehen) (Mediaforschung)*

audience flow analysis
Analyse *f* des Zuschauer-, (Zu)Hörerflusses *(Hörfunk/Fernsehen) (Mediaforschung)*

audience flow diagram
Diagramm *n*, graphische Darstellung *f* des Zuschauer-, (Zu)Hörerflusses *(Hörfunk/Fernsehen) (Mediaforschung)*

audience flow study
Untersuchung *f*, Studie *f* des Zuschauer-, (Zu)Hörerflusses *(Hörfunk/Fernsehen) (Mediaforschung)*

audience gain
Zuwachs *m* der Zuschauer-, (Zu)Hörerschaft im Programmverlauf, im Sendeverlauf, Bruttozuwachs *m*, Bruttozunahme *f* der Zuschauer-, (Zu)Hörerschaft *(Hörfunk/Fernsehen) (Mediaforschung)*

audience-holding index
etwa Stabilitätsindex *m*, Zugkraftindex *m*, Attraktivitätsindex *m* (eines Radio-oder Fernsehprogramms) *(Mediaforschung)*

audience holdover
→ holdover audience

audience interview
Interview *n* mit Lesern, (Zu)Hörern, Zuschauern, Sehern, Leserbefragung *f*, Hörerbefragung *f*, Seherbefragung *f (Mediaforschung)*

audience investigation
Publikumsuntersuchung *f*, Leserschafts-, (Zu)Hörerschafts-, Zuschauerschaftsuntersuchung *f (Mediaforschung)*

audience loss
Verlust *m*, Abnahme *f*, Bruttoabnahme *f*, Bruttoverlust *m* der Zuschauer-, (Zu)Hörerschaft im Programmverlauf, im Sendeverlauf *(Hörfunk/Fernsehen) (Mediaforschung)*

audience loyalty
Lesertreue *f*, (Zu)Hörertreue, Zuschauertreue *f*, Publikumstreue *f*, Leser-, (Zu)Hörer-, Zuschaueranhänglichkeit *f*, Bindungsqualität *f*, Bindungsstärke *f*, Medienbindung *f (Mediaforschung)*

audience make-up
Zusammensetzung *f* der Leser, (Zu)Hörer-, Zuschauerschaft, des Publikums *(Mediaforschung)*

audience measurement
Messung *f* der Leser-, (Zu)Hörer-, Zuschauerschaft, des Publikums *(Mediaforschung)*

audience of car cards
Publikum *n* von Verkehrsmittelplakaten, Verkehrsmittelanschlagwerbung

audience of households
Haushaltszuschauerschaft *f*, Haushalts(zu)hörerschaft *f*, Haushaltsleserschaft *f*, Haushaltsreichweite *f*, Haushaltszuschauer *m/pl*, Haushalts(zu)hörer *m/pl*, Haushaltsleser *m/pl*, Haushaltspublikum *n (Mediaforschung)*

audience of individuals
Personenzuschauerschaft *f*, Zuschauerzahl *f*, Personen(zu)hörerschaft *f*, Hörerzahl *f*, Personenzuschauer *m/pl*, Personenleserschaft *f*, Leserzahl *f*, Personen(zu)hörer *m/pl*. Personenpublikum *n (Mediaforschung)*

audience of outdoor poster panels
Außenwerbungspublikum *n*, Publikum *n* von Außenanschlägen *(Außenwerbung)*

audience participation
aktive Mitwirkung *f*, Teilnahme *f* von Zuschauern, (Zu)Hörern bei einer Sendung *(Hörfunk/Fernsehen) (Mediaforschung)*

audience-participation program
Mitmachsendung *f*, Mitwirkungsprogramm *n*, Zuschauermitgestaltungssendung *f (Hörfunk/Fernsehen)*

audience-participation show
Mitmachsendung *f*, Sendung *f* mit Publikumsteilnahme *(Hörfunk/Fernsehen)*

audience profile
Zuschauerschaftsprofil *n*, (Zu)Hörerschaftsprofil *n*, Leserschaftsprofil *n*, demographische Aufgliederung *f* der Leser-, (Zu)Hörer-, Zuschauerschaft, Leser-, Hörer-, Zuschauerschaftsstruktur *f (Mediaforschung)*

audience rating
Einschaltquote *f (Hörfunk/Fernsehen) (Mediaforschung)*

audience-reaction method
Methode *f* der Messung von Zuschauer-, (Zu)Hörerschaftsreaktionen auf eine Sendung *(Hörfunk/Fernsehen) (Mediaforschung)*

audience-reaction session
Studiositzung *f* zur Messung von Zuschauer-, (Zu)Hörerreaktionen auf eine Sendung *(Hörfunk/Fernsehen)*

audience research
Leser-, (Zu)Hörer-, Zuschauerschaftsforschung *f*, Publikumsforschung *f (Mediaforschung)*

audience response
Reaktion *f* der Leser, (Zu)Hörer, Zuschauer, des Publikums auf Medieninhalt und/oder Werbebotschaft

audience score
Leserschaftszahl *f*, -ziffer *f*, Einschaltzahl *f*, -ziffer *f*, Hörerzahl *f*, Zuschauerzahl *f* *(Mediaforschung)*

audience setup (set-up)
Aufbau *m*, Zusammensetzung *f*, Struktur *f* der Leserschaft, (Zu)Hörerschaft, Zuschauerschaft *(Mediaforschung)*

audience share
(Zu)Höreranteil *m*, Zuschaueranteil *m* *(Hörfunk/Fernsehen) (Mediaforschung)*

audience size
Publikumsumfang *m*, Umfang *m* der Leser-, (Zu)Hörer-, Zuschauerschaft *f*, Gesamtzahl *f* der Leser (Zu)Hörer, Zuschauer *(Mediaforschung)*

audience stability
Stabilität *f*, Konstanz *f* der Leser-, (Zu)Hörer-, Zuschauerschaft im Zeitverlauf, Programmverlauf, Sendeverlauf *(Mediaforschung)*

audience structure
Struktur *f* der Leser, (Zu)Hörer, Zuschauer *(Mediaforschung)*

audience traffic
Blickverlauf *m*, Sehverlauf *m*, Lesegeschehen *n*, Lesebewegungen *f/pl*, Leseaktivitäten *f/pl*, Nutzungsgeschehen *n*, Nutzungsbewegungen *f/pl*, Nutzungsaktivitäten *f/pl*, Hörerschaftsgeschehen *n*, Hörerschaftsbewegungen *f/pl*, Hörerschaftsaktivitäten *f/pl*, Zuschauerschaftsgeschehen *n*, Zuschauerschaftsbewegungen *f/pl*, Zuschauerschaftsaktivitäten *f/pl* *(Mediaforschung)*

audience triplication
Verdreifachung *f* der Leser-, (Zu)Hörer-, Zuschauerschaften, dreifache Überschneidung *f*, Überlappung *f* von Lesern (Zu)Hörern, Zuschauern *(Mediaforschung)*

audience turnover
1. Zuschauer-, (Zu)Hörerfluktuation *f* *(Hörfunk/Fernsehen) (Mediaforschung)*
2. *ungebr* Leserschaftsfluktuation *f*, Fluktuation *f* der Leserschaft, Publikumsfluktuation *f* *(Leserschaftsforschung)*

audio
1. Ton *m*
2. Tonfrequenz *f*, Niederfrequenz *f*
3. *adj* audio, Audio-, Hör-, Ton-

audio recall
Erinnerung *f* an gehörte Information, gehörte Werbebotschaft *(Werbeforschung)*

audiotape (audio tape)
Tonband *n*, Tonbandgerät *n*

audiovision
Audiovision (AV) *f*, Kassettenfernsehen *n*

audiovisual
1. *adj* audiovisuell
2. audiovisuelles Gerät *n*, Kassettenfernseher *m*

audiovisual advertising
audiovisuelle Werbung *f*, Werbung *f* mit Hilfe von Ton und Bild

audiovisual communication
audio-visuelle Kommunikation *f*, AV-Kommunikation *f*

audiovisual communication medium
audiovisuelles Kommunikationsmedium *n*, AV-Medium *n*

audiovisual instruction
audiovisueller Unterricht *m*, audiovisuelle Unterweisung *f*

audiovisual media *pl*
audiovisuelle Medien *n/pl*, AV-Medien *n/pl*

audiovisual medium
audiovisuelles Medium *n*, AV-Medium *n*

audiovisual show
Tonbildschau *f*, audiovisuelles Programm *n*, Tonbildvorführung *f*, audiovisuelle Vorführung *f*

audit
1. Bestandsaufnahme *f*, Revision *f*, Prüfung *f*, Buchprüfung *f*, Rechnungsprüfung *f*, Rechenschaftslegung *f*, Überprüfung *f* des Gesamtbestands
2. Auflagenprüfung *f*, Auflagenkontrolle *f* *(Zeitung/Zeitschrift)*

to audit
v/t (über)prüfen, buchprüfen, Revision

machen, Auflagenprüfung, Auflagenkontrolle durchführen, vornehmen

audited circulation
überprüfte Auflage *f*, kontrollierte Auflage *f* *(Zeitung/Zeitschrift)*

audited net circulation
→ audited net sale

audited net sale
überprüfte durchschnittliche Nettoverkaufsauflage *f*, überprüfte Nettoverkaufsauflage *f*, kontrollierte durchschnittliche Nettoverkaufsauflage *f (Zeitung/Zeitschrift)*

audited sales *pl*
überprüfte Verkäufe *m/pl*, überprüfter Absatz *m*, überprüfter Umsatz *m*

auditing
Durchführung *f* einer Auflagenüberprüfung, von Auflagenüberprüfungen, Auflagenkontrolle *f (Zeitung/Zeitschrift)*

audition
1. Hörvermögen *n*, Hörfähigkeit *f*, Gehör *n*
2. Sendeprobe *f*, Probesendung *f*, Testsendung *f*, Probesprechen *n*, Probesingen *n*, Probespielen *n*, Vorsprechen *n*, Vorsingen *n*, Vorspielen *n*, Sprechprobe *f (Hörfunk/Fernsehen)*

to audition
1. *v/t* einer Hörprobe unterziehen, probesingen, probespielen lassen *(Hörfunk/Fernsehen)*
2. *v/i* sich einer Hörprobe unterziehen, probesingen, probespielen, probesprechen *(Hörfunk/Fernsehen)*

audition record
Aufnahme *f* einer Probesendung, einer Probevorführung, Sendeprobe, Sprechprobe, Spielprobe *(Hörfunk/Fernsehen)*

auditor
Prüfer *m*, Revisor *m*, Kontrolleur *m*, jemand *m*, der eine Überprüfung vornimmt, Auflagenüberprüfer *m*, Auflagenkontrolleur *m*

auditorium test
Auditoriumstest *m*, Studiotest *m (Werbeforschung)*

auditory advertising
akustische Werbung *f*, Tonwerbung *f*

audit report
Auflagenprüfungsbericht *m*, Auflagenkontrollbericht *m*

augmented product
etwa erweitertes Produkt *n*
Zusatznutzen *m*

Automatic Interaction Detector (AID)
Automatischer Interaktions-Detektor (AID) *m*, AID-Verfahren *n*, Baumanalyse *f*, Kontrastgruppenanalyse *f (empirische Sozialforschung) (Marktforschung)*

automatic selling
→ automatic vending

automatic vending
Automatengeschäft *n*, Automatenverkauf *m*, automatischer Verkauf *m*, Automatenvertrieb *m*

automobile advertising
Kraftfahrzeugwerbung *f*, Kraftwagenwerbung *f (Verkehrsmittelwerbung)*

automobile-passenger exposure
Autofahrerkontakt *m (Außenwerbung)*

auxiliary goods *pl*
Hilfs- und Betriebsstoffe *m/pl*

avail *(pl* avails*)*
kurz für availability (availabilities)

availability
1. verfügbare Sendezeit *f (Hörfunk/Fernsehen)*
2. verfügbare Werbeflächeneinheit *f (Außenwerbung/Verkehrsmittelwerbung))*

available commercial time
zulässige Werbezeit *f (Hörfunk/Fernsehen)*

A value ("A" value)
A-Wert *m (Außenwerbung) (Plakatforschung)*

AVD
Abk annual volume discount

average audience (AA, aa)
Durchschnittsreichweite *f*, durchschnittliche Hörerzahl *f*, durchschnittliche Zuschauerzahl *f*, Zuschauerschaft *f*, Hörerschaft *f* einer Sendung *(Hörfunk/Fernsehen) (Mediaforschung)*

average audience rating (AA rating, A.A. rating, aa rating)
durchschnittliche Einschaltquote *f*, durch-

average circulation 36

schnittliche Hördauer *f*, durchschnittliche Sehdauer *f*, durchschnittliche Hörbeteiligung *f*, durchschnittliche Sehbeteiligung *f* *(Hörfunk/Fernsehen) (Mediaforschung)*

average circulation
durchschnittliche Auflage *f*, Durchschnittsauflage *f (Zeitung/Zeitschrift)*

average consumption
durchschnittlicher Konsum *m*, Durchschnittskonsum *m*, Durchschnittsverbrauch *m*

average costs *pl*
durchschnittliche Kosten *pl*, Durchschnittskosten *pl*

average cost pricing
Durchschnittskosten-Preisbildung *f*

average daily effective circulation
durchschnittlicher effektiver Werbemittelkontakt *m*, durchschnittliche effektive tägliche Anschlagreichweite *f (Außenwerbung)*

average exposure
Durchschnittskontakte *m/pl*, durchschnittliche Kontakte *m/pl*, *(Mediaforschung)*

average frequency
durchschnittliche Kontakthäufigkeit *f*, durchschnittliche Kontaktfrequenz *f* *(Mediaforschung)*

average household set tuning
durchschnittliche Einschaltzahl *f* der Haushalte, durchschnittlich eingeschaltete Haushalte *m/pl*, durchschnittliche Haushalts-Einschaltquote *f (Hörfunk/Fernsehen) (Mediaforschung)*

average instantaneous audience
→ average audience, minute-by-minute audience

average-issue audience (AIA)
durchschnittliche Leserzahl *f* pro Ausgabe *(Zeitschrift) (Leserschaftsforschung)*

average-issue readership (A.I.R.)
durchschnittliche Leserzahl *f* einer Ausgabe *(Leserschaftsforschung)*

average minute rating
→ average audience rating

average net paid
kurz für average net paid circulation

average net paid circulation
durchschnittliche Verkaufsauflage *f*, durchschnittlich verkaufte Auflage *f* pro Ausgabe *(Zeitung/Zeitschrift)*

average number of exposures per reader
durchschnittliche Kontaktzahl *f* pro Leser *(Zeitung/Zeitschrift) (Leserschaftsforschung)*

average number of return copies
Remittendendurchschnitt *m* *(Zeitschrift/Zeitung)*

average OTS
→ average frequency, opportunity to see

average page exposure (apx)
durchschnittlicher Seitenkontakt *m*, durchschnittliche Zahl *f* der Seitenkontakte *(Leserschaftsforschung)*

average paid
kurz für average net paid circulation

average propensity to consume
durchschnittliche Konsumneigung *f*

average rating
→ average TVR

average reading days *pl*
durchschnittliche Zahl *f* der Lesetage *(Leserschaftsforschung)*

average reading probability
durchschnittliche Nutzungswahrscheinlichkeit *f*, durchschnittliche Lesewahrscheinlichkeit *f (Leserschaftsforschung)*

average revenue
durchschnittliche Einnahmen *f/pl*, Durchschnittseinnahmen *f/pl*

average space position value
→ space position value

average total audience rating
→ total audience rating

average TVR
→ TVR

Average Valued Impressions Delivered (AVIDS) *pl*
Summe *f* der durchschnittlichen Brutto-Zuschauer- oder (Zu)Hörerschaft für eine Sendung, gemessen im 15-Minuten-Takt (Kanada) *(Hörfunk/Fernsehen) (Mediaforschung)*

avid viewer
Dauerseher *m*, Dauerzuschauer *m*, Vielseher *m* *(Fernsehen) (Mediaforschung)*

a/w (A/W)
Abk alternate weeks

awareness
Bekanntheit *f*, Bewußtheit *f*, Awareness *f* *(Marktforschung) (Mediaforschung) (Werbeforschung)*

away-from-home audience
Leserschaft *f*, (Zu)Hörerschaft *f*, Zuschauerschaft *f* die nicht zuhause liest, hört oder sieht, Außer-Haus-Nutzer *m*, Außer-Haus-Hörer *m*, Außer-Haus-Leser *m*, Außer-Haus-Seher *m* *(Mediaforschung)*

away-from-home listener
Zuhörer *m*, Hörer *m*, der nicht zuhause (Radio) hört, Außer-Haus-Hörer *m (Mediaforschung)*

away-from-home listening
Hören *n*, Zuhören *n* außerhalb des eigenen Hauses, Außer-Haus-Hören *n* *(Hörfunk) (Mediaforschung)*

away-from-home reader
Leser *m*, der nicht zuhause liest, Außer-Haus-Leser *m (Mediaforschung)*

away-from-home reading
Lesen *n* außerhalb des eigenen Hauses, außer Haus, Außer-Haus-Lesen *n (Mediaforschung)*

away-from-home viewer
Zuschauer *m*, der außerhalb des eigenen Hauses fernsieht, Außer-Haus-Seher *m (Mediaforschung)*

away-from-home viewing
Zuschauen *n*, Fernsehen *n*, außerhalb des eigenen Hauses, Außer-Haus-Sehen *n (Mediaforschung)*

Ayer model (Ayer new product model)
Ayer-Modell *n (Werbeforschung)*

B

baby billboard
Verkehrsmittelplakat *n*, Anschlagzettel *m* in öffentlichen Verkehrsmitteln, Innenplakat *n*, Innenanschlag *m (Verkehrsmittelwerbung)*

back copy
ältere Ausgabe *f*, älteres Exemplar *n*, älteres Heft *n* (einer Zeitschrift/Zeitung)

back cover (BC, bc)
letzte Umschlagseite *f*, vierte Umschlagseite *f*, U 4 *f (Zeitschrift)*

backdoor sales *pl*
eigentl Verkauf *m* durch die Hintertür Verkauf *m* von Großhändlern an Einzelkunden, Verkauf *m* „unter der Hand"

backer card
Rückenplakat *n*, Stützplakat *n (POP-Werbung) (Anschlagwerbung)*

backflap
Rückenklappe *f* des Umschlags (eines Buchs)

back freight
Rückfracht *f*

background advertising
Bandenwerbung *f*

background music
musikalische Untermalung *f*, Hintergrundmusik *f*

background sound
Hintergrundmusik *f*, Hintergrundgeräusche *n/pl*, Geräuschkulisse *f (Hörfunk/Fernsehen) (POP-Werbung)*

backlighted transparency
Leuchtbild *n*, Transparent *n*, Durchscheinbild *n*, illuminiertes Bild *n*

backlighting
1. Beleuchtung *f* des Objekts von hinten, Hintergrundausleuchtung *f (Photographie/Film/Fernsehen)*
2. Leuchtbild *n*, Transparent *n*, Durchscheinbild *n*, illuminiertes Bild *n*

backload
eigentl Endladung *f*

to backload
v/i (Werbe)Budget für die letzte Hälfte einer Planperiode aufbewahren, um zu verhindern, daß der Etat gleich am Anfang aufgebraucht wird

backlog of orders
Auftragsbestand *m*

back order
unerledigter Auftrag *m*

back orders *pl*
Auftragsrückstand *m*

back page
letzte Seite *f*, hintere Seite *f* (einer Publikation) *(Zeitung/Zeitschrift)*

backpage
adj letzte Seite hintere Seite, Rückseite (einer Publikation) betreffend *(Zeitung/Zeitschrift)*

backroom
Lagerraum *m* (eines Geschäfts)

back section
hinterer Teil *m* (einer Publikation) *(Zeitung/Zeitschrift)*

back-to-back
adj aufeinanderfolgend, unmittelbar aufeinanderfolgend (Sendungen) *(Hörfunk/Fernsehen)*

back-to-back commercials *pl*
unmittelbar aufeinanderfolgende Werbesendungen *f/pl (Hörfunk/Fernsehen)*

back-to-back programs *pl*
unmittelbar aufeinanderfolgende Sendungen *f/pl (Hörfunk/Fernsehen)*

back-up page
Mindestbelegung *f (Werbeplanung)*

back-up space
Mindestbelegung *f*, Mindestanzeigenraum *m (Zeitung/Zeitschrift) (Außenwerbung)*

badge
Abzeichen *n*, Namensschild *n*

badwill
Badwill *m (Marketing) (Werbung)*

bag
Tüte *f*, Beutel *m (Verpackung)*

bag stuffer
→ stuffer **2.**

bait
Köder *m*, Lockartikel *m*, billiges Lockangebot *n*

bait advertising
Anlocken *n*, Lockmittelwerbung *f*, Werbung *f* mit Lockartikeln, Köderwerbung *f*, Anlocken *n* von Kunden

bait and switch
→ bait advertising

bait-and-switch selling
→ bait advertising

bait-and-switch tactics *pl*
→ bait advertising

balance
1. Ausgeglichenheit *f*, Ausgewogenheit *f* (der graphischen Gestaltung, des Schriftbilds, der Berichterstattung, der tontechnischen Gestaltung, des musikalischen Arrangements, des Layout)

balanced
1. *adj* ausgewogen, ausgeglichen
2. *adj* (Waren) zusammen ausgestellt und angepriesen, aber getrennt verkauft

balanced stock
ausgewogener Lagerbestand *m*, ausgewogenes Warensortiment *n*

balance of payments
1. Zahlungsbilanz *f*, statistische Zahlungsbilanz *f (Wirtschaftslehre)*
2. Zahlungsbilanz *f* im Marktsinn *(Wirtschaftslehre)*

balance-of-payment theory
Zahlungsbilanztheorie *f*

balance of trade
Handelsbilanz *f*, Leistungsbilanz *f*

balance theory (Fritz Heider)
Balancetheorie *f (Sozialpsychologie) (Einstellungsforschung)*

balloon advertising
Ballonwerbung *f*, Luftballonwerbung *f*

ballon cartoon question
Ballonfrage *f*, Ballontest *m*, Sprechblasenfrage *f (empirische Sozialforschung) (Marktforschung)*

ballon test
→ Ballonfrage

bally
kurz für ballyhoo

ballyhoo
aufgebauschte Werbung *f*, reißerische Reklame *f*, Werberummel *m*, Werbetamtam *n*, übertriebene, marktschreierische Publizität *f*, Marktschreierei *f*

to ballyhoo
v/t + v/i aufgebauschte Werbung machen, Werberummel treiben, übertriebene, marktschreierische Werbung machen, Werbung mit viel Tamtam machen, reißerische Reklame machen

banded pack
→ package band premium

banded premium
→ package band premium

banderole
Banderole *f*, Inschriftenband *n*

b and w (b & w, B & W)
Abk black and white

bandwagon effect
Mitläufereffekt *m*, Bandwagoneffekt *m (Kommunikationsforschung) (Marktforschung)*

bandwidth
Bandbreite *f (Hörfunk)*

to bang out (copy)
v/t (Anzeigen)Text „raushauen", schnell produzieren, in rasender Eile schreiben

bangtail
eigentl gestutzter Schwanz *m*
Briefumschlag *m* mit Warenangeboten auf der Rückseite *(Briefwerbung)*

bank advertising
Bankwerbung f, Bankenwerbung f

bank marketing
Bank(en)marketing n

banner
1. Spannband n, Spruchband n, Schleppband n (Außenwerbung) (POP-Werbung)
2. Balkenüberschrift f

banner head
kurz für banner headline

banner headline
Balkenüberschrift f (Zeitung/Zeitschrift)

banner trailing
Flugzeugtransparentwerbung f (Außenwerbung)

bargain ad
kurz für bargain advertisement

bargain advertisement
Sonderangebotsanzeige f, Sonderangebotsinserat n

bargain advertising
Sonderangebotswerbung f, Werbung f für Sonderangebote

bargain basement
→ bargain basement store

bargain basement store
eigentl Sonderangebotskeller m, Sonderangebotsverkaufsplatz m, Verkaufsfläche f für Sonderangebote (POP-Werbung)

bargain-basement
adj herabgesetzt, Tiefst-, Sonderangebots- (Preis)

bargain counter
Verkaufstresen m, Verkaufstisch m für Sonderangebote (POP-Werbung)

bargain-counter
→ bargain-basement

bargain offer
Sonderangebot n (Marketing)

bargain price
Sonderangebotspreis m, herabgesetzter Preis m (Marketing)

bargain sale
Sonderangebotsverkauf m (Marketing)

bargain sales ad
kurz für bargain sales advertisement

bargain sales advertisement
Sonderangebotsanzeige f, Sonderangebotsreklame f, Sonderangebotsinserat n

bargain sales advertising
Sonderangebotswerbung f, Sonderangebotsreklame f

bargain sales counter
Sonderangebotstisch m (POP-Werbung)

bargain sales policy
Sonderangebotspolitik f

bargain sales strategy
Sonderangebotsstrategie f (Marketing)

bargain store
Kleinpreisgeschäft n, Juniorwarenhaus n

barker
Anpreiser m, Marktschreier m, marktschreierischer Kundenwerber m, Werber m

barometric price leadership
barometrische Preisführung f, dominierende Preisführerschaft f (Wirtschaftslehre) (Wettbewerbstheorie)

barrel
Faß n (Verpackung)

barrier to competition
Wettbewerbsbeschränkung f

barrier to entry
Markteintrittsbeschränkung f, Marktzutrittsbeschränkung f, Eintrittsbeschränkung f

barter
1. Tauschgeschäft n, Tauschhandel m, Gegengeschäft n, Tausch m, Naturaltausch m
2. Gegengeschäft n, Tausch m (Hörfunk/Fernsehen)

barter ad
kurz für barter advertisement

barter advertisement
Tauschanzeige f, Gegenschäftsanzeige f

barter advertising
Tauschwerbung *f*, Werbung *f* im Gegengeschäft, Gegengeschäftswerbung *f*, Bartering *n*

barter broadcast time
Werbesendezeit *f* für Gegengeschäftswerbung *(Hörfunk/Fernsehen)*

barter broker
Tauschgeschäftsmakler *m*, Tauschgeschäftsmittler *m*, Gegengeschäftsmittler *m*, Gegengeschäftsmakler *m*

barter business
Gegengeschäft *n*

barter business transaction
→ barter business

barter transaction
→ barter business

barter plan
Gegengeschäftsplan *m*, Tauschvereinbarung *f* *(Hörfunk/Fernsehen)*

barter syndication
Koppelung *f* von Werbung und Programm, Koppelverkauf *m* von Werbungs- und Programmsendungen *(Hörfunk/Fernsehen)*

barter time
→ barter broadcast time

base-line involvement
Grundinteresse *n*, Minimalinteresse *n* *(Marketing) (Werbung)*

basement store
→ bargain basement store

base price
Grundpreis *m*, Preis *m* ohne Rabatte, Basispreis *m*

base rate
Anzeigengrundpreis *m*, Grundpreis *m* für Werbung

basic advertising medium
Hauptwerbeträger *m*

basic advertising message
grundlegende Werbebotschaft *f*, Hauptbotschaft *f*, Grundaussage *f* der Werbung

basic assortment
Basissortiment *n*

basic bus
Grundbelegung *f* *(Verkehrsmittelwerbung)*

basic concept
Grundkonzept *n*

basic demand
Grundbedarf *m* *(Wirtschaftslehre) (Marktpsychologie)*

basic fee
Grundgage *f*

basic list
→ basic media schedule

basic low stock
Minimalbestand *m*, minimaler Grundbestand *m*

basic media concept
Grundkonzept *n* für den Medieneinsatz *(Mediaplanung)*

basic media list
→ basic media schedule

basic media schedule
Kandidatenliste *f*, Ausgangsplan *m* für den Medieneinsatz *(Mediaplanung)*

basic medium
Hauptwerbemedium *n*, Hauptwerbeträger *m*, Basismedium *n* *(Mediaplanung)*

basic message
→ basic advertising message

basic need
→ primary need

basic network
Mindestbelegung *f* *(Hörfunk/Fernsehen)*

basic package
Einzelpackung *f*, Grundpackung *f* *(Verpackung)*

basic plan
Ausgangsplan *m*

basic price
1. Bezugspreis *m*, Listenpreis (einer Publikation) *(Zeitung/Zeitschrift)*

basic product
Grundware *f*

basic rate
Grundpreis *m*, Einzelpreis *m* (für Werbung)

basic sheet
Grundbogen *m* (Papier) (Außenwerbung)

basis panel
Basispanel *n* (Marktforschung)

basic unit
→ base

basic utility
Grundnutzen *m*

basing point
Lieferort *m*

basing-point pricing
Frachtbasis-Preispolitik *f*, Frachtbasis-Preissystem *n*, Preispolitik *f* der Frachtparitäten, Preissetzung *f* auf der Basis von Frachtparitäten

basket
Korb *m*

BC (bc)
Abk back cover

B.D.
Abk brand development

B.D.I. (BDI)
Abk brand development index

beauty shot
eigentl Schönheitsschnappschuß *m*, Schönheitsaufnahme *f*
Nahaufnahme *f* eines Produkts (in einer Werbesendung) (Fernsehen)

bedrock audience
Kernleserschaft *f*, Kern(zu)hörerschaft *f*, Kernzuschauerschaft *f*, Kernpublikum *n*, Stammleserschaft *f*, Stamm(zu)hörerschaft *f*, Stammzuschauerschaft *f*, Stammpublikum *n* (Mediaforschung)

behavioral research (*brit* behavioural research)
Verhaltensforschung *f* (Psychologie)

behaviorism (*brit* behaviourism)
Behaviorismus *m* (Psychologie) (empirische Sozialforschung) (Marktforschung)

believability (of advertising)
Glaubwürdigkeit *f* der Werbung (Kommunikationsforschung) (Werbeforschung)

bell cow
sl etwa Leithammel *m*, *eigentl* Leitkuh *f* (Marketing)

belonger
etwa Eingegliederter *m*, eingegliederter Mensch *m* (Marktforschung)

below text
unterhalb des Textes, unter Text (Insertionsanweisung) (Zeitung/Zeitschrift)

below-the-line advertising
Werbung *f* „unter dem Strich"
nicht vergütungsfähige Werbung *f*, nicht streufähige Werbung *f*, nichtklassische Werbung *f*

below-the-line cost
Kosten *pl*, die „unter dem Strich" anfallen, laufende Kosten *pl* (Werbung)

benchmark
eigentl trigonometrischer Punkt *m*, Abrißpunkt *m*, Nivellierungszeichen *n* (an der Meßlatte) (Vermessungswesen)
fig Orientierungsgröße *f*, Bezugspunkt *m*, Maßstab *m*, Maßstabgröße *f*, Richtgröße *f*, Richtwert *m*

benchmark study
Orientierungsstudie *f* (Marktforschung) (Mediaforschung)

benefit bundle
Nutzenbündel *n*, Vorteilsbündel *n* (Marktforschung)

benefit segmentation
Nutzensegmentierung *f*, Nutzensegmentation *f* (Marktforschung)

BERI-Index
BERI-Index *m* (Business Environment Risk Index)

best food day
bester Tag *m* für Lebensmittelanzeigen (Werbung)

bestseller (best seller)
Bestseller *m*

best time available (B.T.A., BTA)
günstigste Werbezeit *f*, günstigste (Werbe)Sendezeit *f (Hörfunk/Fernsehen)*

beverage advertising
Getränkewerbung *f*

B.G. (BG)
Abk background

bi-annual
1. *adj* halbjährlich, zweimal im Jahr, alle sechs Monate, Sechsmonats-, Halbjahres-
2. Halbjahreszeitschrift *f*

to bicycle
v/t eigentl radfahren
(Film-, Werbematerial) von einem Studio zum anderen transportieren (statt es zu übertragen oder zu vervielfältigen) *(Hörfunk/Fernsehen)*

bicycling
eigentl Radfahren *n*
Transport *m* von Film- und Werbematerial von einem Studio zum anderen *(Hörfunk/Fernsehen)*

bid
Angebot *n*, Lieferangebot *n*, Kaufangebot *n*, Kostenvoranschlag *m*, Kostenangebot *n*, Ausschreibung *f*

to bid
v/i Angebot machen, Lieferangebot machen, Kaufangebot machen, Kostenvoranschlag vorlegen

biennial
adj zweijährlich, Zweijahres-, alle zwei Jahre erscheinend

biennial journal
Zweijahreszeitschrift *f*

biennial publication
Zweijahresschrift *f*, Zweijahrespublikation *f*, Periodikum *n*, das alle zwei Jahre erscheint

biennium
Zweijahreszeitraum *m*, Zeitraum *m* von zwei Jahren

big name talent
Künstler *m(pl)*, Schauspieler *m(pl)* mit großem Namen, berühmter Künstler *m*, berühmte Künstler *m/pl*, berühmte Schauspieler *m(pl)* *(Film/Fernsehen)*

bill
1. Plakat *n*, Anschlag *m*, Anschlagzettel *m*, Zettel *m*
2. Schein *m*, Bescheinigung *f*, Bestätigung *f*
3. Rechnung *f*
4. Karte *f*, Liste *f*, Aufstellung *f*

to bill
1. *v/t* durch Anschlag bekanntgeben, bekanntmachen, ankündigen *(Anschlagwerbung) (Außenwerbung)*
2. *v/t* in eine Liste eintragen, aufnehmen
3. *v/t* eine Rechnung schicken, eine Rechnung ausfertigen

billboard
1. Anschlagbrett *n*, Anschlagfläche *f*, Anschlagtafel *f*, Anschlagzaun *m*, Allgemeinstelle *f*, allgemeine Anschlagstelle *f (Außenwerbung)*
2. Außenanschlag *m*, Außenplakat *n*, Plakatanschlag *m*
a) amerikanisches Großplakat *n*, großformatiges Plakat *n* (zwischen 24 und 30 sheet), großflächiges Plakat *n*
b) britisches Außenplakat *n* in Normalgröße
3. Ansage *f* oder Absage *f*, Sponsorenabsage *f*, Sponsorenansage *f*, Erwähnung *f* des Sponsors *(Hörfunk/Fernsehen)*
4. Ansage *f*, Vorspann *m*, Abspann *m (Film/Fernsehen)*

billboard advertising
Anschlagwerbung *f*, Außenanschlagwerbung *f*

billboard commercial
(Fernseh-) Werbesendung *f* in Plakatform

billboard hoarding
brit Reklamewand *f*, Werbezaun *m*, Werbewand *f (Außenwerbung)*

billboard test
Anschlagwerbetest *m (Außenwerbung) (Werbeforschung)*

billed cost
Rechnungspreis *m*

billing
1. Ausstellung *f*, Zustellung *f* einer Rechnung, Rechnungsstellung *f*
2. Gesamtrechnung *f* (einer Werbeagentur) für Werbungseinschaltungen einschließlich Werbeträger- und Herstellungskosten an einen Kunden
3. Gesamtrechnung *f* (eines Werbeträgers) an eine Agentur unter Abzug der Kommission

bill of delivery

4. Werbeaktivitäten *f/pl*, Reklame *f*, Werbung *f* im wesentlichen durch Außenanschläge, Plakatierung *f*
5. Stelle *f*, Plazierung *f*, an der eine Person oder der Name eines Produkts oder Marke in einer Anzeige, auf einem Plakat rangiert

bill of delivery
Lieferschein *m*

bill of lading
Frachtbrief *m*, Konnossement *n*, Seefrachtbrief *m*

bill of materials
Stückliste *f*

billposter
1. Anschlagwerbeunternehmen *n*, Anschlagflächenpächter *m*, Anschlagunternehmer *m*, Anschlagpächter *m* (*Außenwerbung/Verkehrsmittelwerbung*)
2. Plakatkleber *m*, Zettelkleber *m*
3. Reklameplakat *n*, Anschlagplakat *n*

billposting
Bogenanschlag *m*, Plakatanschlag *m*, Bogenanschlagwerbung *f*, Anschlagwerbung *f*, Anbringen *n* von Anschlagwerbung, Plakatkleben *n*, Betreiben *n* von Anschlagwerbung *f*

billposting agency
Anschlagwerbeunternehmen *n*, Plakatanschlagunternehmen *n*, Anschlagunternehmen *n* (*Außen-/Verkehrsmittelwerbung*)

billposting company
→ billposting agency

billposting order
Anschlaganweisung *f*, Anschlagbestellung *f* (*Außen-/Verkehrsmittelwerbung*)

billsticker (bill sticker)
Plakatkleber *m*, Zettelkleber *m* (*Außen-/Verkehrsmittelwerbung*)

billsticking (bill sticking)

bimetal plate

bi-monthly
adj zweimonatlich, Zweimonats-, alle zwei Monate erscheinend

bimonthly
Zweimonatszeitschrift *f*, Zweimonatspublikation *f*, Periodikum *n*, das alle zwei Monate erscheint

bi-monthly journal
Zweimonatszeitschrift *f*

bi-monthly magazine
Zweimonatszeitschrift *f*

bi-monthly publication
Zweimonatspublikation *f*, Publikation *f*, Veröffentlichung *f*, die in Abständen von zwei Monaten erscheint

bingo card *sl*
Bingo-Karte *f*, Kennzifferkarte *f*, Antwortkarte *f* in Kennzifferanzeige

bionics *pl als sg konstruiert*
Bionik *f*

bit
Szenenausschnitt *m* (*Werbefilm, Film*)

bit part
Mini-Rolle *f*, Chargenrolle *f*, Komparsenrolle *f*, ganz kleine Rolle *f* in einem Szenenausschnitt (*Werbefilm, Film*)

bit player
Schauspieler *m*, der eine ganze kleine Rolle in einem Szenenausschnitt hat, Charge *f*, Chargenspieler *m* (*Fernsehen/Film*)

bi-weekly
1. *adj* vierzehntäglich, Zweiwochen-, alle zwei Wochen, zweimal in Monat, Zweimonats
2. *adj* zweimal in der Woche, zweimal wöchentlich

biweekly (bi-weekly)
1. vierzehntäglich erscheinende Zeitschrift *f*, Vierzehntagezeitschrift *f*, vierzehntäglich erscheinende Zeitung *f*, vierzehntäglich erscheinende Publikation *f*, Halbmonatszeitschrift *f*
2. zweimal wöchentlich erscheinende Zeitschrift *f*, zweimal wöchentlich erscheinende Zeitung *f*, Periodikum *n*, das zweimal in der Woche erscheint

bi-weekly journal
vierzehntäglich erscheinende Zeitschrift *f*, Vierzehntagezeitschrift *f*, Halbmonatszeitschrift *f*, Zeitschrift *f*, die zweimal im Monat erscheint

bi-weekly magazine
→ bi-weekly journal

bi-weekly paper
vierzehntäglich erscheinende Zeitung *f*, zweimal monatlich erscheinende Zeitung *f*, Vierzehntageszeitung *f*, Halbmonatszeitung *f*, Zeitung *f*, die alle vierzehn Tage erscheint

bi-weekly publication
vierzehntäglich erscheinende Veröffentlichung *f*, zweimal monatlich erscheinende Publikation *f*

bi-yearly (biyearly)
1. *adj* halbjährlich, Halbjahres-, alle sechs Monate
2. *adj ungebr* alle zwei Jahre, Zweijahres-

biyearly
1. *ungebr* Zweijahreszeitschrift *f*, Zweijahrespublikation *f*, alle zwei Jahre erscheinende Zeitschrift *f*
2. Halbjahreszeitschrift *f*, Halbjahrespublikation *f*, Sechsmonatszeitschrift *f*

biyearly publication
→ biyearly

black-box model
Black-Box-Modell *n (Psychologie) (Marktforschung)*

black market
schwarzer Markt *m*

blackout
Sendesperre *f (Fernsehen)*

blank dummy
1. unbedruckte Warenauslage *f*, anonyme Warenauslage *f*, nicht-markierte Warenauslage *f*, Attrappe *f (POP-Werbung)*
2. Blindband *m*, Blindmuster *n*

blanket brand
Vorratsmarke *f*, Vorratszeichen *n*

blanket contract
Gesamtvertrag *m*, Blankovertrag *m*, Einheitsvertrag *m (Werbeplanung) (Mediaplanung)*

blanket coverage
hundertprozentige Zielgruppenabdeckung *f*, Sättigungsreichweite *f (Mediaforschung)*

blanket mailing
Massenversand *m*, unorganisierter Massenversand *m (Briefwerbung)*

blanket order
Blankoauftrag *m*, Blankobestellung *f*

blanket price
Einheitspreis *m*, Gesamtpreis *m*, Pauschalpreis *m*

blanket rate
→ blanket price

blank leaflet
Blankoprospekt *m (Direktwerbung)*

blanking
Rahmung *f*, Anbringung *f* eines Rands, eines Rahmens (meist eines weißen Rands bei farbigen Anzeigen oder Plakaten)

blanking area
weißer Rand *m*, weißer Rahmen *m* (eines Plakats, einer Farbillustration) *(Druck)*

to blazon
v/t öffentlich bekanntmachen, einer breiten Öffentlichkeit bekanntgeben, verkünden, anpreisen

to bleed
v/t anschneiden, (Rand) beschneiden (auf einer Seite, bei einem Plakat) *(Druck)*

bleed ad
kurz für bleed advertisement

bleed advertisement
angeschnittene Anzeige *f*

bleed difference
Beschnittzugabe *f (Druck)*

bleed edge
Beschnittkante *f*, Anschnittkante *f*, Beschnittrand *m (Druck)*

bleed face
angeschnittenes Plakat *n*, angeschnittener Anschlag *m*, randloses Plakat *n*, rahmenloses Plakat *n*, Plakat *n* ohne Rahmen *(Druck) (Anschlagwerbung)*

bleeding
1. Beschnittrand *m*, angeschnittener Rand *m (Druck)*

bleeding surcharge

2. Beschnitt *m*, Anschnitt *m*, Anschneiden *n* *(Druck)*

bleeding surcharge
Beschnittzuschlag *m* *(Werbung)*

bleed in the gutter
Beschnitt *m*, Anschnitt *m* im Bundsteg *(Druck)* *(Zeitschrift)*

to bleed in the gutter
v/t im Bundsteg anschneiden *(Druck)*

bleed margin
angeschnittener Rand *m*, Beschnittrand *m* *(Druck)*

bleed poster
angeschnittenes Plakat *n*, randloses Plakat *n*, Plakat *n* ohne Rand *(Anschlagwerbung)*

blended commercial
programmunterbrechender Werbespot *m*, Programmunterbrecher *m*, Unterbrecherspot *m* *(Hörfunk/Fernsehen)*

blind ad
kurz für blind advertisement

blind advertisement
anonyme Anzeige *f*, anonymes Inserat *n*, anonyme Annonce *f* *(Werbeplanung)*

blind dummy
Blindmuster *n*

blind letter
unzustellbarer Brief *m*, Brief *m* mit falscher oder unzulänglicher Adresse *(Direktwerbung)*

blind offer
verstecktes Angebot *n* (in einem Werbeträger)

blind product test
anonymer Warentest *m*, anonymer Produkttest *m* *(Marktforschung)* *(Werbeforschung)*

blinking
eigentl Blinken *n* (Blinklicht)
stoßweise Werbung *f*, phasenweise Werbung *f* *(Werbeplanung)*

blink rate
Blinzelhäufigkeit *f*, Blinzelgeschwindigkeit *f* *(Werbeforschung)*

blockbuster
eigentl große Fliegerbombe *f* (im 2. Weltkrieg) außergewöhnlicher Verkaufs- oder Werbeerfolg *m*, Werbung *f*, die wie eine Bombe einschlägt

blocked-out time
Sperrzeit *f* für Werbung, Sendezeit *f*, während derer keine Werbung gesendet werden darf, Sendezeit *f*, für die keine Werbesendungsaufträge angenommen werden *(Hörfunk/Fernsehen)*

block of advertisements
Werbeblock *m*, Anzeigenblock *m*, Anzeigenstrecke *f*, Inseratestrecke *f*

blue chip
eigentl blaue Spielmarke *f* (von hohem Wert) beim Pokerspiel

blue-chip organization
Spitzenorganisation *f*, Spitzenunternehmen *n*, führendes Unternehmen *n*

blue sky
→ brainstorming, synectics

blurb
1. Waschzettel *m*, Reklamezettel *m*, kurze Pressemitteilung *f* (meist werblichen Inhalts) eines Herstellers oder Werbungtreibenden
2. *fig* übertriebene Anpreisung *f*, überzogene Reklame *f*, Werbung *f*
3. Sprechblase *f* (in Karikaturen, Cartoons)

to blurb
v/i einen Waschzettel schreiben, Reklame machen für etwas, etwas anpreisen

board
1. Anschlagbrett *n*, Anschlagtafel *f*, Schild *n* *(Anschlagwerbung)*
2. Karton *m*, Pappe *f*, Pappdeckel *m*

body matter
reiner Textteil *m* (Werbeträger, Werbemittel)

bonus
Prämie *f*, Erfolgshonorar *n*, Gewinnbeteiligung *f*, Zuschuß *m* *(Marketing)*

bonus circulation
Auflagenbonus *m*, Auflagenüberschuß *m*, Zusatzauflage *f*, Extraauflage *f* *(Zeitung/Zeitschrift)* *(Mediaplanung)*

bonus discount
Großverbraucher-Rabatt *m* *(Marketing)*

bonus goods *pl*
Naturalrabatt *m*, Draufgabe *f* *(Marketing)*

bonus pack
Sonderpackung *f*, Spezialpackung *f*

bonus spot
Gratiswerbesendung *f*, Gratiswerbung *f*, unbezahlte Werbesendung *f* *(Hörfunk/Fernsehen)*

bonus station
Zusatzsender *m*, Sender *m*, der zusätzlich eine Werbesendung ausstrahlt *(Hörfunk/Fernsehen)*

booked
adj gebucht, bestellt, reserviert, vorgemerkt, festgesetzt, eingeplant

booked date
gebuchter Sendetermin *m*, gebuchte Sendezeit *f* *(Hörfunk/Fernsehen)*

booking
1. Bestellung *f*, Reservierung *f*, Buchung *f*
2. Buchen *n*, Bestellen *n*, Reservieren *n*
3. Belegung *f* (Anzeigenraum, Sendezeit)

booking order
Bestellzettel *m*, Bestellung *f*

book market
Buchmarkt *m*, Büchermarkt *m*

book marketing
Buchmarketing *n*, Marketing *n* für ein Buch, für Bücher, Büchermarketing *n*

bookseller (book seller)
Buchhändler(in) *m(f)*

bookselling (book selling)
Buchhandel *m*, Handeln *n* mit Büchern

book shop
Buchgeschäft *n*, Buchhandlung *f*, Buchladen *m*

to book space
v/t Anzeigenraum *m* bestellen, inserieren, eine Anzeige aufgeben

bookstore (book store)
Am Buchgeschäft *n*, Buchhandlung *f*, Buchladen *m*

book token
Büchergutschein *m*

book trade
Buchhandel *m*

book wholesaler
Buchgroßhändler *m*, Buchgroßhandlung *f*

boom
Reklamerummel *m*, Propagandarummel *m*

to boom
v/t Reklame machen für, Propaganda machen für

boomerang effect
Bumerangeffekt *m* *(Kommunikationsforschung)*

boomerang method
Bumerangmethode *f* *(Marketing)*

boom issue
Sonderausgabe *f*, Sonderheft *n*, Themenheft *n*, Spezialausgabe *f*, Saisonausgabe *f*, Saisonheft *n* *(Zeitschrift)*

boondoggle
eigentl zwecklose Arbeit *f*, verplemperte Zeit *f* überflüssige Geschäftsreise *f* auf Kosten des Auftraggebers *(Werbung)*

to boost
v/t Reklame, Propaganda machen für, kräftig fördern

booster
Propagandist *m*, jemand *m*, der Reklame für etwas macht

booster package
Sonderpreis *m*, Rabattpreis *m* für Intensivwerbung *(Hörfunk/Fernsehen)*

borax
1. *eigentl* Borax *m*, borax soap, Boraxseife *f* Plunder *m*, Talmi *m* *(Marketing)*
2. *adj* billig, schäbig, plunderhaft, Talmi-
3. *adj* aufdringlich in der Verkaufsstrategie, hartnäckig, nötigend *(Marketing)* *(Werbung)*

borax advertising
aufdringliche Werbung *f*

Boston Consulting Group effect
→ Boston effect

Boston Consulting Group matrix
→ Boston effect

Boston effect
Erfahrungskurveneffekt *m*, Boston-Effekt *m*

bottle
Flasche *f (Verpackung)*

bottle collar
Flaschenkragen *m*, Flaschenring *m*, Flaschen(hals)krause *f (POP-Werbung)*

bottle glorifier
eigentl Flaschenverherrlicher *m*
Flaschenschmuck *m*, Flaschenputz *m*, Flaschenanhänger *m*, Flaschenaufhänger *m*, Flaschenschild *n*, Flaschenkarton *m (POP-Werbung)*

bottle hanger
Flaschenanhänger *m*, Flaschenschild *n (POP-Werbung)*

bottle topper
Flaschenkragen *m*, Flaschenaufsatz *m*, Flaschenaufstecker *m*, Flaschen(hals)krause *f*

bottom line
1. Nettogewinn *m*, Nettoverlust *m*, Saldo *m* (vor Abzug der Steuern), Ertrag *m*
2. Fußlinie *f*, Fußzeile *f* (letzter Absatz einer Spalte)

bottom-line
adj netto, Netto- (auf Gewinne oder Verluste bezogen)

bottom price
Tiefstpreis *m*, niedrigster Preis *m*

bottom quality
miserable, niedrige Qualität *f*

bound-in insert
eingeheftete Beilage *f*, Einhefter *m*, geheftete Beilage *f*, Durchhefter *m (Zeitschrift) (Werbung)*

bound-in return card
eingeheftete, eingebundene Werbeantwortkarte *f*, Antwortkarte *f*, Postkartenbeikleber *m*

bound insert
Beihefter *m*, eingeheftete Beilage *f*, Einhefter *m*, Durchhefter *m*, geheftete Beilage *f (Zeitschrift) (Werbung)*

boutique
Boutique *f*

boutique store
→ boutique

box
1. Kasten *m*, Linieneinrahmung *f*, Rahmen *m (Zeitungs-, Zeitschriftenlayout)*
2. Text *m* im Kasten, gerahmter Text *m (Zeitung/Zeitschrift)*
3. Behälter *m*, Behältnis *n (POP-Werbung) (Verpackung)*
4. Kiste *f*, Kasten *m (Verpackung)*
5. Schachtel *f (Verpackung)*
kurz für box advertisement, boxed advertisement

box advertisement
Anzeige *f* im Kasten, Kastenanzeige *f*, eingerahmte Anzeige *f (Zeitung/Zeitschrift)*

boxed ad
kurz für boxed advertisement

boxed advertisement
→ box advertisement

boxed head
→ boxhead, box heading

boxed-in return coupon
eingedruckter Rücksendegutschein *m*, gerahmter Rücksendegutschein *m (Zeitung/Zeitschrift)*

Box-Jenkins model
Box-Jenkins-Modell *n (Statistik)*

box number
Kennziffer *f*, Chiffre *f*, Chiffrenummer *f*

box number ad
kurz für box number advertisement

box number advertisement
Chiffreanzeige *f*, Kennzifferanzeige *f (Zeitung/Zeitschrift)*

box number adrate
Preis *m* für Kennzifferanzeige, Chiffreanzeige, Chiffregebühr *f (Zeitung/Zeitschrift)*

box office
Theaterkasse *f*, Filmtheaterkasse *f*, Kinokasse *f*

box office draw
→ box office hit

box office hit
Kassenerfolg *m*, Kassenschlager *m* *(Film)*

boxtop offer
Verpackungsgutschein *m*, Verpackungsdeckelgutschein *m*, Packungsgutschein *m* *(Gutscheinwerbung)* *(Marketing)*

B.P.I. (BPI)
1. *Abk* brand potential index
2. *Abk* buying power index

BPQ (B.P.Q.)
Abk buying power quota

brain research
Hirnforschung *f*, Gehirnforschung *f* *(Marktforschung)* *(Mediaforschung)*

brain storming
Brain Storming *n*

branch establishment
→ branch store

branch house
→ branch store

branch house wholesaler
→ branch store

branch outlet
→ branch store

branch store
Filialbetrieb *m*, Filialunternehmen *n*

brand
1. Marke *f*, Warenmarke *f*
2. Markenartikel *m*, Markenprodukt *n*, Markenware *f*

brand acceptance
Markenakzeptanz *f*, Marktakzeptanz *f* eines Markenprodukts *(Marketing)* *(Marktforschung)*

brand advertising
Markenwerbung *f*, Markenartikelwerbung *f*

brand advertising manager
→ brand manager

brand association
Markenassoziation *f* *(Marktforschung)*

brand awareness
Markenbekanntheit *f*, Bekanntheit *f* einer Marke *(Marktforschung)*

brand awareness test
Test *m* des Bekanntheitsgrads einer Marke *(Marktforschung)*

brand barometer
Markenbarometer *n* *(Marktforschung)*

brand buyer
Markenkäufer *m*, Käufer *m* von Markenware, Markenprodukten, eines Markenprodukts *(Marktforschung)* *(Marketing)*

brand-buying motive
Motiv *n* für den Kauf einer Marke, Kaufmotiv *n* *(Marketing)* *(Marktforschung)*

brand choice
Markenwahl *f*, Kaufentscheid *m* (für ein Markenprodukt), Markenwahlentscheidung *f* *(Marktpsychologie)* *(Konsumforschung)*

brand choice model
Markenwahlmodell *n*, Modell *n* des Markenwahlverhaltens *(Marktpsychologie)* *(Konsumforschung)*

brand comparison
Markenvergleich *m* *(Werbung)*

brand competition
Markenkonkurrenz *f*, Konkurrenz *f* zwischen einzelnen Markenartikeln, Markenartikelwettbewerb *m*

brand consciousness
Markenbewußtsein *n*, Markenartikelbewußtsein *n* *(Marktforschung)* *(Marktpsychologie)*

brand development (B.D.)
Markenkonsumanteil *m*, Markenkonsumkonzentration *f*, Verbrauchsanteil *m* einer Marke, Marktanteil *m* einer Marke

brand development index (BDI, B.D.I.)
Markenkonsumindex *m*, Markenwarenkonsumindex *m*, Index *m* des Markenwarenkonsums

brand differentiation
Markendifferenzierung *f*, Markenartikeldifferenzierung *f*, Markenwarendifferenzierung *f*, Differenzierung *f* einer Marke, eines Markenartikels *(Marketing)* *(Marketingplanung)*

brand distribution
Markenvertrieb m, Markenwarenvertrieb m, Markenverteilung f, Markenwarenverteilung f

brand dominance
Markenvorherrschaft f, Vorherrschaft f einer Marke, eines Markenartikels *(Marketing)*

branded commodity
Markengebrauchsartikel m, Markengebrauchsgegenstand m, Markengebrauchsprodukt n

branded good *(meist pl* **branded goods)**
Markenartikel m, Markenerzeugnis n, Markenware f, Markenprodukt n

branded goods advertising
Markenartikelwerbung f, Markenproduktwerbung, Werbung f für Markenerzeugnisse

branded merchandise
Markenwaren f/pl, Handelsmarkenwaren f/pl

branded merchandise advertising
Markenwarenwerbung f, Werbung f für Markenwaren, Handelsmarkenwerbung f, Werbung f für Handelsmarken

branded product
→ brand product

branded product advertising
→ brand product advertising

branded staple
Markenhaupterzeugnis n, Markenhauptprodukt n, Markenstapelware f, Markenmassenware f

brand extension
Markenerweiterung f *(Marketing)*

brand familiarity
aktive Markenbekanntheit f, Markenvertrautheit f *(Marktforschung) (Mediaforschung)*

brand family
Markenfamilie f *(Marketing)*

brand generic
Markengattung f, Gattungsbezeichnung f (einer Marke) *(Marketing)*

brand identification
Markenidentifizierung f, Markenartikelidentifizierung f *(Marketing) (Marktforschung)*

brand identification test
Markenidentifikationstest m, Identifikationstest m, Markenartikelidentifizierungstest m *(Marktforschung) (Werbeforschung)*

brand identity
Identität f einer Marke, eines Markenprodukts, eines Markenartikels, Markenidentität f

brand image
Markenimage n, Markenbild n, Markenprofil n

brand image advertising
Markenimagewerbung f, Markenbildwerbung f, Markenprofilwerbung f

brand image response (to advertising)
Auswirkung f der Werbung auf das Markenimage, Imagereaktion f auf Werbung

brand impression
Markenprägnanz f *(Werbeplanung) (Marktforschung)*

brand index
Markenindex m

brand indifference
Markenindifferenz f, Gleichgültigkeit f gegenüber Marken *(Marktpsychologie)*

brand information
Markeninformation f, Markenartikelinformation f

branding
1. Markierung f *(Marketing)*
2. Branding n *(Marketing)*

brand insistence
Markeninsistenz f *(Marktpsychologie)*

brand label
Markenetikett n, Aufkleber m, Zettel m, Zettelchen n, Schild n, Schildchen n auf einem Markenprodukt, einem Markenerzeugnis

brand leader
Markenführer m *(Marketing)*

brand loyalty
Markentreue f, Markenbindung f *(Marktpsychologie)*

brand management
Produkt-Management n, Produktmanager-System n, Integrationssystem n *(Marketing)*

brand manager
Produktmanager *m*, Leiter *m* der Abteilung Marketing, Werbung und Verkaufsförderung eines Markenartikelproduzenten *(Marketingorganisation)*

brand mark
Markenzeichen *n*, Markensymbol *n (Marketing)*

brand name
Markenname *m*, Markenbezeichnung *f*, Markenwarenbezeichnung *f*, Markenzeichen *n (Marketing)*

brand name test
Namenstest *m (Marktforschung)*

brand perception
Markenwahrnehmung *f*, Markenperzeption *f (Marktpsychologie) (Marktforschung)*

brand personality
Markenpersönlichkeit *f*, Produktpersönlichkeit *f (Marktpsychologie) (Marketing) (Marktforschung)*

brand positioning
Markenpositionierung *f (Marketing) (Marktforschung) (Marktpsychologie)*

brand potential index (B.P.I., BPI)
Index *m* des Markenpotentials *(Marketing) (Marktforschung)*

brand policy
Markenpolitik *f (Marketing)*

brand potential
Marktpotential *n*, Absatzpotential *n (Marketing)*

brand potential index (B.P.I.)
Marktpotentialindex *m (Marketing) (Marktforschung)*

brand preference
Markenpräferenz *f*, Markenbevorzugung *f*, Bevorzugung *f* einer Marke, Vorliebe *f* für eine Marke *(Marktpsychologie)*

brand-preference changes (after exposure to advertising) *pl*
Wandel *m* der Markenpräferenz (als Folge von Werbekontakt) *(Werbeforschung) (Marktforschung)*

brand-preference change study
Untersuchung *f* des Wandels von Markenpräferenz nach Werbemittelkontakt *(Marktforschung) (Werbeforschung)*

brand price
Markenpreis *m*, Markenartikelpreis *m*, Preis *m* für Markenartikel, für Markenwaren *(Marketing)*

brand product
Markenartikel *m*, Markenprodukt *n*, Markenerzeugnis *n*, Markenware *f*, Marke *f*

brand product advertising
→ brand advertising

brand-product association
Markenprägnanz *f (Marktpsychologie) (Marketing) (Marktforschung)*

brand product display window
Markenfenster *n (POP-Werbung)*

brand product distribution system
Markenartikelsystem *n*, Markenartikelabsatzsystem *n*

brand product effect
Markenartikeleffekt *m*

brand profile
Markenprofil *n*, Profil *n* einer Marke

brand proliferation
Verbreitung *f* einer Marke, Ausbreitung *f* einer Marke

brand purchaser
Markenkäufer *m*, Käufer *m* von Markenware(*n*)

brand rating
Markenbewertung *f*, Bewertung *f* des Bekanntheitsgrads einer Marke *(Marktforschung)*

Brand Rating Index (BRI, B.R.I.)
eigentl Markenbewertungsindex *m (Marktforschung) (Mediaforschung)*

brand recall
Markenerinnerung *f (Werbeforschung)*

brand recognition
Markenwiedererkennung *f (Werbeforschung)*

brand reinforcement
Markenfestigung *f*, Stabilisierung *f* einer Marke, eines Markenartikels *(Marketing)*

brand selection
Markenwahl *f*, Markenwahlverhalten *n*

brand set
Markenrahmen *m*, Bezugsgruppe *f*, Bezugsrahmen *m* für Markenartikel, Berücksichtigungsfeld *n* *(Marktpsychologie) (Marktforschung) (Marketing)*

brand-set analysis
Analyse *f* des Markenrahmens *(Marktpsychologie) (Marktforschung) (Marketing)*

brand share
1. Marktanteil *m* einer Marke *(Marketing) (Marktforschung)*
2. Feldanteil *m* einer Marke, Verbraucheranteil *m* einer Marke *(Marketing) (Marktforschung)*

brand switcher
Markenwechsler *m* *(Marktpsychologie) (Marktforschung)*

brand switching
Markenwechsel *m* *(Marktpsychologie) (Marktforschung)*

brand-switching matrix
Markenwechselmatrix *f* *(Marktforschung)*

brand-switching model
Markenwechselmodell *n* *(Marktforschung)*

brand trend
Markenentwicklung *f*, Markentrend *m* *(Marketing) (Marktforschung)*

brand trend survey
Umfrageuntersuchung *f* langfristiger Markttendenzen eines Markenprodukts *(Marktforschung)*

brand usage
Markengebrauch *m*, Markenwarengebrauch *m*, Markenartikelgebrauch *m*, Markenproduktgebrauch *m* *(Marktforschung)*

brand X
Marke X *f*, Konkurrenzmarke *f*, Konkurrenzprodukt *n*

break
1. kurze Pause *f*, Unterbrechung *f*, kurze Ansage *f*, Ansageunterbrechung *f*, Sendeunterbrechung *f*, Programmunterbrechung *f* *(Hörfunk/Fernsehen/Bühne)*, *auch* Unterbrechung *f* für eine Werbesendung
2. letzte Zeile *f* eines Absatzes, Ausgangszeile *f*, Ausgang *m* *(Druck)*

to break
v/i aufhören, eine Unterbrechung, eine kurze Pause machen

breakaway
1. Fernsehspot *m*, Film *m*, der an einer bestimmten Stelle planmäßig reißt, Requisite *f*, die planmäßig kaputtgeht (Werbegag) *(Film/Fernsehen)*
2. *adj* so konstruiert, daß es kaputt geht

breakdown
1. Aufgliederung *f*, Analyse *f*, Break *m*
2. demographische Aufgliederung *f* einer Zielgruppe, der Leser-, Hörer-, Zuschauerschaft, der Auflage einer Zeitung/Zeitschrift *(Mediaforschung)*
3. Aufwandsanalyse *f* *(Film/Fernsehen)*
4. grobe Skizzierung *f* der für eine Szene erforderlichen Kameraeinstellungen und Aktionselemente *(Film/Fernsehen)*

breakdown approach
→ breakdown method

breakdown method
Aufschlüsselungsmethode *f* (Zuteilung des Werbeetats)

break-even analysis
Break-Even-Analyse *f*, Gewinnschwellenanalyse *f*

break-even chart
Rentabilitätsgraphik *f*, Rentabilitätsdiagramm *n*

break-even point
Rentabilitätsschwelle *f*, Break-even-Punkt *m*, Gewinnschwelle *f*

breakfast television (breakfast TV)
Frühstücksfernsehen *n*, Fernsehvormittagsprogramm *n*, Vormittagsprogramm *n* *(Fernsehen)*

B.R.I. (BRI)
Abk Brand Rating Index

bridge
1. im Bundsteg angeschnittene Anzeige *f*, Seite

f, Doppelseite *f*, die im Bundsteg bedruckt ist *(Zeitung/Zeitschrift)*
2. Überleitung *f*, Übergang *m*, Klangbrücke *f*, musikalische Überleitung *f*, Übergang *m* eines Bildes in das andere, Bildübergang *m*, Textüberleitung *f (Hörfunk/Fernsehen)*
3. Übergang *m*, Übergangsillustration *f (Zeitung/Zeitschrift)*

briefing
Einsatzbesprechung *f*, kurze Lagebesprechung *f*, Informationsgespräch *n*, Einweisungsbesprechung *f*, Briefing *n (Marketingplanung) (Werbung)*

broadcast
1. Rundfunksendung *f*, Rundfunkprogramm *n*, Sendung *f*, Programm *n*, Übertragung *f*, Rundfunkübertragung *f (Hörfunk/Fernsehen)*
2. *adj* Rundfunk-, durch Rundfunk übertragen, ausgestrahlt

to broadcast
1. *v/t* senden, ausstrahlen, übertragen, durch Rundfunk verbreiten *(Hörfunk/Fernsehen)*
2. *v/t Am* (Rundbriefe) verschicken, an alle Einzelhändler verschicken

broadcast advertiser
Rundfunkwerbungtreibender *m (Hörfunk/Fernsehen)*

broadcast advertising
Rundfunkwerbung *f*, Werbefunk *m*, Radio- und Fernsehwerbung *f*

broadcast announcement
Rundfunkansage *f*, Werbeansage *f* im Rundfunk, Rundfunkwerbeansage *f (Hörfunk/Fernsehen)*

broadcast audience
1. Rundfunkpublikum *n*, Rundfunkhörer *m/pl*, Rundfunkzuschauer *m/pl*, Rundfunkhörerschaft *f*, Rundfunkzuschauerschaft *f (Hörfunk/Fernsehen)*
2. Hörer *m/pl*, Zuschauer *m/pl* einer Rundfunksendung *(Hörfunk/Fernsehen)*, Hörerschaft *f*, Zuschauerschaft *f*

broadcast-audience measurement
Hörermessung *f*, Zuschauermessung *f*, Messung *f* der Hörer und Zuschauer, des Rundfunkpublikums *(Hörfunk/Fernsehen)*

broadcast-audience research
Rundfunkhörerforschung *f*, Rundfunkseherforschung *f*, Hörerforschung *f*, Zuschauerforschung *f*

broadcast-audience turnover
Fluktuation *f*, Schwankungen *f/pl* in der Zusammensetzung, der Zahl der Hörer, Zuschauer einer Sendung, eines Programms *(Hörfunk/Fernsehen) (Mediaforschung)*

broadcast commercial
Rundfunkwerbesendung *f*, Werbesendung *f (Hörfunk/Fernsehen)*

broadcast distribution
Extensivvertrieb *m*, Extensivversand *m*, Versand *m* von Rundschreiben an alle Einzelhändler, ungezielter Vertrieb *m*, breit streuender Vertrieb *m*

broadcaster
1. Sender *m*, Rundfunksender *m*, Rundfunkstation *f*, Rundfunkgesellschaft *m (Hörfunk/Fernsehen)*
2. Rundfunksprecher *m*, Rundfunkansager *m*, Rundfunkvortragender *m*, Rundfunkkünstler *m*, Rundfunksänger *m*, Rundfunkschauspieler *m*, Rundfunkschaffender *m*, jemand *m*, der im Rundfunk auftritt, Sendeleiter *m*, Eigentümer *m* des Senders *(Hörfunk/Fernsehen)*
3. Werbungtreibender *m*, jemand *m*, der Rundfunkwerbung betreibt oder in Auftrag gibt *(Hörfunk/Fernsehen)*

broadcasting
Rundfunkwesen *n*, Funk *m*, Rundfunkübertragung *f*, Rundfunk *m*, Netzfunk *m (Hörfunk/Fernsehen)*

broadcast measurement
Hörermessung *f*, Zuschauermessung *f*, Hörerschaftsmessung *f*, Zuschauerschaftsmessung *f (Mediaforschung)*

broadcast media *pl*
Rundfunkmedien *n/pl*, Funkmedien *n/pl (Hörfunk/Fernsehen)*

broadcast media campaign
Rundfunkwerbekampagne *f*, Funkwerbekampagne *f*, Werbefeldzug *m* in Radio oder Fernsehen

broadcast medium
Rundfunkmedium *n*, Funkmedium *n (Hörfunk/Fernsehen)*

broadcast order
Sendeauftrag *m*, Schaltung *f*, Einschaltung *f*, Buchung *f*, Auftrag *m* für eine Werbesendung, Bestellung *f* einer Werbesendung, Reservierung *f* von Sendezeit (für eine Werbesendung) *(Hörfunk/Fernsehen)*

broadcast program (*brit* **programme**)
Rundfunkprogramm *n*, Rundfunksendung *f* *(Hörfunk/Fernsehen)*

broadcast-program sponsor
Programmsponsor *m* Rundfunkprogrammsponsor *m*, Sponsor *m*, Sendungsfinanzier *m*, Patronatsfirma *f*, Firma *f* die eine Sendung finanziert *(Hörfunk/Fernsehen)*

broadcast rating
Einschaltquote *f*, Rundfunkeinschaltquote *f* *(Hörfunk/Fernsehen) (Mediaforschung)*

broadcast reception
Empfang *m*, Sendeempfang *m* *(Hörfunk/Fernsehen)*

broadcast research
Rundfunkforschung *f* *(Hörfunk/Fernsehen)*

broadcast show
Rundfunkprogramm *n*, Rundfunksendung *f*, Rundfunkshow *f* *(Hörfunk/Fernsehen)*

broadcast station time segment
Eigensendezeit *f* des lokalen Senders *(Hörfunk/Fernsehen)*

broadcast trade organization
Berufsverband *m* des Rundfunkgewerbes

broadsheet
1. großformatiges Faltblatt *n*, Großprospekt *m*, großformatiges Werbeflugblatt *n*, großformatiger Werbeprospekt *m*, Schaufensterplakat *n*
2. großformatige Zeitung *f*

broad spot
Werbespot *m* für ein bestimmtes Zeitsegment *(Hörfunk/Fernsehen)*

brochure
Broschüre *f*, gebundener oder gehefteter Prospekt *m*, Heft *n*, Heftchen *n* *(Direktwerbung)* *(POP-Werbung)*

broker
1. Makler *m*, Agent *m*, Vermittler *m*, Mittler *m*, Mittelsmann *m*, Kommissionär *m*
2. Zwischenhändler *m*
3. Vermittlungsvertreter *m*

brokerage
1. Maklertätigkeit *f*, Vermittlung *f*, Makeln *n*
2. Maklergewerbe *n*

brokerage commission
Maklerprovision *f*, Kommission *f*, Courtage *f*, Kurtage *f*, Sensarie *f*

brokerage fee
→ brokerage commission

broker's charge
→ broker's fee

broker's commission
→ broker's fee

broker's fee
Maklerprovision *f*, Maklergebühr *f*, Maklerlohn *m*, Courtage *f*

brown goods *pl*
braune Waren *f/pl*, audiovisuelle Geräte *n/pl*, Verbraucher-Elektronik *f*

BTA (B.T.A.)
Abk best time available

buckeye
eigentl Roßkastanie *f*
buckeyed – mit schlechten, fleckigen Augen (Pferd)
1. überladene, schlecht gemachte Anzeige *f*, stümperhafte Anzeige *f*, klobige Anzeige *f* *(Zeitung/Zeitschrift)*
2. *adj* naiv-überladen, kitschig, geschmacklos

budget
Budget *n*, Haushalt *m*, Etat *m*

budget allocation
Budgetallokation *f*

budgetary control
→ budget check

budget check
Etatkontrolle *f*, Budgetkontrolle *f*

budget checking
Durchführung *f* einer Etatkontrolle

budget control
→ budget check

budgeting
Budgetierung f, Budgetplanung f

budget-level experiment
Werbeaufwandexperiment n, Budgetkontrollexperiment n, Experiment n zur Prüfung der Höhe des Werbeetats *(Marktforschung) (Werbeforschung)*

budget strategy
Budgetstrategie f, Haushaltsstrategie f, Etatstrategie f

Buffalo method
kreatives Problemlösen n, Buffalo-Methode f

buildup (buildup)
Aufbau m, Entwicklung f, schrittweise Förderung f *(Marketing)*

to build up
v/t aufbauen, (Image) entwickeln, entfalten, fördern *(Marketing)*

buildup approach
→ buildup method

buildup method
Aufbaumethode f der Marketing- oder Werbeetatfestsetzung, sukzessive Etatfestsetzung f

built-in obsolescence
→ planned obsolescence

bulk
Masse f, Menge f, Volumen n, Umfang f

bulk circulation
Massenauflage f, Massenvertrieb m, Massenverteilung f, Vertrieb m des Hauptteils der Auflage *(Zeitung/Zeitschrift)*

bulk commodity
Massenware f, Massengebrauchsgegenstand m, Massengebrauchsprodukt n, Massengebrauchsgut n, Massengut n, Schüttware f

bulk copy
→ bulk sales

bulk discount
Mengenrabatt m, Rabatt m für Mehrfachschaltungen *(Werbung)*

bulk distribution
→ bulk sales

bulk good (*meist pl* **bulk goods**)
Massenware f, Massengebrauchsgegenstand m, Massengebrauchsprodukt n, Massengebrauchsgut n, Massengut n, Schüttware f

bulkhead
Stirnwand f, Stirnwandplakat n, Ankleber m, Abteilwand f *(Verkehrsmittelwerbung)*

bulkhead card
Stirnwandplakat n, Stirnwandzettel m, Stirnwandankleber m, Stirnwandaufkleber m *(Verkehrsmittelwerbung)*

bulk mailing
Postwurfsendung f, Massenversand m, Massendrucksache f *(Brief-/Direktwerbung)*

bulk marking
Massenauszeichnung f, Massen-Preisauszeichnung f, Preisauszeichnung f von Liefercontainern

bulk production
Massenproduktion f

bulk rate
Preis m bei Sammelbezug, bei Mehrfachbezug *(Zeitschrift/Zeitung)*

bulk sales *pl*
Sammelverkauf m, Sammelverkäufe m/pl, Mengenverkauf m, Mengenverkäufe m/pl, Sammelbezug m
→ subscriptions in bulk

bulk subscription
Sammelbezug m, Sammelabonnement n, Mengensubskription f *(Zeitung/Zeitschrift)*

bulletin
1. Bulletin n, Nachrichtenblatt n, Verbandsorgan n, Vereinszeitschrift f, Vereinsblatt n

bulletin board
Ganzstelle f, Ganzwand f, alleinstehende Anschlagfläche f, Großanschlag m, Großanschlagfläche f, Großwerbefläche f *(oft auch beweglicher, beleuchteter Großanschlag) (Außenwerbung)*

bulletin board advertising
Ganzstellenwerbung f, Werbung f auf Ganzstellen, an Ganzwänden, Großanschlagflächenwerbung f, Großanschlagwerbung f, Anschlagflächenwerbung f

bulletin spectacular
Großleuchtwand f *(Außenwerbung)*

bulletin type
Anschlagstellentyp m, Art f von Großanschlag, Typus m von Großanschlagflächen *(Außenwerbung)*

bull pen
eigentl Stierpferch m
graphische Abteilung f (einer Werbeagentur)

bumper
eigentl Stoßstange f, Puffer m
Überbrückungssendung f, Überbrückungsmusik f, Minisendung f *(Hörfunk/Fernsehen)*

bundle
1. Bündel n, Bund n, Paket n
2. Rolle f *(Papier)*

to bundle
v/t bündeln, zusammenpacken, in Bündel binden, packen, bündelweise verpacken

bundling
Bündeln n, Binden n, Bündelpacken n

buried
adj eigentl begraben
versteckt, verborgen, vollkommen von anderen Anzeigen umgeben, am unteren Ende der Seite stehend *(Zeitung/Zeitschrift) (Werbung)*

buried ad
kurz für buried advertisement

buried advertisement
versteckte, begrabene Anzeige f, versteckes Inserat n *(Zeitung/Zeitschrift) (Werbung)*

buried offer
verstecktes Angebot n (in einem Werbeträger)

buried position
Position f, Plazierung f inmitten von anderen Anzeigen oder am unteren Ende einer Seite *(Zeitung/Zeitschrift) (Werbung)*

burst
eigentl Explosion f, Explosionsstoß m
adj stoßweise *(Werbung)*

burst advertising
stoßweise Werbung f, phasenweise Klotzwerbung f, Klotzen n *(Werbeplanung)*

burst schedule (of advertising)
Plan m der Werbestöße bei stoßweiser Werbung, Plan m der „Klotzphasen" *(Werbeplanung)*

bus advertising
Autobuswerbung f, Omnibuswerbung f *(Verkehrsmittelwerbung)*

bus card
Autobusplakat n, Omnibusplakat n, Omnibusanschlag m *(Verkehrsmittelwerbung)*

business
1. Geschäft n, Unternehmen n, Firma f
2. Gewerbe n, Beruf m, Handel m, Handelstätigkeit f
3. Arbeit f, Tätigkeit f, Beschäftigung f
4. Mimik f, Gestik f (Schauspieler)

business ad
kurz für business advertisement

business administration
Betriebswirtschaft f, Betriebswirtschaftslehre f

business advertisement
Geschäftsanzeige f, gewerbliche Anzeige f, Industrieanzeige f, Wirtschaftsanzeige f

business advertiser
Industriewerbungtreibender m, Geschäftswerbungtreibender m, Wirtschaftswerbungtreibender m

business advertising
Wirtschaftswerbung f, Geschäftswerbung f, Industriewerbung f

business analysis
Wirtschaftsanalyse f, Wirtschaftlichkeitsanalyse f, Betriebsanalyse f

business-building test
Rentabilitätstest m *(Marktforschung) (Werbeforschung)*

business card
Geschäftskarte f, Visitenkarte f

business consultation
→ industrial consultation

business cycle
Konjunkturzyklus m *(Wirtschaftslehre)*

Business Environment Risk Index
→ BERI Index

business film
→ industrial film

business magazine
Wirtschaftszeitschrift *f*, Wirtschaftsmagazin *n*

business marketing
Absatzmarketing *n*

business paper
Wirtschaftszeitung *f*, Handelszeitung *f*, Industriefachzeitung *f*, Gewerbefachzeitung *f*, Berufsfachzeitung *f*

business planning
Wirtschaftsplanung *f*

business portfolio matrix
→ portfolio analysis

business press
Wirtschaftspresse *f*, Geschäftspresse *f*, Berufsfachpresse *f*, berufsständische Presse *f*, Gewerbefachpresse *f*

business publication
Wirtschaftszeitung *f* oder -zeitschrift *f*, Handelszeitung *f* oder -zeitschrift *f*, Industriefachzeitung *f* oder -zeitschrift *f*, Gewerbefachzeitung *f* oder -zeitschrift *f*, Berufsfachzeitung *f* oder -zeitschrift *f*

business reply card
Werbeantwortkarte *f*, Werbeantwortpostkarte *f*, Werbepostkarte *f*

business reply envelope
Werbeantwortbrief *m*, Werbeantwortumschlag *m*

business reply mail
Werbeantwortpost *f*

business section
Wirtschaftsteil *m* (einer Zeitung)

business-to-business advertising
Business-to-Business-Werbung *f*, Industriewerbung *f*

business-to-business marketing
Business-to-Business-Marketing *n*, Industriemarketing *n*

business usage
Handelsbrauch *m*, Usance *f*

busorama
beleuchtetes Werbeschild *n* für Autobusse, beleuchtetes Busschild *n*, Leuchtschild *n* für Busse *(Verkehrsmittelwerbung)*

bus shelter
Omnibushäuschen *n*, Autobusstand *m* *(Außenwerbung) (Verkehrsmittelwerbung)*

bus shelter advertising
Anschlagwerbung *f* an Bushaltestellenhäuschen, Omnibusstandwerbung *f*, Autobusstandwerbung *f* *(Außenwerbung) (Verkehrsmittelwerbung)*

bus side
Rumpffläche *f*, Seitenfläche *f* eines Autobusses, Seitenwand *f* eines Autobusses, Autobusseite *f* *(Verkehrsmittelwerbung)*

bus side advertising
Rumpfflächenwerbung *f*, Werbung *f* an den Seitenflächen von Autobussen, Anschlagwerbung *f* an Autobusseiten *(Verkehrsmittelwerbung)*

busy
adj überladen, chaotisch (Design, Layout einer Anzeige)

butt
Faß *n* *(Verpackung)*

button
Ansteckknopf *m*, Ansteckplakette *f*

buy
1. Kauf *m*
2. Werbeauftrag *m*, Insertionsorder *f*, Anzeigenauftrag *m* *(Mediaplanung)*

buyclass
Beschaffungstyp *m*, Einkaufskategorie *f* *(Marktforschung) (Marketing) (Beschaffungsmarketing)*

buyer
1. Käufer *m*, Konsument *m*, Einkäufer *m* *(Konsumforschung)*
2. Einkäufer *m* *(Beschaffungsmarketing)*
3. Mediaeinkäufer *m*, Media-Buyer *m* *(Mediaplanung)*
4. Bezieher *m* *(Zeitung/Zeitschrift) (Medienvertrieb)*

buyer analysis
Abnehmeranalyse f, Käuferanalyse f (Marktforschung)

buyer behavior (*brit* **buyer behaviour**)
Käuferverhalten n (Marktforschung) (Konsumforschung)

buyer category
Käuferkategorie f (Konsumforschung)

buyer flow analysis
Käuferwanderungsanalyse f (Marktforschung) (Konsumforschung)

buyer intention
Käuferabsicht f

buyer-reader
1. Kaufleser m, Erstleser m, Erstempfänger m (Leserschaftsforschung)
2. A-Leser m (*kurz für* Abonnementsleser) (Leserschaftsforschung)

buyer readiness stage
Kaufbereitschaft f, Anschaffungsbereitschaft f (Konsumforschung)

buyers' intention survey
Kaufabsichtsumfrage f, Kaufabsichtsbefragung f, Kaufabsichtsuntersuchung f (Marktforschung) (Konsumforschung)

buyers' observation
Käuferbeobachtung f (Marktforschung) (Konsumforschung)

buyers' resistance
Marktwiderstand m, Verbraucherwiderstand m (Konsumforschung)

buyers' survey
Abnehmerbefragung f (Marktforschung) (Konsumforschung)

buyer's guide
Käuferzeitschrift f, Käuferzeitung f

buyer's market
Käufermarkt m (Marketing) (Wirtschaftslehre)

buyer's observation
Käuferbeobachtung f (Umfrageforschung) (Marktforschung) (Konsumforschung)

buyflow
Fluß m der Beschaffungsentscheidungen, Kaufentscheidungsfluß m, Beschaffungsentscheidungsfluß m (Beschaffungsmarketing)

buygrid
Beschaffungsnetz n, Netz n der Beschaffungsentscheidungen, Buygrid n (Beschaffungsmarketing)

buygrid framework
→ buygrid

buying
1. Kaufen n, Ankauf m, Einkaufen n (Konsumforschung) (Beschaffungsmarketing)
2. Einkauf m, Einkaufen n (Beschaffungsmarketing)

buying analysis
Einkaufsanalyse f (Marktforschung) (Konsumforschung)

buying behavior (*brit* **buying behaviour**)
Kaufverhalten n, Einkaufsverhalten n (Konsumforschung)

buying calendar
Beschaffungsplan m, Einkaufsplan m (Beschaffungsmarketing)

buying center
Einkaufsgremium n, Einkaufskern m, Buying Center n (Beschaffungsmarketing)

buying channel
Beschaffungsweg m (Beschaffungsmarketing) (Marktforschung)

buying cooperation
→ buying group

buying cooperative
Einkaufsgenossenschaft (EKG) f (Beschaffungsmarketing)

buying decision
Kaufentschluß m, Kaufentscheidung f (Marktforschung) (Konsumforschung)

buying desire
Kaufwunsch m (Konsumforschung)

buying frequency
Kaufhäufigkeit f, Einkaufshäufigkeit f, Einkaufsfrequenz f (Marktforschung) (Konsumforschung)

buying function
Beschaffungsfunktion *f (Beschaffungsmarketing)*

buying group
Einkaufskooperation *f (Beschaffungsmarketing)*

buying habit
Kaufgewohnheit *f (Konsumforschung) (Marktforschung)*

buying incentive
Kaufanreiz *m (Marketing) (Marktpsychologie)*

buying influence
Kaufeinfluß *m*, Kaufeinflüsse *m/pl (Marketing) (Marktpsychologie) (Konsumforschung)*

buying intensity
Kaufintensität *f (Marktforschung) (Konsumforschung)*

buying intent
Kaufabsicht *f*, Kaufplan *m*, Anschaffungsabsicht *f*, Anschaffungsplan *m (Marktforschung) (Konsumforschung)*

buying intention
Kaufabsicht *f*, Kaufplan *m*, Kaufintention *f*, Anschaffungsabsicht *f*, Anschaffungsplan *m (Marktforschung) (Konsumforschung)*

buying market research
Einkaufsmarktforschung *f*

buying motivation
Kaufmotivation *f (Marktpsychologie) (Marktforschung)*

buying motivation research
Kaufmotivationsforschung *f (Marktpsychologie) (Marktforschung)*

buying motive
Kaufmotiv *n (Marktpsychologie) (Marktforschung)*

buying observation
Einkaufsbeobachtung *f (Marktforschung) (Beschaffungsmarketing)*

buying pattern
Kaufmuster *n*, Muster *n* des Kaufverhaltens *(Marktpsychologie) (Marktforschung)*

buying phase
Kaufphase *f (Marktpsychologie) (Marktforschung) (Beschaffungsmarketing)*

buying policy
Einkaufspolitik *f (Beschaffungsmarketing)*

buying power
Kaufkraft *f (Wirtschaftslehre)*

buying power elasticity
Kaufkraftelastizität *f (Wirtschaftslehre)*

buying power index (BPI, B.P.I.)
Kaufkraftindex *m*, Kaufkraftkennziffer *f*, Kaufkraftkennzahl *f (Wirtschaftslehre)*

buying power map
Kaufkraftkarte *f (Marktforschung) (Konsumforschung)*

buying power parity
Kaufkraftparität *f (Wirtschaftslehre) (Konsumforschung) (Marktforschung)*

buying power quota (BPQ, B.P.Q.)
→ buying power index

buying price
Einkaufspreis *m*, Einkaufsrechnungspreis *m (Konditionenpolitik)*

buying probability
Kaufwahrscheinlichkeit *f (Marktforschung) (Konsumforschung)*

buying process
Kaufvorgang *m (Marketing) (Marktforschung) (Konsumforschung)*

buying propensity
Kaufneigung *f (Wirtschaftslehre)*

buying role
Einkaufsrolle *f*, Beschaffungsrolle *f (Beschaffungsmarketing)*

buying service
Mediaagentur *f*, Streuagentur *f (Mediaplanung)*

buying shop
→ buying service

buying stage
→ buying phase

buying style
Konsumstil *m*, Einkaufsstil *m*, Stil *m* des Einkaufsverhaltens, des Kaufverhaltens *(Konsumforschung) (Marktforschung)*

buying style segmentation
Konsumstil-Segmentation *f*, Einkaufsstil-Segmentation *f (Marktforschung)*

buying syndicate
Einkaufsring *m (Beschaffungsmarketing)*

buy phase (buyphase)
→ buying phase

buy sheet
→ time sheet

B value
B-Wert *m (Außenwerbung) (Mediaforschung)*

C

© *Abk*
copyrighted

C
kurz für first cover, outside front cover

cable advertising
Kabelfernsehwerbung *f*, Kabelfernsehreklame *f*, Werbung *f* im Kabelfernsehen

cable audience
Kabelfernsehzuschauer *m/pl*, Kabelfernsehpublikum, Kabelfernsehzuschauerschaft *f* *(Mediaforschung)*

cable audience measurement
Messung *f* der Kabelfernsehzuschauer, Messung *f* des Kabelfernsehpublikums der Kabelfernsehzuschauerschaft *(Mediaforschung)*

cable broadcasting
Kabelrundfunk *m* *(Hörfunk/Fernsehen)*

cable carriage fee
Kabelgebühr *f*, Einspeisungsgebühr *f*, Gebühr *f* für die Heranführung und Einspeisung von Programmangeboten in die Breitband-Kabelnetze

to cablecast
v/t im Kabelfernsehen senden

cablecasting
Senden *n* per Kabelfernsehen, Kabelfernsehprogrammgestaltung *f*, Kabelfernsehen *n*, Kabelfunk *m* *(Hörfunk/Fernsehen)*

cable classified
kurz für cable classified advertisement

cable classified ad
kurz für cable classified advertisement

cable classified advertisement
Kabelfernsehkleinanzeige *f*, Kabelkleinanzeige *f*, Kabelgelegenheitsanzeige *f*

cable classified advertising
Kabelfernseh-Kleinanzeigenwerbung *f*, Kleinanzeigenwerbung *f*, Gelegenheitswerbung *f* im Kabelfernsehen

cable network
Kabelfernsehsendernetz *n*, Kabelfernsehnetz *n*, Kabelnetz *n*

cable radio
Kabelhörfunk *m*, Kabelradio *n*

cable satellite
Kabelsatellit *m*

cable television
Kabelfernsehen *n*

cable television system operator
Kabelfernsehunternehmen *n*, Kabelfernsehsystem *n*, Kabelfernsehfirma *f*

cable text
Kabeltext *m*

cable trade association
Verband *m* der Kabelfernsehindustrie

cable turnover
Kabelfluktuation *f*

cable TV
Kabelfernsehen *n*

cablevision
kurz für cable television

cabotage
Kabotage *f*

cafeteria question
→ multiple-choice question

calendar
Kalender *m*

calendar advertising
Kalenderwerbung *f*

calender
Kalander *m*, Satiniermaschine *f*, Glättmaschine *f* *(Papier)*

to calender
v/t kalandern, kalandrieren, satinieren, glätten *(Papier)*

calendered paper
Glanzpapier *n*, geglättetes satiniertes Papier *n*, kalandriertes Papier *n*

calendering
Kalandrieren *n*, Kalandern *n*, Satinieren *n*, Glätten *n* *(Papier)*

calender roll
Kalanderrolle *f*, Kalandrierrolle *f* *(Papierherstellung)*

calender roller
→ calender roll

to calibrate
v/t eichen

calibration
Eichung *f*, Kalibrieren *n*, Kalibrierung *f* *(Mathematik/Statistik) (empirische Sozialforschung) (Marktforschung) (Mediaforschung)*

calibration mark
Eichmarke *f*

caliper *(brit* **calliper)**
1. Mikrometerschraube *f*, Greifzirkel *m*
2. Papierdicke *f* gemessen in tausendstel Zoll

call
1. Besuch *m*, Kontaktversuch *m*, Aufsuchen *n* des Befragten *(empirische Sozialforschung)*
2. Anruf *m*, Telefongespräch *n*
3. Rollenangebot *n* *(Film/Fernsehen/Hörfunk/Theater)*
4. Probenbeginn *m* *(Film/Fernsehen/Hörfunk/Theater)*
5. Vertreterbesuch *m*

to call
1. *v/t* besuchen, Besuch machen, Kontaktversuch machen, (einen Befragten) aufsuchen
2. *v/t* anrufen, Telefongespräch führen, telefonieren

call analysis
Analyse *f* des Besuchsverhaltens (von Verkaufsvertretern)

call-at-office subscriber
betriebsangehöriger Abonnent *m*, Empfänger *m* im Betrieb *(Zeitung/Zeitschrift) (Medienvertrieb) (Mediaforschung)*

call-at-office subscription
Betriebsangehörigenabonnement *n*, Mitarbeiterabonnement *n* *(Zeitung/Zeitschrift) (Medienvertrieb)*

callback (call-back)
1. Wiederholungsbesuch *m*, Wiederholungskontaktversuch *m*, Nachfaßinterview *n*, Kontrollinterview *n* *(empirische Sozialforschung) (Marktforschung)*
2. Wiederholungsprobe *f* *(Film/Hörfunk/Fernsehen)*

call board
Anschlagbrett *n*

call for bids
→ call for tenders

call for tenders
Ausschreibung *f*, Submission *f*, Verdingung *f* *(Beschaffungsmarketing)*

call frequency
Besuchshäufigkeit *f*

call frequency schedule
Besuchsplan *m*, Kundenbesuchsplan *m*

calligrapher
Kalligraph *m*, Schönschreiber *m*, Schreibkünstler *m*

calligraphic
adj kalligraphisch, Schreibkunst-, Schönschreib-, Schreibkunst betreffend

calligraphist
→ calligrapher

calligraphy
Kalligraphie *f*, Schönschreibkunst *f*, Schreibkunst *f*

call-in
Anrufsendung *f* *(Hörfunk/Fernsehen)*

calling cycle
Besuchszyklus *m* *(Außendienst)*

calliper *brit*
→ caliper

call letters *pl*
Senderkennung *f*, Senderabkürzung *f*, Stationsabkürzung *f* *(Hörfunk/Fernsehen)*

call rate
→ call frequency

call report
1. Kontaktbericht *m*, Kontaktmemorandum *n*
2. Vertreterbericht *m*

call sheet
Probenübersicht *f*, Probenplan *m* *(Film/Fernsehen)*

call sign
→ call letters

cameo role
kleine Nebenrolle *f* *(Film/Fernsehen)*

cameo shot
Aufnahme *f* vor neutralem Hintergrund *(Film/Fernsehen)*

camera
Photoapparat *m*, Kamera *f*, Filmkamera *f*, Fernsehkamera *f*

campaign
Feldzug *m*, Werbefeldzug *m*, Kampagne *f*

campaign buildup (campaign build-up)
Aufbau *m* einer Werbekampagne, allmähliche Entwicklung *f* eines Werbefeldzugs

campaign control
Kampagnenkontrolle *f*, Kampagnenverlaufskontrolle *f* *(Werbung) (Werbeforschung)*

campaigner
Organisator *m* eines Werbefeldzugs, Teilnehmer *m* an einer Werbekampagne

campaign evaluation
Bewertung *f* einer Kampagne, Einschätzung *f*, Evaluierung *f* des Erfolgs eines Werbefeldzugs *(Werbeforschung)*

campaign plan
Plan *m* der Kampagne, Werbeplan *m*, Plan *m* des Werbefeldzugs

campaign quality
Kampagnenqualität *f* *(Marketingplanung)*

campaign tracking
Kampagnen-Verlaufs-Studie *f* *(Werbeforschung)*

Campbell's Soup position
Anzeigenposition *f* für Campbell's Suppe, Anzeigenposition *f* rechts gegenüber der Kommentarseite *(Zeitung)*

can
1. Dose *f*, Büchse *f* *(Verpackung)*
2. Filmbehälter *m*, Filmdose *f*, Filmbüchse *f*
3. *colloq* meist *pl* cans Kopfhörer *m/pl*, Ohrlautsprecher *m/pl* *(Hörfunk/Fernsehen)*
4. Konservendose *f* *(Verpackung)*

canalization
Kanalisierung *f* *(Psychologie) (Kommunikationsforschung)*

to cancel
v/t abbestellen, stornieren, annullieren, rückgängig machen

cancellation
1. Abbestellung *f*, Annullierung *f*, Stornierung *f*, Rückgängigmachung *f* *(Medienvertrieb) (Werbung) (Mediaplanung)*
2. Ausfall *m* *(Hörfunk/Fernsehen)*

cancellation date
Annullierungsfrist *f*, Stornierungsfrist *f*, Abbestellungsfrist *f* (für geordete Werbung)

candidate list
Kandidatenliste *f* *(Mediaplanung)*

candidate media
Kandidatenmedien *n/pl* *(Mediaplanung)*

canned copy
eigentl Textkonserve *f*, Waschzettel *m*, Waschzetteltext *m*

canned drama
eigentl Konservenepos *n*, Konservendrama *n* Film *m*, Filmkonserve *f*, Filmaufzeichnung *f* *(Film/Fernsehen)*

canned music
eigentl Konservenmusik *f*, konservierte Musik *f* Schallplattenmusik *f*, Tonbandmusik *f*, aufgezeichnete Musik *f* *(Hörfunk/Fernsehen) (POP-Werbung)*

canned sales presentation
aufgezeichnete Verkaufspräsentation *f*, aufgenommene Verkaufspräsentation *f*

canned sales talk
aufgesagte Verkaufspräsentation *f*, Verkaufspräsentation *f* aus dem Gedächtnis

cannibalism
eigentl Menschenfresserei *f*, Kannibalismus *m* *(Marketing)*

cannibalization
Kannibalisierung *f (Marketing)*

cannibalization effect
Kannibilisierungseffekt *m*

to cannibalize
v/t kannibalisieren, (einem Konkurrenten) den Markt streitig machen

cans *pl*
→ can 2.

canvas
→ canvass

canvass
Kundenbesuch *m*, Hausbesuch *m*

canvasser
1. Direktwerber *m*, Kundenbesucher *m*
2. Vertreter *m*, Handelsreisender *m*, der Hausbesuche macht

canvassing
Kundenbesuch *m*, Werbung *f* durch Kundenbesuch, Haus-zu-Haus-Werbung *f*, Direktwerbung *f* durch Kundenbesuche, Akquisition *f*, Akquisitionspolitik *f*

cap (cap.)
Abk capital letter

capacity
Kapazität *f (Wirtschaftslehre) (Informationstheorie)*

capacity policy
Kapazitätspolitik *f (Marketing) (Wirtschaftslehre)*

capacity principle
Kapazitätsprinzip *n (Marktpsychologie)*

CAPI
Abk computer-assisted personal interviewing

capital
Kapital *n (Wirtschaftslehre)*

capital good (*meist pl* **capital goods**)
Kapitalgut *n*, Produktivgut *n*, Investitionsgut *n*, gewerbliches Verbrauchsgut *n (Wirtschaftslehre)*

capital goods advertising
Kapitalgüterwerbung *f*, Investitionsgüterwerbung *f*

capital goods marketing
Kapitalgütermarketing *n*

capital goods market research
Kapitalgütermarktforschung *f*

capital intensive
adj kapitalintensiv

capital turnover
Kapitalumsatz *m (Wirtschaftslehre)*

captain agency
federführende Agentur *f*, Hauptagentur *f (Werbung)*

caption
1. Bildunterschrift *f*, Bildüberschrift *f*, Bildtext *m*, Bilderläuterung *f*, Bildzeile *f*, Legende *f*
2. Zwischentitel *m*, Unterüberschrift *f*, Zwischenzeile *f*
3. Untertitel *m (Film/Fernsehen)*
4. Kopf *m*, Titel *m*, Überschrift *f* (Artikel, Kapitel, Rubrik)

to caption
v/t mit einer Bildunterschrift, Bildüberschrift, Texterläuterung, Legende, einem Zwischentitel, Untertitel versehen

caption scanner
Diageber *m*, Dia-Abtaster *m (Fernsehen)*

captive audience
unfreiwilliges Publikum *n*, unfreiwillige Hörer *m/pl*, Leser *m/pl*, Zuschauer *m/pl (Mediaforschung)*

captive market
eigentl unfreiwilliger Markt *m*, Zwangsmarkt *m*

captive rotary
Rotationsschema *n (Außenwerbung)*

caravan test
Caravan-Test *m*, Bustest *m*, Werbetest *m*, Anzeigentest *m* mit Einkaufsbus *(Marktforschung) (Werbeforschung)*

carboy
Korbflasche *f*, Glasballon *m* (für Säuren)

car card
Verkehrsmittelanschlag *m*, Verkehrsmittelplakat *n*, Verkehrsmittelposter *n*

car card
ad *kurz für* car card advertisement

car card advertisement
Verkehrsmittelwerbeanschlag *m*, Verkehrsmittelwerbeplakat *n*

car card advertising
Rumpfflächenwerbung *f*, Verkehrsmittelanschlagwerbung *f*, Anschlagwerbung *f* in und an öffentlichen Verkehrsmitteln *(Verkehrsmittelwerbung)*

car card audience
Verkehrsmittelplakatpublikum *n*

car card rate
Preis *m*, Tarif *m* für Verkehrsmittelplakatanschlagwerbung, Preis *m* für die Anbringung eines Verkehrsmittelplakats

card
1. Karte *f*, Geschäftskarte *f*, Visitenkarte *f*
2. Mitteilung *f*, Ankündigung *f*, Anzeige *f*
3. *kurz für* adrate card

cardboard
Karton *m*, Kartonpapier *n*, Kartonpappe *f*, Pappe *f*, Pappdeckel *m*, dünne Pappe *f*

cardboard box
Pappschachtel *f*, Karton *m*

cardboard catalog (*brit* **catalogue**)
Kartei *f*, Kartothek *f*, Zettelkatalog *m*, Zettelkartei *f*

cardboard cutter
Pappschere *f*, Kartonschere *f*

cardboard engineer
Verpackungsingenieur *m*, Verpackungsfachmann *m*

card catalog (*brit* **catalogue**)
Kartei *f*, Kartothek *f*, Zettelkatalog *m*, Zettelkartei *f*

card deck
Kartenspiel *n* *(Umfrageforschung) (Marktforschung)*

card file
Kartei *f*

card index
Kartei *f*

card index of clients
Kundenkartei *f*

carding
Anschlagen *n* bzw. Abnehmen *n* von Plakaten *(Anschlagwerbung)*

card method
Titelkartenverfahren *n*, Titelkartenmethode *f* *(Mediaforschung)*

card rate
Listenpreis *m* (für Werbung), Grundpreis *m*, Anzeigengrundpreis *m*

cards *pl*
→ card deck

card sorting
Titelkartensortierverfahren *n*, Kartensortieren *n*, Kartensortiermethode *f* *(Mediaforschung)*

caricature
Karikatur *f*, Spottbild *n*, Zerrbild *n*

to caricature
v/t karikieren, verspotten

caricaturist
Karikaturist *m*

car panel
1. Verkehrsmittelplakat *n*, Verkehrsmittelschild *n*
2. Anschlagfläche *f* für Verkehrsmittelanschläge

car passenger
Verkehrsmittelbenutzer *m*, Passagier *m* *(Außenwerbung) (Verkehrsmittelwerbung)*

carriage fee
Kabelgebühr *f*, Einspeisungsgebühr *f*

carrier
1. Austräger *m*, Zeitungsausträger *m*, Zusteller *m* *(Medienvertrieb)*
2. Transportunternehmen *n*

carrier delivery by independent carriers' filing lists
amerikanisches Zeitungsauslieferungssystem *n* *(Medienvertrieb)*

carrier delivery office collect system
amerikanisches Abonnementssystem *n* *(Medienvertrieb)*

to carry
v/t (Bericht, Text, Anzeige) bringen, veröffentlichen, tragen

carryover (carry-over)
eigentl Übertrag *m*, Rest *m*, Vortrag *m*
1. langfristige Werbewirkung *f*, gegenwärtige Wirkung *f* vergangener Werbung, künftige Wirkung *f* gegenwärtiger Werbung
3. umlaufender Text *m*, umlaufende Fortsetzung *f*
4. das Hinübernehmen *n* von Teenagerkonsumgewohnheiten in das Erwachsenenalter

carry-over article
umlaufender Artikel *m* *(Zeitung/Zeitschrift)*

carry-over column
umlaufende Kolumne *f* *(Zeitung/Zeitschrift)*

carryover effect (carry-over effect)
Carryover-Effekt *m*, Übertragungseffekt *m*, Wirkungsübertragung *f*, Wirkungsverzögerung *f* *(Kommunikationsforschung)*

carry-through rate
etwa Durchlaufpreis *m* *(Hörfunk/Fernsehen)*

carry-over effect of advertising
langfristige Werbewirkung *f*, Übertragungswirkung *f* von Werbung, gegenwärtige Wirkung *f* vergangener Werbung, künftige Wirkung *f* gegenwärtiger Werbung

cartel
Kartell *n* *(Wirtschaftslehre)*

cartogram
Kartogramm *n*, statistische Karte *f* *(Statistik)*

carton
Pappschachtel *f*, Schachtel *f*, Karton *m*, Pappkarton *m* *(Verpackung)*

cartoon
1. Karikatur *f*, Witzzeichnung *f*, Zeichnung *f*, gezeichnete Illustration *f*, Streifenbild *n*
2. Karikaturenserie *f*, Karikaturenreihe *f*, Fortsetzungsgeschichte *f* mit Karikaturen

to cartoon
1. *v/t* karikieren, in der Karikatur darstellen
2. *v/i* Karikatur(en) zeichnen

cartoon ad
kurz für cartoon advertisement

cartoon advertisement
Anzeige *f* mit Witzzeichnungen, Anzeige *f* mit Streifenbild, Streifenbildanzeige *f*, Bildstreifenanzeige *f*

cartoon advertising
Streifenbildwerbung *f*, Werbung *f* mit Hilfe von Witzzeichnungen, Werbung *f*, die Streifenbilder und Witzzeichnungen mitverwendet

cartoon animation
Trickfilmherstellung *f*

cartoon camera bench
Tricktisch *m* *(Film)*

cartoonist
Karikaturist *m*, Trickzeichner *m*, Witzzeichner *m*, Werbezeichner *m*, Reklamezeichner *m*

cartoon set
Szenenaufbau *m* vor einer Trickzeichnung (Fernsehstudio)

cart wrap
Einkaufswagenplakat *n*, Einkaufswagenspannschild *n* *(POP-Werbung)*

case
1. Vitrine *f* *(POP-Werbung)*
2. Behälter *m*, Behältnis *n* *(POP-Werbung) (Verpackung)*
3. Kiste *f*, Kasten *m* *(Verpackung)*

case divider
Vitrinentrennwand *f*, Trennwand *f*, Trennscheibe *f*, Scheidewand *f* *(POP-Werbung)*

case method
Fallmethode *f*, Einzelfallmethode *f* *(empirische Sozialforschung) (Marktforschung) (Marketing)*

case rate discount
Mengenrabatt *m*, Mengenpreisnachlaß *m* *(Marketing) (Mediaplanung)*

case rate method
mengenmäßige Festsetzung *f* (des Budgets)

case strip
Regalwerbestreifen *m*, Regalstreifen *m* *(POP-Werbung)*

case wrap around
Einwicklung *f*, Einwickelmaterial *n*, Einwickelstreifen *m*, Einwickelpapier *n*, Einwickelwerbung *f*, Einwickelreklame *f*

cash and carry
→ cash-and-carry wholesaler

cash and carry warehouse
→ cash-and-carry wholesaler

cash-and-carry wholesaler
Cash- and Carry-Betrieb *m*, Cash- and Carry-Lager *m*, C & C-Großhändler *m*, Abhollagergroßhandel *m*, Abholgroßhandel *m*, Lagergroßhandel *m*, Selbstbedienungsgroßhandel *m*

cash bargain market
Kassamarkt *m*

cash discount
Skonto *n* *(selten m)*, Barzahlungsrabatt *m*

cash equivalent (of an investment)
Barwert *m* (einer Investition) *(Wirtschaftslehre)*

cash flow
Cash Flow *m*, Kapitalfluß *m* aus Umsatz *(Wirtschaftslehre)*

cash flow analysis
Cash-flow-Analyse *f*, Analyse *f* des Kapitalflusses aus Umsatz

cash market
Punktmarkt *m* *(Wirtschaftslehre)*

cash mat
Zahlmatte *f*, Zahlunterlage *f* *(POP-Werbung)*

cash on delivery (c.o.d., cod)
Barzahlung *f* bei Lieferung

cash terms *pl*
Barzahlungskonditionen *f/pl*

cash value (of an investment)
→ cash equivalent

cask
Faß *n* *(Verpackung)*

cassette
Kassette *f*, Tonkassette *f*, Filmrolle *f*, Videokassette *f*

cassette recorder
Kassettenrecorder *m*, Kassettenaufnahmegerät *n*

cassette recording
Kassettenaufnahme *f*, Aufnahme *f* auf Kassette

cast
Besetzung *f*, Rollenbesetzung *f*, Rollenverteilung *f* *(Film/Fernsehen/Theater/Radio)*

to cast
v/t besetzen, (Rollen) verteilen *(Hörfunk/Fernsehen/Film)*

cast commercial
integrierte Programmwerbesendung *f*, integrierte Werbesendung *f*, integrierter Programmspot *m* *(Hörfunk/Fernsehen)*

casting
Besetzen *n* von Rollen, Verteilen *n* von Rollen *(Film/Fernsehen)*

casting director
Besetzungsdirektor *m*, Rollenbesetzer *m* *(Hörfunk/Fernsehen) (Werbung)*

casual audience
Zufallspublikum *n*, zufällige Hörer *m/pl*, Leser *m/pl*, Zuschauer *m/pl*, beiläufige Leser *m/pl*, Hörer *m/pl*, Zuschauer *m/pl* *(Mediaforschung)*

catalog (*brit* catalogue)
Katalog *m*, Verzeichnis *n*, Liste *f*, Aufstellung *f*

to catalog (*brit* to catalogue)
v/t katalogisieren, in einen Katalog aufnehmen, in eine Liste aufnehmen

catalog agency
→ subscription agency

catalog advertising (*brit* catalogue advertising)
Katalogwerbung *f*

catalog design (*brit* catalogue design)
Kataloggestaltung *f*

catalog paper
Katalogpapier *n*, Dünndruckpapier *n*

catalog sale
Katalogverkauf *m*

catalog saver
katalogartige Beilage *f*, katalogartiger Beihefter *m*, katalogartiges Supplement *n*, Prospektbeilage *f (Zeitung/Zeitschrift)*

catalog showroom
Katalogladen *m*, Kataloggeschäft *n*, Katalogschauraum *m*, Katalogbüro *n (Marketing)*

catalog warehouse
→ catalog showroom

catchline (catch line)
1. Stichzeile *f*, provisorische Überschrift *f* auf der Korrekturfahne, Kopfzeile *f (Druck)*
2. Stichwortzeile *f*, Zeile *f*, die ein Stichwort enthält
3. auffällige Überschrift *f*, auffällige Zwischenzeile *f*, Blickfangzeile *f (Werbung)*
4. Werbespruch *m*

catchpenny
1. *adj* wertlos, Schund-, auf Kundenfang berechnet
2. Schundware *f*, Schundprodukt *n*, Schleuderartikel *m*

catch phrase (catchphrase)
Schlagwort *n*, Losung *f*, Slogan *m (Werbung)*

catch word (catchword)
1. Schlagwort *n*, Stichwort *n*, Losungswort *n (Werbung)*
2. Kustode *f*, Kustos *m*, Kolumnentitel *m (Druck)*

categorial system
kategoriales System *n (Marketingorganisation)*

category
Begriffsklasse *f*, Kategorie *f*, Gruppe *f*

category development
Marktanteil *m* einer Produktgruppe, einer Produktkategorie *(Marketing)*

category development index (CDI, C.D.I.)
Marktanteil-Index *m* einer Produktkategorie, einer Warenkategorie *(Marketing)*

cathode-ray tube (CRT)
Kathodenstrahlröhre *f*, Braunsche Röhre *f*, CRT-Maschine *f*

CATI
Abk computer-assisted telephone interviewing

CATV test
Werbewirksamkeitstest *m* mit Hilfe des Kabelfernsehens, Kabelfernsehtest *m (Werbeforschung)*

causality
Kausalität *f (Logik)*

causal relation
kausale Beziehung *f (Logik)*

causal relationship
→ causal relation, causality

CB
Abk chain break

C.B.O.
Abk confirmation of broadcast order

C Box
C-Box *f (Mediaforschung)*

CC (C.C.)
Abk controlled circulation

C & C
→ cash-and-carry wholesaler

C county
C-Kreis *m* (Verwaltungskreis) *(Marktforschung)*

C.D.
Abk creative director

CDI (C.D.I.)
Abk category development index

cease and desist order
Abmahnung *f (Werbung) (Wettbewerbsrecht)*

cellophane
Zellophan *n*, Zellglas *n*

cellophane cover
Zellophanumschlag *m*

cellophane proof
→ celluloid proof

cellophane window
Zellglasfenster *n (Direktwerbung)*

census
Vollerhebung *f*, Zensus *m*, Totalerhebung *f*, Totalbefragung *f (empirische Sozialforschung) (Marktforschung) (Mediaforschung)*

centerfold
ausklappbare Mittelseiten *f/pl*, aufklappbare Mittelseiten *f/pl*, ausschlagbare Seiten *f/pl*, ausschlagbare Anzeigenseiten *f/pl*, gefaltete Seiten *f/pl*, faltbare Seiten *f/pl (Zeitschrift) (Werbung)*

central buying
zentralisierter Einkauf *m*, zentralisierte Beschaffung *f*, Auftragskonzentration *f (Beschaffungsmarketing)*

central market
Großmarkt *m*, Großhandelsmarkt *m*

central tendency
zentrale Tendenz *f (Statistik)*

centering arrow
→ gauge pin

center spread (*brit* **centre spread**)
1. Doppelseite *f* in der Heftmitte *(Zeitschrift)*
2. doppelseitige Anzeige *f* in der Heftmitte *(Zeitschrift)*
3. Doppelplakat *n*, Kombinationsplakat *n*, Plakatkombination *f (Außenwerbung)*

cents-off
→ price pack

cents-off coupon
Gutschein *m*, Nachlaßgutschein *m*, Preisnachlaßgutschein *m*, Rabattgutschein *m (Gutscheinwerbung) (Verkaufsförderung)*

cents-off offer
→ cents-off, cents-off coupon

cents-off store coupon
Einzelhandelsgutschein *m*, Einzelhandelskupon *m (Gutscheinwerbung) (Verkaufsförderung)*

certificate of origin
Herkunfsbezeichnung *f*, Zertifikat *n*, Herkunftszeugnis *n*, Provenienz-Zertifikat *n (Marketing)*

certification mark
Gütezeichen *n (Marketing)*

chain break (CB)
eigentl Kettenpause *f*, Kettenunterbrechung *f*, Sendepause *f* im Programm eines Sendernetzes, einer Senderkette *(Hörfunk/Fernsehen)*

chain discount
Stufenrabatt *m*, Handelsstufenrabatt *m (Marketing)*

chain of demand
Nachfragekette *f*

chain of distribution
Handelskette *f*, Absatzkette *f (Marketing)*

chain prospecting
Schneeballsystem *n*, Hydrasystem *n*, progressive Kundenwerbung *f*

chain store
Geschäft *n* einer Ladenkette, Filiale *f* einer Einzelhandelskette

chain store system
Ladenkettensystem *n*, System *n* der Ladenketten, Einzelhandelskettensystem *n*, Filialsystem *n*

chain store warehouse
Ladenkettenlager *n*, Lager *n* einer Einzelhandelskette

chalk-patterned edge
Kreideschnitt *m*

chalk-surfaced paper
→ chalky paper

chalky
adj Kreide-

chalky paper
Kreidepapier *n*

chamber of commerce
Handelskammer *f*

chamber journal
→ chamber magazine

chamber magazine
Kammerzeitschrift *f*

chamber of commerce magazine
→ chamber magazine

chamber publication
→ chamber magazine

chance buyer
Zufallskunde *m*, Laufkunde *m*, Zufallskäufer *m* *(Einzelhandel)*

chance customer
Zufallskunde *m*, Laufkunde *m* *(Einzelhandel)*

chance customers *pl*
Laufkundschaft *f* *(Einzelhandel)*

change in circulation
Auflagenänderung *f* *(Zeitung/Zeitschrift)*

change-over
Kamerawechsel *m*, Übergang *m*, Überblendung *f* *(Film/Fernsehen)*

channel
1. Kanal *m*, Sendefrequenz *f*, Übertragungskanal *m* *(Hörfunk/Fernsehen)*
2. Programm *n*, Sender *m* *(Hörfunk/Fernsehen)*
3. Straße *f* (Satz) *(Typographie)*
4. Vertriebsweg *m* *(Marketing)*

channel capacity
Kanalkapazität *f* *(Informationstheorie)*

channel captain
Absatzwegkapitän *m* *(Marketing)*

channel conflict
Kanalkonflikt *m*, Absatzwegekonflikt *m* *(Marketing)*

channel control
Kanalkontrolle *f*, Absatzwegekontrolle *f* *(Marketing)*

channel cooperation
Kanalkooperation *f*, Absatzwegekooperation *f* *(Marketing)*

channel effectiveness
Kanaleffektivität *f*, Absatzwege-Effektivität *f* *(Marketing)*

channel flow
Kanalfluß *m*, Absatzwegefluß *m* *(Marketing)*

channel function
Kanalfunktion *f*, Absatzwegefunktion *f* *(Marketing)*

channel leader
Absatzwegekapitän *m*

channel loyalty
Programmtreue *f*, Sendertreue *f*, Kanaltreue *f*, Programmbindung *f*, Senderbindung *f*, Kanalbindung *f* *(Hörfunk/Fernsehen)*

channel of communication
Kommunikationskanal *m* *(Kommunikationsforschung)*

channel of distribution
1. Absatzweg *m* *(Marketing)*
2. Vertriebsweg *m*, Vertriebskanal *m*, Absatzkanal *m* *(Marketing)*

channel performance
Absatzwegeleistung *f* *(Marketing)*

channel power
Absatzwegemacht *f* *(Marketing)*

channel productivity
Kanalproduktivität *f*, Absatzwegeproduktivität *f* *(Marketing)*

channel specialization
Kanalspezialisierung *f*, Absatzwegespezialisierung *f* *(Marketing)*

channel strip
Werbeleiste *f*, Werbesims *n*, Regalleiste *f*, Hohlkehle *f* *(POP-Werbung)*

channel width
Sendebereich *m*, Umfang *m* der Sendefrequenz eines Senders *(Hörfunk/Fernsehen)*

chapel
1. Druckerei *f*, Offizin *f*
2. Betriebsversammlung *f* (des Personals der Druckerei und Setzerei)

chapter
Kapitel *n*, Abschnitt *m*, Unterabschnitt *m*

chapter head
Kapitelüberschrift *f*

character
1. Darsteller *m*, handelnde Person *f* *(Film/Fernsehen/Theater)*
2. Rolle *f* *(Film/Fernsehen/Theater)*

characteristic
1. Erhebungsmerkmal *n*, Merkmal *n* *(Statistik) (empirische Sozialforschung) (Datenanalyse)*

2. Merkmalsausprägung *f (Statistik) (empirische Sozialforschung) (Datenanalyse)*

chargeable time
anrechenbarer Zeitaufwand *m*, Arbeitsaufwand *m (Werbung)*

charging the top of the rate card
Höchstpreispolitik *f* (eines Werbeträgers), Ansetzen *n*, Berechnung *f*, Inrechnungstellung *f* von Höchstpreisen (für Werbung)

charity ad
kurz für charity advertisement

charity advertisement
Wohltätigkeitsanzeige *f*, Wohlfahrtsanzeige *f*

charity marketing
Spendenmarketing *n*

chart
graphische Darstellung *f*, Karte *f*, Schaubild *n*, Diagramm *n*, Plan *m*, Tafel *f*

to chart
v/t entwerfen, planen, skizzieren
to chart a media plan
einen Mediaplan skizzieren, entwerfen, entwickeln

charter subscriber
Festpreisabonnent *m (Zeitung/Zeitschrift) (Medienvertrieb)*

charter subscription
Festpreisabonnement *n (Zeitung/Zeitschrift) (Medienvertrieb)*

charting system
Charting-System *n (Marketing)*

check
Kontrolle *f*, Prüfung *f*, Überprüfung *f*, Nachprüfung *f*, Kontrollzeichen *n*

to check
1. *v/t* kontrollieren, prüfen, überprüfen, nachprüfen
2. *v/t* ankreuzen, anstreichen

checkerboard
eigentl Schachbrett *n*
Schachbrettanzeige *f (Werbung) (Zeitschrift)*

checkerboard ad
kurz für checkerboard advertisement

checkerboard advertisement
Schachbrettanzeige *f*, Schachbrettinserat *n*, Schachbrettannonce *f*

checking
Streuprüfung *f*, Streukontrolle *f*, Belegkontrolle *f (Mediaplanung)*

checking copy
Beleg *m*, Belegexemplar *n*, Agenturbeleg *m*, Beleg *m* für den Werbungtreibenden *(Werbeplanung) (Mediaplanung)*

checklist (check list)
Merkliste *f*, Kontrolliste *f*, Prüfliste *f*, Checkliste *f*

checklist effect
Checklisteneffekt *m (Konsumforschung)*

cheesecake
eigentl Käsekuchen *m*
Pinup-Photo *n*, Illustration *f* mit Nacktphoto, Werbeillustration *f* mit Nacktphoto

cherry-picking
eigentl Kirschen pflücken, *fig* die Rosinen herauspicken
1. Programmzusammenstellung *f* eines lokalen Senders *(Hörfunk/Fernsehen)*
2. Sonderangebotsauswahl *f*, Sonderangebotseinkaufen *n*, reiner Preiskauf *m (Konsumforschung)*

children
Kinder *n/pl (Marketing)*

children and advertising
Kinder *n/pl* und Werbung *f*

children's magazine
Kinderzeitschrift *f*

child serial
Kinderserie *f (Hörfunk/Fernsehen)*

chipboard
Schachtelpappe *f* (aus Papierabfällen hergestellt)

choice
1. Wahl *f*, Wahlhandlung *f*, Auswahl *f*, Alternative *f*, Auswahlmöglichkeit *f*, Entscheidungsmöglichkeit *f*, Entscheidung *f*, Kaufentscheidung *f*
2. Vorrat *m*, Sortiment *n*

church marketing
Kirchenmarketing *n*

church newspaper
Kirchenzeitung *f*

church paper
Kirchenzeitung *f*

church publication
Kirchenpublikation *f*, Kirchenveröffentlichung *f*

churn
eigentl Buttermaschine *f*, Strudel *m*, Wirbel *m* Kabelfluktuation *f*, Fluktuation *f* der Kabelhaushalte *(Kabelfernsehen)*

CID
Abk continuity-impact discount

cigarette advertising
Zigarettenwerbung *f*

cine
kurz für cinema
1. Kino *n*, Film *m*
2. Kino *n*, Lichtspieltheater *n*, Filmtheater *n*
3. *adj* Film-, Kino-

cineast
Cinéast *m*, Filmfan *m*, leidenschaftlicher Kinogänger *m*

cinecamera
Filmkamera *f*, Kinokamera *f*, Aufnahmekamera *f*

cinefilm
Kinofilm *m*

cineholography
Filmholographie *f*

cinema
1. Film *m*, Kino *n*, Filmwesen *n*, Filmkunst *f*
2. Kino *n*, Filmtheater *n*, Lichtspieltheater *n*

cinema advertisement
Filmwerbung *f*, Kinoreklame *f*, Filmreklame *f*, Kinowerbung *f* (Werbemittel)

cinema advertising
Filmwerbung *f*, Kinowerbung *f*, Filmreklame *f*, Kinoreklame *f*, Film- und Diapositivwerbung *f*

cinema announcement
Werbeansage *f* (im Kino), Kinowerbeansage *f*

cinema attendance
Kinobesuch *m*, Filmbesuch *m* *(Mediaforschung)*

cinema box office
→ box office, movietheater box office

cinema film
Kinofilm *m*

cinemagoer (cinema-goer)
Kinobesucher *m*, Filmbesucher *m*

cinema performance
Filmvorführung *f*, Filmvorstellung *f*, Kinovorstellung *f*

cinema poster
Kinoplakat *n*, Filmplakat *n* *(Anschlagwerbung)*

cinemascope
Breitwand *f*, Breitwandtechnik *f*, Cinemascope *f (Kino)*

cinema screen advertising
→ cinema advertising, screen advertising

cinema slide
Film-Dia *n*, Kinodia *n*, Kinodiapositiv *n*, Lauf-Dia *n*

cinema slide advertisement
Kinowerbediapositiv *n*, Werbedia *n (Kino)*

cinema slide advertising
Diawerbung *f* (im Kino), Kino-Diawerbung *f*, Diareklame *f* (im Kino), Kino-Diareklame *f*, Kino-Diapositivreklame *f*, Kino-Diapositivwerbung *f*

cinema still
Standphoto *n* Einzelaufnahme *f* (aus einem Kinofilm)

cinematheque
Filmstudio *n*, Cinemathek *f*

cinematic
adj Film- Kino-, filmisch

cinematization
Verfilmung *f*, Filmbearbeitung *f*

to cinematize
1. *v/t* verfilmen
2. *v/i* filmen

cinematograph
1. Filmvorführapparat *m*, Filmvorführgerät *n* *(Kino)*
2. Filmkamera *f (Kino)*

to cinematograph
1. *v/t* verfilmen, einen Film drehen (von, über), Film machen (von) *(Kino)*
2. *v/i* filmen

cinematographer
1. Filmvorführer *m (Kino)*
2. Filmkameramann *m (Kino)*

cinematographic
adj kinematographisch, Film-, Kino-

cinematographist
→ cinematographer

cinematography
Kinematographie *f*, Filmkunst *f*, Filmwesen *n*, Kino *n*, Lichtspielkunst *f*

cinema van
→ cinemobile

cinemazation
Verfilmung *f*

to cinemize
v/t verfilmen

cinemobile
aus cinema + automobile
Kinomobil *n*, Filmvorführwagen *m*, Wanderkino *n*

cinephile
Filmliebhaber *m*, Kinofan *m*, Filmfan *m*, Cineast *m*

to cinerecord
v/t mit der Filmkamera aufnehmen, eine Filmaufnahme machen (von)

cinestrip
Filmstreifen *m (Kino)*

circular
Rundschreiben *n*, Rundbrief *m*, Werberundschreiben *n*, Werberundbrief *m*, Zirkular *n*, Umlauf *m*, Umlaufschreiben *n (Direktwerbung)*

circular chart
Kreisdiagramm *n*, Kreisgraphik *f*, Tortendiagramm *n (Statistik)*

circularization
Versand *m* von Rundschreiben, Rundschreibenversand *m*, Rundbriefexpedition *f*, Drucksachenwerbung *f (Direktwerbung)*

to circularize
1. *v/t* durch Rundschreiben, Werbebriefe bekanntmachen *(Direktwerbung)*
2. *v/t* (Rundbriefe, Werbeschriften) verschikken, versenden, verteilen, verteilen lassen *(Direktwerbung)*
3. *v/t* durch Rundschreiben werben (für) *(Direktwerbung)*

circular letter
Rundschreiben *n*, Rundbrief *m*, Werbebrief *m*, Werberundbrief *m*, Werberundschreiben *n* *(Direktwerbung)*

to circulate
1. *v/i* zirkulieren, umlaufen, im Umlauf sein, kursieren, verbreitet sein
2. *v/t* in Umlauf setzen, zirkulieren lassen, verbreiten

circulation
1. Auflage *f*, Auflagenhöhe *f* (eines Druckmediums) *(Zeitung/Zeitschrift)*
2. Vertrieb *m*, Verteilung *f*, Distribution *f* (eines Werbemittels oder Werbeträgers) *(Medienvertrieb)*
3. Weitester Hörerkreis (WHK) *m*, Hörer *m/pl* Hörerschaft *f*, Weitester Seherkreis (WSK) *m*, Zuschauer *m/pl*, Zuschauerschaft *f (Hörfunk/Fernsehen) (Mediaforschung)*
4. Personen *f/pl* mit Anschlagkontakt, Weitester Nutzerkreis (WNK) *m (Außen-/Verkehrsmittelwerbung)*

circulation analysis
1. Auflagenanalyse *f*
2. Publikumsanalyse *f*, Hörer-, Zuschaueranalyse *f (Hörfunk/Fernsehen/Anschlagwerbung)*

circulation area
1. Verbreitungsgebiet *n (Druckmedien)*
2. Streubereich *m (Medienvertrieb) (Mediaplanung)*
3. Sendegebiet *n*, Empfangsbereich *m (Hörfunk/Fernsehen)*

circulation audit
Auflagenkontrolle *f*, Auflagenprüfung *f (Zeitung/Zeitschrift)*

circulation breakdown
Auflagenstruktur *f (Mediaplanung)*

circulation certification
1. Auflagenbeglaubigung *f*, Bestätigung *f* der Auflagenangaben durch eine unabhängige Institution *(Druckmedien)*
2. Beglaubigung *f*, Bestätigung *f* der Reichweite bzw. der Zahl der Personen mit Werbemittelkontakt *(Außen-/Verkehrsmittelwerbung)*

circulation control
Auflagenkontrolle *f*

circulation delivery
Auslieferung *f*, Zustellung *f*, Zeitungsauslieferung *f*, Zeitschriftenauslieferung *f*, Vertriebsauslieferung *f (Medienvertrieb)*

circulation density
Auflagendichte *f*, Vertriebsdichte *f* (vor allem bei Zeitungen) *(Medienvertrieb)*

circulation department
Vertriebsabteilung *f (Zeitung/Zeitschrift) (Medienvertrieb)*

circulation director
Vertriebsleiter *m*, Vertriebsdirektor *m*, Leiter *m* der Vertriebsabteilung *(Medienvertrieb)*

circulation district
Vertriebsbezirk *m (Medienvertrieb)*

circulation figure
Auflagenzahl *f*, Auflagenziffer *f (Zeitung/Zeitschrift)*

circulation growth
Auflagenwachstum *n*, Auflagenzuwachs *m (Zeitung/Zeitschrift)*

circulation manager
Vertriebsleiter *m*, Vertriebsorganisator *m (Zeitung/Zeitschrift) (Medienvertrieb)*

circulation per dollar
Auflagenzuwachs *m* pro Dollar *(Zeitung/Zeitschrift) (Werbung)*

circulation promotion
Vertriebsförderung *f*, Auflagenförderung *f*, Abonnentenwerbung *f*, Abo-Werbung *f (Zeitung/Zeitschrift)*

circulation rate base
Auflagengarantie *f*, garantierte Auflage *f*, Auflagenpreisschwelle *f*, Minimalauflage *f* (für den Anzeigenpreis), Kalkulationsauflage *f*, kalkulierte Auflage *f (Zeitung/Zeitschrift)*

circulation representative
Zeitschriftenverkäufer *m*, Zeitschriftenvertreter *m*, Zeitschriftenwerber *m (Medienvertrieb)*

circulation revenue
Vertriebserlös *m (Zeitung/Zeitschrift)*

circulation structure
Auflagenstruktur *f (Zeitung/Zeitschrift)*

circulation-to-household coverage
Haushaltsreichweite *f*, Auflagendichte *f*, Vertriebsdichte *f*, Haushaltsabdeckung *f (Zeitung)*

circulation waste
Fehlstreuung *f*, Streuverluste *m/pl (Mediaplanung)*

circus makeup
desorganisiertes Layout *n*, zerflattertes Layout *n*, zerfahrener Seitenspiegel *m (Zeitung/Zeitschrift)*

CIS (C.I.S.)
Abk Consumer Impact Study

city directory
Adreßbuch *n*, Einwohnerverzeichnis *n*, Einwohner-Adreßbuch *n*

city-grade service
höchste Empfangsqualität *f (Fernsehen)*

city mail subscription
Stadtpostbezug *m*, Stadtpostabonnement *n (Zeitung)*

city zone
zentrales Stadtgebiet *n*, Stadtbereich *m (Zeitung) (Medienvertrieb)*

city zone circulation
Stadtauflage *f*, Auflage *f* im Stadtbereich *(Zeitung) (Medienvertrieb)*

claim
Behauptung *f*, Werbebehauptung *f*

to claim
v/t behaupten, Behauptung aufstellen, Werbebehauptung aufstellen, beanspruchen, angeben, Angabe machen
to claim reading a magazine: angeben, Leser einer Zeitschrift zu sein *(Mediaforschung)*

claimed buyer-reader
Kaufleser *m*, Erstleser *m* *(Leserschaftsforschung)*

claimed nonbuyer reader
Zweitleser *m* *(Leserschaftsforschung)*

claimed readership
Leserschaft *f*, ermittelte Leserschaft *f* *(Mediaforschung)*

claiming
Angeben *n*, Angabenmachen *n* *(empirische Sozialforschung) (Marktforschung) (Mediaforschung)*

clambake
eigentl Picknick *n*, fröhliche Gesellschaft *f*
1. mißlungene Probe *f (Hörfunk/Fernsehen)*
2. mißlungene, schlecht gemachte Sendung *f (Hörfunk/Fernsehen)*

clap stick
Klappe *f (Film/Fernsehen)*

claptrap
1. Effekthascherei *f*, Phrasendrescherei *f*
2. Anpreisung *f*, Reklame *f*, effekthascherische Werbung *f*, marktschreierische Reklame *f*
3. *adj* effekthascherisch, auf Beifall heischend

clasp
eigentl Haken *m*, Öse *f*
Umschlag *m (Direktwerbung)*

class
→ social class, socioeconomic status

class A time
Sendezeit *f* mit den höchsten Einschaltquoten *(Fernsehen) (Mediaforschung)*

class B deductions *pl*
Am Werbungskosten *pl*, Werbungskostensteuerabzüge *m/pl*

class B time
Sendezeit *f* mit den zweithöchsten Einschaltquoten *(Fernsehen) (Mediaforschung)*

class C time
Sendezeit *f* mit den dritthöchsten Einschaltquoten *(Fernsehen) (Mediaforschung)*

class D time
Sendezeit *f* mit den vierthöchsten Einschaltquoten *(Fernsehen) (Mediaforschung)*

classical format
Klassikprogramm *n*, Klassiksender *m*, Sender *m* für klassische Musik *(Hörfunk/Fernsehen)*

classification
Klassifikation *f*, Klassifizierung *f (empirische Sozialforschung)*

classified ad
kurz für classified advertisement

classified advertisement
Rubrikanzeige *f*, Gelegenheitsanzeige *f*, Kleinanzeige *f*, rubrizierte Kleinanzeige *f*

classified advertising
Rubrikanzeigenwerbung *f*, Gelegenheitsanzeigenwerbung *f*, Kleinanzeigenwerbung *f*

classified advertising column
→ classified column

classified column
Kleinanzeigenrubrik *f*, Kleinanzeigenspalte *f*

classified display
kurz für classified display advertisement

classified display ad
kurz für classified display advertisement

classified display advertisement
rubrizierte Großanzeige *f*

classified display advertising
rubrizierte Großanzeigenwerbung *f*, Werbung *f* mit rubrizierten Großanzeigen, Rubrik-Großanzeigenwerbung *f*

class magazine
Prestige-Zeitschrift *f*

class of time
Zeitgruppe *f*, Sendezeitgruppe *f*, Sendezeitklasse *f (Fernsehen) (Mediaforschung) (Mediaplanung)*

class publication
Prestige-Publikation *f*

class II time
→ nonpreemptible time

to clean
v/t bereinigen, auf den neuesten Stand bringen (z.B. Verteiler)

to clear

to clear
1. *v/t* Freigabe erhalten, bekommen, nachsuchen, beantragen (z.B. für die Verwendung von Photos, Illustrationen etc. in einer Anzeige)
2. *v/t* belegen, buchen, reservieren (Sendezeit für Werbung) *(Hörfunk/Fernsehen)*
3. *v/t* Sendezeit freigeben (für Werbung) *(Hörfunk/Fernsehen)*

clearance
1. Nachsuchen *n* um Freigabe von urheberrechtlich geschütztem Material
2. Freigabe *f* von urheberrechtlich geschütztem Material

clearance sale
Schlußverkauf *m*, Saisonschlußverkauf *m*

to clear a number
1. *v/t* Freigabe für ein urheberrechtlich geschütztes Musikstück erhalten
2. *v/t* um Freigabe für ein urheberrechtlich geschütztes Musikstück nachsuchen

clear-channel station
Supersender *m (Hörfunk)*

client
Kunde *m*, Klient *m*, Auftraggeber *m* (einer Werbeagentur)

client behavior (*brit* **client behaviour**)
Kundenverhalten *n (Konsumforschung)*

client brand
Marke *f* des Auftraggebers, des Kunden (einer Werbeagentur)

clientele
Kunden *m/pl*, Kundenkreis *m*, Auftraggeberkreis *m*, Klientele *f*

client rough
Rohentwurf *m*, Rohlayout *n* für den Kunden *(Werbung)*

cliffhanger
1. spannende Fortsetzungsgeschichte *f*, spannender Fortsetzungsroman *m*, spannende Hörfunk- oder Fernsehserie *f*
2. Endzeile *f*, die den Leser im ungewissen läßt

clip
1. Ausschnitt *m* Zeitungsausschnitt *m*, Zeitschriftenausschnitt *m*
2. kurzer Filmausschnitt *m*, kurzer Fernsehfilmausschnitt *m (Film/Fernsehen)*

clipping
Zeitungsausschnitt *m*, Ausschnitt *m*, Zeitschriftenausschnitt *m*

clipping agency
Zeitungsausschnittbüro *n*, Zeitungsausschnittagentur *f*, Ausschnittdienst *m*, Ausschnittbüro *n*

clipping bureau
Zeitungsausschnittbüro *n*

clipsheet
1. Blatt *n* mit reproduzierbaren vorgedruckten Artikeln
2. Blatt *n* mit aufgedruckten oder aufgeklebten Zeitungsausschnitten.

clock spectacular
Normaluhrwerbung *f*, Normaluhrreklame *f (Verkehrsmittel-Außenwerbung)*

close
1. Ende *n*, Abschluß *m (Werbung)*
2. Schlußteil *m*, Schlußszene *f*, Sponsorenerwähnung *f*, Sponsoren-Abspann *m (Hörfunk/Fernsehen)*

closed assortment display
→ closed display;

closed circuit
1. geschlossener Stromkreis *m*, geschlossener Schaltkreis *m*
2. *kurz für* closed-circuit broadcasting, closed-circuit radio, closed-circuit television, closed-circuit TV

closed-circuit
adj Kabelrundfunk, Kabelfernsehen betreffend, Kabelrundfunk-, Kabelfernseh-, Drahtrundfunk, Drahtfernsehen betreffend, Drahtrundfunk-, Drahtfernseh-

closed-circuit broadcasting
Kabelrundfunk *m*, geschlossenes Rundfunksystem *n*, Betriebsfunk *m*, Drahtfunk *m (Hörfunk/Fernsehen)*

closed-circuit radio
Kabelradio *n*, geschlossenes Radiosystem *n*, Betriebsfunk *m*, Drahtfunk *m*

closed-circuit television (CCTV, C.C.T.V.)
Kabelfernsehen *n*, Fernsehen *n* innerhalb eines verkabelten Stromkreises, geschlossenes Fernsehsystem *n*, Drahtfernsehen *n* für begrenzten

Teilnehmerkreis, Betriebsfernsehen n, Kinovorführung f über Fernsehmonitor

closed-circuit TV
kurz für closed-circuit television

closed display
geschlossene Warenauslage f, Verschlußauslage f, Warenauslage f unter Verschluß *(POP-Werbung)*

closed-door discount house
Mitgliedschafts-Discounter m, Kaufscheinhändler m

closed-door discounting
Kaufscheinhandel m

closed-end diary
Tagebuch n mit geschlossenen Fragen *(Marktforschung) (Mediaforschung)*

closed-end question
→ closed question

closedown
brit Sendeschluß m *(Hörfunk/Fernsehen)*

closed question
geschlossene Frage f *(empirische Sozialforschung)*

closed set
geschlossene Studiobühne f, geschlossenes Studio n *(Fernsehen)*

closed stock
Ausverkaufslager n, Ausverkaufswarenbestand m

closeout
Ausverkauf m

to close out
1. *v/t* in den Ausverkauf bringen, ausverkaufen
2. *v/i* Räumungsverkauf machen, Ausverkauf machen

close-out sale
→ closeout

close reading
sorgfältiges Lesen n, sehr aufmerksames Lesen n *(Mediaforschung)*

closing date
Annahmeschluß m, Anzeigenschluß m *(Zeitung/Zeitschrift)*, Werbefunkschluß m *(Hörfunk/Fernsehen)*
→ cancellation date, firm order date, forms close date

closing-down sale
→ closeout

closing hour
→ closing date

closing scene
Schlußszene f *(Film/Theater/Fernsehen/Radio)*

closing time
→ closing date

closure
Kundenbestellung f aufgrund von Briefwerbung

cloze procedure
Lese-Verständnis-Testverfahren n, Geschlossenheitstestverfahren n *(Werbeforschung)*

cloze score
Anteil m oder Zahl f der richtig ausgefüllten Textpassagen beim Lese-Verständnis-Test *(Werbeforschung)*

club
Sammelbestellung f *(Zeitschrift) (Medienvertrieb)*

club bundle
Sammelsendung f *(Zeitschriftenversand)*

clubbing
Sammelabonnement n, Listenabonnement n *(Zeitschrift) (Medienvertrieb)*

clubbing offer
Sammelabonnementsangebot n, Listenabonnementsangebot n, Kombinationsabonnementsangebot n *(Zeitschriften) (Medienvertrieb)*

club plan selling
Clubverkauf m, Vereinsverkauf m *(Marketing) (Verkaufsförderung)*

club raiser
Sammelabonnementswerber m *(Medienvertrieb)*

cluster

cluster
Cluster *n*, Klumpen *m*, geschlossene Erfassungsgruppe *f (Statistik)*

cluster analysis
Clusteranalyse *f*, Klumpenanalyse *f (Statistik)*

cluster sample
Klumpenstichprobe *f*, Klumpenauswahl *f (Statistik)*

cluster sampling
Klumpenauswahl *f*, Klumpenstichprobenverfahren *n*, Klumpenauswahlverfahren *n (Statistik)*

cluster marketing
Pauschalabsatzförderung *f*, Pauschalmarketing *n*

clutter
Werbeblock *m*, Anzeigenstrecke *f*, Anzeigenblock *m*, Anhäufung *f* von Werbemitteln *(Hörfunk/Fernsehen/Druckmedien)*

clutter of advertisements
Anzeigenfriedhof *m (Zeitung/Zeitschrift)*

clutter position
Plazierung *f* im Werbeblock, Plazierung *f* im Anzeigenblock *(Hörfunk/Fernsehen/Druckmedien)*

clutter test
Klumpentest *m*, Blocktest *m (Werbeforschung)*

CMA (C.M.A.)
Abk cooperative merchandising agreement

C market
→ consumer market

cobweb theorem
Spinnweb-Theorem *n*, Spinnennetz-Theorem *n*, Cobweb-Theorem *n*

code
Code *m*, Kode *m*

code book
Code-Buch *n*, Codeplan *m*, Kodeplan *m (empirische Sozialforschung) (Marktforschung) (Mediaforschung)*

code date
Verfalldatum *n*, Frischestempel *m* (auf Lebensmittelpackungen etc.)

code dating
Anbringen *n* von Verfalldaten, Auszeichnung *f* mit Verfalldatum, mit Frischestempel

code number
Chiffrezahl *f*, Kodenummer *f*, Kennziffer *f*

code price
Verkaufspreis *m*

coding
Kodieren *n*, Kodierung *f*, Verschlüsseln *n*, Verschlüsselung *f (empirische Sozialforschung)*

coding phase
Codierungsphase *f (Kommunikationsforschung)*

coffin case
Tiefkühltruhe *f* (im Warenhaus)

cognitive consonance
kognitive Konsonanz *f (Einstellungsforschung)*

cognitive dissonance
kognitive Dissonanz *f (Einstellungsforschung)*

cognitive map
kognitive Landkarte *f*, Wahrnehmungslandkarte *f (Psychologie) (Marktpsychologie) (Marktforschung)*

cognitive mapping
Mapping *n*, Entwicklung *f*, Anfertigung *f* einer kognitiven Landkarte, Anlage *f* kognitiver Landkarten, Entwicklung *f*, Anfertigung *f* einer Wahrnehmungslandkarte, Anlage *f* von Wahrnehmungslandkarten *(Psychologie) (Marktforschung) (Marktpsychologie)*

cognitive theory of emotion
kognitive Emotionstheorie *f (Psychologie)*

coincidental
1. *adj* gleichzeitig stattfindend, gleichzeitig, zufällig, übereinstimmend
2. *kurz für* coincidental rating, coincidental survey, coincidental telephone test, coincidental test, telephone coincidental test

coincidental audience measurement
Koinzidenzerhebung *m* der Reichweiten *(Hörfunk/Fernsehen) (Mediaforschung)*

coincidental method
Koinzidenzmethode *f*, Koinzidenzbefragung *f*, Methode *f* der Koinzidenzbefragung *(empirische Sozialforschung) (Marktforschung) (Mediaforschung)*

coincidental rating
Koinzidenz-Reichweite *f*, Koinzidenz-Einschaltquote *f (Hörfunk/Fernsehen)*

coincidental survey
Koinzidenzumfrage *f*, Koinzidenzbefragung *f (empirische Sozialforschung) (Marktforschung) (Mediaforschung)*

coincidental technique
Koinzidenzverfahren *n*, Koinzidenztechnik *f (empirische Sozialforschung) (Marktforschung) (Mediaforschung)*

coincidental telephone interview
→ coincidental telephone test

coincidental telephone test
telephonischer Koinzidenztest *m*, Koinzidenztest *m* per Telephon *(empirische Sozialforschung) (Marktforschung) (Mediaforschung)*

coincidental test
Koinzidenztest *m (empirische Sozialforschung) (Marktforschung) (Mediaforschung)*

coincidental testing
Koinzidenztesten *n*, Durchführung *f* eines Koinzidenztests, von Koinzidenztests *(empirische Sozialforschung) (Mediaforschung)*

coined brand
kurz für coined brand name

coined brand name
Phantasiemarkenname *m*

coined word
Phantasiewort *n*, Phantasiemarke *f*, Phantasiename *m*

COLA
Abk cost-of-living allowance

cold
adj/adv ohne Vorbereitung(en), ohne vorherige Probe (mit einem Programm anfangen, auf Sendung gehen) *(Hörfunk/Fernsehen)*

collateral
kurz für collateral material(s)

collateral advertising
flankierende Werbung *f*, flankierende Werbemaßnahmen *f/pl*, begleitende Werbung *f*, Ergänzungswerbung *f*, unterstützende Werbung *f*, akzidentelle Werbung *f*, Extensivwerbung *f*

collateral material(s) *(pl)*
zusätzliches Werbematerial *n*, Material *n* für flankierende Werbung

collation pack
Mehrfachpackung *f*, Mehrfachverpackung *f*, Mehrstückpackung *f*

collection discount
Abholrabatt *m*

collection stimulant
Zahlungsanreiz *m*, Werbegeschenk *n (Zeitung/Zeitschrift)*

collective advertising
Kollektivwerbung *f*

color ad
kurz für color advertisement

color advertisement
Farbanzeige *f*, mehrfarbige Anzeige *f (Zeitung/Zeitschrift) (Werbung) (Mediaforschung) (Mediaplanung)*

color effect
Farbenwirkung *f*, Farbwirkung *f (Psychologie) (Marktpsychologie) (Werbepsychologie)*

color page
Farbseite *f*, mehrfarbig gedruckte Seite *f (Zeitung/Zeitschrift)*

color perception
Farbempfinden *n*, Farbenwahrnehmung *f (Psychologie)*

color supplement
farbige Beilage *f*, Farbbeilage *f*, farbiges Supplement *n (Zeitung/Zeitschrift)*

color surcharge
Farbzuschlag *m*, Zuschlag *m* für farbige Anzeige *f (Zeitung/Zeitschrift)*

color symbolism
Farbensymbolik f *(Psychologie) (Marktpsychologie) (Werbepsychologie)*

color test
Farbtest m *(Werbeforschung)*

color TV
Farbfernsehen n

color TV set
Farbfernseher m, Farbfernsehgerät n, Farbfernsehapparat m

combative advertising
kämpferische Werbung f, aggressive Werbung f

combination
Rabattkombination f, Kombination f, Kombinationsbelegung f, "Kombi" f *(Mediaplanung)*

combination buy
Kombinationsbelegung f, Kombinationsinsertion f, Kombinationswerbung f, Mediakombination f, Medienkombination f *(Mediaplanung)*

combination commercial
Kombinations-Spot m *(Fernsehen)*

combination discount
Kombinationsrabatt m, Kombi-Rabatt m, Kombinationsnachlaß m, Preisnachlaß m bei Kombinationswerbung, Ausgaben-Nachlaß m, Ausgaben-Rabatt m

combination feature
Kombinationsangebot n, Kombinationsverkauf m *(Marketing)*

combination of audiences
→ audience combination

combination pack
Mehrfachpackung f

combination rate
Kombinationspreis m, Tarifkombination f, Kombinationstarif m
1. Nachlaßpreis m für Kombinationswerbung, Kombinationspreis m, Kombinationstarif m *(Werbung) (Mediaplanung)*
2. Nachlaßpreis m für Werbesendungen in mehreren lokalen Rundfunkstationen *(Hörfunk/Fernsehen)*, wenn die Werbung in allen Stationen plaziert wird
3. Nachlaßpreis m für Anzeigen, die sowohl in der Morgen- wie der Abendausgabe einer Tageszeitung erscheinen
4. Nachlaßpreis m für das Abonnement von zwei oder mehr Publikationen desselben Verlages oder desselben Anbieters

combination sale
Kombinationsabonnement n, kombinierte Abonnements n/pl, Doppelabonnement n, Mehrfachabonnement n *(Zeitschrift)*

combination store
Verbrauchermarkt m, Selbstbedienungswarenhaus n, SB-Warenhaus n

combined advertising audience
kombinierte Reichweite f, kombiniertes Werbepublikum n, kombinierte Leser m/pl, Hörer m/pl, Zuschauer m/pl von Werbung, kombinierte Anzeigenleser m/pl, Werbefunkhörer m/pl, Werbefernsehzuschauer m/pl *(Mediaforschung)*

combined audience ("combo")
kombinierte Reichweite f, Nettoreichweite f, kombiniertes Publikum n, kombinierte Leser m/pl, Hörer m/pl, Zuschauer m/pl, nicht-duplizierte Leserschaft f, Hörerschaft f, Zuschauerschaft f, nichtdupliziertes Publikum n *(Mediaforschung)*

combined media scheduling
Mix-Belegung f, Mix-Kampagne f, Media-Mix n, Medienverbund m, Mediakombination f *(Mediaplanung)*

combined rate
Kombinationspreis m, Kombinationstarif m *(Werbung) (Mediaplanung)*

combined reach
Kombinationsreichweite f, kombinierte Reichweite f, Nettoreichweite f *(Mediaforschung)*

combined scheduling
→ combined media scheduling

combined television and magazine audiences pl
kombinierte Reichweite f von Fernsehen und Zeitschriften, kombinierte Fernseh- und Zeitschriftenreichweite f, kombiniertes Publikum n von Fernsehen und Zeitschriften, kombinierte Zuschauer- und Leserschaft f von Fernsehen *(Mediaforschung)*

combined total audience ("combo")
→ combined audience

combipack
Verbundpackung *f*, Combi-Pack *m*, Kombinationspackung *f*

combo
kurz für combined total audience, combined audience

comic-strip ad
kurz für comic strip-advertisement

comic-strip advertising
Streifenanzeigenwerbung *f*, Bildserienwerbung *f*

command headline
Aufforderungsüberschrift *f*, auffordernde Überschrift *f*, imperative Titelzeile *f (Werbung)*

commerce
Handel *m*

commercial
Werbespot *m*, Werbefilm *m*, Werbesendung *f*, Werbeansage *f*, Werbedurchsage *f*, Werbeeinblendung *f (Hörfunk/Fernsehen)*

commercial ad
kurz für commercial advertisement

commercial advertisement
Wirtschaftsanzeige *f*, Industrieanzeige *f*, Handelsanzeige *f*

commercial advertising
Wirtschaftswerbung *f*, Handelswerbung *f*, Industriewerbung *f*

commercial agent
Vermittlungsvertreter *m*

commercial art
Gebrauchsgraphik *f*, Werbegraphik *f*

commercial artist
Gebrauchsgraphiker *m*, Werbegraphiker *m*

commercial auction
Aufsteigerung *f*, Auktion *f* auf Aufstrich, Aufstrichverfahren *n*

commercial audience
Spotreichweite *f*, Werbesendungsreichweite *f*, Reichweite *f* eines Werbespots, einer Werbesendung, Publikum *n*, Hörer *m/pl*, Zuschauer *m/pl* einer Werbesendung, Hörerschaft *f*, Zuschauerschaft *f* einer Werbesendung *(Hörfunk/Fernsehen)*

commercial block
Werbeblock *m (Hörfunk/Fernsehen)*

commercial break
Programmunterbrechung *f* für Werbung, Sendepause *f* für Werbung *(Hörfunk/Fernsehen)*

commercial break audience
Reichweite *f* einer Werbesendung im Programm, Hörer *m/pl*, Zuschauer *m/pl* einer Programmwerbesendung *(Hörfunk/Fernsehen)*

commercial broadcasting
kommerzieller Rundfunk *m*, privater Rundfunk *m*, privatwirtschaftlicher Rundfunk *m (Hörfunk/Fernsehen)*

commercial broadcasting station
private Rundfunkstation *f*, privater Rundfunksender *m*, kommerzielle Rundfunkstation *f*, kommerzieller Rundfunksender *m (Hörfunk/Fernsehen)*

commercial code number
Werbefilmkennziffer *f*, Werbefilmkodenummer *f*

commercial cut-in
→ commercial break

commercial delivery
eigentl Auslieferung *f* der Werbesendung Werbesendungsreichweite *f*, Hörer *m/pl*, Zuschauer *m/pl* einer Werbesendung, Werbesendungskontakt *m (Hörfunk/Fernsehen)*

commercial delivery channel
Streuweg *m (Werbung) (Mediaplanung)*

commercial directory
Branchenadreßbuch *n*, Handelsadreßbuch *n*

commercial exposure
Werbesendungskontakt *m (Hörfunk/Fernsehen) (Mediaforschung)*

commercial exposure potential
etwa Kontaktpotential *n* einer Werbesendung, Reichweitenpotential *n* einer Werbesendung, Geräteeinschaltquote *f (Hörfunk/Fernsehen) (Mediaforschung)*

commercial film
Industriefilm *m*, Handelsfilm *m*

commercial good (*meist pl* **commercial goods**)
Handelsware *f*, Kaufartikel *m (Wirtschaftslehre)*

commercial impression
Einzelkontakt *m* mit einer Werbesendung, Spotkontakt *m* *(Hörfunk/Fernsehen) (Mediaforschung)*

commercial impressions *pl*
kumulierte Einzelkontakte *m/pl* mit einer Werbesendung (mit Werbesendungen), Bruttokontaktsumme *f*, Bruttoreichweite *f* *(Hörfunk/Fernsehen) (Mediaforschung)*

commercial integration
Programmunterbrecherwerbung *f*, Unterbrecherwerbung *f*, programmunterbrechende Werbung *f*, Ausstrahlung *f* einer Werbesendung in einer laufenden Programmsendung *(Hörfunk/Fernsehen)*

commercial integration charge
Preisaufschlag *m*, Sonderpreis *m*, Sondergebühr *f*, Sondertarif *m* für die Ausstrahlung einer Werbesendung in einer laufenden Programmsendung *(Hörfunk/Fernsehen)*

commercial lead-in
Hinweis *m* auf eine folgende Werbesendung, Ankündigung *f* einer Werbesendung *(Hörfunk/Fernsehen)*

commercial length
Spotlänge *f*, Werbespotlänge *f*, Sendedauer *f* einer Werbesendung *(Hörfunk/Fernsehen) (Mediaplanung)*

commercial life
kommerzielle Lebensdauer *f* (einer Publikation) *(Mediaforschung)*

commercially impelled broadcasting
Privatrundfunk *m* *(Hörfunk/Fernsehen)*

commercial magazine
Handelszeitschrift *f*, Gewerbezeitschrift *f*

commercial minute
Werbesendeminute *f*, Sendeminute *f* für Werbung *(Hörfunk/Fernsehen)*

commercial occasion
Sendepause *f* für Werbung, Werbesendezeit *f* *(Hörfunk/Fernsehen)*

commercial photo
Werbephoto *n*, kommerzielles Photo *n*

commercial photography
kommerzielle Photographie *f*, Werbephotographie *f*

commercial picture
Werbefilm *m* *(Kino)*

commercial pool
Bestand *m*, Pool *m*, Vorrat *m* an Werbesendungen *(Hörfunk/Fernsehen)*

commercial press
Handelspresse *f*, Gewerbepresse *f*

commercial product
→ commercial good

commercial program
Sponsorsendung *f*, Patronatssendung *f*, gesponsorte Sendung *f*, patronisierte Sendung *f*, von einem Werbungtreibenden finanzierte Sendung *f* *(Hörfunk/Fernsehen)*

commercial protection
Sendezeitabstand *m* für Konkurrenten, Zeitabstand *m* zwischen Werbesendungen für Konkurrenzprodukte, -dienstleistungen *(Hörfunk/Fernsehen)*

commercial publication
Handelspublikation *f*, Gewerbezeitschrift *f*, Handelsveröffentlichung *f*

commercial radio
Werbefunk *m*, Funkwerbung *f*, Blockwerbung *f*, Blockwerbungsrundfunk *m* *(Hörfunk)*

commercial recall
Spoterinnerung *f*, Werbespoterinnerung *f*, Werbesendungserinnerung *f*, Werbeerinnerung *f*, Erinnerung *f* an eine Werbesendung *(Hörfunk/Fernsehen) (Mediaforschung)*

commercial representative
Abschlußvertreter *m*

commercial section
Handelsteil *m*, Wirtschaftsteil *m* (einer Zeitung)

commercial sign
Handelsplakat *n*, Verkaufsplakat *n* *(Außenwerbung)*

commercial slot
brit Programmpause *f* für Werbesendungen, Werbepause *f* *(Hörfunk/Fernsehen)*

commercial station
privater Sender *m*, kommerzieller Sender *m* *(Hörfunk/Fernsehen)*

commercial straight
→ straight commercial

commercial television
1. Werbefernsehen *n*, Fernsehwerbung *f*
2. Blockwerbefernsehen *n*
3. privates Fernsehen *n*, kommerzielles Fernsehen *n*, Privatfernsehen *n*

commercial time
Gesamtwerbesendezeit *f*, Gesamtwerbezeit *f* *(Hörfunk/Fernsehen)*

commercial unit
Sendeeinheit *f* für Werbung, Werbesendeeinheit *f*, Dauer *f* der Werbesendezeit *(Hörfunk/Fernsehen)*

commercial usage
Handelsbrauch *m*, Usance *f*

commercial wearout
Nachlassen *n* der Werbewirkung einer Werbesendung im Zeitverlauf *(Hörfunk/Fernsehen)*

commissary trading
Behördenhandel *m*

commissary store
Belegschaftsladen *m*

commission
Provision *f*, Kommission *f*, Provisionsgebühr *f*, Mittlergebühr *f*, Vermittlungsgebühr *f*

commissionable
adj provisionierbar (Anzeige, Werbung)

commission agency business
→ commission business

commission agent
Kommissionsvertret er *m*, Provisionsvertreter *m*, Kommissionär *m*, Kommissionsagent *m*

commission business
Kommissionshandel *m*, Kommissionsgeschäft *n*

commission credited
Provisionsbasis *f*, Provision *f* wird gutgeschrieben *(Werbung) (Mediaplanung)*

commissioner
Kommissionär *m*, Kommissionshändler *m*, Kommissions-Handelsunternehmer *m*

commission house
Kommissionshändler *m*, Kommissions-Handelsunternehmen *n*

commission merchant
→ commissioner, commission house

commission system
Kommissionssystem *n*, Provisionssystem *n* *(Werbung) (Mediaplanung)*

commodity
Gebrauchsgut *n*, Gebrauchsgegenstand *m*, Handelsartikel *m*, Ware *f*, Handelsware *f*, Kaufartikel *m* *(Wirtschaftslehre)*

commodity-brand association
Warenmarkenassoziation *f* *(Marktpsychologie) (Marketing)*

commodity rate
Massenwarentarif *m*

common carrier
öffentliches Fuhr- und Transportunternehmen *n*, öffentliches Beförderungsunternehmen *n*

communicability
Übertragbarkeit *f*, Kommunizierbarkeit *f* *(Kommunikationsforschung)*

communicable
adj übertragbar, kommunizierbar, mitteilbar *(Kommunikationsforschung)*

communicableness
→ communicability

communicand
Kommunikand *m (Kommunikationsforschung)*

to communicate
1. *v/t* mitteilen, übertragen, kommunizieren
2. *v/i* in Verbindung stehen, sich in Verbindung setzen, kommunizieren

communication
1. Kommunikation *f*
2. Übertragung *f*, Verbindung *f*, Nachrichtenverbindung *f*, Mitteilung *f*, Vermittlung *f*, wechselseitiger Austausch *m*, Gedankenaustausch *m*

communication arts *pl*
Kommunikationsberufe *m/pl*

communication channel
Kommunikationskanal *m* (*Kommunikationsforschung*)

communication effect (of advertising)
Kommunikationswirkung *f* der Werbung, Kommunikationseffekt *m* der Werbung

communication instrument
Kommunikationsinstrument *n* (*Kommunikationsforschung*)

communication manager
Kommunikations-Manager *m*

communication mix
Kommunikations-Mix *n*, Kommunikationspolitik *f*

communication model
Kommunikationsmodell *n* (*Kommunikationsforschung*)

communication model of advertising
Kommunikationsmodell *n* der Werbung

communication-persuasion matrix
Kommunikations-Persuasions-Matrix *f* (*Kommunikationsforschung*)

communication policy
→ communication mix

communication process
Kommunikationsprozeß *m* (*Kommunikationsforschung*)

communication research
Kommunikationsforschung *f*, Kommunikationswissenschaft *f*, Kommunikationsforschung *f*

communications gap
Kommunikationslücke *f*

communications research
→ communication research, mass communications

communication theory
Kommunikationstheorie *f* (*Kommunikationsforschung*)

communicator
Kommunikator *m* (*Kommunikationsforschung*)

communicator credibility
Glaubwürdigkeit *f* des Kommunikators, Kommunikatorglaubwürdigkeit *f* (*Kommunikationsforschung*)

communicator research
Kommunikatorforschung *f* (*Kommunikationsforschung*)

community center
1. Gemeinde- oder Stadtteilzentrum *n*
2. Versorgungszentrum *n*

community marketing
Kommunalmarketing *n*, Marketing *n* für die Kommune

community press
Lokalpresse *f*

community relations *pl als sg konstruiert*
Community Relations *pl*

community size
Gemeindegröße *f*, Gemeindegrößenklasse *f*

comp (comp.)
1. *kurz für* comprehensive, comprehensive layout
2. *Abk* complimentary subscription

company advertising manager
Werbeleiter *m* eines Unternehmens, einer Firma

company goodwill
Firmenwert *m*, Geschäftswert *m*

company identification
Herstellererkennung *f*, Herstelleridentifizierung *f*, Identifizierung *f* des Werbungtreibenden (*Werbeforschung*)

company logo
→ company signature

company logograph
→ company signature

company logotype
→ company signature

company magazine
1. Werkszeitschrift *f*, Betriebszeitschrift *f*, Hausmitteilung *f*, Hausorgan *n*, Hauspublikation *f*, Mitarbeiterzeitschrift *f*
2. Firmenzeitschrift *f*

company newspaper
Werkszeitung f, Betriebszeitung f, Hauszeitung f

company-owned store
Belegschaftsladen m

company publication
Werkspublikation f, Betriebspublikation f, Betriebsorgan n, Werksorgan n

company signature
Firmenzeichen n

company trade (company trading)
Belegschaftshandel m

comparative advertising
Vergleichswerbung f, vergleichende Werbung f, Komparativwerbung f

comparative price
Vergleichspreis m

comparative proved name registration
relative Anzeigenerinnerung f (Werbeforschung)

comparative reference group
komparative Bezugsgruppe f (Sozialpsychologie) (Marktpsychologie)

comparison of actual and target sales figures
Soll-Ist-Vergleich m, Abweichungsanalyse f

comparison of coverages
Reichweitenvergleich m (Mediaforschung)

comparison with total product group
Vergleichsmethode f der Werbeetatfestsetzung

compensation deal
Kompensationsgeschäft n, Gegengeschäft n, Naturaltausch m

compensatory pricing
kalkulatorischer Ausgleich m, Ausgleichskalkulation f, Mischkalkulation f

competition
1. Wettbewerb m, Konkurrenz f
2. Konkurrenten m/pl, die Konkurrenz f
3. Preisausschreiben n

competition analysis
Konkurrenzanalyse f, Konkurrenzforschung f

competitive advertising
Konkurrenzwerbung f, Wettbewerbswerbung f

competitive advantage
Konkurrenzvorteil m, Konkurrenzvorsprung m

competitive analysis
Konkurrenzanalyse f

competitive behavior (*brit* **behaviour**)
Wettbewerbsverhalten n, Konkurrenzverhalten n

competitive bidding
Wettbewerbspräsentation f, Konkurrenzangebot n, Competitive Bidding n

competitive brand
Konkurrenzmarke f

competitive edge
Konkurrenzvorteil m, Konkurrenzvorsprung m

competitive intelligence
Wettbewerbsinformationen f/pl, Konkurrenzinformationen f/pl, Informationen f/pl über die Konkurrenz

competitive magazine
Konkurrenzzeitschrift f, Konkurrenzillustrierte f

competitive newspaper
Konkurrenzzeitung f

competitive paper
→ competitive newspaper

competitive-parity budgeting
konkurrenzbezogene Methode f (der Budgetierung), konkurrenzbezogene Budgetierungsmethode f

competitive-parity method
konkurrenzbezogene Methode f (der Budgetierung), konkurrenzbezogene Budgetierungsmethode f

competitive-parity pricing
konkurrenzbezogene Preisbildung f, konkurrenzbezogene Preissetzung f, konkurrenzbezogene Preissetzungsmethode f

competitive position
Wettbewerbsposition f, Konkurrenzstellung f, Stellung f gegenüber der Konkurrenz, gegenüber den Wettbewerbern

competitive preference
Markenpräferenz *f* für eines von mehreren Konkurrenzprodukten

competitive price
Wettbewerbspreis *m*, Konkurrenzpreis *m*

competitive publication
→ competitive magazine

competitive separation
→ commercial protection, product protection

competitive stage
Wettbewerbsstadium *n*, Wettbewerbsphase *f*, Stadium *n* des Wettbewerbs, Konkurrenzstadium *n*, Stadium *n* der Konkurrenzfähigkeit *f* der Wettbewerbsfähigkeit *f*

competitive strategy
Wettbewerbsstrategie*f*, Konkurrenzstrategie *f*

competitor
Konkurrent *m*, Konkurrenzunternehmen *n*, Konkurrenzfirma *f*

competitor's advertising method
Konkurrenzmethode *f* der Werbeetatfestsetzung

complaint
Reklamation *f*

complementary advertising
flankierende Werbung *f*, flankierende Werbemaßnahmen *f/pl*, begleitende Werbung *f*, Ergänzungswerbung *f*, unterstützende Werbung *f*, akzidentelle Werbung *f*, Extensivwerbung *f*

complementary demand
Komplementärbedarf *m*, Bedarf *m* nach Komplementärgütern

complementary goods *pl*
1. Bedarfsfeld *n*
2. Komplementärgüter *n/pl*, Komplementärartikel *m/pl*

complementary products *pl*
→ complementary goods

complete census
Totalerhebung *f*, Vollerhebung *f*, Zensus *m* *(empirische Sozialforschung)*

complimentary
adj gratis, frei, Gratis-, Frei-

complimentary copy
Ansichtsexemplar *n*, Freiexemplar *n*, Gratisexemplar *n*, Probeexemplar *n*, Werbeexemplar *n* *(Zeitschrift/Zeitung) (Medienvertrieb)*

complimentary subscriber
Gratisbezieher *m*, Freibezieher *m*, Bezieher *m* eines Gratisabonnements *(Zeitung/Zeitschrift) (Medienvertrieb)*

complimentary subscription
Gratisabonnement *n*, Freiabonnement *n* *(Zeitung/Zeitschrift) (Medienvertrieb)*

comp list
Liste *f* der Bezieher von Freiexemplaren *(Zeitung/Zeitschrift) (Medienvertrieb)*

to compose
1. *v/t* ausarbeiten, verfassen, arrangieren, bilden, formen, ordnen, entwerfen
2. *v/t* komponieren *(Musik)*

composer
1. Komponist *m*, Tondichter *m*
2. *ungebr* Schriftsteller *m*, Autor *m*, Verfasser *m*

composing
Komponieren *n*, Tondichten *n*

composite method
Kombinationsmethode *f*, Mischmethode *f*

composite page
Anzeigenkollektiv *n*, Rubrikanzeigenseite *f*, Anzeigenseite *f* mit vermischten Anzeigen, Gelegenheitsanzeigenseite *f*, Kollektivanzeige *f*, Kollektivseite *f* *(Zeitung/Zeitschrift)*

composite pricing
→ compensatory pricing

composition
1. Abfassung *f*, Verfassung *f*, Entwurf *m*
2. Komposition *f (Musik)*
3. Anordnung *f*, Gestaltung *f*, Arrangement *n*, Zusammenstellung *f*
4. Zusammensetzung *f*, Struktur *f*

comprehension
Verständnis *n*, Verstehen *n*, Erfassen *n*, Begreifen *n (Kommunikationsforschung) (Werbeforschung)*

comprehensive
1. *eigentl adj* umfassend, umfangreich, inhaltsreich, detailliert

2. fertiges Layout *n* in Originalgröße und mit allen Details, Reinlayout *n*, Kundenlayout *n*

comprehensive layout
→ comprehensive **2.**

conation
→ attitude, three-step model

concentrated marketing
konzentriertes Marketing *n*

concentration
Konzentration *f (Wirtschaftslehre) (Psychologie)*

concentration curve
Konzentrationskurve *f*, Einkommenverteilungskurve *f*, Lorenzkurve *f (Statistik)*

concentration of demand
Nachfragekonzentration *f (Beschaffungsmarketing)*

concentration ratio
Konzentrationsquote *f*, Konzentrationsrate *f*

concentration strategy
Konzentrationsstrategie *f (Marketing)*

concentric system
→ departmental organization structure

concept
Konzept *n*

conception
Konzeption *f*

concept test
Konzepttest *m*, Konzeptionstest *m (Marktforschung) (Werbeforschung)*

concept testing
Durchführung *f* eines Konzepttests, von Konzeptionstests *(Marktforschung) (Werbeforschung)*

concertina fold
Leporellofalz *m*, Zickzackfalz *m*

concertina folding
→ accordion folding

concession principle
Leased-department-Prinzip *n*

concrete audience
konkretes Publikum *n*, miteinander verbundenes Gruppenpublikum *n*, Hörer *m/pl*, Zuschauer *m/pl*, Leser *m/pl*, die direkt miteinander als Gruppe verbunden sind *(Mediaforschung)*

concurrent audience measurement
→ coincidental audience measurement

concurrent method
→ coincidental method

condensed catalog (*brit* **catalogue**)
Kurzkatalog *m*, Preisliste *f*

to condition
v/t konditionieren, beeinflussen

conditioning
Konditionieren *n*, Konditionierung *f (Psychologie) (Marktpsychologie)*

to conduct
v/t führen, durchführen, leiten, verwalten, betreiben

to conduct a campaign
v/t eine Kampagne führen, einen Feldzug machen

to conduct an investigation
v/t eine Untersuchung durchführen

conference report
→ call report **1.**

to confirm
v/t bestätigen

confirmation
Annahmebestätigung *f*, Auftragsbestätigung *f*, Insertionsbestätigung *f*, Bestätigung *f (Werbung) (Mediaplanung)*

confirmation of broadcast order (C.B.O.)
Sendebestätigung *f*, Schaltbestätigung *f*, Bestätigung *f* der Reservierung von Sendezeit für Werbung *(Hörfunk/Fernsehen)*

confusion control
Konfusionskontrolle *f*, kontrollierter Wiedererkennungstest *m*, Überprüfung *f* von Verwechslungen, Verwechslungskontrolle *f (Leserschaftsforschung)*

confusion control procedure
Konfusionskontrollverfahren *n* (*Leserschaftsforschung*)

congruence
→ congruity

congruity
Kongruität *f*, Kongruenz *f* (*Einstellungsforschung*)

congruity theory
Kongruenztheorie *f* (*Einstellungsforschung*) (*Kommunikationsforschung*)

connotative map
→ perceptual map

connotative mapping
→ perceptual mapping

consecutive-weeks discount (C.W.D.)
Malrabatt *m* für Werbung in mehreren aufeinanderfolgenden Wochen (in der Regel für ein halbes oder ganzes Jahr ununterbrochener Werbung)

consideration frame
Markenrahmen *m*, Bezugsgruppe *f*, Bezugsrahmen *m* für Markenartikel, Berücksichtigungsfeld *n* (*Marktpsychologie*) (*Marktforschung*) (*Marketing*)

consignation
→ consignment

consignation deal
→ consignment

consignation dealing
→ consignment

consignation store
→ consignment

consignation warehouse
→ consignment

consignment
Konsignation *f*, Konsignationshandel *m*

consignment buying
→ consignment

consignment terms *pl*
→ consignment

consignment system
Konsignationssystem *n*
→ consignment

consisteny theory
Konsistenztheorie *f*, Dissonanztheorie *f* (*Einstellungsforschung*) (*Kommunikationsforschung*)

consistent
adj konsistent

consolidated buying
→ central buying

conspicuous consumption
Prestigekonsum *m*, auffälliger Verbrauch *m*, demonstrativer Konsum *m* (*Marktpsychologie*)

conspicuous product
sozial auffälliges Produkt *n* (*Konsumforschung*) (*Marktpsychologie*) (*Marketing*)

construction organization
Aufbauorganisation *f*

constructive advertising
→ persuasive advertising

consultancy agreement
Beratungsvertrag *m*

consultative selling
beratendes Verkaufen *n*, beratender Verkauf *m*, konsultatives Verkaufen *n*

consumable
1. *adj* verbrauchbar, verzehrbar, vergänglich
2. Verbrauchsgut *n*, Verbrauchsartikel *m*

consumable supplies *pl*
industrielle Verbrauchsgüter *n/pl*, Produktionsgüter *n/pl*

to consume
v/t verbrauchen, konsumieren

consumer
Verbraucher *m*, Konsument *m*, Kunde *m*, Abnehmer *m*, Käufer *m*, Endverbraucher *m*, Letztverbraucher *m*

consumer acceptance
Akzeptanz *f* (durch die Verbraucher) (*Konsumforschung*)

consumer ad
kurz für consumer advertisement

consumer advertisement
Verbraucheranzeige *f*, Konsumentenanzeige *f*,

Verbraucherwerbesendung *f*, Konsumentenwerbesendung *f*, Verbraucherwerbemittel *n*

consumer advertising
1. Publikumswerbung *f*
2. Verbraucherwerbung *f*, Konsumentenwerbung *f*, Endverbraucherwerbung *f*
3. Sprungwerbung *f*

consumer anticipation
Konsumentenerwartung *f*, Verbrauchererwartung *f (Konsumforschung)*

consumer assets *pl*
Konsumentenbesitz *m*, Konsumenteneigentum *n*, Konsumentenvermögen *n (Konsumforschung)*

consumer association
Verbraucherverband *m*

consumer behavior (*brit* **behaviour**)
Konsumentenverhalten *n*, Verbraucherverhalten *n (Konsumforschung) (Marktforschung)*

consumer brand choice
→ brand choice, choice

consumer brand-choice behavior (*brit* **behaviour**)
Markenauswahlverhalten *n* von Verbrauchern, Konsumenten, Verbraucher-Markenwahlverhalten *n (Konsumforschung) (Marktpsychologie)*

consumer characteristic
Verbrauchereigenschaft *f*, Konsumenteneigenschaft *f*, Verbrauchermerkmal *n*, Konsumentenmerkmal *n (Konsumforschung) (Marktpsychologie)*

consumer characteristics *pl*
Konsumentenmerkmale *n/pl*, Verbrauchermerkmale *n/pl*, Besitz- und Konsummerkmale *n/pl (Marktpsychologie) (Konsumforschung) (Marktforschung)*

consumer choice
Kaufentscheidung *f*, Wahl *f*, Auswahl *f* des Verbrauchers, Konsumenten, der Verbraucher *(Konsumforschung) (Marktpsychologie)*

consumer city
Konsumentenstadt *f*, Verbraucherstadt *f*

consumer competence
Konsumentenkompetenz *f*, Verbraucherkompetenz *f*, Urteilsvermögen *n* des Verbrauchers, des Konsumenten, der Verbraucher *(Konsumforschung) (Marktpsychologie) (Marktforschung)*

consumer cooperative
Konsumgenossenschaft *f*, Konsumverein *m*

consumer credit
Verbraucherkredit *m*, Konsumentenkredit *m*, Konsumtivkredit *m*, Konsumkredit *m*

consumer decision theory
Entscheidungstheorie *f* des Verbraucherverhaltens, des Konsumentenverhaltens *(Konsumforschung) (Marktpsychologie)*

consumer demand
Verbrauchernachfrage *f*, Konsumentennachfrage *f (Wirtschaftslehre)*

consumer desire
Verbraucherwunsch *m*, Konsumentenwunsch *m (Marktpsychologie) (Konsumforschung)*

consumer-directed advertising
→ consumer advertising **1.**

consumer discount
Konsumentenrabatt *m*, Verbraucherrabatt *m (Marketing)*

consumer durable
Gebrauchsgut *n*, Gebrauchsprodukt *n* (für Verbraucher, private Haushalte), Besitzgut *n*

consumer expectation
→ consumer anticipation

consumer franchise
Konsumfreiheit *f*, Auswahlfreiheit *f*, Entscheidungsfreiheit *f*, Wahlfreiheit *f*, freie Wahlmöglichkeit *f* der Verbraucher, Konsumenten

consumer good
Konsumartikel *m*, Verbrauchsartikel *m*, Konsumgut *n*, Verbrauchsgut *n*

consumer goods *pl*
Konsumgüter *n/pl*, Konsumtivgüter *n/pl*, Verbrauchsgüter *n/pl (Wirtschaftslehre)*

consumer goods advertising
Konsumartikelwerbung *f*, Konsumgüterwerbung *f*, Verbrauchsartikelwerbung *f*

consumer goods market
Konsumartikelmarkt *m*, Verbrauchsartikelmarkt *m*, Konsumgütermarkt *m*, Verbrauchsgütermarkt *m*

consumer goods marketing
Konsumgütermarketing *n*

consumer goods market research
Konsumgütermarktforschung *f*, Verbrauchsartikelmarktforschung *f*

consumer habit
Konsumgewohnheit *f*, Kaufgewohnheit *f* *(Marktforschung) (Konsumforschung)*

consumer hardgood
→ consumer durable

Consumer Impact Study (CIS, C.I.S.)
Werbeeindrucksstudie *f (Werbeforschung)*

consumer income
Verbrauchereinkommen *n*, Konsumenteneinkommen *n (Marketing)*

consumer information
Konsumenteninformation *f*, Verbraucherinformation *f*

consumer inquiry
→ inquiry

consumer insistence
→ brand insistence

consumer interest
Verbraucherinteresse *n*

consumer interview
Verbraucherinterview *n*, Konsumenteninterview *n (Marktforschung) (Konsumforschung)*

consumer involvement theory
Theorie *f* des Verbraucherinteresses, des Konsumenteninteresses *(Marktpsychologie) (Konsumforschung) (Marktforschung)*

consumerism
Verbraucherschutzbewegung *f*, Verbraucherschutzpolitik *f*, Verbraucherschutz *m*, Konsumerismus *m*

consumer item
→ consumer good

consumer journal
Publikumszeitschrift *f*

consumer jury
Verbraucherbefragung *f*, Verbraucherjury *f*, Konsumentenjury *f*, Verbraucherpanel *n*, Konsumentenpanel *n (Marktforschung)*

consumer jury test
Verbraucherjurytest *m*, Verbraucherpaneltest *m*, Konsumentenpaneltest *m*, Mustertest *m*, Werbemustertest *m (Marktforschung)*

consumer loyalty
Verbrauchertreue *f*, Konsumententreue *f*

consumer magazine
Publikumszeitschrift *f*
onsumentenmarkt *m*, K-Markt *m*,

consumer motivation
Verbrauchermotivation *f*, Verbrauchermotiv *n*, Konsumentenmotivation *f*, Konsumentenmotiv *n*

consumer motivation research
Verbrauchermotivationsforschung *f*, Motivationsforschung *f* des Verbrauchs

consumer observation
Käuferbeobachtung *f*, Konsumentenbeobachtung *(Konsumforschung) (Marktforschung)*

consumer-opinion test
→ consumer panel test

consumer panel
Verbraucherpanel *n*, Konsumentenpanel *n*, Verbraucherjury *f*, Konsumentenjury *f (Konsumforschung) (Marktforschung)*

consumer panel survey
→ consumer panel

consumer panel test
Verbraucherpaneltest *m*, Konsumentenpaneltest *m*, Verbraucherjurytest *m*, Konsumentenjurytest *m (Konsumforschung) (Marktforschung)*

consumer preference
Verbraucherpräferenz *f*, Präferenz *f* des Verbrauchers, des Konsumenten, der Verbraucher *(Marktpsychologie) (Konsumforschung)*

consumer price index (CPI, C.P.I.)
Preisindex *m* für die Lebenshaltungskosten, Lebenshaltungskostenindex *m (Statistik)*

consumer product
Konsumprodukt *n*, Verbrauchsprodukt *m*, Verbrauchsgut *n*

consumer profile
Verbraucherprofil *n*, Konsumentenprofil *n* *(Marktpsychologie)* *(Konsumforschung)* *(Marktforschung)*

consumer promotion
Verbraucherpromotion *f (Verkaufsförderung)*

consumer proposition
Werbebotschaft *f*, Werbevorschlag *m*

consumer protection
Verbraucherschutz *m*, Verbraucherpolitik *f*

consumer publication
Publikumszeitschrift *f*

consumer-purchase panel
Käuferpanel *n*, Verbraucherpanel *n* von Käufern *(Marktforschung)*

consumer relations *pl*
Consumer Relations *f*

consumer rent
→ consumer's surplus

consumer research
Verbraucherforschung *f*

consumer research director
→ research director

consumer response
Verbraucherreaktion *f*, Konsumentenreaktion *f (Konsumforschung)*

consumer's acceptance
→ consumer acceptance

consumer sales promotion
Verbraucher-Verkaufsförderung *f*, Konsumenten-Verkaufsförderung *f*

consumer satisfaction
Verbraucherzufriedenheit *f*, Konsumentenzufriedenheit *f*

consumer sentiment
Verbraucherstimmung *f*, Konsumentenstimmung *f*, Konsumklima *n (Konsumforschung) (Marktpsychologie)*

consumer share
Feldanteil *m*, Verbraucheranteil *m (Marktforschung)*

consumer society
Konsumgesellschaft *f*

consumer sovereignty
Konsumentensouveränität *f*, Käufersouveränität *f*

consumer's rent
→ consumer's surplus

consumer's surplus
Konsumentenrente *f*, Käuferrente *f (Wirtschaftslehre)*

consumer surplus
→ consumer's surplus

consumer survey
Verbraucherbefragung *f*, Konsumentenbefragung *f (Marktforschung) (Konsumforschung)*

consumer tracking
Wiederholungsbefragung *f* von Verbrauchern, von Konsumenten *(Marktforschung) (Konsumforschung)*

consumer tracking study
Verbraucherbefragungsstudie *f*, Konsumentenbefragungsstudie *f*, Wiederholungsbefragung *f* von Konsumenten, Verbrauchern *(Marktforschung) (Konsumforschung)*

consumer type
Konsumententyp *m*, Verbrauchertyp *m*, Käufertyp *m (Marktpsychologie) (Konsumforschung) (Marktforschung)*
→ consumer typology

consumer typology
Konsumententypologie *f*, Käufertypologie *f*, Verbrauchertypologie *f (Marktpsychologie) (Konsumforschung) (Marktforschung)*

consumer want
Verbraucherwunsch *m*, Verbraucherbedürfnis *n*

consumption
1. Konsum *m*, Verbrauch *m*, privater Verbrauch *m*
2. Marktentnahme *f*

consumption climate
Konsumklima n, Verbrauchsklima n (Marktpsychologie) (Konsumforschung)

consumption function
Konsumfunktion f, Verbrauchsfunktion f (Wirtschaftslehre)

consumption habit
Konsumgewohnheit f, Verbrauchsgewohnheit f (Marktpsychologie) (Konsumforschung)

consumption pattern
Konsummuster n, Verbrauchsmuster n (Marktpsychologie) (Konsumforschung)

consumption patterns pl
Konsumstruktur f (Marktpsychologie) (Konsumforschung)

consumption pioneer
Konsumpionier m, Konsumführer m (Marktpsychologie) (Konsumforschung)

consumption rate
Verbrauchsgeschwindigkeit f, Konsumgeschwindigkeit f (Konsumforschung) (Marktforschung)

consumption standard
Konsumstandard m, Konsumziel n, Konsumrichtschnur f (Marktpsychologie) (Konsumforschung)

consumption symbol
Konsumsymbol n (Marktpsychologie) (Konsumforschung)

consumption-type product
→ consumer good, consumer item, consumer product

contact executive
Kontakter m (Werbung)

contact man
→ account executive

contact report
→ call report

contagion
Ansteckung f, soziale Ansteckung f (Einstellungsforschung)

container
1. Behälter m, Behältnis n (Verpackung) (POP-Werbung)
2. Kiste f, Kasten m (Verpackung)

container premium
Behälterzugabe f, Beipack m (Zugabewerbung)

content
Inhalt m, Wesen n, Gehalt m

content analysis
Aussagenanalyse f, Inhaltsanalyse f (Kommunikationsforschung)

contents pl
kurz für table of contents
Inhaltsverzeichnis n (Zeitung/Zeitschrift)

contents page
Seite f mit dem Inhaltsverzeichnis (Zeitschrift)

contest
1. Wettbewerb m (Verkehrsmittelwerbung) (Verkaufsförderung)
2. Preisausschreiben n, Werbewettbewerb m (Marketing) (Werbung)

contiguity
eigentl Aneinandergrenzen n, Aneinanderstoßen n, direkte Berührung f, Kontiguität f
1. reibungsloser Programmübergang m, ununterbrochene Programmfolge f, Programmübergang m, Programmwechsel m, Programmfolge f ohne Unterbrechung oder Pause (Hörfunk/Fernsehen)
2. Minimalbelegung f, erforderliche Minimalbelegung f, Minimalbelegung f (bei Werbung in Hörfunk/Fernsehen)

contiguity discount
Preisnachlaß m für direkt aufeinanderfolgende Werbung (Hörfunk/Fernsehen)

contiguity rate
Werbepreis m für direkt aufeinanderfolgende Werbung, für Werbesendungen, die sich aneinander anschließen (Hörfunk/Fernsehen)

contingency budget
Eventualbudget n, Alternativbudget n

contingency fund
Reservefonds m

continuation advertising
Fortführungswerbung f

continuing discount
Fortsetzungsrabatt m, Fortsetzungsnachlaß m, Übernahmerabatt m, Übertragungsrabatt m, Anschlußrabatt m

continuing study
kontinuierliche Studie *f*, regelmäßige Werbeträgeranalyse *f (Mediaforschung)*

continuity
1. Drehbuch *n*, Drehbuchmanuskript *n*, technisches Drehbuch *n (Hörfunk/Film/Fernsehen)*
2. Zwischenansage *f*, verbindender Text *m*, Übergang *m (Hörfunk)*
3. Werbekontinuität *f*, Kontinuität *f*
4. Aufrechterhaltung *f* eines kontinuierlichen Werbeplans, eines kontinuierlichen Insertionsplans, kontinuierliche Werbung *f*, Werbung *f* ohne Pausen und Unterbrechungen
5. Mono-Kampagne *f (Werbung)*

continuity discount
Malrabatt *m*, Wiederholungsrabatt *m*, Wiederholungsnachlaß *m*, Staffelrabatt *m*

continuity-impact discount rate (CID)
kombinierter Anzeigenpreisrabatt *m*, kombinierter Anzeigenpreisnachlaß *m*

continuity premium
Fortsetzungszugabe *f*, Sammelzugabe *f*, Werbezugabe *f* zum Sammeln, Zugabenserie *f (Zugabewerbung)*

continuity series
Fortsetzungsanzeige *f*

continuity strategy
Werbeterminplanung *f*, Zeiteinsatzplanung *f* der Werbung, Terminplanung *f* der Werbeeinsätze

continuity strip
Bildfolge *f*, Bildserie *f*, Fortsetzungsreihe *f*

continuity-strip ad
kurz für continuity-strip advertisement

continuity-strip advertisement
Anzeige *f* mit einer Bildfolge, einer Bildserie, Bildfolgenanzeige *f*

continuity-strip copy
Anzeigentext *m* mit Bildfolge, Bildserienanzeige *f*, Bildfolgenanzeige *f*

continuous advertising
kontinuierliche Werbung *f*, Konituitätswerbung *f*

continuous plan
Daueraussendung *f*, Dauerdirektwerbung *f*, Dauerberieselung *f (Briefwerbung)*

continuous simulation model
kontinuierliches Simulationsmodell *n*, stetiges Simulationsmodell *n*

contract
Vertrag *m*, Vereinbarung *f*

to contract
v/t Vertrag abschließen mit, Vertrag eingehen mit

contract combination
vertraglich vereinbarte Zusammenarbeit *m*, Vereinbarung *f* über einen lockeren Zusammenschluß *m*, loser Zusammenschluß *m*

contract department
Vertragsabteilung *m*, Großabnehmerabteilung *f*

contract manufacturing
Vertragsproduktion *f*, Produktion *f* auf vertraglicher Basis

contractor
Kontrahent *m*, Vertragsschließender *m*, Vertragspartner *m*

contract period
Geltungszeit *f*, Laufzeit *f* eines Vertrags

contract year
Abschlußjahr *n*, Vertragsjahr *n*, Werbejahr *n*, Insertionsjahr *n*

contractual
adj vertraglich, Vertrags-

contractual vertical marketing system
vertraglich vereinbartes vertikales Marketingsystem *n*

contrast ad
kurz für contrast advertisement

contrast advertisement
Kontrastanzeige *f*, Kontrastwerbemittel *n*

contrast advertising
Kontrastprogrammwerbung *f*, Kontrastwerbung *f*

contribution
1. Einlage *f*
2. Deckungsbeitrag *m*

contribution costing
Deckungsbeitragsrechnung (DBR) f

controlled circulation (CC, C.C.)
1. Gratisverteilung f, Freiversand m, Gratisvertrieb m, Freivertrieb m, CC-Vertrieb m (Zeitung/Zeitschrift)
2. Wechselversand m

controlled circulation magazine
CC-Zeitschrift f, Zielgruppenzeitschrift f
2. Kennzifferzeitschrift f

controlled circulation publication
CC-Zeitschrift f, CC-Publikation f

controlled delivery of advertising
Werbung f mit Durchführungskontrolle

controlled market test
kontrollierter Markttest m (Marktforschung)

controlled recognition
überprüfte Wiedererkennung f, kontrollierte Wiedererkennung f, überprüfte Erinnerung f (Werbeforschung) (Mediaforschung)

controlled-recognition method
Methode f, Verfahren n der überprüften Erinnerung, Wiedererkennung (Media-/Werbeforschung)

controlled-recognition procedure
→ controlled-recognition method

controlling
Controlling n

control system
Kontrollsystem n (Marketing)

convenience food
Fertigessen n, Fertiggericht n, gebrauchsfertig verpacktes Lebensmittel n

convenience good (meist pl **convenience goods**)
kurzlebiges Konsumgut n, Verbrauchsgut n des täglichen Bedarfs, Klein- und Bequemlichkeitsbedarf m (Marketing) (Marktforschung)

convenience goods advertising
Werbung f für Konsumgüter des täglichen Bedarfs

convenience store
Nachbarschaftsladen m, Kiosk m, Kleinladen m, Bequemlichkeitsladen m, Convenience Store m

conversion
Umwandlung f (von Werbung in Käufe) (Marketing) (Marktforschung)

conversion rate
eigentl Umwandlungsrate f, Konversionsrate f, Kaufquote f, Kaufrate f, Abschlußquote f, Kauferfolg m, Kaufwirkung f (Marketing) (Marktforschung) (Werbeforschung)
→ advertising-to-sales ratio, cost per conversion

conversional marketing
Konversionsmarketing n

conversion factor
→ conversion rate

conversion rate
Streuwertfaktor m (Mediaplanung)

conversion table
Umrechnungstabelle f, Konversionstabelle f

co-op
1. kurz für cooperative
2. kurz für cooperative program

co-op ad
kurz für cooperative advertisement

cooperation (brit **co-operation**)
Kooperation f

cooperative advertisement
Gemeinschaftswerbemittel n, Gemeinschaftsanzeige f, Gemeinschaftswerbung f

cooperative advertising
Gemeinschaftswerbung f, gemeinsame Werbung f, Co-op-Werbung f, kooperative Werbung f, Verbundwerbung f, Kollektivwerbung f

cooperative brand
Gemeinschaftsmarke f (Marketing)

cooperative buying
→ cooperative buying group

cooperative buying group
Beschaffungskooperation f (Beschaffungsmarketing)

cooperative chain
Großhandelskette f

cooperative delivery
Gemeinschaftsvertrieb m, Gemeinschaftsauslieferung f

cooperative distribution
Gemeinschaftsvertrieb m, Vertriebsverbund m

cooperative export
Gemeinschaftsexport m, Exportverbund m

cooperative group
→ cooperative buying group

cooperative mailing
Gemeinschaftsversand m, Gemeinschaftswerbeversand m (Briefwerbung)

cooperative marketing
Gemeinschaftsmarketing n, Verbundmarketing n

cooperative market research
Gemeinschaftsmarktforschung f

cooperative merchandising agreement (CMA, C.M.A.)
Vertrag m über gemeinschaftliche Absatzförderung zwischen einem Großhändler und einem Einzelhändler

cooperative program
Sendernetzwerbesendung f (Hörfunk/Fernsehen)

cooperative retailer organization (brit **organisation**)
Einkaufsgenossenschaft (EKG) f

cooperative wholesaler
Einkaufsgenossenschaft f (EKG)

coordinated advertising
abgestimmte Werbung f, koordinierte Werbung f

coordinates display
→ ensemble display

co-production
Koproduktion f (Film/Fernsehen/Radio)

copy
1. Werbematerial n, Werbetext m, Anzeigenmaterial n, Werbungsinhalt m, Anzeigeninhalt m, Anzeigentext m, Werbung f (im Sinne von Werbemittel)
2. geschriebener, gedruckter Werbetext m, Anzeigentext m
3. Satz m, Satzmaterial n (Druck)
4. Kopie f, Abschrift f, Durchschlag m, Pause f, Abzug m
5. Exemplar n, Heft n, Ausgabe f, Einzelheft n, Einzelausgabe f (Zeitschrift/Buch/Zeitung)

to copy
1. v/t abschreiben, eine Kopie anfertigen von, kopieren, abpausen, durchpausen, abziehen, einen Abzug machen von, photokopieren, reproduzieren
2. v/i kopieren, abschreiben

copy analysis
Textanalyse f, Werbetextanalyse f, Anzeigentextanalyse f (Werbeforschung)

copy appeal
→ advertising appeal, appeal

copy approach
Einleitung f, Anreißer m, Aufhänger m

copy block
Textblock m, Textabschnitt m (Werbung)

copy box
→ box 1.

copy chief
Cheftexter m (Werbeagentur)

copy choice
Textauswahl f, Entscheidung f für einen bestimmten Text, für einen Werbetext

copy date
Anzeigenschluß m, Anzeigenannahmeschluß m, Anzeigenschlußtermin m (Zeitung/Zeitschrift) (Mediaplanung)

copy deadline
→ copy date

copy department
Werbetextabteilung f, Textabteilung f einer Werbeagentur

copy function (of an advertisement)
Werbemittelfunktion f, Anzeigenfunktion f (Werbe-/Mediaforschung)

copy order
Produktionsanweisung *f*, Satzanweisung *f* (für eine Anzeige) *(Werbeplanung)*

copy outline
→ copy platform

copy performance
Werbemittelleistung *f*, Werbemittelqualität *f* *(Werbe-/Mediaforschung)*

copy platform
Werbeprogramm *n*, Werbekonzept *n*, Grundkonzept *n* der Werbekampagne, Copy-Plattform *f*

copy policy
→ copy platform

copy preparation
Satzlayout *n*, Satzvorbereitung *f (Druck) (Werbeplanung)*

copy price
→ single-copy price

copy recall
Texterinnerung *f*, Werbeerinnerung *f*, Werbemittelerinnerung *f (Werbeforschung)*

copy recall test
Texterinnerungstest *m*, Werbeerinnerungstest *m*, Werbemittelerinnerungstest *m (Werbeforschung)*

copy research
Textanalyse *f*, Textforschung *f*, Werbetextanalyse *f (Werbeplanung) (Werbeforschung)*

copy return
→ return copies

copyright
Urheberrecht *n*, Copyright *n*, Verlagsrechte *n/pl*

to copyright
v/t urheberrechtlich schützen

copy slant
Ausrichtung *f*, Färbung *f*, Tenor *m* eines Werbetexts

copy strategy
Werbetextstrategie *f*, Werbestrategie *f (Werbeplanung)*

copy supervisor
Leiter *m* der Textabteilung, Cheftexter *m* (Werbeabteilung)

copy test
Copy-Test *m*, Texttest *m (Media-/Werbewirkungsforschung)*

copy testing
Durchführung *f* eines Copytests, von Copytests, Copytesten *n*, Copytestforschung *f (Mediaforschung) (Werbeforschung)*

copy-testing panel
Copytest-Stichprobe *f (Mediaforschung) (Werbeforschung)*

copy theme
Grundtenor *m*, Grundthema *n* eines Werbetexts, eines Anzeigentexts

copythinking
werbegerechtes Denken *n*, Werbeverständnis *n*, Verständnis *n* für werbliche Textnotwendigkeiten

copywriter (copy writer)
Werbetexter *m*, Texter *m*, Anzeigentexter *m*

copywriting
Werbetexten *n*, Texten *n*, Anzeigentexten *n*

copywriting department
Textabteilung *f* einer Werbeagentur

core product
Kernprodukt *n (Wirtschaftslehre) (Betriebswirtschaft) (Marketing)*

corner card
1. Firmenadresse *f*, Absenderadresse *f* in der oberen oder unteren linken Ecke eines Briefumschlags
2. Werbeslogan *m*, Werbebotschaft *f*

corner card advertising
Briefumschlagwerbung *f*

corporate ad
kurz für corporate advertisement

corporate advertisement
Firmen-Imageanzeige *f*, Firmenrepräsentationswerbemittel *n*, Firmenrepräsentationsanzeige *f*

corporate advertising
Firmenimagewerbung *f*, Firmenrepräsentati-

onswerbung *f*, Unternehmenswerbung *f*, Firmenwerbung *f*

corporate buying
Beschaffung *f*, Anschaffung *f* *(Beschaffungsmarketing)*

corporate campaign
Firmenimage-Werbekampagne *f*, Imagewerbefeldzug *m* einer Firma, eines Unternehmens

corporate communications *pl (als sg konstruiert)*
Corporate Communication *f*, Unternehmenskommunikation *f*

corporate culture
Unternehmenskultur *f*, Firmenkultur *f*, Corporate Culture *f*

corporate design
Corporate Design *n*

corporate evaluation method
etwa Unternehmensbewertungsmethode *f*

corporate identity
Corporate Identity *f*, Unternehmenspersönlichkeit *f*

corporate image
Firmenimage *n*, Unternehmensimage *n*, Betriebsimage *n*, Corporate Image *n*

corporate image advertising
→ corporate advertising

corporate logograph
→ corporate logotype

corporate logotype
Geschäftsabzeichen *n*

corporate marketing system
Unternehmens-Marketing-System *n*, Firmen-Marketing-System *n*

corporate mission
Unternehmensziel *n*, Firmenziel *n*, Unternehmenszweck *m*, Firmenzweck *m*

corporate purpose
Unternehmensziel *n*, Firmenziel *n*, Unternehmenszweck *m*, Firmenzweck *m*

corporate name
Geschäftsbezeichnung *f*

corporate purchasing
→ corporate buying

corporate relations *pl (als sg konstruiert)*
Unternehmensbeziehungen *f/pl*, Corporate Relations *pl*

corporate strategy
Unternehmensstrategie *f*, Firmenstrategie *f*

correct-increment method
→ as-it-falls method

corrective ad
kurz für corrective advertisement

corrective advertisement
Richtigstellungsanzeige *f*, richtigstellende Anzeige *f*, korrigierende Anzeige *f*, Richtigstellungswerbung *f* Veröffentlichung *f* einer Richtigstellung (in der Werbung)

corrective advertising
Veröffentlichung *f* von Richtigstellungsanzeigen

cosponsor (co-sponsor)
Kosponsor *m*, Mitwerbungtreibender *m* *(Hörfunk/Fernsehen)*

cosponsoring (co-sponsoring)
Gemeinschaftsfinanzierung *f*, Kosponsorn *n*, gemeinsame Finanzierung *f* einer Sendung durch mehrere Werbungtreibende *(Hörfunk/Fernsehen)*

cosponsorship (co-sponsorship)
Gemeinschaftsfinanzierung *f*, Finanzierungsgemeinschaft *f*, Werbegemeinschaft *f*, Patronatsgemeinschaft *f*, Kosponsorgemeinschaft *f* *(Hörfunk/Fernsehen)*

cost
Kosten *pl*, Aufwand *m*, Preis *m*, Unkosten *pl*

cost analysis
Kostenanalyse *f*

cost and commission
Kosten *pl* und Provision *f*, Kosten *pl* und Kommission *f* *(Werbung)*

cost center (*brit* **cost centre**)
Kostenstelle *f*

cost center accounting (*brit* **cost centre accounting**)
Kostenstellenrechnung *f*

cost code
Kostenschlüssel *m*, Kostencode *m*

cost department
Kostenstelle *f*, Kostenabteilung *f*

cost efficiency
Kosteneffizienz *f*

cost estimate
Kostenvoranschlag *m*, Kostenschätzung *f*

cost forecast
Kostenprognose *f*, Prognose *f* der Preisentwicklung

cost inventory
Lagerkosten *pl*

cost minimization
Kostenminimierung *m*

cost of advertisement
→ advertising costs

cost of advertising
→ advertising costs

cost of living
Lebenshaltungskosten *pl*

cost-of-living allowance (COLA)
Lebenshaltungskostenzulage *f*, Zulage *f* zu den Lebenshaltungskosten

cost-oriented budget
Deckungsbudget *n*

cost-oriented price
Kostenpreis *m*

cost per commercial minute
Preis *m* pro Sendeminute, Preis *m* pro Werbesendeminute, Werbeminutenpreis *m* *(Hörfunk/Fernsehen)*

cost per conversion
Kosten *pl* pro Kauf, Kosten *pl* pro Bestellung

cost per cover point (CPCP)
→ cost per gross rating point

cost per gross rating point (CPGRP)
Kosten *pl* pro Einschaltprozentsatz *(Hörfunk/Fernsehen)*

cost-per-head-of-population method
Kosten-/Aufwand pro-Kopf-Methode *f*

cost per inquiry
Kosten *pl* pro Anfrage *(Werbung)*

cost per line
Zeilenpreis *m* *(Zeitungswerbung)*

cost per order
Kosten *pl* pro Bestellung, pro Kauf, CpO *m*

cost per page per thousand circulation
Seitenpreis *m* pro tausend Exemplare, Anzeigenseiten-Tausenderpreis *m* *(Zeitung/Zeitschrift) (Mediaplanung)*

cost per rating point
→ cost per gross rating point

cost per reply
→ cost per inquiry

cost per return
Kosten *pl* pro Rückantwort, Kosten pro eingegangener Rückantwort *(Werbung)*

cost per sale
→ conversion rate, cost per conversion, cost per order

cost per thousand (cost per 1000) (CPM, C.P.M., *brit* CPT, C.P.T.)
Tausenderpreis *m* *(Mediaplanung)*

cost per thousand circulation
Tausender-Auflagenpreis *m*, Anzeigenpreis *m* auf eine Auflage von eintausend Exemplaren umgerechnet *(Zeitung/Zeitschrift) (Mediaplanung)*

cost per thousand copies
→ cost per thousand circulation

cost per thousand exposures
Tausenderkontaktpreis *m*, Tausend-Kontakte-Preis *m* *(Mediaplanung)*

cost per thousand homes
→ cost per thousand households

cost per thousand households
Preis *m* pro eintausend Haushalte *(Mediaplanung)*

cost per thousand listeners
Tausend-Hörer-Preis *m*, Preis *m* pro eintausend Hörer *(Hörfunk) (Mediaplanung)*

cost thousand impacts
Tausend-Impact-Preis *m (Mediaplanung)*

cost per thousand pages
Tausendseitenpreis *m (Zeitung/Zeitschrift) (Mediaplanung)*

cost per thousand per commercial minute
Tausenderpreis *m* pro Werbeminute *(Hörfunk/ Fernsehen) (Mediaplanung)*

cost per thousand readers
Tausend-Leser-Preis *m*, Preis *m* pro eintausend Leser *(Zeitung/Zeitschrift) (Mediaplanung)*

cost per thousand listeners
Tausend-Seher-Preis *m*, Preis *m* pro eintausend Seher *(Hörfunk) (Mediaplanung)*

cost per thousand weighted exposures
Preis *m* pro tausend gewichtete Werbemittelkontakte *(Mediaplanung)*

cost plus
Gestehungskosten *pl* plus Gewinne

cost plus fee
Kosten *pl* plus Pauschale, Kosten *pl* plus Gebühr *(Werbung)*

cost plus price
Kosten-plus-Preis *m*

cost plus pricing
Kosten-plus-Preissetzung *f*, Kosten-plus-Preisbildung *f*

cost price
Einstandspreis *m*, Selbstkostenpreis *m*

cost rank order
Kostenrangordnung *f*, Preisrangordnung *f (Mediaplanung)*

cost ratio
Kostenquote *f*, Preisquote *f*, Kostenverhältnis *n*, Preisverhältnis *n (Werbeforschung)*

counter ad
kurz für counter advertisement

counter advertisement
Gegenanzeige *f*, Abwehranzeige *f*, Gegenwerbung *f*

counteradvertising (counter advertising)
Gegenwerbung *f*, Kontra-Werbung *f*, Abwehrwerbung *f*

counter card
Aufsteller *m*, Aufstellplakat *n*, Aufstellschild *n* Tresenaufsteller *m*, Thekenaufsteller *m (POP-Werbung)*

counter-cyclical advertising
gegenzyklische Werbung *f*

counter dispenser
Verkaufsständer *m*, Thekenaufsteller *m*, stummer Verkäufer *m*, Ladentischauslage *f*, Tresenaufsteller *m (POP-Werbung)*

counter display
→ counter dispenser

counter display container
Verkaufsbehälter *m*, Thekenaufstellbehälter *m*, stummer Verkäufer *m (POP-Werbung)*

counter display piece
Tresenaufstellungsstück *n*, Ladentischauslage *f*, Verkaufsauslage *f* auf dem Ladentisch *(POP-Werbung)*

counter marketing
Kontramarketing *n*, Countermarketing *n*

counter publicity
Gegenwerbung *f*, Abwehrwerbung *f*

counter purchase
Gegengeschäftskauf *m*, Gegengeschäft *n*, Zug-um-Zug-Kauf *m*

counter sales *pl*
eigentl Tresenverkäufe *m/pl*, Verkäufe *m/pl* über den Ladentisch
Einzelverkäufe *m/pl* des Verlags, Verlagsdirektverkäufe *m/pl (Zeitung/Zeitschrift)*

countertrade
Gegengeschäftshandel *m*, Gegengeschäft *n*

countervailing power
gegengewichtige Marktmacht *f*

country edition
überregionale Ausgabe *f*, Gesamtausgabe *f (Zeitung)*

country general store
Gemischtwarengeschäft *n*

county size
Kreisgröße *f*, Verwaltungskreisgröße *f (Mediaplanung)*

coupon
Gutschein *m*, Kupon *m*, Coupon *m* Bon *m*

coupon ad
kurz für coupon advertisement

coupon advertisement
Gutscheinanzeige *f*, Kuponanzeige *f*

coupon advertising
Gutscheinwerbung *f*, Kuponwerbung *f*, Rücklaufwerbung *f*

coupon clipping
Gutscheinausschneiden *f*, Kuponausschneiden *n*

coupon distribution
Gutscheinverteilung *f*, Gutscheinvertrieb *m*, Kuponverteilung *f*, Kuponvertrieb *m*

couponing
Gutscheinwerbung *f*, Kuponwerbung *f*

coupon pad
Gutscheinblock *m*, Kuponblock *m*, Gutscheinabreißblock

coupon plan
Gutscheinwerbeplan *m*, Kuponwerbeplan *m*

coupon redemption
Gutscheineinlösung *f*, Einlösung *f* von Gutscheinen, Rücklauf *m* von Gutscheinen, Kupons

coupon redemption behavior (*brit* **behaviour**)
Gutscheineinlösungsverhalten *n*, Kuponeinlösungsverhalten *n*

coupon redemption rate
Einlösungsrate *f*, Rücklaufquote *f* bei Gutscheinwerbung, Gutscheineinlösungsrate *f*, Kuponeinlösungsrate *f*

coupon redemption test procedure
BuBaW-Verfahren *n* (*kurz für* Bestellung unter Bezugnahme auf Werbung) *(Marktforschung) (Werbeforschung)*

coupon refund
Rückerstattung *f* bei Gutscheineinlösung

coupon returns *pl*
Rücklauf *m* von Gutscheinen, Kupons, Gutscheinrücklauf *m*, Kuponrücklauf *m*

coupon survey
Leserbefragung *f* mit eingedrucktem oder beigefügtem Fragebogen *(Zeitung/Zeitschrift)*

coupon test
Kupontest *m*, Gutscheintest *m* *(Marktforschung) (Werbeforschung)*

Cournot point
Cournotscher Punkt *m* *(Wirtschaftslehre) (Wettbewerbstheorie)*

courtesy announcement
Eigenansage *f*, Programmankündigung *f*, Sendungsankündigung *f* auf eigene Kosten *(Hörfunk/Fernsehen)*

courtesy copy
→ complimentary copy

cover
1. Umschlag *m*, Umschlagseite *f*, Titelseite *f* *(Zeitschrift)*
2. Decke *f*, Deckel *m*, Einband *m* *(Buch)*
3. Schutzumschlag *m*, Hülle *f*, Bezug *m*, Überzug *m*
4. Briefumschlag *m*, Kuvert *n*, Adreßumschlag *m*
5. *kurz für* cover paper, cover stock

to cover
1. *v/t* erreichen, ausfüllen, umfassen, umschließen, einschließen, abdecken
2. *v/t* bearbeiten, bereisen (Gebiet)

coverage
1. Reichweite *f* *(Mediaforschung) (Werbeforschung)*
2. Nutzung *f*, Mediennutzung *f* *(Mediaforschung)*
3. Verbreitung *f*, Streuungsdichte *f*, erfaßter Personenkreis *m*, erfaßtes Gebiet *n*, Verbreitungsgebiet *n*, Verbreitungsbereich *m*, Sendebereich *m*

coverage analysis
Reichweitenanalyse *f*, Nutzungsanalyse *f* *(Mediaforschung)*

coverage area
1. Einzugsbereich *m*, Verbreitungsgebiet *n* *(Zeitung/Zeitschrift) (Medienvertrieb)*
2. Streubereich *m* *(Medienvertrieb)*
3. Sendebereich *m*, Sendegebiet *n*, Empfangsbereich *m*, Empfangsgebiet *n* *(Hörfunk/Fernsehen)*

coverage increase
1. Reichweitenzuwachs *m*, Reichweitensteigerung *f* *(Mediaforschung)*
2. Ausdehnung *f* des Empfangsbereichs, des Einzugsbereichs *(Hörfunk/Fernsehen)*

coverage map
Reichweitenlandkarte *f*, Empfangsbereichskarte *f*, Verbreitungsatlas *m*, Verbreitungsgebietskarte *f*, Karte *f* des Einzugsbereichs, Nutzungskarte *f*

coverage research
Reichweitenforschung *f*, Nutzungsforschung *f* *(Mediaforschung)*

coverage survey
Reichweitenumfrage *f*, Nutzungsumfrage *f* *(Mediaforschung)*

coverage waste
Streuverluste *m/pl* *(Mediaplanung)*

cover cardboard
Umschlagkarton *m*

covering letter
Begleitbrief *m*

cover page
Titelseite *f*, Umschlagseite *f* *(Zeitschrift)*

cover paper
Umschlagpapier *n*, Umschlagkarton *m*

cover photo
Umschlagphoto *n*, Umschlagbild *n*

cover picture
→ cover photo

cover position
Plazierung *f* auf einer der Umschlagseiten, Umschlagseitenplazierung *f* (Anzeige) *(Werbeplanung)*

cover price
Einzelverkaufspreis *m*, EV-Preis *m*, Verkaufspreis *m*, Einzelhandelspreis *m* *(Zeitung/Zeitschrift)*

cover recognition
Umschlagwiedererkennung *f*, Titelseitenwiedererkennung *f*, Wiedererkennung *f* der Titelseite *(Leserschaftsforschung)*

cover recognition method
Wiedererkennungsmethode *f* mit Hilfe von Titelseiten oder Titelseitenreproduktionen *(Leserschaftsforschung)*

cover returns *pl*
Kopfremission *f*, Titelremission *f*, Titelkopfremission *f* *(Medienvertrieb)*

cover story
Titelgeschichte *f*, Titelstory *f* *(Zeitschrift)*

cowcatcher
eigentl Kuhfänger *m*, Bahnräumer *m* an amerikanischen Lokomotiven
Werbevorspann *m*, Vorspann *m* vor einem Werbefilm *(Hörfunk/Fernsehen)*

CPCP (C.P.C.P.)
→ cost per cover point

CPGRP
Abk cost per gross rating point

CPI (C.P.I.)
Abk consumer price index

CPM (C.P.M.)
Abk cost per thousand

CPR
Abk cost per rating point

CPRP
Abk cost per rating point

CPT (C.P.T.)
brit Abk cost per thousand

CR
Abk camera-ready

craftman's trade magazine
Handwerkerzeitschrift *f*

craftmen's trade magazine
→ craftman's trade magazine

cream plan
etwa Absahnplan *m*, Stufenplan *m*, Abschöpfungsstrategie *f* *(Konditionenpolitik)* *(Marketingplanung)*

to create
1. *v/t* kreieren, schöpfen, gestalten
2. *v/i* schaffen, kreieren, schöpferisch tätig sein

creation
1. Erschaffung *f*, Erzeugung *f*, Hervorbringung *f*, Schöpfung *f*, Modeschöpfung *f*, Erzeugnis *n*
2. Kreierung *f*, Gestaltung *f* (Rolle)

creative
1. *adj* kreativ, schöpferisch, gestalterisch, Schöpfungs-
2. jemand *m*, der in einem der kreativen Berufe der Werbung tätig ist (Texter, Graphiker, Photograph etc)

creative art
Werbemittelgestaltung *f*, Werbegraphik *f*, Gebrauchsgraphik *f*

creative artist
Werbungsgestalter *m*, Gebrauchsgraphiker *m*, Werbekünstler *m*, Werbegraphiker *m*

creative boutique
Kreativagentur *f*, Hot Shop *m*, Boutique *f* *(Werbung)*

creative copy
Werbetext *m*

creative copy and art
künstlerische (Werbe)Text- und -bildgestaltung *f*

creative department
Kreativ-Abteilung *f*, Creative Service *m* *(Werbung)*

creative design
Gestaltung *f*, Gestaltungskunst *f*, künstlerische Gestaltung *f*, Design *n*

creative director (C.D., CD)
Kreativdirektor *m*, Creative Director (CD)

creative group
Kreativgruppe *f*

creative groups organization
Gruppenorganisation *f* (der Werbeagentur)

creative idea development
→ creative idea generation

creative idea generation
Kreativitätstechnik *f*, Kreativitätsmethode *f*, Ideenfindungsmethode *f*

creative link
kreatives Bindeglied *m* *(Werbung)*

creative man
→ creative 2., creative artist

creativeness
→ creativity

creative problem solution
kreatives Problemlösen *n*, Buffalo-Methode *f*

creative strategy
Kreativstrategie *f*, Zielkonzeption *f*, konzeptionelle Formulierung der grundlegenden Ziele (nicht jedoch der Inhalte) und Werbebotschaft(en) einer Werbekampagne

creative work
künstlerische (Werbe)Gestaltung *f*, Gestaltungsarbeit *f*, Gestaltung *f*

creativity
Kreativität *f*, Gestaltungskraft *f*, schöpferische Kraft *f*, schöpferische Fähigkeiten *f/pl* *(Psychologie) (Marktpsychologie) (Marketing)*

credibility
Glaubwürdigkeit *f* *(Kommunikationsforschung)*

credit
1. Anerkennung *f*, Erwähnung *f* der Mitwirkenden, der Teilnehmer *(Film/Fernsehen/Radio)* (meist *pl* credits)
2. Gutschrift *f*, Provisionsnachlaß *m*, Kommissionsnachlaß *m* (für einen Werbungtreibenden)
3. Kredit *m*

credit line
Quellenangabe *f*, Herkunftsangabe *f*, Herstellerangabe *f*, Urheberangabe *f* (bei Texten oder Illustrationen)

credits *pl*
→ credit 1., credit title, billboard 4. end titles

credit subscription
etwa Kreditabonnement *n* *(Zeitung/Zeitschrift)*

credit policy
Kreditpolitik *f*

credit title
Abspann *m*, Liste *f*, Erwähnung *f*, Anführung *f* der Mitwirkenden *(Film/Fernsehen)*

critical success factor
kritischer Erfolgsfaktor *m*

critical path method (CPM)
Critical-Path-Methode (CPM) *f*, Methode *f* des kritischen Pfades

cross coupon
eigentl Kreuzgutschein *m*, Quergutschein *m* Gutschein *m*, Koupon *m* für ein Zweitprodukt

cross couponing (cross-couponing)
Werbung *f* mit einem Gutschein, der für ein zweites Erzeugnis gilt

cross elasticity
→ cross elasticity of demand

cross elasticity of demand
Kreuzpreiselastizität *f*, Preiskreuzelastizität *f*, Substitutionselastizität *f*, Triffinischer Koeffizient *m*

cross marketing
wechselseitiges Marketing *n*, Cross-Marketing *n*

cross-media audience duplication
externe Überschneidung *f*, Reichweitenduplizierung *f (Mediaforschung)*

cross merchandising
kombinierte Absatzförderung *f*, gemeinschaftliche Absatzförderung *f (POP-Werbung)*

cross plug
kleinere Werbesendung *f*, Nebenwerbesendung *f*, sekundäre Werbesendung *f (Hörfunk/Fernsehen)*

cross price elasticity
→ cross elasticity of price

crossruff ad (cross-ruff ad)
kurz für crossruff advertisement

crossruff advertisement (cross-ruff advertisement)
Schachtelwerbemittel *n*, Werbemittel *n* für Produkte von zwei Herstellern, Verbundwerbemittel *n*, Gemeinschaftswerbemittel *n*, Kombinationswerbemittel *n*

crossruff advertising
eigentl Zwickmühlenwerbung *f*, Schachtelwerbung *f*
Kombinationswerbung *f*, Verbundwerbung *f*, Gemeinschaftswerbung *f*

crossruff promotion
geschachtelte Verkaufsförderung *f*, Schachtelverkaufsförderung *f*

cross selling
Gegengeschäftsverkauf *m*, Geschäfte *n/pl* auf Gegenseitigkeit, Verbundabsatz *m*

cross tracks
gegenüber den Geleisen, gegenüber den Bahngeleisen, auf der anderen Seite des Perrons *(Außenwerbung)*

cross tracks position
→ cross tracks

crossword magazine
Kreuzworträtselzeitschrift *f*, Rätselmagazin *n*

crowd puller
Person *f*, Gegenstand *m*, Aktion *f*, Werbemittel *n* mit starker Anziehungskraft auf viele Menschen, Gruppen

crow's feet *pl*
eigentl Krähenfüße *m/pl*
Aufstellerfüße *m/pl*, Einstecksockel *m (POP-Werbung)*

cue
1. Stichwort *n*, Einsatzstichwort *n (Film/Fernsehen/Theater)*
2. Schlüsselreiz *m (Psychologie) (Werbeforschung)*

to cue
v/t jemandem das Stichwort geben

cume
→ accumulative audience, cumulative audience

to cumulate
1. *v/t* kumulieren
2. *v/i* kumuliert werden

cumulated advertising effectiveness
kumulierte Werbewirkung *f*

cumulation
Kumulation *f (Statistik) (Mediaforschung)*

cumulative advertising effect
kumulative Werbewirkung *f*

cumulative audience
interne Überschneidung *f*, Kumulation *f (Mediaforschung)*

cumulative coverage
kumulative Reichweite *f*, kumulierte Reichweite *f (Mediaforschung)*

cumulative effect
kumulative Wirkung *f*, Kumulationswirkung *f*

cumulative gross rating point
→ gross rating point

cumulative GRP
kurz für cumulative gross rating point

cumulative markon
Brutto-Preisaufschlag *m*, Bruttoaufschlag *m*

cumulative net coverage
→ accumulative audience

cumulative penetration
kumulative Durchdringung *f*, kumulierte Durchdringung *f (Mediaforschung)*

cumulative quantity discount
kumulierter Mengenrabatt *m*, Gesamtmengenrabatt *m*

cumulative reach
→ accumulative audience

cumulative readership
kumulierte Leser *m/pl*, kumulierte Leserschaft *f* (Leserschaftsforscnung)

cup
Becher *m (Verpackung)*

curb side (*brit* **kerb side**)
Gehseite *f*, Bordsteinseite *f*, Ausstiegsseite *f*, dem Bürgersteig zugewandte Seite *f (Verkehrsmittelwerbung)*

curiosity appeal
Neugier weckender (Werbe)Appell *m*

curiosity headline
Neugier weckende Überschrift *f (Werbung)*

current image
bestehendes Image *n*

current issue
laufende Ausgabe *f*, gegenwärtiges, aktuelles Heft *n*, aktuelle Ausgabe *f*, Ausgabe *f*, Nummer *f* der laufenden Erscheinungsperiode *(Zeitung/Zeitschrift)*

current number
→ current issue

curve of learning
Lernkurve *f (Psychologie)*

curve of income distribution
Einkommenverteilungskurve *f*, Lorenzkurve *f*, Konzentrationskurve *f*

curve of indifference
Indifferenzkurve *f (Wirtschaftslehre)*

cushion
Puffer *m*, Pufferteil *m*, Fettpolster *n (Hörfunk/Fernsehen)*

custom
adj Am bestellt, auf Bestellung, nach Maß angefertigt, auf Bestellung oder für Kunden arbeitend

customer
Kunde *m*, Käufer *m*, Abnehmer *m*

customer analysis
Kundenanalyse *f (Marktforschung)*

customer decay rate
Abflußquote *f*, Abflußrate *f*, Verlustrate *f*, Kundenverlustrate *f (Einzelhandel)*

customer flow
Kundenfluß *m (Marktforschung)*

customer flow analysis
Kundenstromanalyse *f*, Kundenlaufstudie *f*, Kundenfrequenzanalyse *f*, Kundenlaufanalyse *f (Marktforschung)*

customer flow investigation
→ customer flow analysis

customer flow study
→ customer flow analysis

customer holdover effect (of advertising)
etwa Kundenbindungswirkung *f (Marktforschung)*

customer magazine
Kundenzeitschrift *f*, Kundenmagazin *n*

customer relations *pl*
Kunden-Public-Relations *f/pl*, Pflege *f* der Beziehungen zu Käufern und Kunden, Kundeninformationspolitik *f*

customer retention rate
Kundenstabilitätsquote f, Käuferstabilitätsrate f

customer satisfaction
Kundenzufriedenheit f, Käuferzufriedenheit f, Verbraucherzufriedenheit f

customer service
Kundendienst m, Kundendienstpolitik f

customization
Fertigung f nach Maß, Maßanfertigung f, Fertigung f auf Bestellung, Herstellung f nach Kundenwünschen

custom-made
adj Am nach Maß angefertigt, auf Bestellung gemacht, nach Kundeninstruktionen angefertigt, auf Kundenwünsche hin ausgerichtet, spezialgefertigt

customized
→ custom-made

cut-case display
Aufreißauslage f, offener Verkaufskarton m *(POP-Werbung)*

cut-in
1. eingeblendete Werbesendung f, lokale Werbeeinblendung f *(Hörfunk/Fernsehen)*
2. Zwischentitel m, Unterschnitt m, Schnittbilder n/pl

cut-in advertisement
→ cut-in 1.

cut-in commercial
→ cut-in 1., drop-in commercial

cut-in cost
Preis m, Sonderpreis m für eine lokale Sendeeinblendung *(Hörfunk/Fernsehen)*

cutout (cut-out)
dreidimensionaler Plakataufsatz m *(Außenwerbung)*

cut price
reduzierter Preis m, Niedrigpreis m

cut rate
ermäßigter Preis m

cut-rate
adj ermäßigt, zu herabgesetzten Preisen verkaufend

cut-rate subscription
Billigabonnement n, Werbeabonnement n zu reduziertem Preis *(Zeitung/Zeitschrift)*

cutthroat competition
ruinöser Wettbewerb m, ruinöse Konkurrenz f

C.W.D.
Abk consecutive-weeks discount

cybernetics *pl als sg konstruiert*
Kybernetik f

cycle
Periode f, Zyklus m *(Hörfunk/Fernsehen)*

cycle discount
Preisnachlaß m, Diskont m für einen Zyklus *(Hörfunk/Fernsehen)*

cyclical advertising
zyklische Werbung f, prozyklische Werbung f

D

dactylogram method
daktyloskopische Methode *f*, Fingerabdruckverfahren *n* *(Mediaforschung)* *(Werbeforschung)*

dactyloscopic method
→ dactylogram method

DAGMAR
Abk Defining Advertising Goals for Measured Advertising Results

daily
Tageszeitung *f*

daily audience
Tagesreichweite *f* *(Zeitung)* *(Hörfunk/Fernsehen)* *(Mediaforschung)*

daily effective circulation (DEC)
effektiver Werbemittelkontakt *m*, effektive tägliche Anschlagreichweite *f (Außenwerbung)*

daily newspaper
Tageszeitung *f*

daily newspaper audience
Zahl *f* der Zeitungsleser pro Tag, tägliche Zeitungsleser *m/pl*

daily paper
Tageszeitung *f*

daily press
Tagespresse *f*

daily rate
Anzeigenpreis *m* bei täglicher Inserierung *(Zeitung)*

daily reach
→ daily audience

daily report
Tagesbericht *m*, Vertreterbericht *m*

Dale-Chall formula
Dale-Chall-Verfahren *n (Werbeforschung)*

dangler
Deckenaufhänger *m*, Deckenanhänger *m*, Aufhänger *m*, Anhänger *m*, Mobile *n (POP-Werbung)*

DAR
Abk day-after recall

dash sign
Warenauslage *f* in einem öffentlichen Verkehrsmittel *(Verkehrsmittelwerbung)*

data *pl*
Daten *n/pl*

data field of pricing
Datenfeld *n* der Preispolitik *(Marketing)*

data file
Datei *f*

date
Datum *n*, Termin *m*, Tag *m*, Zeitpunkt *m*, Zeitraum *m*, Datumsangabe *f*

to date
v/t datieren, mit der Datumsangabe versehen

day-after recall (DAR)
Werbeerinnerung *f* einen Tag nach dem Werbemittelkontakt *(Werbeforschung)* *(Mediaforschung)*

day-after survey
Umfrage *f* einen Tag nach dem Werbemittelkontakt *(Werbeforschung)*

daypart (day part)
Sendezeitsegment *n*, Zeitsegment *n (Hörfunk/Fernsehen)*

day-part method
Tagesablaufmethode *f*, Tagesablaufverfahren *n*, Tagesablauferhebung *f*, Tagesablauf *m*, Tageszeitabschnittmethode *f*, Zeitabschnittmethode *f (Hörfunk/Fernsehen) (Mediaforschung)*

daytime (day time)
Tagessendezeit *f (Hörfunk/Fernsehen)*

deadhead
eigentl blinder Passagier *m*, Freikarteninhaber *m*
1. Gratisanzeige *f*, Freianzeige *f*, unberechnete Anzeige *f*
2. *adj* gratis, frei, umsonst

deadline
1. Anzeigenschluß *m*, Redaktionsschluß *m*, Annahmeschluß *m* *(Zeitung/Zeitschrift) (Hörfunk/Fernsehen)*
2. Ablieferungstermin *m*, Liefertermin *m*, Stichtag *m*, allerletzter Termin *m*

deadwood (dead wood)
Ladenhüter *m*, Plunder *m*, Gerümpel *n* *(Einzelhandel)*

deal
1. Geschäft *n*, Geschäftsabschluß *n*, Abschluß *m*
2. Sonderangebot *n*, günstiges Angebot *n*, günstiges Geschäft *n*

dealer
Händler *m*, Einzelhändler *m*

dealer advertising
Händlerwerbung *f*

dealer aid advertising
Werbung *f* mit Hilfe von Einzelhändler-Werbematerial

dealer aids *pl*
Werbematerial *n* für Einzelhändler, Werbematerial *n*, Werbehilfen *f/pl*, Händlerhilfen *f/pl*, Dekorationshilfen *f/pl*, Verkaufshilfen *f/pl*

dealer allowance
Händlerrabatt *m* *(Marketing)*

dealer brand
→ dealer's brand

dealer contest
Händlerwettbewerb *m*

dealer cooperative advertising
Händler-Gemeinschaftswerbung *f*, Gemeinschaftswerbung *f* mehrerer Einzelhändler, gemeinsame Händlerwerbung *f*, Verbundwerbung *f* von Einzelhändlern, kooperative Einzelhändlerwerbung *f*

dealer help
→ dealer aids

dealer imprint
Händlereindruck *m*, eingedruckte Händleradresse *f*, Firmeneindruck *m* *(Werbung)*

dealer listing
→ dealer tie-in 1.

dealer magazine
Einzelhandelszeitschrift *f*, Händlerzeitschrift *f*, Einzelhändlerzeitschrift *f*

dealer marketing
Handelsmarketing *n*, Händlermarketing *n*

dealer marketing research
→ dealer research, retail marketing research

dealer promotion
Handelspromotion *f*, Händlerpromotion *f* *(Verkaufsförderung)*

dealer relations *pl*
Händler-Public-Relations *f/pl*, Pflege *f* der Beziehungen zum Einzelhandel

dealer research
Einzelhändlerforschung *f*, Einzelhandelsforschung *f*, Marktforschung *f* im Bereich des Einzelhandels, Einzelhandelsforschung *f*, Einzelhandelsmarktforschung *f*

dealer's brand
Handelsmarke *f*, Händlermarke *f*, Eigenmarke *f*, Verteilermarke *f*

dealers' marketing
Handelsmarketing *n*, Händlermarketing *n*

dealer's privilege
eigentl Händlerprivileg *n* *(POP-Werbung)*

dealer super
→ local tag

dealer survey
Einzelhändlerbefragung *f*, Händlerbefragung *f*, Händlerumfrage *f*, Einzelhandelsumfrage *f*, Handelsbefragung *f* *(Marktforschung)*

dealer tie-in
1. Einzelhändlerliste *f*, Bezugsquellenverzeichnis *n*, Bezugsquellennachweis *m* (in einer Anzeige), Einzelhändlerverzeichnis *n* (in einer Anzeige).
2. Kopplungsanzeige *f*, Koppelanzeige *f*, Gemeinschaftsanzeige *f*
3. Kopplungswerbung *f*, Verbundwerbung *f*

dealer loader
Verkaufsförderungsartikel *m*

deal merchandise
Sonderangebotsware *f*, reduzierte Ware *f*

dear money
teures Geld *n (Wirtschaftslehre)*

DEC
Abk daily effective circulation

decal
kurz für decalcomania

decalcomania
1. Abziehbild *n*, Abziehplakat *n (Anschlagwerbung) (POP-Werbung)*
2. Anbringen *n* von Abziehbildern, Abziehplakaten *(Anschlagwerbung) (POP-Werbung)*

decay effect
nachlassende Wirkung *f*, Nachlassen *n* (der Werbewirkung) *(Werbeforschung) (Kommunikationsforschung)*

decay rate
Abflußquote *f*, Abflußrate *f*, Verlustrate *f*, Kundenverlustrate *f (Einzelhandel) (Kommunikationsforschung)*

deceptive advertising
irreführende Werbung *f*, betrügerische Werbung *f*

deceptive package
Mogelpackung *f*

deceptive price
irreführender Preis *m*

deceptive pricing
irreführende Preisangaben *f/pl*, irreführende Preissetzung *f*, irreführende Preisbildung *f*, Werbung *f* mit irreführenden Preisen

decider
Entscheider *m*, Entscheidungsträger *m (Beschaffungsmarketing) (Konsumforschung)*

decision
Entscheidung *f*

decision-calculus approach
Decision-Calculus-Ansatz *m (Marketingplanung)*

decision criterion
Entscheidungskriterium *n*

decision field
Entscheidungsfeld *n*

decision-maker
Entscheidungsträger *m*, Entscheider *m*, Entscheidungseinheit *f*

decision-making costs *pl*
Entscheidungskosten *pl (Konsumforschung)*

decision-making process
Entscheidungsprozeß *m*

decision-making research
Entscheidungsforschung *f*

decision making under certainty
Entscheidung *f* unter Sicherheit, deterministischer Fall *m*

decision making under risk
Entscheidung *f* unter Risiko, stochastischer Fall *m*

decision making under uncertainty
Entscheidung *f* unter Unsicherheit, verteilungsfreier Fall *m*

decision-making unit (DMU)
Entscheidungseinheit *f*

decision matrix
Entscheidungsmatrix *f*

decision model
Entscheidungsmodell *n*

decision process
→ decision-making process

decision rule
Entscheidungsregel *f*

decision theory
Entscheidungstheorie *f*

decision tree
Entscheidungsbaum *m*

decision-tree analysis
Entscheidungsbaumanalyse *f*

decked position
Anschlagposition *f* in einer Reihe mit einem

oder mehreren Plakaten senkrecht übereinander *(Außen-/Verkehrsmittelwerbung)*

decker well
senkrechte Tiefkühltruhe *f* (im Warenhaus) *(Einzelhandel)*

deck panel
Außenplakat *n*, das senkrecht in einer Reihe mit anderen Plakaten angebracht ist *(Außen-/Verkehrsmittelwerbung)*

decline
→ decline stage

decline stage
Degenerationsphase *f*, Schrumpfungsphase *f*

deductible from dues
Mitgliedsabonnement *n* dessen Gebühr von den Mitgliedsbeiträgen abgezogen werden kann *(Zeitschrift)*

defense
Abwehr *f (Werbeforschung) (Psychologie)*

defensive comparison
Abwehrvergleich *m (Werbung)*

defensive price
Abwehrpreis *m (Marketing)*

defensive spending
defensive Ausgabenpolitik *f (Marketing) (Werbung)*

defensive trademark
Defensivzeichen *n*

deferred discount
latenter Rabatt *m (Marketing)*

deferred marking
Massenauszeichnung *f*, Massen-Preisauszeichnung *f*, Preisauszeichnung *f* von Liefercontainern

deferred rebate
latente Rückvergütung *f*, latenter Preisnachlaß *m*, latenter Nachlaß *m (Marketing)*

deferred subscription
zeitverschobenes Abonnement *n*, zeitversetztes Abonnement *n (Zeitschrift)*

deferred subscription club
Lesezirkel (LZ) *m*

deferred subscription club advertising
Lesezirkelwerbung *f*

deficiency
Fehlmenge *f (Marketinglogistik)*

deficiency cost *(Marketinglogistik)*
Fehlmengenkosten *pl (Marketinglogistik)*

deficiency risk
Fehlmengenrisiko *n (Marketinglogistik)*

Defining Advertising Goals for Measured Advertising Results
→ DAGMAR

definition of recipient qualification
Beschreibung *f* des Empfängerkreises, der Bezugsbedingungen *(Zeitung/Zeitschrift) (Medienvertrieb)*

deflation
Deflation *f*
→ deflation technique

deflation technique
Deflationsverfahren *n (Mediaforschung)*

deflection from natural line of sight
Abweichung *f* von der natürlichen Sehlinie *(Außenwerbung) (Mediaforschung)*

delayed response
→ delayed response effect

delayed response effect
langfristige Reaktion *f*, Zeitzündereffekt *m (Kommunikationsforschung)*

del credere
→ del credere business

del credere business
Delkredere *n*, Delkrederegeschäft *n*

to deliver
v/t ausliefern, zustellen, befördern, austragen, überbringen

delivery
Lieferung *f*, Auslieferung *f (Marketinglogistik)*

delivery boy
Zeitungsbote *m*, Zeitungsausträger *m (Medienvertrieb)*

delivery charge
Zustellgebühr *f (Marketinglogistik)*

delivery date
Zustelltermin *m*, Liefertermin *m* *(Marketinglogistik)*

delivery day
Erstverkaufstag *m* *(Medienvertrieb)*

delivery note
Lieferschein *m*, Lieferzettel *m* *(Marketinglogistik)*

delivery price
Lieferpreis *m*, Zustellpreis *m* *(Marketinglogistik)*

delivery service
Zustelldienst *m*, Auslieferung *f*, Lieferservice *m* *(Marketinglogistik)*

delivery store
Auslieferungslager *n* *(Großhandel)* *(Marketinglogistik)*

delivery sub-total
Bezugsgrößenklasse *f* *(Marketinglogistik)*

delivery terms
Lieferungsbedingungen *f/pl*, Lieferungs- und Zahlungsbedingungen *f/pl* *(Marketing)*

delivery ticket
→ delivery note

Delphi technique
Delphi-Methode *f*, Delphi-Befragungstechnik *f* *(empirische Sozialforschung)* *(Marktforschung)*

deluxe urban bulletin
großformatiges Farbplakat *n* *(Außenwerbung)*

demand
Nachfrage *f*, Bedarf *m* *(Wirtschaftslehre)*

demand analysis
Nachfrageanalyse *f*, Bedarfsanalyse *f* *(Wirtschaftslehre)*

demand area
Bedarfsgebiet *n*, Nachfragegebiet *n* *(Konsumforschung)* *(Marktforschung)* *(Marketing)*

demand chain
→ chain of demand

demand curve
Nachfragekurve *f*, Preis-Absatz-Kurve *f* *(Wirtschaftslehre)*

demand density
→ density of demand

demand effect
externer Konsumeffekt *m*, Nachfrageeffekt *m* *(Wirtschaftslehre)* *(Konsumforschung)*

demand elasticity
Nachfrageeleastizität *f* *(Wirtschaftslehre)*

demand for consumer goods
Konsumnachfrage *f*, Nachfrage *f* nach Konsumgütern, Konsumgüternachfrage *f* *(Konsumforschung)*

demand forecast
→ demand prognosis

demand frequency
Bedarfshäufigkeit *f*, Nachfragehäufigkeit *f* *(Konsumforschung)*

demand function
Preis-Absatz-Funktion *f*, Nachfragefunktion *f*

demand observation
Nachfragebeobachtung *f*, Bedarfsbeobachtung *f* *(Konsumforschung)* *(Marktforschung)*

demand intensity
Bedarfsintensität *f* *(Marketing)* *(Konsumforschung)* *(Marktforschung)*

demand period
Nachfrageperiode *f* *(Marketing)*

demand prognosis
Bedarfsprognose *f*, Nachfrageprognose *f* *(Konsumforschung)* *(Marktforschung)*

demand research
Bedarfsforschung *f* *(Konsumforschung)* *(Marktforschung)*

demarketing
Reduktionsmarketing *n*, Demarketing *n*

demo
1. *kurz für* demonstration
2. *kurz für* demonstration recording

demographic
adj demographisch, bevölkerungsstatistisch

demographic analogy
demographischer Analogieschluß *m* *(Mediaplanung)*

demographic characteristics *pl*
demographische Merkmale *n/pl*, demographische Charakteristika *n/pl*, demographische Struktur *f (empirische Sozialforschung)*

demographic edition
Zeitschriftenausgabe *f* für eine bestimmte demographische Gruppe, Zielgruppenausgabe *f*

demographic magazine
Zielgruppenzeitschrift *f*

demographic market segmentation
demographische Marktsegmentierung *f (Marktforschung)*

demographics *pl*
demographische Eigenschaften *f/pl*, demographische Struktur *f*, demographische Charakteristika *n/pl*, demographische Merkmale *n/pl* *(empirische Sozialforschung) (Marktforschung)*

demographic structure
demographische Struktur *f (empirische Sozialforschung) (Marktforschung)*

DEMON model
DEMON-Modell *n (Marketing) (Marktforschung)*

to demonstrate
1. *v/t* vorführen, demonstrieren, zeigen *(Verkaufsförderung)*
2. *v/i* eine Vorführung machen, eine Demonstration veranstalten *(Verkaufsförderung)*

demonstration
Vorführung *f*, Demonstration *f*, Präsentation *f (Verkaufsförderung)*

demonstrational film
Demonstrationsfilm *m (Verkaufsförderung)*

demonstration recording
→ demo record

demonstrator
Vorführer *m*, Vorführdame *f (Verkaufsförderung)*

demonstrator display
Vorführauslage *f*, Demonstrationsauslage *f (POP-Werbung)*

demo record
Vorführplatte *f*, Demonstrationsplatte *f*, Demoplatte *f (Verkaufsförderung)*

demo reel
Vorführrolle *f*, Musterfilm *m*, Demonstrationsfilm *m (Werbung)*

D.E.M.O.S.
Abk direct eye movement observation system

denigration
Anschwärzung *f*, Anschwärzen *n*, Verunglimpfung *f*, Herabsetzung *f*

denigratory advertising
anschwärzende Werbung *f*, Anschwärzung *f*, Anschwärzen *n*, herabsetzende, verunglimpfende Werbung *f*

denigratory copy
→ denigratory advertising

density of advertising
Streudichte *f (Mediaplanung)*

density of demand
Bedarfsdichte *f*, Nachfragedichte *f (Konsumforschung) (Marketing)*

departmental display
Auslage *f* aller Produkte desselben Herstellers in einem Einzelhandelsgeschäft *(POP-Werbung)*

departmental organization structure (of an advertising agency)
Abteilungsorganisation *f* (einer Werbeagentur)

departmental system
→ departmental organization structure

department store
1. Warenhaus *n (Einzelhandel)*
2. Kaufhaus *n (Einzelhandel)*

department store advertising
Warenhauswerbung *f*, Kaufhauswerbung *f*

depot display poster
Perronanschlag *m*, Perronplakat *n*, Perronschild *n (Verkehrsmittelwerbung)*

depot of samples
Musterlager *n (Marketinglogistik)*

deprivation
→ relative deprivation

depth of exposure
Kontaktintensität *f*, Nutzungsintensität *f (Mediaforschung)*

derived demand
abgeleitete Nachfrage *f*, abgeleiteter Bedarf *m* *(Konsumforschung)*

descriptive market research
deskriptive Marktforschung *f*

design
1. Design *n*, Gestaltung *f*, Formgebung *f*
2. Skizze *f*, Layout *n*, Plan *m*, künstlerische Konstruktion *f*
3. Projekt *n*, Vorhaben *n*

to design
1. *v/t* entwerfen, skizzieren, designen, ausdenken, planen, vorhaben
2. *v/i* Entwürfe machen, Entwurf machen, Pläne skizzieren, Plan skizzieren

designated market area (DMA, D.M.A.)
designiertes Marktgebiet *n (Marktforschung) (Mediaforschung)*

designated market area rating (DMA rating)
Einschaltquote *f* in einem designierten Marktgebiet *(Fernsehen) (Mediaforschung)*

designer
Designer *m*, Formgestalter *m*, Formgeber *m*, Gestalter *m*, Zeichner *m*, Musterzeichner *m*, Bühnenbildner *m*, Szenenbildner *m*, Ausstatter *m*

design of advertisement
Gestaltung *f* der Anzeige, einer Anzeige, Anzeigengestaltung *f (Zeitung/Zeitschrift)*

design register
Gebrauchsmusterrolle *f*

design registration roll
→ design register

desire
Wunsch *m*, Kaufwunsch *m*

despatch *brit*
→ dispatch

to despatch *brit*
→ to dispatch

despatch service *brit*
→ poster despatch service

despatch warehouse
Auslieferungslager *n (Marketinglogistik) (Großhandel)*

detailer
Kundenbesucher *m*

detailing
Kundenbesuch *m*

deterministic decision
deterministische Entscheidung *f*

to develop
v/t entwickeln

developing
Entwickeln *n*, Entwicklung *f*

development
Entwicklung *f*

dial shopper
eigentl wählender Käufer *m*, Einschaltkäufer *m*, jemand *m*, der mit der Wählscheibe einkauft *(Hörfunk/Fernsehen)*

dialog (*brit* **dialogue**)
Dialog *m*

diary
Tagebuch *n (empirische Sozialforschung) (Marktforschung) (Mediaforschung)*

diary keeping
Tagebuchführung *f*, Führen *n* eines Tagebuchs, von Tagebüchern *(empirische Sozialforschung) (Marktforschung) (Mediaforschung)*

diary keeping of magazine reading
Führung *f* eines Tagebuchs des Zeitschriftenlesens *(Leserschaftsforschung)*

diary method
Tagebuchmethode *f*, Tagebuchverfahren *n (empirische Sozialforschung) (Marktforschung) (Mediaforschung)*

diary panel
Tagebuchpanel *n (empirische Sozialforschung) (Marktforschung) (Mediaforschung)*

diary research
Tagebuchforschung *f*, Forschung *f* mit Hilfe der

Tagebuchmethode *(empirische Sozialforschung) (Marktforschung) (Mediaforschung)*

diary technique
→ diary method

differential
→ rate differential

differential cost
Deckungsbeitrag *m (Betriebswirtschaft)*

differential costing
Deckungsbeitragsrechnung (DBR) *f (Betriebswirtschaft)*

differential limen
→ differential threshold

differentiated marketing
differenziertes Marketing *n*

differentiation
Differenzierung *f (Marketing) (Marketingplanung)*

differentiation strategy
Differenzierungsstrategie *f*

diffuse preference
diffuse Präferenz *f (Wirtschaftslehre) (Marktpsychologie) (Marketing)*

diffusion
Diffusion *f* (Soziologie) *(Kommunikationsforschung) (Marktforschung)*

diffusion research
Diffusionsforschung *f* (Soziologie) *(Kommunikationsforschung) (Marktforschung)*

digest
Digest *m*, Auswahlveröffentlichung *f (Zeitschrift) (Buch)*

dimension
Dimension *f*, Format *n*, Größe *f*, Abmessung *f*

dimensional display
dreidimensionale Auslage *f*, dreidimensionales Werbemittel *n (POP-Werbung) (Außen-/Verkehrsmittelwerbung)*

dimension mark
Formatmarkierung *f*, Größenmarkierung *f (Reproduktion, Layout)*

diminishing returns effect
Nachlassen *n* der Anzeigenerlöse

diorama
Diorama *n (Film/Fernsehen) (POP-Werbung)*

dioramic
adj dioramisch

to direct
1. *v/t* richten, lenken, adressieren
2. *v/t* inszenieren, Regie führen *(Film/Fernsehen/Theater)*

direct-action ad
kurz für direct-action advertisement

direct-action advertisement
Kaufwerbung *f*, auf direkte Reaktionen zielende Werbung *f*, Kaufwerbemittel *n*, Werbemittel *n* der Kaufwerbung

direct-action advertising
Kaufwerbung *f*, auf direkte (Kauf)Reaktionen zielende Werbung *f*, unmittelbare Reaktionen anstrebende Werbung *f*, Aktionswerbung *f*

direct advertising
Direktwerbung *f*

direct advertising agency
Direktwerbeagentur *f*, Direktwerbeunternehmen *n*

direct channel
→ direct distribution

direct channel of distribution
→ direct distribution

direct-comparison advertising
bezugnehmende Werbung *f*

direct costing
Direct Costing *n (Betriebswirtschaft)*

direct distribution
Direktvertrieb *m*, Direktverteilung *f*, Direktabsatz *m (Marketinglogistik)*

direct distribution channel
→ direct distribution

direct export
Direktexport *m*

direct eye movement observation system (D.E.M.O.S.)
Beobachtung *f* des Blickverlaufs auf einer Seite *(Leserschaftsforschung)*

direct mail
1. Direktversand *m*
2. *kurz für* direct-mail advertising

direct-mail advertiser
Direktwerbeunternehmen *n*, Direktwerbefirma *f*

direct-mail advertising
Briefwerbung *f*, Versandwerbung *f*, Direktversandwerbung *f*, Versandhauswerbung *f*

direct mailing
Postwurfsendung *f*, Briefwerbeaktion *f*

direct-mail split test
gegabelter Direktwerbetest *m*, gegabelter Briefwerbetest *m* *(Werbeforschung)*

direct-mail test
Werbetest *m* durch Direktversand, Briefwerbetest *m* *(Werbeforschung)*

direct marketing
Direktmarketing *n*

director
1. Direktor *m*, Leiter *m*, Vorsteher *m*
2. Regisseur *m*, Spielleiter *m* *(Hörfunk/Film/Fernsehen)*

director of research
→ research director

directory
Adreßbuch *n*, Verzeichnis *n*, Telefonverzeichnis *n*, Branchenadreßbuch *n*

directory ad
kurz für directory advertisement

directory advertisement
Adreßbuchanzeige *f*, Adreßbuchinserat *n*, Telefonbuchanzeige *f*

directory advertising
Adreßbuchwerbung *f*, Telefonbuchwerbung *f*

directory issue
etwa Verzeichnisausgabe *f*, Sonderthemenheft *n (Zeitschrift)*

directory-type advertising
→ directory advertising

direct premium
Direktzugabe *f*, Sofortzugabe *f* *(Zugabewerbung)*

direct promise headline
Überschrift *f* die ein Versprechen enhält *(Werbung)*

direct recording
Synchronaufnahme *f* *(Film/Fernsehen)*

direct response ad
kurz für direct response advertisement

direct response advertisement
Direkt-Reaktions-Werbemittel *n*, Direkt-response-Werbemittel *n*

direct response advertising
Direkt-Reaktions-Werbung *f*, Direkt-response-Werbung *f*

direct response commercial
Direkt-Reaktions-Werbesendung *f*, Direkt-Reaktions-Werbespot *m*, Mitmach-Werbesendung *f*, Beteiligungs-Werbespot *m* *(Hörfunk/Fernsehen)*

direct response trailer
brit eigentl Direktantwort-Abspann *m* *(Fernsehen)*

direct sale
Direktverkauf *m*, Beziehungsverkauf *m* (einzelner Kaufakt)

direct selling
Beziehungshandel *m*, Beziehungskauf *m*, Direktverkauf *m* *(Großhandel)*

disc
→ disk

disclaimer clause
Verzichtklausel *f (Werbung)*

disconnect
eigentl Abkoppelung *f*, Abtrennung *f*, Abbestellung *f*
Kündigung *f* des Kabelabonnements *(Kabelfernsehen)*

disconnect rate
Abbestellungsrate *f*, Kündigungsrate *f (Kabelfernsehen)*

to discontinue
v/t abbestellen *(Zeitung/Zeitschrift)*

to discontinue publication
v/t Erscheinen einstellen *(Zeitung/Zeitschrift)*

discount
Rabatt *m*, Diskont *m (Marketing)*

discounter
Diskonter *m*, Discounter *m*, Diskontgeschäft *n*, Diskonthaus *n (Einzelhandel)*

discount department store
Diskont-Warenhaus *n (Einzelhandel)*

discount house
→ discounter

discounting
Diskonthandel *m*, Discounthandel *m (Einzelhandel)*

discount in kind
Naturalrabatt *m*, Draufgabe *f (Marketing)*

discount price advertising
Diskontpreiswerbung *f*, Discount-Preis-Werbung *f*

discount store
→ discounter

discount trade
Diskonthandel *m*, Discounthandel *m (Einzelhandel)*

disparaging advertising
herabsetzende Werbung *f*

dispatch (*brit* **despatch**)
Versand *m*, Absendung *f*, Verschickung *f*, Abfertigung *f*, Beförderung *f*, Spedition *f*, Versandunternehmen *n*

to dispatch (*brit* **to despatch**)
v/t absenden, abschicken, befördern, expedieren, spedieren, abfertigen

dispenser
stummer Verkäufer *m (POP-Werbung)*
1. Auslagegegenstand *m*, Aufsteller *m*, Ständer *m*, Behälter *m* mit Waren *(POP-Werbung)*
2. Auslage *f* mit Werbung

dispersion factor
Dispersionsfaktor *m*, Streufaktor *m (Werbeforschung)*

dispersion pattern
1. Verteilung *f*, Zerlaufen *n*, Zerstreuung *f* der Hörer/Zuschauer am Ende einer Sendung *(Hörfunk/Fernsehen)*
2. Streumuster *n*, Streuplan *m (Werbung)*

display
1. Warenauslage *f*, Schaustellung *f*, Ausstellung *f*, Auslage *f*, Schaufensterauslage *f*, Display *n (POP-Werbung)*
2. *kurz für* display advertisement, display advertising

display ad
kurz für display advertisement

to display
v/t auslegen, ausstellen, zur Schau stellen (Waren)

display advertisement
Großanzeige *f*, großformatige Anzeige *f (Zeitung/Zeitschrift)*

display advertising
1. Werbung *f* mit Hilfe von Großanzeigen, Großanzeigenwerbung *f (Zeitung/Zeitschrift)*
2. Auslagenwerbung *f*, Verkaufsauslagenwerbung *f*, Werbung *f* mit Hilfe von Auslagenmaterial, Schaufensterwerbung *f*, Displaywerbung *f*, Gebrauchswerbung *f*, Schauwerbung *f*

display allowance
Auslagenrabatt *m*, Ausstellungsnachlaß *m*, Displayvergütung *f*, Dekorationsrabatt *m (POP-Werbung)*

display art
Schauwerbung *f*

display artist
Schauwerbeberater *m*, Dekorateur *m*, Schaufensterdekorateur *m*, Schauwerber *m*

display bin
Auslagenbehälter *m*, Ausstellungskarton *m*, Auslagenkiste *f*, Auslagenkasten *m (POP-Werbung)*

display bonus
Auslagenprämie *f*, Ausstellungsprämie *f (POP-Werbung)*

display card
Auslagenwerbezettel *m*, Auslagenzettel *m (POP-Werbung)*

display carton
Auslagekarton *m*, Ausstellungskarton *m*, Aufstellpackung *f* *(POP-Werbung)*

display case
1. Ausstellungsvitrine *f*, Auslagenvitrine *f* *(POP-Werbung)*
2. Auslagekarton *m* *(POP-Werbung)*

display classified advertising
→ classified display advertising

display copy
Text- und Bildmaterial *n* einer Großanzeige

displayed advertisement
→ display advertisement

displayed classified advertisement
→ classified display advertisement

display line (in an advertisement)
Anzeigenzeile *f*, die mit Auszeichnungsschrift geschrieben ist, in Auszeichnungsschrift gesetzte (Anzeigen-)Zeile *f* *(Zeitung/Zeitschrift)*

display man
→ display artist

display method
Vorlegemethode *f*, Vorlagemethode *f* *(Mediaforschung)*

display outer
→ display carton

display package
Schaupackung *f*, Auslagepackung *f* *(POP-Werbung)*

display poster
Auslagenplakat *n* *(POP-Werbung)*

display rack
Auslagenregal *n*, Vollsichtregal *n*, Ausstellungsregal *n*, Warenauslagenregal *n* *(POP-Werbung)*

display shelf
→ display rack

display space rent
Auslagenmiete *f*, Regalmiete *f*, Platzmiete *f* für Warenauslagen, Schaufenstermiete *f* *(Einzelhandel) (POP-Werbung)*

display surface
Werbefläche *f*, Anschlagfläche *f* *(Außen-/Verkehrsmittelwerbung)*

display window
Schaufenster *n*, Auslagenfenster *n* *(Einzelhandel) (POP-Werbung)*

display work
Auslagengestaltung *f*, Dekoration *f* *(POP-Werbung)*

dissimulation
Dissimulation *f* *(empirische Sozialforschung) (Marktforschung)*

dissociative cue hypothesis
Abkoppelungshypothese *f* *(Kommunikationsforschung)*

dissonance-attribution hierarchy
dissonante Zuordnungshierarchie *f* *(Marktforschung) (Werbeforschung)*

distancing
Distanzieren *n* *(Psychologie) (Kommunikationsforschung) (Werbeforschung)*

distortion
1. Verzerrung *f*, Erinnerungsverzerrung *f*, Erinnerungsentstellung *f* *(Psychologie) (empirische Sozialforschung)*
2. Erweiterung *f*, Ausdehnung *f* der Anzeigenbreite zur Anpassung an die übliche Spaltenbreite *(Zeitung/Zeitschrift)*

distortion technique
Deformationsverfahren *n*, Zerfallsverfahren *n* *(Marktforschung) (Werbeforschung)*

to distribute
v/t vertreiben, verbreiten, verteilen, austragen, zustellen

distribution
1. Vertrieb *m*, Distribution *f*
2. Verbreitung *f*, Verteilung *f*

distribution agency
Vertriebsagentur *f*, Vertriebsunternehmen *n*

distribution analysis
Verbreitungsanalyse *f*, Distributionsanalyse *f* *(Marktforschung) (Mediaforschung)*

distribution area
Vertriebsgebiet *n*, Absatzgebiet *n*, Verbreitungsgebiet *n*, Einzugsgebiet *n*

distribution center (*brit* **distribution centre**)
Absatzzentrum *n* (*Marketing*)

distribution channel
Absatzweg *m*, Handelskette *f* (*Marketing*)

distribution channel analysis
Handelskettenanalyse *f*, Handelskettenmethode *f* (*Marketing*) (*Marktforschung*)

distribution cost
Vertriebskosten *pl*, Distributionskosten *pl* (*Marketing*)

distribution cost analysis
Vertriebskostenanalyse *f* (*Marketing*) (*Marktforschung*)

distribution density
Vertriebsdichte *f*, Distributionsdichte *f* (*Marketing*) (*Marktforschung*)

distribution department
Vertriebsabteilung *f* (*Marketing*)

distribution figure
Vertriebszahl *f*, Vertriebsziffer *f* (*Statistik*) (*Marketing*) (*Marktforschung*)

distribution function
Verteilungsfunktion *f* (*Statistik*)

distribution index
Distributions-Index *m* (*Marktforschung*)

distribution manager
Vertriebsleiter *m*, Leiter *m* der Vertriebsabteilung (*Marketing*)

distribution method
Vertriebsmethode *f* (*Marketing*)

distribution mix
Distributions-Mix *n*, Distributionspolitik *f* (*Marketing*)

distribution model
Vertriebsmodell *n* (*Marketing*) (*Marktforschung*)

distribution of exposures
Kontaktverteilung *f* (*Mediaforschung*)

distribution organization (*brit* **distribution organisation**)
Vertriebsorganisation *f*, Organisation *f* des Vertriebs, Absatzorganisation *f* (*Marketing*)

distribution outlet
Einzelhändler *m* (innerhalb der Vertriebsorganisation) (*Marketing*)

distribution plan
Vertriebsplan *m* (*Marketing*)

distribution policy
Vertriebspolitik *f* (*Marketing*)

distribution quota
Distributionsquote *f*, Distributionsgrad *m* (*Marketing*)

distribution rate
→ distribution quota

distribution research
Vertriebsforschung *f* (*Marktforschung*)

distribution restraint(s) (*pl*)
Absatzbindung(en) *f(pl)*, Vertriebsbindung(en) *f(pl)* (*Marketing*)

distribution study
Vertriebsuntersuchung *f*, Vertriebsstudie *f* (*Marktforschung*)

distribution system
1. Vertriebssystem *n* (*Marketing*)
2. Verkabelungssystem *n* (*Kabelfernsehen*)

distributive trades *pl*
Handel *m* (Institution), Handelsbetriebe *m/pl*, die Handelsunternehmen *n/pl* (*Marketing*)

distributor
1. Distributionsbetrieb *m*, Vertriebsbetrieb *m* (*Marketing*)
2. Verteiler *m*, Verkäufer *m*, Händler *m*, Einzelverkäufer *m*
3. Vertriebsorganisator *m*

district representative
Bezirksvertreter *m*

diversification
Diversifizierung *f*, Diversifikation *f* (*Marketing*)

divisionalization
Divisionalisierung *f* (*Marketing*)

DMA (D.M.A.)
Abk designated market area

DMA rating
Abk designated market area rating

documentary function (of pricing)
Dokumentationsfunktion *f* (der Preispolitik) *(Konditionenpolitik)*

documentation system
Dokumentationssystem *n (Marketing)*

dodger
Am Handzettel *m*, Flugzettel *m* Werbezettel *m*, Reklamezettel *m*

doggerel
1. Knittelvers *m*, holperiger Vers *m*, plumper Reim *m (Werbung)*
2. *adj* holperig, schlecht, Knittel- (Reim) *(Werbung)*

doggrel
→ doggerel

dollar-bill size coupon
Gutschein *m*, Kupon *m*, Coupon *m* im Format eines Dollarscheins *(Gutscheinwerbung)*

domestic market
Binnenmarkt *m (Wirtschaftslehre)*

domestic market circulation
Inlandsauflage *f (Zeitung/Zeitschrift) (Medienvertrieb)*

domestic market trade
Binnenhandel *m (Wirtschaftslehre)*

domestic market research
Binnenmarktforschung *f*

domestic trade
→ domestic market trade

dominance of the minimum factor
Dominanz *f* des Minimumfaktors *(Marketing)*

dominant area
Hauptempfangsgebiet *n*, Hauptempfangsbereich *m*, Vorherrschaftsbereich *m (Fernsehen) (Mediaforschung)*

dominant price leadership
dominierende Preisführung *f*, dominierende Preisführerschaft *f (Wirtschaftslehre) (Wettbewerbstheorie)*

donut
von doughnut
ringförmiger Krapfen *m* mit einem Loch in der Mitte
Sendung *f* mit Werbeblock in der Mitte *(Hörfunk/Fernsehen)*

door opener
eigentl Türöffner *m*
Werbegabe *f*, Werbegeschenk *n*

door-to-door sale
Direktverkauf *m*, Haustürverkauf *m*, Hausierhandel *m*, Hausiergewerbe *n*

door-to-door selling
→ door-to-door-sale

Dorfman-Steiner model
→ Dorfman-Steiner theorem

Dorfman-Steiner theorem
Dorfman-Steiner-Theorem *n (Marketing) (Marktforschung)*

dosage of exposure
Kontaktdosierung *f*, Kontaktdosis *f (Mediaforschung)*

double
1. Kopie *f*, Abschrift *f*
2. Double *n (Film)*

double-back
brit Rückenwerbefläche *f*, hintere Werbefläche *f*, Heckfläche *f* an einem Doppeldeckerbus *(Verkehrsmittelwerbung)*

double billing
doppelte Rechnungstellung *f*, zweimalige Berechnung *f (Werbung) (Mediaplanung)*

double-carding
Doppelbelegung *f*, Zweifachbelegung *f (Verkehrsmittelwerbung)*

double-decker
1. Doppeldeckerplakat *n (Außen-/Verkehrsmittelwerbung)*
2. Doppeldecker *m (Druck)*

double-duty envelope
Mehrzweckumschlag *m*

double-duty pack
Mehrzweckpackung *f*

double exposure
1. Sendung *f* desselben Films während derselben Woche in zwei verschiedenen Sendern *(Fernsehen)* **2.** Doppelkontakt *m*, Mehrfachkontakt *m (Mediaforschung)*

double-front
Frontseite *f*, Vorderseite *f*, vordere Werbefläche *f* eines Doppeldeckerbusses *(Verkehrsmittelwerbung)*

double issue
Doppelausgabe *f*, Doppelheft *n (Zeitschrift)*

double page
Doppelseite *f (Zeitung/Zeitschrift) (Mediaforschung)*

double-page exposure
Doppelseitenkontakt (DSK) *m*, Doppelseitenkontakte (DSK) *m*, Kontakte *m/pl* pro Doppelseite *(Leserschaftsforschung)*

double-page spread (DPS)
doppelseitige Anzeige *f*, Panorama-Anzeige *f (Zeitung/Zeitschrift)*

double-page spread exposure
Doppelanzeigenseitenkontakt (DSK) *m*, Doppelanzeigenseitenkontakte *m/pl (Leserschaftsforschung)*

double postal card
→ double post card

double post card
Doppelpostkarte *f (Direktwerbung)*

double pyramid
Doppelpyramide *f*, doppelte Anzeigenpyramide *f*, Anzeigenpyramide *f* auf einer Doppelseite *(Zeitung/Zeitschrift)*

double-sided card method (D.S.C. method)
Verfahren *n* der doppelseitig beschrifteten Titelkarten *(Leserschaftsforschung)*

double spotting
Aufeinanderfolge *f*, Nacheinandersenden *n* (von zwei Werbesendungen ohne Unterbrechung) *(Hörfunk/Fernsehen)*

double spread
doppelseitige Anzeige *f*, Panorama-Anzeige *f (Zeitung/Zeitschrift)*

double truck
doppelseitige Anzeige *f*, Panorama-Anzeige *f*

downscale
adj/adv untere soziale Schichten betreffend, untere Einkommensgruppen betreffend, Unterschicht- *(empirische Sozialforschung) (Marktforschung)*

DPS
Abk double-page spread

draft
Entwurf *m*, Konzept *n*, Skizze *f*, Zeichnung *f*, Exposé *n*

to draft
v/t entwerfen, skizzieren, konzipieren, abfassen, aufsetzen

drafting room
Zeichenbüro *n*, Zeichensaal *m*, Zeichenraum *m*

draftman
→ draftsman

draftmanship
→ draftmanship

draftsman *(pl draftsmen)*
Reinzeichner *m*, Gestalter *m*, Zeichner *m*, Konzipist *m*, Entwerfer *m (Werbung)*

draftsmanship
Zeichenkunst *f*, Kunst *f* des Entwerfens, Kunst *f* des Konzipierens, des Skizzierens, des Aufbaus, Gestaltungsfähigkeit, *f*, Gestaltungskunst *f*

draftswoman *(pl draftswomen)*
Zeichnerin *f*, Entwerferin *f*, Konzipistin *f*, Gestalterin *f (Werbung)*

draught
→ draft

draughtsman
→ draftsman

draughtsmanship
→ draftsmanship

draw
1. Zugkraft *f*, Anziehungskraft *f*, Attraktivität *f (Marketing) (Verkaufsförderung)*

2. Zugstück *n*, Kassenschlager *m*, Zugkräftiges *n* *(Marketing) (Verkaufsförderung)*
3. Zeitschriftenzuteilung *f*, Portion *f* *(Medienvertrieb)*
4. Provisionsvorschuß *m*, Kommissionsvorschuß *m* *(Marketing)*

to draw
1. *v/t* anziehen, anlocken (Kunden, Käufer)
2. *v/t* zeichnen, entwerfen, malen, zeichnerisch darstellen

drawing
Zeichnung *f*, Skizze *f*, Entwurf *m*, zeichnerische Darstellung *f*, gezeichnetes Bild *n*

drawing card
Am Zugpferd *n*, Zugnummer *f*, zugkräftiges Stück *n*, zugkräftiger Schauspieler *m*

drawing copy
Zeichenvorlage *f*

drawing film

drawing power
Anziehungskraft *f*, Zugkraft *f*, Attraktivität *f*, Fähigkeit *f* (Kunden, Käufer) anzuziehen *(Marketing) (Verkaufsförderung)*

drawing rule
Reißschiene *f*

dress
kurz für dress rehearsal

dresser
kurz für windowdresser

dress rehearsal
Generalprobe *f*, letzte Probe *f* vor der Sendung *(Hörfunk/Fernsehen)*

drip mat
Bierfilz *m*, Abtropfmatte *f*, Unterlage *f* für Getränke *(POP-Werbung)*

drip schedule (of advertising)
eigentl Tröpfelplan *m*, Tröpfelkampagne *f* *(Werbeplanung)*

drive
1. Trieb *m*, Antrieb *m*, Motiv *n*, Beweggrund *m* *(Psychologie)*
2. Vorstoß *m*, Offensive *f*, Kampagne *f*, Feldzug *m*, Werbeaktion *f*, Werbeeinsatz *m*, Werbekampagne *f*, Verkaufsaktion *f* *(Werbung) (Verkaufsförderung)*
3. Triebkraft *f*, Stoßkraft *f*, Energie *f*

drive-in
1. Autokino *n*
2. Geschäft *n*, Bank *f*, Restaurant *n*, in dem/der man vom Auto aus einkaufen bzw. sich bedienen lassen kann.

drive-in cinema
brit Autokino *n*

drive-in movietheater
Am Autokino *n*

drive period
Einsatzphase *f*, Einsatzperiode *f*, Aktionszeitraum *m* *(Werbeplanung) (Verkaufsförderung)*

drive time
etwa Zeit *f*, Tageszeit *f* in der beim Fahren gehört wird, Zeit *f* der Spitzennutzung von Autoradios

drop-in
→ drop-in commercial, roll-in

drop-in commercial
eingeblendete Werbesendung *f*, lokale Werbeeinblendung *f* *(Hörfunk/Fernsehen)*

dual audience
Doppelpublikum *n*, Mehrfachpublikum *n*, Mehrfachleser *m/pl*, -hörer *m/pl*, -zuschauer *m/pl* *(Mediaforschung)*

dual cable TV test
gegabelter Kabelfernsehtest *m* *(Mediaforschung)*

dual channel home
etwa Zwei-Kanal-Haushalt *m*, Doppel-Sender-Haushalt *m* *(Fernsehen)*

dual channel market
brit Marktgebiet *n*, Gebiet *n*, in dem zwei Fernsehsender empfangen werden können *(Mediaforschung)*

dual distribution
Dualdistribution *f*, duale Distribution *f* *(Marketing) (Marketinglogistik)*

dual-use package
Mehrwegpackung *f*

dual-use packaging
Mehrwegpacken *n*, Mehrwegverpackungsstrategie *f*

due bill
1. Gegengeschäftsanerkenntnis *f (Werbung)*
2. Gegengeschäftsvereinbarung *f (Hörfunk/Fernsehen) (Werbung)*

due bill factoring
Fälligkeits-Factoring *n*

dummy
1. Nullnummer *f*, Aufmachungsmuster *n*, Blindband *m*, Blindmuster *n* *(Zeitung/Zeitschrift/Buch/Prospekt/Broschüre/Werbemittel)*
2. Leerpackung *f*, Attrappe *f*, Ausstellungsmuster *n*, Schaupackung *f*, Schaufensterpackung *f*, Musterpackung *f (POP-Werbung)*

dummy copy
→ dummy 1.

dummy magazine
Nullnummer *f*, Nullausgabe *f (Zeitung/Zeitschrift)*

dummy pack
Schaupackung *f (POP-Werbung)*

dump bin
Auslagebehälter *m*, Auslagekasten *m*, Ausstellungsbehälter *m*, Warenbehälter *m (POP-Werbung)*

dumper
→ dump bin

dump table
Auslagetisch *m*, Warentisch *m*, Stapeltisch *m (POP-Werbung)*

duopoly
Duopol *n*, Dyopol *n*, *(Wirtschaftslehre)*

duplex technique
→ coincidental telephone test

duplicated audience
dupliziertes Publikum *n*, duplizierte Leser *m/pl*, Hörer *m/pl*, Zuschauer *m/pl*, duplizierte Reichweite *f*, Leser *m/pl*, Hörer *m/pl*, Zuschauer *m/pl* mit Mehrfachkontakt (zu einem Werbeträger oder Werbemittel) *(Mediaforschung)*

duplicate exposure
Mehrfachkontakt *m*, duplizierter Kontakt *m* (mit einem Werbemittel oder Werbeträger) *(Mediaforschung)*

duplication ("dupe")
externe Überschneidung *f*, Mehrfachnutzung *f*, Mehrfachkontakt *m*, Mehrfachleserschaft *f*, Mehrfachhörer *m/pl*, Mehrfachzuschauer *m/pl*, Duplizierung *f*, Doppelnutzung *f*, Doppellesen *n (Mediaforschung)*

duplication audit
Überprüfung *f* der externen Überschneidung, des Mehrfachlesens, der Mehrfachnutzung, der Leserschaftsüberschneidung *(Mediaforschung)*

duplication coefficient
Überschneidungskoeffizient *m (Mediaforschung)*

durable
→ durable goods

durable consumer goods *pl*
Gebrauchsgüter *n/pl*, langlebige Konsumgüter *n/pl*, Besitzgüter *n/pl*

durable consumer goods panel
Gebrauchsgüterpanel *n*, Besitzgüterpanel *n (Konsumforschung) (Marktforschung)*

durable goods *pl*
→ durable consumer goods

durables
→ durable consumer goods

Dutch auction
Auktion *f* auf Abstrich, Absteigerung *f*, Abstrich *m*

Dutch door
gefaltete Doppelseite *f*, gefaltete Doppelseitenanzeige *f*, beidseitig faltbare Doppelseite *f*, beidseitig faltbare Doppelseitenanzeige *f*, Prospektanzeige *f (Zeitschrift) (Werbung)*

DYNAMO model
DYNAMO-Modell *n (Mediaforschung)*

dyopoly
Dyopol *n*, Duopol *n (Wirtschaftslehre)*

E

EAN bar code system
EAN-System *n*, Europäische Artikelnumerierung *f*

ear
1. Titelbox *f (Zeitung)*
2. Titelboxanzeige *f*, Zeitungskopfanzeige *f*, Eckplatzanzeige *f* auf der Titelseite einer Zeitung, Titelkopfanzeige *f*

earlug
→ ear

early adopter
Frühadopter *m*, früh Akzeptierender *m*, früh Nachvollziehender *m* *(Kommunikationsforschung) (Konsumforschung) (Marktforschung)*

early evening time
→ early fringe

early followers *pl*
→ early majority

early fringe
eigentl frühe Randzone *f*, früher Rand *m* Abendsendezeit *f*, Spätnachmittagssendezeit *f (Fernsehen)*

early majority
frühe Mehrheit *f (Kommunikationsforschung) (Konsumforschung) (Marktforschung)*

early morning
Sendezeit *f* am frühen Morgen *(Fernsehen)*

early morning edition
Frühausgabe *f*, erste Morgenausgabe *f (Zeitung)*

early morning time
→ early morning

early off-peak
Anlaufzeit *f*, Einstiegszeit *f (Fernsehen)*

earned rate
effektiver Nettopreis *m* (für Werbung)

ear space
Titelkopfposition *f*, Titelkopfanzeigenraum *m (Zeitung)*

easy listening
leichte Unterhaltung *f*, leichte Unterhaltungsmusik *f (Hörfunk)*

eclectic method
eklektische Methode *f* (der Etatfestsetzung) *(Marketing) (Werbung)*

ecological marketing
ökologisches Marketing *n*, Ökomarketing *n*

econometric marketing research
ökonometrische Marketingforschung *f*, ökonometrische Marktforschung *f*

economic order quantity (EOQ)
optimale Bestellmenge *f*, Bestellmenge *f (Marketinglogistik)*

economic order quantity model (EOQ model)
Bestellpunktverfahren *n*, Bestellpunktmodell *n*

economic status scale
Skala *f* des wirtschaftlichen Status *(Marktforschung)*

E.D.
Abk every day
Insertionsanweisung: soll jeden Tag erscheinen (Anzeige, Werbesendung)

edge-surveyor test
→ anglemeter test

to edit
1. *v/t* redigieren druckfertig machen, korrigieren (Text)
2. *v/t* herausgeben, edieren
3. *v/t* als Herausgeber leiten *(Zeitung/Zeitschrift)*
4. *v/t* cutten, zur Veröffentlichung fertig machen, schneiden *(Film/Fernsehen)*

editing
1. Redigieren *n*, Herausgeben *n*, Edieren *n*, Korrigieren *n*

2. Cutten *n*, Schneiden *n*, Bildschnitt *m*, Filmschnitt *(Film/Fernsehen)*
3. Plausibilitätskontrolle *f (Datenanalyse) (empirische Sozialforschung)*

editing charge
Gebühr *f*, Aufpreis *m* für die redaktionelle Bearbeitung *(Hörfunk/Fernsehen)*

edition
1. Ausgabe *f*, Nummer *f (Zeitung/Zeitschrift)*
2. Auflage *f (Buch)*

editorial ad
kurz für editorial advertisement

editorial advertisement
redaktionell gestaltete Anzeige *f*, redaktionelle Anzeige *f*, PR-Anzeige *f*

editorial environment
redaktionelles Umfeld *n (Werbung) (Mediaforschung) (Mediaplanung)*

editorial hosting
Schleichwerbung *f*, getarnte Werbung *f*, Schmuggelwerbung *f*

editorial-interest method
Originalheftmethode *f*, Originalheftverfahren *n*, Editorial-Interest-Methode *f (Leserschaftsforschung)*

editorial-interest technique
→ editorial-interest method

editorial item
redaktioneller Artikel *m*, kurzer redaktioneller Beitrag *m*

to editorialize
1. *v/t* leitartikeln
2. *v/i* sich im Stil eines Leitartikels über etwas auslassen

editorializing ad
kurz für editorializing advertisement

editorializing advertisement
redaktionell aufgezogene, redaktionell gestaltete Anzeige *f*

editorial mention
Erwähnung *f*, Nennung *f* eines Produkts, Herstellers oder Werbungtreibenden im redaktionellen Teil (eines Druck- oder Funkmediums), Schleichwerbung *f*, getarnte Werbung *f*, Schmuggelwerbung *f*

editorial publicity
redaktionelle Werbung *f*, redaktionelle Publicity *f*

editorial-style ad
kurz für editorial-style advertisement

editorial-style advertisement
redaktionell aufgemachte Anzeige *f*, redaktionell gestaltete Anzeige *f*, redaktionelle Anzeige *f*

editorial to advertising ratio
Verhältnis *n* von redaktionellen Beiträgen zu Anzeigen, Platzverhältnis *n* von Anzeigen und redaktionellen Beiträgen *(Zeitung/Zeitschrift)*

editorial traffic
Lesegeschehen *n* auf den redaktionellen Seiten, Lesevorgänge *m/pl* auf den redaktionellen Seiten *(Zeitung/Zeitschrift) (Leserschaftsforschung)*

effect
1. Wirkung *f*, Effekt *m*, Auswirkung *f*, Einwirkung *f*, Einfluß *m*, Eindruck *m*, Resultat *n*, Ergebnis *n*, Folge *f*, Konsequenz *f*
2. Effekt *m*, Trick *m (Film/Fernsehen/Radio)*

effective
adj wirksam, wirkungsvoll, effektiv, erfolgreich

effective audience
wirksame Reichweite *f*, qualifizierte Reichweite *f*, tatsächlich erreichte Leser *m/pl*, Hörer *m/pl*, Zuschauer *m/pl*, tatsächlich erreichtes Publikum *n (Mediaforschung)*

effective circulation
→ daily effective circulation

effective coverage
wirksame Reichweite *f*, qualifizierte Reichweite *f*, tatsächliche Reichweite *f (Mediaforschung)*

effective demand
effektive Nachfrage *f (Wirtschaftslehre)*

effectiveness
Wirksamkeit *f*, Erfolg *m*

effectiveness control
Erfolgskontrolle *f (Marketing) (Werbung)*

effectiveness of advertising
Werbeerfolg *m*

efficiency
Effizienz *f (Marketing) (Statistik)*

efficiency analysis
Effizienzanalyse *f (Marketing)*

ego involvement
Ich-Beteiligung *f (Sozialpsychologie) (Marktforschung)*

E.I.
Abk every issue
Insertionsanweisung: jede Ausgabe, soll in jeder Ausgabe erscheinen *(Zeitung/Zeitschrift) (Werbung)*

eidotropic principle
Prägnanzprinzip *n*, Gesetz *n* der guten Gestalt *(Psychologie) (Werbung)*

eight sheeter
britisches 8-Bogenplakatformat *n (Außenwerbung)*

elasticity
Elastizität *f (Statistik) (Marktforschung)*

elasticity coefficient
Elastizitätskoeffizient *m (Statistik)*

elasticity method
Elastizitätsmethode *f* (der Budgetierung)

elasticity of advertising
Werbeelastizität *f*

elasticity of consumption
Verbrauchselastizität *f (Wirtschaftslehre) (Marketing) (Marktforschung)*

elasticity of demand
→ income elasticity of demand

elasticity of demand
Nachfrageelastizität *f (Wirtschaftslehre) (Marketing) (Marktforschung)*

elasticity of want
Bedarfselastizität *f (Wirtschaftslehre) (Marketing) (Marktforschung)*

electric light advertising
→ electric sign advertising

electric sign advertising
Lichtwerbung *f*, Leuchtwerbung *f (Außenwerbung)*

electric spectacular
Lichtreklametafel *f*, Lichtreklamewand *f (Außen-/Verkehrsmittelwerbung)*

electromechanical recorder
→ peoplemeter

electronic(al) media *pl*
elektronische Medien *n/pl (Hörfunk/Fernsehen)*

element psychology
Elementenpsychologie *f*, Elementarismus *m*

elementarism
→ element psychology

elimination technique
Eliminationsverfahren *n (Marktforschung)*

emancipatory advertising
Emanzipationswerbung *f*

embellished bulletin
eigentl verschönertes geschmücktes, verziertes Plakat *n*
Anschlag *m*, Plakat *n* mit Illustrationen, Ornamenten, Dekoration, Auszeichnungsschrift, mit Ornamentrahmen *(Anschlagwerbung)*

embellished painted bulletin
→ embellished bulletin

embellishment
1. Verzierung *f*, Dekoration *f*, Ornament *n*, Ausschmückung *f*, Verschönerung *f*
2. Dekorationsmaterial *n (Plakatwerbung)*

emcee
colloq für master of ceremonies (MC)
Ansager *m*, Conferencier *m*, Zeremonienmeister *m*

emotion
Emotion *f*, Gefühl *n*, Gemütsbewegung *f (Psychologie) (Marktpsychologie) (Marktforschung) (Werbeforschung)*

emotional advertising
gefühlsbetonte, emotionale Werbung *f*

emotional differentiation
emotionale Differenzierung *f (Marketingplanung)*

emotional product differentiation
emotionale Produktdifferenzierung *f*, emotionale Differenzierung *f (Marketingplanung)*

employment ad
kurz für employment advertisement

employment advertisement
Stellenanzeige *f*

employment offered ad
kurz für employment offered advertisement

employment offered advertisement
Stellenangebot *n* (Anzeige)

employment wanted ad
kurz für employment wanted advertisement

employment wanted advertisement
Stellengesuch *n* (Anzeige)

emulator
Nacheiferer *m (Marktforschung)*

enamel sign
Blechschild *n (Außenwerbung)*

end aisle display
Warenauslage *f*, Warenstapel *m* am Ende des Ganges *(POP-Werbung)*

end consumer
Endverbraucher *m*, Letztverbraucher *m*, Absatzempfänger *m (Konsumforschung) (Marketing)*

end consumer panel
Endverbraucher-Panel *n (Konsumforschung) (Marktforschung)*

end display
→ end aisle display

endless chain method
Schneeballsystem *n*, Hydrasystem *n*, progressive Kundenwerbung *f (Verkaufsförderung)*

end-product advertising
→ subordinate product advertising

end rate
Minimalpreis *m*, niedrigster (Werbe-, Anzeigen-) Preis *m*

end sheet
→ bookend, endpaper

end user
→ end consumer

end titles *pl*
Abspanntitel *m*, Abspann *m*, Nachspann *m* *(Film/Fernsehen)*

Engel-Blackwell-Kollat model
Engel-Blackwell-Kollat-Modell (der Konsumentenentscheidungen) *(Marktforschung) (Konsumforschung)*

Engel's law
Engelsches Gesetz *n*, Engelkurve *f*, Engel-Schwabesches Gesetz *n (Wirtschaftslehre) (Statistik)*

enrollment
Einschreibung *f*

ensemble display
Ensembleauslage *f (POP-Werbung)*

entertaining advertising
unterhaltende Werbung *f*, unterhaltsame Werbung *f*

entertainment
Unterhaltung *f*, Vergnügung *f*

entertainment content
Unterhaltungsgehalt *m*, Unterhaltungswert *m*

entertainment function
Unterhaltungsfunktion *f*

entire life
Gesamtlebensdauer *f* (einer Publikation) *(Zeitung/Zeitschrift) (Leserschaftsforschung)*

entropy
Entropie *f*, Negentropie *f (Informationstheorie)*

envelope
Umschlag *m*, Briefumschlag *m*, Kuvert *n*

envelope corner card
→ corner card

envelope corner card advertising
Briefumschlagwerbung *f*

envelope stuffer
Werbedrucksachenbeipack *m*, Beipack *m* von Werbedrucksachen, Drucksachenbeilage *f*

environment
Umfeld *n*, Umgebung *f*

E.O.D.
Abk every other day
jeden zweiten Tag

E.O.D.T.F.
Abk every other day till forbid
bis auf weiteres jeden zweiten Tag

E.O.F.A.
Abk eyes open in front of advertisement
Beachtung *f* pro Anzeige, Anzeigenbeachtung *f* *(Mediaforschung)*

E.O.I.
Abk every other issue
jede zweite Ausgabe

E.O.I.T.F.
Abk every other issue till forbid
bis auf weiteres jede zweite Ausgabe

EOQ
Abk economic order quantity

EOQ model
→ economic order quantity

E.O.W.
Abk every other week
jede zweite Woche

E.O.W.T.F.
Abk every other week till forbid
bis auf weiteres jede zweite Woche

equal distribution
Gleichverteilung *f (Statistik) (Marktforschung) (Mediaforschung)*

equal impacts method
etwa Methode *f* der gleichen Werbeeindrücke *(Mediaplanung)*

equal time
gleiche Sendezeit *f*, Ausgewogenheitsgrundsatz *m (Hörfunk/Fernsehen)*

equilibrium price
Gleichgewichtspreis *m (Wirtschaftslehre)*

equity capital
Eigenkapital *n (Betriebswirtschaft)*

equity theory
Equity-Theorie *f*, Billigkeitstheorie *f (Sozialpsychologie) (Marktpsychologie)*

equivalent billings *pl*
Equivalent Billings *pl*, Honorarumsatz *m*

equivalent live time program
Live-Aufzeichnung *f (Hörfunk/Fernsehen)*

escalator panel
Rolltreppenplakat *n*, Rolltreppenplakatfläche *f (Plakatwerbung)*

establishing shot
Gesamtaufnahme *f* zu Beginn eines Films, Totale *f* am Anfang, Anfangstotale *f (Film/Fernsehen)*

establishment survey
Strukturerhebung *f*, Basiserhebung *f (empirische Sozialforschung) (Marktforschung) (Mediaforschung)*

estimate
Schätzung *f*, Kostenschätzung *f*, Kostenanschlag *m*, Kostenvoranschlag *m*

estimated rating
Einschaltquotenschätzung *f*, Einschaltquotenvorausschätzung *f*, geschätzte Einschaltquote *f (Hörfunk/Fernsehen)*

estimation
Schätzung *f (Statistik)*

estimator
1. Schätzer *m*, Kostenschätzer *m (Werbung)*
2. Schätzfunktion *f (Statistik)*

ethical
1. *adj* ethisch, moralisch, sittlich
2. *adj* an Ärzte gerichtete Werbung für Medikamente betreffend

ethical advertising
1. Heilmittelwerbung *f*, Medikamentenwerbung *f*
2. auf ethische Prinzipien gegründete Werbung *f*

evaluation
Evaluierung *f*, Bewertung *f*, Einschätzung *f (empirische Sozialforschung)*

evaluation model
Evaluierungsmodell *n (Mediaplanung)*

even flighting
gleichmäßiger Stufenwerbeplan *m*, Staffelwerbeplan *m*, Staffelwerbung *f (Werbeplanung)*

even flighting schedule
gleichmäßiger Stufenwerbeplan *m*, Mediaplan *m*, gestaffelter Werbeplan *m*, Staffelwerbeplan *m*

evening
→ evening drive time, evening rush hour, evening time

evening drive time
→ drive time, afternoon drive

evening rush hour
→ evening drive time

evening time
Abendsendezeit *f (Hörfunk)*

evening TV program
Abendfernsehprogramm *n*

even-type schedule (of advertising)
regelmäßiger Werbeplan *m*, regelmäßiger Mediaplan *m*, regelmäßiger Insertionsplan *m*, gleichmäßiger Streuplan *m (Mediaplanung) (Werbeplanung)*

every day
→ E.D.

every issue
→ E.I.

every other day
→ E.O.D.

every other issue
→ E.O.I.

every other week
→ E.O.W.

evoked set
Berücksichtigungsfeld *n*, relevanter Markt *m*, relevanter Produktmarkt *m (Marktforschung)*

exaggerating advertising
übertreibende Werbung *f*

exchange
1. Austausch *m*, Zeitschriftenaustausch *m*, Zeitungsaustausch *m*
2. Börse *f*

exchange advertisement
→ barter advertisement

exchange theory
Austauschtheorie *f*, Austauscharten *f/pl* von Marktpartnern *(Marktpsychologie) (Marketing)*

exclusive agency
Exklusivagentur *f (Werbung)*

exclusive agency agreement
Konkurrenzausschluß *m*, Konkurrenzklausel *f (Marketing) (Werbung)*

exclusive agent
Alleinvertreter *m*

exclusive audience
Exklusivleser *m/pl*, Exklusivhörer *m/pl*, Exklusivzuschauer *m/pl*, Exklusivpublikum *n (Mediaforschung)*

exclusive coverage area
→ exclusive market area

exclusive distribution
Exklusivvertrieb *m*, Alleinvertrieb *m*, Alleinvertriebsvereinbarung *f*

exclusive market area
→ dominant area, exclusive coverage area;

exclusive reader
Exklusivleser *m*, Alleinleser *m (Zeitung/Zeitschrift) (Leserschaftsforschung)*

exclusive representative
→ exclusive agent

exclusivity
Exklusivität *f*, Wettbewerbsausschluß *m*, Konkurrenzausschluß *m*

exclusivity agreement
Ausschließlichkeitsklausel *f*, Konkurrenzausschlußklausel *f*

to execute
v/t ausführen, durchführen, vollziehen, verrichten, bewerkstelligen, zu Ende führen

execution
Ausführung *f*, Durchführung *f*, Art *f* und Weise der Ausführung (einer Werbekonzeption)

executive creative director
leitender Kreativdirektor *m* (in einer Werbeagentur)

exhibit
1. Ausstellungsstück *n*, Ausstellungsgegenstand *m*, Schaustück *n*, Exponat *n*
2. Ausstellung *f*

exhibition
Ausstellung *f*, Messe *f*

exhibitor
Aussteller *m*

expanded Standard Advertising Units
→ Standard Advertising Units (SAU)

expanded SAU System
→ Standard Advertising Units (SAU)

expansion advertising
Expansionswerbung *f (Werbeplanung)*

expansion plan
Expansionsplan *m*, Erweiterungsplan *m (Marketing) (Werbepsychologie)*

expectation
Erwartung *f*

expectation bias
Erwartungsfehler *m (empirischen Sozialforschung)*

expectation effect
→ expectation bias

expectation error
→ expectation bias

expectation field of pricing
Erwartungsfeld *n* der Preispolitik *(Marketing)*

expectation-valence theory
Erwartungs-Valenz-Theorie *f (Psychologie) (Marktpsychologie)*

expected value
Erwartungswert *m*, Erwartung *f (Statistik)*

expected value principle
Erwartungswert-Prinzip *n*, Erwartungswert-Regel *f (Entscheidungstheorie)*

expected value theory
Erwartungswert-Theorie *f (Psychologie) (Marktpsychologie)*

expenditure
Ausgabe *f*, Verausgabung *f*, Aufwand *m*, Verbrauch *m (Marketing) (Werbung)*

expenditure weight
Kostenaufwand *m*, Werbekostenaufwand *m*

expenses against earnings *pl*
brit Werbungskostensteuerabzüge *m/pl*, Werbungskosten *pl*

experience
Erfahrung *f*, Praxis *f* durch Erfahrung erworbenes Wissen *n*

experience curve effect
→ Boston effect

experience-exchanging group
ERFA-Gruppe *f*, Erfahrungsaustauschgruppe *f*

experiential person
Erfahrungsmensch *m*, erfahrungsorientierter Mensch *m (Marktforschung)*

expert's jury
Expertenbefragung *f (empirische Sozialforschung) (Marktforschung)*

experts' panel survey
→ experts' jury

expiration
Ablauf *m*, Auslaufen *n*, Verfall *m*, Schluß *m* (des Abonnements, des Werbevertrags)

explicit copy
konkreter Werbetext *m*, expliziter Werbetext *m*, explizite Werbung *f*

exploration
Exploration *f (empirische Sozialforschung) (Marktforschung)*

exponential function
Exponentialfunktion, exponentieller Trend *m (Statistik)*

exponential smoothing
exponentielle Glättung *f (Statistik)*

exponential trend
exponentieller Trend *m (Statistik)*

export advertising
Exportwerbung *f*

export ban
Exportverbot *m (Marketing)*

export distribution
Exportdistribution *f (Marketing)*

export factoring
Auslandsfactoring *n*, Exportfactoring *n (Marketing)*

export fair
Exportmusterschau *f*

export magazine
Exportzeitschrift *f*

export marketing
Exportmarketing *n*

export market research
Exportmarktforschung *f*

export price
Exportpreis *m*

export pricing
Exportpreispolitik *f*

export product policy
Exportproduktpolitik *f (Marketing)*

export promotion
Exportförderung *f*

exposé (expose)
Exposé *n*, Denkschrift *f*, Bericht *m*, Darlegung *f*, Entwurf *m*

to expose
1. *v/t* aussetzen, unterwerfen, in (Werbeträger- bzw. Werbemittel-) Kontakt bringen
2. *v/t* ausstellen auslegen (Waren)

exposed people *pl*
eigentl Personen *f/pl* die (einer Situation) ausgesetzt sind
Werbeberührte *m/pl*, Personen *f/pl* mit Werbeträgerkontakt, Personen *f/pl* mit Werbemittelkontakt (Media-/Werbeforschung)

exposition
1. Ausstellung *f*, öffentliche Ausstellung *f*, Schau *f*
2. Exposition *f (Drama/Film)*
3. erläuternder Text *m*, Begleittext *m*, Kommentar *m (Film/Fernsehen)*

exposure
Kontakt *m*, Werbemittelkontakt *m*, Werbeträgerkontakt *(Mediaforschung)*

exposure class
Kontaktgruppe *f*, Kontaktklasse *f (Mediaforschung)*

exposure distribution
Kontaktverteilung *f (Mediaforschung)*

exposure dosage
Kontaktdosierung *f (Mediaforschung) (Mediaplanung)*

exposure factor
Kontaktfaktor *m (Mediaforschung) (Mediaplanung)*

exposure frequency
Kontakthäufigkeit *f*, Kontaktmenge *f*, Kontaktfrequenz *f (Mediaforschung) (Mediaplanung)*

exposure interval
Kontaktintervall *n (Mediaforschung) (Mediaplanung)*

exposure opportunity
Kontaktgelegenheit *f*, Kontaktchance *f (Mediaforschung)*

exposure pattern
Kontaktmuster *n (Mediaforschung) (Mediaplanung)*

exposure probability
Kontaktwahrscheinlichkeit *f*, Nutzungswahrscheinlichkeit *f (Mediaforschung) (Mediaplanung)*

exposure quality
→ quality of exposure

exposure research
Kontaktforschung *f (Mediaforschung)*

exposure to the ad-page
→ ad-page exposure

exposure to commercials
Werbesendungskontakt *m (Hörfunk/Fernsehen)*

exposure variance
Kontaktstreuung *f*, Kontaktvarianz *f (Mediaforschung)*

exposure weighting
Kontaktgewichtung *f (Mediaplanung)*

extended product
erweitertes Produkt n (Wirtschaftslehre) (Betriebswirtschaft) (Marketing)

extender
→ shelf extender

extension
Verlängerung f, Prolongation f

external house organ
Kundenzeitschrift f, Hauszeitschrift f

extra
1. Extrablatt n, Extraausgabe f (Zeitung)
2. Komparse m, Statist m (Film/Fernsehen)

extra charge
Preisaufschlag m, Aufpreis m, Mehrpreis m, Sondergebühr f

extra color
Zusatzfarbe f, Spezialfarbe f (Druck) (Werbung)

extra copy
Sonderexemplar n, Sonderheft n (Zeitung/Zeitschrift)

ex works price
Fabrikpreis m

eye appeal
Augenfälligkeit f, optisch ansprechender Charakter m (Werbung)

eyeblink test
Blinzeltest m (Werbeforschung)

eye camera
Augenkamera f, Blickbewegungskamera f, Blickregistrierungskamera f (Werbeforschung)

eye catcher
Blickfang m (Werbung)

eye-catching
adj ins Auge springend, auffallend, optisch ansprechend (Werbung)

eye-catching advertising
Blickfangwerbung f, optisch ansprechende Werbung f, Aufmerksamkeit erregende Werbung f

eye direction
Blickrichtung f

eye flow
Augenfluß m, Blickverlauf m (Marktforschung) (Werbeforschung) (Mediaforschung)

eye-flow observation
Blickaufzeichnung f (Marktforschung) (Werbeforschung) (Mediaforschung)

eye-flow observation technique
Blickaufzeichnungstechnik f (Marktforschung) (Werbeforschung) (Mediaforschung)

eye-flow test
→ eye camera technique, eye-flow observation

eye gaze (eyegaze)
→ eye direction, eye flow, eye-flow observation

eye movement
Blickbewegung f (Marktforschung) (Werbeforschung) (Mediaforschung)

eye-movement observation camera
→ eye camera, eye-flow observation

eyes open in front of advertisement (E.O.F.A.)
→ direct eye movement observation system (D.E.M.O.S.)

eye-movement registration
Blickregistrierung f, Blickregistrierungsverfahren n, Blickaufzeichnung f (Marktforschung) (Werbeforschung) (Mediaforschung)

F

to face
v/t auf der gegenüberliegenden Seite stehen von *(Zeitung/Zeitschrift)*

face-to-face communication(s) (*pl*)
direkte persönliche Kommunikation *f*, persönliche Kommunikation *f* von Angesicht zu Angesicht, Face-to-face-Kommunikation *f*, Primärkommunikation *f (Kommunikationsforschung)*

face-to-face selling
Direktverkauf *m*, persönlicher Verkauf *m (Marketing)*

face value
Nennwert *m*, nomineller Wert *m*, Nennbetrag *m*, Nominalbetrag *m*

facilitating agencies *pl* **of marketing**
Hilfsbetriebe *m/pl* der Absatzwirtschaft, des Marketing und des Handels

facilities *pl* **(facs, fax)**
Ausstattung *f*, technische Ausrüstung *f* (eines Radio- oder Fernsehsenders bzw. -studios)

facilitator
→ facilitating agencies

facility
1. Einrichtung *f*, Anlage *f*, Ausrüstung *f*, Betrieb *m*, Betriebsstätte *f*
2. Kredit *n*, Fazilität *f*

facing
1. *adj* gegenüberstehend, gegenüberliegend, einander gegenüber plaziert *(Werbung) (Zeitung/Zeitschrift)*
2. Anschlagfläche *f*, Anschlagoberfläche *f*, Plakatanschlagsoberfläche *f (Außen-/Verkehrsmittelwerbung)*
3. Anschlagrichtung *f*, Sichtrichtung *f* (eines Außenanschlags) *(Außenwerbung)*
z.B. **south facing**: Anschlag in südlicher Richtung
4. gegenüberstehende Plakatkombination *f*, Kombination *f* einander gegenüberstehender Außenanschläge, Doppelplakat *n*, Mehrfachanschlag *m (Außenwerbung)*

facing contents
gegenüber Inhaltsverzeichnis (Anzeigenposition) *(Zeitschrift)*

facing editorial matter
→ facing matter

facing matter (FM)
gegenüber Text, gegenüber redaktionellem Text (Anzeigenposition) *(Zeitung/Zeitschrift)*

facing text matter
→ facing matter

facs *pl*
kurz für facilities

factor
1. Faktor *m*, Umstand *m*, Moment *n*, mitwirkender Umstand *m*, Einfluß *m*
2. Factor *m*, Verkaufskommissionär *m*, Factoring-Unternehmen *n*, Factoring-Institut *n*

factor of production
→ production factor

factoring
Factoring *n*

factory
Fabrik *f*, Werk *n*, Betriebsstätte *f*

factory building
Fabrikgebäude *n*, Werkshalle *f*, Betriebsgebäude *n*

factory buildings (*pl*)
Fabrikbauten *m/pl*, Werkshallen *f/pl*, Betriebsgebäude *n/pl*

factory discount
Fabrikrabatt *m*, Werksrabatt *m*

factory-gate price
→ factory price

factory management
Werksleitung *f*, Betriebsleitung *f*, Fabrikmanagement *n*

factory manager
Werksleiter *m*, Betriebsleiter *m*, Fabrikmanager *m*

factory-pack premium
Herstellerzugabe *f*, Verpackungszugabe *f* *(Zugabewerbung)*

factory price
Fabrikpreis *m*, Fabrikabgabepreis *m*

fact sheet
Informationsblatt *n*, Zettel *m* mit Informationen

factual approach
sachlicher, objektiver, tatsachenorientierter Werbeansatz *m* *(Werbeplanung)*

factual recall
→ recall

failing company merger
Sanierungsfusion *f*

failure
1. Ausfall *m*, Maschinenausfall *m*
2. Unterlassung *f*, Fehlverhalten *n*
3. Insolvenz *f*

failure rate
1. Konkursrate *f*, Konkursquote *f*
2. Ausfallrate *f*, Ausfallquote *f*, Anteil *m* der Maschinenausfälle, der Produktionsausfälle

fair
Messe *f*, Ausstellung *f*, Markt *m*

fair average quality (faq)
mittlere Qualität *f*, Handelsgut *n* mittlerer Art und Güte

fair catalog
Messekatalog *m*

fair competition
lauterer Wettbewerb *m*

fair market value
angemessener Marktpreis *m*

fairness doctrine
Fairneßgrundsatz *m*, Ausgewogenheitsprinzip *n* *(Hörfunk/Fernsehen)*

fair price
gerechter Preis *m*

fair price theory
Fair-price-Theorie *f*, Theorie *f* des gerechten Preises

false claim
falsche Angabe *f*, falsche Antwort *f*, Fehlangabe *f* *(Marktforschung) (Mediaforschung)*

false claiming
falsche Angaben machen, falsche Antworten geben, Fehlangabe(*n*) *f* *(pl)* *(empirische Sozialforschung) (Marktforschung) (Mediaforschung)*

familiarity
Vertrautheit *f*

familiarity index
→ brand familiarity

familiarity of brand
→ brand familiarity

familiarity principle
Bekanntheitsprinzip *n*, Vertrautheitsprinzip *n* *(Werbung)*

family
→ brand family

family ad
→ family advertisement

family advertisement
→ family announcement

family announcement
Familienanzeige *f*

family appeal
Familienappeal *m* *(Werbung)*

family buying decision
Familieneinkaufsentscheidung *f* *(Marktforschung)*

family hour
Sendezeit *f* für Familienprogramme, Familiensendezeit *f* *(Fernsehen)*

family income
Familieneinkommen *n*, Familiennettoeinkommen *n*

family life-cycle
Familien-Lebenszyklus *m*, Familienzyklus *m* *(Marktpsychologie)*

family magazine
Familienzeitschrift *f*

family of brands
Markenfamilie *f*

family of parts
Teilefamilie *f*

family-owned business
Familienbetrieb *m*, Familienunternehmen *n*

famous brand
berühmte Marke *f*

fan chart
Fächerdiagramm *n (Statistik)*

F.A.P.
Abk field-activated promotion

faq
Abk fair average quality

FAR
Abk full attention rating

to farm out
v/t vergeben, fortgeben, weitergeben (Auftrag, Arbeit)

fas
Abk free alongside ship
frei Verschiffungshafen, frei Längsseite Seeschiff

fashion
Mode *f*

to fashion
v/t bilden, formen, gestalten, in Fasson bringen

fashion advertising
Modewerbung *f*, Modereklame *f*

fashioning
Formgestaltung *f*, Formung *f*, Fassonierung *f*

fashion leader
Modeführer *m*

fashion magazine
Modezeitschrift *f*, Modejournal *n*

fashion marketing
Modemarketing *n*

fashion photography
Modephotographie *f*

fashion research
Modeforschung *f*

fashion supplement
Modebeilage *f*, Mode-Supplement *n (Zeitung/Zeitschrift)*

fast moving consumer goods (FMCG) *pl*
schnell umschlagende Konsumgüter *n/pl*

fast moving high-turnover goods *pl*
→ fast moving consumer goods

fast-slow travel
Langsam-Schnell-Verkehr *m (Außenwerbung)*

fast travel
Schnellverkehr *m (Außenwerbung)*

favored-nations clause
Meistbegünstigungsklausel *f* (Werbejargon) *(Mediaplanung)*

feasibility
Machbarkeit *f*, Durchführbarkeit *f*

feasibility study
Durchführbarkeitsstudie *f*, Machbarkeitsstudie *f*, Feasibility-Studie *f*

feature
1. charakteristisches Merkmal *n*, Grundzug *m*, herausragendes Charakteristikum *n* (einer Anzeige, eines Produkts) *(Marketing) (Werbung)*
2. unterhaltender Text *m*, unterhaltsamer Artikel *m* besondere Beigabe *f*, spezieller Artikel *m*, Sonderartikel *m*, Sonderbeitrag *m*, Feature *n (Zeitung/Zeitschrift/Hörfunk/Fernsehen)*
3. Sonderangebotswerbung *f*
4. Sonderangebot *n*

to feature
1. *v/t* charakterisieren, charakteristisch darstellen, in den Grundzügen schildern, beschreiben
2. *v/t* (einer Sache) den Vorrang einräumen, als Hauptschlager darstellen, zeigen, zur Schau stellen, (eine Sache) in den Vordergrund stellen
3. *v/t* (einer Sache) Hauptzüge verleihen, kennzeichnen, bezeichnend sein für
4. *v/t* in der Hauptrolle zeigen, darstellen *(Film/Fernsehen/Radio)*

fee
Agenturgebühr *f*, Agenturpauschale *f*, Honorar *n* *(Werbung)*

fee basis
Gebührenbasis *f*, Pauschalenbasis *f*, Honorarbasis *f*, Festhonorar *n*

fee ceiling
Honorarobergrenze *f*, Gebührenobergrenze *f*, Höchsthonorar *n*, Höchstgebühr *f*

feeder jobber
Regalgroßhändler *m*, Regalgrossist *m*, Rack Jobber *m*, Service Merchandiser *m*

feeling tone
grundsätzlicher Gefühlseindruck *m* *(Werbeforschung) (Werbung)*

fee plus commission
Pauschale *f*, Honorar *n* plus Kommission *(Werbung)*

field
1. Feld *n*, Außendienst *m*, Außendienstmitarbeiter *m/pl*, Einsatz *m*, Außeneinsatz *m* *(Betriebswirtschaft)*
2. Feld *n* *(Psychologie)*

field-activated promotion (F.A.P.)
im Feld, im Außendienst eingeleitete Verkaufsförderung *f*

field allowance
Außendienstvergütung *f* *(Betriebswirtschaft)*

field force
Außendienstmitarbeiterstab *m*, Feldarbeiter *m/pl*, der Außendienst *m*, die Außendienstler *m/pl* *(Betriebswirtschaft) (Marketing)*

field force organization
→ field organization

fieldman
Außendienstler *m*, Außendienstmitarbeiter *m*, Feldarbeiter *m* *(Betriebswirtschaft) (Marketing)*

field promotion
Außendienstpromotion *f* *(Verkaufsförderung)*

field representative
Außenvertreter *m*

field service
Kundendienst *m* (Institution), die Kundendienstmitarbeiter *m/pl*, Außendienst *m*

field share
Feldanteil *m* *(Marketing)*

field staff
Außendienst *m*, Außendienstmitarbeiter *m/pl*, Außendienstler *m/pl*

fifteen (15)
15-Sekunden-Werbesendung *f*, 15-Sekunden-Werbespot *m* *(Hörfunk/Fernsehen)*

fifteen-second commercial (15-second commercial
15-Sekunden-Werbesendung *f*, 15-Sekunden-Werbespot *m*, Werbesendung *f* von 15-Sekunden-Dauer, Werbespot *m* von 15-Sekunden-Dauer *(Hörfunk/Fernsehen)*

fifteen and two (15 and 2, 15 & 2)
15 Prozent Kommission *f* plus 2 Prozent Skonto *n* *(Werbung)*

fifty-fifty advertising (50 : 50 advertising)
Anzeigengabelung *f* nach Bündeln, bündelweise gegabelte Anzeigenwerbung *f* *(Zeitung/Zeitschrift) (Werbeplanung)*

fifty-fifty plan (50:50 plan)
Fifty-Fifty-Plan *m*, 50-50-Plan *m* *(Werbung)*

50 showing
50prozentige Stellenbelegung *f* *(Außen-/Verkehrsmittelwerbung)*

figure-ground differentiation
Figur-Grund-Differenzierung *f*, Figur-Grund-Verhältnis *n* *(Psychologie)*

file
Ordner *m*, Aktenordner *m*, Verzeichnis *n*, Liste *f*

to file
v/t ablegen, einordnen, katalogisieren

file catalog
Kombinationswerbekatalog *m*, Katalog *m* für Gemeinschaftswerbung

filler
Füller *m*, Lückenbüßer *m*, Füllanzeige *f*, Pausenfüller *m*, Füllprogramm *n* *(Zeitung/Zeitschrift/Hörfunk/Fernsehen)*

fill-in
1. Eintragung *f* von Namen und Adresse in den dafür vorgesehenen Platz eines Briefs, eines Formulars
2. freier Platz *m*, freie Stelle *f* für die Eintragung des Namens und der Adresse

fill-in letter
Formbrief *m* *(Direktwerbung)*

fill-in postcard
Postkarte *f*, die (meist mit der Adresse) ausgefüllt werden muß *(Direktwerbung)*

film advertisement
Kinoreklame *f*, Kinowerbung *f*, Filmreklame *f*, Filmwerbung *f*, Film- und Diawerbung *f* (einzelnes Werbemittel)

film advertising
Kinoreklame *f*, Kinowerbung *f*, Filmreklame *f*, Filmwerbung *f*, Film- und Diawerbung *f*

film attendance
Kinobesuch *m*, Filmbesuch *m*, Lichtspieltheaterbesuch *m* *(Mediaforschung)*

film audience
Filmpublikum *n*, Filmzuschauer *m/pl*, Kinobesucher *m/pl* *(Mediaforschung)*

film audience research
Filmzuschauerschaftsforschung *f*, Filmpublikumsforschung *f*, Kinopublikumsforschung *f* *(Mediaforschung)*

film, broadcast and TV advertiser
FFF-Werber *m*, FFF-Fachmann *m*, FFF-Berater *m*, FFF-Gestalter *m*, *kurz für* Film-, Funk- und Fernsehwerber *f* etc.

film, broadcast and TV advertising
FFF-Werbung *f*, *kurz für* Film-, Funk- und Fernsehwerbung *f*

film commercial
Kinowerbefilm *m*, Filmwerbung *f*, gefilmte Werbesendung *f*

filmgoer (*brit* **film-goer**)
Kinobesucher *m*, Filmbesucher *m* *(Mediaforschung)*

filmlet
Kurzfilm *m*, kleine Filmeinblendung *f*, Kurzwerbefilm *m*, Filmlet *n* *(Kino)*

film poster
Filmplakat *n*, Kinoplakat *n* *(Anschlagwerbung)*

film show
Filmveranstaltung *f* *(Kino)*

filmslide (film slide)
Diapositiv *n*, Film-Dia, Lauf-Dia *n* *(Kino)*

film slide advertising
Diawerbung *f*, Diapositivwerbung *f* *(Kino)*

final audience
Hörerzahl *f*, Zuschauerzahl *f* am Ende einer Sendung *(Hörfunk/Fernsehen)* *(Mediaforschung)*

final consumer
Endverbraucher *m*, Letztverbraucher *m*, Absatzempfänger *m* *(Konsumforschung)* *(Marketing)*

finance ad
kurz für financial advertisement

finance advertising
→ financial advertising

finance marketing
→ financial marketing

financial ad
kurz für financial advertisement

financial advertisement
Finanzanzeige *f*, Finanzinserat *n*, Finanzwerbung *f*

financial advertising
Finanzwerbung *f*

financial management
Finanzmanagement *n* *(Betriebswirtschaft)*

financial marketing
1. Finanzmarketing *n*
2. Bankmarketing *n*

financial market research
Finanzmarktforschung *f*

financial plan
Finanzplan *m* *(Betriebswirtschaft)*

financial PR
→ financial public relations

financial public relations *pl (oft als sg konstruiert)*
Finanz-Public-Relations *f/pl*

fine print (*meist* **the fine print**)
Kleingedrucktes *n*, das Kleingedruckte *n*

fingerprint method
daktyloskopische Methode *f*, Fingerabdruckverfahren *n* *(Werbeforschung) (Mediaforschung)*

finished art
Reinzeichnung *f*, reproduktionsfertige Zeichnung *f*, reproduktionsfertige Graphik *f*

finished layout
Reinlayout *n*, endgültiges Layout *n*

firm order
Festabonnement *n*, Festauftrag *m* *(Werbung) (Mediaplanung)*

firm order date
Auftragsannahme -und Kündigungsschluß *m* *(Werbung) (Mediaplanung)*

first cover (C)
Titelseite *f*, Umschlagseite *f*, erste Umschlagseite *f*, U 1 *f* *(Zeitschrift)*

first draft
erster Entwurf *m*, Rohentwurf *m*, Rohkonzept *n*

first exposure
Erstkontakt *m* *(Mediaforschung)*

first reader
Erstempfänger *m* *(Mediaforschung)*

first-time reader
Erstleser *m*, Primärleser *m*, Hauptleser *m* *(Leserschaftsforschung)*

fiscal policy
Finanzpolitik *f* *(Wirtschaftslehre)*

fiscal year (FY)
Haushaltsjahr *n*, Budgetjahr *n*

Fishbein model
Fishbein-Modell *n* *(Einstellungsforschung) (Marktforschung)*

fixed advertising location
feste Plazierung *f*, feste Werbeplazierung *f*, feste Position *f*, Dauerplazierung *f*, Dauerposition *f*

fixed format
festes Format *n*, Fixformat *n* *(Werbung) (Zeitung/Zeitschrift)*

fixed location
feste Anzeigenplazierung *f*, feste Werbeplazierung *f*, feste Position *f*, Dauerplazierung *f*, Dauerposition *f*

fixed location advertisement
→ fixed location

fixed margin
gebundene Spanne *f*, gebundene Handelsspanne *f* *(Betriebswirtschaft)*

fixed position
→ fixed location

fixed-position announcement
fest plazierte Werbesendung *f* *(Hörfunk/Fernsehen)*

fixed price
Festpreis *m*, gebundener Preis *m* *(Betriebswirtschaft)*

fixed resale price
→ fixed price

fixed spot
→ fixed-position announcement

flagship
Produkt *n* eines Herstellers, das sich am besten verkauft, Flaggschiff *n*, Verkaufsschlager *m*

flap
1. Deckblatt *n*, Schutzblatt *n* (über Reinzeichnungen)
2. Umschlagklappe *f*

flap blurb
Umschlagklappentext *m*, Klappentext *m* *(Buch)*

flash approach
Blitzkontakt *m*, Kurzkontakt *m*, flüchtiger Anschlagkontakt *m* *(Anschlagwerbung)*

flat fee
Pauschalhonorar *n* (für eine Werbeagentur)

flat fee only
Pauschalhonorierung *f (Werbung)*

flat price
→ flat rate

flat rate
Grundpreis *m*, Listenpreis *m*, Einzelpreis *m* *(Werbung)*

fleet
Flotte *f (Verkehrsmittelwerbung)*

flexform
→ flexform advertisement

flexform ad
kurz für flexform advertisement

flexform advertisement
Sonderformatanzeige *f*, Anzeige *f* mit Sonderformat, Flexformanzeige *f*, Flexform *f*, Anzeige *f* mit flexiblem Format *(Zeitung/Zeitschrift) (Werbung)*

flexible price
Gleitpreis *m*

flier
Am Flugblatt *n*, Werbeblatt *n*, Werbezettel *m*, einseitiger Prospekt *m*

flight
Werbephase *f*, Werbeperiode *f* *(Werbeplanung)*

to flight
v/i phasenweise werben, Werbeplanung auf der Basis von Phasen und Pausen machen, Werbung mit Phasen und Pausen treiben

flighting
Phasen-Werbung *f*, Phasen-Werbeplanung *f*, Werbeplanung *f* bei der Werbephasen und Werbepausen vorgesehen sind

flighting schedule
Werbephasenplan *m*, Phasenplan *m* der Werbung

flight saturation
etwa Werbephasensättigung *f*, Phasensättigung *f* der Werbung, Werbekonzentration *f*, konzentrierte Werbung *f (Werbeplanung)*

flip caption
Klapptitel *m (Film/Fernsehen)*

flip card
Klapptafel *f*, Einklappbild *n*, Texttafel *f*, Illustrationstafel *f (Werbepräsentation) (Fernsehen)*

flip chart
→ flip card

float
eigentl Schwimmen *n*, Treiben *n*, Floß *n*
1. Anzeige *f* die kleiner ist als der Raum, in dem sie steht, „schwimmende" Anzeige *f (Zeitung/Zeitschrift)*
2. *etwa* schwebende Gelder *n/pl (Werbung)*

to float
1. *v/t* (Anzeige) auf sehr viel größeren Raum plazieren, als eigentlich dafür benötigt werden wird *(Zeitung/Zeitschrift)*
2. *v/i* auf größerem Raum plaziert sein, als eigentlich erforderlich ist (Anzeige) *(Zeitung/Zeitschrift)*

floating time
ohne Vereinbarung *f* über die Sendezeit, ohne Sendezeitvereinbarung *f (Werbung) (Hörfunk/Fernsehen)*

floor
ebenerdige Auslagefläche *f*, Warenauslagefläche *f* auf dem Boden *(POP-Werbung)*

floor display
auf dem Boden gestapelte oder ausgebreitete Warenauslage *f*, ebenerdige Warenauslage *f (POP-Werbung)*

floor manager
Abteilungsleiter *m* (im Warenhaus) *(Einzelhandel)*

floor pyramid
Warenpyramide *f*, Warenstapel *m (POP-Werbung)*

floor stand
Warengestell *n*, Warenträger *m*, Warengerüst *n (POP-Werbung)*

flop
Pleite *f*, Mißerfolg *m*, Reinfall *m*, Flop *m (Marketing)*

flop rate
Floprate *f*, Mißerfolgsrate *f*, Mißerfolgsquote *f (Marketing)*

flow chart
1. Flußdiagramm *n*, Ablaufdiagramm *n* (*Statistik*)
2. Insertionsplan *m*, Schaltplan *m*, Streuplan *m*, Terminplan *m* (*Mediaplanung*)

flow diagram
→ flow chart

flow of audience
→ audience flow

flow study
Flußstudie *f* (*Mediaforschung*)

fluorescent lighting
Plakatbeleuchtung *f*, Plakatanstrahlung *f* (*Außenwerbung*)

fly poster
wilder Anschlag *m*, unerlaubter Plakatanschlag *m*, nicht genehmigtes Plakat *n* (*Außenwerbung*)

fly posting
wilder Anschlag *n*, Wildanschlag *m*, wilder Plakatanschlag *m*, wilde Plakatierung *f* (*Außenwerbung*)

fly sheet
1. Flugblatt *n*, Reklameblatt *n*
2. Gebrauchsanweisung *f*, Beschreibung *f*, Gebrauchsanleitung *f*

FMCG
Abk fast moving consumer goods

focus of sale
Hauptverkaufsargument *n*, Hauptwerbeargument *n* (*Werbung*) (*Verkaufsförderung*)

folder
1. Faltblatt *n*, Faltprospekt *m*, Faltbroschüre *f*, faltbare Druckschrift *f*, Prospekt *m*
2. Aktendeckel *m*, Umschlag *m*, Mappe *f*, Aktenordner *m*, Ordner *m*

folder portfolio test
→ portfolio test

folder technique
Folder-Verfahren *n*

folder test
Foldertest *m*, Heftertest *m* (*Mediaforschung*) (*Werbeforschung*)

fold-in
→ fold-in insert

folding box
Faltschachtel *f* (*Verpackung*)

folding carton
→ folding box

fold-in insert
Faltanzeige *f*, gefaltete Anzeige *f*, zusammenfaltbare, auseinanderfaltbare Anzeige *f* (*Zeitschrift*)

fold-in page
faltbare Seite *f*, Faltseite *f*, zusammenfaltbare, auseinanderfaltbare Seite *f* (*Zeitschrift*)

fold-out
→ fold-out insert

fold-out insert
→ fold-in insert

following and next to reading matter
textanschließend (Anzeigenposition) (*Zeitung/Zeitschrift*)

following matter
→ following and next to reading matter

following or next to reading
→ following and next to reading

following reading matter
→ following and next to reading

follow-on
→ follow-on advertisement

follow-on ad
kurz für follow-on advertisement

follow-on advertisement
Fortsetzungsanzeige *f*, Anschlußanzeige *f*, Anschlußwerbemittel *n*, Anschlußwerbung *f*, Fortsetzungsanzeige *f* (*Zeitung/Zeitschrift*)

follow-on order
Anschlußbestellung *f*, Anschlußauftrag *m*, Folgeauftrag *m*

follow-through
→ follow-up

follow-up
1. Nachfassen *n*, Nachfaßaktion *f*, Nachfaßwerbung *f*

2. Nachfaßbesuch *m*, zweiter Kontaktversuch *m* (eines Interviewers oder Vertreters) *(Außendienst) (empirische Sozialforschung) (Marktforschung)*

follow-up ad
kurz für follow-up advertisement

follow-up advertisement
Nachfaßanzeige *f*, Nachfaßinserat *n*, Folgeanzeige *f*, Folgeinserat *n* *(Zeitung/Zeitschrift)*

follow-up advertising
1. Nachfaßwerbung *f*, Nachfaßreklame *f*, Fortführungswerbung *f*
2. Erinnerungswerbung *f*, Verstärkungswerbung *f*

follow-up call
Nachfaßbesuch *m*, Zweitbesuch *m*, zweiter Kontaktversuch *m* (Interviewer/Vertreter) *(empirische Sozialforschung) (Marktforschung) (Außendienst)*

follow-up delivery
Nachlieferung *f*, Fortsetzungslieferung *f (Marketinglogistik)*

follow-up letter
Nachfaßbrief *m (Direktwerbung) (empirische Sozialforschung) (Marktforschung)*

food
ad *kurz für* food advertisement

food advertisement
Lebensmittelanzeige *f*, Nahrungsmittelanzeige *f (Zeitung/Zeitschrift)*

food advertising
Lebensmittelwerbung *f*

food day
→ best food day

food self-service shop
→ food self-service store

food self-service store
Lebensmittel-Selbstbedienungs-Laden *m*, Lebensmittel-SB-Laden *m (Einzelhandel)*

food self-service market
Lebensmittel-Selbstbedienungsmarkt *m*, Lebensmittel-SB-Markt *m (Einzelhandel)*

foot-in-the-door technique
Foot-in-the-door-Technik *f (Marketing) (Verkaufsförderung)*

for approval script
Werbesendungsdrehbuch *n*, das dem Auftraggeber zur Begutachtung zur Verfügung gestellt wird *(Fernsehen/Film/Radio)*

forced combination
obligatorische Kombinationsbelegung *f (Werbung) (Mediaplanung)*

forced exposure
unfreiwilliger Kontakt *m*, unfreiwilliger Werbeträgerkontakt *m*, unfreiwilliger Werbemittelkontakt *m (Werbe-/Mediaforschung)*

forced exposure interviewing
Befragung *f* nach unfreiwilligem Werbeträger- oder Werbemittelkontakt (Werbe- /Mediaforschung)

forecast
Prognose *f*, Voraussage *f*, Vorhersage *f (Mathematik/Statistik) (Marketing) (empirische Sozialforschung) (Marktforschung)*

to forecast
v/t prognostizieren, voraussagen, vorhersagen

foreign advertising
Auslandswerbung *f*, Werbung *f* im Ausland

foreign chamber of commerce
Auslandshandelskammer *f*

foreign market research
Auslandsmarktforschung *f*

foreign trade
Außenhandel *m (Wirtschaftslehre)*

foreign trade fair
Auslandsmesse *f*

foreign trade marketing
Außenhandelsmarketing *n*

foreign trade monopoly
Außenhandels-Monopol *n*

foreign trade multiplier
Außenhandels-Multiplikator *m*

foreign trade quota
Außenhandelskontingent *n*

forfaiting
Forfaitierung *f*

forgetting
Vergessen *n*, Vergessensschwund *m*, Remanenzrate *f (Psychologie) (Marktpsychologie)*

formal balance
symmetrische, ausgeglichene Anordnung *f (Werbung)*

formal product
formales Produkt *n*, Produkt *n* im engeren Sinne *(Wirtschaftslehre) (Betriebswirtschaft) (Marketing)*

format
1. Größe *f*, Anzeigengröße *f (Werbung) (Mediaforschung) (Mediaplanung)*
2. Format *n*, Stil *m*, äußeres Erscheinungsbild *n*, Gestaltungsart *f*, Layout *n*, Design *n*
3. Programmtypus *m*, Programmcharakter *m*, Funkform *f*, Sendeform *f (Hörfunk)*

form quality
Gestaltfestigkeit *f*, Prägnanz *f (Psychologie) (Werbeforschung)*

form psychology
→ gestalt psychology

forms close
kurz für forms close date

forms close date
Annahmeschluß *m*, Anzeigenschluß *m (Werbung) (Zeitung/Zeitschrift)*

to forward
v/t zuschicken, zusenden versenden

forwarding
Zusenden *n*, Zuschicken *n*, Spedieren *n*

4/C
Abk four-color

four-color (*brit* **four-colour**)
adj vierfarbig, Vierfarben-, farbig, Farben-, Farb- *(Druck)*

four-color ad
kurz für four-color advertisement

four-color advertisement
vierfarbige Anzeige *f*, Vierfarbenanzeige *f*, Farbanzeige *f*, farbige Anzeige *f (Zeitung/Zeitschrift) (Werbeforschung) (Mediaplanung) (Mediaforschung)*

four-color bleed spread
vierfarbige angeschnittene Doppelseite *f (Zeitung/Zeitschrift)*

400 showing
→ supersaturation showing

four sheet (four-sheet)
→ four sheeter

four sheeter
britisches Vierbogenplakat *n (Außenwerbung)*

four-sheet poster
→ four sheeter

fourth cover (4 C)
vierte Umschlagseite *f*, Rückumschlagseite *f*, hintere Umschlagseite *f*, U 4 *f (Zeitschrift)*

four-walling
massierte örtliche Kinowerbung *f*, massierte Lichtspieltheaterwerbung *f*

fractional page advertisement
seitenteilige Anzeige *f (Zeitung/Zeitschrift)*

fractional page space
Anzeigenraum *m* von weniger als einer Seite *(Zeitung/Zeitschrift)*

fractional showing
etwa Teilbelegung *f*, Bruchteilbelegung *f (Außenwerbung)*

to fragment
v/t (Werbeplan) aufsplittern, zersplittern, fragmentieren

fragmentation
Zersplitterung *f* der Werbekampagne, der Werbeaktion *(Werbeplanung)*

franchise
eigentl Privileg *n*, Vorrecht *n*, Konzession *f*
1. Exklusivvertrag *m*, Vorrechtsvertrag *m*
2. Exklusivvertriebsvereinbarung *f*, Exklusivpachtvertrag *m*, Alleinverkaufsrecht *n*

to franchise
v/t (einem Werbungtreibenden oder einem anderen Vertragspartner) Exklusivrechte einräumen, gewähren

franchise position
Exklusivposition *f*, Sonderplazierung *f*, Privilegplazierung *f*, exklusive Anzeigenplazierung *f (Zeitung/Zeitschrift) (Werbung)*

franchising
Franchising n (Marketing)

fraudulent advertising
betrügerische Werbung f

free
adj frei, gratis, unentgeltlich, kostenlos

free advertisement
Gratisanzeige f, kostenlose Anzeige f, Freianzeige f, kostenloses Werbemittel n (Zeitung/ Zeitschrift)

freebee colloq
→ freesheet, giveaway paper, shopper

freebie
→ freebee

free copy
Freiexemplar n, Freistück n, Gratisexmplare n (Zeitung/Zeitschrift) (Medienvertrieb)

free delivery
Freihauslieferung f, Gratiszustellung f, Lieferung f frei Haus (Marketinglogistik)

freeform cut out
schwebendes Plakat n (Außenwerbung)

freelance artist
freiberuflicher Graphiker m, Zeichner m, Künstler m, freischaffender Künstler m

freelancer
Freiberufler m, Freischaffender m, freier Mitarbeiter m

free mailing
kostenloser Versand m, Freiversand m, Gratisversand m (Medienvertrieb) (Marketinglogistik)

free market economy
freie Marktwirtschaft f, Verkehrswirtschaft f (Wirtschaftslehre)

free mention
Gratiserwähnung f, Schleichwerbung f

free offer
Gratisangebot n (Marketing)

free posting
Gratisplakataushang m, Freianschlag m, Gratisplakatanschlag m (Außenwerbung)

free puff
→ puff notice

free sample
Gratismuster n, Warenmuster n, Warenprobe f

freesheet (free sheet)
Anzeigenblatt n, Stadtteilzeitung f, Offertenblatt n

free-standing insert
Anzeigenbeilage f, Werbebeilage f, Prospektanzeige f

free-standing stuffer
→ free-standing insert

French door
ausschlagbare Seite f, ausschlagbare Anzeigenseite f, gefaltete Seite f, faltbare Seite f (Zeitschrift) (Werbung)

French fold
1. Kreuzbruchfalzung f, Kreuzbruchfalz m, Aufsichtfaltung f
2. Faltblatt n, gefaltetes Werbeblatt n, kreuzbruchgefaltetes Werbeblatt n

frequency
1. Häufigkeit f, Frequenz f (Statistik)
2. Kontakthäufigkeit f, Werbeträgerkontakthäufigkeit f, Werbemittelkontakthäufigkeit f (Mediaforschung)
3. Schaltfrequenz f, Insertionshäufigkeit f, Werbungshäufigkeit f, Häufigkeit f der Veröffentlichung von Werbung (= Zahl der Anzeigen, Werbesendungen etc. in einem bestimmten Zeitraum), Intensität f der Werbung (Werbeplanung) (Mediaplanung)

frequency discount
Malnachlaß m, Malrabatt m, Wiederholungsrabatt m, Malstaffel f (Werbung) (Werbeplanung) (Mediaplanung)

frequency effect
Häufigkeitswirkung f, Häufigkeitseffekt m, Wirkung f der Werbehäufigkeit (Werbeforschung) (Werbeplanung)

frequency method (of readership measurement)
Häufigkeitsmethode f der Leserschaftsermittlung (Leserschaftsforschung)

frequency of advertising
Schaltfrequenz f, Insertionshäufigkeit f, Werbungshäufigkeit f, Häufigkeit f der Veröffentli-

frequency of blinking
chung von Werbung (= Zahl der Anzeigen, Werbesendungen etc. in einem bestimmten Zeitraum), Intensität *f* der Werbung *(Werbeplanung) (Mediaplanung)*

frequency of blinking
Blinzelhäufigkeit *f (Werbeforschung)*

frequency of demand
Bedarfshäufigkeit *f*, Nachfragehäufigkeit *f (Marktpsychologie) (Konsumforschung)*

frequency of exposure
Kontakthäufigkeit *f*, (Kontaktmenge *f*, Kontaktfrequenz *f (Mediaforschung) (Mediaplanung)*

frequency of purchase
Kaufhäufigkeit *f*, Kauffrequenz *f*, Einkaufshäufigkeit *f*, Einkaufsfrequenz *f (Marktforschung) (Konsumforschung)*

frequency of reading
Lesehäufigkeit *f*, Lesefrequenz *f*, Häufigkeit *f* des Lesens *(Leserschaftsforschung)*

frequency of shopping
Kaufhäufigkeit *f*, Einkaufshäufigkeit *f*, Einkaufsfrequenz *f (Marktforschung)*

frequency question
Häufigkeitsfrage *f*, Frage *f* nach der Häufigkeit des Lesens, des Werbemittel- oder Werbeträgerkontakts *(Mediaforschung)*

frequent listener
häufiger Hörer *m (Hörfunk) (Mediaforschung)*

frequent reader
häufiger Leser *m (Mediaforschung)*

frequent viewer
häufiger Zuschauer *m (Fernsehen) (Mediaforschung)*

fringe medium
Nebenmedium *n*, Sekundärwerbeträger *m (Mediaplanung)*

fringe publication
Nebenmedium *n*, Sekundärwerbeträger *m (Mediaplanung)*

fringe time
abendliche Sendezeit *f (Fernsehen)* vor und nach der Hauptsendezeit (prime time)

front cover (C)
Titelseite *f* erste Umschlagseite *f*, U 1 *f (Zeitschrift)*

front end
Frontseite *f*, Vorderseite *f*, Frontwerbefläche *f* (eines öffentlichen Verkehrsmittels)

front-end display
Werbung *f*, Plakat *f*, Werbeaufschrift *f* an der Vorderseite eines öffentlichen Verkehrsmittels

front-end load
→ front load

front-end space
→ front end

front load
eigentl Anfangsladung *f (Werbeplanung)*

to frontload
v/i Werbebudget in der ersten Hälfte, am Anfang einer Werbeperiode ganz oder zum größeren Teil ausgeben

front location
Anzeigenposition *f* auf der ersten Umschlagseite *(Zeitschrift) (Werbeplanung)*

front-of-book
Anzeigenposition *f* auf den ersten Seiten, im Heftanfang *(Zeitschrift) (Werbeplanung)*

front page
Titelseite *f (Zeitung)*

front-page space
Anzeigenraum *m* auf der Titelseite *(Zeitung)*

front position
Anzeigenposition *f* auf der Titelseite *(Zeitung)*

FRY method
Abk first-time-read-yesterday method
FRY-Methode *f*, FRY-Modell *n (Mediaforschung)*

FTY
Abk first time yesterday

full attention rating (FAR)
tatsächliche Zuschauerquote *f*, effektive Einschaltquote *f*, Anteil *m* der effektiv zuhörenden Hörer bzw. zuschauenden Zuschauer *(Hörfunk/Fernsehen)*

full-copy return
→ return copies

full disclosure
vollständige Offenlegung *f (Marketing) (Werbung)*

full page
ganze Seite *f (Zeitung/Zeitschrift)*

full-page ad
kurz für full-page advertisement

full-page advertisement
ganzseitige Anzeige *f*, ganzseitiges Inserat *n (Zeitung/Zeitschrift) (Werbung) (Mediaplanung)*

full position
Anzeigenplazierung *f*, Anzeigenposition *f* im redaktionellen Umfeld, nahe am redaktionellen Teil, gegenüber oder dem redaktionellen Teil folgend, textanschließend *(Zeitung/Zeitschrift) (Mediaplanung)*

full-position advertisement
1. Textteilanzeige *f (Zeitung/Zeitschrift) (Mediaplanung)*
2. Formatanzeige *f*, Eckanzeige *f*

full-program sponsor
Programm-Sponsor *m*, Werbungtreibender *m*, der eine Programmsendung allein finanziert *(Hörfunk/Fernsehen)*

full-program sponsorship
ungeteilte Programmfinanzierung *f (Hörfunk/Fernsehen)*

full rate-card cost
voller Listenpreis *m*, Tarifpreis *m (Werbung) (Mediaplanung)*

full run
Anbringen *n* eines Plakats in oder an allen öffentlichen Verkehrsmitteln *(Verkehrsmittelwerbung)*

full run showing
→ full showing

full service
→ full showing

full-service agency
Full-Service-Werbeagentur *f*, Full-Service-Agentur *f*

full-service cooperative
Full-Service-Genossenschaft *f*, Universalgenossenschaft *f*

full showing
Netzanschlag *m*, Vollbelegung *f*, Belegung *f* aller Plakatanschlagstellen *(Außenwerbung/Verkehrsmittelwerbung)*

full-size poster
Plakat *n* im Format 24 x 42 Zoll = 60,96 x 106,68 cm

fully returnable
adj unbeschränkt remissionsfähig, voll remissionsfähig *(Medienvertrieb)*

functional absorption
Funktionsabsorption *f (Betriebswirtschaft)*

functional analysis
Funktionsanalyse *f*

functional cost center (*brit* functional cost centre)
Funktionskostenstelle *f (Marketing)*

functional discount
Funktionsrabatt *m*, Händlerrabatt *m*, Wiederverkäuferrabatt *m (Marketing)*

functional innovation
funktionale Innovation *f (Marketing)*

functional organization (*brit* functional organisation)
Funktionsorganisation *f*, Funktionsgliederung *f (Marketing)*

functional utility
Funktionalqualität *f*, Grundqualität *f (Wirtschaftslehre)*

function(s) (*pl*) of trade
→ trade function

fundamental innovation
fundamentale Innovation *f*, echte Innovation *f (Marketing)*

fungible
adj fungibel

fungible goods *pl*
fungible Waren f/*pl (Wirtschaftslehre)*

fungibility
Fungibilität *f (Wirtschaftslehre)*

G

gable end
Giebel *m*, Giebelspitze *f* (Werbefläche) *(Außenwerbung)*

gable-end advertising
Giebelwerbung *f (Außenwerbung)*

gable-end poster
Giebelanschlag *m*, Giebelplakat *n (Außenwerbung)*

gable-end publicity
→ gable-end advertising

gag
Witz *m*, komischer Einfall *m*, Improvisation *f*, Pointe *f*, ulkiger Werbeeinfall *m*, Gag *m*, Werbegag *m*

gag strip
Comic-Reihe *f* die keine Fortsetzungsgeschichte ist, Serie *f* von in sich abgeschlossenen Witzzeichnungen

gain-and-loss analysis
Zu- und Abwanderungsanalyse *f*, Gain-and-Loss-Analyse *f (Konsumforschung) (Marktforschung)*

galvanic skin response (G.S.R.)
galvanische Hautreaktion *f*, psychogalvanische Hautreaktion *f (Marktforschung) (Werbeforschung)*

galvanometer
→ psychogalvanometer

game show
Quizsendung *f*, Unterhaltungsquiz *n (Fernsehen)*

gatefold
ausschlagbare Seite *f*, ausschlagbare Anzeigenseite *f*, gefaltete Seite *f*, faltbare Seite *f*, Gatefold *n (Zeitschrift) (Werbung)*

gatefold cover
ausschlagbare Umschlagseite *f*, ausschlagbare Titelseite *f*, *(Zeitschrift)*

gatekeeper
Gatekeeper *m*, Türhüter *m*, Pförtner *m*, Informationsselektierer *m (Kommunikationsforschung) (Marktforschung) (Beschaffungsmarketing)*

gazebo
eigentl Aussichtsturm *m*, Aussichtstürmchen *n* Ständer *m*, Gerüst *n*, Gestell *n* für Auslagewaren *(POP-Werbung)*

gaze motion
Blickverlauf *m*, Augenbewegung *f*

gaze-motion observation
Blickaufzeichnung *f*, Blickregistierung *f*, Blickbewegungsbeobachtung *f (Werbeforschung)*

eye-flow observation, gaze-motion observation technique
→ gaze-motion observation

gaze-motion registration
Blickaufzeichnung *f*, Blickregistierung *f*, Blickaufzeichnungsverfahren *n*, Blickregistrierungsverfahren *n (Werbeforschung)*

gaze-motion registration technique
→ gaze-motion registration

general advertising
→ national advertising

general advertising plan
Generalwerbeplan *m*

general business terms mix
Konditionenpolitik *f*, Konditionen-Mix *m*, Kontrahierungspolitik *f*, Kontrahierungs-Mix *m (Marketing)*

general business terms policy
→ general business terms mix

general demarketing
generelles Reduktionsmarketing *n*, generelles Demarketing *n*

general-interest magazine
Publikumszeitschrift *f*

general-line wholesaler
→ general merchandise wholesaler

general-line wholesale trade
→ general merchandise wholesaling

general merchandise wholesaler
Sortimentsgroßhändler *m*, Sortimentsgroßhandlung *f*

general merchandise wholesale trade
→ general merchandise wholesaling

general merchandise wholesaling
Sortiments-Großhandel *m*

general-purpose retail panel
allgemeines Einzelhandelspanel *n* *(Marktforschung) (Konsumforschung)*

general rate
→ card rate, flat rate, national rate, one-time rate

general representative
→ general sales representative

general sales plan
Generalabsatzplan *m (Marketing)*

general sales representative
Generalvertreter *m (Außendienst)*

general store
Gemischtwarengeschäft *n (Einzelhandel)*

general survey
Basiserhebung *f*, Standarderhebung *f*, Strukturerhebung *f (empirische Sozialforschung) (Marktforschung) (Mediaforschung)*

generation-satiation-decay cycle
Entwicklungs-Sättigungs-Verfall-Zyklus *m (Hörfunk/Fernsehen)*

generic
→ generic brand

generic advertising
→ generic brand advertising

generic brand advertising
Gattungswerbung *f*, Gattungsmarkenwerbung *f*

generic brand
Gattungsmarke *f*, Gattungsbezeichnung *f (Marketing)*

generic brand name
→ generic brand

generic concept of marketing
generisches Marketing *n*, generisches Marketingkonzept *n*

generic image
Produktimage *n*, Gattungsimmage *n (Marketing)*

generic label
Produktgattungsbeschriftung *f*, Produktklassenaufkleber *m*, Produktgruppenbeschriftung *f*

generic-labeled product
→ generic brand

generic marketing
→ generic concept of marketing

generic name
→ generic brand

generics *pl*
Gattungsmarken *f/pl*

generic term
→ generic brand

generic trademark
Branchenkennzeichen *n*

Genetic Motivation Test (GMT)
Genetischer Motivationstest (GMT) *m (Marktforschung) (Werbeforschung)*

genomotive
Genomotiv *n (Psychologie) (Werbepsychologie)*

geographic distribution
geographische Verteilung *f*

geographic market segmentation
geographische Marktsegmentierung *f (Marktforschung)*

geographic mark of origin
→ mark of origin

geographic skew
geographisch asymmetrische Werbung *f (Werbeplanung)*

geographic split run
regionaler Anzeigensplit *m*, gebietsmäßiger

gestalt
Anzeigensplit *m*, gebietsmäßige Anzeigengabelung *f*, geographischer Anzeigensplit *m*, geographisches Anzeigen-Splitting *n*, geographische Auflagengabelung *f*, geographischer Auflagensplit *m*, geographische Gabelung *f* der Auflage für verschiedene Anzeigen *(Zeitung/Zeitschrift) (Mediaplanung)*

gestalt
Gestalt *f (Psychologie)*

gestalt factor
→ gestalt law

gestaltism
→ gestalt psychology

gestalt law
Gestaltgesetz *n*, Gestaltfaktor *m (Psychologie)*

gestalt psychology
Gestaltpsychologie *f*, Berliner Schule *f (Psychologie)*

gestalt quality
→ form quality

gestalt theory
→ gestalt psychology

get-up
→ make-up

GHIs (G.H.I.s) *pl*
Abk guaranteed home impacts

GHRs *pl*
Abk guaranteed home ratings

giant insert
→ free-standing insert

Giffen effect
Giffen-Effekt *m*, Giffenscher Fall *m (Wirtschaftslehre) (Marktforschung)*

Giffen goods *pl*
→ inferior goods, Giffen effect

Giffen paradox
Giffen-Paradox *n (Wirtschaftslehre) (Marktforschung)*

gift advertising
Werbung *f* mit Werbegeschenken, Geschenkwerbung *f*, Zugabewerbung *f*

gift certificate
→ gift coupon

gift coupon
Geschenkgutschein *m*, Geschenkkupon *m*, Wertgutschein *m*, Geschenkbon *m*

gift method
→ brand-preference change study, Schwerin technique

gift package
Geschenkverpackung *n*

gift voucher
Geschenkgutschein *m*

gimmick
witziger Werbeeinfall *m*, Aufmerksamkeit erregender Werbetrick *m*, witzig aufgezogene Werbung *f*, Gag-Werbung *f*

giveaway
1. Geschenk *n*, Werbegeschenk *n*, Gutschein *m*, Prämie *f*, Zugabe *f*
2. Handzettel *m*, Werbezettel *m*, Werbeflugblatt *n*
3. Schenkveranstaltung *f*, Schenkung *f*

giveaway paper
Anzeigenblatt *n*, Stadtteilzeitung *f*

giveaway price
Wegwerfpreis *m*, Schleuderpreis *m*

giveaway program
→ giveaway

giveaway show
→ giveaway

GLA
Abk gross leasable area

glamor girl
Reklameschönheit *f*, konfektionierte Werbeschönheit *f*, Glamorgirl *n*

to glamorize
v/t verherrlichen, mit viel Reklame anpreisen, mit großem Werberummel anpreisen

global brand
Weltmarke *f (Marketing)*

global marketing
Globalmarketing *n*, globales Marketing *n*

global market research
globale Marktforschung *f*

glossy magazine
eigentl glänzende Zeitschrift *f*
Zeitschrift *f* auf Hochglanzpapier, Modezeitschrift *f*, elegante Frauenzeitschrift *f*, auf Hochglanzpapier gedruckte Zeitschrift *f*

glow bulletin
kurz für glow bulletin board

glow bulletin board
beleuchteter, angestrahlter Großanschlag *m*, angestrahlte Großwerbefläche *f*, angestrahltes Großplakat *n* *(Außenwerbung)*

glow panel
beleuchtetes, angestrahltes Plakat *n*, Leuchtplakat *n* *(Außenwerbung)*

glue-sealed issue
Exemplar *n*, Heft *n* mit zugeklebten Seiten *(Zeitschrift) (Leserschaftsforschung)*

glue-seal experiment
Leserschaftsuntersuchung *f* mit zugeklebten Seiten *(Zeitschrift) (Leserschaftsforschung)*

G.N.H.
Abk gross night hour

go-between
Vermittler *m*, Mittler *m*, Mittelsmann *m*, Kommissionär *m*, Makler *m*, Agent *m*

golden showcase
eigentl goldener Schaukasten *m*, Doppelplakat *n*, Plakatkombination *f* *(Außenwerbung)*

Gompertz curve
Gompertzkurve *f* *(Statistik) (Wirtschaftslehre)*

Gompertz function
Gompertzfunktion *f* *(Statistik) (Wirtschaftslehre)*

Gompertz model
Gompertzmodell *n* *(Statistik) (Wirtschaftslehre)*

gondola
Auslageregal *n*, beiderseitig offenes Warenauslageregal *n* (Warenhaus/Einzelhandelsgeschäft) *(POP-Werbung)*

goodwill (of a company)
Firmenwert *m*, Geschäftswert *m*, Goodwill *m* *(Wirtschaftslehre) (Betriebswirtschaft) (Marketing)*

goodwill advertising
Prestigewerbung *f*, Goodwillreklame *f*, Goodwill-Werbung *f*, Vertrauenswerbung *f*

goodwill copy
Goodwill-Werbung *f*

to go off the air
v/i Sendung beenden, aufhören zu senden, Sendeschluß machen *(Hörfunk/Fernsehen)*

to go on the air
v/i Sendung beginnen, anfangen zu senden *(Hörfunk/Fernsehen)*

graded discount
Staffelrabatt *m*, gestaffelter Mengenrabatt *m* *(Marketing) (Werbung)*

grade label
Gütezeichen *n* *(Marketing)*

gradient of valence
Aufforderungsgradient *m* *(Marktpsychologie)*

graduated discount
Staffelrabatt *m*

graph
Graphik *f*, graphische Darstellung *f*, Diagramm *n*, Schaubild *n*

graphic arts *pl*
Graphik *f*, Zeichenkunst *f*, graphische Kunst *f*

graphic designer
Zeichner *m*, Graphiker *m*, Graphik-Designer *m*, Grafik-Designer *m*

graphic model
graphisches Modell *n* *(Marketing)*

graphic presentation
→ graphic representation

graphic rating scale
graphische Ratingskala *f* *(empirische Sozialforschung)*

graphic representation
graphische Darstellung *f* *(Statistik)*

graphics *pl (als sg konstruiert)*
technisches Zeichnen *n*, Graphik *f*, graphische Kunst *f*

grass roots method (of sales forecasting)
Graswurzelmethode *f* (der Absatzprognose) *(Wirtschaftslehre) (Marketing)*

gratification
Gratifikation *f (empirische Sozialforschung) (Marktpsychologie) (Marktforschung)*

gratification principle
Gratifikationsprinzip *n*

gravitation method
Gravitationsmethode *f* (der Standortwahl) *(Betriebswirtschaft)*

gray market
grauer Markt *m (Wirtschaftslehre)*

Greek
eigentl „böhmische Dörfer" *n/pl*, etwas Unverständliches *n*, Unbekanntes *n*
anonymer Entwurf *m*, Entwurf *m* ohne Text oder Namen *(Werbung)*

to Greek
v/t (Photo/Zeichnung/Graphik) so behandeln, daß einzelne Details noch erkennbar, aber nicht mehr deutlich identifizierbar sind

Greek-in
→ Greek

grey market
→ gray market

grid card
eigentl Gitterkarte *f*
Tarifliste *f*, Werbepreisliste *f (Hörfunk/Fernsehen)*

gross
1. Bruttopreis *m*, Bruttowerbepreis *m*, Bruttoanzeigenpreis *m*, Listenpreis *m (Werbung) (Mediaplanung)*
2. *adj* brutto, Brutto-, gesamt, Gesamt-

gross audience
Bruttokontaktsumme *f*, Bruttoleser *m/pl*, Bruttohörer *m/pl*, Bruttozuschauer *m/pl*, Bruttoreichweite *f (Mediaforschung)*

gross billing
1. Bruttopreisrechnung *f*, Bruttorechnung *f (Werbung)*
2. Kundenetat *m*, Auftraggeberetat *m*, Jahresetat *m* eines Kunden *(Werbung)*
3. Listenpreis *m* (für Werbung)

gross circulation
Bruttokontaktsumme *f*, Bruttoreichweite *f (Außenwerbung) (Mediaforschung)*

gross cost
Bruttopreis *m*, Bruttowerbepreis *m (Werbung)*

gross cover
kurz für gross coverage

gross coverage
Bruttoreichweite *f (Mediaforschung)*

gross impacts *pl*
→ gross impressions

gross impressions *pl*
Bruttosumme *f*, der Werbemittelkontakte *(Werbeforschung)*

gross leasable area (GLA)
Geschäftsfläche *f (Einzelhandel) (Großhandel)*

gross less
colloq Anzeigenpreis *m* ohne Kommission, Werbepreis *m* ohne Provision (Werbeagenturbezahlung)

gross margin
Handelsspanne *f (Wirtschaftslehre) (Einzelhandel) (Großhandel)*

gross margin method
Handelsspannenmethode *f* der Werbeetatfestsetzung

gross merchandising margin
Handelsspanne *f*

gross message weight
→ gross impressions

gross night hour (G.N.H.)
Listenpreis *m* für die werbliche Finanzierung einer einstündigen Programmsendung während der Hauptsendezeit *(Fernsehen)*

gross number of exposures
Bruttokontakte *m/pl*, Bruttokontaktsumme *f (Mediaforschung)*

gross OTS
→ opportunity to see

gross passage
Buttokontaktsumme *m* (mit einem Außenwerbemittel) *(Außenwerbung)*

gross price
Bruttopreis *m*

gross profit
→ gross merchandising margin

gross rate
Bruttopreis *m*, Listenpreis *m* (*Werbung*)

gross rating points (GRPs, G.R.P.s) *pl*
Bruttoreichweite *f* (*Mediaforschung*)

gross rating point buy
etwa Bruttoreichweitenkauf *m* (*Mediaforschung*) (*Mediaplanung*)

group advertising
Gemeinschaftswerbung *f*, Gruppenwerbung *f*

group discount
Gruppennachlaß *m*, Gruppendiskont *m*, Kombinationsrabatt *m* (*Werbung*) (*Mediaplanung*)

group discussion
→ focus group interview

group head
Gruppenleiter *m*, Kontaktgruppenleiter *m* (in einer Werbeagentur)

group interview
→ focus group interview

group mailing
Gemeinschaftsversand *m*, Gemeinschaftswerbeversand *m* (*Briefwerbung*)

group organization system
Gruppenorganisation *f* (der Werbeagentur)

group organizer
etwa Gruppenabonnementswerber *m* (*Zeitung/ Zeitschrift*) (*Medienvertrieb*)

group subscription
Sammelbezug *m* (*Medienvertrieb*)

group system
→ group organization system

growth
Wachstum *n* (*Wirtschaftslehre*)

growth curve
Wachstumskurve *f* (*Statistik*) (*Wirtschaftslehre*)

growth function
Wachstumsfunktion *f* (*Statistik*) (*Wirtschaftslehre*)

growth-share matrix
→ Boston effect

growth stage (in the product life cycle)
Wachstumsphase *f*, (im Produktlebenszyklus), Phase *f* der Marktdurchdringung (*Marketing*) (*Marktforschung*)

G.R.P. (GRP)
Abk gross rating point

G.S.R.
Abk galvanic skin response

guarantee
Garantie *f*, Gewähr *f*, Gewährleistung *f*, Zusicherung *f*, Bürgschaft *f*
1. Auflagengarantie *f*, Reichweitengarantie *f* (*Zeitung/Zeitschrift*) (*Werbung*)
2. Qualitätsgarantie *f* (bei Waren)

guaranteed circulation
Mindestauflage *f*, garantierte Auflage *f*, Mindestreichweite *f*, garantierte Reichweite *f* (*Druckmedien/Hörfunk/Fernsehen*)

guaranteed home impacts (GHIs, G.H.I.s) *pl*
brit garantierte Einschaltquote *f*, Mindesteinschaltquote *f* (*Fernsehen*) (*Mediaplanung*)

guaranteed home impressions *pl*
→ guaranteed home impacts

guaranteed home ratings (GHRs, G.H.R.s) *pl*
→ guaranteed home impacts

guaranteed position
garantierte Anzeigenposition *f*, garantierte Anzeigenplazierung *f*, feste Werbeposition *f*, feste Werbeplazierung *f*, Festplazierung *f* (*Druckmedien/Hörfunk/Fernsehen*)

guide
Leitfaden *m*, Handbuch *n*, Einführung *f*

guideline
Leitlinie *f*, Orientierungslinie *f*, Orientierungshilfe *f*

Gunning formula
Gunningformel *f*, Gunningtest *m* (*Werbeforschung*)

gutter bleed
im Bundsteg angeschnittene Anzeige *f*

gutter position
Anzeigenposition *f*, neben dem Bundsteg

H

habit
Gewohnheit *f (Psychologie) (Marktpsychologie)*

habitual purchase
Gewohnheitskauf *m (Marktpsychologie)*

half life (half-life)
eigentl halbe Lebensdauer *f*, halbes Leben *n*
half run *(Mediaforschung) (Werbeforschung) (Direktwerbung)*

half-page ad
kurz für half-page advertisement

half-page advertisement
halbseitige Anzeige *f*, halbseitiges Inserat *n (Zeitung/Zeitschrift) (Werbung)*

half-page island position
halbseitig alleinstehende Anzeige *f*, alleinstehende halbseitige Anzeige *f (Zeitung/Zeitschrift) (Werbung)*

half-page spread
halbe Doppelseite *f*, halbe Doppelseitenanzeige *f*, halbes Doppelseiteninserat *n (Zeitung/Zeitschrift) (Werbung)*

half run
50prozentige Anschlagstellenbelegung *f*, 50prozentige Belegung *f* der Anschlagstellen *(Verkehrsmittelwerbung)*

half service
→ half showing

half showing
etwa Halbbelegung *f*, Minimalbelegung *f (Außen-/Verkehrsmittelwerbung)*

half-size poster
Plakat *n* im Format von 21 x 38 Zoll = 53,34 x 96,52 cm

halo effect
Ausstrahlungseffekt *m (Marketing) (empirische Sozialforschung) (Marktforschung) (Werbeforschung)*

handbill
Handzettel *m*, Flugzettel *m*, Werbezettel *m*, Flugblatt *n*, Reklamezettel *m*

handler
→ account executive

handling
1. Abwicklung *f*, Ausführung *f*, Durchführung *f*, Bearbeitung *f (Betriebswirtschaft)*
2. Handhabung *f (Mediaforschung)*

handling allowance
Abwicklungsrabatt *m*, Abwicklungsvergütung *f (Werbung)*

handling charge
Abwicklungsgebühr *f*, Berechnung *f* von Abwicklungskosten, Bearbeitungsgebühr *f*

handling test
Handhabungstest *m*, Handling-Test *m (Marktforschung) (Werbeforschung)*

handout
1. Broschüre *f*, Gratisprospekt *m*, Werbezettel *m*, Presseinformation *f*, Pressemitteilung *f*, Werbebroschüre *f*, Handzettel *m*, Handreichung *f*
2. zur Veröffentlichung freigegebenes Material *n*

hand painted poster
handgeschriebenes Plakat *n*, mit der Hand beschriftetes oder bemaltes Plakat *n (Anschlagwerbung)*

hanger card
Hängeplakat *n (POP-Werbung)*

hard goods *pl*
Gebrauchsgüter *n/pl*, langlebige Konsumgüter *n/pl*, Besitzgüter *n/pl (Wirtschaftslehre)*

hard selling
aggressive Verkaufsstrategie *f*, aggressive Verkaufspolitik *f (Werbung) (Verkaufsförderung)*

hard-selling advertisement
aggressive Verkaufswerbung *f*, aggressiv und unvermittelt zum Kauf auffordernde Werbung *f*

hard-selling copy
→ hard-selling advertisement

hawking
Haustürverkauf *m*, Hausierhandel *m*, Hausiergewerbe *n* *(Einzelhandel)*

head
1. Überschrift *f*, Titelkopf *m*, Kopf *m*, Überschriftszeile *f*, Titelzeile *f*, Titel *m*
2. Kapitel *n*, Abschnitt *m*

to head
v/t betiteln, mit einem Titel versehen

head counter
Kopfzähler *m*, Nasenzähler *m*, Erbsenzähler *m* *derog* für Marktforscher *m*, Umfrageforscher *m*

header
Aufstecker *m* (bei Warenauslagen) *(POP-Werbung)*

heading
→ headline

headlight display
→ front-end display

headline
Überschrift *f*, Überschriftszeile *f*, Schlagzeile *f*, Titel *m*, Titelzeile *f*, Rubrik *f*, Rubriküberschrift *f*, Kopfzeile *f* *(Werbung)*

head of household
Haushaltsvorstand *m* *(empirische Sozialforschung)*

head on
→ head-on location

head-on location
direkt zum Verkehrsfluß gerichtete Anschlagflächenposition *f*, Plakatanschlagsposition *f*, frontal zum vorüberfließenden Verkehr *(Außenwerbung)*

head-on position
→ head-on location

heartland
Haupteinzugsgebiet *n*, Einzugsgebiet *n*, Einzugsbereich *m*, Haupteinzugsbereich *m* *(Einzelhandel) (Standortforschung)*

heavying up
Intensivierung *f* der Werbeanstrengungen,
Konzentration *f*, Verstärkung *f* des Werbeeinsatzes

heavy listener
häufiger Hörer *m*, Vielhörer *m*, starker Hörer *m* *(Hörfunk) (Hörerschaftsforschung)*

heavy reader
häufiger Leser *m*, starker Leser *m*, Intensivleser *m*, Vielleser *m* *(Leserschaftsforschung)*

heavy-up
kurzer Intensiveinsatz *m* von Werbung, Klotzen *n*, kurze Werbeintensivierung *f*, konzentrierter Werbeeinsatz *m*

heavy user
Intensivnutzer *m*, Intensivkonsument *m*, Intensivkäufer *m* *(Marktforschung) (Mediaforschung)*

heavy viewer
Dauerseher *m*, Vielseher *m* *(Fernsehen) (Zuschauerschaftsforschung)*

heavy-weight test
Werbedrucktest *m* *(Werbeforschung)*

hed *sl*
→ head, headline

height of panel from the ground
Höhe *f* der Anschlagfläche über dem Erdboden *(Außenwerbung)*

Hendry method (of budgeting)
Hendry-Verfahren *m* (der Budgetierung)

hetero consumer
Heterokonsument *m* (Theodore Levitt)

heterogenizing competition
Heterogenisierungswettbewerb *m* *(Wirtschaftslehre) (Wettbewerbstheorie)*

heterogeneous goods *pl*
heterogene Güter *n/pl* *(Wirtschaftslehre)*

heuristics *pl (als sg konstruiert) (Wissenschaftstheorie)*
Heuristik *f*, heuristische Prinzipien *n/pl*, heuristische Entscheidungsmodelle *n/pl*

HH
Abk households

hiatus

hiatus
1. Werbepause *f*
2. Programmpause *f*, Sendepause *f (Hörfunk/ Fernsehen)*

hidden offer
verstecktes Angebot *n* (in einem Werbeträger)

hidden persuader
geheimer Verführer *m (Werbeforschung)*

hierarchy of effects model
Modell *n* einer hierarchischen Abfolge von Wirkungen, Hierarchy-of-effects-Modell *n (Werbeforschung)*

hierarchy of needs
Bedürfnishierarchie *f*, Hierarchie *f* der Bedürfnisse, Bedürfnispyramide *f* (Abraham H. Maslow) *(Sozialpsychologie) (Marktpsychologie)*

hifi (hi-fi, Hi-Fi)
Abk high fidelity
Endlos-Farbanzeige *f*, Hifi-Endlos-Farbanzeige *f*, vorgedruckte Anzeige *f*, Anzeigenvordruck *m*

hifi insert (hi-fi insert)
HiFi-Anzeige *f*, HiFi-Endlosanzeige *f*

high assay
eigentl hohe Prüfung *f (Mediaplanung)*

high assay iteration model
→ high assay model

high assay model
High-Assay-Modell *n*, High-Assay-Verfahren *n (Mediaplanung)*

high-budget show
teure, aufwendige Unterhaltungssendung *f (Fernsehen)*

high spot
viel frequentierter Platz *m*, viel frequentierte Stelle *f*, stark frequentierter Standort *m (Außenwerbung)*

historical method (of budgeting)
historische Methode *f* (der Etatfestsetzung)

hit
1. Schlager *m*, Treffer *m*, Erfolg *m*, Hit *m*, erfolgreiches Produkt *n*, erfolgreiche Strategie *f*, irgendetwas *n*, das auf viele anziehend wirkt
2. *adj* sehr erfolgreich, Erfolgs-, Schlager-

hitchhike
etwa Huckepackwerbesendung *f*, Nachzüglersendung *f*, Rucksacksendung *f (Hörfunk/Fernsehen)*

hitchhiker
→ hitchhike

hoarding
brit Anschlagwand *f*, Anschlagzaun *m*, Reklamezaun *m*, Anschlagfläche *f*, Bretterzaun *m (Außenwerbung)*

Hodge-Lehmann rule
Hodge-Lehmann-Regel *f (Entscheidungstheorie)*

holding fee
Abschlagszahlung *f* an Mitwirkende in einer Werbesendung, die zum Zeitpunkt der Zahlung nicht gesendet wird *(Hörfunk/Fernsehen)*

holding power
etwa Haltefähigkeit *f*, Haltekraft *f*, Fesselungsvermögen *n*, Anziehungskraft *f (Werbung) (Marketing) (Hörfunk/Fernsehen)*

holdover
nicht veröffentlichte Anzeige *f*, nicht gebrachte Anzeige *f*, zurückgehaltene Anzeige *f*

holdover audience
etwa mitgeschleppte Hörer *m/pl* bzw. Zuschauer *m/pl*, übertragene Hörer *m/pl* bzw. Zuschauer *m/pl*, „geerbte" Hörer *m/pl* bzw. Zuschauer *m/pl (Hörfunk/Fernsehen)*

holdover effect (of advertising)
→ customer holdover effect (of advertising)

holistic psychology
→ holism

holism
Ganzheitspsychologie *f*, Ganzheitslehre *f*, Leipziger Schule *f (Psychologie)*

home
→ household

home circulation
→ domestic market circulation

home market
→ domestic market

home market trade
→ domestic market trade

homes passed *pl*
potentieller Kabelfernsehmarkt *m*

homes per dollar *pl*
→ households per dollar

homes per rating point (HPRP, H.P.R.P.) *pl*
Zahl *f* der Haushalte pro Prozentpunkt eingeschalteter Radio- oder Fernsehgeräte *(Mediaforschung)*

homes reached *pl*
→ households reached

homes using radio (HUR) *pl*
→ households using radio

homes-using-radio rating (HUR rating)
→ households-using-radio rating

homes using sets *pl*
→ households using radio, households using sets

homes using television (HUT) *pl*
→ households using television

homes-using-television rating (HUT rating)
→ households-using-television rating

homework
Heimarbeit *f*

homogeneous goods *pl*
homogene Güter *n/pl (Wirtschaftslehre)*

homogeneous preference
homogene Präferenz *f (Wirtschaftslehre) (Marktpsychologie) (Marketing)*

hook
eigentl Haken *m*, Klammer *f*
Aufreißer *m*, Aufmerksamkeit auf sich ziehender Einleitungssatz *m*, Anreißer *m*, Aufmacher *m*, Aufhänger *m (Werbung)*

hooker
→ dealer imprint

horizontal advertising
horizontale Gemeinschaftswerbung *f*, horizontale Verbundwerbung *f*, horizontale Coop-Werbung *f*

horizontal buy
Breiten-Anzeigenwerbung *f*, auf breite Streuung zielende Anzeigenwerbung *f (Werbeplanung) (Mediaplanung)*

horizontal contiguity
Minimalbelegung *f* pro Woche (Radio-/Fernsehwerbung), Mindestzahl *f* von Werbesendungen pro Woche

horizontal cooperation
horizontale Kooperation *f (Marketingorganisation)*

horizontal cume
kumulative Einschaltquote *f (Hörfunk/Fernsehen)* einer Programmserie an aufeinanderfolgenden Tagen

horizontal differentiation
horizontale Differenzierung *f (Marketingplanung)*

horizontal discount
Preisnachlaß *m* für Werbung, die über einen längeren Zeitraum, meist ein ganzes Jahr, plaziert wird *(Hörfunk/Fernsehen)*.

horizontal diversification
horizontale Diversifikation *f*, horizontale Diversifizierung *f (Marketingplanung)*

horizontal half-page
horizontale Halbseite *f*, halbe horizontale Seite *f*, halbseitige Anzeige *f* im Querformat (Anzeigenposition) *(Zeitung/Zeitschrift)*

horizontal marketing
horizontales Marketing *n*

horizontal marketing organization
horizontale Marketingorganisation *f*

horizontal product differentiation
horizontale Produktdifferenzierung *f (Marketingplanung)*

horizontal saturation
eigentl Horizontalsättigung *f*
intensive Zielgruppenwerbung *f (Werbeplanung)*

hosting
eigentl Beherbergen *n*, Bewirten *n*, Gastgeber sein
Schleichwerbung *f*, getarnte Werbung *f*, Schmuggelwerbung *f*

Hotchkiss model
Hotchkiss-Modell *n* (der Werbewirkung) *(Werbeforschung)*

hot shop
Hot Shop *m*, Boutique *f*, Kreativboutique *f* *(Werbung)*

house ad
kurz für house advertisement

house advertisement
Eigenanzeige *f*, Eigeninserat *n*, Eigenwerbesendung *f*, Eigenwerbung *f*

house advertising
Eigenwerbung *f*

house agency
hauseigene Agentur *f*, hauseigene Werbeagentur *f*, Hausagentur *f*

house brand
Eigenmarke *f*, Hausmarke *f*

household
Haushalt *m*, Haushaltung *f*, privater Haushalt *m* *(empirische Sozialforschung) (Marktforschung) (Mediaforschung)*

household audience
Haushaltshörerschaft *f*, Haushaltszuschauerschaft *f*, *Haushaltsreichweite f* (Mediaforschung)

household audience accumulation
→ audience accumulation

household audience carry-over
→ carryover

household book
Haushaltsbuch *n* *(Marktforschung) (Konsumforschung)*

household book research
Haushaltsbuchforschung *f* *(Marktforschung) (Konsumforschung)*

household combinations *pl*
etwa kombinierte Haushalte *m/pl* *(Leserschaftsforschung)*

household equipment
Haushaltsausstattung *f*, Haushaltsversorgung *f*, Haushalts-Ausstattungsgrad *m*, Ausstattungsgrad *m* *(Marktforschung) (Konsumforschung)*

household income
Haushaltseinkommen *n*, Haushaltsnettoeinkommen *n*

households per dollar *pl*
Zahl *f* der Haushalte pro Dollar *(Hörfunk/Fernsehen)*

households reached *pl*
Gesamtzahl *f* der Sendernetzhörerhaushalte, der Sendernetz-Zuschauerhaushalte *(Hörfunk/Fernsehen)*

households using radio (HUR) *pl*
Zahl *f* der effektiven Hörerhaushalte, Haushaltseinschaltzahl *f (Hörerschaftsforschung)*

households-using-radio rating (HUR rating)
Anteil *m* der effektiven Hörerhaushalte, Haushalts-Einschaltquote *f (Hörerschaftsforschung)*

households using television (HUT) *pl*
Zahl *f* der effektiven Fernsehhaushalte *(Zuschauerschaftsforschung)*

households-using-television rating (HUT rating)
Anteil *m* der effektiven Fernsehhaushalte, Einschaltquote *f (Zuschauerschaftsforschung)*

house rough
Layout *n*, Entwurf *m*, Skizze *f* ausschließlich für interne Zwecke (in einer Werbeagentur)

house shop
→ house agency

house style
1. Stil *m* des Hauses, Art *f*, und Weise *f*, Design *n* Schriftcharakteristika *n/pl*, Bestandsschriften *f/pl (Zeitschrift/Zeitung)*
2. Hausausstattung *f*, Hausfarbe *f (Marketing)*

house-to-house advertising
→ canvassing

house-to-house sale
Haustürverkauf *m*, Direktverkauf *m*

housewife time
Sendezeit *f* für Hausfrauen *(Hörfunk)*

Howard-Sheth model (of consumer behavior)
Howard-Sheth-Modell *n* *(des Konsumentenverhaltens)*

HPRP (H.P.R.P.)
Abk homes per rating point

HTN (H.T.N.)
1. *Abk* Home Theatre Network
2. *Abk* Hughes Television Network

huckster
sl Am eigentl Hausierer *m*, Straßenhändler *m*, Hökerer *m*, Schacherer *m* *(Werbung)*

huckstering
1. Hökerhandel *m*
2. schlechte, billige und aufdringliche Werbung *f*

human relations *pl* + sg
Human Relations *f (pl)*, innerbetriebliche Werbung *f*, Pflege *f* zwischenmenschlicher Beziehungen, werbende Führung *f*

human resources
menschliche Ressourcen *f/pl*, Humanressourcen *f/pl*
Human-Ressourcen-Bewegung *f*, Human-Ressourcen-Ansatz *m*

human touch
menschliche Note *f*

humor (*brit* **humour**) **(in advertising)**
Humor *n* (in der Werbung)

humorous advertising
humorvolle Werbung *f*

hundred-and-twenty (120)
Werbesendung *f* von 120-Sekunden-Dauer *(Fernsehen)*

100 showing
→ full showing

150 showing
→ saturation showing

HUR
Abk households using radio

HUR rating
Abk households-using-radio rating

HUT rating
Abk households-using-television rating

hype *sl*
1. übertreibende Werbung *f*, Reklame *f*
2. Werbetrick *m*, mit dem Aufmerksamkeit erregt wird.
3. Gegenstand *m*, Produkt *n*, Erzeugnis *n*, Person *f*, auf den/das/die durch reißerische Werbung die Aufmerksamkeit gelenkt wird

to hype
→ to hype up

hyped-up
sl adj übertrieben, aufgemotzt, künstlich

hyper *sl*
Werbe- oder Verkaufsförderungsfachmann *m*, der übertriebene, überzogene Werbung macht

to hype up *sl*
v/t aufmotzen, übertreiben, überzogen darstellen

hyping
übertriebene, krampfhafte Werbeanstrengung *f*

hypodermic-needle model
Injektionsmodell *n*, Hypodermic-Needle-Modell *n* *(Kommunikationsforschung)*

I

icon
Ikon *n*, ikonisches Zeichen *n* (Konsumforschung)

I.D. (ID)
Abk identification

idea advertising
etwa Meinungswerbung *f*

idea development
→ idea generation method

idea development interview (IDI)
Ideenentwicklungsinterview *n*
→ idea generation method

idea development method
→ idea generation method

idea generation method
Kreativitätstechnik *f*, Kreativitätsmethode *f*, Ideenfindungsmethode *f*

ideal product
Idealprodukt *n* (Marketing) (Marktforschung) (Marktpsychologie)

ideal product model
Idealproduktmodell *n*, Idealpunktmodell *n* (Marketing) (Marktforschung) (Marktpsychologie)

ideal vector
Idealvektor *m* (Marketing) (Marktforschung) (Marktpsychologie)

identification commercial
→ sponsor identification

identification spot
→ sponsor identification

identification test
Identifikationstest *m* (Marktforschung) (Werbeforschung)

IDI
Abk idea development interview

IFC (I.F.C.)
Abk inside front cover

illustrated advertisement
illustrierte Anzeige *f*

illustrated magazine
ungebr für Illustrierte *f*, illustrierte Zeitschrift *f*

image
1. Image *n*, Vorstellungsbild *n*, allgemeine Vorstellung *f* (Marktpsychologie) (Marktforschung)
2. Bild *n*, bildliche Darstellung *f*, Bildnis *n*, Abbild *n*

image ad
kurz für image advertisement

image advertisement
Imageanzeige *f*, Imagereklame *f*, Imagewerbung *f*, Werbemittel *n* der Imagewerbung

image advertising
Imagewerbung *f*

image awareness study
Image-Untersuchung *f*, Imageverbreitungsstudie *f* (Werbeforschung) (Marktforschung)

image builder
Imageförderer *m*, Imageentwickler *m*

image analysis
Imageanalyse *f* (Werbeforschung) (Marktforschung)

image-building
methodischer Aufbau *m* eines Image, Imagepflege *f*, Image-Entwicklung *f*

image comparison
Imagevergleich *m* (Werbeforschung) (Marktforschung)

image factor
Imagefaktor *m*, Imageverstärker *m*

image marketing
Image-Marketing *n*

image reinforcer
→ image factor

image research
Imageforschung *f (Marktpsychologie) (Marktforschung) (Werbeforschung)*

image transfer
Imagetransfer *m (Marketing)*

imitation
Nachahmung *f (Marketing) (Werbung)*

impact
Stärke *f* des Werbeeindrucks, Intensität *f* des Werbeeindrucks, Impact *m*, Impactstärke *f (Werbe-/Mediaforschung)*

impacting
→ impact scheduling

impact panel
Wirkungspanel *n*, Einflußpanel *n (Werbe-/Mediaforschung)*

impact scheduling
etwa Wuchtplanung *f*, Klotzen *n*, Klotzplanung *f (Werbeplanung) (Mediaplanung)*

impacts per viewer *pl*
Zahl *f* der Werbeeindrücke pro Zuschauer *(Fernsehen) (Mediaforschung)*

impact study
Untersuchung *f* der Stärke des Werbeeindrucks, der Intensität des Werbeeindrucks *(Werbeforschung) (Mediaforschung)*

impact test
Impacttest *m*, Werbeeindruckstest *m*, Wirksamkeitstest *m (Werbeforschung) (Mediaforschung)*

impact testing
Durchführung *f* eines Impacttests, mehrerer Impacttests, von Wirksamkeitstests, Untersuchung *f* von Werbewirksamkeit *(Werbeforschung) (Mediaforschung)*

imperative
Mediennutzer *m* mit starker Bindung (an das jeweilige Medium) *(Mediaforschung)*

to implement
v/t ausführen, durchführen, vollenden

implicit copy
etwa implizierender Werbetext *m*, indirekter Werbetext *m*

importance
Wichtigkeit *f*, Bedeutsamkeit *f*, Relevanz *f (Werbeforschung)*

imported inflation
importierte Inflation *f*

import factoring
Import-Factoring *n*

import market research
Importmarktforschung *f*

impression opportunity
Kontaktwahrscheinlichkeit *f*, Kontaktgelegenheit *f*, Anschlagkontaktchance *f (Verkehrsmittelwerbung)*

impression test
Eindruckstest *m (Marktforschung)*

impression value
Werbeeindruck *m (Werbeforschung)*

imprint
Eindruck *m*, Werbeeindruck *m*, (Firmen-, Händler-) Eindruck *m*

to imprint
v/t eindrucken, aufdrucken, aufprägen

imprinting
Eindrucken *n*, Händlervermerk *m* oder Herstellervermerk *m* eindrucken, die Praxis *f*, Werbeeindrucke machen zu lassen

impulse action technique
Spontanhandlungsverfahren *n*, Spontanwahlverfahren *n (Marktforschung)*

impulse assortment
Impulssortiment *n (Einzelhandel) (Marketing)*

impulse buy
Impulskauf *m*, Spontankauf *m*, Impulsentscheidung *f (Konsumforschung) (Marktforschung)*

impulse buyer
Impulskäufer *m*, Spontankäufer *m (Marktforschung) (Konsumforschung)*

impulse buying
Impulskaufen *m*, Spontankaufen *n* (*Marktforschung*) (*Konsumforschung*)

impulse good *(meist pl* **impulse goods***)*
Impulsware *f*, Impulsartikel *m*, Impulsgut *n* (*Wirtschaftslehre*) (*Marktforschung*) (*Konsumforschung*)

impulse item
→ impulse good

impulse purchase
→ impulse buy

impulse purchasing
→ impulse buying

inactives *pl*
Inaktive *m/pl* (*Kommunikationsforschung*)

in-ad
kurz für in-ad coupon

in-ad coupon
Herstellergutschein *m*, -kupon *m*, -coupon *m* in oder an der Anzeige eines örtlichen Einzelhändlers

incentive
1. Anreiz *m*, Antrieb *m*, Ansporn *m* (*Psychologie*)
2. Incentive *f*, Incentive-Aktion *f*, Incentivereise *f* (*Marketing*)
3. *adj* anspornend, anreizend, anregend, ermutigend

incidental music
musikalische Begleitung *f*, musikalische Untermalung *f*, Filmmusik *f*, Begleitmusik *f*

incidental media overspill
→ incidental overspill

incidental overspill
Medien-Overspill *m* (*Mediaforschung*)

incidental reader
→ pass-along reader

income
Einkommen *n* (*Wirtschaftslehre*) (*Konsumforschung*)

income distribution curve
Einkommenverteilungskurve *f*, Lorenzkurve *f*, Konzentrationskurve *f* (*Statistik*) (*Wirtschaftslehre*)

income elasticity
Einkommenselastizität *f* der Nachfrage (*Wirtschaftslehre*)

increase of demand
Bedarfssteigerung *f*, Bedarfssteigerungseffekt *m*, Nachfragezuwachs *m*, Nachfragezuwachseffekt *m* (*Marketingplanung*)

incremental analysis
Zuwachsanalyse *f*, Grenzzuwachsanalyse *f* des Werbeaufwands (*Mediaplanung*)

incubation
Inkubationszeit *f* (*Werbeforschung*) (*Mediaforschung*)

indecent advertising
unzüchtige Werbung *f*, anstößige Werbung *f*

independent carrier
Zeitungsausträger *m*, Zeitungszusteller *m* auf eigene Rechnung

independent contractor
→ supplier

independent store
→ retail store

independent television market
→ dominant area

independent trade
Eigengeschäft *n*, Eigenhandel *m*

index
1. Index *m*, Vergleichszahl *f*, Meßzahl *f*, Meßziffer *f*, Kennziffer *f*, Indexzahl *f*, Indexziffer *f* (*Statistik*)
2. Kartei *f*, Inhaltsverzeichnis *n*, Register *n*

index of media plan effectiveness
Indexwert *m* für die Wirksamkeit eines Streuplans (*Mediaplanung*)

index of social position (I.S.P.)
Index der sozialen Position *f*, Index *m* der Sozialschicht, Index *m* der Sozialstellung, Index *m* der Gesellschaftstellung (*empirische Sozialforschung*) (*Marktforschung*)

index of status characteristics (I.S.C., ISC)
Index *m* der Statusmerkmale, Index *m* der Sozialschicht, Index *m* des Sozialstatus, Index *m* der Sozialstellung (*empirische Sozialforschung*) (*Marktforschung*)

index of socioeconomic status (S.E.S., SES)
Index *m* des sozioökonomischen Status, Index *m* der Sozialschicht, Index *m* der sozioökonomischen Stellung, Index *m* des Sozialstatus *(empirische Sozialforschung) (Marktforschung)*

indicia
Freistempler *m*, maschinell (anstelle einer Briefmarke) hergestelltes Frankierungszeichen *n*, mit der Portoriermaschine aufgedruckte Frankierung *f*, gedruckte Frankierung *f*

indicia advertising
Freistemplerwerbung *f*

indifference curve
→ curve of indifference

indifference law
→ law of indifference

indifference-preference theory (of buying decision)
Indifferenz-Präferenz-Theorie *f* (der Kaufentscheidung) *(Konsumforschung) (Marktforschung)*

indirect-action advertising
indirekte Werbung *f*, Goodwill-Werbung *f*, Dispositionswerbung *f*, Stimmung erzeugende Werbung *f*, Imagewerbung *f*, einstimmende Werbung *f*

indirect-action copy
→ indirect-action advertising

indirect advertising
indirekte Werbung *f*

indirect approach (of believability rating)
indirekte Methode *f*, indirekter Ansatz *m* der Glaubwürdigkeitsermittlung *(Werbe-/Mediaforschung)*

indirect suggestion
indirekte Suggestion *f*, Werbung *f* in der dritten Person

individual advertising
Alleinwerbung *f*, Einzelwerbung *f*, Individualwerbung *f*

individual advertising letter
individualisierter Werbebrief *m (Direktwerbung)*

individual audience
→ audience of individuals

individual brand
Individualmarke *f*, Eigenmarke *f (Marketing)*

individual communication
Individualkommunikation *f (Kommunikationsforschung)*

individual decision
Individualentscheidung *f (Konsumforschung) (Marktforschung)*

individual location
Ganzstelle *f*, Spezialstelle *f*, Einzelstelle *f*, Sonderstelle *f (Außenwerbung)*

individual mail subscription
Einzelabonnement *n*, Einzelpostabonnement *n (Zeitung/Zeitschrift) (Medienvertrieb)*

individuals impressed by advertising copy *pl*
Werbebeeindruckte *m/pl (Werbeforschung)*

individuals reached *pl*
Gesamtzahl *f* der Einzelpersonen, die ein Sendernetzprogramm anhören oder anschauen *(Hörfunk/Fernsehen) (Mediaforschung)*

individual supplement
Eigenbeilage *f*, Eigensupplement *n (Zeitung/Zeitschrift)*

individuals using radio *pl*
Zahl *f* der effektiven Radiohörer *(Hörerschaftsforschung)*

individuals-using-radio rating
effektive Hörfunkreichweite *f*, Anteil *m* der effektiven Radiohörer *(Hörerschaftsforschung)*

individuals using television *pl*
Zahl *f* der effektiven Fernsehzuschauer *(Zuschauerschaftsforschung)*

individuals-using-television rating
Anteil *m* der effektiven Fernsehzuschauer *(Zuschauerschaftsforschung)*

indoor panel
Innenplakat *n*, Innenanhang *m*, Innenanschlag *m (Anschlagwerbung)*

inductor
Induktor *m (Werbeforschung)*

industrial advertising
Industriewerbung *f*, industrielle Werbung *f*, Investitionsgüterwerbung *f*, Kapitalgüterwerbung *f*

industrial consultation
Betriebsberatung *f*

industrial design
Industriedesign *n*, industrielle Formgebung *f*, Formgestaltung *f* von Industrieprodukten

industrial designer
Industriedesigner *m*, Formgestalter *m* von Industrieprodukten

industrial film
Industriefilm *m*, industrieller Dokumentationsfilm *m*

industrial good (*meist pl* **industrial goods**)
Industriegut *n*, industrielles Gut *n*, Produktionsmittel *n*, Investitionsgut *n*, Kapitalgut *n*

industrial goods advertising
Industriegüterwerbung *f*, Industriewerbung *f*

industrial marketing
Industriemarketing *n*

industrial market research
Investitionsgütermarktforschung *f*, industrielle Marktforschung *f*, Kapitalgütermarktforschung *f*, Produktionsgütermarktforschung *f*

industrial relations *pl* (*als sg konstruiert*)
Industrial Relations *pl*

industrial store
Belegschaftsladen *m*, Belegschaftshandel *m* (*Wirtschaftslehre*) (*Einzelhandel*)

industrial user panel
Vorverbraucher-Panel *n* (*Marktforschung*)

inertia selling
eigentl Trägheitsverkauf *m*
negative Option *f* (*Verkaufsförderung*)

inferior goods *pl*
inferiore Güter *n/pl* (*Wirtschaftslehre*)

inflation
Inflation *f* (*Wirtschaftslehre*)

inflation (of audience figures)
Aufblähung *f*, zu hohe Leser-, Hörer-, Zuschauerzahlen *f/pl*, überhöhte Reichweite *f* (*Mediaforschung*)

inflation of aspirations
Anspruchsinflation *f* (*Sozialpsychologie*) (*Marktpsychologie*)

influence
Einfluß *m*, Einwirkung *f*

to influence
v/t beeinflussen, Einfluß haben auf, Einfluß ausüben auf

influencer
Beeinflusser *m*, Kaufberater *m*, Einkaufsberater *m* (*Kommunikationsforschung*) (*Marktforschung*)

influential (*meist pl* **influentials**)
Einflußreicher *m* , einflußreiche Person *f*, Meinungsführer *m*, Beeinflusser *m* (*Kommunikationsforschung*)

informal balance
optisch ausgewogenes, aber asymmetrisches Layout *n*, Anzeigenlayout *n* (*Werbung*)

informant
Befragter *m*, Interviewter *m*, Versuchsperson *f* (*empirische Sozialforschung*)

information (*nur sg*)
Information(en) *f(pl)*, Nachricht(en) *f(pl)*

information advertising
→ informative advertising

information bulletin
Informationsbulletin *n*, Informationsdienst *m*, Pressedienst *m*

informative advertising
informierende Werbung *f*, Informationswerbung *f*, Informationsreklame *f*

informative copy
informierender Werbetext *m*, informierende Werbung *f*, informierendes Werbemittel *n*

informative labeling
Etikettierung *f*, Informationsbeschriftung *f*, aufklärende Beschriftung *f*

informative product advertising
informative Produktwerbung *f*, informierende Produktwerbung *f*

inheritance
→ inherited audience

inherited audience
eigentl geerbtes Publikum *n*, geerbte Hörer *m/pl*, geerbte Zuschauer *m/pl*, mitgeschleppte Hörer *m/pl*, mitgeschleppte Zuschauer *m/pl*, mitgeschlepptes Publikum *n* *(Hörfunk/Fernsehen)*

inherited radio audience
eigentl geerbte Radiohörer *m/pl*, mitgeschleppte Hörer *m/pl*

inherited television audience
eigentl geerbte Fernsehzuschauer *m/pl*, mitgeschleppte Zuschauer *m/pl*

inheritor
eigentl Erbe *m*

in-home audience
Zuhause-Leser *m/pl*, -Hörer *m/pl*, -Zuschauer *m/pl*, Zuhause-Publikum *n* *(Mediaforschung)*

in-home listening
Zuhausehören *n* *(Hörfunk)*

in-home media *pl*
Medien *n/pl*, die zuhause benutzt werden *(Mediaforschung)*

in-home pass-along reader
Zuhause-Sekundärleser *m*, Zuhause-Zweitleser *m* *(Leserschaftsforschung)*

in-home reader
Zuhause-Leser *m*, Leser *m*, der zuhause liest *(Leserschaftsforschung)*

in-home reading
Zuhauselesen *n* *(Leserschaftsforschung)*

in-home retailing
→ in-home selling

in-home selling
Sammelbestellsystem *n* *(Marketing) (Verkaufsförderung)*

in-home viewer
Zuhause-Zuschauer *m*, Zuhause-Fernseher *m* *(Mediaforschung)*

in-home viewing
Zuhause-Zuschauen *n*, Zuhause-Fernsehen *n* *(Mediaforschung)*

initial attention
Anfangsbeachtung *f*, Anfangsaufmerksamkeit *f*, anfängliche Aufmerksamkeit *f* *(Werbeforschung)*

initial audience
Anfangshörerschaft *f*, -zuschauerschaft *f*, Hörerzahl *f*, Zuschauerzahl *f* bei Beginn einer Sendung *(Hörfunk/Fernsehen) (Mediaforschung)*

initial purchase
Erstkauf *m*, Anfangskauf *m*, einmaliger Kauf *m*

initial sale
Erstverkauf *m*, Anfangsverkauf *m*, einmaliger Verkauf *m*

initiator
Initiator *m* *(Kommunikationsforschung) (Marktforschung) (Marketing)*

inlooker
flüchtiger Leser *m* *(Leserschaftsforschung)*

inner-directed behavior
innengeleitetes Verhalten *n*

inner-directed person
innengeleiteter Mensch *m* *(Marktforschung)*

innovation
Innovation *f*, Innovationsprozeß *m* *(Soziologie) (Marktpsychologie) (Marktforschung) (Marketing)*

innovator
Innovator *m*, Neuerer *m*, Pionier *m* *(Kommunikationsforschung) (Marktforschung)*

inoculation
Inokulation *f*, Inokulieren *n* *(Psychologie) (Kommunikationsforschung)*

in-pack
1. eingepackte Zugabe *f*, Packungszugabe *f*
2. eingepackter Gutschein *m*, eingepackter Kupon *m*, eingepackter Coupon *m*

in-pack coupon
→ in-pack **2.**

in-pack premium
→ in-pack **1.**

input-output analysis
Input-Output-Analyse *f*, Input-Output-Methode

inquiry
f, Input-Output-Rechnung *f (Wirtschaftslehre) (Statistik)*

inquiry
Anfrage *f*, Erkundigung *f*, Nachfrage *f (Werbung)*

inquiry productivity
Anfrageproduktivität *f (Werbung)*

inquiry test
Anfragenkontrolltest *m*, Anfragetest *m*, Erkundigungstest *m (Werbeforschung)*

insert
1. Beihefter *m*, Beilage *f*, Werbebeilage *f*, Einlage *f*, Anlage *f*, Werbeanlage *f (Zeitung/Zeitschrift)*
2. Werbebeilage *f*, Packungsbeilage *f*, Beipack *m*, Werbebeipack *m*
3. Insert *m*, Zwischenunterbrecher *m (Fernsehen)*
4. Einfügung *f*, Einschub *m*, Einschiebung *f*, Einschaltung *f*, eingeschobener Text *m*, eingeschobene Szene *f*

to insert
1. *v/t* als Inserat aufgeben, als Anzeige in eine Zeitung einrücken lassen
2. *v/t* einfügen, einschalten, einsetzen

insertion
Einschaltung *f*, Schaltung *f*, Insertion *f*, Inserierung *f*, Anzeigenschaltung *f (Werbung) (Mediaplanung)*

insertion order
Insertionsanweisung *f*, Anzeigenauftrag *m (Werbung) (Mediaplanung)*

insertion rate
Einschaltpreis *m*, Insertionspreis *m (Werbung) (Mediaplanung)*

insertion schedule
Insertionsplan *m*, Erscheinungsplan *m* (einer Anzeige) *(Werbung) (Mediaplanung)*

insertion step
Belegungsschritt *m (Werbung) (Mediaplanung)*

insert notice
Beilagenhinweis *m (Zeitung/Zeitschrift) (Werbung)*

in-shop observation
Ladenbeobachtung *f (Marktforschung)*

inside ad
kurz für inside advertisement

inside advertisement
→ inside transit poster

inside advertising
→ inside bus card advertising

inside back cover (IBC, I.B.C.)
dritte Umschlagseite *f*, U 3 *f (Zeitschrift)*

inside bus card
Innenanschlag *m*, Innenplakat *n (Verkehrsmittelwerbung)*

inside bus card advertising
Innenanschlagwerbung *f (Verkehrsmittelwerbung)*

inside car card
→ inside bus card

inside car card advertising
→ inside bus card advertising

inside transit advertising
→ inside bus card advertising

inside front cover (IFC, I.F.C.)
zweite Umschlagseite *f*, U 2 *f (Zeitschrift)*

inside-out
von innen nach außen *(Leserschaftsforschung)*

inside page
Innenseite *f (Zeitung/Zeitschrift)*

inside panel
etwa Reihenanschlag *m (Außenwerbung)*

inside transit advertising
Innenplakatanschlag *m*, Innenanschlag *m*, Werbung *f* mit Hilfe von Innenanschlägen, Werbung *f* an den Innenflächen von öffentlichen Verkehrsmitteln *(Anschlagwerbung) (Verkehrsmittelwerbung)*

inside transit poster
Innenplakat *n*, Innenanschlag *m* in einem öffentlichen Verkehrsmittel *(Verkehrsmittelwerbung)*

instantaneous audience rating
Stichtags-Einschaltquote *f*, Stichzeitpunkt-Einschaltquote *f (Hörfunk/Fernsehen)*

instantaneous photograph
Momentaufnahme *f*

institutional advertising
Unternehmenswerbung *f*, Firmenwerbung *f*, firmenbetonte Werbung *f*, Repräsentationswerbung *f* von Unternehmen, Firmen-Goodwill-Werbung *f*, Firmenimagewerbung *f*, institutionelle Werbung *f*

institutional approach in marketing
Institutionenlehre *f*, institutionenorientierte Absatztheorie *f (Marktforschung)*

institutional consumer dealer
Großverbrauchergeschäft *n (Großhandel)*

institutional household
Anstaltshaushalt *m (Statistik) (empirische Sozialforschung) (Marktforschung)*

institutional image
→ corporate image

institutional paper
→ institutional publication

institutional publication
Zeitschrift *f* für Anstalten und Einrichtungen wie Schulen, Hotels, Krankenhäuser, Restaurants u.dgl.

institutional size
Großhandelspackung *f*, Großhandelsformat *n (Verpackung)*

institutions advertising
Institutionenwerbung *f*

in-store
kurz für in-store demonstration

in-store demo
kurz für in-store demonstration

in-store demonstration
Werbungs- oder Verkaufsdemonstration *f*, in einem Einzelhandelsgeschäft, einem Warenhaus *(POP-Werbung)*

in-store display
Warenauslage *f*, innerhalb der Geschäftsräume *(POP-Werbung)*

in-store interview
Käuferbefragung *f* vor, beim oder nach dem Kauf im Geschäft *(Marktforschung)*

in-store test
→ store test

instrumental goods *pl*
Produktionsgüter *n/pl* (Produktionsgut *n*) *(Wirtschaftslehre)*

instrumental information
Instrumentalinformation *f (Marketing) (Marktforschung)*

instruments *pl* **of sales policy**
absatzpolitisches Instrumentarium *n*, absatzpolitische Instrumente *n/pl (Marketing)*

instruments *pl* **of supply policy**
beschaffungspolitisches Instrumentarium *n*, beschaffungspolitische Instrumente *n/pl (Marketing) (Beschaffungsmarketing)*

insurance
Versicherung *f*

insurance advertising
Versicherungswerbung *f*

insurance marketing
Versicherungsmarketing *n*

integral quality
Integralqualität *f*, integrale Qualität *f (Marketing)*

to integrate
v/t integrieren, (Werbesendungen) in eine Programmsendung einblenden, programmunterbrechende Werbung senden *(Hörfunk/Fernsehen)*

integrated behavior
integriertes Verhalten *n (Marktforschung)*

integrated commercial
integrierte Werbesendung *f (Hörfunk/Fernsehen)*

integrated format
etwa Integrationswerbung *f*, Gemeinschaftsfinanzierung *f (Hörfunk/Fernsehen)*

integrated person
integrierter Mensch *m (Marktforschung)*

integrated print
synchronisierte Kopie *f (Film)*

intentional media overspill
→ intended overspill

intended media overspill
→ intended overspill

intended overspill
Medien-Overspill *m (Mediaforschung)*

intensity
Reichweite *f*, Intensität *f* der Marktdurchdringung, Zahl *f* der Außenanschläge, Marktabdeckung *f* (in der Außenwerbung)

intensity measurement
Intensitätsmessung *f (Einstellungsforschung) (empirische Sozialforschung) (Marktforschung)*

intensity of demand
→ demand intensity

intensity of reading
Leseintensität *f (Leserschaftsforschung)*

intensive distribution
Extensivvertrieb *m*, Extensivversand *m*, Versand *m* von Rundschreiben an alle Einzelhändler, ungezielter Vertrieb *m*, breit streuender Vertrieb *m*

intensive advertising
dominante Werbung *f*, Intensivwerbung *f*

intensive interview
→ unstructured interview

intentional primary reader
bewußter Erstleser *m*, Hauptleser *m*, absichtlicher Erstleser *m (Leserschaftsforschung)*

intentional reading
absichtsvolles, beabsichtigtes Lesen *n (Leserschaftsforschung)*

interaction
Interaktion *f*

interactional market behavior analysis
interaktionistische Marktverhaltensanalyse *f*, Interaktionsansatz *m (Marktforschung)*

interaction analysis
Interaktionsanalyse *f*, Interaktionsprozeßanalyse *f*, Gruppenprozeßanalyse *f*, Prozeßanalyse *f* sozialer Beziehungen *(empirische Sozialforschung) (Marktforschung)*

interaction process
Interaktionsprozeß *m (empirische Sozialforschung) (Marktforschung)*

interactive video
Interaktives Fernsehen *n*

interbrand choice
Auswahl *f*, Wahl *f* zwischen mehreren Marken, Markenwahl *f (Marktpsychologie) (Marktforschung)*

inter-company comparison
Betriebsvergleich *m (Betriebswirtschaft)*

interest arousal
Interesseweckung *f (Psychologie) (Werbeforschung)*

interest arousal effect
Interesseweckungserfolg *m (Werbeforschung)*

interest arousal method
Interessenmethode *f (Werbeplanung)*

interest incentive
Interesse weckendes Moment *n*, Interesse weckender Anreiz *m (Werbung)*

to interfere
v/i stören, überlagern, interferieren *(Hörfunk)*

interference
Störung *f*, Überlagerung *f*, Interferenz *f (Hörfunk)*

interior display
Innenauslage *f*, Warenauslage *f*, innerhalb eines Geschäfts oder Warenhauses *(POP-Werbung)*

interlude
Pause *f*, Zwischenspiel *n*, Komödie *f*, Posse *f (Hörfunk/Fernsehen)*

intermedia
adj verschiedene Medien, Medienarten benutzend, verwendend, einsetzend

intermedia choice
Medienwahl *f*, Wahl *f*, Auswahl *f*, Entscheidung *f* zwischen den verschiedenen Medien *(Mediaplanung)*

intermedia comparison
Intermediavergleich *m*, Vergleich *m* der verschiedenen Medien, Medientypen, Mediengattungen

intermedia research
Intermediaforschung *f*

intermedia selection
Intermedia-Selektion *f (Mediaplanung)*

intermediary goods *pl*
Produktionsmittel *n/pl*, Investitionsgüter *n/pl*, Produktionsgüter *n/pl*

internal communications *pl*
interne Kommunikation *f*, innerbetriebliche Kommunikation *f*

internal house organ
Mitarbeiterzeitschrift *f*, Betriebszeitschrift *f*, Werkszeitschrift *f* für Betriebsangehörige

international brand
internationale Marke *f (Marketing)*

international marketing
internationales Marketing *n*

international market research
internationale Marketingforschung *f*

in-theater advertising
→ cinema advertising

in-theater test (*brit* **in-theatre test**)
Studiotest *m (Marktforschung) (Werbeforschung)*

in-the-market traffic
Verkehrsfluß *m* innerhalb des Markts *(Außenwerbung)*

intramedia choice
Wahl *f*, Auswahl *f*, Auswahlmöglichkeit *f* zwischen mehreren Werbeträgern derselben Gattung *(Mediaplanung)*

intramedia comparison
Intramediavergleich *m*, Vergleich *m* von Werbeträgern derselben Gattung

intramedia selection
Intramedia-Selektion *f (Mediaplanung)*

introduction
Einführung *f*, Einführungsphase *f*, Einführungsperiode *f* (einer Werbekampagne)

introductory advertising
Einführungswerbung *f*

introduction stage
→ introductory stage

introductory allowance
Einführungsrabatt *m* *(Konditionenpolitik) (Marketingplanung)*

introductory analysis
Introduktionsanalyse *f*, Introduktionsmarktforschung *f*

introductory campaign
Einführungskampagne *f*, Einführungswerbefeldzug *m (Marketingplanung)*

introductory offer
Einführungsangebot *n (Marketingplanung) (Konditionenpolitik)*

introductory price
1. Eröffnungspreis *m (Konditionenpolitik)*
2. Einführungspreis *m (Konditionenpolitik)*

introductory stage
Einführungsphase *f*, Einführungsstadium *n (Marketing) (Werbung)*

introductory year
Einführungsjahr *n*

intuitive forecast
intuitive Prognose *f*

inventory
1. Gesamtbestand *m* an Anzeigenraum, Werbefläche oder Sendezeit, die ein Werbeträger anzubieten bzw. zur Verfügung hat *(Zeitung/Zeitschrift) (Radio/Fernsehen)*
2. Inventar *n*, Bestand *m (Betriebswirtschaft)*
3. Inventur *f*, Bestandsaufnahme *f (Betriebswirtschaft)*

inventory control
Bestandskontrolle *f*, Inventur *f (Betriebswirtschaft)*

inventory management
Bestandsmanagement *n (Betriebswirtschaft) (Marketinglogistik)*

investment center (*brit* **investment centre**)
Investitionszentrum *n (Marketingorganisation)*

investment goods *pl*
Investitionsgüter *n/pl (Wirtschaftslehre)*

investment goods advertising
Investitionsgüterwerbung *f*

investment goods marketing
Investitionsgütermarketing *n*, Investmarketing *n*

investment goods market research
Investitionsgütermarktforschung *f*

investment spending
eigentl Ausgabe *f* der Investitionen, Ausgeben *n* von Investitionen

invitation to tender
→ call for tenders

involuntary attention
unfreiwillige Beachtung *f*, unbeabsichtigte Aufmerksamkeit *f* (für Werbung) *(Werbeforschung)*

irradiation
Irradiation *f*, Irradiation *f*, irradiierender Faktor *m (Psychologie) (Marktpsychologie)*

irritation-association
→ irritation-brand association

irritation-brand association
etwa Erkrankungs-Marken-Assoziation *f*, Reizungs-Marken-Assoziation *f*, Irritations-Marken-Assoziation *f (Marktforschung)*

island
kurz für island display

island ad
kurz für island advertisement

island advertisement
alleinstehende Anzeige *f*, Inselanzeige *f*, alleinstehende Werbung *f*, alleinstehendes Werbemittel *n (Zeitung/Zeitschrift) (Mediaplanung)*

island display
alleinstehende Warenauslage *f*, von allen Seiten her zugängliche Warenauslage *f (POP-Werbung)*

island half page
→ half-page island position

island position
Alleinstellung *f*, freistehende Position *f*, Inselposition *f*, Inselstellung *f (Zeitung/Zeitschrift) (Radio/Fernsehen) (Mediaplanung)*

island positioning
Alleinstellung *f*, Freistellung *f* (Vorgang) *(Mediaplanung)*

isolated commercial
alleingestellte Werbesendung *f (Hörfunk/Fernsehen) (Mediaplanung)*

isolated 30
alleingestellte, freistehende 30-Sekunden-Werbesendung *f (Fernsehen)*

isolated 60
alleingestellte, freistehende 60-Sekunden-Werbesendung *f (Fernsehen)*

I.S.P.
Abk index of social position

issue
1. Ausgabe *f*, Heft *n (Zeitschrift)*
2. Auflage *f*, Neuauflage *f (Zeitschrift)*
3. Herausgabe *f (Zeitung/Zeitschrift)*

to issue
1. *v/t* herausgeben, veröffentlichen, auflegen, publizieren *(Zeitung/Zeitschrift)*
2. *v/i* herauskommen, herausgegeben werden *(Zeitung/Zeitschrift)*

issue age
Heftalter *n*, Alter *n* der Ausgabe eines Periodikums *(Leserschaftsforschung)*

issue audience
Heftreichweite *f*, Zahl *f* der Leser einer Ausgabe, Leserzahl *f* pro Ausgabe, Gesamtzahl *f* der Leser pro Ausgabe *(Leserschaftsforschung)*

issue-audience analysis
Analyse *f* der Leser einer Ausgabe (eines Druckmediums), Analyse *f* der Leser pro Ausgabe *(Leserschaftsforschung)*

issue-audience turnover
Leserfluktuation *f* von Heft zu Heft (eines Druckmediums)

issue date
Erscheinungsdatum *n*, Ausgabedatum *n*, Datum *n* der Ausgabe *(Zeitschrift)*

issue exposures *pl*
Heftkontakt *m*, Heftkontakte *m/pl (Leserschaftsforschung)*

issue-gap theory
Lückentheorie f, Theorie f der Lücken zwischen den Ausgaben *(Leserschaftsforschung)*

issue life
Laufzeit f, Lebensdauer f der Ausgabe eines Druckmediums, Gesamtzeit f, während derer ein Druckmedium gelesen wird *(Leserschaftsforschung)*

issue method (of readership analysis)
Heftvorlage f, Originalheftmethode f, Originalheftvorlage f *(Leserschaftsforschung)*

issue period
Zeitraum m des Erscheinens, Erscheinungszeitraum m *(Zeitung/Zeitschrift) (Leserschaftsforschung) (Zeitschrift)*

issue reader
Leser m einer Ausgabe, eines Hefts *(Zeitung/Zeitschrift) (Leserschaftsforschung)*

issue reading days *pl*
Lesetage m/pl pro Heft *(Leserschaftsforschung)*

issue recognition
Heft-Wiedererkennung f, Wiedererkennung f einer bestimmten Ausgabe *(Zeitung/Zeitschrift) (Leserschaftsforschung)*

issue technique
→ issue method

item
1. Punkt m, Einzelgegenstand m, Gegenstand m, Artikel m
2. Zeitungsnotiz f, Zeitungsartikel m, Kurzartikel m, Abschnitt m, Kurzbeitrag m, Meldung f, Kurznachricht f
3. Sorte f *(Wirtschaftslehre) (Einzelhandel) (Großhandel)*

J

jacket
Schutzumschlag *m*

jacket band
Bauchband *n*, Bauchbinde *f*, Bauchstreifen *m*

jacket blurb
→ flap blurb

jacket flap
Umschlagklappe *f*

jingle
Werbemelodie *f*, gesungener Werbeslogan *m*, musikalische Werbung *f (Hörfunk/Fernsehen)*

job description
Stellenbeschreibung *f*

joint rate
Gemeinschaftspreis *m*, Gemeinschaftstarif *m*

joint venture
Gemeinschaftsunternehmen *n*, Gemeinschaftsprojekt *n*, Joint venture *n (Marketing)*

journal
Zeitschrift *f*, Fachzeitschrift *f*, Journal *n*

journey cycle
Besuchszyklus *m (Außendienst)*

jumble basket
→ jumble display

jumble display
Wühlkiste *f*, Ramschkiste *f*, Grabbelkiste *f*, Sonderangebotsauslage *f*, Restpostenauslage *f* *(POP-Werbung)*

jumble display window
Stapelfenster *n*, Massenfenster *n (POP-Werbung)*

junior department store
Kleinpreisgeschäft *n*, Juniorwarenhaus *n (Einzelhandel)*

junior page
→ junior page unit

junior page advertisement
ganzseitige Anzeige *f* für eine kleinformatige Publikation *(Zeitschrift)*

junior page unit
Miniseitenformat *n (Zeitschrift)*

junior panel
Kleinanschlag *m*, Kleinplakat *n (Außenwerbung) (Verkehrsmittelwerbung)*

junior panel poster
Kleintafel *f (Außenwerbung)*

junior spread
partielle Doppelseite *f*, partielle Doppelseitenanzeige *f*, partielles Doppelseiteninserat *n (Zeitschrift)*

junior unit
→ junior page unit;

junking
Wegwerfwerbung *f*

junk mail
eigentl Abfallpost *f*, Wegwerfpost *f*, Müllpost *f* *derog für* Postwurfsendungen *f/pl*, Direktbriefwerbematerial *n*

jury
→ consumer jury, consumer panel

juxtaposition
frontale Gegenüberstellung *f* (von Plakaten) *(Anschlagwerbung)*

K

kartel
→ cartel

keep-out price
Abwehrpreis *(Marketing) (Marketingplanung)*

keg
Faß *n (Verpackung)*

kerb side
→ curb side

to key
1. *v/t* mit einer Kennziffer versehen, mit einer Chiffre kennzeichnen, mit einer Chiffrenummer versehen, chiffrieren (Anzeige)
2. *v/t* kennzeichnen, markieren

key account
Hauptauftraggeber *m*, Hauptklient *m*, Hauptkunde *m* (einer Werbeagentur)

key account management
Key-Account-Management *n (Werbung)*

key drawing
Umbruchskizze *f*, Seitenspiegel *m (Zeitung/ Zeitschrift)*

keyed
adj verschlüsselt, chiffriert mit einer Chiffre gekennzeichnet, mit einer Chiffrenummer versehen, mit einer Kennziffer versehen *(Werbung)*

keyed address
verschlüsselte Adresse *f*, chiffrierte Adresse *f*, Kennzifferadresse *f* (in einer Anzeige)

keyed ad
kurz für keyed advertisement

keyed advertisement
Kennzifferanzeige *f*, Chiffreanzeige *f*, Kennzifferinserat *n*, Chiffreinserat *n*, anonyme Anzeige *f*, anonymes Inserat *n (Zeitung/Zeitschrift)*

keyed advertising
Veröffentlichung *f* einer Chiffreanzeige, von Chiffreanzeigen, Kennzifferwerbung *f*, verschlüsselte Werbung *f*, anonyme Werbung *f*

keyed coupon test
Werbetest *m* mit verschlüsseltem Gutschein, mit verschlüsseltem Kupon *(Werbeforschung)*

key informant
Schlüsselinformant *m (Kommunikationsforschung) (Einstellungsforschung)*

key information
Schlüsselinformation *f (Marktforschung)*

keying of an advertisement
Kennziffermethode *f*, Kennzifferverfahren *n*, Anzeigenchiffrierung *f (Gutscheinwerbung)*

keynote
Grundton *m*, Haupttenor *m*, Leitgedanke *m*, Grundgedanke *m*, Grundkonzept *n (Werbung)*

key number
Kennziffer *f*, Chiffrenummer *f*, Chiffre *f*

key stimulus
Schlüsselreiz *m (Psychologie)*

kidvid
sl aus kid *(für* children*)* + vision *(für* television*)* Fernsehprogrammgestaltung *f* für Kinder, Kinderprogramm *n*, auf Kinder zielendes Fernsehprogramm *n*

king-size poster
King-Size-Plakat *n (Verkehrsmittelwerbung)*

kiosk
Kiosk *m*, Zeitungsstand *m*, Verkaufsstand *m*

kit
1. Ausstattung *f*, Werkzeug *n*, Ausrüstung *f*
2. Pressemappe *f*, Werbemappe *f* mit Presseinformationen

Kitson advertising model
Kitson-Stufenmodell *n* der Werbewirkung *(Werbeforschung)*

knocking copy *brit*
herabsetzende Werbung *f*

L

label
Etikett *n*, Aufschrift *f*, Aufkleber *m*, Aufklebezettel *m*, Aufklebeetikett *n*, Anhänger *m*, Anhängeschild *n*, Klebeetikett *n*, Beschriftung *f*, Werbeetikett *n*

label head
eigentl Etikettierungsüberschrift *f*, farblose, leblose, langweilige Überschrift *f*

labeling (labelling)
1. Etikettierung *f*, Etikettieren *n*, Beschriftung *f*, Beschriften *n*, Auszeichnung *f*, Auszeichnen *n*
2. Markierung *f*, Warenauszeichnung *f*
3. Labeling *n*

laddering
Laddering *n*, Leitern *n* *(Marktforschung) (Mediaforschung)*

laggard
Nachzügler *m*, Zauderer *m* *(Marktforschung)*

lagged effect
→ carryover effect

L. and M. (L and M, L & M)
Abk layout and manuscript

Laplace criterion
Laplacekriterium *n*, Laplaceprinzip *n* *(Entscheidungstheorie)*

large-panel poster
Großfläche *f*, Großtafel *f* *(Außenwerbung)*

Laspeyre index
Laspeyre-Index *m* *(Statistik)*

last telecast (L.T., L.T.C.)
letzter Sendetermin *m* (einer Werbe- oder Programmsendung) *(Fernsehen)*

late adopter
→ late majority, laggard

late afternoon television
Spätnachmittagsprogramm *n*, Nachmittagsprogramm *n*, Kinderprogramm *n*, Kinderfernsehprogramm *n*

late evening
→ late fringe

late fringe
eigentl späte Randzone *f* *(Fernsehen)*

late majority
späte Mehrheit *f* *(Marktforschung)*

latent preference probability
latente Präferenzwahrscheinlichkeit *f*

late off-peak
→ late fringe, post peak time;

lateral reasoning
Übernahme *f*, Übertragung *f* *(Werbeplanung)*

launch
Einführung *f*, Start *m*, Lancierung *f* *(Marketing)*

to launch
v/t in Gang setzen starten, beginnen, einführen, (Produkt etc) lancieren *(Marketing)*

launch ad
kurz für launch advertisement

launch advertisement
Einführungsanzeige *f*, Lancierungsanzeige *f*, Einführungswerbemittel *n*

launch advertising
Einführungswerbung *f*

launch advertising campaign
→ launch campaign

launch allowance
→ launch discount

launch campaign
Einführungskampagne *f*, Einführungsfeldzug *m*, Einführungswerbekampagne *f*, Einführungswerbefeldzug *m*

launch discount
Einführungsrabatt *m*

launch phase
Einführungsphase *f*, Einführungsstadium *n* *(Marketingplanung)*

launch phasing
phasenweise Einführung *f*, sukzessiver Marktaufbau *m* *(Marketingplanung)*

launch price
Einführungspreis *m*, Werbepreis *m* *(Marketingplanung)*

launch rebate
Einführungsrabatt *m*, Einführungsnachlaß *m* *(Marketingplanung)*

launch stage
→ launch phase

law of demand
Gesetz *n* der Nachfrage *(Wirtschaftslehre)*

law of indifference
Indifferenzgesetz *n* *(Wirtschaftslehre)*

law of precision
Prägnanzprinzip *n*, Gesetz *n* der guten Gestalt *(Psychologie)*

law of primacy
Primatgesetz *n*, Erstargumentgesetz *n* *(Kommunikationsforschung) (Werbeforschung)*

layout
Layout *n*, Satzspiegel *m*, Gestaltungsskizze *f*, Skizze *f*, Entwurf *m*, Aufmachung *f*

to lay out
v/t layouten, Layout entwerfen, skizzieren, Satzspiegel entwerfen

layout man
Layouter *m*

layout order
Layoutbestellung *f*, Auftrag *m* zur Anfertigung eines Layouts

Lazarsfeld-Stanton Program Analyzer
→ Program Analyzer

lazy Susan display
Drehscheiben-Warenauslage *f*, Drehscheiben-Display *n* *(POP-Werbung)*

lead
1. Hauptrolle *f*, führende Rolle *f*, Hauptdarsteller(in) *m(f)*
2. kurz zusammenfassende Einleitung *f*, Aufmacher *m* *(Zeitung/Zeitschrift)*

lead-in
1. Einleitung *f*, Einführung *f*, einleitende Bemerkung *f*, einführende Bemerkung *f*
2. Programmeinführung *f*, kurzer Sendespot *m*, der einer längeren Programmsendung vorangeht, Ansage *f* *(Hörfunk/Fernsehen)*

lead-in program
etwa Ausgangsprogramm *n* *(Hörfunk/Fernsehen) (Mediaforschung)*

lead-in show
→ lead-in

lead-out
1. Nachfolgeprogramm *n*, Nachfolgesendung *f* *(Hörfunk/Fernsehen) (Mediaforschung)*
2. Programmabschluß *m*, kurze Sendung *f* am Ende einer Programmsendung, Absage *f* *(Hörfunk/Fernsehen)*

lead-out program
→ lead-out 1.

lead-out show
→ lead-out 1.

leaflet
Flugblatt *n*, Prospekt *m*, Broschüre *f*, Handzettel *m*, Werbezettel *m*

learning curve
Lernkurve *f* *(Psychologie)*

leased-department principle
Leased-department-Prinzip *n* *(Einzelhandel)*

leasing
Leasing *n* *(Marketing) (Marketingplanung)*

leave behind *(Außendienst)*
Werbematerial *n*, Warenprobe(n) *f(pl)*

legend
Legende *f*, Erläuterung *f*, erläuternde Inschrift *f*, erläuternde Beschriftung *f*, Bildunterschrift *f*, Bildtext *m*

legibility
Leserlichkeit *f*

leisure
Freizeit *f*, freie Zeit *f*, Muße *f*

length of commercial
Spotlänge *f*, Sendedauer *f*, Länge *f* einer Werbesendung *(Hörfunk/Fernsehen)*
Spotlänge *f*, Werbespotlänge *f*, Sendedauer *f* einer Werbesendung *(Hörfunk/Fernsehen)* *(Mediaplanung)*

length of line
Zeilenlänge *f*, Spaltenbreite *f (Zeitung/Zeitschrift)*

length of visibility
Sichtweite *f (Außenwerbung) (Mediaforschung)*

letter gadget
Anhängsel *n*, Warenprobe *f (Briefwerbung)*

lettering
1. Beschriften *n*, Aufdrucken *n* von Buchstaben oder Schrift
2. Aufdruck *m*, Aufschrift *f*, Beschriftung *f*

letter of recommendation
Empfehlungsschreiben *n*, Empfehlungsbrief *m*, Dank- und Empfehlungsschreiben *n*, Anerkennungsschreiben *n (Werbung)*

level of activation
Aktivationsniveau *n*, Aktivierungsniveau *n (Psychologie) (Marktforschung)*

level of aspiration
Anspruchsniveau *n (Psychologie) (Marktpsychologie)*

level of consumption
Konsumniveau *n (Wirtschaftslehre)*

liability (in advertising)
Haftung *f* in der Werbung

license (*brit* licence)
Lizenz *f*, Konzession *f*, Zulassung *f*, Genehmigung *f*, Erlaubnis *f (Marketing) (Marketingplanung)*

to license
1. *v/t* lizenzieren, konzessionieren, behördliche Erlaubnis erteilen, Genehmigung erteilen, Konzession erteilen (für etwas) *(Marketing) (Mediaplanung)*
2. *v/t* zur Veröffentlichung freigeben, zulassen

licensee
Lizenznehmer *m*, Lizenzträger *m*, Konzessionsinhaber *m*, Konzessionär *m*, Konzessionsträger *m (Marketing) (Marketingplanung)*

licenser
Lizenzgeber *m*, Konzessionserteiler *m (Marketing) (Marketingplanung)*

licensing
Lizenzierung *f*, Lizenzvergabe *f*, Lizenzenpolitik *f (Marketing) (Marketingplanung)*

life
Lebensdauer *f (Werbung) (Werbeforschung)*

life cycle
Lebenszyklus *m (Marktpsychologie)*

life of a publication
Laufzeit *f*, Lebensdauer *f* der Ausgabe eines Druckmediums, Gesamtzeit *f*, während derer ein Druckmedium gelesen wird *(Leserschaftsforschung)*

life-old issue technique
etwa Lebensdauermethode *f*, Lebensdauerverfahren *n*, *(Leserschaftsforschung)*

lifestyle (life-style)
Lebensstil *m*, Lebenshaltungsstil *m*, Stil *m* der Lebenshaltung *(empirische Sozialforschung) (Marktpsychologie) (Marktforschung)*

life-style typology
Lebensstil-Typologie *f*, Lifestyle-Typologie *f (empirische Sozialforschung) (Konsumforschung) (Marktforschung)*

life table
Absterbetafel *f (Marktforschung)*

life world
Lebenswelt *f (empirische Sozialforschung) (Marktpsychologie) (Marktforschung)*

light advertising
→ light box advertising

light box (lightbox)
von innen beleuchtetes Werbemittel *n*

lightbox advertising
Werbung *f* mit Hilfe von beleuchteten Werbemitteln, Leuchtwerbung *f*

lightly exposed group
Personen *f/pl* mit geringem Werbeträger- und Werbemittelkontakt *(Mediaforschung)*

light music
→ background format

light user
Extensivnutzer *m*, Extensivkonsument *m*, Extensivkäufer *m* *(Marktforschung) (Mediaforschung)*

light viewer
seltener Fernsehzuschauer *m*, jemand *m*, der nur selten fernsieht *(Zuschauerschaftsforschung)*

limen
Bewußtseinsschwelle *f*, Schwelle *f*, Reizschwelle *f (Psychologie)*

limited animation
partielle Animation *f*, partiell bewegter Trickfilm *m (Film/Fernsehen)*

limited returnable
adj begrenzt remissionsfähig, begrenzt remittierbar (Zeitschrift/Zeitung/Buch)

linage
→ lineage

line
1. Linie *f (Marketingorganisation)*
2. Produktgruppe *f*, Produktkategorie *f*, Produktfamilie *f (Marketing)*
3. Linie *f*, Strich *m*, Umriß *m*, Kontur *f*
4. Zeile *f*, Druckzeile *f*

line advertising
Produktgruppenwerbung *f*, Branchenwerbung *f*,

lineage
1. Zeilenzahl *f*, Druckzeilenzahl *f*, Zahl *f* der Zeilen (bei Zeitungen)
2. Anzeigenraum *m*, Anzeigenplatz *m*, Anzeigenumfang *m (Zeitung/Zeitschrift)*

linear programming
lineare Programmierung *f*, lineare Planungsrechnung *f (Betriebswirtschaft)*

line-by-line
Anschlagstelle *f* für Anschlagstelle, Einzelauswahl *f* der Anschlagstellen *(Außen-/Verkehrsmittelwerbung)*

line comprehensive
Strichzeichnungslayout *n*, Strichzeichnung *f (Druck)*

line contract
Vertrag *m*, Insertionsvereinbarung *f* auf Zeilenbasis (d.h. Agate-Zeilen) *(Zeitung)*

line management
Linienmanagement *n (Marketingorganisation)*

line of travel
Richtung *f* des Verkehrsflusses, Verkehrsflußrichtung *f (Außenwerbung) (Mediaforschung)*

line organization (brit line organisation)
Liniensystem *n*, Linienorganisation *f (Betriebswirtschaft) (Marketingorganisation)*

line rate
Zeilenpreis *m*, Zeilensatz *m*, Agate-Zeilen-Preis *m* (bei Zeitungsanzeigen), Millimeterpreis *m*, Millimeterpreis *m (Werbung)*

line system
1. Liniensystem *n*, System *n* der Linienorganisation
2. Zeilensystem *n*, Zeilennorm *f (Fernsehen)*

linking pin
→ team organization

link-relative
Gliedziffer *f*, Gliedzahl *f (Statistik)*

link-relative method of seasonal adjustment
Gliedziffernmethode *f*, Gliedzahlenmethode *f* nach Persons *(Statistik)*

liquidity
Liquidität *f (Wirtschaftslehre)*

liquidity ratio
Deckungsgrad *m*, Liquiditätsgrad *m*, Liquiditätsquote *f (Wirtschaftslehre)*

liquor advertising
Alkoholwerbung *f*, Werbung für Alkoholika und alkoholhaltige Getränke

list
Liste *f*, Verzeichnis *n*, Aufstellung *f*

to list
1. *v/t* aufzählen, nacheinander anführen, nennen
2. *v/t* in einer Liste aufzeichnen, verzeichnen, registrieren
3. *v/t* in eine Liste eintragen, in eine Liste aufnehmen

list broker
Adressenverlag *m*, Adressenhändler *m*, Adressenmittler *m*, Adressenvermittlungsbüro *n*, Adressenvermittler *m (Direktwerbung)*

list broking
Adressenvermietung f, Adressenvermittlung f, Adressenhandel m *(Direktmarketing)*

to listen (to)
v/t hören, zuhören

listener
Hörer(in) *m(f)*, Radiohörer(in) *m(f)*, Zuhörer(in) *m(f)* *(Hörerforschung)*

listener characteristics pl
Hörermerkmale n/pl, Hörercharakteristika n/pl, Hörereigenschaften f/pl *(Hörerschaftsforschung)*

listener diary
Hörertagebuch n *(Hörfunk)* *(Hörerforschung)*

listener research
Hörerforschung f, Hörerschaftsforschung f *(Hörfunk)* *(Mediaforschung)*

listenership
Hörerschaft f, Hörerkreis m, Radiohörerschaft f

listenership analysis
Höreranalyse f, Hörerschaftsanalyse f *(Hörfunk)* *(Hörerforschung)*

listeners pl **per day**
Hörer m/pl pro Tag (HpT), Werbefunkhörer m/pl pro Tag *(Hörfunk)* *(Hörerforschung)*

listeners pl **per week**
Hörer m/pl pro Woche, Werbefunkhörer m/pl pro Woche *(Hörfunk)* *(Hörerforschung)*

listening habit
Hörgewohnheit f *(Hörfunk)* *(Hörerforschung)*

listening impact
Stärke f des Eindrucks, den das Hören einer Radiosendung hinterläßt, Nutzungsintensität f *(Hörerschaftsforschung)*

listening probability
Hörwahrscheinlichkeit f *(Hörerforschung)*

list house
→ list broker

listing
Aufzählung f, Aufzählen n, Auflisten n, Auflistung f

listings magazine
Programmzeitschrift f

list price
Listenpreis m *(Konditionenpolitik)*

list supplier
→ list broker

litter bin advertising
Werbung f auf Papierkörben, auf Abfallbehältern, Papierkorbwerbung f *(Außenwerbung)*

little merchant
→ independent carrier

live
1. *adj/adv* Live-, live, direkt übertragen, unmittelbar übertragen, Direkt-, Original- *(Hörfunk/Fernsehen)*
2. *adj* gebrauchsfertig, druckfertig *(Druck)*

live action
Werbesendung f mit Straßeninterviews und anderen Live-Szenen *(Hörfunk/Fernsehen)*

live animation
Sachtrick m *(Film)*

live broadcast
Livesendung f, Liveübertragung f, Direktsendung f, Direktübertragung f *(Hörfunk/Fernsehen)*

live broadcasting
Übertragung f einer Livesendung, Senden n einer Live-Übertragung, Ausstrahlung f, von Livesendungen *(Hörfunk/Fernsehen)*

live program (*brit* **programme**)
Live-Sendung f, Live-Programm n *(Hörfunk/Fernsehen)*

live show
→ live program

live time
Sendezeit f *(Hörfunk/Fernsehen)*, während derer ein Sender ein Live-Programm (Live-Programme) ausstrahlt

live title
Sendetitel m, Titelaufnahme f, der/die mit der Studiokamera während einer Livesendung gemacht wird *(Fernsehen)*

L & M
Abk layout and manuscript

load factor
eigentl Ladungsfaktor *m*
Fahrzeuggewichtungsfaktor *m*, Passagiergewichtungsfaktor *m* *(Außenwerbung) (Mediaforschung)*

local advertiser
lokaler Werbungtreibender *m*, regionaler Werbungtreibender *m*, Einzelwerbungtreibender *m*

local advertisement
lokale Werbung *f*, lokale Reklame *f*, Einzelhandelswerbung *f*, regionale Werbung *f*, Einzelhandelsanzeige *f*, lokale Geschäftsanzeige *f* *(Werbemittel)*

local advertising
lokale Werbung *f*, regionale Werbung *f*, Werbung *f*, Reklame *f* ortsansässiger Werbungtreibender, örtliche Geschäftswerbung *f*, regionale Geschäftswerbung *f*, Einzelhandelswerbung *f*, Einzelwerbung *f*

local broadcast
Lokalsendung *f*, lokale Sendung *f*, örtliche Sendung *f*, Regionalsendung *f*, örtliche Werbesendung *f* *(Hörfunk/Fernsehen)*

local campaign
örtlicher Werbefeldzug *m*, örtlicher Reklamefeldzug *m*, örtliche Werbekampagne *f*

local market trade
Markthandel *m*, Meßhandel *m* *(Einzelhandel) (Großhandel)*

local plan
örtlicher Mediaplan *m*, örtlicher Streuplan *m*, örtlicher Werbeplan *m*

local rate
Anzeigenpreis *m* für ortsansässige Werbungtreibende, Werbepreis *m* für ortsansässige Werbungtreibende, reduzierter Sonderpreis *m* für Werbung des ortsansässigen Einzelhandels *(Zeitung/Zeitschrift) (Hörfunk/Fernsehen)*

local tag
lokaler Werbevorspann *m*, zusätzliche lokale Werbeansage *f*, zusätzlicher Hinweis *m* auf einen örtlichen Werbungtreibenden *(Hörfunk/Fernsehen)*

local weekly
lokales Wochenblatt *n*, lokale Wochenzeitung *f*

local weekly paper
→ local weekly

location
1. Standort *m* *(Wirtschaftslehre) (Betriebswirtschaft)*
2. Position *f*, Standort *m* *(Außenwerbung)*
3. Aufnahmestandort *m*, Aufnahmegelände *n*, Drehort *m*, Aufnahmeort *m*, Standort *m* für Außenaufnahmen *(Film/Fernsehen)*

location analysis
Standortanalyse *f* *(Wirtschaftslehre) (Betriebswirtschaft) (Marketingplanung)*

location card
Standortskizze *f*, Anschlagstellenkarte *f* *(Außenwerbung)*

location characteristic
Standortmerkmal *n* *(Wirtschaftslehre) (Betriebswirtschaft) (Marketingplanung)*

location choice
Standortwahl *f* *(Wirtschaftslehre) (Betriebswirtschaft) (Marketingplanung)*

location decision
Standortentscheidung *f* *(Wirtschaftslehre) (Betriebswirtschaft) (Marketingplanung)*

location evaluation
Standortbewertung *f* *(Wirtschaftslehre) (Betriebswirtschaft) (Marketingplanung)*

location factor
Standortfaktor *m* *(Wirtschaftslehre) (Betriebswirtschaft) (Marketingplanung)*

location planning
Standortplanung *f* *(Wirtschaftslehre) (Betriebswirtschaft) (Marketingplanung)*

location policy
Standortpolitik *f* *(Wirtschaftslehre) (Betriebswirtschaft) (Marketingplanung)*

location research
Standortforschung *f* *(Wirtschaftslehre) (Betriebswirtschaft) (Marketingplanung)*

log
1. Tagebuch *n* *(Mediaforschung)*

logistic function

2. Stundenbericht *m*, Betriebstagebuch *n*, Betriebsaufzeichnung *f* (*Hörfunk/Fernsehen*)

logistic function
logistische Funktion *f*, logistische Kurve *f* (*Statistik*) (*Wirtschaftslehre*)

logo
kurz für logotype

logo card
→ masthead card

logotype
Signet *n*, Titelzeichen *n*, Titelabdruck *m*, Titelkarte *f*, Titelgraphik *f*, Markenzeichen *n*, Warenzeichen *n*, Firmenschriftzug *m*

lollipop display
eigentl Lutschstangen-Werbeschild *n* kreisförmiges Werbeschild *n*, das auf einem Pfahl angebracht ist (*Außenwerbung*)

long approach
längste Strecke *f*, von der aus ein Anschlag lesbar ist (*Außenwerbung*)

long-circuit appeal
rationaler Werbeansatz *m*

longseller
Longseller *m*

long-term posting
Dauerwerbung *f*, Daueranschlag *m*, Dauerplakat *n* (*Außenwerbung*)

loose insert
lose Beilage *f*, Losebeilage *f* (*Zeitung/Zeitschrift*)

loose-leaf
adj in losen Blättern, mit losen Blättern, Loseblatt-

loose-leaf catalog (*brit* **loose-leaf catalogue**)
Loseblattkatalog *m*

loose market
Käufermarkt *m* (*Wirtschaftslehre*) (*Marketing*)

Lorenz curve
Lorenzkurve *f*, Einkommensverteilungskurve *f*, Konzentrationskurve *f* (*Statistik*) (*Wirtschaftslehre*)

loss leader
eigentl Verlustanführer *m*
Warenköder *m*, Lockangebot *n*, Köder *m*, Werbeangebot *n*, billiges Sonderangebot *n* (*Marketingplanung*)

loss leader pricing
kalkulatorischer Ausgleich *m*, Ausgleichskalkulation *f*, Mischkalkulation *f*, preispolitischer Ausgleich *m* (*Marketing*)

lottery
Lotterie *f*, Glücksspiel *n*, Werbelotterie *f*, Ausspielung *f*, Tombola *f*

low-interest product
Low-interest-Produkt *n*, Low-involvement-Produkt *n*

low-involvement hierarchy
Hierarchie *f* der Werbewirkung bei geringem Produktinteresse (*Werbeforschung*)

low-involvement product
→ low-interest product, low-involvement hierarchy

low-price store
→ penny store

L.T.
Abk last telecast

L.T.C.
Abk last telecast

luring away (of customers, of personnel)
Abwerbung *f*, Abspenstigmachen *n*

luxury good (*meist pl* **luxury goods** *pl*)
Luxusprodukt *n*, Luxusware *f*, Luxusgut *n*, Luxusbedarf *m* (*Marketing*)

luxury goods advertising
Luxuswarenwerbung *f*, Werbung *f* für Luxusprodukte

M

macro marketing
Makro-Marketing *n*

Madison Avenue
1. Madison Avenue *f*
2. *fig* die großen Werbeagenturen *f/pl* in New York
3. *fig* das amerikanische Werbegewerbe *n*, die amerikanischen Werbungtreibenden *m/pl*, die führenden amerikanischen Werbeagenturen *f/pl*

Madisonese
Am Werbejargon *m*, Werbekauderwelsch *n*

Madrid Convention
Madrider Abkommen *n*, Madrider Markenabkommen *n*

magazine
Zeitschrift *f*, illustrierte Zeitschrift *f*, Illustrierte *f*, Magazin *n*, Periodikum *n*, Journal *n*

magazine ad
kurz für magazine advertisement

magazine advertisement
Zeitschriftenanzeige *f*, Zeitschrifteninserat *n*

magazine advertising
Werbung *f* in Zeitschriften, Zeitschriftenwerbung *f*, Illustriertenwerbung *f*, Magazinwerbung *f*, Anzeigenwerbung *f* in Zeitschriften, in Illustrierten

magazine advertising audience
Leser *m/pl*, Leserschaft *f* von Zeitschriftenanzeigen *(Mediaforschung)*

magazine advertising exposure
Zeitschriftenwerbemittelkontakt *m*, Anzeigenkontakt *m* in Zeitschriften, Anzeigenkontakt *m* in einer Zeitschrift *(Werbe-/Mediaforschung)*

magazine audience
Leser *m/pl*, Leserschaft *f* einer Zeitschrift, von Zeitschriften, Zeitschriftenleserschaft *f*, Zeitschriftenreichweite *f*, Illustriertenleser *m/pl*, Illustriertenleserschaft *f* *(Leserschaftsforschung)*

magazine audience combination
Leserkombination *f*, mehrerer Zeitschriften, Leserschaftskombination *f*, mehrerer Zeitschriften *(Leserschaftsforschung)*

magazine-audience measurement technique
Methode *f* zur Messung von Zeitschriftenleserschaften, Verfahren *n* zur Ermittlung von Zeitschriftenleserschaften *(Leserschaftsforschung)*

magazine-audience survey
Leserschaftsumfrage *f*, Leserschaftsbefragung *f* für eine Zeitschrift *(Leserschaftsforschung)*

magazine imperative
starker Zeitschriftenleser *m* *(Leserschaftsforschung)*

magazine issue audience
Leser *m/pl*, Leserschaft *f* einer Zeitschriftenausgabe, Zahl *f* der Leser einer Zeitschriftenausgabe, Leserzahl *f* pro Zeitschriftenausgabe *(Leserschaftsforschung)*

magazine page exposure (MPX)
Zeitschriften-Seitenkontakt *m*, Seitenkontakt *m* mit einer Zeitschrift *(Leserschaftsforschung)*

magazine penetration
→ penetration

magazine plan
Werbeplan *m*, Streuplan *m*, Mediaplan *m*, der die Plazierung von Anzeigenwerbung in Zeitschriften vorsieht *(Mediaplanung)*

magazine subscription
Zeitschriftenabonnement *n*, Zeitschriftenabo *n* *(Medienvertrieb)*

magazine subscription canvasser
Zeitschriftenwerber *m*, Abonnementswerber *m*, Zeitschriftenwerber *m*, der von Haus zu Haus geht

magazine subscription list
Abonnentenkartei *f*, Verteilerliste *f* einer Zeitschrift, einer Illustrierten *(Medienvertrieb)*

magazine supplement
Beilage *f*, Supplement *n*, Zeitungsbeilage *f* im Magazinformat, im Zeitschriftenformat

magna panel
britisches Mammutplakat *n*, Großanschlag *m*, Großfläche *f*, Großplakat *n* (*Außenwerbung*)

mail address analysis
Verteileranalyse *f*, Abonnentenanalyse *f*, Analyse *f* der Postbezieher (*Zeitung/Zeitschrift*)

mail advertising
→ direct-mail advertising

mail-ballot map
etwa Briefbefragungslandkarte *f* (*Direktwerbung*)

mail circulation
Versandauflage *f*, Postbezugsauflage *f* (*Zeitung/Zeitschrift*) (*Medienvertrieb*)

mail distribution
Postvertrieb *m*, Postauslieferung *f* (*Zeitschrift*) (*Medienvertrieb*)

mailer
Werbemittelmaterial *n*, das durch die Post verschickt wird, Briefwerbematerial *n* (Einzelstück)

mail-in
etwa Anforderungszugabe *f*, per Post zugestelltes Werbegeschenk *n* (*Direktwerbung*)

mailing
1. Versand *m*, Postversand *m*, Aussendung *f*
2. Sendung *f* (Post)

mailing house
Adressenverlag *m*

mailing list
Verteiler *m*, Versandliste *f*, Versandkartei *f*, Adressenliste *f*, Adressenkartei *f*, Bezieherliste *f*, Bezieherkartei *f*, Abonnentenliste *f*, Abonnentenkartei *f*, Postbezugsliste *f*, Postbezugskartei *f*

mailing-list analysis
Empfängeranalyse *f*, Empfänger-Struktur-Analyse *f* (*Mediaforschung*)

mailing list control
Adressenbereinigung *f*, Adressenkontrolle *f*, Verteilerkontrolle *f* (*Direktwerbung*)

mail-in premium
→ mail-in

mail order
1. Postbestellung *f*, postalische Bestellung *f*, Postversand *m*, Mail-Order *m*
2. Versandhandel *m*, Versandhaushandel *m* (*Einzelhandel*)

mail-order advertising
Versandhandelswerbung *f*, Versandhauswerbung *f*, Mail-Order-Werbung *f*

mail-order business

mail-order catalog (*brit* **mail-order catalogue**)
Versandhauskatalog *m*

mail-order firm
→ mail-order house

mail-order house
Versandgeschäft *n*, Versandhaus *n*, Versandhandelsunternehmen *n* (*Einzelhandel*)

mail-order selling
Versandhandelsverkauf *m*, Versandhandel *m*, Postverkauf *m*, Mail-Order-Verkauf *m* (*Einzelhandel*)

mail-order trade
Versandhandel *m*, Versandgewerbe *n*, Versandhaushandel *m* (*Einzelhandel*)

mail subscription
→ individual mail subscription, special mail subscription

mail-subscription service
Postzeitungsdienst *m* (*Medienvertrieb*)

maintenance advertising
→ reinforcement advertising

maintenance marketing
Erhaltungsmarketing *n*

majority fallacy
Mehrheitsfehlschluß *m*, Mehrheitstrugschluß *m*, Mehrheitsirrtum *m* (*Marktforschung*) (*Marketing*)

make
Fabrikat *n*, Typ *m*, Machart *f*, Marke *f*, Produkt *n*, Erzeugnis *n*

make-good (makegood) (MG)
Ersatz *m*, Ersatzanzeige *f*, Ersatzinserat *n* (*Zeitung/Zeitschrift*), Ersatzsendung *f*, Ersatzwerbesendung *f*, Ersatzspot *m* (*Zeitung/Zeitschrift*) (*Hörfunk/Fernsehen*) (*Werbung*)

make or buy
→ make-or-buy decision

make-or-buy decision
Make-or-buy-Entscheidung *f* (*Betriebswirtschaft*) (*Marketingplanung*)

makeup (make-up)
1. Umbruch *m*, Umbrechen *n*, Mettage *f*, Mettieren *n*, Zusammenstellen *n* (einer Seite/von Seiten) (*Druck*)
2. Layout *n*, Aufmachung *f*, äußeres Erscheinungsbild *n* (*Zeitung/Zeitschrift*), Art und Weise *f*, wie ein Druckmedium aufgemacht ist, Design *n*
3. Ausstattung *f*, Ausrüstung *f*, Ausstaffierung *f*, Gestaltungsstil *m* (*Film/Fernsehen*)
4. Ausstattung *f*, Warenausstattung *f* (*Marketing*)
5. Gestaltung *f*, Design *n* (einer Ware)

to make up
1. *v/t* umbrechen, mettieren, zusammenstellen (*Druck*)
2. *v/t* gestalten, ausstaffieren, (Layout) entwickeln, layouten

makeup test
Ausstattungstest *m* (*Marktforschung*)

mall
Einkaufszentrum *n*, Einkaufszone *f*, Einkaufsstraße *f*, Fußgängerzone *f*, Gemeinschaftswarenhaus *n*, Kollektivwarenhaus *n*, Kaufmannswarenhaus *n* (*Einzelhandel*)

malredemption
Fehleinlösung *f* von Gutscheinen (*Gutscheinwerbung*)

management
Management *n*

management supervisor
→ account supervisor

managerial consultation
Betriebsberatung *f*

managerial marketing
Unternehmensmarketing *n*, Firmenmarketing *n*

mandatory copy
gesetzlich vorgeschriebener Text *m* (in Werbung)

man-hours of listening *pl*
Hörstunden *f/pl* pro Person, Hördauer *f*, durchschnittliche Hördauer *f*, Verweildauer *f* (*Hörfunk*) (*Hörerschaftsforschung*)

man-hours of reading *pl*
Lesestunden *f/pl* pro Person, Lesedauer *f*, durchschnittliche Leserdauer *f* (*Leserschaftsforschung*)

man-hours of viewing *pl*
Fernsehstunden *f/pl* pro Person, Sehdauer *f*, durchschnittliche Sehdauer *f*, Verweildauer *f* (*Zuschauerschaftsforschung*)

manifestations *pl* **of demand (manifestations** *pl* **of want)**
Bedarfsäußerungen *f/pl* (*Wirtschaftslehre*)

to manipulate
1. *v/t* manipulieren, künstlich beeinflussen
2. *v/i* manipulieren

manipulation
Manipulation *f*, Manipulierung *f*, Machenschaft *f*, zweifelhaftes Manöver *n* (*Psychologie*) (*Kommunikationsforschung*) (*Marktpsychologie*)

manipulator
Manipulator *m*

manufacturer
Hersteller *m*, Produzent *m*

manufacturer's agent
Ein-Firmen-Vertreter *m* (*Außendienst*)

manufacturer's brand
Fabrikmarke *f*, Herstellermarke *f*, Industriemarke *f* (*Marketing*)

manufacturer's price
→ factory price, ex works price

manufacturers' cooperative advertising
gemeinschaftliche Herstellerwerbung *f*, Gemeinschaftswerbung *f*, Verbundwerbung *f*, kooperative Werbung *f* mehrerer Produzenten

manufacturer's salesman
Reisender *m*, Handlungsreisender *m* (*Außendienst*)

manuscript 180

manuscript (MS, *pl* **MSS)**
Manuskript *n*, Druckvorlage *f*, Setzvorlage *f*, Satzmanuskript *n*, Vorlage *f*

marginal analysis
Marginalanalyse *f (Wirtschaftslehre)*

marginal enterprise
Grenzanbieter *m*, Grenzbetrieb *m (Wirtschaftslehre)*

marginal product
Grenzprodukt *n (Wirtschaftslehre)*

marginal rate of substitution
Grenzrate *f* der Substitution *(Wirtschaftslehre)*

marginal revenue (MR)
Grenzerlös *m*

marginal revenue function
Grenzerlösfunktion *f (Wirtschaftslehre)*

marginal utility
Grenznutzen *m (Wirtschaftslehre) (Mediaforschung)*

mark
1. Merkmal *n*, charakteristisches Merkmal *n*, Kennzeichen *n*, Charakteristikum *n*
2. Zeichen *n*, Merkzeichen *n*, Markierung *f*, Orientierungszeichen *n*
3. (Fabrik-, Waren-, Handels-) Zeichen *n*, (Waren-)Auszeichnung *f*, (Handels-)Marke *f*, Schutzmarke *f*,

to mark
1. *v/t* markieren, kennzeichnen, bezeichnen
2. *v/i* ein Markierungszeichen machen, markieren

markdown
Preissenkung *f*, Preisreduktion *f*, Preisherabsetzung *f (Wirtschaftslehre) (Marketing) (Verkaufsförderung)*

to mark down
v/t (im Preis) herabsetzen, heruntersetzen, reduzieren *(Wirtschaftslehre) (Marketing) (Verkaufsförderung)*

market
Markt *m (Wirtschaftslehre)*

marketability
Marktreife *f (Marketing)*

market acceptance
Marktakzeptanz *f (Marketing)*

market analysis
Marktanalyse *f*, Marktuntersuchung *f (Betriebswirtschaft) (Marktforschung)*

market audit
Markterhebung *f (Betriebswirtschaft) (Marktforschung)*

market behavior (*brit* **market behaviour**)
Marktverhalten *n*, Marktverhaltensweise *f (Wirtschaftslehre) (Marketing)*

market-by-market allocation (M.B.M.)
gebietsweise Etataufteilung *f*, Aufteilung *f* des Werbeetats nach Werbegebieten *(Werbeplanung)*

market capital
akquisitorisches Potential *n*, Marktkapital *n (Wirtschaftslehre) (Marketing)*

market challenger
Marktherausforderer *m (Marketing)*

market composition
Marktstruktur *f*, Marktzusammensetzung *f (Wirtschaftslehre)*

market coverage
Marktabdeckung *f (Marketing) (Marketingplanung)*

market coverage strategy
Marktabdeckungsstrategie *f (Marketing) (Marketingplanung)*

market coverage intensity
Marktabdeckung *f (Marketing) (Marketingplanung)*

market development
→ category development

market development index
→ category development index

market differentiation
Marktdifferenzierung *f (Wirtschaftslehre) (Marketing) (Marketingplanung)*

market event
Marktveranstaltung *f (Wirtschaftslehre)*

market experiment
Marktexperiment *n (Marktforschung)*

market exploration
Markterkundung *f (Marktforschung)*

market forecast
Marktprognose *f (Marketing) (Marktforschung)*

market form
Marktform *f (Wirtschaftslehre) (Marketing)*

market form of demand
Nachfrageform *f (Wirtschaftslehre)*

market form of supply
Angebotsform *f (Wirtschaftslehre)*

market index
→ category development index, market indicator

market indicator
Marktindikator *m*, Marktindex *m (Marketing) (Marktforschung)*

marketing
Marketing *n*, Absatzpolitik *f*

marketing adviser
Marketingberater *n*, Absatzberater *n*

marketing agency
Marketingagentur *f*, Absatzagentur *f*, Verkaufsagentur *f*

marketing area
Marketinggebiet *n*, Absatzgebiet *n*

marketing assessment
Marketingfolgen-Bewertung *f*, Marketing-Assessment *n*

marketing audit
Marketing Audit *n*, Marketingrevision *f*

marketing campaign
Marketingkampagne *f*, Absatzkampagne *f*, Absatzfeldzug *n*

marketing concept
Marketingkonzept *n*
→ marketing philosophy

marketing consultancy
Marketingberatung *f*

marketing consultant
Marketingberater *n*, Absatzberater *n*

marketing control
Marketingkontrolle *f*, Marketing-Controlling *n*

marketing controlling
Marketing-Controlling *n*

marketing cooperative
Marketing-Gemeinschaft *f*, Marketinggenossenschaft *f*

marketing decision
Marketingentscheidung *f (Marketing) (Entscheidungstheorie)*

marketing department
Marketingabteilung *f*

marketing director
Marketingdirektor *n*

marketing environment
Marketingumwelt *f*

marketing expert
Marketingexperte *n*, Marketingfachmann *n*

marketing index
Absatzkennzahl *f*, Absatzkennziffer *f (Statistik)*

marketing industry
Absatzwirtschaft *f*

marketing information
Marketinginformation *f*

marketing information system
Marketing-Informations-System (MAIS) *n (Betriebswirtschaft)*

marketing instrument
Marketinginstrument *n*

marketing instruments *pl*
Marketinginstrumentarium *n*, absatzpolitische Instrumente *n/pl*

marketing intelligence
Marketinginformation *f*, Marketinginformationen *f/pl (Betriebswirtschaft) (Marketingplanung)*

marketing logistics *pl (als sg konstruiert)*
Marketinglogistik *f*, physische Distribution *f*

marketing man
→ marketing expert

marketing management
Marketingmanagement *n*

marketing manager
Marketingmanager *n*, Marketing-Direktor *n*, Marketingleiter *n*

marketing mix
Marketing-Mix *n*

marketing model
Marketingmodell *n*, Absatzmodell *n* *(Wirtschaftslehre) (Marktforschung)*

marketing model method
→ operations research method

marketing objective
Marketingziel *n*, Zielsetzung *f* des Marketing *(Marketingplanung)*

marketing organization (*brit* **organisation**)
Marketingorganisation *f*

marketing philosophy
Marketingphilosophie *f*, Marketingkonzept *n*

marketing plan
Marketingplan *n*

marketing planning
Marketingplanung *f*

marketing policy
Marketingpolitik *f*

marketing research
Marketingforschung *f*, Absatzforschung *f*

marketing research director
→ research director

marketing strategy
Marketingstrategie *f*, Absatzstrategie *f* *(Marketingplanung)*

marketing tactics *pl (als sg konstruiert)*
Marketingtaktik *f (Marketingplanung)*

market investigation
Marktuntersuchung *f*, Marktstudie *f (Marktforschung)*

market leader
Marktführer *n (Wirtschaftslehre) (Marketing)*

market mapping
→ market mapping study

market mapping study
geographische Darstellung *f* von Befunden einer Marktuntersuchung *(Marktforschung)*

market niche
Marktnische *f*, Marktlücke *f (Marktpsychologie)*

market observation
Marktbeobachtung *f (Marktforschung)*

market partner relationships *pl*
Marktseitenverhältnisse *n/pl (Wirtschaftslehre)*

market penetration
Marktdurchdringung *f*, Marktpenetration *f*, Marktdurchdringungsstrategie *f*, Marktpenetrationsstrategie *f*, Penetrationsstrategie *f*, Politik *f* der Marktdurchdringung, Politik *f* der Marktpenetration *(Marketingplanung)*

market penetration model
Marktdurchdringungsmodell *n*, Marktpenetrationsmodell *n (Marketingplanung) (Marktpsychologie)*

market performance
Absatzleistung *f*, Marktleistung *f (Marketing)*

market period
Marktperiode *f*, Angebotsperiode *f*, Nachfrageperiode *f (Wirtschaftslehre)*

marketplace
Markt *n*

marketplace trade
Markthandel *n*, Meßhandel *n (Wirtschaftslehre)*

market planning
Marktplanung *f*

market position *(Wirtschaftslehre)*
Marktposition *f*, Marktstellung *f (Wirtschaftslehre)*

market potential
Marktpotential *n*, Absatzpotential *n (Wirtschaftslehre) (Marketing)*

market power
Marktmacht *f (Wirtschaftslehre) (Wettbewerbstheorie) (Marktpsychologie)*

market price
Marktpreis *n (Wirtschaftslehre)*

market profile
Marktprofil *n*, Profil *n* eines Markts, Marktstruktur *f (Marktforschung)*

market prognosis (*pl* prognoses)
Marktprognose *f*

market projection
Marktprojektion *f*

market psychology
Marktpsychologie *f*, Psychologie *f* des Marktes, psychologische Marktanalyse *f*

market research
Marktforschung *f*

market research adviser
Marktforschungsberater *n*

market research consultant
Marktforschungsberater *n*

market research department
Marktforschungsabteilung *f*

market researcher
Marktforscher *n*

market research institute
Marktforschungsinstitut *n*

market resistance
Marktwiderstand *m (Marktpsychologie)*

market response
Marktreaktion *f*, Reaktion *f* des Marktes

market response curve
Marktreaktionskurve *f*, Reaktionskurve *f* des Marktes *(Marktpsychologie) (Marktforschung)*

market response function
Marktreaktionsfunktion *f*, Reaktionsfunktion *f* des Marktes, Response Function *f (Marktpsychologie) (Marktforschung)*

market satiation
→ market saturation

market saturation
Marktsättigung *f*, Sättigung *f* des Markts *(Wirtschaftslehre) (Wettbewerbstheorie)*

market segment
Marktsegment *n*, Teilmarkt *n (Marketing) (Marktforschung)*

market segmentation
Marktsegmentierung *f*, Marktsegmentation *f (Marketing) (Marktforschung)*

market segmentation study
Marktsegmentierungsuntersuchung *f*, Marktsegmentierungsstudie *f (Marktforschung)*

market selection
Marktselektion *f (Marketing) (Marketingplanung)*

market share
Marktanteil *n (Marketing) (Marktforschung) (Wettbewerbstheorie) (Mediaforschung)*

market share method
Werbeanteils-Marktanteils-Methode *f* (der Budgetierung) *(Marketing) (Marketingplanung)*

market situation
Marktlage *f*, Marktsituation *f (Wirtschaftslehre) (Wettbewerbstheorie)*

market size
Marktgröße *f*, Umfang *n* des Markts *(Wirtschaftslehre) (Wettbewerbstheorie)*

market sociology
Marktsoziologie *f*, Soziologie *f* der Marktbeziehungen *(Wirtschaftslehre)*

market split
Marktspaltung *f*, Marktteilung *f (Marketing) (Marketingplanung)*

market stage
Marktstufe *f (Wirtschaftslehre)*

market structure
Marktstruktur *f (Wirtschaftslehre) (Wettbewerbstheorie)*

market structure study
Marktstrukturuntersuchung *f (Marktforschung)*

market study
Marktstudie *f*, Marktuntersuchung *f (Marktforschung)*

market survey
Marktbefragung *f*, Marktumfrage *f* *(Marktforschung)*

market test
Markttest *n* *(Marktforschung)*

market transparence
Markttransparenz *f* *(Wirtschaftslehre) (Wettbewerbstheorie)*

market type
Markttyp *n* *(Wirtschaftslehre) (Marketing)*

market typology
Markttypologie *f* *(Marktforschung)*

market unification
Marktunifizierung *f* *(Marketing) (Marketingplanung)*

market unit
Markteinheit *f*, Marktelement *n* *(Wirtschaftslehre) (Marketing)*

market unity
Markteinheit *f*, Einheitlichkeit *f* des Marktes *(Wirtschaftslehre) (Wettbewerbstheorie)*

market volume
Marktvolumen *n*, Marktumfang *n*, Umfang *n* des Markts *(Wirtschaftslehre) (Wettbewerbstheorie)*

market want
Marktkapazität *f* *(Wirtschaftslehre) (Wettbewerbstheorie)*

mark of origin
geographische Warenbezeichnung *f*, Herkunftsbezeichnung *f*

markup
1. Preiserhöhung *f*, Preisaufschlag *m* *(Wirtschaftslehre) (Marketing) (Verkaufsförderung)*
2. im Preis erhöhte Ware *f*, im Preis erhöhtes Produkt *n*
3. Handelsspanne *f*, Kalkulationsaufschlag *m* *(Einzelhandel) (Großhandel)*
4. Satzanweisungen *f/pl*, Satzanweisung *f* *(Druck)*

to mark up
v/t (im Preis) heraufsetzen, erhöhen

marline rate
etwa Umsatzpreis *m* *(Anzeigenwerbung) (Zeitung/Zeitschrift)*

masked ad
kurz für masked advertisement

masked advertisement
→ masked copy

masked copy
abgedeckte Anzeige *f*, teilweise abgedeckte Anzeige *f*, teilweise zugedeckter Anzeigentext *m* *(Werbeforschung)*

masked copy indentification
→ identification test

masked-identification test
Werbetest *m* mit teilweise zugedecktem Anzeigentext, Werbetest *m* mit zugedecktem Firmen-, Marken- oder Produktnamen maskierter Identifizierungstest *m* *(Werbeforschung)*

masking
Zudecken *n* von Teilen eines Werbetexts, Testen *n* eines teilweise zugedeckten Werbetexts *(Werbeforschung)*

mass audience
Massenpublikum *n*, Massenleserschaft *f*, Massenhörerschaft *f*, Massenzuschauerschaft *f*

mass commodity
Massengut *n* *(Wirtschaftslehre)*

mass communication
Massenkommunikation *f*

mass communications *pl (als sg konstruiert)*
Massenkommunikation *f*

mass communications research
Massenkommunikationsforschung *f*

mass commodity
→ mass consumer good

mass consumer good (*meist pl* **mass consumer goods**)
Massengut *n* (Massengüter *m/pl*), Massenbedarfsartikel *m*, Massenbedarfsgut *n*, Massenprodukt *n*, Massenware *f (Wirtschaftslehre)*

masscult
adj Fernseh-, Massenkommunikations-, sich auf alle Formen der durch die modernen Massenkommunikationsmittel verbreiteten Kultur (Schauspiel, Kunst Drama Musik etc.) beziehend

mass display
Warenstapel *m*, Warenhaufen *m*, Massenauslage *f (POP-Werbung)*

mass display window
Stapelfenster *n*, Massenfenster *n (POP-Werbung)*

mass mailing
Großversand *m*, Massenversand *m (Direktwerbung)*

mass media *pl*
Massenmedien *n/pl*, Massenkommunikationsmittel *n/pl*

mass medium
Massenmedium *n*, Massenkommunikationsmittel *n*

mass merchandiser
Kleinpreisgeschäft *n*, Juniorwarenhaus *n (Einzelhandel)*

mass product
Massenprodukt *n*, Massenbedarfsgut *n*, Massenwaren *f (Wirtschaftslehre)*

mass retailer
Massenfilialunternehmen *n (Einzelhandel)*

mass transit
Nahverkehr *m*, städtischer Nahverkehr *m*, öffentlicher Nahverkehr *m (Verkehrsmittelwerbung)*

master
1. Original *n*, Vorlage *f*, Druckvorlage *f*, Originalfilm *m*, Originalaufnahme *f*, Schallplattenmatrize *f*
2. *adj* Original-, Vorlage-, Vordruck-

master agency
federführende Agentur *f*, Hauptagentur *f (Werbung)*

master contract
Gesamtvertrag *m*, Blankovertrag *m*, Einheitsvertrag *m (Werbeplanung) (Mediaplanung)*

master copy
Original *n*, Vorlage *f*, Originalkopie *f* (von Drucken, Filmen etc.)

master layout
Reinlayout *n*, endgültiges Layout *n*, im Originalformat

master of ceremonies (emcee, MC, M.C.)
eigentl Zeremonienmeister *m*, Conferencier *m*, Quizmaster *m*, Unterhalter *m*, Showmaster *m (Hörfunk/Fernsehen)*

masterpack
Mehrfachpackung *f (Einzelhandel) (Großhandel)*

master size
Originalformat *n*, Originalgröße *f (Druck/Anzeigenentwurf)*

masthead
1. Zeitungskopf *m*, Zeitungstitel *m* (bei einer Leserschaftsuntersuchung), Zeitungstitelzeichen *n*, Zeitschriftentitelzeichen *n*, Titelzeichenreproduktion *f*
2. Druckvermerk *m*, Impressum *n*, unter dem Titelzeichen *(Zeitung)*

masthead booklet
Broschüre *f*, Hefter *m* mit Titelkarten, Titelkartenheft *n (Leserschaftsforschung)*

masthead card
Titelkarte *f*, Zeitungstitelkarte *f*, Zeitschriftentitelkarte *f* (bei Leserschaftsuntersuchungen)

masthead imprint
Druckvermerk *m*, Erscheinungsvermerk *n*, Impressum *n (Zeitung/Zeitschrift)*

matchbook cover
Streichholzheftchendeckel *m*, Streichholzbriefdeckel *m (Werbefläche)*

mathematical programming
mathematische Programmierung *f (Entscheidungstheorie)*

matrix organization (*brit* **matrix organisation)**
Matrixorganisation *f*, Matrixsystem *n (Marketingorganisation)*

maturity stage
Reifephase *f* (im Produktlebenszyklus) *(Marketing)*

maverick
Außenseiter *m (Wirtschaftslehre) (Preispolitik)*

maxiline
→ maximil rate

maximax criterion
Maximaxkriterium *n*, Maximaxregel *f* (*Entscheidungstheorie*)

maximax rule
Maximaxregel *f* (*Entscheidungstheorie*)

maximil
kurz für maximil rate

maximil rate
höchster Zeilenpreis *m*, höchster Zeilensatz *m* (für Anzeigenwerbung in einer Zeitung)

maximin criterion
Maximinkriterium *n*, Maximinregel *f* (*Entscheidungstheorie*)

maximin rule
Maximin-Regel *f* (*Entscheidungstheorie*)

maximization of profit
Gewinnmaximierung *f* (*Wirtschaftslehre*) (*Betriebswirtschaft*) (*Wettbewerbstheorie*)

maximization of utility (*brit* **maximisation of utility**)
Nutzenmaximierung *f* (*Wirtschaftslehre*) (*Wettbewerbstheorie*)

maximum depth
maximale Anzeigenhöhe *f*, maximale Spaltenhöhe *f*, maximale Spaltenlänge *f* einer Anzeige (*Zeitung/Zeitschrift*)

maximum depth requirement
→ maximum depth

maximum size
Höchstformat *n*, Höchstgröße *f*

maya principle ("most advanced yet acceptable")
maya-Maxime *f*, maya-Schwelle *f* (*Marketing*) (*Produktpolitik*)

M.B.M.
Abk market-by-market allocation

M.C. (MC)
Abk master of ceremonies

M.D.I. (MDI)
Abk market development index

MDS
Abk multi-point distribution system

means-end analysis
Mittel-Ziel-Analyse *f* (*Psychologie*) (*Einstellungsforschung*)

means-end chain (for advertising)
Mittel-Ziel-Kette *f* (in der Werbung)

means-end theory
Mittel-Ziel-Theorie *f* (*Psychologie*) (*Einstellungsforschung*)

measure of exposure
Kontaktmaß *n*, Kontaktmaßzahl *f* (*Mediaforschung*) (*Werbeforschung*)

measurement of exposure
Kontaktmessung *f* (*Mediaforschung*) (*Werbeforschung*)

mechanical recorder
elektromechanisches Aufnahmegerät *n* zur Registrierung von Einschaltquoten (*Hörfunk/Fernsehen*) (*Mediaforschung*)

mechanical recorder method
Methode *f*, der elektromechanischen Messung von Einschaltquoten (*Hörfunk/Fernsehen*) (*Mediaforschung*)

mechanical recording of reception
elektromechanische Registrierung *f*, von Einschaltquoten (*Hörfunk/Fernsehen*) (*Mediaforschung*)

mechanical requirements *pl*
technische Daten *n/pl*, technische Einzelheiten *f/pl* (auf Anzeigenpreislisten) (*Zeitschrift/Zeitung*)

mechanical split run
mechanischer Anzeigensplit *m*, mechanisches Anzeigen-Splitting *n*, mechanische Auflagengabelung *f*, mechanischer Auflagensplit *m*, mechanische Gabelung *f* der Auflage für verschiedene Anzeigen (*Zeitung/Zeitschrift*) (*Mediaplanung*)

media *pl*
Medien *n/pl*, Kommunikationsmedien *n/pl*, Werbeträger *m/pl*

media advertising
Werbung *f*, Reklame *f* in den Medien, Medienwerbung *f*, klassische Werbung *f*

media agency
Mediaagentur *f*, Streuagentur *f*

media agreement
Mediavertrag *m*

media allocation
→ allocation 1.

media analysis
Werbeträgeranalyse *f*, Media-Analyse *f*, Medienanalyse *f* *(Mediaforschung)*

media audience
→ audience

media audience accumulation
→ audience accumulation

media auditing
Media Auditing *n*, Media-Revision *f* *(Mediaplanung)*

media believability
Medienglaubwürdigkeit *f*, Glaubwürdigkeit *f*, eines Mediums, eines Werbeträgers *(Kommunikationsforschung)*

media consumer
→ media user

media consumption
media use

media briefing
Mediabriefing *n*

media buyer
Mediaeinkäufer *m*, Mediaplaner *m*, Streuplaner *m*, Streufachmann *m*, Streuexperte *m* *(Mediaplanung)*

media buying
Mediaeinkauf *m* *(Mediaplanung)*

media buying service
→ media agency

media choice
Medienauswahl *f*, Medienwahl *f*, Auswahl *f* der zu belegenden Medien, Werbeträgerauswahl *f* *(Mediaplanung)*

media combination
Medienkombination *f*, Mediakombination *f*, Werbeträgerkombination *f*

media commission
Medienkommission *f*, -kommission *f*, AE-Provision *f*, Mittlervergütung *f*, Mittlerprovision *f* *(Werbung)* *(Mediaplanung)*

media comparison
Medienvergleich *m*, Vergleich *m* verschiedener Medien, verschiedener Werbeträger *(Mediaforschung)* *(Mediaplanung)*

media consumption
Medienkonsum *m*, Mediengebrauch *m*, Mediennutzung *f*, Medianutzung *f*, Medienverhalten *n*

media consumption behavior
Medienkonsumverhalten *n*, Mediengebrauchsverhalten *n*, Mediennutzungsverhalten *n* *(Mediaforschung)*

media contract
Mediavertrag *m*

media coordination
Koordination *f*, der Medienbelegung, Belegungskoordination *f*, Medienbelegungskoordination *f* *(Mediaplanung)*

media coverage
Medienreichweite *f*, Reichweite *f* eines Mediums *(Mediaforschung)*

media credibility
Medien-Glaubwürdigkeit *f*, Werbeträger-Glaubwürdigkeit *f* *(Kommunikationsforschung)*

media culture
Medienkultur *f*

media data *pl*
Mediendaten *n/pl*, Mediadaten *n/pl*, Medienunterlagen *f/pl* *(Mediaplanung)*

media data card
Preisliste, Medieninformationskarte *f* *(Mediaplanung)*

media department
Media-Abteilung *f*

media director
Leiter in der Mediaabteilung (einer Werbeagentur), Direktor *m* der Mediaplanung, Direktor *m* der Streuplanung, Mediadirektor *m*

media distribution
Medienvertrieb *m*, Pressevertrieb *m*, Werbeträgervertrieb *m*

media distribution of advertising
Streuplanung *f*, Mediaplanung *f*, Streuung *f*

media effectiveness
Medienwirkung *f (Kommunikationsforschung) (Mediaforschung)*

Media Expenditure Analysis Limited (MEAL)
britische Analyse *f* der Werbeaufwendungen

media exposure
Werbeträgerkontakt *m*, Medienkontakt *m (Mediaforschung) (Mediaplanung)*

media exposure unit
Medien-Kontakt-Einheit (MKE) *f*, kleinste belegbare Einheit *f (Mediaforschung) (Mediaplanung)*

media function (of an advertisement)
Medienfunktion *f* (einer Anzeige) *(Mediaforschung)*

media image
Medienimage *n*, Image *n* eines Mediums, eines Werbeträgers

media image profile
Imageprofil *n* eines Mediums, Medienimageprofil *n*, Medienprofil *n*, Werbeträgerprofil *n (Mediaforschung)*

media imperative
Mediennutzer *m* mit starker Bindung (an das jeweilige Medium) *(Mediaforschung)*

media independent
unabhängige Mediaagentur *f*

media literacy
Media Literacy *f*, Medienvertrautheit *f (Mediaforschung)*

media man
Streufachmann *m*, Streuplaner *m*, Streuexperte *m (Mediaplanung)*

media manager
→ media director

media market
Medienmarkt *m* Markt *m* eines Mediums, eines Werbeträgers *(Medienvertrieb)*

media mix
Media-Mix *m (Marketing) (Mediaplanung)*

media multiplier effect (MME)
Media-Multiplikator-Effekt *m (Mediaforschung) (Mediaplanung)*

media objective
Werbeziel *n*, Zielsetzung *f* einer Werbeaktion, einer Werbekampagne, Mediaplanziel *n*

media overspill
Medien-Overspill *m (Mediaforschung) (Mediaplanung)*

media owner
Medieneigentümer *m*, Eigentümer *m* eines Werbeträgers *(Zeitung/Zeitschrift) (Hörfunk/Fernsehen)*

media panel
Mediapanel *n*, Werbeträgerpanel *n (Mediaforschung)*

media penetration
Mediendurchdringung *f*, Medienreichweite *f (Mediaplanung) (Mediaforschung)*

media performance
Werbeträgerleistung *f*, Werbeträgerqualität *f (Mediaforschung)*

media phasing
Phasenplanung *f* des Medieneinsatzes *(Mediaplanung)*

media plan
Mediaplan *m*, Streuplan *m*, Werbeplan *m*, Belegungsplan *m*

media planner
Streuplaner *m*, Mediaplaner *m*, Streufachmann *m*

media planning
Mediaplanung *f*, Streuplanung *f*

media profile
→ media image profile

media reach
→ reach

media research
Werbeträgerforschung *f*, Mediaforschung *f*

media schedule
→ media plan

media scheduling
Media-Einsatzplanung *f*, Terminierung *f* eines Mediaplans, Terminplanung *f* einer Werbeaktion oder Werbekampagne *(Mediaplanung)*

media selection
Medienauswahl *f*, Medienwahl *f*, Medienselektion *f (Mediaplanung)*

media selection model
Media-Selektionsmodell *n*, Modell *n* der Medienauswahl, der Werbeträgerauswahl *(Mediaplanung)*

media sociology
Mediensoziologie *f*

media-specific advertising awareness
medienspezifische Werbeawareness *f (Mediaforschung)*

media strategy
Mediastrategie *f*, Strategie *f* des Medieneinsatzes, des Werbeträgereinsatzes *(Mediaplanung)*

media supplier
→ supplier

media support
→ media mix

media survey
Medienumfrage *f*, Werbeträgeruntersuchung *f*, Werbeträgerstudie *f*, Werbeträgerumfrage *f*, Mediauntersuchung *f*, Mediabefragung *f (Mediaforschung)*

media tactics *pl (als sg konstruiert)*
Mediataktik *f (Mediaplanung)*

media translation
Übertragung *f*, Umsetzung *f* des nationalen Mediaplans auf die lokale Werbung *(Mediaplanung)*

media type
Mediagattung *f*, Mediengattung *f*, Medientyp *m*, Werbeträgergattung *f*, Werbeträgertyp *m*

media user
Mediennutzer *m*, Medienkonsument *m (Mediaforschung)*

media user group
Mediennutzergruppe *m*, Medienkonsumgruppe *m (Mediaforschung)*

media vehicle
Werbeträger *m*, Träger *m* der Werbebotschaft

media-vehicle audience
→ media audience

media weight
Werbeträgergewicht *n*, Mediagewicht *m*, Mediengewicht *n (Mediaforschung) (Mediaplanung)*

media weighting
Werbeträgergewichtung *f*, Mediagewichtung *f*, Mediengewichtung *f (Mediaplanung)*

medium
1. Medium *n*, Streumittel *n*, Werbeträger *m*
2. *adj* mittelmäßig, mittel-, durchschnittlich

medium approach
mittlere, mittellange Verkehrslinie *f* auf der Anschlagwerbung lesbar ist *(Außenwerbung)*

medium listener
durchschnittlicher Radiohörer *m*, jemand *m*, der durchschnittlich viel Radio hört *(Hörerschaftsforschung)*

medium reader
durchschnittlicher Leser *m*, mittelmäßiger Leser *m*, jemand *m*, der durchschnittlich viel liest *(Leserschaftsforschung)*

medium viewer
durchschnittlicher Fernsehzuschauer *m*, jemand *m*, der durchschnittlich viel fernsieht *(Zuschauerschaftsforschung)*

memory
Gedächtnis *n (Psychologie) (Marktpsychologie)*

memory bias
systematische Verzerrung *f* durch Erinnerungsfehler, Erinnerungsverzerrung *f (Marktforschung) (Mediaforschung)*

memory decay
Nachlassen *n* der Gedächtnisleistung, Vergessen *n*, Nachlassen *n* der Erinnerung, Nachlassen *n* der Erinnerungsleistung *(Psychologie) (Mediaforschung)*

memory effect
Gedächtniswirkung *f*, Gedächtniserfolg *m (Werbepsychologie)*

memory error
Erinnerungsfehler *m*, Gedächtnisfehler *m* *(empirische Sozialforschung) (Marktforschung) (Mediaforschung)*

memory value
Gedächtniswert *m (Werbeforschung) (Mediaforschung)*

men listeners *pl*
männliche Hörer *m/pl* im Alter von 18 Jahren und älter *(Hörerschaftsforschung)*

men readers *pl*
männliche Leser *m/pl* im Alter von 18 Jahren und älter *(Leserschaftsforschung)*

men viewers *pl*
männliche Fernsehzuschauer *m/pl* im Alter von 18 Jahren und darüber *(Zuschauerschaftsforschung)*

merchandise
Handelswaren *f/pl*, Handelsgüter *n/pl*, Waren *f/pl*, Kaufartikel *m/pl (Wirtschaftslehre)*

merchandise assortment
Warensortiment *n (Einzelhandel) (Großhandel)*

merchandise broker
Vermittlungsvertreter *m (Außendienst)*

merchandise display window
Stapelfenster *n*, Massenfenster *n (POP-Werbung)*

merchandise market
Großmarkt *m*, Großhandelsmarkt *m (Einzelhandel) (Großhandel)*

merchandise pack
Warenpackung *f*, Einzelhandelspackung *f*, Produktpackung *f* mit beigefügter Zugabe, Bonuspackung *f*

merchandise program (*brit* **merchandise programme**)
Sortimentswerbeprogramm *n*, Auslageprogramm *n* für die Waren eines Einzelhändlers

merchandiser
1. Verkaufsexperte *m*, Fachmann *m* für Einzelhandelsverkaufspolitik
2. Geschäftsführer *m*, Leiter *m* einer Einzelhandelsniederlassung
3. stummer Verkäufer *m*

merchandise sort
Sorte *f*, Warensorte *f (Handel)*

merchandising
Merchandising *n*, Absatzsteigerung *f*, Absatzsteigerungspolitik *f*, absatzsteigernde Maßnahmen *f/pl*, Maßnahmen *f/pl* zur Absatzsteigerung, Verkaufspolitik *f*, Verkaufsförderungsmaßnahmen *f/pl*, Einzelhandels-Werbemaßnahmen *f/pl (Marketing) (Marketingplanung) (Verkaufsförderung)*

merchandising allowance
Verkaufsförderungsrabatt *m*

merchandising bus
Warenausstellungsbus *m*, Ausstellungsbus *m*

merchandising bus test
→ mobile shop technique

merchandising director
Leiter *m* der Abteilung für Verkaufsförderung

merchandising materials *pl*
Einzelhandelshilfen *f/pl*, Einzelhandelsmaterial *n*, Verkaufsförderungshilfen *f/pl* für Einzelhändler, Werbematerial *n* für Einzelhändler, Werbematerial *n*, Werbehilfen *f/pl*, Händlerhilfen *f/pl*, Dekorationshilfen *f/pl*, Verkaufshilfen *f/pl (Verkaufsförderung)*

merchandising publication
→ trade publication

merchandising service
zusätzliche Absatzförderungsdienstleistung *f* (eines Kommunikationsmediums)

merchant broker
Handelsmakler *m*

message
Botschaft *f*, Aussage *f (Kommunikationsforschung)*

message marketing
Kommunikationsmarketing *m*

metal container
Kanister *m (Verpackung)*

metallic posting
Anschlagwerbung *f* mit glanzkaschierten Plakaten *(Außenwerbung)*

meta marketing
Metamarketing *n*

method bank
Methodenbank *f (Marketing) (Marketingplanung)*

me-too advertising
Me-too-Werbung *f*

me-too product
Me-too-Produkt *n*

Metra-Potential Method
Metra-Potential-Methode (MPM) *f*

metro
→ metropolitan area

metro area
→ standard metropolitan statistical area, metropolitan area

metro area rating
Einschaltquote *f* im Einzugsbereich eines städtisch geprägten Gebiets in den USA nach den Definitionen des U.S. Bureau of the Budget *(Hörfunk/Fernsehen)*

metropolitan area
→ standard metropolitan statistical area

metropolitan plan
Auflagenübersicht *f*, Übersicht *f* über die Auflage im Stadtbereich *(Zeitung)*

metro rating
→ metro area rating

metro rating area (MRA, M.R.A.)
→ standard metropolitan statistical area

metro share
→ metro area rating

metro survey area (MSA)
→ standard metropolitan statistical area

M factor
M-Faktor *m (Werbung)*

MG (M.G.)
Abk make-good

microeconomic theory (of buying behavior)
(Wirtschaftslehre) (Konsumforschung)
Haushaltstheorie *f* (der Kaufentscheidung), mikroökonomische Haushaltstheorie *f*

microgenesis (micro genesis)
Aktualgenese *f (Psychologie) (Marktpsychologie) (Werbepsychologie)*

micro marketing
Mikromarketing *n*

midday radio time
Tagessendezeit *f (Hörfunk)*

midday time
→ midday radio time

middle break
Sendezeichen *n*, Senderzeichen *n*, Sendersignal *n*, Stationssignal *n*, mitten in einer Programmsendung *(Hörfunk/Fernsehen)*

middle commercial
Werbesendung *f*, die mitten in einer Programmsendung ausgestrahlt wird *(Hörfunk/Fernsehen)*

middleman
1. Zwischenhändler *m*
2. Mittler *m*, Mittelsmann *m*, Vermittler *m*, Makler *m*
3. Vermittlungsvertreter *m*

middleman's brand
→ private label

middle-of-the-road (M.O.R., MOR)
kurz für middle-of-the-road format

middle-of-the-road format (M.O.R., MOR)
allgemeines Unterhaltungsprogramm *n (Hörfunk)*

milking strategy
eigentl Melkstrategie *f*, Ausmelkungsstrategie *f*, Milking Strategie *f (Marketingplanung)*

milline
→ milline rate

milline rate
Millionenpreis *m*, Zeilenpreis *m* pro Millionenauflage, Anzeigenpreis *m* pro Agate-Zeile für eine Auflage von einer Million *(Zeitung) (Mediaplanung)*

minimax rule
Minimax-Regel *f*, Minimax-Kriterium *n*, Wald-Regel *f (Entscheidungstheorie)*

minimax regret rule
Minimax-Regret-Regel *f*, Savage-Niehans-Regel *f*, Regel *f* des geringsten Bedauerns *(Entscheidungstheorie)*

minimil
kurz für minimil rate

minimil rate
niedrigster Zeilenpreis *m*, niedrigster Zeilensatz *m* (für Anzeigenwerbung in einer Zeitung)

minimum circulation
Mindestauflage *f*, Mindestbelegung *f* *(Zeitung/Zeitschrift) (Mediaplanung)*

minimum cost
Geringstkosten *pl*, Minimalkosten *pl* *(Wirtschaftslehre) (Betriebswirtschaft)*

minimum cost curve
Geringstwerbekostenkurve *f*, Geringstkostenkurve *f* *(Wirtschaftslehre) (Werbung)*

minimum coverage
→ 50 showing

minimum depth
Minimalhöhe *f*, Mindesthöhe *f* (für Kleinanzeigen) *(Zeitung/Zeitschrift)*

minimum frequency
Mindestzahl *f* der Kontaktchancen, Mindestzahl *f* der Anzeigenschaltungen, Untergrenze *f* der Werbeintensität, Mindestwerbeaufwand *m* *(Mediaplanung)*

minimum rating
Mindestauftragsgröße *f*, Mindestbelegung *f* *(Werbeplanung) (Mediaplanung)*

minimum size
Mindestformat *n*, Mindestgröße *f*

minimum width
Mindestbreite *f* *(Zeitung/Zeitschrift)*

minipage (mini-page)
Mini-Seite *f*, Seitenreproduktion *f*, verkleinerte Seite *f*, Transfer *m* einer kleinformatigen in eine großformatige Seite *(Zeitung/Zeitschrift)*

miniseries
Miniserie *f*, Mini-Fortsetzungssendung *f*, kleine Fernsehserie *f*

minute-by-minute audience
→ average audience

minute-by-minute profile
→ average audience

minute movie
60-Sekunden-Spot *m*, kurze Einblendung *f*, Filmlet *n*, Werbefilm *m* von einminütiger Dauer, Einminutenfilm *m* *(Film/Fernsehen)*

mirror image
Eigenimage *n*, Selbstimage *n*, Selbstbild *n* *(Marktpsychologie)*

misleading advertising
1. irreführende Werbung *f*
2. mehrdeutige Werbung *f*

misredemption
→ malredemption

mixed media
→ multimedia

MME
Abk media multiplier effect

mobile
Mobile *n*, Deckenhänger *m* *(POP-Werbung)*

mobile advertising
Lautsprecherwagenwerbung *f*, Reklame *f* mit Hilfe eines Lautsprecherwagens

mobile bulletin board
Großfläche *f* *(Außenwerbung)*

mobile shop
mobiles Geschäft *n*, mobiler Einkaufswagen *m*, Einkaufsbus *m*, Verkaufsbus *m* *(Einzelhandel)*

mobile shop selling
Fahrverkauf *m* *(Einzelhandel) (Marketinglogistik)*

mobile shop technique
Caravan-Test *m*, Bustest *m*, Werbetest *m*, Anzeigentest *m* mit Einkaufsbus *(Marktforschung) (Werbeforschung)*

mock newspaper schedule
Liste *f* ausgewählter amerikanischer Tageszeitungen mit hohem Millionenpreis und hoher Reichweite, geordnet in der Reihenfolge der Bevölkerungszahl

mockup (mock-up)
Modell *n* in natürlicher Größe, Attrappe *f* *(POP-Werbung)*

model
1. Muster *n*, Nachbildung *f*, Vorlage *f*
2. Modell *n*, Fotomodell *n*, Mannequin *n*
3. Entwurf *m*, theoretischer Entwurf *m*, Modell *n* *(Wissenschaftstheorie)* *(empirische Sozialforschung)* *(Marktpsychologie)*

to model
1. *v/t* modellieren, nachbilden, abformen, ein Modell abnehmen von, nach Modell formen oder herstellen, Form geben, in richtige Form bringen, bilden, gestalten
2. *v/i* Modell stehen, Modell sitzen, als Modell fungieren

model advertising
Leitbildwerbung *f*

model agency
Modellagentur *f*

model bank
Modellbank *f (Marketingplanung)*

model release
Modellfreigabe *f*, Freigabe *f* (durch Unterschrift) eines Photos durch das Modell

modified rebuy
modifizierter Wiederholungskauf *m (Beschaffungsmarketing)*

modular service agency
→ à la carte agency

mom and pop store
Am colloq Tante-Emma-Laden *m (Einzelhandel)*

monetarism
Monetarismus *m (Wirtschaftslehre)*

monetary discount
Geldrabatt *m (Marketingplanung) (Preispolitik)*

money back
kurz für money back guarantee

money back guarantee
bei Nichtgefallen Geld zurück, Rückgaberecht *n* mit Gelderstattung

monitor
Monitor *m*, Fernsehempfänger *m*, Fernsehschirm *m*, Bildschirm *m*

to monitor
v/t kontrollieren, überwachen, leiten, inspizieren

mono
kurz für monaural

monochannel communication
Einweg-Kommunikation *f*, Einkanal-Kommunikation *f (Kommunikationsforschung)*

monomorphic opinion leader
monomorpher Meinungsführer *m (Kommunikationsforschung) (Einstellungsforschung)*

monomorphic opinion leadership
monomorphe Meinungsführung *f*, monomorphe Meinungsführerschaft *f (Kommunikationsforschung) (Einstellungsforschung)*

monopoly
Monopol *n (Wirtschaftslehre)*

monochroic
→ monochromatic

monochromatic
adj monochromatisch, einfarbig

monochrome
monochromes Bild *n*, einfarbiges Bild *n*

monochrome print
Einfarbendruck *m*, einfarbiger Druck *m* (Erzeugnis)

monochrome printing
Einfarbendruck *m*, einfarbiger Druck *m* (Verfahren)

monochromic(al)
→ monochromatic

monochromous
adj monochrom, einfarbig

monochromy
Monochromie *f*, Einfarbigkeit *f*, einfarbige Reproduktion *f (Wettbewerbstheorie)*

Monte Carlo method
→ Monte Carlo procedure

Monte Carlo procedure
Monte-Carlo-Methode *f*, Monte-Carlo-Verfahren *n (Mathematik/Statistik)*

month preceding
einen Monat *m* vor Erscheinen (Angabe des Anzeigenschlusses)

mood advertisement
→ mood copy

mood advertising
einstimmende Werbung *f*, stimmungserzeugende Werbung *f*

mood copy
Werbetext *m*, Anzeigentext *m*, der darauf angelegt ist, sein Publikum einzustimmen

mood display window
Phantasiefenster *n*, Ideenfenster *n*, Stimmungsfenster *n* *(POP-Werbung)*

M.O.R. (MOR)
Abk middle-of-the-road format

morning drive
kurz für morning drive time

morning drive time
Sendezeit *f*, während der morgendlichen Anfahrt zum Arbeitsplatz *(Hörfunk)*

morning rush hour
→ morning drive time

morphological analysis
morphologische Analyse *f*, morphologische Methode *f*, diskursive Problemlösungsmethode *f*

motion picture
1. Film *m*, Kinofilm *m*
2. *adj* Film-, Kino-

motion picture attendance
→ film attendance

motion picture camera

motion picture industry
→ film industry

motion picture performance
→ film performance

motivation
Motivation *f (Psychologie) (Marktpsychologie) (Marktforschung)*

motivational function (of pricing)
Motivationsfunktion *f* (der Preispolitik) *(Konditionenpolitik)*

motivation measurement
Motivationsmessung *f (Psychologie) (Marktpsychologie) (empirische Sozialforschung) (Marktforschung)*

motivation research (MR)
Motivationsforschung *f*, Motivforschung *f (Psychologie) (Marktpsychologie) (Marktforschung)*

motive
Motiv *n (Psychologie) (Marktpsychologie)*

movie
1. Film *m*, Filmstreifen *m*
2. meist *pl* movies
Filmwesen *n*, Filmgewerbe *n*, Filmindustrie *f*
3. Filmtheater *n*, Kino *n*, Lichtspieltheater *n*
4. Kinovorstellung *f*, Filmvorführung *f*

movie advertising
Filmwerbung *f*, Kinowerbung *f*, Film- und Diapositivwerbung *f (Kino)*

movie attendance
Kinobesuch *m*, Filmbesuch *m* *(Mediaforschung)*

movie audience
Filmpublikum *n*, Kinopublikum *n*, Kinobesucher *m/pl*

movie audience research
Filmzuschauerschaftsforschung *f*, Filmpublikumsforschung *f*

movie camera
→ film camera

movie commercial
Kinowerbespot *m*, Filmwerbespot *m*, Filmwerbung *f*

movie-goer (movie goer)
Kinobesucher *m*, Filmbesucher *m* *(Mediaforschung)*

movie poster
→ film poster

movies *pl*
Kino *n*
to go to the movies: ins Kino gehen

movie theater
Filmtheater *n*, Kino *n*, Lichtspieltheater *n*

movie theater attendance
→ film attendance

moving price
Gleitpreis *m*

MR
Abk motivation research

M.R.A. (MRA)
Abk metro rating area

mudslinging
eigentl Verächtlichmachung *f*, Beschmutzung *f*, Verleumdung *f*
herabsetzende, verächtlichmachende Werbung *f*

multi-brand purchasing
Kauf *m* verschiedener Marken, Kauf *m* mehrerer konkurrierender Markenprodukte

multi-city advertising experiment
Werbeexperiment *n* in mehreren Städten

multi-city experiment
→ multi-city advertising experiment

multi-client study
Omnibus-Untersuchung *f*, Omnibus-Studie *f* *(empirische Sozialforschung) (Marktforschung)*

multicolor (multi-color, *brit* **multi-colour)**
adj mehrfarbig, Mehrfarben-

multi-magazine reader
Mehrfachleser *m*, Leser *m* mehrerer Zeitschriften, Vielleser *m* *(Leserschaftsforschung)*

multi-market advertising experiment
Werbeexperiment *n* in mehreren Märkten *(Werbeforschung)*

multimedia
1. Verwendung *f*, Einsatz *m* mehrerer Medien *(Mediaplanung)*
2. *adj* unter Verwendung, Einsatz mehrerer Medien, mehrerer Mediengattungen

multimedia analysis
Multi-Media-Analyse *f*

multimedia campaign
Mediaplan *m*, Werbeplan *m*, in dem mehrere Medien, mehrere Mediengattungen eingesetzt werden

multimedia schedule
→ multimedia campaign

multimedia system
Medienverbund *m*, Medienverbundsystem *n*

multi-network area (M.N.A., MNA)
etwa Mehrsendernetzgebiet *n* *(Fernsehen)*

multi-network area rating (MNA rating)
Einschaltquote *f* *(Fernsehen)*

multipack
Mehrfachpackung *f*, Mehrfachverpackung *f*, Mehrstückpackung *f*

multiple-brand strategy
Mehrmarkenstrategie *f* *(Marketingplanung)*

multiple-company representative
Mehrfirmenvertreter *m* *(Außendienst)*

multiple delivery
Mehrfachauslieferung *f* *(Marketinglogistik)*

multiple exposure
Mehrfachkontakt *m*, Wiederholungskontakt *m* mit einem Werbeträger oder Werbemittel *(Mediaforschung)*

multiple-exposure study
Untersuchung *f* von Mehrfachkontakten *(Mediaforschung)*

multiple image research
Mehrfach-Imageforschung *f* *(Marktpsychologie)*

multiple overlapping
Quantuplikation *f* *(Leserschaftsforschung) (Mediaplanung)*

multiple overlapping table
Quantuplikationstabelle *f* *(Mediaplanung)*

multiple-page exposure (MPX)
Mehrfachkontakte *m/pl* *(Mediaforschung)*

multiple-product company
Mehrprodukt-Unternehmen *n*

multiple-product announcement (M.P.A.)
Werbesendung *f* für mehrere Produkte oder Dienstleistungen *(Hörfunk/Fernsehen)*

multiple-product pack
Verbundpackung *f*, Combi-Pack *m*

multiple-product test
Mehrfachtest *m* *(Marktforschung)*

multi-purpose pack
Mehrzweckpackung *f*

multiple reader
Mehrfachleser *m*, Doppelleser *m* *(Leserschaftsforschung)*

multiple spotting
mehrmalige Ausstrahlung *f* (einer Werbesendung) innerhalb eines Werbeblocks *(Hörfunk/Fernsehen)*

multiple-unit package
Mehrfachpackung *f*, Mehrfachverpackung *f*, Mehrstückpackung *f*

multiple-unit price
Mehrstückpreis *m*

multiplier
Multiplikator *m* *(Kommunikationsforschung)*

multiplier effect
Multiplikatoreffekt *m* *(Wirtschaftslehre)*

multi-purpose package
→ multi-purpose pack

multisponsor survey
→ multi-client survey

multistation lineup
Gruppe *f* mehrerer einzelner Fernseh- oder Radiosender, die die Werbesendung eines Werbungtreibenden im selben Markt ausstrahlen

multistrategic marketing
multistrategisches Marketing *n*

multi-unit pack
Mehrfachpackung *f*, Mehrfachverpackung *f*, Mehrstückpackung *f*

mystery shopper
Schein-Käufer *m* *(Konsumforschung) (Marktforschung)*

N

N.A.C.
Abk net advertising circulation

nailed down
Warenköder *m*, Köder *m*, Lockangebot *n*

name advertising
Erinnerungswerbung *f*, Verstärkungswerbung *f* *(Werbeplanung)*

name flag
→ masthead, logotype

name test
Namenstest *m (Marktforschung)*

narrative copy
Werbung *f* im Erzählstil, Werbung *f* in Form einer Geschichte, erzählerisch aufgezogene Werbung *f*

narrator
Sprecher *m*, Hintergrundsprecher *m*, Stimme *f*, im Hintergrund, Erzähler *m (Hörfunk/Fernsehen)*

national advertiser
auf überregionaler, nationaler, auf Bundesebene operierender Werbungtreibender *m*

national advertising
Werbung *f* auf überregionaler, auf nationaler Ebene, auf Bundesebene, national verbreitete Werbung *f*, im ganzen Land gestreute Werbung *f*

national advertising rate
Werbepreis in Anzeigenpreis *m* auf nationaler Ebene, Preis *m* für Werbung von auf nationaler Ebene operierenden Werbungtreibenden

national brand
überregional, bundesweit, auf Gesamtebene, im gesamten Land verbreitete Marke *f*, Herstellermarke *f*, Industriemarke *f*, Fabrikmarke *f*

national media *pl*
national, überregional verbreitete, bundesweit verbreitete, im gesamten Land verbreitete Medien *n/pl*

national plan
nationaler Media- oder Marketingplan *m*, Media- oder Marketingplan *m* auf nationaler Ebene, im gesamten Land verbreiteter Plan *m*

national press
nationale Presse *f*, bundesweit verbreitete Presse *f*, im gesamten Land verbreitete Presse *f*

national rate
→ national advertising rate

national rating
Einschaltquote *f* auf nationaler Ebene, auf Landesebene, auf Gesamtebene *(Hörfunk/Fernsehen)*

national rating (program area basis)
nationale Einschaltquote *f* für alle Gebiete, in denen das Programm bzw. der Sender empfangen werden kann *(Hörfunk/Fernsehen)*

national rating (program station basis)
→ national rating (program area basis)

national spot
→ spot

natural break
natürliche Sendeunterbrechung *f* (für eine Werbesendung) *(Hörfunk/Fernsehen)*

natural USP
natürlicher USP *m (Marketing) (Werbeforschung)*

near-coincidental check
Near-Koinzidenzbefragung *f (Marktforschung) (Mediaforschung)*

near pack
eigentl in Packungsnähe, in der Nähe der Packung
Packungsbeilage *f*, Packungszugabe *f*, Packungsbeigabe *f (Zugabewerbung)*

need
Bedürfnis *n (Psychologie) (Marktpsychologie) (Werbepsychologie)*

need creation
Bedürfnisweckung *f*, Bedürfnisweckungserfolg *m* *(Psychologie)* *(Marktpsychologie)* *(Werbepsychologie)*

need-creation effect
→ need creation

need-driven person
notgetriebener Mensch *m* *(Marktforschung)*

negation
Negieren *n* *(Werbeforschung)*

negative advertisement
Negativanzeige *f*, Anzeige *f* in Negativschrift *(Zeitung/Zeitschrift)* *(Werbung)*

negative advertising appeal
negativer Werbeappeal *m*, negativer Werbeappell *m*, Negativwerbung *f*

negative appeal
→ negative advertising appeal

negative reference group
negative Bezugsgruppe *f* *(Sozialpsychologie)* *(Marktpsychologie)*

neighborhood center
Nachbarschaftszentrum *n* *(Einzelhandel)*

neighborhood showing
Plakatbelegung *f*, Belegung *f* von Anschlagflächen in einer Gemeinde, einem Stadtteil, einer Nachbarschaft *(Außenwerbung)*

neobehaviorism
Neobehaviorismus *m* *(Psychologie)*

neon
Neon *n*, Neonbeleuchtung *f*, Neonröhre *f*, Neonlampe *f* *(Leuchtwerbung)*

neonized bulletin
mit Neonröhren beleuchtetes Plakat *n* *(Außenwerbung)*

neon lamp
Neonlampe *f*, Neonlicht *n* *(Leuchtwerbung)*

neon light
→ neon lamp

neon sign
Neon-Leuchtschild *n*, Neon-Reklamezeichen *n* *(Leuchtwerbung)*

neophile
Neophiler *m* *(Marktpsychologie)*

Nerlove-Arrow model
Nerlove-Arrow-Modell *n* *(Marketing)* *(Marktpsychologie)* *(Werbung)*

net
1. *adj* netto, Netto-
2. Nettobetrag *m*, Betrag *m* nach Abzug der Agenturkommission *(Werbung)*
3. *kurz für* network

NET Ad Produced Purchases (Nettapps, NETtapS)
→ Nettapps model

net advertising circulation (N.A.C.)
→ net circulation

net audience
Nettozahl *f* der Leser Hörer, Zuschauer, der Haushalte oder Personen mit Werbeträgerkontakt, Nettonutzerschaft *f*, Nettoreichweite *f* *(Mediaforschung)*

net circulation
Nettozahl *f* der Personen mit Anschlagwerbemittelkontakt, Nettokontaktsumme *f* *(Außenwerbung)*

net controlled circulation
Gesamtzahl *f*, aller tatsächlich ausgelieferten Hefte, effektive Nettoauflage *f* einer CC-Zeitschrift

net cost
Nettopreis *m*
→ net 2., net plus, net pricing

net costing
→ net pricing

net cover
kurz für net coverage

net coverage
Nettoreichweite *f* *(Mediaforschung)*

net orders processed (N.O.P.) *pl*
→ net sales

net paid
kurz für net paid circulation

net paid circulation
Verkaufsauflage *f*, bezahlte Gesamtauflage *f*,

A- und E-Verkäufe *m/pl*, Nettoverkaufsauflage *f (Zeitung/Zeitschrift) (Medienvertrieb)*

net paid subscribers *pl*
feste, zahlende Einzelbezieher *m/pl (Zeitung/Zeitschrift) (Medienvertrieb)*

net plus
→ net cost

net price
Nettopreis *m (Betriebswirtschaft)*

net pricing
Nettopreissystem *n*, Nettopreissetzung *f (Betriebswirtschaft)*

net profit
Nettogewinn *m*, Erlös *m*, Reingewinn *m*, Nettoprofit *m (Betriebswirtschaft)*

net rating
Nettoeinschaltquote *f*, Nettoreichweite *f (Hörfunk/Fernsehen) (Mediaforschung)*

net rating point (NRP)
Prozentpunkt in der gesamten, nicht duplizierten Hörer- oder Zuschauerschaft, Nettoreichweitenprozentpunkt *m (Hörfunk/Fernsehen)*

net rating points (NRPs) *pl*
Nettorreichweite *f*

net reach
→ reach

net sales *pl*
Nettoverkäufe *m/pl*, Nettoabmsatz *m*, Nettoumsatz *m (Betriebswirtschaft)*

nett audience
sichtbarkeitsjustierter Netto-Kontaktsummenwert *m (Außenwerbung)*

Nettaps model
Netapps-Methode *f (Marktforschung) (Werbeforschung)*

net unduplicated audience
Zahl *f* der Personen oder Haushalte mit Werbeträger- bzw. Werbemittelkontakt ohne Duplizierungen, Nettoreichweite *f (Mediaforschung)*

net weekly audience
eigentl wöchentliches Nettopublikum *n (Hörfunk/Fernsehen)*

net weekly circulation
eigentl wöchentliche Nettozirkulation *f*, wöchentlicher Gesamtkreislauf *m*, Zahl *f* der wöchentlichen Gesamtkontakte *(Hörfunk/Fernsehen)*

Nettaps (NETTAPS)
Abk Net Ad Produced Purchases

network audience
Zahl *f* der Hörer, Zuschauer, Hörerschaft *f*, Zuschauerschaft *f*, Publikum *n* eines Sendernetzes *(Hörfunk/Fernsehen)*

network audience flow
Hörerfluß *m*, Zuschauerfluß *m* des Publikums eines Sendernetzes *(Hörfunk/Fernsehen)*

network commercial
Sendernetzwerbesendung *f (Hörfunk/Fernsehen)*

network modeling
Netzplantechnik *f (Betriebswirtschaft)*

network promo
aus network + promotion
Programmhinweis *m*, Programmankündigung *f*, Programmansage *f* einer späteren Sendernetzsendung in einem Sendernetzprogramm *(Hörfunk/Fernsehen)*

network rating
Einschaltquote *f* eines Sendernetzes *(Hörfunk/Fernsehen) (Mediaforschung)*

network spot buy
→ spot buy

network spot purchase
→ spot buy

network time
→ network option time

neutralization technique
Einwandtechnik *f*, Neutralisationstechnik *f*

new business
neue Kunden *m/pl*, Neukunden *m/pl*, Neugeschäft *n*, neue potentielle Kunden *m/pl* (z.B. einer Werbeagentur)

new business man
etwa Kundenwerber *m*, Kundenkontakter *m* (in einer Werbeagentur)

new media

new media *pl*
Neue Medien *n/pl*

new product
neues Produkt *n*, neues Erzeugnis *n*

new-product advertising
Werbung *f* für neue Produkte, Einführungswerbung *f*

new product discount
brit Einführungs-Preisnachlaß *m*, Einführungsrabatt *m* *(Marketingplanung)* *(Konditionenpolitik)*

new product evaluation
→ product evaluation

new product idea generation
Produktideenfindung *f*, Neuproduktideenfindung *f*

new product investment method
etwa Entwicklungsinvestitionenmethode *f*, Auszahlungsmethode *f*, Payout-Methode *f*, Deckungsbeitrags-Methode *f* *(Budgetierung)*

new product launch
Einführung *f* eines neuen Produkts (neuer Produkte), Produkteinführung *f*

new product merchandising
Absatzförderungsmaßnahmen *f/pl* für ein neues Produkt

new product price
Einführungspreis *m*

new product screening
Neuproduktbewertung *f*, Neuproduktevaluierung *f*, Neuprodukt-Screening *n* *(Marketingplanung)*

newspaper ad
kurz für newspaper advertisement

newspaper advertisement
Zeitungsanzeige *f*, Zeitungsinserat *n*, Zeitungsannonce *f*

newspaper advertising
Zeitungswerbung *f*, Zeitungsreklame *f*, Werbung *f* durch Zeitungsanzeigen

newspaper announcement
1. Zeitungsanzeige *f*
2. Pressenotiz *f*

newspaper audience
Zeitungsleserschaft *f*, Zeitungsleser *m/pl*, Zahl *f* der Leser einer Zeitung

newspaper-audience survey
Leserschaftsuntersuchung *f*, Untersuchung *f* der Zeitungsleser, Leserschaftsanalyse *f* einer Zeitung *(Leserschaftsforschung)*

newspaper clip
→ newspaper clipping

newspaper clipping
Zeitungsausschnitt *m*

newspaper cutting
→ newspaper clipping

newspaper reader
Zeitungsleser *m* *(Mediaforschung)*

newspaper representative
Anzeigenakquisiteur *m* einer Zeitung

newspaper stuffer
Anzeigenbeilage *f*, Werbebeilage *f*, Prospektanzeige *f* *(Zeitung)*

newsstand advertising
Kioskwerbung *f*, Werbung *f* am Zeitungsstand

new task
→ new task buy

new task buy
Erstkauf *m*, Neueinkauf *m* *(Beschaffungsmarketing)*

next to editorial matter
→ next to reading matter

next to reading (NR, N.R.)
→ next to reading matter

next to reading matter
neben Text, textanschließend (Anzeigenposition)

niche in the marketplace
Marktnische *f*, Marktlücke *f*

Nicosia model (of consumer behavior)
Nicosia-Modell des Konsumentenverhaltens *(Marktpsychologie)*

night
kurz für night time

ninety (90)
90-Sekunden-Werbesendung *f*, 90-Sekunden-Werbespot *m* *(Hörfunk/Fernsehen)*

ninety-second commercial (90-second commercial
90-Sekunden-Werbesendung *f*, 90-Sekunden-Werbespot *m*, Werbesendung *f* von 90-Sekunden-Dauer, Werbespot *m* von 90-Sekunden-Dauer *(Hörfunk/Fernsehen)*

ninety-day cancellation
90tägige Kündigungsfrist *f (Außenwerbung)*

no-change rate
Preis *m* bei Wiederholungsbelegung, Wiederholungspreis *m*, Wiederholungstarif *m (Werbung) (Mediaplanung)*

nonadopter
Ablehner *m (Marktpsychologie) (Marktforschung) (Werbeforschung)*

nonadoption price
Ablehnungspreis *m (Marketingplanung)*

no-name product
anonyme Ware *f*, anonymes Produkt *n*, anonymes Erzeugnis *n*

non-bleed
adj nicht angeschnitten

nonbusiness marketing
nichtkommerzielles Marketing *n*, Non-Business-Marketing *n*

non-buyer reader
Leser *m*, der die Publikation, die er liest, nicht selbst gekauft hat, Zweitleser *m (Leserschaftsforschung)*

noncommercial advertising
nichtkommerzielle Werbung *f*, PR-Werbung *f*

noncompete agreement
Ausschließlichkeitsklausel *f*

nondeductible from dues
etwa nichtabzugsfähiger Abonnementspreis *m* (Verbandszeitung/-zeitschrift) *(Medienvertrieb)*

nondelivery (non-delivery)
Nichtauslieferung *f*, Nichtzustellung *f (Zeitung/Zeitschrift)*

nondurable consumer goods *pl*
Verbrauchsgüter *n/pl*, kurzlebige Konsumgüter *n/pl*

nondurables *pl*
→ nondurable consumer goods

nonexposure
Nichtkontakt *m (Mediaforschung)*

non-family household
→ institutional household

non-fiction magazine
Fachzeitschrift *f*, Themenzeitschrift *f*

nonlistener
Nichthörer *m*, jemand *m*, der nicht Radio hört *(Hörerschaftsforschung)*

nonlocal advertising
überörtliche, überlokale, überregionale Werbung *f*

nonpreemptible spot
→ section I spot

nonpreemptible time
Fest-Werbesendezeit *f (Hörfunk/Fernsehen)*

nonprimary reader
Nicht-Erstleser *m (Leserschaftsforschung)*

nonreader
Nichtleser *m (Leserschaftsforschung)*

nonrecourse factoring
echtes Factoring *n*, Standard-Factoring *n*

nonregular reader
seltener Leser *m*, unregelmäßiger Leser *m*, jemand *m*, der eine Zeitschrift oder Zeitung nur unregelmäßig liest *(Leserschaftsforschung)*

nonreturnable
adj nicht remittierbar, nicht remissionsberechtigt *(Zeitung/Zeitschrift) (Medienvertrieb)*

nonreturnable copy
nicht remissionsberechtigtes Exemplar *n (Zeitschrift) (Medienvertrieb)*

nonsales *pl*
Nichtverkauf *m*, Fehlverkauf *m (Marketingplanung) (Marketinglogistik)*

non-selective advertising
ungezielte Streuung *f*, ungezielte Werbung *f*

non-serial
Einzelsendung *f*, Einzelprogramm *n* *(Hörfunk/ Fernsehen)*

nonstationary trade
→ itinerant trade

nonstore dealer
Streckenhändler *m*, Streckengeschäft *n*, Streckenhandelsbetrieb *m*, Distanzhändler *m* *(Einzelhandel) (Großhandel)*

nonstore retailing
Distanzhandel *m*, Streckengeschäft *n*, Streckenhandel *m*, Streckengroßhandel *m* *(Einzelhandel) (Großhandel)*

nonstore wholesaler
→ nonstore dealer

nonverbal communication
nichtverbale Kommunikation *f* *(Kommunikationsforschung)*

nonviewer
Nichtseher *m*, Nichtfernseher *m*, jemand *m*, der nicht fernsieht *(Zuschauerschaftsforschung)*

N.O.P.
Abk net orders processed

Noreen model
Noreensches Modell *n* *(Werbeforschung)*

normative reference group
normative Bezugsgruppe *f* *(Sozialpsychologie) (Marktpsychologie)*

noted
adj gesehen bemerkt *(Leserschaftsforschung)*

noted score
Beachtungswert *m* *(Leserschaftsforschung)*

notice board
öffentliche Anschlagtafel *f*, Schwarzes Brett *n* *(Anschlagwerbung)*

noting
→ noted score

noting bias
Verzerrung *f* in den Angaben von Befragten einer Leserschaftsuntersuchung *(Leserschafts-/Werbeforschung)*

noting claim
Angabe *f* eines Befragten in einer Leserschaftsuntersuchung, eine Anzeige oder einen Text gesehen zu haben *(Leserschafts-/Werbeforschung)*

noting time
Betrachtungsdauer *f*, Betrachtungszeit *f* *(Werbeforschung) (Mediaforschung)*

novelty
Werbegeschenk *n*, Werbegabe *f*

NRP
Abk net rating point

mumber 25 showing
→ quarter showing

number 50 showing
→ 50 showing (fifty showing), half showing

number 75 showing
→ 75 showing (seventy-five showing)

number 100 showing
Netzanschlag *m* *(Außenwerbung)*

number 150 showing
→ saturation showing

number 200 showing
→ supersaturation showing

number 300 showing
→ supersaturation showing

number 400 showing
→ supersaturation showing

number of sales at the point of sale
Abverkaufsgeschwindigkeit *f* *(Einzelhandel)*

O

O.A.T.
Abk on-air test

O.B.C. (OBC)
Abk outside back cover

objective
Ziel *n*, Zielsetzung *f*

objective-and-task method
Ziel-Aufgaben-Methode *f*, Ziel-Aufgaben-Ansatz *m* (der Budgetierung)

observational learning
Beobachtungslernen *n*, Imitationslernen *n*, Modellieren *n* *(Psychologie) (Marktpsychologie) (Werbepsychologie)*

obsolescence
Obsoleszenz *f*, geplante Obsoleszenz *f*, geplante Veralterung *f*

obstruction of visibility
Sichtbehinderung *(Außenwerbung)*

obtained score
Prozentsatz *m* der Personen, die sich nachgewiesenermaßen richtig an eine Anzeige erinnern können *(Leserschafts-/Werbeforschung)* in Leserschaftsuntersuchungen von Gallup & Robinson

occasional listener
gelegentlicher Hörer *m* *(Hörfunk) (Hörerschaftsforschung)*

occasional reader
gelegentlicher Leser *m* *(Leserschaftsforschung)*

occasional viewer
gelegentlicher Fernsehzuschauer *m* *(Zuschauerschaftsforschung)*

occasion of last reading
Zeitpunkt *m* des letzten Lesens *(Leserschaftsforschung)*

occult balance
→ informal balance

occupational class
Berufsgruppe *f*, Berufsklasse *f*, Berufskategorie *f* *(empirische Sozialforschung) (Marktforschung) (Mediaforschung)*

occupational classification
Aufgliederung *f*, Aufschlüsselung *f* nach Berufsgruppen *(empirische Sozialforschung) (Marketing) (Mediaforschung)*

odd-even method
→ split-half method

odd price effect
→ odd pricing

odd pricing
1. Endzifferneffekt *m* *(Marketingplanung) (Preispolitik)*
2. gebrochene Preise *m/pl* *(Marketingplanung) (Preispolitik)*

O.F.C. (OFC)
Abk outside front cover

off-air advertising test
Werbesendungstest *m* mit einer Studiosendung, die noch nirgendwo gesendet worden ist *(Werbeforschung)*

off-air test
→ off-air advertising test

offbeat advertising
unterhaltende Werbung *f*, unterhaltsame Werbung *f*

off card
kurz für off card rate

off card rate
Sonderpreis *m* *(Druckwerbung/Funkwerbung)*

offensive advertising
anstößige Werbung *f*

offensive spending
offensive Ausgabenpolitik *f*

offer
Angebot *n*

office test
Office-Test *(Marktforschung)*

off invoice
eigentl Rechnungsabzug *m*, von der Rechnung abzuziehender Betrag *m*

off invoice allowance
→ off invoice

off label
1. reduzierter Preis *m*, der auf das reguläre Preisschild übergedruckt oder geschrieben ist
2. Billigware *f*, Billigprodukt *n*

off-peak
kurz für off-peak time

off-peak time
brit Vorabendsendezeit *f (Fernsehen)*

off-price sale
Verkauf *m* mit Preisnachlaß

off-season advertising
Werbung *f* außerhalb der Saison

off shelf display
Warenauslage *f*, außerhalb der Regale *(POP-Werbung)*

off the air
adj (attributiv) nicht auf Sendung, nicht gesendet, Geschehen *n*, außerhalb dessen, was gesendet wird *(Hörfunk/Fernsehen)*

oligopoly
Oligopol *n (Wirtschaftslehre) (Wettbewerbstheorie)*

O markets *pl*
O-Märkte *m/pl*, Organisationen-Märkte *m/pl*

omnibus cooperative advertisement
Gemeinschaftsanzeigenkollektiv *n* mit Einzelhändlereindruck für mehrere Produkte

on-air advertising test
→ on-air test

on-air copy test
→ on-air test

on-air recall
Erinnerung *f* an eine wirklich gesendete Werbesendung *(Hörfunk/Fernsehen) (Werbeforschung)*

on-air test (O.A.T.)
Werbetest *m* mit einer wirklich gesendeten Werbesendung *(Hörfunk/Fernsehen) (Werbeforschung)*

on-air testing
Testen *n* von Werbesendungen, nachdem sie gesendet wurden *(Hörfunk/Fernsehen) (Werbeforschung)*

one-cent sale
Ein-Cent-Verkauf *m*

one hundred-and-twenty
→ hundred-and-twenty

one hundred showing
→ full showing, hundred showing

one-piece case
Faltschachtel *f (Verpackung)*

one-product company
Ein-Produkt-Unternehmen *n (Wirtschaftslehre) (Wettbewerbstheorie)*

one-product enterprise
→ one-product company

one-product test
Einzeltest *m*, Ein-Produkt-Test *m (Marktforschung)*

one-sheet
kurz für one-sheet poster

one-sheet poster
Plakat *n* im Format eines Bogens, Perronanschlag *m (Außen-/Verkehrsmittelwerbung)*

one-step flow of communication
einstufiger Kommunikationsfluß *m (Kommunikationsforschung)*

one-stop shopping
One-Stop-Shopping *n (Einzelhandel)*

one time only (one-time-only) (OTO, O.T.O.)
einmal gesendete Werbe- oder Programmsendung *f*, Programm *n*, das nur einmal gesendet wird, einteiliges Programm *n*, einteilige Sendung *f*, Einzelsendung *f*, Einzelprogramm *n (Hörfunk/Fernsehen)*

one-time rate
Einmal-Preis *m*, Einmaltarif *m* *(Werbung)* *(Mediaplanung)*

one twenty
→ 120 (hundred-and-twenty)

one-way package
Ein-Weg-Packung *f*, Ein-Weg-Verpackung *f*

on-pack
→ on-pack premium

on-pack premium
Packungsanhänger *m*, Packungsaufkleber *m*, Packungszugabe *f (Zugabewerbung)*

on-page coupon
eingedruckter Gutschein *m*, eingedruckter Kupon *m*, eingedruckter Coupon *m* *(Zeitung/ Zeitschrift)*

on request
auf Anfrage *f*

on-sale date
Verkaufsdatum *n (Zeitschrift)*

open ad
kurz für open advertisement

open advertisement
offene Anzeige *f*, Namensanzeige *f*

open assortment display
→ assortment display, open display

open display
offene Warenauslage *f*, offene Auslage *f (POP-Werbung)*

open-end commercial
offene Werbesendung *f (Hörfunk/Fernsehen)*

open-end diary
offenes, unstrukturiertes Tagebuch *n (Mediaforschung)*

opening billboard
Anfangs-Billboard *n*, Programmansage *f* bei Beginn einer Sendung, Programmeröffnung *f (Hörfunk/Fernsehen)*

opening commercial
Eröffnungswerbung *f*, Eröffnungswerbesendung *f*, erste Werbesendung *f (Hörfunk/Fernsehen)*

openness of the market
Markttransparenz *f (Wirtschaftslehre) (Wettbewerbstheorie)*

open rate
→ one-time rate

operating expenses *pl*
Betriebsunkosten *pl*, Geschäftsunkosten *pl*

operational analysis
Betriebsanalyse *f*

operational consultation
Betriebsberatung *f*

operational observation
Betriebsbeobachtung *f* *(Wirtschaftslehre) (Betriebswirtschaft)*

operational research
→ operations research

operations research (O.R.)
Operations Research *m*, Unternehmensforschung *f*

operations research method
etwa Unternehmensforschungsmethode *f*, Operations-Research-Methode *f*

operative market research
operative Marktforschung *f*

opinion leader
Meinungsführer *m* *(Kommunikationsforschung)*

opinion rating
Meinungsbewertung *f*, -einschätzung *f (Werbeforschung)*

opportunistic buy
eigentl opportunistischer Kauf *m* *(Hörfunk/ Fernsehen)*

opportunity cost
Opportunitätskosten *pl (Wirtschaftslehre)*

opportunity cost principle
Opportunitätskostenprinzip *n/pl (Wirtschaftslehre)*

opportunity for exposure
→ opportunity of exposure

opportunity of exposure
Kontaktwahrscheinlichkeit *f*, Kontaktgelegenheit *f*, Nutzungswahrscheinlichkeit *f* *(Mediaforschung)*

opportunity to hear (OTH, O.T.H.)
Kontaktwahrscheinlichkeit *f* mit einer Radiosendung, einer Radiowerbesendung *(Mediaforschung)*

opportunity to see (OTS, O.T.S.)
Kontaktwahrscheinlichkeit *f*, Nutzungswahrscheinlichkeit *f*, Kontaktchance *f*, Kontaktgelegenheit *f*, Kontakt *m* *(Mediaforschung)*

opposite page
gegenüberliegende Seite *f*

optimization (*brit* **optimisation**)
Optimierung *f*

optimization criterion (*brit* **optimisation criterion**)
Optimierungskriterium *n*

optimization model (*brit* **optimisation model**)
Optimierungsmodell *n*

optimization program (*brit* **optimisation programme**)
Optimierungsprogramm *n*

optimization technique (*brit* **optimisation technique**)
Optimierungsverfahren *n*

optimum allocation
optimale Schichtung *f*, optimale Allokation *f* *(Statistik)*

optimum circulation
optimale Auflage *f* *(Zeitung/Zeitschrift)*

optimum image
optimales Image *n*

optimum market segmentation
optimale Marktsegmentierung *f* *(Marketingplanung) (Marktforschung)*

optimum order quantity
optimale Bestellmenge *f*, Bestellmenge *f* *(Marketinglogistik)*

option
Option *f*

option time
Optionszeit *f* *(Hörfunk/Fernsehen)*

O.R.
Abk operations research

to orbit
v/t + v/i eigentl auf eine Umlaufbahn bringen, die Erde umkreisen, sich auf einer Umlaufbahn bewegen *(Hörfunk/Fernsehen)*

order
1. Anordnung *f*, Reihenfolge *f*
2. Art *f*, Sorte *f*, Klasse *f*, Grad *m*, Rang *m*
3. Bestellung *f*, Auftrag *m*, Order *f*

to order
v/t bestellen, beauftragen, ordern, anordnen, sortieren, arrangieren

order book
Auftragsbuch *n*, Bestellbuch *n*

order card
Bestellkarte *f*, Anforderungskarte *f*

order form
Bestellformular *n*, Bestellschein *m*

ordering costs *pl*
Bestellkosten *pl* *(Marketinglogistik)*

order letter
Bestellbrief *m*

order-of-merit method (of advertisement rating)
Rangordnungsverfahren *n*, Rangordnungsmethode *f* *(Werbeforschung)*

order-of-merit test
Rangordnungstest *m*, Rangordnungsversuch *m* *(Werbeforschung)*

order-process department
Auftragsbearbeitungsabteilung *f*, Werbeabteilung *f* *(Hörfunk/Fernsehen)*

order processing
Auftragsbearbeitung *f*, Bearbeitung *f* der eingehenden Bestellungen *(Marketinglogistik)*

order slip
Bestellzettel *m*, Bestellschein *m*

ordinary position
→ run-of-book, run-of-paper, run-of-station

organization marketing (*brit* **organisation marketing**)
Organisationsmarketing *n*

organization of the field force
Außendienstpolitik *f*

organizer (*brit* **organiser**)
1. Organisator *m*
2. Gedächtnisstütze *f* für Vertreter, Blatt *n* mit Verkaufsargumenten, Organizer *m*
3. Hefter *m*, Schnellhefter *m* mit Blättern, die Verkaufsargumente enthalten

orientation price
Leitpreis *m* (*Preispolitik*)

original purchase unit
tatsächlicher Kauf *m*, tatsächliche Kaufeinheit *f*, A + E Exemplar *n* (*Zeitschrift*) (*Leserschaftsforschung*) (*Medienvertrieb*)

original size
Originalformat *n*, Originalgröße *f*

O.T.C. (OTC)
Abk over the counter
über den Tresen

OTH (O.T.H.)
Abk opportunity to hear

other-directed behavior (*brit* **other-directed behaviour**)
außengleitetes Verhalten *n*, außengelenktes Verhalten *n* (*empirische Sozialforschung*) (*Marktforschung*)

other-directedness
→ other-directed behavior

other-directed person
→ outer-directed person

OTO (O.T.O.)
Abk one time only

OTS (O.T.S.)
Abk opportunity to see

outcome function
Ergebnisfunktion *f* (*Entscheidungstheorie*)

outcome matrix
Ergebnismatrix *f* (*Entscheidungstheorie*)

outdoor
kurz für outdoor advertising

outdoor advertisement
Außenwerbemittel *n*

outdoor advertising
Außenwerbung *f*, Außenanschlagwerbung *f*, Plakatwerbung *f*, plakative Werbung *f*

outdoor advertising exposure
Kontakt *m* mit einem Plakatanschlag, Anschlagwerbemittelkontakt *m*, Werbemittelkontakt *m* mit einem Außenanschlag (*Werbe-/Mediaforschung*)

outdoor advertising plant
Außenwerbungsunternehmen *n*, Außenanschlagwerbeunternehmen *n*, Plakatanschlagsunternehmen *n*

outdoor audience
Personen *f/pl* mit Außenwerbemittelkontakt, Personen *f/pl*, die Kontakt mit einem Werbemittel der Anschlagwerbung haben, Personen *f/pl* mit Plakatkontakt (*Werbe-/Mediaforschung*)

outdoor board location
Anschlagstellenposition *f*, Anschlagstellenstandort *m* (*Außenwerbung*)

outdoor circulation
Außenanschlagsreichweite *f*, Plakatreichweite *f* (*Werbe-/Mediaforschung*)

outdoor movie
Freilichtspieltheater *n*, Freilichtkino *n*

outdoor-panel audience
→ outdoor audience

outdoor plant
→ plant

outdoor plant operator
Außenwerbeunternehmer *m*, Außenanschlagpächter *m*, Anschlagunternehmer *m*, Plakatanschlagsunternehmer *m*, Außenwerbeunternehmen *n*, Plakatanschlagsunternehmen *n*

outdoor service
Wartung *f* der Außenanschläge, der Plakate, Ausbesserung *f* (*Außenwerbung*)

outdoor space buyer
eigentl Außenwerbeflächenkäufer *m*

outer-directed behavior
→ other-directed behavior

outer-directedness
→ other-directed behavior

outer-directed person
außengeleiteter Mensch *m*, Konformist *m* *(Marktforschung)*

outer-direction
→ other-directed behavior

outgoing
Werbeplakat *n*, Plakat *n*, am Ende einer Stadt oder Siedlung *(Außenwerbung)* mit einer Werbebotschaft für die aus der Stadt oder Siedlung herausfahrenden Autofahrer

outlet
1. Einzelhandelsgeschäft *n*, Verkaufsstätte *f*, Filiale *f*, Einzelgeschäft *n*
2. Absatzmarkt *m*, Absatzgebiet *n*

out-of-home audience
Leser *m/pl*, Hörer *m/pl*, Zuschauer *m/pl*, die nicht zuhause lesen hören, fernsehen, Leserschaft *f*, Hörerschaft *f*, Zuschauerschaft *f*, die außer Haus liest, hört, fernsieht *(Mediaforschung)*

out-of-home media *pl*
etwa Außerhauswerbeträger *m/pl*

out-of-home pass-along reader
→ tertiary reader

out-of-home reader
Leser *m*, der außer Haus liest, der nicht zuhause liest, Außerhaus-Leser *m* *(Leserschaftsforschung)*

out-of-home reading
Außer-Haus-Lesen *n*, Lesen *n*, außerhalb des Hauses *(Leserschaftsforschung)*

out-of-market traffic
Verkehr *m*, Verkehrsfluß *m*, der über den Operationsradius eines Außenwerbeunternehmens hinausführt

out of sorts
→ sort

out of stock
adj (attributiv) nicht mehr am Lager, ausverkauft

out period
→ hiatus 1.

outpost display
eigentl Außenpostenaustage *f*, Vitrinenauslage *f*

outsert
Packungsbeigabe *f*, Packungsbeilage *f*, Pakkungsanhänger *m*, Packungsaufkleber *m* *(Zugabewerbung) (Verpackung)*

outside
kurz für outside back cover, outside front cover, cover

outside back cover (O.B.C., OBC)
vierte Umschlagseite *f*, U 4 *f (Zeitschrift)*

outside front cover (O.F.C., OFC)
Titelseite *f*, erste Umschlagseite *f*, U 1 *f (Zeitschrift)*

outside-in
Von-außen-nach-innen-Methode *f (Mediaforschung)*

outsider
Außenseiter *m (Wirtschaftslehre) (Preispolitik)*

outside transit advertising
Verkehrsmittelwerbung *f* an den Außenflächen öffentlicher Verkehrsmittel

outside transit poster
Verkehrsmittelplakat *n*, an den Außenflächen eines öffentlichen Verkehrsmittels, Außenflächenplakat *m (Verkehrsmittelwerbung)*

overall
Gesamtbild *n*, Gesamterscheinung *f* (eines optischen Werbemittels)

overclaim
übertriebene Angabe *f*, übertreibende Fehlangabe *f* eines Befragten *(Marktforschung) (Mediaforschung)*

overclaiming
Overclaiming *n (Marktforschung) (Mediaforschung)*

overcommercialization
Anhäufung *f*, Überhäufung *f*, Zusammendrängung *f*, sehr vieler Werbesendungen, zu vieler Werbesendungen *(Hörfunk/Fernsehen)*

over-door display
→ top-end display

overhead
1. allgemeine Betriebsunkosten *pl*, allgemeine Unkosten *f (Betriebswirtschaft)*
2. *kurz für* overhead projector
3. *kurz für* overhead transparency

overhead projector
Overhead-Projektor *m*, Tageslichtprojektor *m*, Arbeitsprojektor *m*

overhead transparency
Overhead-Transparent *n*, Overhead-Dia *n*

overlap
Übereinanderblendung *f (Film/Fernsehen)*

overlapping
→ duplicated audience

overlapping circulation
duplizierende, überlappende Streuung *f (Mediaplanung)*

overlapping readership
dupliziertes Publikum *n*, duplizierte Leser *m/pl*, Hörer *m/pl*, Zuschauer *m/pl*, duplizierte Reichweite *f*, Leser *m/pl*, Hörer *m/pl*, Zuschauer *m/pl* mit Mehrfachkontakt (zu einem Werbeträger oder Werbemittel) *(Mediaforschung)*

overlapping reading
→ duplication

overlay
Überkleber *m*, Plakataufkleber *m*, Plakatüberkleber *m (Außen-/Verkehrsmittelwerbung)*

overleaf
adv umseitig, umstehend **overline**
1. Überschriftszeile *f*, Dachzeile *f*
2. Bildüberschrift *f*, Bildüberschriftszeile *f*

overnight
kurz für overnight report

overnight report
Einschaltquotenbericht *m (Hörfunk/Fernsehen)*, der bereits am Tag nach Ausstrahlung der Sendung vorliegt *(Mediaforschung)*

overrun
1. Überschuß *m*, überschüssige Menge *f*, Übermaß *n*, überschüssige Auflage *f (Zeitung/Zeitschrift)*
2. Einschaltquotenüberschuß *m*

to overrun
1. *v/t* + *v/i* umlaufen lassen, umbrechen (Text)
2. *v/t* flüchtig überfliegen, durchblättern

overspill
→ media overspill

over the counter
über den Tresen, über die Theke, über den Ladentisch

overwire hanger
Spannband *n*, Spruchband *n*, Schleppband *n (Außenwerbung) (POP-Werbung)*

P

Paasche index
Paasche-Index *m (Statistik)*

pack
1. Packung *f*, Paket *n*, Pack *n (Verpackung)*
2. Schachtel *f (Verpackung)*

to pack
1. *v/t* einpacken, verpacken, packen
2. *v/i* packen, verpacken

package
1. Packung *f*, Verpackung *f*, Paket *n*
2. Packen *n*, Verpacken *n*

to package
v/t verpacken, packen, in Packungen verpacken, in Pakete verpacken

package advertising
1. Werbung *f* in einem Programmpaket, in Programmpaketen, in einem Programmkomplex, in Programmkomplexen *(Hörfunk/Fernsehen)*
2. Packungswerbung *f*, Verpackungswerbung *f*

package band
Packungsbanderole *f*, Banderole *f*

package band premium
Banderolenzugabe *f*, Banderolengutschein *m*, Banderolenkupon *m (Zugabewerbung)*

package cut
Packungsreproduktion *f*, Packungsplakat *n (POP-Werbung)*

package deal
Koppelungsgeschäft *n*, Koppelgeschäft *n (Marketing) (Marketingplanung)*

package design
Packungsdesign *n*, Verpackungsdesign *n*

packaged good (*meist pl* **packaged goods**)
abgepackte Ware *f*, abgepacktes Produkt *n (Einzelhandel) (Verpackung)*

package enclosure
→ in-pack, package insert

package evaluation
Packungsbewertung *f*, Packungseinschätzung *f*

package good
→ packaged good

package insert
Packungsbeilage *f*, Packungseinlage *f*, Beipack *m (Zugabewerbung)*

package outsert
Packungsbeigabe *f*, Packungsbeilage *f*, Packungsanhänger *m*, Packungsaufkleber *m (Zugabewerbung)*

packager
Verpackungsunternehmen *n*, Packungsunternehmen *n*, Verpacker *m*, Packer *m (Verpackung)*

package rate
Preis *m*, Werbepreis *m* für ein Werbepaket *n* für einen Komplex *m* mehrerer Werbesendungen *(Hörfunk/Fernsehen) (Mediaplanung)*

package test
Packungstest *m*, Verpackungstest *m (Marktforschung) (Werbeforschung)*

package testing
Verpackungstesten *n*, Testen *n* von Verpackungen *(Marktforschung) (Werbeforschung)*

packaging
Verpacken *n*, Packen *n*

packaging design
→ package design

packaging designer
Packungsdesigner *m*, Verpackungsdesigner *m*

packaging study
Packungsuntersuchung *f*, Verpackungsuntersuchung *f (Marktforschung) (Werbeforschung)*

packaging test
Packungstest *m*, Verpackungstest *m (Marktforschung) (Werbeforschung)*

packer
1. Packungsunternehmen *n*, Verpackungsbetrieb *m*
2. Packer *m*, Verpacker *m*, Einpacker *m*
3. Packmaschine *f*, Verpackungsmaschine *f*
4. Konservenhersteller *m*, Konservierer *m*

packing
1. Packen *n*, Verpacken *n*, Verpackung *f*
2. Konservierung *f*

packing paper
Packpapier *n*

to pad
v/t ausstopfen, anreichern, auffüllen, mit zusätzlichem Material füllen (Werbetext) um einen Text auf eine bestimmte Länge zu bringen

padding
Füllen *n* (Journalismus) (Werbung)

page
Seite *f*, Schriftseite *f*

to page
1. *v/t* paginieren
2. *v/t* durchblättern

page design
Seitenlayout *n*, Seitenaufmachung *f*, Seitengestaltung *f* (Zeitung/Zeitschrift)

page exposure
Seitenkontakt *m* (Zeitung/Zeitschrift) (Leserschaftsforschung) (Mediaforschung)

page fraction
Seitenteil *m*, Teil *m* der Seite, Teil *m* einer Seite (Zeitung/Zeitschrift)

page layout
→ page design

page location (of an advertisement)
Seitenposition *f*, Seitenplazierung *f*, Plazierung *f* (einer Anzeige) auf der Seite (Zeitung/Zeitschrift)

page makeup
Seitenumbruch *m*

page rate
Seitenpreis *m*, Preis *m* für eine ganzseitige Anzeige (Zeitung/Zeitschrift)

page size
Seitenformat *n*, Format *n* einer Seite, Seitengröße *f* (Zeitung/Zeitschrift)

to page through
v/t durchblättern, durchsehen

page traffic
Anteil *m* Prozentsatz *m* der Seiten einer Publikation, der gelesen worden ist bzw. gelesen wird, Lesegeschehen *n*, Lesevorgänge *m/pl* auf den Seiten (Zeitung/Zeitschrift) (Leserschaftsforschung)

page traffic score
Seitenbeachtungswert *m* (Leserschaftsforschung)

paginal
1. *adj* Seiten-, Buchseiten-, Heftseiten-
2. *adj* aus Seiten bestehend, in Seiten aufgeteilt, in Seiten unterteilt
3. *adj* seitenweise

paid
adj bezahlt (Zeitung/Zeitschrift) (Medienvertrieb)

paid circulation
verkaufte Auflage *f*, Verkaufsauflage *f* (Zeitung/Zeitschrift) (Medienvertrieb)

paid reader
Abonnements- und Einzelverkaufsleser *m*, A + E-Leser *m* (kurz für Abonnements- und Einzelverkaufsleser) (Zeitung/Zeitschrift) (Leserschaftsforschung)

paid subscriber
Abonnementsleser *m*, A-Leser *m* (Zeitung/Zeitschrift) (Leserschaftsforschung)

paid subscribers *pl*
feste, zahlende Einzelbezieher *m/pl* (Zeitung/Zeitschrift) (Medienvertrieb)

paid subscription
Abonnementsauflage *f*, Auflage *f* der bezahlten Abonnements (Zeitung/Zeitschrift) (Medienvertrieb)

painted bulletin
bemalter Anschlag *m*, bemalte Anschlagwand *f*, Anschlagbemalung *f*, gemalter Anschlag *m*, bemalte Häuserwand *f* (Außenwerbung)

painted bus
Rundum-Ganzbemalung *f*, bemalter Bus *m*, bemalter Omnibus *m*, Bus *m* mit Werbebemalung *(Verkehrsmittelwerbung)*

painted display
→ painted bulletin

painted wall
bemalte Häuserwand *f*, Hausbemalung *f* mit Werbung bemalte Häuserwand *f (Außenwerbung)*

pamphlet
Broschüre *f*, Prospekt *m*, Heft *n*, Werbeschrift *f*

to pamphlet
v/i Broschüre, Prospekt, Werbeschrift herausgeben, verfassen, schreiben

panel
1. Panel *n*, Wiederholungsbefragung *f* derselben Stichprobe *(empirische Sozialforschung) (Marktforschung) (Mediaforschung)*
2. Anschlagtafel *f*, Anschlagfläche *f*, Plakatanschlagsfläche *f*, Plakatfläche *f*, Schild *n (Außen-/Verkehrsmittel-/Anschlagwerbung)*

panelist
Panelmitglied *n*, Mitglied *n* eines Panels *(empirische Sozialforschung) (Marktforschung) (Mediaforschung)*

panel of households
Haushaltspanel *n (empirische Sozialforschung) (Marktforschung) (Mediaforschung)*

panel of individuals
Personenpanel *n*, Einzelpersonenpanel *n*, Individualpanel *n (empirische Sozialforschung)*

panel of listeners
Hörerpanel *n*, Hörerschaftspanel *n (Hörfunk) (Hörerschaftsforschung)*

panel of readers
Leserschaftspanel *n (Leserschaftsforschung)*

panel of viewers
Fernsehzuschauerpanel *n*, Panel *n* von Fernsehzuschauern *(Zuschauerschaftsforschung)*

pantry check
Speisekammertest *m*, Speisekammerkontrolle *f (Konsumforschung) (Marktforschung)*

paper
1. Papier *n*
2. Vortrag *m*, Vorlesung *f*
3. *kurz für* newspaper
4. *adj* aus Papier gemacht, Papier-, papieren

to paper
1. *v/t* in Papier einwickeln
2. *v/t* mit Papier versehen
4. *v/t* zu Papier bringen, schriftlich niederlegen

parallel
1. *adj* parallel, parallel zum Verkehrsfluß (Anschlagposition) *(Außenwerbung)*
2. Parallele *f*, Parallelität *f (Mathematik/Statistik)*

parallel barter
Gegengeschäftshandel *m*, Gegengeschäft *n*

parallel location
Parallelposition *f*, Anschlagposition *f*, Standort *m* parallel zum Verkehrsfluß *(Außenwerbung)*

parallel panel
Anschlagfläche *f*, Anschlag *m*, Plakat *n* in Parallelposition *(Außenwerbung)*

parallel position
→ parallel location

parallel poster
parallel zum Verkehrsfluß stehendes Plakat *n*, Plakat *n* in Parallelposition *(Außenwerbung)*

parallel readership
→ parallel reading

parallel reading
paralleles Lesen *n*, gehäuftes Lesen *n*, Stapellesen *n (Leserschaftsforschung)*

parallel trading
Gegengeschäftshandel *m*, Gegengeschäft *n*

parent agency
Hauptagentur *f*, Agenturzentrale *f*, Hauptbüro *n* einer Werbeagentur, Zentrale *f*

Par model
Par-Modell *n (Marketing) (Marketingkontrolle)*

Par report
Par-Report *m (Marketing) (Marketingkontrolle)*

part
1. Lieferung *f*, Faszikel *m*
2. Rolle *f* (Theater/Film/Fernsehen/Radio)

partial self-liquidator
nicht vollständig kostendeckende Zugabe *f*, Werbezugabe *f*, nur Teilkosten deckende Zugabe *f*

partial sponsorship
abschnittsweise, teilweise Sendefinanzierung *f* *(Hörfunk/Fernsehen)*

participating advertising
→ participating sponsorship

participating announcement
→ participating commercial

participating broadcast
→ participating program, participation program

participating commercial
etwa Teilwerbesendung *f*, Gemeinschaftswerbesendung *f (Hörfunk/Fernsehen)*

participating program
Programm *n*, Programmsendung *f*, Sendung *f*, das/die von mehreren Werbungtreibenden gesponsert wird, gemeinschaftlich gesponsorte Sendung *f (Hörfunk/Fernsehen)*

participating sponsor
Werbungtreibender *m*, der zusammen mit anderen Werbungtreibenden eine Programmsendung finanziert und darin seine Werbesendung plaziert *(Hörfunk/Fernsehen)*

participating sponsorship
Gemeinschaftsfinanzierung *f*, gemeinschaftliche Trägerschaft *f* einer Programmsendung durch mehrere Werbungtreibende, gemeinschaftliche Rundfunkwerbung *f*, Gemeinschaftswerbung *f (Hörfunk/Fernsehen)*

participation
→ participating sponsorship

participation announcement
→ participating announcement

participation commercial
→ participating commercial

participation effect
Partizipationseffekt *m (Marketingplanung)*

party-plan selling
Sammelbestellsystem *n*, Partyverkauf *m (Einzelhandel)*

party selling
→ party-plan selling

to pass along
v/t weitergeben, weiterreichen

pass-along audience
Sekundärleser *m/pl*, Folgeleser *m/pl*, Zweitleser *m/pl (Zeitung/Zeitschrift) (Leserschaftsforschung)*

pass-along circulation
Sekundärauflage *f (Leserschaftsforschung)*

pass-along reader
Folgeleser *m*, Sekundärleser *m*, Mitleser *m*, Zweitleser *m (Zeitung/Zeitschrift) (Leserschaftsforschung)*

pass-along readership
Folgeleserschaft *f*, Sekundärleserschaft *f*, Zweitleserschaft *f (Leserschaftsforschung)*

passenger
Passagier *m*, Fahrgast *m (Verkehrsmittelwerbung)*

passenger platform
Fahrgastplattform *f*, Passagierplattform *f (Verkehrsmittelwerbung)*

passer-by (*pl* **passers-by)**
Passant *m*, Passantin *f*, jemand *m*, der vorübergeht, Vorübergehender *m (Außenwerbung)*

passive audience measurement
passive Zuschauerforschung *f*, passive Peoplemeter-Forschung *f (Mediaforschung)*

passive peoplemeter
passives TV-Meter *n*, passives Peoplemeter *n (Mediaforschung)*

to pass on
→ to pass along

pass-on audience
→ pass-along audience

pass-on circulation
→ pass-along circulation

pass-on reader
→ pass-along reader

pass-on readership
→ pass-along readership

paster
1. Plakatkleber *m*, jemand *m*, der Plakate anklebt, klebt *(Anschlagwerbung)*
2. *Am* Aufkleber *m*, Aufklebestreifen *m*, Klebestreifen *m* zum Überkleben auf ein Plakat *(Anschlagwerbung)*

P.A.T.
Abk product acceptance test

patent
Patent *n*

patent medicine
durch Warenzeichen geschütztes, aber nicht rezeptpflichtiges Medikament *n*

patent outsides *pl*
außen bedruckte Zeitungsblätter *n/pl*

patronage discount
1. Gesamtumsatzrabatt *m (Konditionenpolitik)*
2. Konsumentenrabatt *m*, Verbraucherrabatt *m*, Treuerabatt *m (Konditionenpolitik)*
3. Treuerabatt *m*, Treuevergütung *f (Konditionenpolitik)*

patronage institutional advertising
betriebliche Vertrauenswerbung *f*, Vertrauenswerbung *f* eines Unternehmens, Unternehmenswerbung *f*, Firmen-Vertrauenswerbung *f*

patronage rebate
Treuerabatt *m (Konditionenpolitik)*

to patronize
v/t (Geschäft) regelmäßig besuchen, Stammkunde sein bei

patronizer
Stammkunde *m*, regelmäßiger Besucher *m (Einzelhandel)*

pattern
1. Muster *n*, Musterstück *n*, Modell *n*, Warenprobe *f*, Musterzeichnung *f*
2. Plan *m*, Anlage *f*, Struktur *f*, Gesetzmäßigkeit *f*

to pattern
1. *v/t* nachbilden, nachzeichnen, formen, kopieren
2. *v/i* ein Bild formen, ein Muster bilden

pay-as-you-see television
→ pay-per-view television

payback
→ payout

payback method
→ payout method

payout
1. Rentabilitätsschwelle *f (Wirtschaftslehre) (Betriebswirtschaft)*
2. Gewinn *m (Wirtschaftslehre) (Betriebswirtschaft)*

payout method
etwa Auszahlungsmethode *f*, Payout-Budgetierung *f*, Deckungsbeitrags-Budgetierung *f (Budgetierung)*

pay television
Pay-TV *n*, Pay-Television *f*, Abonnementfernsehen *n*

pay TV
→ pay television

P.D. (PD)
Abk public domain

peak listening hours *pl*
Haupteinschaltzeit *f*, Zeit *f* der höchsten Einschaltquoten *(Hörfunk)*

peak location
Position *f*, Standort *m* in der Hauptgeschäftsgegend einer Stadt *(Außenwerbung)*

peak point
Hauptwerbezeit *f (Kinowerbung)*

peak time
Hauptsendezeit *f*, Zeit *f* der höchsten Einschaltquoten *(Fernsehen) (Mediaplanung) (Mediaforschung)*

peak viewing hours *pl*
→ peak time

peddlery
→ peddling

peddling
Hausierhandel *m*, Hausiergewerbe *n*, Haustürverkauf *m (Einzelhandel)*

pedestrian
Fußgänger *m*, Passant *m* *(Außenwerbung)* *(Verkehrsmittelwerbung)*

pedestrian exposure
Werbemittelkontakt *m* eines Fußgängers, von Fußgängern, Fußgängerkontakt *m*, Passantenkontakt *m* mit einem Anschlag *(Außenwerbung)* *(Mediaforschung)*

pedestrian housewife poster
→ four sheeter

pedestrian traffic flow
Fußgängerfluß *m*, Passantenfluß *m*, Verkehrsfluß *m* vorübergehender Fußgänger *(Außenwerbung)* *(Mediaforschung)*

pedestrian visibility index
Sichtbarkeitsindex *m* für Fußgänger *(Außenwerbung)* *(Mediaforschung)*

peg
Aufhänger *m* (im Text) *(Werbung)*

to peg
1. *v/t* aufhängen (Text)
2. *v/t* (z.B. Preis, Auflage) in derselben Höhe halten, stabil halten, stützen

pegged circulation
stabil gehaltene, in bestimmter Höhe gehaltene Auflage *f* (eines Druckmediuniss)

pegged price
Stützpreis *m*, Festpreis *m*, Mindestpreis *m*, Höchstpreis *m*, stabil gehaltener Preis *m* *(Wirtschaftslehre)*

pelmet
eigentl Vorhangleiste *f*, Querbehang *m* (der die Gardinenstange bedeckt), Deckenhänger *m*, Werbedeckenhänger *m* in der oberen Hälfte eines Schaufensters *(POP-Werbung)*

penalty cost
eigentl Nachteilskosten *pl*
Reichweitenunterschied *m* zwischen Werbung, die in lokalen und Werbung, die in nationalen Medien plaziert ist *(Mediaplanung)*

penetration
Durchdringung *f*, Penetration *f*, Reichweite *f* *(Werbe-/Mediaforschung)*

penetration advertising
Durchsetzungswerbung *f*

penetration model
Durchdringungsmodell *n*, Marktdurchdringungsmodell *(Marktpsychologie)*

penetration pricing
Penetrationsstrategie *f*, Penetrationspolitik *f*, Politik *f* der Marktdurchdringung, Politik *f* der Marktpenetration *(Marketingplanung)* *(Preispolitik)*

penetration strategy
Penetrationspolitik *f* *(Marketingplanung)* *(Preispolitik)*

pennant
Wimpel *m*, Werbewimpel *m*, Fähnchen *n*, Werbefähnchen *n*, Reklamewimpel *m*, Reklamefähnchen *n*

penny store
Kleinpreisgeschäft *n*, Juniorwarenhaus *n* *(Einzelhandel)*

peoplemeter
Telemeter *n*, Peoplemeter *n* *(Zuschauerforschung)*

passive price awareness
passive Preiskenntnis *f* *(Konsumforschung)* *(Marktforschung)* *(Marketingplanung)*

to pep up
v/t aufpeppen, spannender, schmissiger, knalliger gestalten

to perceive
v/t + v/i wahrnehmen, empfinden, perzipieren, begreifen, erkennen *(Psychologie)*

perceived instrumentality
wahrgenommene Instrumentalität *f* *(Psychologie)* *(Einstellungsforschung)* *(Marktpsychologie)*

perceived reality
Wahrnehmungswirklichkeit *f* *(Werbung)*

perceived salience
wahrgenommene Wichtigkeit *f*

percentage-of-anticipated-turnover method
Methode *f* des erwarteten Umsatzes *(Budgetierung)*

percentage-of-last-year's sales method
→ percentage-of-previous-turnover method

percentage-of-next-year's-sales method
→ percentage-of-anticipated-turnover method

percentage-of-previous-turnover method
Methode *f* des letzten Jahresumsatzes *(Budgetierung)*

percentage-of-profits method
gewinnbezogene Methode *f* (der Budgetierung)

percentage-of-sales method
umsatzbezogene Methode *f* (der Budgetierung)

percent composition
→ audience composition

perception
Wahrnehmung *f*, Wahrnehmungsfähigkeit *f*, Perzeption *f (Psychologie) (Marktpsychologie)*

perceptual defense
Wahrnehmungsabwehr *f (Psychologie)*

perceptual field
Wahrnehmungsfeld *n (Marktpsychologie)*

perceptual image
Wahrnehmungsbild *n*, wahrgenommenes Image *n (Psychologie)*

perceptual map
Wahrnehmungslandkarte *f (Psychologie) (Marktpsychologie)*

perceptual mapping
Darstellung *f* in einer Wahrnehmungslandkarte *f*, Mapping *n*, Entwicklung *f*, Anfertigung *f* einer Wahrnehmungslandkarte, Anlage *f* von Wahrnehmungslandkarten *(Psychologie) (Marktpsychologie) (Mediaplanung)*

to perform
1. *v/t* verrichten, machen, tun, durchführen, ausführen, vollenden, vollziehen, vollstrecken
2. *v/t* (Aufführung) geben, produzieren, darstellen, spielen
3. *v/i* funktionieren, leisten, Aufgabe erfüllen

performance
1. Ausführung *f*, Durchführung *f*, Leistung *f*, Erfüllung *f*, Vollziehung *f*, Vollendung *f*, Vollstreckung *f*
2. Aufführung *f*, Darstellung *f*, Vortrag *m*, Darbietung *f*, Vorstellung *f*

performance allowance
Leistungsrabatt *m (Konditionenpolitik)*

perimeter advertising
Bandenwerbung *f*

per inquiry (PI)
kurz für per inquiry advertising

per inquiry advertising (PI advertising)
etwa Werbung *f* auf Anfragebasis, Rücklaufwerbung *f*

period
1. Periode *f*, Zeitraum *m*, Zeitabschnitt *m*
2. Pause *f*, Absatz *m*

periodical
1. Zeitschrift *f*, Fachzeitschrift *f*, Journal *n*, Magazin *n*, Periodikum *n*, periodisch erscheinende Publikation *f*
2. *adj* periodisch erscheinend, regelmäßig erscheinend, Zeitschriften-, Periodikums-

permanent income hypothesis
Dauereinkommenshypothese *f (Wirtschaftslehre)*

personal
Am Personalnotiz *f (Zeitung)*

personal ad
kurz für personal advertisement

personal advertisement
Familienanzeige *f*, Familienannonce *f*, private Anzeige *f*, Privatanzeige *f (Zeitung)*

personal announcement
→ personal advertisement

personal influence
persönlicher Einfluß *m (Kommunikationsforschung)*

personal interview
mündliche Befragung *f*, direktes persönliches Interview *n (empirische Sozialforschung) (Marktforschung)*

personal product response (PPR)
persönliche Produktreaktion *f (Werbeforschung)*

personal sale
Direktverkauf *m*, Einzelverkauf *m* (der einzelne Verkaufsakt)

personal selling
persönlicher Verkauf *m (Marketingplanung)*

personal written request
schriftliche Direktbestellung *f*

person marketing
eigentl Personenmarketing *n*, Werbung *f* für eine Einzelperson (Politiker, Kandidat für ein politisches Amt oder Schauspieler)

personnel marketing
Personalmarketing *n*

personnel purchase
Personalkauf *m*

person-related advertising
persönliche Werbung *f*

persons using radio *pl*
Zahl *f* der effektiven Radiohörer *(Hörerschaftsforschung)*

persons-using-radio rating
effektive Hörfunkreichweite *f*, Anteil *m* der effektiven Radiohörer *(Hörerschaftsforschung)*

persons using television (PUT, P.U.T.) *pl*
Zahl *f* der effektiven Fernsehzuschauer *(Zuschauerschaftsforschung)*

persons-using-television rating (PUT rating)
Anteil *m* der effektiven Fernsehzuschauer *(Zuschauerschaftsforschung)*

persons viewing television *pl*
→ persons-using-television rating

persuadability
→ persuasibility

to persuade
1. *v/t* überreden, überzeugen, beeinflussen
2. *v/i* seine Üerredungskunst spielen lassen

persuader
Überreder *m (Kommunikationsforschung)*

persuasibility
Beeinflußbarkeit *f*, Überredbarkeit *f (Kommunikationsforschung)*

persuasion
Überredung *f*, Beeinflussung *f*, Überzeugung *f (Kommunikationsforschung)*

persuasion effect
Überzeugungserfolg *m (Werbeforschung)*

persuasion vehicle
→ advertising medium

persuasive advertising
auf Überzeugung zielende Werbung *f*

persuasive copy
auf Überzeugung zielendes Werbemittel *n*, auf Überzeugung zielender Werbetext *m*

persuasiveness
Überzeugungskraft *f*

PERT
Abk Program Evaluation and Review Technique

per-unit method (of budgeting)
Verkaufseinheits-Methode *f* (der Budgetierung), Verkaufseinheits-Budgetierung *f*

phantom purchase
Testkauf *m*, Einkaufstest *m (Marktforschung)*

pharmaceutical advertising
Arzneimittelwerbung *f*, Heilmittelwerbung *f*, Pharmawerbung *f*

phases of advertising communication *pl*
Phasen *f/pl* werblicher Kommunikation *(Werbeforschung)*

phenomotive
Phänomotiv *n (Psychologie)*

photographic records method
photographisches Registrationsverfahren *n (Außenwerbung) (Verkehrsmittelwerbung) (Mediaforschung)*

physical distribution
physische Distribution *f*, Marketinglogistik *f*

PI
Abk per inquiry

PI advertising
Abk per inquiry advertising

pickup
Lesevorgang *m*, Leseakt *m*, Pick-up *m (Leserschaftsforschung)*

pickup discount
Abholrabatt *m (Konditionenpolitik)*

pickup material
übernommenes, übertragenes Werbematerial *n*, übernommener Satz *m*, übernommenes Druckmaterial *n* Wiederverwendungsmaterial *n*

pickup test (pick-up test)
Greiftest *m* *(Werbeforschung)*

pictorial ad
→ pictorial advertisement

pictorial advertisement
Bildanzeige *f*

pictorial trademark
Bildzeichen *n*, Bildmarke *f*

picture
1. Bild *n*, Abbildung *f*, Illustration *f*, Aufnahme *f*, Photo *n*, Photographie *f*
2. Film *m*

picture agency
Bildagentur *f*, Photoagentur *f*

picture check
→ picture premium check

picture-frustration test
Rosenzweig-Test *m*, Bildenttäuschungstest *m* *(Psychologie) (Marktforschung)*

picture goer
regelmäßiger oder häufiger Kinobesucher *m*

picture house
brit Kino *n*, Filmtheater *n*, Lichtspieltheater *n*

picture library
Bildarchiv *n*, Photoarchiv *n*

picture premium check
Bilderscheck *n* *(Gutscheinwerbung) (Zugabewerbung)*

picture probe
Bildertest *m*, Renner-Nieten-Test *m* *(Marktforschung)*

picture test
→ picture probe

picture trademark
Markenzeichen *n*, Bildzeichen *n*

piggyback
eigentl Huckepack *m*
etwa Huckepacksendung *f*, Rucksackwerbesendung *f* *(Hörfunk/Fernsehen)*

piggyback commercial
Huckepacksendung *f*, Huckepackwerbesendung *f*, Huckepackspot *m* *(Hörfunk/Fernsehen)*

piggyback coupon
Huckepackgutschein *m*, Huckepackkupon *m*, Huckepack-Coupon *m* *(Zeitschrift) (Gutscheinwerbung)*

piggybacking
Senden *n*, Plazieren *n* von Huckepackwerbesendungen *(Hörfunk/Fernsehen)*

PIMS model
PIMS-Modell (Profit Impact of Market Strategies) *n*

P.I.O.
Abk public information officer

pioneer advertising
Einführungswerbung *f*

pioneering
Einführung *f*, Lancierung *f*, Einführungswerbung *f*

pioneering stage
1. Einführungsphase *f*, Phase *f* der Lancierung *(Werbeforschung)*
2. Einführungsphase *f*, Einführungsstadium *n*

pitch
eigentl Wurf *m*, Schlag *m* (Baseball)
colloq Wettbewerbspräsentation *f* *(Werbung)*

placard
Anschlagzettel *m*, kleines Plakat *n*, Anschlag *m* *(Anschlagwerbung)*

to placard
1. *v/t* mit Plakaten versehen, bekleben *(Anschlagwerbung)*
2. *v/i* durch Plakate bekanntgeben, anschlagen, plakatieren

placarder
Plakatkleber *m*, Plakatanschläger *m* *(Anschlagwerbung)*

to place
v/t plazieren, placieren, unterbringen

placement
Plazierung f, Placierung f, Unterbringung f

placement of an ad
kurz für placement of an advertisement

placement of an advertisement
Anzeigenplazierung f, Plazierung f einer Annonce, eines Inserats *(Zeitung/Zeitschrift) (Mediaforschung) (Werbeforschung)*

placement position
Standort m, Standortposition f, Verkehrsposition f *(Außenwerbung) (Wirtschaftslehre)*

place of reading
Leseort m *(Leserschaftsforschung)*

place strategy
Standortstrategie f, Strategie f der Standortwahl, Plazierungsstrategie f *(Wirtschaftslehre) (Betriebswirtschaft)*

placing
Belegung f, Positionierung f, Plazierung f

planned obsolence
geplante Veraltung f (von Produkten)

planning
Planen n, Planung f

plan rate
Preis m, Werbepreis m für ein Werbepaket n, für einen Komplex m mehrerer Werbesendungen *(Hörfunk/Fernsehen)*

plans board
Planungsausschuß m, Planungskomitee n, Planungsgruppe f (in einer Werbeagentur)

plans committee
→ plans board

plant
1. Betrieb m, Unternehmen n, Werk n, Fabrik f, Anlage f
2. Niederlassung f, Filiale f
3. Außenwerbeunternehmen n, Anschlagunternehmen n, Plakatanschlagunternehmen n, Außenwerbefirma f
4. Zahl f der Anschlagflächen, über die ein Anschlagwerbeunternehmen verfügt *(Außen-/ Verkehrsmittelwerbung)*

plant capacity
Anschlagkapazität f, Anschlagflächenkapazität f *(Außen-/Verkehrsmittelwerbung)*

plant operator
1. Außenwerbeunternehmen n, Außenwerbefirma f, Anschlagunternehmen n, Plakatanschlagunternehmen n
2. Anschlagunternehmer m, Außenwerbeunternehmer m, Anschlagflächenpächter m, Geschäftsführer m, Leiter m eines Plakatanschlagunternehmens

platform
→ copy theme

platform display poster
Perronanschlag m, Perronplakat n, Perronschild n *(Verkehrsmittelwerbung)*

plow-back method
eigentl Rückgriffsmethode f *(Budgetierung)*

plug
1. Gratiswerbesendung f, unberechneter Werbespot m, Füller m *(Hörfunk/Fernsehen)*
2. Schleichwerbung f, Erwähnung f, Gratiserwähnung f

to plug
v/t Schleichwerbung, Werbung, Reklame machen für

plunge method
eigentl Tauchmethode f
Ziel-Aufgaben-Methode f, Ziel-Aufgaben-Ansatz m *(Budgetierung)*

P.M.
1. *Abk* post meridiem – afternoon
Nachmittagsausgabe f, Nachmittagszeitung f
2. *Abk* push money

P.M.A.
Abk primary marketing area

P.M. drive
kurz für P.M. drive time

P.M. drive time

P.N.R. (PNR)
Abk proved name registration

pod
Werbeblock m, Block m von Werbesendungen *(Fernsehen)*

point-of-purchase (P.O.P., POP)
Einkaufsstelle f, Einkaufsort m, Einkaufsplatz m, Einzelhandelsgeschäft n, in dem Waren eingekauft werden, Kaufort m

point-of-purchase advertisement
Werbemittel *n* am Einkaufsort, Einzelhandelswerbemittel *n* im Geschäft, Kaufortwerbemittel *n*, POP-Werbemittel *n*

point-of-purchase advertising (P.O.P. advertising, POP advertising)
POP-Werbung *f*, Werbung *f* am Einkaufsort, am Verkaufsort, Werbung *f* im Einzelhandelsgeschäft

point-of-purchase advertising display
Werbeauslage *f* am Verkaufsort, im Einzelhandelsgeschäft, POP-Werbeauslage *f*

point-of-purchase material
POP-Werbematerial *n*, Einzelhandelswerbematerial *n*, Werbematerial *n* zur Ausstellung am Einkaufsort, Material *n* für Werbung am Kaufort

point-of-sale (P.O.S., POS)
→ point-of-purchase

point-of-sale advertising
→ point-of-purchase advertising

pole display
Warenauslage *f*, die mit Hilfe einer Stange erhöht worden ist, erhöhte Warenauslage *f* *(POP-Werbung)*

pole piece
→ pole display

political advertising
politische Werbung *f*

Politz scheme
Politz-Modell *n*, Politz-Gewichtungsmodell *n* *(Leserschaftsforschung)*

Politz „yesterday" method

Politz-Simmons method
Politz-Simmons-Methode *f* *(empirische Sozialforschung) (Marktforschung)*

polymorphic opinion leader
polymorpher Meinungsführer *m* *(Kommunikationsforschung) (Einstellungsforschung)*

polymorphic opinion leadership
polymorphe Meinungsführung *f*, polymorphe Meinungsführerschaft *f* *(Kommunikationsforschung) (Einstellungsforschung)*

polyphase method
Mehrphasenmethode *f* *(Hörerschafts-/Zuschauerschaftsforschung)*

polypolistic competition
polypolistische Konkurrenz *f*, polypolistischer Wettbewerb *m* *(Wirtschaftslehre) (Wettbewerbstheorie)*

polypoly
Polypol *n* *(Wirtschaftslehre) (Wettbewerbstheorie)*

pony spread
partielle Doppelseite *f*, partielle Doppelseitenanzeige *f*, partielles Doppelseiteninserat *n* *(Zeitschrift)*

pony unit
Miniseitenformat *n* *(Zeitschrift)*

pool
Bestand *m*, Pool *m*, Vorrat *m* an Werbesendungen *(Hörfunk/Fernsehen)*

pooled buying group
Einkaufsvereinigung *f*, Einkaufsgemeinschaft *f*, Einkaufsverband *m* *(Beschaffungsmarketing)*

pool-out
Werbesendung *f* die für einen Werbesendungspool hergestellt wurde *(Hörfunk/Fernsehen)*

to pool out
v/t (Sendungen) für einen Werbesendungspool produzieren

pool partner
etwa Poolsendung *f* *(Hörfunk/Fernsehen)*

poor man's art gallery
eigentl Kunstgalerie *f* für arme Leute
colloq Anschlagwerbung *f*, Werbeplakate *n/pl*, Plakatwerbung *f*

P.O.P. (POP)
Abk point-of-purchase

POP advertising
Abk point-of-purchase advertising

pop-in
Sendeunterbrechung *f* für Werbung, Kurzspot *m*, Kurzwerbesendung *f*, Kurzansage *f*, kurze Werbeansage *f* *(Hörfunk/Fernsehen)*

pop-off
colloq abrupte Abblendung *f*, abrupte Ausblendung *f (Fernsehen)*

pop-on
colloq abrupte Einblendung *f (Fernsehen)*

popularity rating
→ rating

population projection factor
Bevölkerungshochrechnungsfaktor *m (empirische Sozialforschung) (Marktforschung) (Mediaforschung)*

pop-up
hochklappbare Reklame *f*, hochklappbares Werbemittel *n (POP-Werbung)*

pop-up bin
auseinanderklappbarer Auslagenbehälter *m*, auseinanderklappbarer Ausstellungskarton *m (POP-Werbung)*

pop-up coupon
eingehefteter, eingebundener Gutschein *m*, eingehefteter, eingebundener Kupon *m*, eingehefteter, eingebundener Coupon *m (Gutscheinwerbung)*

portfolio analysis
Portfolio-Analyse *f (Marketingplanung)*

portfolio management
Portfolio-Management *n (Marketingplanung)*

portfolio test
Folder-Test *m*, Portfolio-Test *m (Werbeforschung) (Mediaforschung)*

P.O.S. (POS)
Abk point-of-sale

position
Position *f*, Plazierung *f*, Standort *m*, Stellung *f* (eines Werbemittels, eines Produkts)

to position
v/t positionieren, plazieren, Standort, Plazierung von etwas festlegen

position ad
→ position advertisement

position advertisement
1. Textteilanzeige *f (Zeitung/Zeitschrift) (Mediaplanung)*
2. Formatanzeige *f*, Eckanzeige *f (Zeitung/Zeitschrift)*

position effect
Plazierungseffekt *m*, Positionseffekt *m*, Standorteffekt *m*

positioning
Positionierung *f*, Produktpositionierung *f (Marktforschung)*

positioning study
Positionierungsuntersuchung *f*, Positionierungsstudie *f (Marktforschung)*

position in the marketplace
Marktposition *f*, Marktstellung *f (Wirtschaftslehre)*

position media *pl*
Standortmedien *n/pl*, Positionsmedien *n/pl (Außenwerbung)*

position preference
Plazierungswunsch *m*, Plazierungspräferenz *f*, bevorzugte Plazierung *f*, gute Plätze *m/pl (Druck-/Funkwerbung)*

position request
Plazierungswunsch *m (Zeitung/Zeitschrift) (Hörfunk/Fernsehen)*

positive advertising appeal
positiver Werbeappell *m*

positive appeal
→ positive advertising appeal

to post
1. *v/t* (Plakat) anschlagen, anbringen, ankleben, aufhängen, aushängen, mit Plakaten bekleben, durch Aushang oder Anschlag bekanntgeben, in die Öffentlichkeit bringen, anprangern
2. *v/t brit* aufgeben, zur Post geben, in den Briefkasten werfen

post-advertising measurement
Messung *f*, Ermittlung *f* der Zielgruppe, des Zielpublikums nach Ablauf der Werbeaktion, der Werbekampagne, nach Veröffentlichung der Werbung, der Anzeige *(Werbe-/Mediaforschung)*

postage saver
Drucksachenumschlag *m*, Briefumschlag *m*, Umschlag *m*, dessen Lasche nicht zugeklebt ist *(Direktwerbung)*

post-buy advertising
→ post-purchase advertising

post-buy analysis
Hörerschaftsanalyse *f*, Zuschauerschaftsanalyse *f* nach Ausstrahlung der Werbesendung *(Hörfunk/Fernsehen) (Mediaforschung)*

post check
→ post test

post choice
Zahl *f*, Anteil *m* der Personen, die sich im Werbetest für ein Produkt oder eine Marke entscheiden, nachdem sie die Werbung für das Produkt/die Marke gesehen haben *(Werbeforschung)*

poster
Plakat *n*, Anschlag *m*, Bogenanschlag *m*, Außenanschlag *m*, Poster *n*

to poster
v/t Plakate anbringen, Plakat anbringen, ankleben, befestigen

poster advertising
Plakatwerbung *f*, Plakatanschlagwerbung *f*, Bogenanschlagwerbung *f*, Anschlagwerbung *f*

poster artist
Plakatmaler *m*, Plakatzeichner *m*, Plakatgraphiker *m*, Plakatdesigner *m*

poster audience
Zahl *f* der Personen mit Plakatkontakt, Personen *f/pl* mit Anschlagkontakt, Anschlagreichweite *f*, Anschlagpublikum *n* *(Außenwerbung) (Verkehrsmittelwerbung) (Mediaforschung)*

poster audience survey
Umfrage *f*, Befragung *f* zur Ermittlung der Personen mit Plakatanschlagkontakt *(Mediaforschung)*

poster bench
Bank *f*, Parkbank *f (Außenwerbung)*

poster campaign
Plakatwerbefeldzug *m*, Plakatanschlagkampagne *f (Außen-/Verkehrsmittelwerbung)*

poster contractor
Anschlagwerbeunternehmen *n*, Plakatanschlagsunternehmen *n (Außen-/Verkehrsmittelwerbung)*

poster design
Plakatdesign *n*, Plakatentwurf *m*

poster designer
Plakatdesigner *m*, Plakatgraphiker *n*

poster despatch service
Plakatvertrieb *m*, Plakatvertriebsunternehmen *n (Außen-/Verkehrsmittelwerbung)*

poster frame
Plakatrahmen *m (Außen-/Verkehrsmittelwerbung)*

poster hoarding
→ hoarding

poster panel
Anschlagtafel *f*, Anschlagwand *f*, Anschlagfläche *f*, Plakatanschlagfläche *f*, Allgemeinstelle *f*, allgemeine Anschlagstelle *f (Außenwerbung)*

poster pillar
Anschlagsäule *f*, Litfaßsäule *f (Außenwerbung)*

poster plant
Plakatanschlagunternehmen *n*, Plakatanschlagfirma *f*, Plakatwerbefirma *f*, Plakatwerbungsunternehmen *n*, Außenanschlagsunternehmen *n*, Außenwerbefirma *f*, Außenwerbeunternehmen *n*

poster research
Plakatanschlagsforschung *f (Mediaforschung)*

poster seal
→ poster stamp

poster showing
1. etwa Anschlagsintensität *f*, Anschlagsreichweitenkategorie *f*, Reichweitenkategorie *f*, Anschlagstellenpaket *n*, Anschlagpaket *n (Außenwerbung)*
2. Verkehrsmittelanschlagpaket *n (Verkehrsmittelwerbung)*

poster site
Anschlagstelle *f*, Standort *m* einer Anschlagstelle, Plakatanschlagstellenstandort *m (Außenwerbung)*

poster size
Plakatformat *n*, Plakatgröße *f*

poster stamp
Werbeaufkleber *m*, Werbemarke *f*, Reklamemarke *f*

posting
Plakatanschlag *m*, Plakatierung *f*, Plakatanschlagen *n*, Anschlagen *n*, Anbringen *n* eines Plakats (von Plakaten), Aufstellen *n* von Plakaten, Außenwerbungtreiben *n*

posting date
Anschlagbeginn *m*, Plakatierungsbeginn *m* *(Außen-/Verkehrsmittelwerbung)*

posting leeway
Karenzfrist *f*, Karenzzeit *f* (in der Anschlagwerbung)

posting period
Anschlagdauer *f*, Dauer *f* des Plakatanschlags *(Außen-/Verkehrsmittelwerbung)*

postmark advertisement
Werbeeindruck *m* einer Frankiermaschine

postmark advertising
Werbung *f* durch Eindruck einer Werbebotschaft mit der Frankiermaschine

post-purchase advertising
Nachkaufwerbung *f*

post-sales advertising
→ post-purchase advertising

potential audience
potentielles Publikum *n*, potentielle Leser *m/pl*, potentielle Hörer *m/pl*, potentielle Zuschauer *m/pl*, Personen *f/pl* mit potentiellem Werbeträger- oder Werbemittelkontakt *(Mediaforschung)*

potential buyer
→ prospective buyer

potential consumer
→ prospective consumer

pounce pattern
Projektions- und Pausverfahren *n* (bei Werbewandbemalung) *(Außenwerbung)*

power of demand
Nachfragemacht *f (Wirtschaftslehre)*

PR (P.R.)
Abk public relations

PR ad
kurz für PR advertisement
PR-Anzeige *f (Zeitung/Zeitschrift)*

P.R.D.
Abk product research and development

pre-advertising measurement
Vorführung *f* von Werbung vor einem Publikum, bevor die Werbekampagne beginnt, Messung *f*, Ermittlung *f* der Zielgruppe vor Veröffentlichung der Werbung der Anzeige vor Beginn der Werbeaktion, der Werbekampagne *(Werbe-/Mediaforschung)*

pre-choice
Zahl *f*, Anteil *m*, Prozentsatz *m* der Personen, die sich im Test für ein bestimmtes Produkt, eine bestimmte Ware entscheiden, bevor ihnen Werbung dafür vorgeführt worden ist *(Werbeforschung)*

pre-choice question
Vorgabefrage *f*, Abfrage *f (empirische Sozialforschung) (Marktforschung) (Mediaforschung)*

preclipped coupon
→ pop-up coupon

predatory competition
Verdrängungswettbewerb *m (Wirtschaftslehre) (Wettbewerbstheorie) (Marketing)*

to preempt
v/t **1.** Vorkaufsrecht erwerben, Vorrang verlangen, Vorrang erzwingen
2. (eine Werbesendung) absetzen *(Hörfunk/Fernsehen)*

preemptible
adj absetzbar (Radio-/Fernsehsendung)

preemptible rate
Preis *m* für eine Werbesendung *(Hörfunk/Fernsehen)*, der so lange gilt, bis ein anderer Werbungtreibender einen höheren Preis bezahlt

preemptible spot
etwa Werbesendung *f* auf Abruf, absetzbare Werbesendung *f (Hörfunk/Fernsehen)*

preemptible time
absetzbare Werbesendezeit *f*, Sendezeit *f* für Werbesendungen auf Abruf *(Hörfunk/Fernsehen)*

preemption
Absetzung *f* eines bereits angesetzten Programms, einer bereits angesetzten Sendung *(Hörfunk/Fernsehen)*

preemptive claim
ausschließliche Werbeaussage *f*, ausschließliche Werbebehauptung *f*

preempt rate card
Werbepreisliste *f (Hörfunk/Fernsehen)* mit gestaffelten Werbepreisen Liste mit Staffelpreisen, die so gestaltet ist, daß der billigste Anbieter so lange Anspruch auf Sendung hat, bis ein anderer einen höheren Preis bietet

preference
Präferenz *f (Wirtschaftslehre) (Marktpsychologie) (Marketing)*

preference map
Präferenzlandkarte *f (Marktpsychologie) (Marktforschung)*

preference mapping
Anfertigung *f* von Präferenzlandkarten *(Marktpsychologie) (Marktforschung)*

preference principle
Präferenzprinzip *n*, Rangfolgeprinzip *n (empirische Sozialforschung) (Marktforschung)*

preference rating
Präferenz-Rating *n (empirische Sozialforschung)*

preference structure
Präferenzstruktur *f (Marktpsychologie) (Marktforschung)*

preference test
Präferenztest *m (Marktforschung)*

preferred position
Vorzugsplatz *m*, Vorzugsplazierung *f*, bevorzugte Plazierung *f*, gute Plätze *m/pl (Druck-/Funkwerbung)*

premium
1. Zugabe *f*, Werbezugabe *f*, Zugabe-Werbegeschenk *n*, Prämie *f*, Werbeprämie *f*
2. *adj* Zugabe-, Zugaben-

premium advertising
Zugabewerbung *f*, Zugabewesen *n*, Werbung *f* mit Zugaben

premium circulation
neue Abonnements *n/pl*, die durch Zugabewerbung unter früheren Abonnenten gewonnen wurden *(Zeitung/Zeitschrift)*

premium container
Zugabe-Behälter *m (Zugabewerbung)*

premium offer
Zugabeangebot *n (Zugabewerbung)*

premium pack
Zugabepackung *f*, Verpackung *f* mit Zugabe *(Zugabewerbung)*

premium position
Vorzugsplatz *m*, Vorzugsplazierung *f*, bevorzugte Plazierung *f*, gute Plätze *m/pl (Druck-/Funkwerbung)*

premium price
Prämienpreis *n (Konditionenpolitik)*

premium product
Zugabeprodukt *n*, Zugabeerzeugnis *n (Zugabewerbung)*

premium promotion
Verkaufsförderung *f* mit Zugaben, Verkaufsförderung *f* unter Verwendung von Werbezugaben

premium rate
Vorzugspreis *m*, Anzeigenpreis *m* für eine Vorzugsplazierung, Preis *m* für eine Vorzugsplazierung *(Druck-/Funkwerbung) (Mediaplanung)*

premium television
→ pay television

premium test
Zugabetest *m (Marktforschung) (Werbeforschung)*

premium testing
Testen *n* von Zugaben, einer Zugabe *(Marktforschung) (Werbeforschung)*

premium token
Wertmarke *f*, Zugabegutschein *m*, Zugabebeleg *m (Zugabewerbung)*

to prepack
v/t im voraus, fertig verpacken

prepackage
Fertigpackung *f*

prepack display
fertig verpackte Warenauslage *f*, vorgepackte Warenauslage *f*, Auslagekarton *m*, Auslagepackung *f (POP-Werbung)*

prepack shipper
→ prepack display

preprint
1. Andruck *m*, Vorabdruck *m*
2. Abdruck *m* einer Anzeige vor Erscheinen auf einem gesonderten Blatt, Anzeigenvorabdruck *m* *(Zeitung/Zeitschrift)*

to preprint
v/t vorabdrucken, einen Vorabdruck herstellen von

preprinting
Vorabdrucken *n*, Herstellung *f* eines Vorabdrucks, von Vorabdrucken

preprint insert
separat gedruckte Beilage *f*, vorausgedruckter Beihefter *m*, separat gedruckte Werbebeilage *f* *(Zeitung/Zeitschrift)*

preprint order form
vorgedruckter Bestellzettel *m*, vorgedrucktes Bestellformular *n* *(Direktwerbung)*

prepublication interview
Interview *n*, Befragung *f* vor Erscheinen einer Zeitschrift *(Leserschaftsforschung)*

prepublication interviewing
Interviewen *n*, Befragung *f*, Befragen *n* vor Erscheinen einer Zeitschrift *(Leserschaftsforschung)*

prepublished copy
noch nicht veröffentlichte, unveröffentlichte Ausgabe *f* einer Zeitschrift, unveröffentlichtes Heft *n* *(Leserschaftsforschung)*

prepublished issue
→ prepublished copy

pre-quoted question
Abfrage *f* *(empirische Sozialforschung) (Marktforschung) (Mediaforschung)*

pre-quoted response
Antwortvorgabe *f*, vorgegebene Antwort *f* *(empirische Sozialforschung) (Marktforschung) (Mediaforschung)*

pre-selling
Gesamtheit *f* aller Verkaufsförderungs- und Werbemaßnahmen, die dem tatsächlichen Verkauf vorausgehen

presence factor
Präsenzfaktor *m*, Anwesenheitsfaktor *m* *(Hörfunk/Fernsehen) (Mediaforschung)*

presentation
1. Präsentation *f*, Vergabe *f*
2. Vorstellung *f*, Darbietung *f*, Vorführung *f*, Darstellung *f*, Aufführung *f* *(Film/Fernsehen)*

presentation effect
Präsentationseffekt *m*, Darbietungseffekt *m* *(Verkaufsförderung) (Marketing)*

presenter
Darsteller *m*, Aufführer *m*, Presenter *m*, Vorführer *m*, Ansager *m*, Moderator *m*, Studioredakteur *m* *(Hörfunk/Fernsehen)*

presentment
Darstellung *f*, Wiedergabe *f*, Abbildung *f*, Bild *n*, Aufführung *f*, Darbietung *f*, Vorführung *f*, äußere Erscheinung *f*

press advertisement
→ print advertisement

press advertising
→ print advertising

press kit
Pressemappe *f*, Mappe *f* mit Presseinformationen

press relations *pl (oft als sg konstruiert)*
Pressearbeit *f*, Pflege *f* der Beziehungen zur Presse

press release
Pressedienst *m*, Presseinformation *f*, Pressemitteilung *f*, Presseverlautbarung *f*

prestige advertising
Prestigewerbung *f*, Repräsentationswerbung *f*

prestige utility
Geltungsnutzen *m*, Prestigenutzen *m* *(Wirtschaftslehre) (Marktpsychologie)*

prestige value
Prestigewert *m*

pre-to-post
→ pre-choice

pre-to-post choice
→ pre-choice

pre-to-post purchase intent
→ pre-choice

PRI
Abk probability of receiving an impression

price
Preis *m (Wirtschaftslehre) (Konditionenpolitik)*

price acceptance
Preisbereitschaft *f (Marktpsychologie) (Marketing)*

price awareness
1. Preisbewußtsein *n (Marktpsychologie) (Marketing)*
2. Preiskenntnis *f (Konsumforschung) (Marktforschung) (Marketingplanung)*

price bottom-line
Preisuntergrenze *f (Wirtschaftslehre) (Betriebswirtschaft)*

price cut
Preissenkung *f (Wirtschaftslehre) (Betriebswirtschaft)*

price differentiation
Preisdifferenzierung *f (Konditionenpolitik) (Preispolitik)*

price discount
Rabatt *m (Konditionenpolitik)*

price increase
Preiserhöhung *f*, Preissteigerung *f (Konditionenpolitik) (Marketingplanung)*

price index
Preisindex *m (Wirtschaftslehre) (Statistik)*

price leader
Preisführer *m (Wirtschaftslehre) (Wettbewerbstheorie)*

price leadership
Preisführerschaft *f*, Preisführung *f (Wirtschaftslehre) (Wettbewerbstheorie)*

price level
Preisstellung *f*, Preisniveau *n (Wirtschaftslehre) (Marketing)*

price limit
Preisgrenze *f (Wirtschaftslehre)*

price line
Preisschwelle *f (Wirtschaftslehre) (Marktpsychologie)*

price maintenance
Preisbindung *f* der zweiten Hand, vertikale Preisbindung *f (Wirtschaftslehre) (Preispolitik)*

price marking
Preisauszeichnung *f*

price-off
Preissenkung *f*, Preisnachlaß *m (Wirtschaftslehre) (Marketing) (Verkaufsförderung)*

price-off coupon
Gutschein *m*, Nachlaßgutschein *m*, Preisnachlaßgutschein *m*, Rabattgutschein *m (Gutscheinwerbung) (Verkaufsförderung)*

price-off pack
→ price pack

price-off promotion
Verkaufsförderung *f*, Verkaufsförderungsmaßnahme *f* durch Gewährung eines Preisnachlasses

price-off store coupon
Einzelhandelsgutschein *m*, Einzelhandelskupon *m (Gutscheinwerbung) (Verkaufsförderung)*

price pack
Sonderangebotspackung *f*, Packung *f* mit reduziertem Sonderangebotspreis

price-quality association
Preis-Qualitäts-Assoziation *f*, Preis-Qualitäts-Irradiation *f (Marktpsychologie) (Konsumforschung) (Marketing)*

price-quality irradiation
→ price-quality association

price quotation
Preisangabe *f (Einzelhandel)*

price recommendation
Preisempfehlung *f*, vertikale Preisempfehlung *f (Konditionenpolitik) (Preispolitik)*

price tableau
Preisschwelle *f (Wirtschaftslehre) (Marktpsychologie)*

price test
→ pricing test

price threshold
→ price tableau

pricing
1. Preisgestaltung *f*, Preisgebung *f*, Preispolitik *f*
2. Kontrahierungs-Mix *m*, Kontrahierungspolitik *f*, Entgeltpolitik *f*

pricing tableau
→ price tableau

pricing test
Preisgebungstest *m*, Preistest *m*, Preisbereitschaftstest *m* *(Marktforschung)*

primacy
Ersterinnerung *f*, Initialerinnerung *f* *(Psychologie) (Kommunikationsforschung) (Werbeforschung)*

primacy effect
Primateffekt *m*, Erstargument *n* *(Psychologie) (Kommunikationsforschung)*

primacy of sales
Primat *m* des Absatzes, Primat *m* des Absatzsektors *(Wirtschaftslehre) (Marketing)*

primacy of the sales sector
→ primacy of sales

primary audience
Erstleser *m/pl*, Primärleser *m/pl*, Erstleserschaft *f*, Primärleserschaft *f*, Kernleserschaft *f*, Hauptleserschaft *f* *(Leserschaftsforschung)*

primary circulation
1. Abonnements- und Einzelverkaufsauflage *f*, A- und E-Auflage *f*, Zahl *f* der im Abonnementsbezug und im Einzelverkauf vertriebenen Exemplare *(Zeitung/Zeitschrift) (Medienvertrieb)*
2. Zahl *f* der A- und E-Leser, Zahl *f* der Leser, die eine Zeitung oder Zeitschrift entweder im Abonnement oder im Einzelverkauf beziehen *(Leserschaftsforschung)*

primary demand
1. Grundbedarf *m*, Primärnachfrage *f*, Nachfrage *f* nach einer Produktgruppe, einer Produktkategorie, Primärbedarf *m* *(Wirtschaftslehre) (Marktpsychologie)*
2. Neubedarf *m* *(Wirtschaftslehre) (Marktpsychologie)*

primary demand advertising
Werbung *f* für eine Produktkategorie, für eine Produktgruppe, Produktgruppenwerbung *f*

primary household
Erstleserhaushalt *m*, Primärleserhaushalt *m* *(Leserschaftsforschung)*

primary marketing area (P.M.A.)
1. Haupteinzugsbereich *m*, Hauptverbreitungsgebiet *n* *(Zeitung)*
2. Hauptverkaufsbereich *m*, Absatzmarkt *m*, Hauptabsatzgebiet *n* eines Produkts oder einer Dienstleistung, Haupteinzugsgebiet *n*, Einzugsgebiet *n*, Einzugsbereich *m*, Haupteinzugsbereich *m* *(Einzelhandel) (Standortforschung)*

primary market resistance
primärer Marktwiderstand *m* *(Marktpsychologie)*

primary media *pl*
Basismedien *n/pl)*, Hauptmedien *n/pl*, hauptsächliche Medien *n/pl (Mediaplanung)*

primary motive
primäres Motiv *n (Psychologie) (Marktpsychologie) (Marktforschung)*

primary need
Primärbedürfnis *n*, physiologisches Bedürfnis *n (Psychologie) (Marktpsychologie)*

primary product
Grundware *f*

primary reader
Erstleser *m*, Primärleser *m*, Hauptleser *m*, Kernleser *m (Leserschaftsforschung)*

primary readership
→ primary audience

primary research
Primärforschung *f* *(empirische Sozialforschung) (Marktforschung)*

primary route of travel
Hauptverkehrsfluß *m*, Hauptverkehrsweg *m (Außenwerbung)*

primary stage
Einführungsphase *f*, Einführungsstadium *n (Marktpsychologie) (Marketing)*

prime
kurz für prime time

prime time
Am Hauptsendezeit *f*, Sendezeit *f* mit den höchsten Einschaltquoten *(Fernsehen)*

prime time access rule
Vorschrift *f* über die Hauptsendezeit *(Fernsehen)*

prime time television
Fernsehen *n*, Fernsehprogramm *n*, Fernsehprogrammgestaltung *f* während der Hauptsendezeit

primary utility
Grundnutzen *m* *(Wirtschaftslehre) (Marketing)*

principal
Leiter *m*, Chef *m*, Eigentümer *m*, Geschäftsführer *m* (einer Werbeagentur)

Principal Register
amerikanisches Handelsregister *n*

principle of congruity
Kongruenzprinzip *n*, Kongruitätsprinzip *n*

print ad
kurz für print advertisement

print advertisement
Druckanzeige *f*, gedruckte Anzeige *f*, gedrucktes Werbemittel *n*, Anzeige *f* in einem Druckmedium

print advertising
Anzeigenwerbung *f*, Werbung *f* mit gedruckten Werbemitteln, Werbung *f* in Druckmedien, in gedruckten Werbeträgern

print-audience measurement
Leserschaftsmessung *f*, Leserschaftsermittlung *f*, Messung *f* der Größe einer Leserschaft, der Leserschaft eines Druckmediums *(Leserschaftsforschung)*

printed bulletin
gedrucktes Plakat *n*, gedruckter Außenanschlag *m*, das/der an einer Stelle angebracht ist, die ursprünglich für eine Werbebemalung vorgesehen war *(Außenwerbung)*

printed communication
gedruckte Kommunikation *f*

printed-roster method
Tagesablaufschema *n*, Programmverzeichnismethode *f*, Tagesablaufmethode *f*, Tagesablaufverfahren *n*, Tagesablauferhebung *f*, Tagesablauf *m*, Tageszeitabschnittmethode *f*, Zeitabschnittmethode *f* *(Hörfunk/Fernsehen) (Mediaforschung)*

print media *pl*
Druckmedien *n/pl*, Printmedien *n/pl*

private brand
Hausmarke *f*, Händlermarke *f*, Eigenmarke *f*, Verteilermarke *f* *(Marketingplanung)*

private label
Handelsmarke *f*, Händlermarke *f*, Eigenmarke *f* *(Marketingplanung)*

prize
Preis *m*, Gewinn *m*, Prämie *f*, Lotteriegewinn *m* *(Verkaufsförderung)*

prize broker
Tauschgeschäftsmakler *m*, Tauschgeschäftsmittler *m*, Gegengeschäftsmittler *m*, Gegengeschäftsmakler *m* *(Hörfunk/Fernsehen)*

prize competition
Preisausschreiben *n*, Werbewettbewerb *m* *(Marketingplanung) (Verkaufsförderung)*

prize contest
→ prize competition

PRO (P.R.O.)
Abk public relations officer

probability of buying
Kaufwahrscheinlichkeit *f* *(Konsumforschung) (Marktforschung)*

probability of reading
Lesewahrscheinlichkeit *f* *(Leserschaftsforschung)*

probability of receiving an impression (PRI)
Kontaktwahrscheinlichkeit *f* *(Mediaforschung)*

problem solution
1. Problemlösung *f*
2. *kurz für* problem-solution advertisement

problem-solution ad
kurz für problem-solution advertisement

problem-solution advertisement
Problemlösungsanzeige *f*, Problemlösungswerbung *f*, Problemlösungswerbesendung *f*

problem-solution advertising
Werbung *f* mit Problemlösungsansatz, Problemlösungswerbung *f*

problem-solving consistency
Problemtreue *f*, Bedarfstreue *f* *(Marketing)* *(Marketingplanung)*

processing organization
Ablauforganisation *f* *(Marketingorganisation)*

procyclical advertising
prozyklische Werbung *f*, zyklische Werbung *f*

produce
Produkt *n*, Erzeugnis *n*, Leistung *f*

to produce
1. v/t herstellen, produzieren, erzeugen, machen
2. v/t (Film) produzieren, herausbringen, aufführen, inszenieren, (Stoff) für den Rundfunk, fürs Fernsehen bearbeiten

producer
1. Produzent *m*, Hersteller *m*, Erzeuger *m*, Fabrikant *m* *(Wirtschaftslehre)*
2. Regisseur *m*, Sendeleiter *m*, Funkbearbeiter *m*, Fernsehfilmbearbeiter *m* *(Film/Fernsehen)* *(Hörfunk)*
3. Produzent *m*, Filmproduzent *m* *(Film/Fernsehen)*
4. Hersteller *m*, Herstellungsfachmann *m* in einer Werbeagentur, Produktionsleiter *m*

producer good (*meist pl* **producer goods**)
Produktionsmittel *n*, Investitionsgut *n*, Produktionsgut *n* (Produktionsgüter *n/pl*) *(Wirtschaftslehre)*

producer market
P-Markt *m*, Produzentenmarkt *m* *(Wirtschaftslehre)* *(Marketing)*

producer's brand
Hersteller-Handelsmarke *f* *(Marketingplanung)*

producer's goods
→ producer good

producer's price
Erzeugerpreis *m* *(Konditionenpolitik)*

producer's surplus
Produzentenrente *f* *(Wirtschaftslehre)*

product
Produkt *n*, Erzeugnis *n* *(Wirtschaftslehre)* *(Betriebswirtschaft)* *(Marketing)*

product abandonment
→ product elimination

product acceptance
Produktakzeptanz *f* *(Marktpsychologie)* *(Marktforschung)*

product acceptance test (P.A.T.)
Akzeptanztest *m* für ein Produkt *(Marktforschung)*

product advertising
Produktwerbung *f*, produktbezogene Werbung *f*, erzeugnisbezogene Werbung *f*

product appeal
Appeal *m*, Anziehungskraft *f* eines Produkts *(Marktpsychologie)* *(Marketing)*

product-brand association
Markenprägnanz *f* *(Marktpsychologie)* *(Marketing)*

product category
Produktgruppe *f*, Produktkategorie *f*, Produktklasse *f*, Produktgattung *f* *(Wirtschaftslehre)* *(Betriebswirtschaft)* *(Marketing)*

product copy
produktbezogener Werbetext *m*

product deletion
→ product elimination

product design
Produktgestaltung *f*, Produktdesign *n*

product development
Produktentwicklung *f* *(Marketingplanung)*

product differentiation
Produktdifferenzierung *f* *(Marketingplanung)*

product display
Warenauslage *f*, Produktauslage *f* *(POP-Werbung)*

product elimination
Produktelimination *f*, Produkte-Elimininierung *f* *(Marketingplanung)*

product evaluation
Produktbewertung *f*, Produktevaluierung *f*, Produkt-Screening *n* *(Marketingplanung)*

product evaluation matrix
Produktbewertungsmatrix *f*

product field
Produktbereich *m*, Erzeugungsbereich *m* *(Wirtschaftslehre)*

product idea development
Produktideenfindung *f*, Neuproduktideenfindung *f (Marketingplanung)*

product idea finding
→ product idea development

product idea generation
→ product idea development

product identification test
Produkt-Identifikationstest *m (Marktforschung) (Werbeforschung)*

product image
Produktimage *n*, Image *n* des Produkts, Gattungsimmage *n (Marketing) (Marktpsychologie)*

production
1. Produktion *f*, Warenproduktion *f*, Erzeugung *f*, Herstellung *f*, Fabrikation *f*
2. Funkbearbeitung *f*, Rundfunkbearbeitung *f*, Bearbeitung *f* für das Radio, Bearbeitung *f* für das Fernsehen
3. Regie *f*, künstlerische Leitung *f*

production charge
Rechnungsbetrag *m*, Rechnungsposten *m* für Herstellungskosten, Herstellungskosten *pl*

production cost(s) *pl*
Herstellungskosten *pl*

production department
Herstellung *f*, Herstellungsabteilung *f*, Produktion *f*, Produktionsabteilung *f*

production director
1. Leiter *m* der Herstellung, Leiter *m* der Herstellungsabteilung, Produktionsleiter *m* (bei einer Werbeagentur)
2. Sendeleiter *m (Hörfunk/Fernsehen)*

production manager
→ production director 1.

production program (*brit* **production programme**)
Produktionsprogramm *n (Marketingplanung)*

production run
Fortdruck *m*, Auflagendruck *m*

product item
Artikel *m*, Warenart *f (Einzelhandel) (Großhandel)*

product launch
Produkteinführung *f*, Einführung *f* eines neuen Produkts (neuer Produkte), Produktlancierung *f (Marketingplanung)*

product life cycle
Produkt-Lebenszyklus *m*, Lebenszyklus *m* eines Produkts, einer Ware *(Marktpsychologie)*

product line
Produktgruppe *f*, Produktkategorie *f*, Produktfamilie *f (Wirtschaftslehre) (Betriebswirtschaft) (Marketingplanung)*

product loyalty
Produkttreue *f*, Materialtreue *f (Wirtschaftslehre) (Marketingplanung)*

product management
Produkt-Management *n*, Produktmanager-System *n*, Integrationssystem *n (Marketingorganisation)*

product manager
Produktmanager *m*, Leiter *m* der Abteilung Marketing, Werbung und Verkaufsförderung eines Markenartikelproduzenten *(Marketing)*

product maturity
Reifephase *f* im Produktlebenszyklus *(Marktpsychologie)*

product mix
Produkt-Mix *n*, Leistungsprogramm *n*, Produktpolitik *f (Marketing) (Marketingplanung)*

product moment correlation
Produkt-Moment-Korrelation *f*, Pearsonsche Maßkorrelation *f (Statistik)*

product name test
Namenstest *m (Marktforschung)*

product objective
Produktziel *n (Marketingplanung)*

product personality
Produktpersönlichkeit *f (Marktpsychologie)*

product pickup test
Greifbühnentest *m*, Schnellgreifbühnentest *m* *(Marktforschung)*

product placement
Produktplazierung *f*, Product Placement *n*

product planning
Produktplanung *f* *(Marketingplanung)*

product position
→ position

product positioning
Produktpositionierung *f* *(Marketingplanung) (Marktpsychologie)*

product profile
Produktprofil *n*, Produktimage *n* *(Marktpsychologie) (Marktforschung)*

product protection
Sendezeitabstand *m* für Konkurrenten, Zeitabstand *m* zwischen Werbesendungen für Konkurrenzprodukte, -dienstleistungen *(Hörfunk/Fernsehen)*

product quality
Produktqualität *f*, Qualität *f* des Produkts

product quality test
Produktqualitätstest *m* *(Marktforschung)*

product rating
Warentest *m*, vergleichender Warentest *m*

product relaunch
Produktvariation *f*, Produkt-Relaunch *m* *(Marketingplanung)*

product reputation advertising
Produktwerbung *f*, produktbezogene Werbung *f*

product research
Produktforschung *f* *(Marketingplanung)*

product research and development (P.R.D.)
Produktforschung *f* und -entwicklung *f* *(Marketingplanung)*

product sample
Warenprobe *f*, Warenmuster *n*

product screening
→ product evaluation

product sort
Sorte *f*, Produktsorte *f* *(Einzelhandel) (Großhandel)*

product test
Warentest *m*, Produkttest *m* *(Marktforschung)*

product testing
Durchführung *f* von Warentests, eines Warentests, von Produkttests, eines Produkttests *(Marktforschung)*

product type
Produktart *f*, Produktgattung *f*, Produkttyp *m* *(Wirtschaftslehre) (Betriebswirtschaft) (Marketing)*

product usage
Produktnutzung *f*, Produktgebrauch *m* *(Konsumforschung) (Marktforschung)*

product usage test
Gebrauchstest *m* *(Konsumforschung) (Marktforschung)*

product-user method
Produktnutzer-Methode *f*, Produktgebrauchsmethode *f*, Käufermethode *f* *(Werbeforschung)*

product variation
Produktvariation *f* *(Marketingplanung)*

professional advertising
1. Fachwerbung *f*
2. professionelle Werbung *f*, professionell gemachte Werbung *f*

professional journal
Fachzeitschrift *f*, Berufsfachzeitschrift *f*

profile
Profil *n*, Struktur *f*

profit
Gewinn *m*, Profit *m*

profitability
Rentabilität *f*, Wirtschaftlichkeit *f* *(Wirtschaftslehre) (Betriebswirtschaft)*

profitability comparison
Rentabilitätsvergleich *m*, Wirtschaftlichkeitsvergleich *m* *(Wirtschaftslehre) (Betriebswirtschaft)*

profit center
Ertragszentrum *n*, Profit Center *n* *(Marketingorganisation)*

profit center organization
→ profit center

profit function
Gewinnfunktion *f (Wirtschaftslehre) (Betriebswirtschaft)*

profit response (to advertising)
Gewinnwirkung *f* der Werbung, Auswirkung *f* der Werbung auf Unternehmergewinne

profit-taking strategy
Gewinnabschöpfungsstrategie *f*, Abschöpfungsstrategie *f (Marketingplanung)*

prognosis (*pl* prognoses)
Prognose *f*, Voraussage *f*, Vorhersage *f*, Vorausschätzung *f (Mathematik/Statistik) (empirische Sozialforschung) (Marktforschung)*

to prognosticate
v/t + v/i prognostizieren, voraussagen, vorhersagen

program attendance
Hören *n*, Zuschauen *n*, Präsenz *f* während der Sendung *(Hörfunk/Fernsehen) (Mediaforschung)*

program audience
Hörerschaft *f*, Zuschauerschaft *f* einer Sendung, einer Programmsendung *(Hörfunk/Fernsehen) (Mediaforschung)*

program basis
Programmbasis *f*, Grundkosten *pl* einer Sendung *(Fernsehen) (Mediaplanung)*

program billboard
1. Programmhinweis *m*, Programmankündigung *f*, Programmtafel *f*, Hinweistafel *f (Fernsehen)*
2. Ansage *f* oder Absage *f*, Sponsorenabsage *f*, Sponsorenansage *f*, Erwähnung *f* des Sponsors *(Hörfunk/Fernsehen)*
3. Ansage *f*, Vorspann *m*, Abspann *m (Film/Fernsehen)*

program block
Programmblock *m (Hörfunk/Fernsehen)*

program compatibility
Programmkompatibilität *f* (von Werbung) *(Hörfunk/Fernsehen)*

program coverage
Reichweite *f* eines Programms, Reichweite *f* einer Sendung *(Hörfunk/Fernsehen) (Mediaforschung)*

program coverage factor
Programmreichweitenfaktor *m (Fernsehen)*

program delivery rating
regionale Einschaltquote *f (Hörfunk/Fernsehen) (Mediaforschung)*

program effectiveness
Werberelevanz *f*, Werbeerfolg *m* einer Sendung, eines Programms *(Hörfunk/Fernsehen)*

Program Evaluation and Review Technique (PERT)
Program Evaluation and Review Technique (PERT)

program loyalty
Programmbindung *f (Hörfunk/Fernsehen) (Mediaforschung)*

programming
Programmgestaltung *f (Hörfunk/Fernsehen)*

programming format
Programmtypus *m*, Programmcharakter *m*, Funkform *f*, Sendeform *f (Hörfunk)*

program opposite
Konkurrenzprogramm *n*, Konkurrenzsendung *f (Hörfunk/Fernsehen)*

program popularity
Beliebtheit *f*, Popularität *f* einer Sendung *(Hörfunk/Fernsehen)*

program popularity rating
→ popularity rating, rating

program profile
Programmprofil *n*, Sendungsprofil *n (Hörfunk/Fernsehen)*
1. graphische Darstellung *f*, tabellarische Darstellung *f* des Hörerflusses, des Zuschauerflusses *(Mediaforschung)*
2. graphische Darstellung *f* der Zuschauerreaktionen beim Test mit dem Program Analyzer *(Mediaforschung)*

program rating
Programm-Einschaltquote *f*, Einschaltquote *f* einer Sendung, eines Programms *(Hörfunk/Fernsehen)*

program switching
Programmwechsel *m*, Umschalten *n* von einer Sendung zur anderen *(Hörfunk/Fernsehen) (Mediaforschung)*

program station basis (P.S.B.)
Programmeinschaltquote *f* eines Senders *(Hörfunk/Fernsehen)*

program station rating
→ program station basis

program type
Programmtyp *m*, Programmtypus *m (Hörfunk/Fernsehen)*

prohibitive price
Prohibitivpreis *m*, Höchstpreis *m (Konditionenpolitik) (Marketingplanung)*

projected audience size
hochgerechnete Gesamtzahl *f* der Leser, Hörer, Zuschauer, des Publikums eines Werbeträgers auf der Grundlage der Stichprobe *(Mediaforschung)*

project management
Projektmanagement *n*

promo
kurz für promotional announcement
Programmhinweis *m*, Programmankündigung *f*, Hinweis *m* auf ein anderes Programm *(Hörfunk/Fernsehen)*

to promote
v/t Verkaufsförderung treiben für, werben für, Reklame machen für, etwas anpreisen

promotion
Promotion *f*, Verkaufsförderung *f*, Verkaufsförderungsmaßnahmen *f/pl*, Werbung *f*, die direkt auf Verkaufsförderung zielt, Absatzförderung *f*, Absatzpolitik *f*, Absatzsteigerungspolitik *f*

promotional advertising
auf unmittelbare Absatzförderung, auf unmittelbare Verkaufsförderung zielende Werbung *f*

promotional announcement
→ promo

promotional gift
Werbegeschenk *n (Verkaufsförderung)*

promotional kit
Werbematerial *n*, Verkaufsförderungsmaterial *n*, das einem Einzelhändler zur Verfügung gestellt wird

promotion allowance
Verkaufsförderungsrabatt *m (Konditionenpolitik)*

promotional mailing
Werbeversand *m*, Verkaufsförderungsversand *m*

promotional material
Verkaufsförderungsmaterial *n*, Absatzförderungsmaterial *n*, Werbematerial *n* für Einzelhändler, Werbehilfen *f/pl*, Händlerhilfen *f/pl*, Dekorationshilfen *f/pl*, Verkaufshilfen *f/pl*

promotional mix
Promotions-Mix *n*, Promotionspolitik *f*, Verkaufsförderungsmix *m (Marketingplanung)*

promotional package
Paket *n* von Verkaufs- und Absatzförderungsmaterialien, Paket *n* von Verkaufs- und Absatzförderungsmaßnahmen

promotional price
Promotionspreis *m (Konditionenpolitik)*

promotion copy
Werbeexemplar *n*, Probeexemplar *n (Zeitung/Zeitschrift)*

promotion drive
→ promotion period

promotion impact study
Untersuchung *f* der Auswirkungen von Verkaufs- und Absatzförderungsmaßnahmen *(Marktforschung)*

promotion manager
Leiter *m* der Abteilung für Verkaufsförderung

promotion matter
Verkaufshilfe *f*, Absatzhilfe *f*, Verkaufshilfsmittel *n*, Absatzförderungshilfsmittel *n*, Verkaufsförderungsmaterial *n*, Werbematerial *n (Verkaufsförderung)*

promotion period
Einsatzphase *f*, Einsatzperiode *f*, Aktionszeitraum *m (Werbeplanung) (Verkaufsförderung)*

promotion spot
→ promo

promotool
Verkaufsförderungsmittel *n*, Absatzförderungsmittel *n*, Hilfsmittel *n* zur Verkaufsförderung, zur Absatzförderung

prompt payment discount
Barzahlungsrabatt *m*, Skonto *m* *(Konditionenpolitik)*

propaganda
Propaganda *f*

propagandist
Propagandist(in) *m(f)*, Werber(in) *m(f)*

to propagandize
1. *v/t* propagieren, Propaganda machen für
2. *v/i* Propaganda machen

propensity to buy
Kaufneigung *f* *(Wirtschaftslehre)*

propensity to consume
Konsumneigung *f*, Konsumquote *f*, Konsumfunktion *f* *(Wirtschaftslehre)*

propensity to purchase
→ propensity to buy

propensity to save
Sparneigung *f*, Sparquote *f*, Sparfunktion *f* *(Wirtschaftslehre)*

proposition test
Propositionstest *m* *(Marktforschung)*

proprietary medicine
→ patent medicine

proprietary pharmaceutical
→ O.T.C., over the counter, patent medicine

prorata (pro rata)
adj/adv anteilmäßig, verhältnismäßig, dem Anteil nach, dem Anteil entsprechend

proratable
adj anteilmäßig verteilbar, anteilmäßig aufteilbar

prorata refund
anteilmäßige Rückerstattung *f*

to prorate
1. *v/t* anteilmäßig aufteilen, anteilmäßig verteilen, dem Anteil nach aufteilen
2. *v/t* (Anzeigenpreis für eine Teilseite) anteilmäßig berechnen

pro-seasonal advertising
saisonale Werbung *f*, prosaisonale Werbung *f*

prospect
potentieller Käufer *m*, potentieller Kunde *m* *(Marketing)*

prospective buyer
potentieller Käufer *m* *(Marketing)*

prospective consumer
potentieller Verbraucher *m*, potentieller Konsument *m* *(Marketing)*

prospective consumption
potentieller Verbrauch *m*, potentieller Konsum *m* *(Marketing)*

prospective market
potentieller Markt *m*, Marktpotential *n* *(Marketing)*

prospective purchaser
→ prospective buyer

prospectus
Prospekt *m*, Werbeschrift *f*, Ankündigung *f*, Vorankündigung *f*, Vorbericht *m* *(Werbung)* *(Verkaufsförderung)*

protected price
Festpreis *m*, Stützpreis *m*, Mindestpreis *m*, Höchstpreis *m* *(Wirtschaftslehre)* *(Konditionenpolitik)*

protected rate
→ protected price

prototype
Prototyp *m*, Musterexemplar *n*, Modell *n*

proved name registration (P.N.R., PNR)
nachgeprüfte Werbeerinnerung *f*, validierte Namenserinnerung *f* *(Werbeforschung)*

proved name registration score
Zahl *f* der Personen mit nachgeprüfter Werbeerinnerung *(Werbeforschung)*

proven reader
nachgewiesener Leser *m*, Leser *m*, der eine

Publikation tatsächlich gelesen hat *(Leserschaftsforschung)*

proven recall
nachgewiesene, überprüfte Erinnerung *f*, validierte Erinnerung *f* *(empirische Sozialforschung) (Marktforschung) (Mediaforschung)*

P.S.B.
Abk program station basis

P.S.C. (PSC)
Abk pre-selected campaign

psychogalvanic skin response
psychogalvanische Reaktion *f*, psychogalvanischer Reflex (PGR) *m* *(Psychologie) (Marktforschung)*

psychogalvanometer
Psychogalvanometer *n*

psychographic characteristic
psychographisches Merkmal *n*, psychographische Eigenschaft *f* *(empirische Sozialforschung) (Marktforschung)*

psychographic market segmentation
psychographische Marktsegmentierung *f* *(Marktforschung) (Marketingplanung)*

psychographics *pl (als sg konstruiert)*
psychographische Merkmale *n/pl*, Psychographie *f (Marktforschung) (Mediaforschung)*

psychological differentiation
psychologische Differenzierung *f (Marketingplanung)*

psychological distance
psychische Distanz *f (Psychologie) (empirische Sozialforschung)*

psychological law of consumption
psychologisches Konsumgesetz *n (Wirtschaftslehre)*

psychological market model
psychologisches Marktmodell *n (Marktpsychologie)*

psychological product differentiation
psychologische Produktdifferenzierung *f*, psychologische Differenzierung *f (Marketingplanung)*

psychological test
psychologischer Test *m (empirische Sozialforschung)*

psychology of advertising
Werbepsychologie *f*, Psychologie *f* der Werbung

public
1. Öffentlichkeit *f*, Publikum *n*
2. *adj* öffentlich

public affairs *pl*
Public Affairs *f*

publication
1. Publikation *f*, Veröffentlichung *f*, Druckwerk *n*
2. Publizierung *f*, Publizieren *n*, Veröffentlichung *f* (Vorgang)
3. Bekanntmachung *f*, Bekanntgabe *f*, öffentliche Bekanntgabe *f*

publication advertising
Werbung *f* in Druckmedien, Druckmedienwerbung *f*

publication frequency
Erscheinungsweise *f*, Häufigkeit *f* des Erscheinens *(Zeitung/Zeitschrift)*

publication interval
Erscheinungszeitraum *m*, Erscheinungsintervall *n*, Zeitraum *m* des Erscheinens, Erscheinungsweise *f*, Häufigkeit *f* des Erscheinens *(Zeitung/Zeitschrift)*

publication-set advertisement
Satzanzeige *f (Zeitung/Zeitschrift)*

publication-set type
Anzeigensatz *m (Zeitung/Zeitschrift)*

public domain (PD, P.D.)
gemeinfreie Werke *n/pl*, urheberrechtlich nicht geschütztes Werk *n*

public information officer (P.I.O.)
Öffentlichkeitsarbeiter *m*, Mitarbeiter *m* oder Leiter *m* der Abteilung für Information und Öffentlichkeitsarbeit, Informationsleiter *m*

public-interest advertising
→ advocacy advertising

publicist
1. Publizist *m*, Journalist *m*
2. Werbefachmann *m*, Reklamefachmann *m*

publicity

publicity
1. Publizität *f*, Öffentlichkeit *f*, allgemeine Bekanntheit *f*
2. Publicity *f*, Reklame *f*, Propaganda *f*, Werbung *f*

publicity agent
Werbeagent *m*, Berater *m* für Öffentlichkeitsarbeit

publicity campaign
Publicity-Kampagne *f*, Publicity-Feldzug *m*, Öffentlichkeitskampagne *f*

publicity department
Abteilung *f* für Öffentlichkeitsarbeit und Werbung

publicity director
Leiter *m* der Abteilung für Öffentlichkeitsarbeit und Werbung

publicity film
Werbefilm *m*, Öffentlichkeitsarbeitsfilm *m*

publicity gimmick
Reklamegag *m*, Werbegag *m*, Publicity-Gag *m*

to publicize
1. *v/t* öffentlich bekanntgeben, publizieren, publik machen
2. *v/t* durch Öffentlichkeitsarbeit, Werbung, Reklame ankündigen, bekanntgeben, Öffentlichkeitsarbeit machen für

public library
öffentliche Bibliothek *f*, Volksbibliothek *f*

public marketing
Öffentlichkeitsmarketing *n*

public market trade
Markthandel *m*, Meßhandel *m* *(Einzelhandel) (Großhandel)*

public-place reading
Lesen *n* in öffentlich zugänglichen Räumen *(Leserschaftsforschung)* wie Büchereien, Lesesälen, Wartezimmern etc.

public relations (PR, P.R.) *pl (als sg konstruiert)*
Öffentlichkeitsarbeit *f*, Pflege *f* der Beziehungen zur Öffentlichkeit, PR-Arbeit *f*, öffentliche Vertrauenswerbung *f*

public relations consultancy
PR-Beratung *f*, Beratung *f* in der Öffentlichkeitsarbeit

public relations consultant
PR-Berater *m*, Berater *m* für Öffentlichkeitsarbeit

public relations counsellor
→ public relations consultant

public relations director
PR-Leiter *m*, PR-Direktor *m*, Leiter *m* der Abteilung für Öffentlichkeitsarbeit

public relations institutional advertising
auf die Pflege eines guten Betriebsimage zielende Öffentlichkeitsarbeit *f*, auf die Pflege eines guten Betriebsimage zielende Werbung *f* eines Unternehmens

public relations office
PR-Abteilung *f*, Abteilung *f* für Öffentlichkeitsarbeit

public relations officer (PRO, P.R.O.)
Öffentlichkeitsarbeiter *m*, Mitarbeiter *m* der Abteilung für Öffentlichkeitsarbeit, Leiter *m* der Abteilung für Öffentlichkeitsarbeit

Public Relations Organisation International (PROI)
Internationale Public-Relations-Organisation *f*

publics *(pl als sg konstruiert)*
→ public relations

public service
öffentliche Hand *f*, Staatsdienst *m*, öffentlicher Dienst *m*, öffentliche Dienstleistungen *f/pl*, gemeinnützige öffentliche Institutionen *f/pl* und Unternehmen *n/pl*

public service advertisement
amtliche Anzeige *f*

public service advertising
Veröffentlichung *f* von Werbemitteln zur Information der Öffentlichkeit

public service announcement (P.S.A.)
nichtkommerzielle Werbeansage *f* zur Information der Öffentlichkeit

public service institutional advertising
→ public service advertising

public service marketing
öffentliches Marketing *n*, Marketing *n* der öffentlichen Hand

public service poster
Am 24-Bogenanschlag *m* für gemeinnützige Organisationen und Wohlfahrtsverbände *(Außenwerbung)*

public utilities markets *pl*
Ö-Märkte *m/pl*, Märkte *m/pl* der öffentlichen Hand, der öffentlichen Betriebe *(Wirtschaftslehre) (Marketing)*

public utility
öffentliches Versorgungsunternehmen *n*, öffentlicher Versorgungsbetrieb *m*

to publish
1. *v/t* publizieren, veröffentlichen, öffentlich bekanntmachen
2. *v/t* (Bücher, Zeitschriften etc) herausgeben, publizieren, verlegen, herausbringen

publishable
adj zur Veröffentlichung geeignet, publizierbar, veröffentlichbar, zu veröffentlichen

publisher
1. Verleger *m*
2. Herausgeber *m*
3. Zeitungsverleger *m*, Leiter *m* eines Zeitungsverlags
4. Verlag *m*, Verlagsanstalt *f*

publisher's copy
Verlagsstück *n* *(Zeitung/Zeitschrift) (Medienvertrieb)*

publisher's discount
Kollegenrabatt *m*, Verlegerrabatt *m*

publisher's imprint
Verlegerimpressum *n*, Verlagsimpressum *n*, Druckvermerk *m*, Erscheinungsvermerk *n*, Impressum *n* *(Zeitung/Zeitschrift)*

publisher's representative
Anzeigenakquisiteur *m* *(Zeitung/Zeitschrift)*

publishing
1. Verlagswesen *n*
2. Verlegen *n*, Veröffentlichen *n*, Herausgeben *n*
3. *adj* Verlags-

publishing business
1. Verlagswesen *n*, Verlagsgewerbe *n*
2. Verlagsgeschäft *n*

publishing company
Verlag *m*, Verlagsunternehmen *n*

publishing frequency
→ publication frequency

publishing house
→ publishing company

publishing interval
→ publication interval

pub-set ad
Satzanzeige *f* *(Zeitung/Zeitschrift)*

puff
übertriebene, marktschreierische Anpreisung *f*, substanzlose Anpreisung *f*, übertriebene Reklame *f*

puffery
aufgebauschte, marktschreierische, übertriebene Anpreisung *f* eines Produkts in einem Werbetext

puffing
marktschreierische, übertriebene Anpreisung *f*

puffing ad
→ puffing advertisement

puffing advertisement
aufgebauschte, übertriebene, marktschreierische Anzeige *f* aufgebauschtes, übertriebenes Werbemittel *n*

puffing advertising
marktschreierische, übertriebene, aufgebauschte Werbung *f*, Marktschreierei *f*

puffing publicity
→ puffing advertising

puff notice
Gratiserwähnung *f*, unberechnete Erwähnung *f*, Schleichwerbung *f*

pull
1. Fahne *f*, Druckfahne *f*, Korrekturfahne *f*, erster Abzug *m*, Probeabzug *m*
2. Anziehungskraft *f*, Zugkraft *f* (eines Werbemittels)

puller
Zugartikel *m*, zugkräftiger Artikel *m*, Schlager *m*, zugkräftige Sache *f* oder Person *f*

puller-in
Anreißer *m*, Kundenanreißer *m*, Kundenfänger *m* auf Straßen, vor Einzelhandelsgeschäften

pulling power
Anziehungskraft *f*, Zugkraft *f* (eines Werbemittels)

pullout insert
1. ausklappbare Anzeige *f*, aufklappbare Anzeige *f*, ausklappbare Werbebeilage *f (Zeitschrift)*
2. lose Beilage *f*, Prospektbeilage *f (Zeitung/ Zeitschrift)*

pull strategy
Pull-Methode *f*, Pull-Strategie *f*, Zugstrategie *f (Marketingplanung)*

pulsation
eigentl Pulsieren *n*, Pulsschlag *m*
pulsierende Werbung *f*, Phasenwerbung *f*, Werbung *f* in Werbephasen und Werbepausen, Pulsation *f*

pulsing
→ pulsation

PUN
Abk Poster Units, National nationale Plakateinheiten *f/pl (Außenwerbung)*

punch-card coupon
Lochkartengutschein *m*, gelochter Gutschein *m*, gelochter Kupon *m* (Gutscheinwerbung) (Direktwerbung)

punch line
Knalleffekt *m*, Pointe *f*

pupil measurement
Pupillometrie *f*, Messung *f* der Pupillenreaktionen *(Psychologie) (Werbeforschung)*

pupillometer
Pupillometer *n (Psychologie) (empirische Sozialforschung)*

pupillometrics *pl (als sg konstruiert)*
Pupillometrie *f (Psychologie) (empirische Sozialforschung)*

purchase
Kauf *m*, Einkauf *m*, Erwerb *m (Konsumforschung)*

to purchase
v/t kaufen, käuflich erwerben, einkaufen

purchase diary
Einkaufstagebuch *n (Marktforschung)*

purchase habit
Kaufgewohnheit *f (Konsumforschung)*

purchase intent
Kaufabsicht *f (Konsumforschung) (Marktforschung)*

purchase intention
Kaufabsicht *f*, Kaufplan *m*, Kaufintention *f (Konsumforschung) (Marktforschung)*

purchase motivation
Kaufmotivation *f (Marktpsychologie) (Marktforschung)*

purchase motivation research
Kaufmotivforschung *f (Marktpsychologie) (Marktforschung)*

purchase order
Bestellung *f*, Kaufauftrag *m*

purchase pattern
Kaufmuster *n*

purchase plan
Kaufplan *m*

purchase price
Einkaufspreis *m*, Einkaufsrechnungspreis *m*

purchase-privilege premium
→ self-liquidator, semi-liquidator

purchaser
Käufer *m*, Abnehmer *m*, Konsument *m*, Einkäufer *m (Konsumforschung) (Marktforschung)*

purchaser analysis
Abnehmeranalyse *f*, Käuferanalyse *f (Marktforschung)*

purchaser behavior (*brit* **purchaser behaviour**)
Käuferverhalten *n (Konsumforschung) (Marktforschung)*

purchase response (to advertising)
Kaufreaktion *f*, durch Werbung ausgelöste Kaufreaktionen *f/pl*

purchase-response pattern
Kauf-Reaktions-Muster *n*, Muster *n* der Kaufreaktionen (auf Werbung)

purchaser study
Käuferuntersuchung *f*, Käuferstudie *f*

purchasing
Kaufen *n*, Ankauf *m*, Einkaufen *n* *(Konsumforschung) (Beschaffungsmarketing)*

purchasing analysis
Einkaufsanalyse *f (Marktforschung) (Konsumforschung)*

purchasing behavior (*brit* **purchasing behaviour**)
Kaufverhalten *n* *(Konsumforschung) (Marktforschung)*

purchasing cooperative
Einkaufsgenossenschaft (EKG) *f*

purchasing decision
Kaufentscheidung *f*, Kaufentschluß *m (Marktforschung) (Konsumforschung)*

purchasing frequency
Kaufhäufigkeit *f*, Einkaufshäufigkeit *f*, Einkaufsfrequenz *f (Marktforschung) (Konsumforschung)*

purchasing group
Einkaufsring *m (Beschaffungsmarketing) (Einzelhandel)*

purchasing habit
Kaufgewohnheit *f (Konsumforschung) (Marktforschung)*

purchasing incentive
Kaufanreiz *m (Marketing) (Marktpsychologie)*

purchasing influence
Kaufeinfluß *m*, Kaufeinflüsse *m/pl (Marketing) (Marktpsychologie) (Konsumforschung)*

purchasing intensity
Kaufintensität *f (Marktforschung) (Konsumforschung)*

purchasing intention
Kaufabsicht *f*

purchasing motive
Kaufmotiv *n*, Kaufbeweggrund *m (Marktforschung) (Konsumforschung)*

purchasing observation
Einkaufsbeobachtung *f (Marktforschung)*

purchasing pattern
Kaufmuster *n*, Muster *n* des Kaufverhaltens *(Marktpsychologie) (Marktforschung)*

purchasing power
Kaufkraft *f (Wirtschaftslehre) (Konsumforschung)*

purchasing power elasticity
Kaufkraftelastizität *f (Wirtschaftslehre)*

purchasing power index
Kaufkraftindex *m*, Kaufkraftkennziffer *f (Wirtschaftslehre)*

purchasing power map
Kaufkraftkarte *f (Konsumforschung) (Marktforschung)*

purchasing power parity
Kaufkraftparität *f (Konsumforschung) (Marktforschung)*

purchasing price
Einkaufspreis *m*, Einkaufsrechnungspreis *m (Konditionenpolitik)*

purchasing probability
Kaufwahrscheinlichkeit *f (Marktforschung) (Konsumforschung)*

purchasing process
Kaufvorgang *m (Marketing) (Marktforschung) (Konsumforschung)*

purchasing propensity
→ propensity to buy

purchasing statistics *pl*
Kaufstatistik *f*, Einkaufsstatistik *f*

pure recall
ungestützte Erinnerung *f*, Erinnerung *f* ohne Gedächtnisstütze, spontane Erinnerung *f (empirische Sozialforschung) (Marktforschung) (Mediaforschung)*

pure recall test
Test *m* mit spontaner Erinnerung, spontaner Erinnerungstest *m*, ungestützter Erinnerungs-

push

test *m (empirische Sozialforschung) (Marktforschung) (Mediaforschung)*

push
Anstrengung *f*, Bemühung *f*, konzentrierte Absatz-, Verkaufsförderungs- oder Werbeanstrengung *f*

to push
1. *v/t* etwas energisch betreiben, vorantreiben, fördern
2. *v/t* die Werbetrommel für etwas rühren, Reklame machen für, Werbung treiben für

push money (P.M.)
Absatzförderungsprämie *f*, Verkaufsförderungsprämie *f (Verkaufsförderung)*

push strategy
Push-Methode *f*, Push-Strategie *f*, Schubstrategie *f (Marketing) (Verkaufsförderung)*

P.U.T. (PUT)
Abk persons using television

PUT rating
Abk persons-using-television rating

puzzle competition
Preisrätsel *n (Marketing) (Verkaufsförderung)*

pylon
1. Stütze *f*, Stützsäule *f*, Stützmast *m* für eine Anschlagstelle *(Außenwerbung)*
2. Anschlagsäule *f*, Anschlagturm *m (Außenwerbung)*

Q

Q rating
Intensivnutzer-Einschaltquote *f* *(Hörfunk/ Fernsehen) (Mediaforschung)*

quadrangle
Werbeviereck *n*, Viereck *n* der werblichen Kommunikation *(Werbeforschung) (Kommunikationsforschung)*

qualified audience
wirksame Reichweite *f*, qualifizierte Reichweite *f*, tatsächlich erreichte Leser *m/pl*, Hörer *m/pl*, Zuschauer *m/pl*, tatsächlich erreichtes Publikum *n (Mediaforschung)*

qualified circulation
Wechselversand *m*, Wechselversandauflage *f (Zeitschrift)*

qualified coverage
wirksame Reichweite *f*, qualifizierte Reichweite *f*, tatsächliche Reichweite *f (Mediaforschung)*

qualified issue reader
→ qualified reader

qualified listener
qualifizierter Hörer *m*, tatsächlicher Hörer *m (Hörfunk) (Hörerschaftsforschung)*

qualified reader
qualifizierter Leser *m*, tatsächlicher Leser *m (Leserschaftsforschung)*

qualified recipient
qualifizierter Bezieher *m*, qualifizierter Abonnent *m*, tatsächlicher Bezieher *m (Leserschaftsforschung)*

qualified viewer
qualifizierter Fernsehzuschauer *m*, tatsächlicher Fernsehzuschauer *m (Zuschauerschaftsforschung)*

qualitative market research
qualitative Marktforschung *f*

qualitative media research
qualitative Mediaforschung *f*, qualitative Werbeträgerforschung *f*

quality
Qualität *f*

quality awareness
Qualitätsbewußtsein *n (Marktpsychologie)*

quality circle
Qualitätszirkel *m (Betriebswirtschaft) (Marketingorganisation)*

quality grade
Güteklasse *f*, Handelsklasse *f (Marketing)*

quality label
Gütezeichen *n (Marketing)*

quality of campaign
Kampagnenqualität *f (Marketingplanung)*

quality of exposure
Kontaktqualität *f (Mediaforschung)*

quality of life
Lebensqualität *f*

quality of readership
→ quality of reading

quality of reading
Nutzungsintensität *f*, Nutzung *f*, Leseintensität *f (Leserschaftsforschung)*

quality policy
Qualitätspolitik *f (Marketing) (Marketingplanung)*

quality protection
Qualitätssicherung *f*, Qualitätsschutz *m (Marketing) (Marketingplanung)*

quality test
Qualitätstest *m (Marktforschung)*

quantitative market research
quantitative Marktforschung *f*

quantitative media research
quantitative Mediaforschung *f*, quantitative Werbeträgerforschung *f*

quantity discount
Mengenrabatt *m* *(Konditionenpolitik)*

quantity discount rate
Mengenstaffel *f* *(Konditionenpolitik)*

quantuplication
Quantuplikation *f* *(Statistik) (Mediaforschung)*

quarter-hour audience
Viertelstunden-Zuschauerschaft *f*, im Viertelstundentakt gemessene Zuschauerschaft *f* *(Fernsehen) (Zuschauerschaftsforschung)*

quarter page
Viertelseite *f* *(Zeitung/Zeitschrift)*

quarter run
→ quarter showing

quarter service
→ quarter showing

quarter showing
Minimalbelegung *f* *(Außen-/Verkehrsmittelwerbung)*

quarter-size poster
Am viertelformatiges Plakat *n*, viertelformatiger Anschlag *m*, Kleinplakat *n*, Miniplakat *n* Plakat im Format 14 x 21 Zoll = 35,56 x 53,34 cm

quasi household
→ institutional household

queen-size poster
Queen-Size-Plakat *n* an den Außenflächen öffentlicher Verkehrsmittel *(Verkehrsmittelwerbung)*

question and answer (q & a, q and a)
Frage-und-Antwortspiel *n* *(Werbung)*

question mark
Fragezeichen *n*, Sorgenkind *n* *(Marktpsychologie) (Marketing)*

quickie
kurzer Werbefilm *m*, Kurzprogramm *n*

quiz
Quiz *n*, Rätsel *n*, Ratespiel *n*

quiz game show
Quizsendung *f*, Ratesendung *f*, Rätselsendung *f* *(Fernsehen)*

quiz master
Quizmaster *m*

quiz program
→ quiz game show

quiz show
→ quiz game show

quota
Gliederungszahl *f*, Anteilziffer *f*, Quote *f* *(Mathematik/Statistik)*

quotation
1. Zitat *n*, Zitieren *n*
2. Preisangabe *f*, Preisnotierung *f* *(Einzelhandel)*

quotient
Quotient *m*, Beziehungszahl *f*, Beziehungskennziffer *f* *(Statistik)*

R

®
kurz für registered, registered trademark, Symbol für „gesetzlich geschütztes Warenzeichen" *n*

rack
Ständer *m*, Gestell *n*, Fächerregal *n (POP-Werbung)*

rack folder
Regalprospekt *m*, Ständerprospekt *m*, Regalfaltblatt *n (POP-Werbung)*

rack jobber
Regalgroßhändler *m*, Regalgrossist *m*, Rack Jobber *m*, Service Merchandiser *m*

rack sale (*meist pl* **rack sales**)
Zeitungsverkauf *m* (-verkäufe *pl*) aus stummen Verkäufern *(Medienvertrieb)*

R.A.D.I.
Abk radio area of dominant influence

radio advertising
Hörfunkwerbung *f*, Radiowerbung *f*, Funkwerbung *f*

radio and TV guide
Programmzeitschrift *f* (für Radio und Fernsehen)

radio announcement
→ radio commercial

radio area of dominant influence (R.A.D.I.)
Hörfunk-Vorherrschaftsgebiet *n (Mediaforschung)*

radio audience
Hörerschaft *f*, Hörer *m/pl*, Zahl *f* der Rundfunkhörer, Rundfunkhörerschaft *f (Hörerschaftsforschung)*

radio audience analysis
Höreranalyse *f*, Hörerschaftsanalyse *f (Hörerschaftsforschung)*

radio audience measurement
Hörerschaftsmessung *f*, elektromechanische Hörerschaftsermittlung *f (Hörerschaftsforschung)*

radio audience research
Hörerforschung *f*, Hörerschaftsforschung *f*

radio broadcast
Radiosendung *f*, Rundfunksendung *f*, Hörfunksendung *f*, Radioprogramm *n*

radio commercial
Werbesendung *f* im Radio, Werbeansage *f*, Werbedurchsage *f* im Radio, Hörfunkwerbesendung *f*

radio diary
Hörertagebuch *n (Hörerschaftsforschung)*

radio-diary method
Tagebuchverfahren *n*, Tagebuchmethode *f (Hörerforschung)*

radio household
Radiohaushalt *m (Hörerschaftsforschung)*

radio listener
Hörer(in) *m(f)*, Radiohörer(in) *m(f)*, Zuhörer(in) *m(f) (Hörerforschung)*

radio listener characteristics *pl*
Radiohörermerkmale *n/pl*, Radiohörercharakteristika *n/pl*, Radiohörereigenschaften *f/pl*, Hörermerkmale *n/pl*, Hörercharakteristika *n/pl*, Hörereigenschaften *f/pl (Hörerschaftsforschung)*

radio listener diary
Radiohörertagebuch *n*, Hörertagebuch *n (Hörfunk) (Hörerforschung)*

radio listener research
Hörerforschung *f*, Hörerschaftsforschung *f (Hörfunk) (Mediaforschung)*

radio listenership
Hörerschaft *f*, Hörerkreis *m*, Radiohörerschaft *f*

radio listenership analysis
Höreranalyse *f*, Hörerschaftsanalyse *f*, Radio-

radio listeners

höreranalyse *f*, Radiohörerschaftsanalyse *f* *(Hörfunk) (Hörerforschung)*

radio listeners *pl* **per day**
Radiohörer *m/pl* pro Tag, Hörer *m/pl* pro Tag (HpT), Werbefunkhörer *m/pl* pro Tag *(Hörfunk) (Hörerforschung)*

radio listeners *pl* **per week**
Radiohörer *m/pl* pro Woche, Hörer *m/pl* pro Woche, Werbefunkhörer *m/pl* pro Woche *(Hörfunk) (Hörerforschung)*

radio listening area
Radio-Empfangsbereich *m*, Empfangsbereich *m*, Sendebereich *m (Hörfunk)*

radio-listening diary
→ radio diary

radio listening habit
Radiohörgewohnheit *f*, Hörgewohnheit *f (Hörfunk) (Hörerforschung)*

radio listening impact
Stärke *f* des Eindrucks, den das Hören einer Radiosendung hinterläßt, Nutzungsintensität *f (Hörerschaftsforschung)*

radio listening probability
Hörwahrscheinlichkeit *f*, Radiohörwahrscheinlichkeit *f (Hörerforschung)*

radio-program sponsor
Radiosponsor *m*, Sponsor *m* einer Radiosendung

radio rating point
Hörfunk-Bruttoreichweite *f (Mediaforschung)*

radio rating service
Radio-Einschaltquotenfirma *f (Mediaforschung)*

radio research
Hörfunkforschung *f*, Hörerforschung *f*, Hörerschaftsforschung *f*, Radioforschung *f*, Rundfunkforschung *f*

radio selling organisation
etwa Hörfunkwerbungsakquisition *f*

radio set
Radio *n*, Radioapparat *m*, Radiogerät *n*, Rundfunkgerät *n*

radio spot
Funkspot *m*, Radiospot *m*, Hörfunkspot *m*, Radiowerbespot *m*

radio-time buyer
eigentl Hörfunkzeitverkäufer *m*, Funkmedienkontakter *m*

radio-time buying
Belegung *f* von Radiosendezeit für Werbung, Plazierung *f* von Werbesendungen

raffle
Ausspielung *f*, Tombola *f (Verkaufsförderung)*

railroad advertising
Eisenbahnwerbung *f*, Eisenbahnreklame *f*

railroad showing
Perronanschlag *m*, Streckenanschlag *m*, Bahnhofsplakat *n (Außenwerbung)*

railroad display poster
Perronanschlag *m*, Perronplakat *n*, Perronschild *n (Verkehrsmittelwerbung)*

railway advertising
→ railroad advertising

rain lap
Anbringung *f* von Plakaten von unten nach oben *(Außenwerbung)*

ranking
Rangreihenverfahren *n* (Mediaselektion)

rate
1. Preis *m*, Tarif *m*, Kurs *m*, Satz *m*
2. Beziehungszahl *f*, Beziehungskennziffer *f (Statistik)*

to rate
v/t eigentl einschätzen, abschätzen, schätzen, bewerten *(Mediaforschung)*

rate base
1. garantierte Minimalauflage *f*, garantierte Mindestauflage *f*, Auflagengarantie *f*, garantierte Auflage *f (Zeitung/Zeitschrift)*
2. garantierte Minimalzahl *f* von Lesern, Hörern, Zuschauern, die ein Werbeträger für den gegebenen Anzeigen- bzw. Werbepreis zu erreichen verspricht, garantierte Mindestreichweite *f (Mediaplanung)*

rate book
Mediadaten *n/pl*, Anzeigenpreisliste *f*, Werbe-

preisliste *f*, Werbetarif *m*, Verzeichnis *n* der Werbetarife, Tarifliste *f (Mediaplanung)*

rate cutting
Verletzung *f* der Preislistentreue *(Werbung)*

rated exposure unit (REU)
etwa geschätzte Kontakteinheit *f (Mediaforschung)*

rate differential
Preisunterschied *m*, Tarifunterschied *m*, Anzeigen- und Werbepreisunterschied *m* zwischen Werbung lokaler und nationaler Werbungtreibender *(Mediaplanung)*

rated poster
bewertetes Plakat *n*, bewertete Anschlagstelle *f (Außenwerbung) (Mediaforschung)*

rate holder
eigentl Preisbewahrer *m*, Tarifhalter *m (Werbung) (Mediaplanung)*

rate of consumption
Konsumquote *f*, Konsumrate *f (Wirtschaftslehre)*

rate of returns
Rücklaufrate *f*, Rücklaufquote *f (Direktwerbung)* (Gutscheinwerbung) *(empirische Sozialforschung) (Marktforschung)*

rate protection
Garantiefrist *f*, Preisgarantiefrist *f (Werbung) (Mediaplanung)*

rating
Einschaltquote *f*, Einschaltrate *f (Hörfunk/ Fernsehen) (Mediaforschung)*

rating point
→ gross rating points

rating scale
Ratingskala *f*, Einschätzungsskala *f*, Zuordnungsskala *f*, Ratingverfahren *n (empirische Sozialforschung) (Marktforschung)*

rating service
Einschaltquotenfirma *f*, Mediaunternehmen *n*, das Einschaltquoten mißt *(Hörfunk/Fernsehen)*

ratio
Kennzahl *f*, Kennziffer *f*, Verhältniszahl *f (Statistik)*

rational advertising approach
rationaler Werbeansatz *m*

rationalization appeal
Rationalisationsansatz *m*, Rationalisationsappell *m*

raw draft
Rohentwurf *m*, Skizze *f (Werbung)*

reach
Nettoreichweite *f*, Reichweite *f* ohne Duplizierungen *(Mediaforschung)*

reach-in case
→ coffin case

reactance
Reaktanz *f (Psychologie) (Mediaplanung)*

reactance effect
Reaktanzeffekt *m (Psychologie) (Mediaplanung)*

reactance theory
Reaktanztheorie *f (Psychologie) (Marktpsychologie)*

to read
v/t + v/i lesen

readable
adj lesbar, leserlich

readability
Lesbarkeit *f*

readability test
Lesbarkeitstest *m*

reader
1. Leser *m (Leserschaftsforschung)*
2. Lektor *m*, Verlagslektor *m*
3. Korrektor *m*

reader advertisement
→ reading notice

reader appeal
Anziehungskraft *f* für Leser, Leser ansprechende Aufmachung *f*

reader characteristics *pl (Leserschaftsforschung)*
→ audience characteristics

reader-buyer investigation
→ reader-consumer investigation

reader-consumer investigation
Leser-Konsumenten-Untersuchung *f*, Media-Konsumgruppen-Analyse *f* *(Marktforschung)* *(Leserschaftsforschung)*

reader confidence
Leser-Blatt-Bindung *f*, Leserloyalität *f*

reader duplication
externe Überschneidung *f*, Mehrfachnutzung *f*, Mehrfachkontakt *m*, Mehrfachleserschaft *f*, Mehrfachhörer *m/pl*, Mehrfachzuschauer *m/pl*, Duplizierung *f*, Doppelnutzung *f*, Doppellesen *n* *(Mediaforschung)*

reader impression study
Untersuchung *f* der Stärke des Werbeeindrucks von Werbemitteln *(Werbe-/Mediaforschung)*

reader inquiry service
→ reader service

reader interest
Leserinteresse *n*

reader involvement (with a magazine)
Leser-Blatt-Bindung *f* *(Mediaforschung)*

reader research
Leserschaftsforschung *f*

reader response
Leserreaktion *f*, Reaktion *f* der Leser (auf ein Werbemittel)

reader service
Kennzifferdienst *m*, Leserservice *m* *(Zeitschrift)*

readership
Leserschaft *f*, Leserzahl *f* *(Leserschaftsforschung)*

readership analysis
Leserschaftsanalyse *f*, Leseranalyse *f*

readership group
Leserschaftsgruppe *f* *(Leserschaftsforschung)*

readership research
Leserschaftsforschung *f*, Leserforschung *f*

readership study
Leserschaftsuntersuchung *f*, Leserschaftsstudie *f* *(Leserschaftsforschung)*

readership survey
Leserbefragung *f*, Leserumfrage *f* *(Zeitung/Zeitschrift)*

readers per copy (RPC, R.P.C., rpc) *pl*
Leser *m/pl* pro Nummer (LpN) *(Leserschaftsforschung)*

readers per issue (rpi) *pl*
Leser *m/pl* pro Ausgabe (LpA), relativer K_1-Wert *m* *(Leserschaftsforschung)*

readers per page *pl*
Leser *m/pl* pro Seite, Zahl *f* der Leser pro Seite, Zahl *f* der Leser mit Seitenkontakt *(Zeitung/Zeitschrift)* *(Leserschaftsforschung)*

readers per single copy (RPS, R.P.S., rps) *pl*
Leser *m/pl* pro Exemplar (LpE, LpX, LpEx), Leserauflage *f* *(Leserschaftsforschung)*

readers per week *pl*
Leser *m/pl* pro Woche *(Leserschaftsforschung)*

reader traffic
Lesegeschehen *n*, Nutzungsvorgänge *m/pl* pro Seite, Lesevorgänge *m/pl* pro Seite, Lesegeschehen *n* pro Seite *(Leserschaftsforschung)*

reading
Lesen *n*, Lesetätigkeit *f*, Nutzung *f* *(Leserschaftsforschung)*

reading and noting
Lesen *n* und Sehen *n* *(Leserschaftsforschung)*

reading and noting test
Starch-Test *m*, Lesen-und-Sehen-Test *m* *(Leserschaftsforschung)*

reading behavior (*brit* reading behaviour)
Leseverhalten *n* *(Leserschaftsforschung)*

reading claim
Angabe *f* eines Befragten, etwas gelesen zu haben *(Leserschaftsforschung)*

reading days *pl*
Lesetage *m/pl*, *(Leserschaftsforschung)*

reading days of issue exposure *pl*
Lesetage *m/pl* mit Heftkontakt *(Leserschaftsforschung)*

reading ease
Lesbarkeit *f*, leichte Lesbarkeit *f*

reading frequency
Lesehäufigkeit *f*, Lesefrequenz *f*, Kontakthäufigkeit *f*, Häufigkeit *f* des Lesens *(Leserschaftsforschung)*

reading incentive
Leseanreiz *m*

reading intensity
Leseintensität *f*, Nutzungsintensität *f* *(Leserschaftsforschung)*

reading notice
Textanzeige *f*, redaktionell aufgemachte Anzeige *f* *(Zeitung/Zeitschrift)*

reading place
Leseort *m* *(Leserschaftsforschung)*

reading probability
Lesewahrscheinlichkeit *f*, Nutzungswahrscheinlichkeit *f* *(Leserschaftsforschung)*

reading speed
Lesegeschwindigkeit *f* *(Leserschaftsforschung)*

reading stage
Lesephase *f* *(Leserschaftsforschung)*

reading time
Lesedauer *f*, durchschnittliche Lesedauer *f* *(Leserschaftsforschung)*

read most
etwa Anteil *m* gründlicher Leser *(Leserschaftsforschung)*

real estate ad
kurz für real estate advertisement

real estate advertisement
Immobilienanzeige *f*, Grundstücksanzeige *f* *(Zeitung/Zeitschrift)*

rear-end display
Heckreklame *f*, Heckplakat *n*, Heckwerbung *f* *(Verkehrsmittelwerbung)*

reason-why
→ reason-why copy

reason-why advertising
rationale Werbung *f*, begründende Werbung *f*

reason-why approach
rationaler Ansatz *m*, rationaler Werbeansatz *m*

reason-why copy
begründender, rationaler Werbetext *m*

rebate
1. Nachlaß *m*, Preisnachlaß *m*, Ermäßigung *f* *(Konditionenpolitik)*
2. Rückvergütung *f*, Erstattung *f*, Rückzahlung *f* *(Wirtschaftslehre) (Betriebswirtschaft)*

to rebate
v/t als Nachlaß gewähren, rabattieren, ermäßigen, jemandem einen Nachlaß gewähren, einräumen, jemandem einen Preisnachlaß gewähren

recall
Erinnerung *f* *(Psychologie) (empirische Sozialforschung) (Marktforschung) (Mediaforschung)*

to recall
v/t sich an etwas erinnern

recall aid
Erinnerungsstütze *f*, Erinnerungshilfe *f*, Gedächtnisstütze *f*, Gedächtnishilfe *f* *(empirische Sozialforschung) (Marktforschung) (Mediaforschung)*

recall effect
Erinnerungserfolg *m*, Gedächtniserfolg *m* *(Werbeforschung)*

recall error
Erinnerungsfehler *m* *(empirische Sozialforschung) (Marktforschung) (Mediaforschung)*

recall method
Erinnerungsmethode *f*, Erinnerungsverfahren *n* *(Mediaforschung) (Werbeforschung)*

recall question
Erinnerungsfrage *f* *(empirische Sozialforschung) (Marktforschung) (Mediaforschung)*

recall test
Erinnerungstest *m*, Gedächtnistest *m* *(empirische Sozialforschung) (Marktforschung) (Mediaforschung)*

recall value
Erinnerungswert *m* *(Werbeforschung)*

receipt
Empfangsbestätigung f, Quittung f (Betriebswirtschaft)

to receipt
1. v/t quittieren, eine Empfangsbestätigung ausstellen für, eine Quittung ausstellen für
2. v/i eine Empfangsbestätigung ausstellen, eine Quittung ausstellen

recency
→ recency method, receny question

recency effect
Recency-Effekt m, Letztargumenteffekt m (Kommunikationsforschung)

recency method (of readership measurement)
Methode f der Frage nach dem letzten Lesen, Recency-Methode (der Leserschaftsermittlung) f (Leserschaftsforschung)

recency question
Frage f nach dem letzten Lesen, Recency-Frage f (Leserschaftsforschung)

recent reading
letzter Lesevorgang m (Leserschaftsforschung)

recent reading method
→ recency method

recent reading technique
→ recency method

recipient
Empfänger m (Kommunikationsforschung) (Medienvertrieb)

recipient research
Rezipientenforschung f (Kommunikationsforschung)

recognition
1. Wiedererkennung f, Recognition f (empirische Sozialforschung) (Marktforschung) (Mediaforschung)
2. Anerkennung f einer Werbeagentur durch ein Medium

recognition method
Wiedererkennungsmethode f, Wiedererkennungsverfahren n, Recognition-Methode f (empirische Sozialforschung) (Marktforschung) (Mediaforschung)

recognition of agencies
→ recognition 2.

recognition rating
Wiedererkennungsquote f, Wiedererkennungsrate f, Wiedererkennungswert m (empirische Sozialforschung) (Marktforschung) (Mediaforschung)

recognition score
→ recognition rating

recognition survey
Wiedererkennungsbefragung f (empirische Sozialforschung) (Marktforschung) (Mediaforschung)

recognition test
Wiedererkennungstest m, Recognition-Test m (empirische Sozialforschung) (Marktforschung) (Mediaforschung)

recognition value
→ recognition rating

to recognize
1. v/t wiedererkennen
2. v/t anerkennen

recognized agency
anerkannte Werbeagentur f

recommendation
Empfehlung f, Befürwortung f (der Anerkennung einer Werbeagentur)

recommendation letter
Empfehlungsschreiben n, Empfehlungsbrief m, Dank- und Empfehlungsschreiben n, Anerkennungsschreiben n (Werbung)

recommendation sign
Empfehlungsschild n

recommended agency
zur Anerkennung als kommissionsberechtigt vorgeschlagene Werbeagentur f, empfohlene Agentur f

recommended retail selling price (RRSP)
Preisempfehlung f, vertikale Preisempfehlung f (Konditionenpolitik) (Preispolitik)

record advertising
Schallplattenwerbung f

recordimeter
Recordimeter n (Mediaforschung)

recourse factoring
unechtes Factoring *n*

recruitment ad
kurz für recruitment advertisement

recruitment advertisement
Stellenanzeige *f (Zeitung/Zeitschrift)*

recruitment marketing
Personalmarketing *n*

to redeem
v/t einlösen (Gutschein, Rabattmarke etc.)

redeemer
Einlöser *m*, jemand *m*, der (einen Gutschein etc.) einlöst

redeeming a coupon
Einlösung *f*, Einlösen *n* eines Gutscheins

redemption
Einlösung *f* (von Gutscheinen/Rabattmarken etc.)

redemption center
Stelle *f* an der Gutscheine, Rabattmarken etc. eingelöst werden können

redemption rate
Einlösungsrate *f*, Einlösungsquote *f (Gutscheinwerbung)*

to reduce
v/t reduzieren, herabsetzen, vermindern, verringern, ermäßigen

reduced price
herabgesetzter Preis *m*, ermäßigter Preis *m*, reduzierter Preis *m (Konditionenpolitik)*

reduced standard rate
ermäßigter Grundpreis *m*

reduction
1. Herabsetzung *f*, Verminderung *f*, Ermäßigung *f*, Verringerung *f*, Reduzierung *f*
2. herabgesetzter Preis *m (Konditionenpolitik)*

reductionist advertising
Reduktionswerbung *f*

reductionist marketing
Reduktionsmarketing *n*

reference group
Bezugsgruppe *f (Sozialpsychologie) (Marktpsychologie)*

reference person
Bezugsperson *f (Sozialpsychologie) (Marktpsychologie)*

refund
Rückzahlung *f*, Rückerstattung *f*, Rückvergütung *f (Konditionenpolitik)*

to refund
1. *v/t* rückerstatten rückvergüten, zurückzahlen, (Auslagen) ersetzen *(Konditionenpolitik)*
2. *v/i* Rückzahlung leisten *(Konditionenpolitik)*

refund offer
bei Nichtgefallen Geld zurück, Rückgaberecht *n* mit Gelderstattung

regional announcement
Am regionale Werbesendung *f*, regionale Werbeansage *f (Hörfunk/Fernsehen)*

regional buy
Regionalbelegung *f (Hörfunk/Fernsehen)*

regional center
Regional- oder Gebietszentrum *n (Einzelhandel)*

regional channel station
Regionalsender *m (Hörfunk)*

regional edition
Regionalausgabe *f (Zeitung/Zeitschrift)*

regional facilities *pl*
1. Gruppe *f* von Lokalsendern, die regional in der Werbung zusammenarbeiten, regionaler Senderverbund *m (Hörfunk/Fernsehen)*
2. Anzeigenverbund *m (Zeitung/Zeitschrift)*

regional plan
Regionalplan *m*, regionaler Werbeplan *m*, regionaler Streuplan *m (Mediaplanung)*

regional split run
regionaler Anzeigensplit *m*, gebietsmäßiger Anzeigensplit *m*, gebietsmäßige Anzeigengabelung *f*, geographischer Anzeigensplit *m*, geographisches Anzeigen-Splitting *n*, geographische Auflagengabelung *f*, geographischer Auflagensplit *m*, geographische Gabelung *f* der Auflage für verschiedene Anzeigen *(Zeitung/Zeitschrift) (Mediaplanung)*

registered
gesetzlich geschützt

registered design
Gebrauchsmuster *n*

registered design law
Gebrauchsmusterschutzgesetz *n*

registered taste
Geschmacksmuster *n*

registered trademark
eingetragenes Warenzeichen *n*

regular
1. *adj* regelmäßig, normal, Standard-
2. *adj* normal, unbeleuchtet (Außenplakat)

regular customer
Stammkunde *m*, regelmäßiger Kunde *m (Einzelhandel)*

regularity of reading
regelmäßiges Lesen *n (Leserschaftsforschung)*

regular listener
regelmäßiger Hörer *m (Hörerschaftsforschung)*

regular reader
regelmäßiger Leser *m*, Kernleser *m (Leserschaftsforschung)*

regular viewer
regelmäßiger Zuschauer *m*, regelmäßiger Fernseher *m (Zuschauerschaftsforschung)*

regulated margin
gebundene Spanne *f*, gebundene Handelsspanne *f (Wirtschaftslehre) (Betriebswirtschaft)*

regulated price
gebundener Preis *m (Wirtschaftslehre) (Betriebswirtschaft) (Konditionenpolitik)*

reinforcement
Verstärkung *f (Psychologie) (Kommunikationsforschung)*

reinforcement advertising
Festigungswerbung *f*, Verstärkungswerbung *f*, Erhaltungswerbung *f*, Stabilisierungswerbung *f (Werbeplanung)*

reinforcement hypothesis
Verstärkerhypothese *f (Kommunikationsforschung)*

reiteration
Wiederholung *f*, erneute Insertion *f*, Ausstrahlung *f* bereits veröffentlichter/gesendeter Werbung.

related advertisements *pl*
zusammengehörige Anzeigen *f/pl*, zusammengehörige Werbemittel *n/pl*, Unterstützungswerbung *f*, Kombinationswerbemittel *n/pl*, Gemeinschaftswerbemittel *n/pl*

related display
→ related-item display
Auslage *f* von zusammengehörigen Produkten, Auslage *f* verwandter Erzeugnisse *(POP-Werbung)*

related-item display
→ related display

related-item display window
bedarfsorientiertes Schaufenster *n (POP-Werbung)*

relative deprivation
relative Deprivation *f (Sozialpsychologie) (Marktpsychologie)*

relative income hypothesis
relative Einkommenshypothese *f (Wirtschaftslehre) (Marktpsychologie)*

relative size (of an advertisement)
relatives Anzeigenformat *n*, relative Anzeigengröße *f (Zeitung/Zeitschrift)*

relaunch
Relaunch *m*, Produktvariation *f (Marketingplanung)*

release
1. Freigabe *f* eines Textes zur Veröffentlichung
2. Presseveröffentlichung *f*, zur Veröffentlichung freigegebener Text *m*

to release
v/t zur Veröffentlichung freigeben

release copy
Text *m* mit Sperrfrist

release date
Freigabedatum *n*, Freigabetermin *m*

release sticker
Freigabeaufkleber *m* auf der Rückseite eines Photos

relevant brand set
Markenrahmen *m (Marktforschung)*

relevant set
→ relevant brand set

remainder *(meist pl* **remainders)**
Remittende(n) *f(pl)*, Restauflage *f*, Restbestand *m (Einzelhandel)*

remainder sale
Resteverkauf *m (Einzelhandel)*

remarketing
Revitalisierungs-Marketing *n*, Remarketing *n*

reminder ad
kurz für reminder advertisement

reminder advertisement
Erinnerungsanzeige *f*, Erinnerungswerbemittel *n*, Erinnerungswerbesendung *f*

reminder advertising
Erinnerungswerbung *f*, Verstärkungswerbung *f*

reminder advertising campaign
Erinnerungswerbekampagne *f*, Erinnerungswerbefeldzug *m*

reminder campaign
→ reminder advertising campaign

reminder function (of advertising)
Erinnerungsfunktion *f* der Werbung *(Werbeforschung)*

reminder function theory (of advertising)
Theorie *f* der Erinnerungsfunktion der Werbung

reminder impulse buy
Erinnerungsimpulskauf *m (Marktpsychologie)*

remnant space
übriger Anzeigenraum *m (Zeitschriften)*

removal
Adressenbereinigung *f (Direktwerbung)*

to renew
v/t + v/i erneuern, verlängern, prolongieren

renewal
1. Erneuerung *f*, Verlängerung *f* (z.B. eines Abonnements) *(Zeitung/Zeitschrift) (Medienvertrieb)*

2. Ausbesserung *f*, Auswechslung *f*, Austausch *m* (z.B. von beschädigten Plakaten) *(Außenwerbung)*

renewal percentage
Erneuerungsanteil *m*, Erneuerungsprozentsatz *m (Außenwerbung)*

renewal service
→ renewal **2.**

reorder point
Bestellpunkt *m (Marketinglogistik)*

rep
kurz für representative, sales representative

repeat
Wiederholung *f*, Wiederaufführung *f*, Wiederholungssendung *f*, Wiederholungsanzeige *f*

to repeat
v/t wiederholen

repeat ad
kurz für repeat advertisement

repeat advertisement
Wiederholungsanzeige *f*, Wiederholungsannonce *f*, Wiederholungsinserat *n*

repeat advertising
Wiederholungswerbung *f*, Wiederholungsbelegung *f*, wiederholte Veröffentlichung *f* derselben Werbung, derselben Anzeige

repeat audience
Mehrfachleser *m/pl*, Doppelleser *m*, Wiederholungsleser *m/pl*, *(Leserschaftsforschung)*

repeat buying
Wiederholungskaufen *n*, Wiederholungskäufe *m/pl*, Anschlußkäufe *m/pl*, Wiederkaufen *n* *(Marketing) (Konsumforschung) (Marktforschung)*

repeat client
Anschlußkunde *f (Einzelhandel)*

repeat exposure
Wiederholungskontakt *m*, Mehrfachkontakt *m* mit einem Werbeträger oder einem Werbemittel *(Mediaforschung) (Mediaplanung)*

repeat fee
Wiederholungshonorar *n (Hörfunk/Fernsehen/Film)*

repeat perception
Wiederholungswahrnehmung f, Wahrnehmung f bei wiederholtem Werbemittelkontakt *(Werbe-/Mediaforschung)*

repeat purchase
Anschlußkauf m, Wiederholungskauf m

repeat purchasing
Anschlußkaufen n, Tätigung f von Anschlußkäufen, Wiederholungskaufen n, Wiederkaufen n

repeat reading
Stapellesen n, Anschlußlesen n, Lesen n aller oder mehrerer nacheinander erscheinender Ausgaben einer Zeitschrift oder Zeitung *(Leserschaftsforschung)*

repertory grid
Repertoire-Verfahren n, Repertory Grid n *(empirische Sozialforschung)*

repetition
Wiederholung f, Wiederholungsbelegung f, wiederholte Insertion f, wiederholte Werbung f

repetition advertising
→ repeat advertising

repetitive advertising
→ repeat advertising

repetitive audience
→ repeat audience

replacement ad
kurz für replacement advertisement

replacement advertisement
Ersatzanzeige f, Ersatzwerbemittel n

replacement delivery
Ersatzlieferung f *(Marketinglogistik)*

replacement demand
1. Ersatzbedarf m, Ersatznachfrage f, Erneuerungsnachfrage f *(Wirtschaftslehre) (Marktforschung)*
2. Folgebedarf m, Folgewaren f/pl *(Wirtschaftslehre)*

replacement medium
Ersatzmedium n, Ersatzwerbeträger m *(Werbeforschung)*

replacement sale
Nachverkauf m, Ersatzverkauf m *(Wirtschaftslehre)*

replacement spot
Ersatzsendung f, Ersatzspot m *(Hörfunk/Fernsehen)*

replicated reading
gedehntes und wiederholtes Lesen n, gedehntes Lesen n, wiederholtes Lesen n, repliziertes Lesen n *(Leserschaftsforschung)*

replicated sampling
Auswahl f mit replizierten Ziehungen *(Statistik)*

reply card
Antwortkarte f, Rückantwortkarte f *(Direktwerbung)*

reply coupon
Antwortgutschein m, Rückantwortgutschein m, Rückantwortkupon m

reply mail
Rückantwortpost f, Antwortpost f *(Direktwerbung)*

report
Bericht m, Gutachten n, Untersuchungsergebnis n

to report
1. v/t berichten, melden, berichten über, Bericht erstatten über
2. v/i einen Bericht ausarbeiten, als Berichterstatter schreiben

reported spending
veröffentlichte Werbeausgaben f/pl, erfaßte Werbeausgaben f/pl

repositioning
Umpositionierung f, Neupositionierung f *(Marktforschung)*

to represent
1. v/t vertreten, repräsentieren, darstellen
2. v/t graphisch darstellen
3. v/t aufführen, spielen, geben, (Rolle) darstellen

representation
1. Vertretung f, Repräsentation f
2. Darstellung f, Aufführung f, Vorführung f

representative
Vertreter *m*, Repräsentant *m*, Beauftragter *m* *(Außendienst)*

representative coverage
→ representative showing, 100 showing

representative showing
Netzanschlag *m (Außenwerbung)*

to reproportion
v/t (Anzeige durch Veränderung nur einer Dimension, also entweder der Höhe oder der Breite) in der Größe anpassen (an die Spaltenbreite einer Zeitung oder Zeitschrift)

requirements *pl*
eigentl Erfordernisse *n/pl*, Bedarf *m* Plakatbedarf *m*, Mindestbedarf *m* an Plakaten, Netzanschlag *m (Außen-/Verkehrsmittelwerbung)*

rerun
Wiederholung *f*, Wiederaufführung *f*, wiederaufgeführter Film *m*, nochmalige Ausstrahlung *f* einer Werbesendung, einer Programmsendung *f*, Veröffentlichung *f* einer Wiederholungsanzeige

resalable
adj wiederverkäuflich

resale
Wiederverkauf *m*, Weiterverkauf *m*

resale price
Wiederverkaufspreis *m*, Weiterverkaufspreis *m (Konditionenpolitik)*

resale price maintenance
Einzelhandelspreisbindung *f*, Preisbindung *f* der zweiten Hand, vertikale Preisbindung *f (Wirtschaftslehre)*

resale value
Wiederverkaufswert *m (Betriebswirtschaft)*

to resell
v/t weiterverkaufen, wieder verkaufen

reseller
Wiederverkäufer *m*

reseller's market
Wiederverkäufermarkt *m*, W-Markt *m (Wirtschaftslehre) (Marketing)*

residual of previous year's surplus method
finanzmittelbezogene Methode *f*, Residualmethode *f (Budgetierung)*

response ad
kurz für response advertisement

response advertisement
Direkt-Reaktions-Werbemittel *n*, Direkt-response-Werbemittel *n*

response advertising
Direkt-Reaktions-Werbung *f*, Direkt-response-Werbung *f*

response analysis
Resonanzanalyse *f (Werbeerfolgskontrolle)*

response commercial
Direkt-Reaktions-Werbesendung *f*, Direkt-Reaktions-Werbespot *m*, Mitmach-Werbesendung *f*, Beteiligungs-Werbespot *m (Hörfunk/Fernsehen)*

response constant
Reaktionskonstante *f* (Marketing)

response control test
Anfragenkontrolltest *m*, Anfragetest *m*, Erkundigungstest *m (Werbeforschung) (Werbeerfolgskontrolle)*

response function
Marktreaktionsfunktion *f*, Reaktionsfunktion *f*, Kontaktbewertungsfunktion *f*, Wirkungskurve *f*, Response Function *f (Psychologie) (empirische Sozialforschung) (Mediaforschung)*

response set
Reaktionsstil *m*, Reaktionseinstellung *f*, Response Set *m (empirische Sozialforschung) (Marktforschung)*

response television
→ response commercial

response to advertising
Werbereaktion *f*, Publikumsreaktion(en) *f (pl)* auf Werbung

responsiveness
Ansprechbarkeit *f (Werbeforschung)*

retail
1. Einzelverkauf *m*, Kleinverkauf *m (Einzelhandel)*
2. *adj* Einzelhandels-, Einzel-, Detail-

retail advertising
Einzelhandelswerbung *f*, Werbung *f* des örtlichen Einzelhandels

retail agglomeration
Agglomeration *f* im Einzelhandel

retail audit
Einzelhandelsbestandsprüfung *f*, Inventur *f*, Bestandsmanagement *n*, Bestandskontrolle *f*

retail business
Einzelhandelsgeschäft *n*, Einzelhandelsunternehmen *n*

retail ceiling price
Einzelhandelshöchstpreis *m*, Verbraucherhöchstpreis *m (Konditionenpolitik)*

retail center (*brit* **retail centre**)
Einzelhandelszentrum *n*, Einzelhandels- und Dienstleistungszentrum *n*

retail centrality
Einzelhandelszentralität *f (Standortforschung)*

retail cooperative
Einzelhandelsgenossenschaft *f*, Konsumgenossenschaft *f*, Konsum *n*, Konsumverein *m*

retail customer
Einzelhandelskunde *m*

retail discount
Einzelhandelsrabatt *m*, Wiederverkäuferrabatt *m (Konditionenpolitik)*

retail distribution
Einzelhandelsvertrieb *m (Marketinglogistik)*

retailer
Einzelhändler *m*

retailer-owned voluntary association
→ retailer-owned voluntary group

retailer-owned voluntary group
Einkaufsvereinigung *f*, Einkaufsgemeinschaft *f*, Einkaufsverband *m (Beschaffungsmarketing)*

retailer-owned wholesaler
Großhandelsgenossenschaft *f*, Einkaufsgenossenschaft *f*, Einkaufsring *m (Beschaffungsmarketing)*

retailers *pl* **(the retailers)**
Einzelhandel *m* (die Einzelhändler *m/pl*), institutioneller Einzelhandel *m*

retailer's brand
Handelsmarke *f*, Händlermarke *f*, Eigenmarke *f (Marketingplanung)*

retailers' cooperative
Einkaufsgenossenschaft (EKG) *f (Beschaffungsmarketing)*

retailer-sponsored cooperative
→ retailers' cooperative

retailing
Einzelhandel *m*, Einzelhandelsverkauf *m*, Einzelhandelstätigkeit *f*

retail man
Einzelhandelsvertreter *m (Außendienst)*

retail marketing research
Einzelhandelsforschung *f*, Einzelhandelsmarktforschung *f*

retail merchandising
→ merchandising

retail outlet
Einzelhandelsgeschäft *n*, Einzelhandelsfiliale *f*, Einzelhandelsladen *m*

retail panel
Einzelhandelspanel *n (Marktforschung)*

retail price
Einzelhandelspreis *m*, Ladenpreis *m (Konditionenpolitik)*

retail rate
Werbetarif *m*, Anzeigenpreis *m* für örtliche Einzelhändler

retail store
Einzelhandelsgeschäft *n*, Einzelhandelsladen *m*, Einzelhandelsunternehmen *n*

retail structure analysis
Einzelhandelsstrukturanalyse *f (Marktforschung)*

retail survey
Einzelhandelsbefragung *f*, Einzelhändlerbefragung *f*, Händlerbefragung *f*, Händlerumfrage *f*, Einzelhandelsumfrage *f*, Handelsbefragung *f (Marktforschung)*

retail trade
→ retailing

retail trading zone
Einzelhandelszone f, Vorstadt-Einkaufszone f, Vorstadt-Einkaufsgebiet n *(Standortforschung)*

retention
→ ad retention, carryover effect, memory, recall

retention rate
→ advertising carryover

retention time
etwa Einprägungszeit f *(Werbeforschung)*

retentive stage
Einprägungsphase f, Erinnerungsphase f, Einprägungsstadium n *(Werbeforschung)*

retroactive discount
Nachrabatt m, nachträglich eingeräumter Rabatt m *(Konditionenpolitik)*

retroactive rebate
→ retroactive discount

return (*meist pl* **returns**)
1. Remittende(n) f (*pl*), Ganzheftremission f, Vollremission f *(Medienvertrieb)*
2. Remission f, Rücksendung f, Rücklieferung f
3. Rücklauf m, Eingang m von Rückantworten
4. Entgelt n, Ertrag m, Erlös m, Einnahme f, Gewinn m *(Wirtschaftslehre) (Betriebswirtschaft)*

returnable
adj remissionsfähig, remissionsberechtigt, remittierbar

return address
Rücksendeadresse f *(Direktwerbung)*

return call
Wiederholungsbesuch m *(Außendienst) (empirische Sozialforschung) (Marktforschung)*

return card
Rückantwortkarte f, Antwortkarte f *(Direktwerbung)*

return copy
Remittende f, Remissionsexemplar n *(Zeitung/Zeitschrift) (Medienvertrieb)*

return coupon
Bestellgutschein m, Einsendegutschein m, Bestellkupon m *(Zugabewerbung)*

return on investment (ROI)
Return m on Investment, Kapitalertrag m, Kapitalrendite f *(Wirtschaftslehre) (Betriebswirtschaft)*

return rate
1. Rücklaufquote f, Rücklaufrate f *(Direktwerbung) (empirische Sozialforschung) (Marktforschung) (Mediaforschung)*
2. Remissionsrate f

returns per thousand circulation *pl*
Rückantworten f/pl pro Tausenderauflage *(Werbeforschung)*

returns *pl* **of cover pages**
Kopfremission f, Titelremission f, Titelkopfremission f *(Medienvertrieb)*

re-use package
Mehrwegpackung f, wiederverwendbare Verpackung f, mehrfach verwendbare Packung f

re-use packaging
Mehrwegpacken n, Mehrwegverpackungsstrategie f

revealed preference theory
Theorie f der faktischen Präferenz *(Marktforschung)*

revenue
Einnahmen f/pl, Einkünfte f/pl, Ertrag m, Einkommen n *(Wirtschaftslehre) (Betriebswirtschaft)*

RFMR method
RFMR-Methode f *(Direktwerbung)*

rider
1. Zusatz m, Zusatzblatt n, Manuskriptzusatz m, Vertragszusatz m, Zusatzklausel f
2. Fahrgast m, Mitfahrer m in öffentlichen Verkehrsmitteln *(Verkehrsmittelwerbung)*

to ride the boards
→ to ride the showing

to ride the showing
v/t Anschlagstellen abfahren, inspizieren, überprüfen, ob die Anschlagstellen ordnungsgemäß belegt sind *(Außenwerbung)*

riding the boards
→ riding the showing

riding the showing
Abfahren *n*, Inspektion *f*, Überprüfung *f* der Außenanschläge der Anschlagstellen *(Außenwerbung)*

rifle approach
eigentl Gewehransatz *m*, Scharfschußansatz *m* gezielte Werbung *f*, gezielte Streuung *f*, Auswahlstreuung *f* *(Werbeplanung)* *(Mediaplanung)*

risk
Risiko *n* *(Entscheidungstheorie)*

risky shift
Risikoschub *m*, Risikoschub-Phänomen *n* *(empirische Sozialforschung)* *(Marketing)*

rival firm
Konkurrenzfirma *f*, Konkurrenzunternehmen *n*

to roadblock
v/t *(Werbesendung)* auf allen Sendernetzen oder auf allen Lokalsendern einer Region gleichzeitig ausstrahlen *(Hörfunk/Fernsehen)*

ROB (R.O.B.)
Abk run-of-book ROB position

R.O.D. (ROD)
Abk run-of-day

roll-in
eingeblendete Werbesendung *f*, lokale Werbeeinblendung *f* *(Hörfunk/Fernsehen)*

roll-in charge
Preis *m*, Sonderpreis *m* für eine lokale Sendeeinblendung *(Hörfunk/Fernsehen)*

rolling split
kumulative Belegung *f* *(Mediaplanung)*

rolling title
Rolltitel *m*, Walzentitel *m* *(Film/Fernsehen)*

roll-out
eigentl Ausrollen *n*, langsame Ausbreitung *f*, sich unter einer Walze Verteilen *n* *(Marketing)* *(Marketingplanung)*

R.O.M.
Abk run-of-month

roof advertising
Dachwerbung *f* *(Außenwerbung)*

roof panel
Dachschild *n*, Dachplakat *n* *(Verkehrsmittelwerbung)*

roof position
Dachposition *f*, Dachstandort *m*, Giebelposition *f*, Giebelanschlagposition *f*, Giebelstelle *f* *(Außenwerbung)*

R.O.P. (ROP)
Abk run-of-paper
ohne Platzvereinbarung *(Zeitung)* *(Mediaplanung)*

R.O.P. position
Plazierung *f*, Anzeigenplazierung *f* ohne Platzvereinbarung, freie Plazierung *f* *(Zeitung)* *(Mediaplanung)*

R.O.S. (ROS)
1. *Abk* run-of-schedule
2. *Abk* run-of-station

roster recall method
Programmlistenverfahren *n*, Programmverzeichnismethode *f* *(Hörer-/Zuschauerforschung)*

rotary bulletin
Rotationsanschlag *m* *(Außenwerbung)*

rotary plan
Rotationsplan *m*, Rotationswerbeplan *m* *(Außenwerbung)*

rotary scheme
→ rotary plan

to rotate
v/t rotieren lassen, turnusmäßig auswechseln, turnusmäßig austauschen, turnusmäßig abwechseln lassen
1. (Plakat, Plakate von einer Anschlagstelle zur anderen) turnusmäßig austauschen, turnusmäßig rotieren lassen
2. (Anzeigenserie, Serie von Werbesendungen) nach einem Rotationsplan in mehreren Werbemedien erscheinen lassen

rotating plan
→ rotary plan

rotating bulletin boards *pl*
→ rotary plan

rotation plan
Rotationsplan *m*, Wiederholungsplan *m* *(Zei-*

tung/Zeitschrift) (Hörfunk/Fernsehen) (Mediaplanung)

rough
Rohentwurf *m*, Rohlayout *n*, flüchtige Skizze *f*, Faustskizze *f*, Skizze *f*, Aufriß *m*

to rough
v/t im Entwurf anfertigen, flüchtig skizzieren, flüchtig entwerfen

rough draft
Rohentwurf *m*, Scribble *n*

rough drawing
→ rough

to rough in
→ to rough

to rough out
→ to rough

route
Route *f*, Fahrtweg *m*, Route *f* eines Verkehrsmittels (in der Verkehrsmittelwerbung)

route of travel
Richtung *f* des Verkehrsflusses, Linie *f* des Verkehrsflusses *(Außenwerbung)*

R.O.W.
Abk run-of-week

R.O.Y.
Abk run-of-year

royal poster
britisches Plakat *n* im Format 20 x 25 Zoll

run
Durchlauf *m (Hörfunk/Fernsehen) (Mediaplanung)*

to run
1. *v/t* (einen Film) spielen, laufen lassen
2. *v/i* laufen, gespielt werden, gesendet werden, aufgeführt werden

running text
fortlaufender Text *m*, Haupttext *m*, Textteil *m* (einer Anzeige) *(Zeitung/Zeitschrift)*

running time
1. Laufzeit *f*, Streuzeit *f (Marketingplanung) (Mediaplanung)*
2. Sendezeit *f (Hörfunk/Fernsehen)*

run-of-book (ROB, R.O.B.)
ohne Plazierungsvereinbarung *f*, ohne Plazierungsvorschrift *f (Zeitschriftenanzeige)*

run-of-book position
Anzeigenposition *f* ohne Platzvereinbarung, Anzeigenplazierung *f* mitten in der Zeitschrift

run-of-campaign spot
brit Werbesendung *f* für die keine bestimmte Sendezeit vereinbart ist *(Hörfunk/Fernsehen)*

run-of-day (R.O.D., ROD)
adj im Laufe des Tages

run-of-day spot
brit Werbesendung *f (Hörfunk/Fernsehen)*, für die vereinbart ist, daß sie im Lauf eines bestimmten Tages ausgestrahlt wird

run-of-month (R.O.M.)
adj im Laufe des Monats

run-of-month spot
brit Werbesendung *f*, für deren Ausstrahlung lediglich der Monat festgelegt ist *(Hörfunk/Fernsehen)*

run-of-paper (R.O.P., ROP)
ohne Plazierungsvereinbarung *f*, ohne Vorzugsplazierung *f*, freie Plazierung *f (Zeitungsanzeige)*

run-of-paper ad
kurz für run-of-paper advertisement

run-of-paper advertisement
Anzeige *f*, Inserat *n*, Zeitungsanzeige *f* ohne Platzvereinbarung

run-of-paper color
→ R.O.P. color

run-of-paper position
→ R.O.P. position

run-of-press color
→ R.O.P. color

run-of-schedule (R.O.S., ROS)
→ run-of-station

run-of-station (R.O.S., ROS)
ohne Vereinbarung *f* über die Sendezeit, ohne Sendezeitvereinbarung *f (Hörfunk/Fernsehen)*

run-of-station commercial
Werbesendung *f* ohne Vereinbarung über die Sendezeit *(Hörfunk/Fernsehen)*

run-of-the-book
ohne Platzvereinbarung *f (Zeitschrift)*

run-of-the-book advertisement
Zeitschriftenanzeige *f* ohne Plazierungsvereinbarung

run-of-week (R.O.W.)
adj im Laufe der Woche

run-of-week spot
brit Werbesendung *f*, deren Ausstrahlung in einer festgelegten Woche vereinbart ist *(Hörfunk/Fernsehen)*

run-of-year (R.O.Y.)
adj im Laufe des Jahres

S

sack
Sack *m* (*Verpackung*)

salable sample (*brit* **saleable sample**)
käufliches Muster *n*, käufliches Warenmuster *n*

salaried salesman
Reisender *m*, Handlungsreisender *m* (*Außendienst*)

sale
Verkauf *m*, Absatz *m*, Vertrieb *m*

saleable sample *brit*
→ salable sample

sales *pl*
Absatz *m*, Umsatz *m* (*Wirtschaftslehre*) (*Betriebswirtschaft*)

sales activation research
Aktivationsforschung *f*, Aktivierungsforschung *f*, Kaufentschlußforschung *f* (*Marktforschung*)

sales activation survey
Aktivationsumfrage *f*, Aktivationsbefragung *f*, Kaufentschlußbefragung *f* (*Marktforschung*)

sales ad
kurz für sales advertisement

sales advertisement
Verkaufsanzeige *f*, Verkaufswerbemittel *n*

sales advertising
Absatzwerbung *f*, Verkaufswerbung *f*

sales agent
Handelsagent *m*, Handelsbevollmächtigter *m*, Handelsbeauftragter *m* (*Außendienst*)
→ sales representative

sales aids *pl*
Werbematerial *n* für Einzelhändler, Werbematerial *n*, Werbehilfen *f/pl*, Händlerhilfen *f/pl*, Dekorationshilfen *f/pl*, Verkaufshilfen *f/pl* (*Verkaufsförderung*)

sales analysis
Absatzanalyse *f* (*Marktforschung*)

sales area
Verkaufsgebiet *n*, Absatzmarkt *m*, Absatzgebiet *n*, Absatzbezirk *m* (*Standortforschung*)

sales area test
Werbetest *m* in einem regionalen Absatzmarkt, regionaler Werbetest *m* (*Werbeforschung*)

sales area testing
Durchführung *f* von Werbetests in regionalen Absatzmärkten (*Werbeforschung*)

sales audit
Absatzrevision *f* (*Marketingkontrolle*)

sales budget
Absatzbudget *n* (*Marketingplanung*)

sales campaign
Absatzkampagne *f*, Verkaufsaktion *f*, Verkaufskampagne *f* (*Marketingplanung*) (*Verkaufsförderung*)

sales canvassing
Akquisition *f*, Akquisitionspolitik *f* (*Außendienst*)

sales channel
Absatzkanal *m*, Absatzweg *m* (*Marketing*) (*Marketinglogistik*)

sales channel flow
Absatzwegfluß *m* (*Marketing*)

sales cooperation
Absatzkooperation *f*, Absatzverbund *m* (*Marketing*) (*Marketingplanung*)

sales credit
→ sales loan

sales decay constant
Absatz-Abnahmerate *f* (*Marketing*)

sales department
Verkaufsabteilung *f* (*Marketingorganisation*)

sales district
Verkaufsbezirk *m* (*Außendienst*)

sales display
Verkaufsauslage *f*, Warenauslage *f*, Auslage *f* (*POP-Werbung*)
→ display advertising

sales effect
Kauferfolg *m*, Kaufwirkung *f*

sales effect of advertising
Verkaufseffekt *m*, Verkaufswirkung *f* der Werbung, Wirkung *f* der Werbung auf Absätze, verkaufsfördernde Wirkung *f* der Werbung

sales effectiveness accounting
Absatzerfolgsrechnung *f* (*Marketingkontrolle*)

sales effectiveness of advertising
Verkaufseffizienz *f*, Verkaufserfolg *m* der Werbung, verkaufsfördernde Wirkung *f* der Werbung

sales effectiveness test
Test *m* der Verkaufseffizienz eines Werbemittels oder Werbeträgers (*Werbeforschung*)

sales elasticity
Absatzelastizität *f* (*Wirtschaftslehre*)

sales expectation(s) (*pl*)
Absatzerwartung(en) *f(pl)* (*Marketingplanung*)

sales exploration
Absatzerkundung *f*

sales financing
Absatzfinanzierung *f* (*Marketing*) (*Marketingplanung*)

sales folder
Salesfolder *m* (*Außendienst*) (*Verkaufsförderung*)

sales force
Verkaufsaußendienst *m*, Außendienstmitarbeiter *m/pl*

sales forecast
Absatzprognose *f*, Verkaufsprognose *f* (*Marketingplanung*) (*Marktforschung*)

sales function
Absatzfunktion *f* (*Wirtschaftslehre*) (*Marketing*)

sales incentive
Verkaufsanreiz *m*, Verkäuferprämie *f* (*Verkaufsförderung*)

sales index
Absatzkennzahl *f*, Absatzkennziffer *f* (*Statistik*) (*Marketingkontrolle*) (*Marketingplanung*)

sales intermediary
Absatzmittler *m* (*Marketingorganisation*)

sales intermediary analysis
Absatzmittleranalyse *f*

sales letter
Werbebrief *m*, Werbeschreiben *n*

sales life
Lagerdauer *f*, Lagerungsdauer *f* (*Einzelhandel*)

sales loan
Absatzkredit *m* (*Marketingplanung*)

sales loan policy
Absatzkreditpolitik *f* (*Marketingplanung*)

sales management
Verkaufsorganisation *f*, Verkaufsmanagement *n* (*Marketingorganisation*)

sales manager
Verkaufsleiter *m*, Verkaufsmanager *m* (*Marketingorganisation*)

salesmanship
Verkaufskunst *f*, Gewandtheit *f*, Geschicklichkeit *f* beim Verkaufen

sales manual
Verkaufshandbuch *n* (*Außendienst*) (*Verkaufsförderung*)

sales market
Absatzmarkt *m* (*Wirtschaftslehre*)

sales marketing
Absatzmarketing *n*

sales market research
Absatzmarktforschung *f*

salesman's premium
→ sales incentive

sales method
Absatzmethode *f* (*Marketingplanung*)

sales objective
Absatzziel *n* (*Marketingplanung*)

sales observation
Absatzbeobachtung *f (Marktforschung)*

sales outlet
Einzelhandelsgeschäft *n*, Einzelhandelsfiliale *f*, Einzelhandelsladen *m*

sales performance
Absatzleistung *f*, Marktleistung *f (Marketing)*

sales plan
Absatzplan *n (Marketingplanung)*

sales planning
Absatzplanung *f (Marketingplanung)*

sales point
Verkaufsargument *n*

sales policy
Absatzgrundsätze *m/pl*, Absatzpolitk *f*, Verkaufspolitik *f (Marketingplanung)*

sales policy instruments *pl*
absatzpolitisches Instrumentarium *n*, absatzpolitische Instrumente *n/pl (Marketing)*

sales portfolio
Verkaufsmappe *f*, Verkaufshefter *m (Außendienst) (Verkaufsförderung)*

sales potential
Absatzpotential *n (Wirtschaftslehre)*

sales promoter
Verkaufsförderer *m*, Sales Promoter *m*

sales promotion
Verkaufsförderung *f*, Absatzförderung *f*

sales promotion agency
Verkaufsförderungsagentur *f*

sales promotion department
Verkaufsförderungsabteilung *f (Marketingorganisation)*

Sales Promotion Executives Association (SPEA)
amerikanischer Berufsverband *m* von leitenden Verkaufsförderern

sales psychology
Verkaufspsychologie *f*

sales quota
1. Absatzquote *f (Wirtschaftslehre) (Betriebswirtschaft)*
2. Verkaufsquote *f (Wirtschaftslehre) (Betriebswirtschaft)*

sales rate at the point of sale
Abverkaufsgeschwindigkeit *f (Einzelhandel) (Marketingplanung)*

sales ratio method
eigentl Umsatzanteilmethode *f*

sales representative
Verkaufsvertreter *m*, Handelsvertreter *m*, Handelsagent *m (Außendienst) (Marketingorganisation)*

sales research
Absatzforschung *f*, Verkaufsforschung *f (Marktforschung)*

sales resistance
Kaufhemmung *f*, Kaufunlust *f*

sales response to advertising
Verkaufswirkung *f* der Werbung, Absatzwirkung *f* der Werbung

sales restraint(s) *(pl)*
Absatzbindung(en) *f (pl)*, Vertriebsbindung(en) *f (pl) (Marketingplanung)*

sales risk
Absatzrisiko *n (Marketingplanung)*

sales segment
Absatzsegment *n (Marketingplanung)*

sales segment costing
Absatzsegmentrechnung *f (Betriebswirtschaft)*

sales statistics *pl*
Umsatzstatistik *f*, Absatzstatistik *f (Betriebswirtschaft)*

sales strategy
1. Absatzstrategie *f (Marketingplanung)*
2. Verkaufsstrategie *f*, Verkaufstechnik *f (Außendienst) (Verkaufsförderung)*

sales tactics *pl (als sg konstruiert)*
Absatztaktik *f (Marketingplanung)*

sales target
Verkaufsziel *n (Marketingplanung)*

sales test
→ sales area test

sales trainer
Verkaufstrainer *m*

sales training
Verkaufstraining *n*

sales turnover
Absatzgeschwindigkeit *f* (*Betriebswirtschaft*) (*Marketingplanung*)

sales volume
Umsatzvolumen *n*, Absatzvolumen *n* (*Wirtschaftslehre*) (*Betriebswirtschaft*)

sales volume method
→ sales ratio method

sales volume plan
Absatzmengenplan *m* (*Betriebswirtschaft*) (*Marketingplanung*)

sample
1. Stichprobe *f* (*Statistik*)
2. Warenprobe *f*, Probe *f*, Muster *n*, Warenmuster *n*

sample census
Mikrozensus *m* (*Statistik*) (*empirische Sozialforschung*) (*Marktforschung*)

sample product
→ sample 2.

samples fair
→ samples trade fair

samples trade fair
Mustermesse *f*

samples trade show
→ samples trade fair

sample wholesale trade
→ sample wholesaling

sample wholesaling
Bemusterungsgroßhandel *m*

sampling
1. Stichprobenbildung *f*
2. Auswahlverfahren *n*
3. Musterstück *n*, Musterkollektion *f*, Mustersammlung *f*
4. Bemusterung *f*

5. Einführung *f*, Lancierung *f* einer Ware/einer neuen Marke/eines neues Produkts durch Verteilung von Warenmustern

sampling plan
Auswahlplan *m*, Stichprobenplan *m* (*Statistik*)

sandwich board
Sandwich-Plakat *n* (*Außenwerbung*)

sandwich-board advertising
Plakatträgerwerbung *f*, Werbung *f* unter Einsatz von Plakatträgern (*Außenwerbung*)

sandwich man
Plakatträger *m*, Sandwichman *m* (*Außenwerbung*)

satiation
→ saturation

satiation level
→ saturation level

saturation
Sättigungswerbung *f*, Intensivwerbung *f*, Klotzwerbung *f* (*Werbeplanung*)

saturation advertising
→ saturation

saturation campaign
Sättigungskampagne *f* (*Werbeplanung*)

saturation curve
Sättigungskurve *f* (*Statistik*) (*Marketing*)

saturation function
Sättigungsfunktionen *f*, Sättigungskurve *f*, Wachstumsfunktion *f* (*Statistik*) (*Marketing*)

saturation level
Sättigungsniveau *n*

saturation showing
Sättigungsbelegung *f*, Sättigungsanschlag *m* (*Außenwerbung*)

Savage-Niehans rule
→ minimax-regret rule

Say's theorem
Saysches Theorem *n* (*Wirtschaftslehre*)

scale rate
Listenpreis *m*, Standardpreis *m*, Eckpreis *m* (*Konditionenpolitik*)

scare copy
abschreckender Werbetext *m*, Furcht einflößender Werbetext *m*

scatter
→ scatter plan

scatter plan
etwa Gießkannenplan *m*, Mediaplan *m* nach dem Gießkannenprinzip *(Hörfunk/Fernsehen)*

scenario technique
Szenariotechnik *f*, Szenariomethode *f*

schedule
Streuplan *m*, Mediaplan *m*, Insertionsplan *m*, Werbeplan *m*, Zeitplan *m*, Terminplan *m*

schedule of insertions
→ schedule

scheduling instruction
Sendeanweisung *f*, Insertionsanweisung *f*, Anweisung *f* über den Zeitpunkt des Erscheinens, der Sendung *(Werbeplanung)*

scheme advertising
nicht vergütungsfähige Werbung *f*, nicht streufähige Werbung *f*, nichtklassische Werbung *f*

Schwerin curve
Schwerinkurve *f (Werbeforschung)*

Schwerin preference test
Schwerin-Präferenz-Test *m*, Schwerin-Test *m (Werbeforschung)*

Schwerin technique
Schwerin-Verfahren *n (Werbeforschung)*

scientific marketing
wissenschaftliches Marketing *n*

screen advertising
Kinowerbung *f*, Filmwerbung *f*, Filmtheaterwerbung *f*, Lichtspieltheaterwerbung *f*, Film- und Dia(positiv)werbung *f*

seal
Siegel *n*, Stempel *m*

seal of approval
Testsiegel *n*, Gütesiegel *n*

season
Saison *f*, Spielzeit *f*

seasonal adjustment
Saisonbereinigung *f (Statistik)*

seasonal advertising
Saisonwerbung *f*, saisonale Werbung *f*, prosaisonale Werbung *f*
saisonale Werbung *f*, prosaisonale Werbung *f (Werbeplanung) (Mediaplanung)*

seasonal closing-out sale
Schlußverkauf *m*, Saisonschlußverkauf *m*, Inventurverkauf *m (Einzelhandel)*

seasonal component
Saisonkomponente *f*, saisonale Komponente *f (Statistik)*

seasonal discount
Saisonrabatt *m (Konditionenpolitik)*

seasonal fluctuation
saisonale Schwankung *f*, Saisonschwankung *f (Wirtschaftslehre)*

seasonal good *(meist pl* **season goods)**
Saisonartikel *m*

seasonal index
Saisonindex *m*, Saisonindexzahl *f*, Saisonindexziffer *f (Statistik)*

secondary audience
Sekundärleser *m/pl*, Folgeleser *m/pl*, Zweitleser *m/pl (Zeitung/Zeitschrift) (Leserschaftsforschung)*

secondary demand
Sekundärbedarf *m*, Sekundärnachfrage *f*, sekundäre Nachfrage *f*, abgeleitete Nachfrage *f*, abgeleiteter Bedarf *m (Wirtschaftslehre)*

secondary demand advertising
Werbung *f* für Güter des sekundären Bedarfs

secondary market resistance
sekundärer Marktwiderstand *m (Marktpsychologie)*

secondary meaning
→ secondary meaning mark

secondary meaning mark
Freizeichen *n*

secondary media
Nebenmedien *n/pl*, Medien *n/pl* für flankierende Werbemaßnahmen, Werbeträger *m/pl*

secondary motive
für flankierende Werbemaßnahmen *(Mediaplanung)*

secondary motive
sekundäres Motiv *n (Psychologie) (Marktpsychologie) (Marktforschung)*

secondary need
Sekundarbedürfnis *n,* Strebung *f (Psychologie)*

secondary reader
Folgeleser *m,* Sekundärleser *m,* Mitleser *m,* Zweitleser *m (Zeitung/Zeitschrift) (Leserschaftsforschung)*

secondary readership
Folgeleserschaft *f,* Sekundärleserschaft *f,* Zweitleserschaft *f (Leserschaftsforschung)*

secondary research
Sekundärforschung *f (empirische Sozialforschung)*

secondary route of travel
im Randbereich eines Plakatanschlags vorüberfließender Verkehr *m (Außenwerbung)*

secondary service area
Randempfangsbereich *m,* Nebenempfangsbereich *m,* Fernempfangsgebiet *n (Hörfunk)*

sectional announcement
Am regionale Werbesendung *f,* regionale Werbeansage *f (Hörfunk/Fernsehen)*

sectional split run
regionaler Anzeigensplit *m,* gebietsmäßiger Anzeigensplit *m,* gebietsmäßige Anzeigengabelung *f,* geographischer Anzeigensplit *m,* geographisches Anzeigen-Splitting *n,* geographische Auflagengabelung *f,* geographischer Auflagensplit *m,* geographische Gabelung *f* der Auflage für verschiedene Anzeigen *(Zeitung/Zeitschrift) (Mediaplanung)*

section I spot
unabsetzbare Werbesendung *f (Hörfunk/Fernsehen)*

section II spot
bedingt absetzbare Werbesendung *f (Hörfunk/Fernsehen)*

section III spot
jederzeit absetzbare Werbesendung *f,* Werbesendung *f* auf Abruf *(Hörfunk/Fernsehen)*

sector plan
Sektorplan *m,* Sektorenplan *m (Verkehrsmittelwerbung)*

sector showing
→ sector plan

seen/associated
eigentl gesehen und assoziiert in Zusammenhang (mit dem Werbungtreibenden, mit dem Produkt) gebracht *(Werbeforschung)*

segment

to segment
v/t segmentieren

segmentation
Segmentation *f,* Segmentanalyse *f (Statistik) (empirische Sozialforschung) (Marktforschung)*

segmented marketing
segmentiertes Marketing *n,* Segmentausdeckung *f,* Segmentausdeckungsstrategie *f*

segment migrant
Segmentwanderer *m,* Wanderer *m* durch die Segmente *(Marktforschung) (Marktpsychologie)*

segment sponsorship
abschnittsweise, teilweise Sendefinanzierung *f (Hörfunk/Fernsehen)*

selection field
Auswahlfeld *n (Marktpsychologie)*

selective advertising
gezielte Werbung *f,* gezielte Streuung *f,* Auswahlstreuung *f (Mediaplanung)*

selective demarketing
selektives Reduktionsmarketing *n,* selektives Demarketing *n*

selective distribution
Distributionsauslese *f,* selektiver Vertrieb *m,* selektive Distribution *f,* Selektivvertrieb *m (Marketingplanung)*

selective holding power (of an advertisement)
etwa selektive Anziehungskraft *f* einer Anzeige *(Werbeforschung)*

selective memory
selektive Erinnerung *f (Psychologie)*

selective perception
selektive Perzeption *f*, selektive Wahrnehmung *f (Psychologie) (Kommunikationsforschung)*

selective plan
selektiver Werbeplan *m*, selektiver Mediaplan *m*, gezielter Streuplan *m (Mediaplanung)*

selective radio
Werbung *f* in lokalen Radiosendern

selective recall
selektive Erinnerung *f (Psychologie) (Kommunikationsforschung)*

selective selling
→ selective distribution

selective stage
Wettbewerbsstadium *n*, Wettbewerbsphase *f*, Stadium *n* des Wettbewerbs, Konkurrenzstadium *n*, Stadium *n* der Konkurrenzfähigkeit *f* der Wettbewerbsfähigkeit *f*

self-addressed envelope
adressierter Rücksendeumschlag *m*, Rücksende-Freiumschlag *m (Direktwerbung)*

self-adhesive label
Aufkleber *m*, Aufklebezettel *m*, Aufklebeetikett *n*

self-concept
→ self-image

self image (self-image)
Selbstbild *n*, Eigenimage *n*, Selbstimage *n (Psychologie)*

self-liquidating display
Warenauslage *f* zum Selbstkostenpreis *(POP-Werbung)*

self-liquidating premium
→ self-liquidator

self-liquidator
Zugabe *f*, Zugabeartikel *m* zum Selbstkostenpreis

self-liquidating offer (SLO)
Self-liquidating Offer *m*, Vorspannangebot *n*, Vorspannen *n*

self-mailer
Werbebroschüre *f*, Werbeprospekt *m*, Werbekatalog *m* mit aufgedruckter Empfängeradresse *(Direktwerbung)*

self selection
Selbstauswahl *f*, Halbselbstbedienung *f*, Teilselbstbedienung *f*, Vorwahl *f (Einzelhandel)*

self-perception
Selbstwahrnehmung *f (Psychologie)*

self-perception theory
Selbstwahrnehmungstheorie *f*, Theorie *f* der Selbstwahrnehmung *(Psychologie)*

self-service
1. Selbstbedienung *f* (SB)
2. *adj* Selbstbedienungs-, mit Selbstbedienung

self-service department store
Verbrauchermarkt *m*, Selbstbedienungswarenhaus *n*, SB-Warenhaus *n (Einzelhandel)*

self-service shop
Selbstbedienungsgeschäft *n*, Selbstbedienungsladen *m*, SB-Laden *m (Einzelhandel)*

sell
Kaufappell *m*, Kaufaufforderung *f (Werbung)*

to sell
1. *v/t* verkaufen, veräußern
2. *v/t* führen, zum Verkauf auf Lager haben
3. *v/i* verkaufen, Verkäufe tätigen, sich verkaufen lassen, verkauft werden

seller
1. Händler *m*, Verkäufer *m*
2. Verkaufsschlager *m*, gängiges Produkt *n*, zugkräftige Ware *f*, Ware *f* die sich gut verkauft

seller's market
Verkäufermarkt *m*, Händlermarkt *m (Wirtschaftslehre) (Wettbewerbstheorie)*

selling
1. Verkaufen *n*, Verkauf *m*
2. *adj* verkäuflich, gängig, gut zu verkaufen, Verkaufs-

selling aid
→ sales aid

selling center
Verkaufsgremium *n*, Selling Center *n (Marketingorganisation)*

selling effectiveness
→ sales effectiveness

selling idea
Verkaufsidee *f*, Werbeidee *f* (eines auf Verkäufe zielenden Werbemittels)

selling point
Verkaufsargument *n*

selling power
Verkaufskraft *f*, Verkaufsfähigkeit *f*

selling price
Verkaufspreis *m* *(Konditionenpolitik)*

selling space
Verkaufsfläche *f* (eines Geschäfts) *(Einzelhandel) (Großhandel)*

sell-off
Weiterverkauf *m* *(Werbung) (Mediaplanung)*

sell-out (sell out)
Ausverkauf *m* *(Einzelhandel)*

to sell out
v/t ausverkaufen

semi-display
kurz für semi-display advertisement

selective advertising appeal
selektiver Werbeappell *m*

semi-display advertisement
→ classified display advertisement

semi-head-on position
leichte Schrägstellung *f*, gegenüber dem Verkehrsfluß *(Außenwerbung)*

semi-liquidator
nicht vollständig kostendeckende Zugabe *f*, Werbezugabe *f*, nur Teilkosten deckende Zugabe *f*

semi-liquidator premium
→ semi-liquidator

semi-self liquidator
→ semi-liquidator

semi-self service
1. Teilselbstbedienung *f*, Halbselbstbedienung *f*, Selbstauswahl *f*, teilweise Selbstbedienung *f* *(Einzelhandel)*
2. Freiwahl *f* *(Einzelhandel)*

semi-spectacular
Anschlag *m*, Plakat *n* mit Illustrationen, Ornamenten, Dekoration, Auszeichnungsschrift, mit Ornamentrahmen *(Anschlagwerbung)*

sensory buffer
sensorischer Puffer *m* *(Psychologie) (Marktpsychologie)*

sentence-completion test
Satzergänzungstest *m* *(empirische Sozialforschung) (Marktforschung)*

separate commercial
Einzelwerbesendung *f*, Werbesendung *f* außerhalb einer Programmsendung *(Hörfunk/Fernsehen)*

sequential launch
phasenweise Einführung *f*, sukzessiver Marktaufbau *m* *(Marketingplanung)*

sequential marketing
sequentielles Marketing *n*

serial
1. Reihe *f*, Serie *f* Veröffentlichungsreihe *f*, periodisch erscheinende Publikation *f*, Serienwerk *n*, Lieferwerk *n*
2. Sendereihe *f*, Szenenfolge *f*
3. in Fortsetzungen oder regelmäßigen Folgen erscheinende Publikation *f*, Fortsetzungsgeschichte *f*, Fortsetzungsroman *m*
4. *adj* periodisch erscheinend, in fortlaufenden Lieferungen erscheinend, Fortsetzungs-, Serien-, Reihen-

serial ad
→ serial advertisement

serial advertisement
Kettenanzeige *f*, Serienanzeige *f*, Anzeigenfolge *f*

serial association test
Ideen-Assoziationstest *m*, Assoziationsreihentest *m* der Werbung *(Werbeforschung)*

series discount
Malnachlaß *m*, Malrabatt *m*, Wiederholungsrabatt *m*, Malstaffel *f* *(Werbung) (Werbeplanung) (Mediaplanung)*

service
1. Dienstleistung *f* *(Wirtschaftslehre)*
2. Kundendienst *m*, Dienst *m*, Service *m*

serviceability
Lieferbereitschaft *f*, Servicegrad *m* *(Bestandsmanagement)*

service charge
Kundendienstzuschlag *m*, Bedienungszuschlag *m* *(Konditionenpolitik)*

service contract
Dienstvertrag *m*

service department
Kundendienstabteilung *f* *(Marketingorganisation)*

service feature
Servicesendung *f*, Informationssendung *f* *(Hörfunk/Fernsehen)*

service fee
Zusatzhonorar *n*, Sonderhonorar *n*, Kundendienstzuschlag *m*, Kundendiensthonorar *n* (einer Werbeagentur)

service fee system
amerikanisches Abrechnungsverfahren *n*, amerikanisches System *n* (der Agenturvergütung) *(Werbung)*

service magazine
→ service publication, women's service magazine

service mark
Markenzeichen *n* eines Dienstleistungsunternehmens

service marketing
Dienstleistungsmarketing *n*

service merchandiser
Regalgroßhändler *m*, Regalgrossist *m*, Rack Jobber *m*, Service Merchandiser *m* *(Großhandel)*

service publication
etwa Lebenshilfezeitschrift *f*, Ratgeberzeitschrift *f*

service sample
Dienstleistungsprobe *f*

service selling
Bedienungsverkauf *m*, Fremdbedienung *f*, Bedienung *f* *(Einzelhandel)*

service store
Bedienungsladen *m*, Laden *m*, Geschäft *n* mit Bedienung durch Verkäufer *(Einzelhandel)*

set
1. Satz *m* (von zusammengehörigen Dingen), Sortiment *n*, Set *n*
2. Serie *f*, Reihe *f*, Folge *f*, Zyklus *m*

setback
Abstand *m* zwischen dem Mittelpunkt eines Außenanschlags und der Linie des Verkehrsflusses, dem er zugewandt ist *(Außenwerbung)* *(Mediaforschung)*

Setmeter
Setmeter *n* *(Fernsehen)*

sets-in-use (SIU, S.I.U.) *pl*
Geräteeinschaltzahl *f* *(Hörfunk/Fernsehen)* *(Mediaforschung)*

sets-in-use rating (SIU rating, S.I.U. rating)
Anteil *m*, Prozentsatz *m* der zu einem bestimmten Zeitpunkt in einer bestimmten Gegend eingeschalteten Radio- oder Fernsehgeräte, Einschaltquote *f* *(Mediaforschung)*

setting display
Auslage *f*, Warenauslage *f* mit zusammengehörigen Produkten *(POP-Werbung)*

setting display window
bedarfsorientiertes Schaufenster *n* *(POP-Werbung)*

set tuning
Einschalten *n*, Einschaltung *f* (des Radio- oder Fernsehgeräts)

set-tuning behavior (*brit* **set-tuning behaviour**)
Einschaltverhalten *n*, Hörverhalten *n*, Zuschauverhalten *n*, Fernsehverhalten *n* *(Hörfunk/Fernsehen)*

75 showing
75prozentige Anschlagstellenbelegung *f* *(Außenwerbung/Verkehrsmittelwerbung)*

sex appeal
Sexappeal *m*

sexploitation
aus sex + exploitation
Sex + Ausbeutung
ungehemmte Verwendung *f* von Sex in der Werbung, in den Massenmedien

shadow box
kartonähnlicher Rahmen *m* für Einzelhandelswarenauslagen *(POP-Werbung)*

share
1. Anteil *m*, Teil *m*
2. *kurz für* share-of-audience

share capital advertising
Aktienwerbung *f*

share discount
brit etwa Anteilsrabatt *m (Fernsehwerbung)*

share incentive
brit etwa Proportionalvereinbarung *f*, Anteilsanreiz *m* (Fernsehwerbung)

share of advertising (SOA)
Werbeanteil *m*, Werbekostenanteil *m (Marketingplanung)*

share-of-audience (SOA)
Anteil *m*, Prozentsatz *m* der Gesamthörer- bzw. der Gesamtzuschauerschaft, die ein bestimmtes Radio- bzw. Fernsehprogramm eingeschaltet hat *(Mediaforschung)*

share of market
→ market share

share of mind
1. Prozentsatz *m* der Personen, denen eine bestimmte Marke bekannt ist *(Marktforschung)*
2. Prozentsatz *m* der Personen, die die Werbung für eine bestimmte Marke gesehen haben *(Werbe-/Marktforschung)*
3. Share-of-Mind-Strategiebewertung *f*, SOM-Strategiebewertung *f (Mediaplanung)*

shelf
Regal *n*, Auslageregal *n*, Einzelhandelsregal *n*, Warenregal *n (POP-Werbung)*

shelf appeal (of a package)
Anziehungskraft *f*, Regalappeal *m*, Appeal *m* einer Packung im Regal *(POP-Werbung)*

shelf card
Regalschild *n*, Regal-Werbezettel *m (POP-Werbung)*

shelf display
Regalauslage *f*, Warenauslage *f* im Regal *(POP-Werbung)*

shelf extender
Regalauszug *m*, Auszug *m* für Sonderauslagen im Regal *(POP-Werbung)*

shelf facings *pl*
Zahl *f* der Produkte, Waren, Packungen, die in einem Regal/den Regalen eines Einzelhandelsgeschäfts ausgelegt sind *(POP-Werbung)*

shelf life
Lagerdauer *f*, Lagerungsdauer *f (Einzelhandel)*

shelf marker
Regal-Preismarkierung *f*, Regal-Preisschild *n (POP-Werbung)*

shelf miser
eigentl Regalknauser *m*, Regalgeizhals *m* platzsparendes Regalwerbemittel *n (POP-Werbung)*

shelf pack
Regalpackung *f (POP-Werbung)*

shelf rent
Regalmiete *f (Einzelhandel)*

shelf space
Regalfläche *f*, Regalplatz *m (Einzelhandel)*

shelf strip
Regalstreifen *m* mit einer Werbebotschaft, der an der Vorderseite eines Regals angebracht wird *(POP-Werbung)*

shelf talker
eigentl Regalsprecher *m (POP-Werbung)*

shelf tape
Aufklebestreifen *m*, Klebestreifen *m* für Einzelhandelsregale *(POP-Werbung)*

shelf warmer
eigentl Regalwärmer *m*, Ladenhüter *m*

sheridan stuffer
Anzeigenbeilage *f*, Werbebeilage *f*, Prospektanzeige *f*

Sheth model
Sheth-Modell *n*, Einstellungs-Verhaltens-Modell *n* von Sheth *(Einstellungsforschung) (Marktpsychologie)*

shingle
colloq Aushängeschild *n*, Firmenschild *n*, Schild *n*, Werbeschild *n (Außenwerbung)*

to shoehorn
v/t *eigentl* mit dem Schuhlöffel hineinzwängen *colloq* (zusätzlichen Text oder zusätzliches Illustrationsmaterial) in eine Anzeige hineinzwängen, einschieben, einfügen

shop
Laden *m*, Kaufladen *m*, Geschäft *n*

to shop
v/i einkaufen, Einkäufe machen, Einkäufe tätigen

shop audit
Einzelhandelsbestandsprüfung *f*, Inventur *f*, Bestandsmanagement *n*, Bestandskontrolle *f*

shop-in-the-shop system
Shop-in-the-Shop-System *n (Einzelhandel)*

shopkeeper
Ladenbesitzer *m*, Ladeninhaber *m*, Einzelhändler *m*, Krämer *m*

shop observation
Ladenbeobachtung *f (Marktforschung)*

shopper
1. Einkäufer *m*, Ladenbesucher *m*, Kunde *m*
2. Anzeigenblatt *n*, Anzeigenzeitung *f*, Offertenblatt *n*

shopping
Einkaufen *n*, Kaufen *n*, Einkäufemachen *n (Konsumforschung) (Marktforschung)*

shopping behavior (*brit* **shopping behaviour**)
Kaufverhalten *n*, Einkaufsverhalten *n*, Käuferverhalten *n (Konsumforschung) (Marktforschung)*

shopping center
Einkaufszentrum *n*, Shopping Center *n (Einzelhandel)*

shopping center panel
Anschlagtafel *f*, Anschlagbrett *n* für kleinanzeigenähnliche Anschläge und Informationen für Besucher eines Einkaufszentrums

shopping center position
Anschlagposition *f*, Anschlagstellenposition *f* im Einkaufszentrum *(Außenwerbung)*

shopping frequency
Einkaufshäufigkeit *f*, Einkaufsfrequenz *f*, Kaufhäufigkeit *f (Konsumforschung) (Marktforschung)*

shopping good (*meist pl* **shopping goods**)
Gut *n* des gehobenen Bedarfs, Gebrauchsgut *n*, dauerhaftes Haushaltsbedarfsgut *n*, Shopping Good *n*

shopping habit
Kaufgewohnheit *f*, Einkaufsgewohnheit *f (Konsumforschung) (Marktforschung)*

shopping list
Einkaufsliste *f*, Einkaufszettel *m*

shopping list technique
Einkaufslistenverfahren *n*, Einkaufslistentechnik *f*, Einkaufslistenverfahren *n (Marktforschung)*

shopping list test
→ shopping list technique

shopping mall
Einkaufszentrum *n*, Einkaufszone *f*, Einkaufsstraße *f*, Fußgängerzone *f*, Gemeinschaftswarenhaus *n*, Kollektivwarenhaus *n*, Kaufmannswarenhaus *n (Einzelhandel)*

shopping news
kurz für shopping newspaper

shopping newspaper
→ shopper 2.

shop window
Schaufenster *n*, Ladenfenster *n*

shopping plaza
Gemeinschaftswarenhaus *n*, Kollektivwarenhaus *n*, Kaufmannswarenhaus *n (Einzelhandel)*

shopping radius
Einzugsgebiet *n*, Einzugsbereich *m*

shopsign (shop sign)
Schild *n*, Werbeschild *n (Außenwerbung)*

shop window (shopwindow)
Schaufenster *n*

shop window advertising
Schaufensterwerbung *f*

shop window competition
Schaufensterwettbewerb *m*

short
1. Füller *m*, Kurzartikel *m*
2. Kurzfilm *m*, Beifilm *m*

short announcement
Kurzansage f *(Hörfunk/Fernsehen)*

short approach
kürzeste Strecke f von der aus ein Außenanschlag leshar ist *(Außenwerbung)*

short-circuit appeal
emotionaler Werbeansatz m

short rate
Rabattnachbelastung f, Rabattrückbelastung f, Nachlaßrückbelastung f, Rabattrückerstattung f *(Werbung) (Mediaplanung)*

short-story copy
Werbung f im Erzählstil, Werbung f in Form einer Geschichte, erzählerisch aufgezogene Werbung f

shotgun approach
eigentl Schrotflintenansatz m
Allgemeinstreuung f, Allgemeinumwerbung f *(Werbeplanung) (Mediaplanung)*

show
1. Vorstellung f, Vorführung f, Darbietung f, Filmvorstellung f, Schau f, Schaustellung f
2. Sendung f, Programm n, Fernsehsendung f nicht nur Show, aber häufig eher Unterhaltungssendung

to show
v/t zeigen, sehen lassen, vorführen zur Schau stellen

showbill
Werbeplakat n, Reklameplakat n *(Anschlagwerbung)*

showboard
Anschlagtafel f, Schwarzes Brett n

showcard (show card)
Schaufensterplakat n, Schaufensterschild n, Werbeplakat n im Schaufenster, Aufsteller m, Aufstellplakat n *(POP-Werbung)*

showcase (show case)
Schaukasten m, Vitrine f, Ausstellungsvitrine f *(POP-Werbung)*

showing
1. *etwa* Anschlagsintensität f, Anschlagsreichweitenkategorie f, Reichweitenkategorie f Anschlagstellenpaket n, Anschlagpaket n *(Außenwerbung) (Mediaplanung)*

2. Zahl f der Verkehrsmittelanschläge, die als Einheit von einem Verkehrsmittelwerbeunternehmen angeboten werden, Verkehrsmittelanschlagspaket n *(Verkehrsmittelwerbung)*
3. Filmvorführung f, Vorführung f

showman
Schausteller m, Werbungtreibender m, der es versteht, sich geschickt in Szene zu setzen, Propagandist m

showmanship
Fähigkeit f sich geschickt in Szene zu setzen, Effekthascherei f, Gefühl n für wirkungsvolles Auftreten, wirkungsvolle Aufmachung f

showroom
Ausstellungsraum m, Vorführungssaal m

show window
Am Schaufenster n

S.I.
Abk sponsor identification

side panel
Rumpffläche f *(Verkehrsmittelwerbung)*

side panel advertising
Rumpfflächenwerbung f *(Verkehrsmittelwerbung)*

side position
Seitenflächenposition f, Rumpfflächenposition f *(Verkehrsmittelwerbung)*

sign
Schild n, Anschlagschild n, Emailschild n, Werbeschild n *(Anschlagwerbung)*

to sign
v/t unterzeichnen, unterschreiben

signal function (of pricing)
Signalfunktion f (der Preispolitik) *(Konditionenpolitik)*

signature
1. Unterschrift f, Unterschriftsleistung f, Namenszug m
2. Signatur f, Kennzeichnung f
3. Aufschrift f, Gebrauchsanweisung f
4. Marke f, Signet n, Firmenzeichen n

signature tune
Kennmelodie f, Erkennungsmelodie f *(Hörfunk/Fernsehen)*

signboard
Aushängeschild *n*, Firmenschild *n*, Schild *n*, Werbeschild *n* *(Anschlagwerbung)*

sign painter
Plakatmaler *m*, Schildermaler *m*

signpost
Schild *n*, Leuchtzeichen *n*

to signpost
v/t beschildern

signpost advertising
Leuchtwerbung *f*, Lichtwerbung *f* *(Außenwerbung)*

signpost writer
Schildermaler *m*, Schriftmaler *m*

silent salesman
stummer Verkäufer *m* *(POP-Werbung)*

simulated TV commercial
simulierte Werbesendung *f* *(Fernsehen)*

simulation
Simulation *f*

simulation model
Simulationsmodell *n* *(Betriebswirtschaft) (Marketing)*

Simulmatics model
Simulmatics-Modell *n* *(Mediaforschung)*

single-client survey
Spezialbefragung *f* (für einen einzigen Auftraggeber) *(Marktforschung)*

single-column ad
kurz für single-column advertisement

single-column advertisement
einspaltige Anzeige *f* *(Zeitung/Zeitschrift)*

single-column centimetre (S.C.C.)
brit Zeilenzentimeter *m* *(Zeitung/Zeitschrift)*

single-column inch (Sci)
brit Zeilenzoll *m* *(Zeitung/Zeitschrift)*

single-column millimetre
brit Zeilenmillimeter *m* *(Zeitung/Zeitschrift)*

single copies sold in bulk *pl*
→ single copy sales in bulk

single-copy circulation
Einzelverkaufsauflage *f* *(Zeitung/Zeitschrift) (Medienvertrieb)*

single-copy price
Einzelheftpreis *m*, Heftpreis *m* *(Zeitung/Zeitschrift) (Medienvertrieb)*

single copy sales *pl*
Einzelverkäufe *m/pl*, Einzelverkauf *m*, Apartverkauf *m*, EV-Lieferungen *f/pl*, Apart-Lieferungen *f/pl* *(Zeitung/Zeitschrift) (Medienvertrieb)*

single copy sales in bulk *pl*
einzeln verkaufte Sammelbestellungen *f/pl*, *(Zeitung/Zeitschrift)*

single exposure
Einzelkontakt *m*, einmaliger Kontakt *m*, Erstkontakt *m* *(Mediaforschung)*

single-issue price
→ single-copy price

single-item identification
etwa Identifikation *f* von Einzelartikeln, von Einzelanzeigen *(Leserschaftsforschung)*

single-product company
Ein-Produkt-Unternehmen *n* *(Wirtschaftslehre) (Wettbewerbstheorie)*

single-product enterprise
→ single-product company

single-product test
Einzeltest *m*, Ein-Produkt-Test *m* *(Marktforschung)*

single rate
Einheitspreis *m*, Einheitstarif *m*, Standardpreis *m* *(Werbung) (Mediaplanung)*

single rate card
Einheitspreisliste *f*, Einheitstarifliste *f* *(Werbung) (Mediaplanung)*

single-source study
Single-Source-Untersuchung *f* *(empirische Sozialforschung) (Marktforschung) (Mediaforschung)*

single-store loyalty
Treue *f* zu einem Einzelhandelsgeschäft, Ladentreue *f*, Geschäftstreue *f* *(Marktpsychologie)*

single-subject survey
Einthemenbefragung *f*, Spezialbefragung *f* *(empirische Sozialforschung) (Marktforschung) (Mediaforschung)*

single system
Simultanaufnahmesystem *n* (von Ton und Bild) *(Film/Fernsehen)*

single truck
ganzseitige Anzeige *f (Zeitung/Zeitschrift)*

site
1. Standort *m*, Lage *f (Wirtschaftslehre) (Betriebswirtschaft) (Standortforschung)*
2. Stelle *f*, Anschlagstelle *f*, Standort *m*, Lage *f (Außenwerbung)*

site analysis
Standortanalyse *f (Wirtschaftslehre) (Betriebswirtschaft) (Marketingplanung)*

site attractiveness
Anziehungskraft *f*, Attraktivität *f* eines Standorts *(Außenwerbung)*

site characteristic
Standortmerkmal *n (Wirtschaftslehre) (Betriebswirtschaft) (Marketingplanung)*

site choice
Standortwahl *f (Wirtschaftslehre) (Betriebswirtschaft) (Marketingplanung)*

site decision
Standortentscheidung *f (Wirtschaftslehre) (Betriebswirtschaft) (Marketingplanung)*

site evaluation
1. Standortbewertung *f (Wirtschaftslehre) (Betriebswirtschaft) (Marketingplanung)*
2. Standortbewertung *f*, Anschlagstellenbewertung *f*, Bewertung *f* der Werbewirksamkeit eines Standorts *(Außenwerbung)*

site factor
Standortfaktor *m (Wirtschaftslehre) (Betriebswirtschaft) (Marketingplanung)*

site location
Anschlagstellenstandort *m (Außenwerbung)*

site passage
Standortverkehr *m*, Zahl *f* der an einem Außenanschlag vorübergehenden oder vorüberfahrenden Personen *(Außenwerbung)*

site planning
Standortplanung *f (Wirtschaftslehre) (Betriebswirtschaft) (Marketingplanung)*

site policy
Standortpolitik *f (Wirtschaftslehre) (Betriebswirtschaft) (Marketingplanung)*

site research
Standortforschung *f (Wirtschaftslehre) (Betriebswirtschaft) (Marketingplanung)*

S.I.U. (SIU)
Abk sets-in-use

S.I.U. rating (SIU rating)
→ sets-in-use rating

six-sheet
→ six-sheet poster panel

six sheeter
→ six-sheet poster panel

six-sheet poster panel
Sechs-Bogen-Anschlag *m*, Sechs-Bogen-Plakat *m (Außenwerbung)*

sixteen sheeter
→ sixteen-sheet poster

sixteen-sheet poster
16-Bogen-Plakat *n*, Plakat *n*, Außenanschlag *m* im Format 120 x 180 Zoll = 304,80 x 457,20 cm

sixty (60)
60-Sekunden-Werbesendung *f*, 60-Sekunden-Werbespot *m (Hörfunk/Fernsehen)*

sixty-second commercial (60-second commercial)

size
1. Format *n*, Größe *f*, Maß *n*, Umfang *m*
2. Zeitschriftenformat *n*, Standardformat *n* für amerikanische Zeitschriften, Satzspiegelstandardformat *n*
3. Filmformat *n*

size (of an ad)
Anzeigengröße *f*, Anzeigenformat *n*

size of an advertisement
Anzeigenformat *n*, Anzeigengröße *f (Zeitung/Zeitschrift) (Mediaforschung) (Mediaplanung)*

size of audience
Publikumsumfang *m*, Umfang *m* der Leser-, (Zu)Hörer-, Zuschauerschaft *f*, Gesamtzahl *f* der Leser (Zu)Hörer, Zuschauer *(Mediaforschung)*

size of an issue
Heftumfang *m*, Heftstärke *f*, Heftgröße *f* *(Leserschaftsforschung)*

sked
Abk schedule

sketch
Skizze *f*, Entwurf *m*, Schema *n*, Grundriß *m*

to sketch
v/t skizzieren, entwerfen, umreißen

sketcher
Skizzenzeichner *m*

skimming price
Abschöpfungspreis *m*, Absahnpreis *m*, Skimming-Preis *m (Konditionenpolitik)*

skimming strategy
Abschöpfungsstrategie *f*, Absahnpolitik *f* Skimming-Politik *f (Marketingplanung) (Konditionenpolitik)*

to skimp
v/t durchblättern, flüchtig durchsehen

sky advertising
Himmelswerbung *f*, Luftwerbung *f*, Flugzeugwerbung *f (Außenwerbung)*

skytyping
Himmelsschreiben *f*, Werbung *f* mit Himmelsschrift, Luftwerbung *f*, Himmelsschrift *f* *(Außenwerbung)*

to skywrite
v/t + v/i Himmelswerbung machen, Werbung mit Himmelsschrift machen *(Außenwerbung)*

skywriter
Himmelsschreiber *m (Außenwerbung)*

skywriting
Himmelsschrift *f*, Luftwerbung *f*, Himmelsreklame *f*, Flugzeugwerbung *f (Außenwerbung)*

slack filling
Mogelpackung *f*

slant
Ausrichtung *f*, Orientierung *f*, Tendenz *f* (eines Textes) *(Werbung) (Journalismus)*

sleeper
Am unerwarteter Erfolg *m*, Sensationserfolg *m* *(Marketing)*

sleeper effect
Zeitbombeneffekt *m*, Sleepereffekt *m*, Spätzündereffekt *m*, Zeitzünderwirkung *f (Kommunikationsforschung) (Werbeforschung)*

sleeve
Hülle *f*, Tasche *f*, Schallplattenhülle *f*

slice of life
kurz für slice-of-life commercial

slice-of-life commercial
eigentl Werbesendung *f* die ein Stück wirklichen Lebens zeigt
Slice-of-Life-Werbespot *m (Hörfunk/Fernsehen)*

slice-of-life technique
Slice-of-life-Technik *f (Hörfunk/Fernsehen) (Werbung)*

slide
Dia *n*, Diapositiv *n*, gerahmtes Lichtbild *n*

slide advertising
Diawerbung *f*, Diapositivwerbung *f (Kino)*

slide commercial
Dia-Sendung *f (Fernsehen)*

slidefilm
Dia viva *n (Kino)*

slide motion picture
→ film strip

sliding rate
Malstaffel *f* gleitende Preisstaffel *f (Druck-/Funkwerbung)*

sliding scale
→ sliding rate

sliding schedule (of advertising)
Gleitwerbeplan *m*, gleitender Werbeplan *m*

slippage
eigentl Ausgleiten *n*, Entgleiten *n*
Nichteinlösung *f (Gutscheinwerbung)*

slippage rate
→ slippage

slipping
Überkleben *n* (von Plakaten)

slogan
Slogan *m*, Motto *n*, Losung *f*, Schlagwort *n*, Wahlspruch *m*, Werbespruch *m*

slotted container
Faltschachtel *f (Verpackung)*

slow travel
Langsamverkehr *m (Außenwerbung)*

small-space advertisement
Kleinanzeige *f (Zeitung/Zeitschrift)*

small-space advertising
Kleinanzeigenwerbung *f (Zeitung/Zeitschrift)*

small store
kleiner Einzelhandelsladen *m*, kleines Einzelhandelsgeschäft *n*

small-volume markup
Mindermengenzuschlag *m (Konditionenpolitik)*

S.M.S.A.
Abk standard metropolitan statistical area

sniffer
Auslage *f* mit Geruch, Werbemittel *n* mit Geruch

snipe
Überkleber *m* Aufkleber *m*, Plakataufkleber *m*, Plakatüberkleber *m (Anschlagwerbung)*

sniping
Wildanschlag *m*, wilder Anschlag *m*, nicht genehmigter Plakatanschlag *m (Außenwerbung)*

snob appeal
Snob-Appeal *m*, Anziehungskraft *f* für Snobs *(Werbung)*

snob effect
Snob-Effekt *m (Wirtschaftslehre)*

snowball procedure
→ snowball system

snowball system
Schneeballsystem *n*, Hydrasystem *n*, progressive Kundenwerbung *f (Verkaufsförderung)*

S.N.R.
Abk subject to non-renewal

S.O.
Abk standing order

social class
soziale Schicht *f*, Sozialschicht *f*

socially conspicuous product
sozial auffälliges Produkt *n (Marktpsychologie) (Konsumforschung)*

social marketing
Sozio-Marketing *n*, Sozialmarketing *n*, Social Marketing *n*

social perception
soziale Wahrnehmung *f*, soziale Perzeption *f (Psychologie) (Marktpsychologie)*

social-self rating
soziale Selbsteinstufung *f (empirische Sozialforschung) Marktforschung)*

social stratum
→ social class

societal concept of marketing
→ social marketing

societally conscious person
gesellschaftlich engagierter Mensch *m (Marktforschung)*

socio-communicative class
soziokommunikative Schicht *f (empirische Sozialforschung) (Marktforschung) (Mediaforschung)*

sociodemographic characteristic
soziodemographisches Merkmal *n (empirische Sozialforschung) (Marktforschung)*

sociodemographics *pl (als sg konstruiert)*
soziodemographische Merkmale *n/pl (empirische Sozialforschung) (Marktforschung) (Marktforschung)*

socioeconomic characteristic
sozioökonomisches Merkmal *n (empirische Sozialforschung) (Marktforschung)*

socioeconomic status
sozioökonomischer Status *m (empirische Sozialforschung) (Marktforschung)*

sociology of consumption
Konsumsoziologie *f*

soft goods *pl*
kurzlebige Gebrauchsgüter *n/pl,* Textilien *f/pl,* Stoffe *m/pl (Wirtschaftslehre)*

soft selling
zurückhaltendes, unaufdringliches, dezentes Verkaufen *n,* diskrete Verkaufspolitik *f*

soft-selling advertisement
Anzeige *f,* Werbemittel *n* mit zurückhaltendem Verkaufsappell

solid-matter advertisement
Fließsatzanzeige *f,* reine Textanzeige *f (Werbung)*

solus
→ island position

solus ad
kurz für solus advertisement

solus advertisement
alleinstehende Anzeige *f (Zeitung/Zeitschrift)*

solus site
Ganzstelle *f,* Ganzsäule *f,* Ganzwand *f,* alleinstehender Außenanschlag *m (Außenwerbung)*

SORBA
Abk Systems for Optimising Regional Budget Allocation

sore-thumb display
eigentl Auslage *f* eines wunden Daumens kleine, aber auffällige Warenauslage *f (POP-Werbung)*

sound ad
→ sound advertisement

sound advertisement
beschallte Anzeige *f*

sound slide
tönendes Dia *n (Kino)*

sound-slide film
→ sound-slide show

sound-slide show
Tonbildschau *f*

source credibility
Kommunikatorglaubwurdigkeit *f,* Glaubwürdigkeit *f* des Kommunikators *(Kommunikationsforschung)*

source effect
Ursprungseffekt *m,* Kommunikatoreffekt *m,* Quelleneffekt *m,* Sendereffekt *m (Kommunikationsforschung)*

space
Fläche *f,* (Werbe-)Fläche *f,* Anzeigenraum *m,* Anzeigenfläche *f (Zeitung/Zeitschrift) (Anschlagwerbung)*

space allocation
Regalfläche *f,* zugewiesene Regalfläche *f,* Regalplatz *m (Einzelhandel) (POP-Werbung)*

space broker
Anzeigenvermittler *m,* Anzeigenakquisiteur *m,* Anzeigenagentur *f (Zeitung/Zeitschrift)*

space buy
→ space order

space buyer
1. Anzeigenmittler *m,* Anzeigenvermittler *m,* Kontakter *m* zu den Werbemedien (in einer Werbeagentur)
2. Werbungtreibender *m,* Inserent *m* (in Druckmedien)

space buying
Anzeigenbelegung *f,* Anzeigeninsertion *f,* Anzeigenschaltung *f* (in Druckmedien)

space charge
Belegungspreis *m,* Kosten *pl* für alle in Flächen berechneten Werbepreise (Anzeigen, Außenanschläge, Verkehrsmittelanschläge)

space contract
Belegungsvertrag *m,* Anzeigenvertrag *m,* Insertionsvertrag *m (Druckmedien) (Werbung) (Mediaplanung)*

space discount
Mengenrabatt *m* (für Werbung in Druckmedien)

space discount rate
Mengenstaffel *f* (Druckmedienwerbung)

space marketing
1. Anzeigenmarketing n
2. Raummarketing n

space miser
eigentl Regalknauser m, Regalgeizhals m platzsparendes Regalwerbemittel n *(POP-Werbung)*

space order
Anzeigenauftrag m, Insertionsauftrag m

to space out
→ to space

space position
Standort m, Anschlagstellenstandort m *(Außenwerbung) (Mediaforschung)*

space position value
Standortwert m, Positionswert m, Werbewert m eines Anschlagstandorts *(Außenwerbung) (Mediaforschung)*

space rate
Anzeigentarif m, Anzeigenpreis m *(Zeitung/Zeitschrift)*

space rep
kurz für space representative

space representative
Anzeigenakquisiteur m, Anzeigenvertreter m *(Zeitung/Zeitschrift)*

space salesman
→ space representative

space schedule
Insertionsplan m *(Druckmedien) (Mediaplanung)*

space size
Anzeigenformat n, Anzeigengröße f *(Zeitung/Zeitschrift)*

space spot
etwa kleine Mengenanzeige f, Paketanzeige f, kleine Wiederholungsanzeige f *(Zeitung)*

span of recall
Erinnerungsspanne f *(Marktforschung)*

special discount
Sonderrabatt m *(Konditionenpolitik)*

special display
Sonderauslage f, Sonderangebotsauslage f *(POP-Werbung)*

special event
Sonderveranstaltung f, Sondersendung f, Sonderprogramm n *(Hörfunk/Fernsehen)*

specialized organization (*brit* **specialised organisation**)
spezialisierte Organisation f *(Werbung)*

special-line market
→ specialty market

special-line retail
→ special-line retailing

special-line retailer
Facheinzelhändler m

special-line retailing
Facheinzelhandel m

special-line trade
Fachhandel m *(Einzelhandel) (Großhandel)*

special-line wholesale
→ special-line wholesaling

special-line wholesaler
Fachgroßhändler m

special-line wholesaling
Fachgroßhandel m

special occasion window
Anlaßfenster n *(POP-Werbung)*

special position
→ preferred position

special price
Sonderpreis m *(Konditionenpolitik)*

special-purpose site
Spezialstelle f *(Außenwerbung)*

special rate
Sonderpreis m, Sondertarif m *(Konditionenpolitik)*

special representative
regionaler Anzeigenakquisiteur m, regionaler Werbungsakquisiteur m, Bezirksvertreter m

special sale
Sonderveranstaltung *f*, Sonderverkaufsveranstaltung *f (Einzelhandel)*

special shape ad
kurz für special shape advertisement

special shape advertisement
Anzeigensonderformat *n*, Spezialformat *n* einer Anzeige, Flexformanzeige *f*, Flexform *f*

special supplement
Sonderbeilage *f*, Sondersupplement *n (Zeitung/Zeitschrift)*

specialty
Werbegeschenk *n*, Werbegabe *f*

specialty advertising
Geschenkartikelwerbung *f*, Werbung *f* mit Geschenkartikeln

specialty discount
Fachhandelsrabatt *m (Konditionenpolitik)*

specialty distributor
Werbeartikelhändler *m*, Werbeartikelgroßhändler *m*, Werbeartikelvertrieb *m*

specialty good (*meist pl* **specialty goods**)
Gut *n* des Spezialbedarfs, Specialty Good *n (Wirtschaftslehre) (Marketing)*

specialty market
Fachmarkt *m (Einzelhandel)*

specialty selling
Spezialhandel *m (Einzelhandel) (Großhandel)*

specialty seller
Spezialhändler *m*, Spezialhandlung *f (Einzelhandel) (Großhandel)*

specialty shop
→ specialty store

specialty store
1. Fachgeschäft *n (Einzelhandel)*
2. Spezialgeschäft *n (empirische Sozialforschung)*

specialty trade
→ special-line trade

specialty warehouse
→ specialty market

specialty wholesaler
Fachgroßhändler *m*, Spezialgroßhändler *m*, Spezialgroßhandlung *f*

specialty wholesale trade
→ specialty wholesaling

specialty wholesaling
Fachgroßhandel *m*, Spezialgroßhandel *m*

specimen
1. Muster *n*, Probe *f*
2. Satzprobe *f*, Schriftprobe *f*, Druckprobe *f*

spectacular
1. große, ausgefallen und aufsehenerregend gestaltete Außenwerbung *f*
2. kostspielige Ausstattungssendung *f*, Sondersendung *f (Fernsehen)*

speculative presentation
unverbindliche Präsentation *f*, unverbindliche Vorführung *f (Verkaufsförderung)*

speed of reading
Lesegeschwindigkeit *f (Leserschaftsforschung)*

spending pattern
Ausgabenstruktur *f*, Kaufmuster *n*, Kaufstruktur *f (Konsumforschung) (Marktforschung)*

spending power
→ purchasing power

spending/sales ratio
Ausgaben/Umsatz-Verhältnis *n (Betriebswirtschaft) (Marketingkontrolle)*

spending split
Ausgabenaufteilung *f (Werbeplanung) (Verkaufsförderung)*

spiff
→ push money

spill-in
eigentl Hineinschwappen *n (Hörfunk/Fernsehen) (Mediaforschung)*

spill-in coverage
eigentl Überlauf-Reichweite *f (Mediaforschung)*

spill-out
eigentl Auslaufen *n*, Überschwappen *n (Hörfunk/Fernsehen) (Mediaforschung)*

spill-over (spillover)
→ overspill

spiral theory (of advertising)
Spiralentheorie *f* (der Werbung) *(Werbeforschung)*

split-ballot advertising test
gegabelter Anzeigentest *m*, gegabelter Werbetest *m* *(Werbeforschung)*

split-cable TV test
gegabelter Kabelfernsehtest *m*, gegabelter Werbetest *m* im Kabelfernsehen *(Werbeforschung)*

split CATV test
→ split cable TV test

split commercial
eigentl geteilter Werbespot *m*, aufgeteilter Werbespot *m* *(Hörfunk/Fernsehen)*

split commission
aufgeteilte Agenturprovision *f*, aufgeteilte Agenturkommission *f (Werbung)*

split market
Marktspaltung *f*, Marktteilung *f (Marketingplanung)*

split of the market
→ split market

split run
Anzeigensplit *m*, Anzeigen-Splitting *n*, Auflagengabelung *f*, Auflagensplit *m*, Gabelung *f* der Auflage für verschiedene Anzeigen *(Zeitung/Zeitschrift) (Mediaplanung)*

split-run advertising
→ split run

split-run advertising test
→ split run

split-run circulation
Teilbelegung *f*, Belegung *f* einer Teilauflage *(Zeitung/Zeitschrift)*

split-run copy testing
→ split run

split-run inquiry test
→ split run

split-run rest
→ split run

split transmission
gegabelte Fernsehwerbung *f*, Gabelung *f* der Fernsehwerbung *f*, gegabelte Fernseh-Werbesendung *f*

split unit
→ commercial unit

spokesman (*pl* spokesmen)
Fürsprecher *m*, Befürworter *m* *(Werbung)*

sponsor
eigentl Geldgeber *m*, Förderer *m*, Stifter *m*, Mäzen *m*
Sponsor *m* *(Hörfunk/Fernsehen)*

to sponsor
v/t (Radio- oder Fernsehsendung) als Werbungtreibender finanzieren, mitfinanzieren, sponsern

sponsored broadcast
gesponserte Programmsendung *f*, Patronatssendung *f (Hörfunk/Fernsehen)*

sponsored film
→ business film, industrial film

sponsored program
→ sponsored broadcast

sponsored radio

sponsored radio program
→ sponsored broadcast

sponsored subscription
etwa Verbandsabonnement *n*, Abonnementsspende *f (Zeitschrift) (Medienvertrieb)*

sponsored television
durch Werbung finanziertes Fernsehen *n*

sponsored television program
→ sponsored broadcast

sponsor identification (S.I.)
1. Werbeansage *f*, Ansage *f* *(Hörfunk/Fernsehen)*
2. Anteil *m*, Prozentsatz *m* der Personen, die in der Lage sind den Geldgeber einer Programmsendung in einer Befragung zu nennen *(Hörfunk/Fernsehen) (Werbeforschung)*

sponsoring
Sponsoring *n*, Programmsponsoring *n*, Patronatssendungen *f/pl (Hörfunk/Fernsehen)*

sponsor relief
Rückzug *m* eines Werbungtreibenden aus der Finanzierung einer Programmsendung *(Hörfunk/Fernsehen)*

sponsorship
Sponsorenschaft *f*, Finanzierung *f*, finanzielle Trägerschaft *f*, finanzielle Förderung *f* einer Programmsendung durch einen oder mehrere Werbungtreibende *(Hörfunk/Fernsehen)*

sponsorship bias
Auftraggebereffekt *m (empirische Sozialforschung) (Marktforschung) (Mediaforschung)*

spontaneous recall
spontane Erinnerung *f*, aktiver Bekanntheitsgrad *m (empirische Sozialforschung) (Marktforschung) (Mediaforschung)*

sports field advertising
Bandenwerbung *f (Außenwerbung)*

spot
1. Werbesendezeit *f*, Zeitdauer *f* einer Werbesendung *(Hörfunk/Fernsehen)*
2. Werbesendezeit *f* in einem Lokalsender, lokale Werbesendung *f (Hörfunk/Fernsehen)*
3. *adj* lokal, lokal gesendet, in einem Lokalprogramm gesendet, über einen Lokalsender ausgestrahlt *(Hörfunk/Fernsehen)*

spot advertising
1. lokale Radio- oder Fernsehwerbung *f*, Radio- oder Fernsehwerbung *f* in lokalen Sendern im Gegensatz zu Werbung, die über die großen Sendernetze auch lokal ausgestrahlt wird
2. Blockwerbung *f (Hörfunk/Fernsehen)*

spot business
Lokogeschäft *n*, Liefergeschäft *n (Wirtschaftslehre)*

spot broadcasting time
→ spot advertising 1. + 2.

spot buy
1. Belegung *f* von Werbesendezeit in einem Lokalsender *(Hörfunk/Fernsehen)*
2. Bestellung *f*, Belegung *f* von Sendezeit für eine einzelne Werbesendung *(Hörfunk/Fernsehen)*

spot campaign
Werbekampagne *f*, Werbefeldzug *m*, bei der/dem Werbesendungen ausschließlich über Lokalsender ausgestrahlt werden *(Hörfunk/Fernsehen)*

spot carrier
eigentl Träger *m* von Einzelwerbesendungen *(Hörfunk/Fernsehen)*

spot color (*brit* **spot colour**)
Schmuckfarbe *f*, Zusatzfarbe *f* (außer Schwarz und Weiß) in einer Anzeige *(Zeitung/Zeitschrift)*

spot commercial
→ spot advertising 1.

spot coverage
→ quarter showing

spot deal
→ spot business

spot delivery business
Effektivgeschäft *n (Wirtschaftslehre)*

spot display
Einzelauslage *f*, einzeln herausgestellte Warenauslage *f (POP-Werbung)*

spot drawing
kleine Illustration *f*, kleine Graphik *f (Werbung)*

spot market
Punktmarkt *m*, Spotmarkt *m (Wirtschaftslehre) (Wettbewerbstheorie)*

spot radio
Werbung *f* in lokalen Radiosendern

spot schedule
Streuplan *m*, Werbeplan *m* für lokale Radio- und Fernsehwerbung

spot television
Werbung *f* in lokalen Fernsehsendern

spot trade
→ spot business

spot transaction
→ spot business

spot TV advertising

spot TV advertising
→ spot television

spotted map
Anschlagstellenkarte *f (Außenwerbung)*

spread
1. ganzseitige Anzeige *f*, Aufschlagseite *f (Zeitung/Zeitschrift)*
2. doppelseitige Anzeige *f*, Doppelseite *f*

spread recognition
Ganzseiten-Wiedererkennung *f*, Doppelseiten-Wiedererkennung *f (Leserschaftsforschung)*

SPRINTER model
SPRINTER-Modell *n (Marketingplanung)*

square end
Eckfläche *f*, Seitenfläche *f (Verkehrsmittelwerbung)*

square-end display
Eckflächenanschlag *m*, Seitenflächenanschlag *m (Verkehrsmittelwerbung)*

stabilizing
Stabilisieren *n (Werbeforschung)*

staff
Stab *m (Marketingorganisation)*

staff-line organization (*brit* **staff-line organisation**)
Stab-Linien-Organisation *f*, Stab-Linien-System *n (Marketingorganisation)*

staff-line system
→ staff-line organization

staff magazine
Mitarbeiterzeitschrift *f*, Betriebszeitschrift *f*, Werkzeitschrift *f* für Betriebsangehörige

stage
1. Bühne *f*, Tribüne *f*
2. Stadium *n*, Phase *f*, Entwicklungsstufe *f*

stage model (of advertising effectiveness)
Stufenmodel *n* (der Werbewirkung) *(Werbeforschung)*

staggered schedule
Wechselstreuung *f*, Wechselstreuplan *m*, Rotationsstreuplan *m*, Rotationsstreuung *f (Mediaplanung)*

Standard Advertising Units (SAU) *pl*
Standard-Anzeigenformate *n/pl* (in amerikanischen Tageszeitungen)

standard art
graphisches Fertigmaterial *n* (für Werbungtreibende)

standard consolidated area
→ standard metropolitan statistical area

standard cost method
Standardkostenmethode *f*, Verkaufseinheits-Methode *f* (der Budgetierung) *(Marketingplanung)*

standard highway
kurz für standard highway bulletin

standard highway bulletin
Am Standard-Autobahn-Plakat *n* im Format 13 x 41 Fuß 8 Zoll = 396,24 x 1270 cm *(Außenwerbung)*

standard metropolitan statistical area (S.M.S.A.)
Am städtisch geprägtes Gebiet *n*

standard of living
Lebensstandard *m*

standard order blank
Standardformular *n (Werbung)*

standard outdoor showing
Standard-Anschlagstellenpaket *n*, Anschlagpaket *n (Außenwerbung) (Verkehrsmittelwerbung) (Mediaplanung)*

standard rate
Grundpreis *m*, Einheitspreis *m*, Einheitstarif *m (Werbung) (Mediaplanung)*

standard size
Standardformat *n*, Standardgröße *f*, Normalformat *n*

standard streamliner
Am Großanschlagflächenformat *n* von 15 x 46$^{1}/_{2}$ Fuß = 457,20 x 1417,32 cm *(Außenwerbung)*

standard streamliner bulletin
→ standard streamliner

standby space
Standby-Anzeigenfläche *f*

standing detail
wiederkehrendes Anzeigenelement *n*, Werbeelement *n*

standing order (S.O.)
Fortsetzungsauftrag *m*, Dauerauftrag *m*

standing rate
Grundpreis *m*, Einheitspreis *m*, Einheitstarif *m*

staple
Haupterzeugnis *n*, Hauptprodukt *n*, Hauptartikel *m*, Massenware *f*, Schüttware *f (Wirtschaftslehre)*

star
1. Star *m*, Starprodukt *n (Marketingplanung)*
2. Sternchen *n* (Hinweiszeichen) *(Druck)*
3. Star *m*, Berühmtheit *f*, Größe *f*

star billing
Am Starreklame *f*, Starrummel *m*

star commercial
eigentl Star-Werbesendung *f (Hörfunk/Fernsehen)*

star product
Star-Produkt *n*, Star *m (Marketingplanung)*

stationary trade
seßhafter Handel *m*, stationärer Handel *m*, Ladenhandel *m (Einzelhandel)*

station break commercial
Pausen-Werbesendung *f*, Pausen-Werbespot *m (Hörfunk/Fernsehen)*

station-break position
Plazierung *f*, Position *f* (für eine Werbesendung) zwischen zwei Programmsendungen *(Hörfunk/Fernsehen)*

station display poster
Perronanschlag *m*, Perronplakat *n*, Perronschild *n (Verkehrsmittelwerbung)*

station poster
Perronanschlag *m*, Bahnhofsplakat *n (Außen-/Verkehrsmittelwerbung)*

station promo
kurz für promotional announcement (of a station)
Programmhinweis *m*, Programmankündigung *f*, Hinweis *m* auf ein anderes Programm *(Hörfunk/Fernsehen)*

station rep
kurz für station representative

station representative
Werbesendungsakquisiteur *m*, Werbefunkvertreter *m (Hörfunk/Fernsehen)*

steady buyer
→ steady customer

steady customer
Stammkunde *m*, regelmäßiger Kunde *m (Einzelhandel)*

steady customers *pl*
Stammkundschaft *f*, Stammkunden *m/pl (Einzelhandel)*

Stern model
→ Stern theorem

Stern theorem
Stern-Theorem *n*, Stern-Modell *n (Marketingplanung)*

sticker
Aufkleber *m*, Klebestreifen *m*, Plakataufkleber *m*, Aufklebezettel *m*, Aufklebeetikett *n*

stimulational marketing
Anreiz-Marketing *n*

stimulus-contribution theory
Anreiz-Beitrags-Theorie *f (Marktpsychologie)*

stock
Lager *n (Marketinglogistik)*

stock art
graphisches Fertigmaterial *n* (für Werbungtreibende)

stock check
Bestandsmanagement *n*, Bestandsprüfung *f*, Bestandskontrolle *f (Marketinglogistik)*

stock-keeping
Lagerhaltung *f (Marketinglogistik)*

stockless dealer
Streckenhändler *m*, Streckengeschäft *n*, Streckenhandelsbetrieb *m*, Distanzhändler *m*, Streckenhandlung *f*

stockless fair
Musterung *f*, Mustermesse *f*

stockless retailing
Distanzhandel *m*, Streckengeschäft *n*, Streckenhandel *m*, Streckengroßhandel *m*

stock of samples
Musterlager *n*

stop-gap ad
→ stop-gap advertisement

stop-gap advertisement
Füller *m*, Füllanzeige *f*

stopping power (of an advertisement)
Aufmerksamkeitswirkung *f (Werbeforschung)*

storage
Lagerhaltung *f*, Lagerpolitik *f (Marketinglogistik)*

store
1. Lager *n*, Bestand *m*, Vorrat *m (Marketinglogistik)*
2. *Am* Laden *m*, Geschäft *n*, Einzelhandelsgeschäft *n*

store advertising
Werbung *f* im Einzelhandelsgeschäft

store bulletin
Einzelhandelsbulletin *n*

storecast
Lautsprecheransage *f* mit Musik, Verkaufsinformationen und Werbung in einem Einkaufszentrum, Supermarkt, Kaufhaus *(POP-Werbung)*

to storecast
v/t über Lautsprecher in einem Kaufhaus oder Einkaufszentrum Zwischenansagen mit Musik, Verkaufsinformationen und Werbung machen *(POP-Werbung)*

storecasting
Ladenfunk *m* Lautsprecherwerbung *f* in einem Kaufhaus, Einkaufszentrum oder Supermarkt *(POP-Werbung)*

store chain
Ladenkette *f (Einzelhandel)*

store closing time
Ladenschlußzeiten *f/pl (Einzelhandel)*

store construction
Ladenbau *m*

store construction policy
Ladenbaupolitik *f*

store display
→ display 1.

store-distributed magazine
Kaufzeitschrift *f (Medienvertrieb)*

store engineering
Geschäftsdesign *n*, Geschäftsgestaltung *n*, Einrichtungsdesign *n* für Einzelhandelsgeschäfte

store image
Geschäftsimage *n*, Ladenimage *n (Einzelhandel) (Marktpsychologie)*

store layout
Ladenlayout *n*, Ladenlayoutpolitik *f*, Geschäftslayout *n (Einzelhandel)*

store loyalty
Geschäftstreue *f*, Ladentreue *f*, Ladenloyalität *f*, Geschäftsloyalität *f*, Verbrauchertreue *f* zum Einkaufsladen *(Marktpsychologie)*

store observation
Ladenbeobachtung *f (Marktforschung)*

store of samples
Musterlager *n (Marketinglogistik)*

store redeemable coupon
Einzelhandelsgutschein *m*

store retailing
Lagerhandel *m*, Lagergeschäft *n*

store test
1. Ladentest *m*, Store-Test *m*, Store-Test-Experiment *n (Marktforschung)*
2. Bestandsaufnahme *f*, Bestandsprüfung *f* im Testladen *(Marktforschung)*

store trade
seßhafter Handel *m*, stationärer Handel *m*, Ladenhandel *m (Einzelhandel)*

store traffic
Kundenfluß *m (Einzelhandel) (Marktforschung)*

store traffic analysis
Kundenstromanalyse *f*, Kundenlaufstudie *f*, Kundenfrequenzanalyse *f*, Kundenlaufanalyse *f (Einzelhandel) (Marktforschung)*

store traffic investigation
→ store traffic analysis

store traffic study
→ store traffic analysis

storyboard
Werbefilmdrehbuch *n*, Storyboard *n*, Ablaufplan *m*

storyboard artist
Designer *m*, Graphiker *m*, Layouter *m*, der ein Storyboard herstellt

storyboard test
Storyboard-Test *m* *(Werbeforschung)*

straight commercial
programmunterbrechende Werbesendung *f* *(Hörfunk/Fernsehen)*

straight commission
Kommission *f* ohne alles *(Werbung)*

straight 60
60-Sekunden-Werbesendung *f* *(Hörfunk/Fernsehen)* für ein einziges Produkt

straight rebuy
einfacher Wiederholungskauf *m* *(Beschaffungsmarketing)*

strata chart
Schichtenkarte *f* *(Statistik)*

strategy
Strategie *f*

street sales *pl*
Straßenverkäufe *m/pl*, Straßen-Einzelverkäufe *m/pl*, Verkäufe *m/pl*, durch Straßenverkäufer *(Zeitung)* *(Medienvertrieb)*

street vendor
Straßenverkäufer *m* *(Zeitung)* *(Medienvertrieb)*

strip ad
kurz für strip advertisement

strip advertisement
Streifenanzeige *f*, Leistenanzeige *f*

strip cartoon
→ storyboard

stripfilm
Dia viva *n* *(Film/Fernsehen)*

stripped magazine issue
ausgedünntes Heft *n*, ausgedünnte Zeitschrift *f*, ausgedünntes Zeitschriftenexemplar *n* *(Leserschaftsforschung)*

structural system
strukturelles System *n* *(Marketingorganisation)*

studio manager
Leiter *m* des Photoateliers, Leiter *m* der graphischen Abteilung, Atelierleiter *m* (in einer Werbeagentur)

studio test
Studio-Test *m*, Studio-Untersuchung *f* *(Werbeforschung)*

stuffer
1. Anzeigenbeilage *f*, Werbebeilage *f*, Prospektanzeige *f* *(Zeitung/Zeitschrift)*
2. Beipackzettel *m*, Packungsbeilage *f*, Beilageblatt *n* *(Verpackung)*

stunt
Propagandatrick *m*, Reklametrick *m*, spektakuläre Werbeaktion *f*, Reklameschlager *m*, Werbeschlager *m*

style
Stil *m*, Manier *f*, Art *f* und Weise *f*, Lebensstil *m*, Machart *f*, Ausführung *f*

to style
1. *v/t* in Mode bringen, Werbung machen für, schmackhaft machen
2. *v/i* (eine Mode) kreieren, *(Werbung)* machen

styling
1. stilistische Gestaltung *f*, Formgebung *f*, Styling *n*
2. Anpreisung *f*, Versuch *m* jemandem Waren schmackhaft zu machen

stylist
Stilist *m*, Formgeber *m*, Formgestalter *m*

subcontracting (of tasks)
Aufgabenauslagerung *f* *(Marketingorganisation)*

subject-centered market research
demoskopische Marktforschung *f*

subliminal advertising
unterschwellige Werbung *f* *(Werbeforschung)*

subliminal perception
unterschwellige Wahrnehmung *f (Psychologie)*

subordinated offer
verstecktes Angebot *n* (in einem Werbeträger)

subordinate product advertising
Nebenproduktwerbung *f (Werbeplanung)*

to subscribe
1. *v/t* unterzeichnen, unterschreiben
2. *v/i* (for, to) abonnieren, subskribieren, bestellen *(Zeitung/Zeitschrift/Abonnementsfernsehprogramm)*

subscriber
Abonnent *m*, Subskribent *m*, Bezieher *m*, Abonnementsfernsehteilnehmer *m*

subscriber study
Abonnentenuntersuchung *f*, Bezieherstudie *f (Mediaforschung)*

subscription
1. Abonnement *n*, Subskription *f*, Abo-Bezug *m*
2. *adj* Abonnements-, Subskriptions-

subscription agency
Abonnementsagentur *f*, Abonnementswerbeagentur *f*

subscription agent
Abonnementswerber *m*, Bezieherwerber *m*

subscription canvasser
Zeitschriftenwerber *m*, Abonnementswerber *m*, Zeitschriftenwerber *m*, der von Haus zu Haus geht

subscription circulation
Abonnementsauflage *f (Zeitung/Zeitschrift) (Medienvertrieb)*

subscription form
Abonnementsbestellschein *m (Medienvertrieb)*

subscription rate
Abonnementspreis *m*, Bezugspreis *m (Medienvertrieb)*

subscription sales *pl*
Abonnementsauflage *f*, Abonnementsverkäufe *m/pl*, verkaufte Abonnements *n/pl (Zeitung/Zeitschrift) (Medienvertrieb)*

subscription salesman
Abonnementswerber *m*, Abo-Werber *m (Zeitung/Zeitschrift) (Medienvertrieb)*

subscription salesman's copy
Werbeexemplar *n* eines Abo-Werbers

subscriptions in bulk *pl*
Sammelverkauf *m*, Sammelverkäufe *m/pl*, Mengenverkauf *m*, Mengenverkäufe *m/pl*, Sammelbezug *m*

subscription to newsstand ratio
Verhältnis *n* von Abonnements zu Kioskverkäufen *(Zeitung) (Medienvertrieb)*

subsidiary agency
Tochteragentur *f*, Zweigagentur *f*

substitution effect
Substitutionseffekt *m (Wirtschaftslehre) (Marketingplanung)*

substitutional goods *pl*
Substitutionsgüter *n/pl (Wirtschaftslehre)*

suggested retail price
Preisempfehlung *f*, vertikale Preisempfehlung *f (Konditionenpolitik) (Preispolitik)*

suggestibility
Suggestibilität *f*, Beeinflußbarkeit *f (Psychologie) (Marktpsychologie)*

suggestible
adj suggestibel, beeinflußbar *(Psychologie) (Marktpsychologie)*

suggestion
1. Vorschlag *m*
2. These *f*, Vorstellung *f*, Hypothese *f (statistische Hypothesenprüfung) (Wissenschaftstheorie)*
3. Suggestion *f*, Beeinflussung *f (Psychologie) (Marktpsychologie)*

suggestive advertising
Suggestivwerbung *f*, Suggestion *f* durch Wer-

bung *(Marktpsychologie)* *(Kommunikationsforschung)*

suggestive copy
suggestiver (Werbe)Text *m*, suggestive Werbung *f*, Suggestivwerbung *f*

superette
Superette *f*, kleiner Supermarkt *m* *(Einzelhandel)*

superior
adj überlegen, superior

superior goods *pl*
superiore Güter *n/pl* *(Wirtschaftslehre)*

supermarket
Supermarkt *m*, Einkaufszentrum *n* *(Einzelhandel)*

supermarket gondola
Auslageregal *n*, beiderseitig offenes Warenauslageregal *n* im Supermarkt *(POP-Werbung)*

supersaturation showing
eigentl Übersättigungsanschlag *m* *(Außenwerbung)*

supersite
britische Großanschlagfläche *f*, Mammutanschlagfläche *f* *(Außenwerbung)*

super slide
großformatiges Diapositivbild *n* für Einblendungen im Fernsehen

superstation
eigentl Supersender *m* *(Fernsehen)*

super-super market
Super-Supermarkt *m* *(Einzelhandel)*

supervisor
Chefinterviewer *m*, Supervisor *m*, Gebietsinspektor *m* *(empirische Sozialforschung)* *(Marktforschung)*

supplement
Zeitungsbeilage *f*, Beilage *f*, Supplement *n*, Sonderbeilage *f*, Sonderteil *m*

supplier
Zulieferfirma *f*, Zulieferer *m*, Lieferant *m*, Anbieter *m*

supplier behavior
Anbieterverhalten *n*, Marktverhalten *n* der Anieter *(Marktpsychologie)*

supplier commitment
Lieferantenbindung *f* *(Marketingplanung)*

supplier consultancy
Anbieterberatung *f* *(Marketingplanung)*

supplier credit
Lieferantenkredit *m*

supplier image
Anbieterimage *n* *(Marktpsychologie)*

supplier-demander interactions *pl*
Anbieter-Nachfrager-Interaktionen *f/pl* *(Marktpsychologie)*

supplier loyalty
Lieferantentreue *f*

supplier oligopoly
Angebotsoligopol *n* *(Wirtschaftslehre)* *(Wettbewerbstheorie)*

supply
1. Angebot *n* *(Wirtschaftslehre)* *(Wettbewerbstheorie)*
2. Lieferung *f*, Zulieferung *f*, Versorgung *f* *(Marketinglogistik)*

supply advertising
Beschaffungswerbung *f*

supply channel
Beschaffungsweg *m* *(Beschaffungsmarketing)* *(Marktforschung)*

supply curve
Angebotskurve *f* *(Wirtschaftslehre)*

supply depot
Auslieferungslager *n* *(Marketinglogistik)*

supply function
Angebotsfunktion *f* *(Wirtschaftslehre)*

supply image
Angebotsimage *n* *(Marktpsychologie)*

supply market
Beschaffungsmarkt *m* *(Wirtschaftslehre)* *(Beschaffungsmarketing)*

supply market analysis
Beschaffungsmarktanalyse *f* *(Marktforschung)*

supply marketing
Beschaffungsmarketing n, Beschaffungsforschung f

supply market research
Beschaffungsmarktforschung f

supply period
Angebotsperiode f *(Marketing)*

supply plan
Beschaffungsplan m *(Marketingplanung)*

supply planning
Beschaffungsplanung f *(Marketingplanung)*

supply policy
Beschaffungspolitik f *(Marketingplanung)*

supply-side power
Angebotsmacht f *(Wirtschaftslehre)*

supply-side monopoly
Angebotsmonopol n *(Wirtschaftslehre) (Wettbewerbstheorie)*

supply technique
Beschaffungstechnik f *(Marketinglogistik)*

support media pl
Nebenmedien n/pl, Medien n/pl für flankierende Werbemaßnahmen, Werbeträger m/pl für flankierende Werbemaßnahmen *(Mediaplanung)*

supraliminal advertising
eigentl oberschwellige Werbung f, Werbung f oberhalb der Bewußtseinsschwelle *(Marktpsychologie)*

surcharge
Aufpreis m, Preiszuschlag m, Preisaufschlag m, Nachbelastung f *(Konditionenpolitik)*

surplus
Überschuß m *(Wirtschaftslehre) (Betriebswirtschaft)*

surplus copies pl
Überschuß m, überschüssige Menge f, Übermaß n, überschüssige Auflage f *(Zeitung/Zeitschrift)*

surrogate competition
Surrogatkonkurrenz f *(Wettbewerbstheorie)*

survey
Umfrage f, Befragung f *(empirische Sozialforschung) (Marktforschung)*

survey among trade fair attendants
Besucherbefragung f, Messebesucherbefragung f *(Marktforschung)*

survey among trade fair exhibitors
Ausstellerbefragung f *(Marktforschung)*

survivor
eigentl Überlebender m *(Marktforschung)*

sustainer
etwa Zurechtwursteler m *(Marktforschung)*

sustaining advertising
Stabilisierungswerbung f, Stützungswerbung f

sweep
eigentl Auskehren n, Ausfegen n *(Mediaforschung)*

sweep month
Monat m, während dessen die Feldarbeit für eine der großen Markt-Media-Analysen in den USA durchgeführt wird (meist März, Mai und November)

sweep report
Werbeträgeranalyse f, Bericht f der Werbeträgeranalyse f *(Mediaforschung)*

sweeps pl
kurz für sweepstakes

sweepstakes pl
Gewinnspiel n, Wettbewerb m mit Verlosung, Werbewettbewerb m mit Verlosung *(Verkaufsförderung)*

switcher
→ brand switcher

switching
→ brand switching

switch pitch
etwa Änderungsangebot n *(Hörfunk/Fernsehen) (Werbung)*

switch selling
Lockvogelangebot n, Lockvogelverkauf m

swing and switch selling
→ switch advertis

symbiotic marketing
symbiotisches Marketing n, Symbiotik-Marketing n

synchro marketing
Synchro-Marketing n

syndicate
1. Konsortium n, Interessengemeinschaft f, Verbandszusammenschluß m
2. Pressebüro n, Presseagentur f, Syndikat n Gemeinschaftsorganisation f, Trägerorganisation f einer Mediaanalyse *(Mediaforschung)*

to syndicate
1. v/t (Material, Artikel, Photos etc.) durch eine Agentur vertreiben
2. v/t (Studie, Werbeträgeranalyse, Medienuntersuchung) für eine Vielzahl von Klienten durchführen
3. v/i ein Konsortium, eine Interessengemeinschaft bilden

syndicated
adj agenturverbreitet, durch ein Konsortium finanziert, Gemeinschafts-, Syndikats-

syndicated art
→ standard art

syndicated marketing research
Gemeinschaftsmarktforschung f

syndicated program
1. Radio- oder Fernsehsendung f die (von einer Agentur, einem unabhängigen Produzenten) mehreren Sendern gleichzeitig zur Ausstrahlung angeboten wird
2. Programmsendung f *(Hörfunk/Fernsehen)*, die ein Werbungtreibender in mehreren Sendern gleichzeitig finanziert

syndicated rating service
Gemeinschaftsanalyse f, Gemeinschaftsuntersuchung f *(Mediaforschung)*

syndicated readership survey
Leserschaftsbefragung f, Leserschaftsuntersuchung f die von mehreren Auftraggebern finanziert wird *(Leserschaftsforschung)*

syndicated study
Untersuchung f die von mehreren Auftraggebern zusammen finanziert wird *(Mediaforschung)*

syndicated supplement
Agenturbeilage f *(Zeitung/Zeitschrift)*

syndicated survey
→ syndicated study

syndication
Syndication f, Veröffentlichung f von redaktionellem Material in mehreren Zeitungen oder Zeitschriften oder Rundfunkanstalten über eine Agentur

syndicator
Syndikat n

synectics pl
Synektik f

synergistic effect
Synergieeffekt m

synergy
Synergie f

system of overlapping groups
System n überlappender Gruppen *(Marketingorganisation)*

T

t (T)
Abk time, times
mal, Mal

TA. (TA)
Abk total audience

tabloid insert
kleinformatige Werbebeilage *f*, kleinformatige Anzeigenbeilage *f (Zeitung)*

tabloid-size page
Seitenformat *n*, Größe *f* einer kleinformatigen Zeitung

tachistoscope
Tachistoskop *n (Werbeforschung)*

tachistoscope research
Tachiskopforschung *f*, tachiskopische Forschung *f*, Werbeforschung *f* unter Verwendung eines Tachistoskops

tachistoscope test
Tachistoskoptest *m*, Werbetest *m* mit einem Tachistoskop

tack-on survey
Beteiligungsumfrage *f (Marktforschung)*

tactic (*of pl* **tactics)**
Taktik *f*

tactical
adj taktisch

tactical advertising
taktische Werbung *f*

tag
eigentl Zipfel *m*, Anhängsel *n*, Troddel *m*
1. Etikett *n*, Anhänger *m*, Schild *n*, Schildchen *n*, Abzeichen *n*
2. kurze zusätzliche Absage *f* des Sprechers eines örtlichen Senders *(Hörfunk/Fernsehen)*
3. kurze Absage *f* am Ende einer Programmsendung *(Hörfunk/Fernsehen)* meist mit einem Hinweis auf die nächste Fortsetzung
4. sich ständig wiederholendes Werbeelement *n*, sich ständig wiederholende Formulierung *f*, ständig wiederholter Slogan *m* (in einem einzelnen Werbemittel)

to tag
v/t etikettieren, mit einem Anhänger versehen, mit einem Etikett versehen, (Ware) auszeichnen

tagged
adj etikettiert, mit einem Etikett, einem Anhänger, einem Schild versehen

tail-light display
Heckreklame *f*, Heckplakat *n*, Heckwerbung *f (Verkehrsmittelwerbung)*

take one
eigentl nimms eins
Am Werbezettel *m*, Gutschein *m*, Broschüre *f*, Informationsblatt *n*, Antwortpostkarte *f* zum Mitnehmen *(Verkehrsmittelwerbung)*

tandem spot
Tandem-Spot *m (Hörfunk/Fernsehen) (Werbeplanung)*

target
→ target audience, target group, target market, target person

target audience
Zielpublikum *n*, Zahl *f* der Adressaten *(Werbeforschung)*

target consumers *pl*
→ target group

target group
Zielgruppe *f*, Werbegemeinte *m/pl (Marketingplanung)*

target group determination
Zielgruppenbestimmung *f (Marketingplanung) (Marktforschung)*

target market
Zielmarkt *m*, Zielgruppe *f (Marketingplanung)*

target person
Zielperson *f (Marketingplanung)*

target population
1. Ziel-Grundgesamtheit f *(Statistik)*
2. Adressatenzahl f *(Werbeplanung)*

target space
Werbefläche f an der äußeren Seite des Treppenaufgangs von Doppeldeckerbussen *(Verkehrsmittelwerbung)*

target sum method
Ziel-Aufgaben-Methode f, Ziel-Aufgaben-Ansatz m *(Budgetierung)*

tarrif
Zoll m, Zolltarif m

task cooperation
Aufgabenkooperation f *(Marketingorganisation)*

task integration
Aufgabenintegration f

task method
→ target sum method

taste
Geschmack m

taste maker
Geschmacksführer m *(Kommunikationsforschung) (Konsumforschung) (Marktforschung)*

taste test
Geschmackstest m *(Marktforschung)*

taxi-cab advertising
Taxiwerbung f, Werbung, die in oder an Taxis angebracht ist

team organization (brit **team organisation)**
Teamorganisation f, teamorientierte Organisation f *(Marketingorganisation)*

tear-off coupon
Abreißgutschein m, Abreißkupon m, abtrennbarer Gutschein m

tear-out card
abreißbare Karte f, abtrennbare Rückantwortkarte f, Abreißpostkarte f

tear sheet (tearsheet)
Belegseite f, Einzelbeleg m (für Werbungtreibende oder Autoren)

teaser
eigentl Necker m, Verlockendes n
1. Neugier weckende Werbung f, Neugier weckendes Werbeelement n, Teaser m
2. Programmhinweis m, Hinweis m auf ein späteres Programm *(Hörfunk/Fernsehen)*

teaser advertising
Neugier weckende Werbung f

teaser campaign
Werbeaktion f, Werbekampagne f mit Neugier weckender Werbung, Neugier weckende Vorbereitungskampagne f

TEE
Abk total effective exposure

telephone coincidental interview
telefonisches Koinzidenzinterview n, telefonische Koinzidenzbefragung f *(empirische Sozialforschung) (Marktforschung) (Mediaforschung)*

telephone coincidental method
telefonische Koinzidenz-Interviewmethode f, telefonische Koinzidenzbefragungsmethode f *(empirische Sozialforschung) (Marktforschung) (Mediaforschung)*

telephone coincidental research
→ telephone coincidental method

telephone directory
Telefonbuch n, Fernsprechbuch n

telephone directory advertising
Telefonbuchwerbung f, Fernsprechbuchwerbung f

telephone marketing
Telefonmarketing n

telephone selling
Telefonverkauf m, Telefonwerbung f

telephone survey
telefonische Befragung f *(empirische Sozialforschung)*

television advertising
Fernsehwerbung f, Fernsehreklame f, Werbefernsehen n

television audience
Fernsehzuschauerschaft f, Fernsehzuschauer m/pl, Zahl f der Fernsehzuschauer *(Mediaforschung)*

television audience research
Fernsehzuschauerforschung f, Zuschauerforschung f, Fernsehzuschauerschaftsforschung f *(Mediaforschung)*

television commercial
Fernsehwerbesendung f, Fernsehwerbespot m

television commercial test
Fernsehwerbetest m, Fernsehspottest m, Test m einer Fernsehwerbesendung *(Werbeforschung)*

television commercial wearout
Nachlassen n der Werbewirkung (im Zeitverlauf), Verfall m der Werbewirkung, Abnutzung f der Werbewirkung, Werbungsverschleiß m, Verschleiß m der Werbewirkung *(Werbeforschung)*

television consumer panel
Verbraucherpanel n, Konsumentenpanel n von Fernsehhaushalten

television consumer research
Fernsehverbraucherforschung f, Verbraucherforschung f unter Fernsehhaushalten

television home
Fernsehhaushalt m *(Mediaforschung)*

television household (TVHH)
Fernsehhaushalt m *(Mediaforschung)*

television imperative
Vielseher m, sehr starker Fernsehzuschauer m *(Zuschauerschaftsforschung)*

television magazine
→ TV guide, TV magazine

television merchandising
1. Absatzförderungsmaßnahmen f/pl, Absatzhilfen f/pl des Fernsehens für seine Werbungtreibenden
2. TV-Merchandising n, Merchandising *(Fernsehen)*

television overspill
TV-Overspill m, Fernseh-Overspill m *(Mediaforschung)*

television rating
Fernseheinschaltquote f, Einschaltquote f beim Fernsehen *(Mediaforschung)*

television rating service
Unternehmen n, Institut n, das Einschaltquoten für das Fernsehen mißt *(Mediaforschung)*

television research
Fernsehforschung f, Erforschung f der Wirkungen des Fernsehens, Zuschauerforschung

television time buying
→ time buying

television time contract
Vertrag m über Fernsehwerbung, Fernsehwerbungsvertrag m

television viewer
Fernsehzuschauer m, Fernsehteilnehmer m, Seher m *(Mediaforschung)*

television viewership
Fernsehzuschauen n, Fernsehen n

television viewing
→ television watching

television watcher
Fernsehzuschauer m, jemand m, der fernsieht

television watching
Fernsehen n, Fernsehzuschauen n

tell-all copy
etwa umfassend informierender Werbetext m *(Werbeplanung)*

temporary allowance
einmaliger Preisnachlaß m, einmaliger Rabatt m *(Konditionenpolitik)*

10 (:10, ten)
Zehn-Sekunden-Werbesendung f, Werbesendung f von 10-Sekunden-Dauer *(Hörfunk/Fernsehen)*

ten-day spot (10-day spot)
Fernsehwerbesendung f die erst zehn Tage vor ihrer Ausstrahlung plaziert werden kann und für die daher ein Preisnachlaß gewährt wird

tender
Ausschreibung f, Submission f, Verdingung f, Angebot n, Kostenvoranschlag m, Offerte f *(Wirtschaftslehre)*

tender period
Einreichungsfrist f (bei Ausschreibungen), Anbietungsfrist f

tent card
eigentl Zeltkarte *f*
Tischkarte *f*, Ladentischkarte *f*, Klappkarte *f*, Aufsteller *m*, Aufstellplakat *n* *(POP-Werbung)*

terms mix *(Marketing)*
Konditionenpolitik *f*, Konditionen-Mix *m*, Kontrahierungspolitik *f*, Kontrahierungs-Mix *m*

terms of delivery *pl* *(Marketing)*
Lieferungsbedingungen *f/pl*, Lieferungs- und Zahlungsbedingungen *f/pl*

terms policy
→ terms mix

territorial distribution
geographische Verteilung *f*

tertiary reader
Drittleser *m*, tertiärer Leser *m*, Zufallsleser *m* *(Leserschaftsforschung)*

test campaign
Testkampagne *f*, Werbetestkampagne *f*, Probekampagne *f*, örtlicher Werbetest *m* *(Werbeforschung)*

testimonial
eigentl Zeugenaussage *f*, Bezeugung *f*, Affidavit *n*

testimonial ad
→ testimonial advertisement

testimonial advertisement
Testimonial-Anzeige *f*, Affidavitanzeige *f*

testimonial advertising
Testimonial-Werbung *f*, Affidavitwerbung *f*

testimonial commercial
Testimonial-Werbesendung *f* *(Hörfunk/Fernsehen)*

testimonial letter
Anerkennungsschreiben *n*, Dankschreiben *n*, Dank- und Empfehlungsschreiben *n* *(Werbeplanung)*

test mailing
Testversand *m*, Probeversand *m*, Testaussendung *f*, Probeversand *m* *(Direktwerbung)*

test market
Testmarkt *m*, Probemarkt *m* *(Marktforschung) (Werbeforschung)*

to test market
v/t (eine Werbekampagne) in einem lokalen oder regionalen Markt testen *(Marktforschung)*

test-marketing
Durchführung von lokalen Markttests, Testmarketing *n* *(Werbeforschung)*

test-market media translation
→ test-market translation

test-market translation
Testmarktübertragung *f*, Übertragung *f* von Testmarktergebnissen *(Marktforschung)*

test market TV rate
brit Werbetarif *m* mit 25prozentigem Preisnachlaß für Test-Werbesendungen (in einigen Fernsehsendern)

test purchase
Testkauf *m*, Einkaufstest *m* *(Marktforschung)*

text-type advertisement
Textanzeige *f*

text-type magazine
Textzeitschrift *f*, Wortzeitschrift *f*

text-type magazine audience
Leserschaft *f*, Leser *m/pl* einer Textzeitschrift

theater advertising
Filmwerbung *f*, Kinowerbung *f*, Lichtspielwerbung *f*

theater curtain advertising
Vorhangwerbung *f*, Vorhangreklame *f* (in Lichtspieltheatern)

theater playbill
Theaterzettel *m*, Theaterprogramm *n*

theater screen advertising
→ theater advertising

theater test
Studiotest *m* *(Marktforschung) (Werbeforschung)*

theater testing
Durchführung *f* von Studiotests *(Werbe-/Mediaforschung)*

theme
1. Thema *n*, Grundthema *n*, Grundtenor *m*, Tenor *m* (eines Werbemittels/einer Werbekampagne)

theme advertising

2. Kennmelodie *f*, Erkennungsmelodie *f (Hörfunk/Fernsehen/Film)*

theme advertising
Sachwerbung *f*, Sachmittelwerbung *f*

theme display window
Anlaßfenster *n (POP-Werbung)*

thinned-out magazine
→ stripped magazine

third cover (3C)
dritte Umschlagseite *f*, U 3 *f (Zeitschrift)*

thirty (-30-; :30)
30-Sekunden-Werbesendung *f*, Werbesendung *f* von 30-Sekunden-Dauer, 30-Sekunden-Werbespot *m*, Werbespot *m* von 30 Sekunden Dauer *(Hörfunk/Fernsehen)*

thirty-second commercial (30-second commercial
30-Sekunden-Werbesendung *f*, 30-Sekunden-Werbespot *m*, Werbesendung *f* von 30-Sekunden-Dauer, Werbespot *m* von 30-Sekunden-Dauer *(Hörfunk/Fernsehen)*

30 sheet poster
30-Bogen-Plakat *n*, 30-Bogenanschlag *m*, Plakat *n* im Format von 21 Fuß 7 Zoll x 9 Fuß 7 Zoll = 657,86 x 292,10 cm *(Außenwerbung)*

thoroughness
→ thoroughness of reading

thoroughness of reading
Leseintensität *f*, Nutzungsintensität *f*, Gründlichkeit *f* des Lesens *(Leserschaftsforschung)*

thorough reader
gründlicher Leser *m (Leserschaftsforschung)*

three-sheet poster
Am **1.** Außenanschlag *m*, Plakat *n* von 6 x 12 Fuß = 182,88 x 365,76 cm *(Außenwerbung)*
2. Perronanschlag *m* im Format von 7 Fuß x 3 Fuß 6 Zoll = 213,36 x 106,68 cm *(Verkehrsmittelwerbung)*

three-step model (of advertising effectiveness)
Drei-Stufenmodell *n* des Werbeerfolgs, Drei-Stufenmodell *n* der Werbewirkung *(Werbeforschung)*

threshold
Schwelle *f*

threshold of buying power level
Kaufkraftschwelle *f (Marktforschung)*

threshold of purchasing power level
→ threshold of buying power level

through-the-book (TTB)
kurz für through-the-book method

through-the-book method (TTB method)
Originalheftmethode *f*, Originalheftverfahren *n (Leserschaftsforschung)*

throwaway
Reklamezettel *m*, Werbezettel *m*, Handzettel *m*, Wurfsendung *f*

ticket
Schild *n*, Etikett *n*, Zettel *m*

ticky-tack
Rohmodell *n*, erster Packungsentwurf *m*, grober Entwurf *m* eines POP-Werbemittels

tie-in
1. Koppelung *f*, Verbund *m*, Verknüpfung *f*, Kombination *f*
2. Buch *n*, das eine Fernsehsendung ergänzt, Buch *n* das zu einer Fernsehsendung gehört, Buch *n* über eine Fernsehsendung

to tie in
v/t koppeln, verbinden, verknüpfen, aufeinander abstimmen, aufeinander einstimmen, kombinieren, in etwas einbauen

tie-in ad
kurz für tie-in advertisement

tie-in advertisement
Koppelungsanzeige *f*, Koppelanzeige *f*, Koppelungswerbemittel *n*, Kombinationswerbemittel *n*, Kombinationsanzeige *f*, Verbundwerbemittel *n*, Verbundanzeige *f*

tie-in advertising
Verbundwerbung *f*, Koppelungswerbung *f*, Werbung *f* mit Koppelungswerbemitteln, begleitende Werbung *f*, flankierende Werbung *f*, Kombinationswerbung *f*, Komplementärwerbung *f*

tie-in commercial
Verbundwerbesendung *f*, Koppelungswerbesendung *f (Hörfunk/Fernsehen)*

tie-in promotion
Verkaufsförderung *f*, Absatzförderung *f* die mehrere Produkte im Verbund fördert

tie-in sale
Koppelgeschäft *n*, Koppelungsverkauf *m*, Kombinationsverkauf *m*

tight paper
mit Anzeigen überladene Zeitung *f*

till forbid (T.F., TF)
bis auf weiteres (Insertionsanweisung, Plazierungsanweisung, Werbeanweisung)

time-bound media *pl*
transitorische Medien *n/pl*, Ablaufsmedien *n/pl*, Zeitablaufsmedien *n/pl*

time buyer
eigentl Zeitverkäufer *m*, Funkmedienkontakter *m*

time buying
Belegung *f* von Sendezeit für Werbung, Plazierung *f* von Werbesendungen *(Hörfunk/Fernsehen)*

time charge
Werbetarif *m*, Preis *m* für Werbesendezeit *(Hörfunk/Fernsehen)*

time class
Zeitgruppe *f*, Sendezeitgruppe *f*, Sendezeitklasse *f (Fernsehen) (Mediaforschung) (Mediaplanung)*

time clearance
Freigabe *f* von Sendezeit für eine bestimmte Sendung *(Hörfunk/Fernsehen)*

time contract
Werbevertrag *m (Hörfunk/Fernsehen)*

time copy
→ live matter, standing type

time discount
1. Zeitrabatt *m (Konditionenpolitik)*
2. Mal- und Mengenrabatt *m (Hörfunk/Fernsehen) (Mediaplanung)*

time method
Methode *f* der Frage nach dem letzten Lesen, Recency-Methode (der Leserschaftsermittlung) *f (Leserschaftsforschung)*

time of enquiry
Erhebungszeitpunkt *m (Statistik) (empirische Sozialforschung)*

time period definition
Sendezeitsegmentdefinition *f*, Zeitsegmentbestimmung *f*, Festlegung *f* der Zeitsegmente *f (Hörfunk/Fernsehen)*

time period filter
Zeitfilter *m (Leserschaftsforschung)*

time period rating
Abschnittseinschaltquote *f*, Einschaltquote *f* für einen bestimmten Zeitabschnitt *(Hörfunk/Fernsehen) (Mediaforschung)*

time-related filter
→ time filter

time segment

time sheet
Zeitplan *m*, Terminplan *m* mit genauen Sendezeiten der Sendungen eines Werbungtreibenden *(Hörfunk/Fernsehen)*

time signal
1. Zeitzeichen *n*, Zeitansage *f (Hörfunk/Fernsehen)*
2. Werbesendung *f* mit Zeitansage, Werbesendung *f* der eine Zeitansage folgt

time slot
Werbesendezeit *f*, Sendezeitraum *m*, Sendezeit *f (Hörfunk/Fernsehen)*

time spent reading
Lesedauer *f*, durchschnittliche Lesedauer *f (Leserschaftsforschung)*

time spent viewing
Sehdauer *f*, Fernsehzeit *f*, Dauer *f* des Fernsehens *(Zuschauerschaftsforschung)*

timetable
→ schedule

timing strategy
Werbeterminplanung *f*, Zeiteinsatzplanung *f* der Werbung, Terminplanung *f* der Werbeeinsätze

tin
Konservendose *f (Verpackung)*

tip-in
Beikleber *m*, Einkleber *m*, Aufkleber *m*, eingeklebte Beilage *f*, eingeklebte Werbebeilage *f*

tip-on
Aufkleber *m*, aufgeklebte Beilage *f*, aufgeklebte Werbebeilage *f*, aufgeklebtes Werbemittel *n*, aufgeklebter Gutschein *m*, aufgeklebtes Warenmuster *n*

tipping
Aufkleben *n*, Einkleben *n*

tipping in
Einkleben *n*

tipping on
Aufkleben *n*

title corner
→ ear **2.**

title line
Titelzeile *f*, Überschriftszeile *f*

TM
Abk trademark

tombstone
kurz für tombstone advertisement

tombstone ad
kurz für tombstone advertisement

tombstone advertisement
eigentl Grabsteinanzeige *f*, Friedhofsanzeige *f*, Fließsatzanzeige *f*, reine Textanzeige *f*, betont seriös aufgemachte Anzeige *f* (Werbejargon)

tombstone advertising
Werbung *f* mit reinen Fließsatzanzeigen, mit reinen Textanzeigen (Werbejargon)

top end
→ top-end display

top-end display
Plakatposition *f* oberhalb der Türen im Inneren von öffentlichen Verkehrsmitteln *(Verkehrsmittelwerbung)*

top head
Spaltenüberschrift *f*, Überschriftszeile *f* *(Zeitung/Zeitschrift)*

top left position
(Anzeigen)Position *f* links oben, Plazierung *f* oben links (auf der Seite)

top lighting
beleuchtetes Werbeschild *n* für Autobusse, beleuchtetes Busschild *n*, Leuchtschild *n* für Busse *(Verkehrsmittelwerbung)*

top of mind
→ top-of-the-mind awareness

top-of-mind awareness
aktiver Bekanntheitsgrad *m* *(Marktforschung)* *(Werbeforschung)*

top-of-the-mind awareness
→ top-of-mind awareness

top 100 (top one hundred)
die einhundert größten amerikanischen Ballungsgebiete *n/pl*

top right position
(Anzeigen)Position *f* rechts oben, Plazierung *f* oben rechts (auf der Seite)

total advertising
Gesamtanzeigenraum in *(Zeitung/Zeitschrift)*

total advertising expenditure
Gesamtwerbeaufwand *m*, Gesamtaufwand *m* für Werbung, Gesamtausgaben *f/pl* für Werbung

total audience (T.A., TA)
Weitester Nutzerkreis (WNK) *m* *(Mediaforschung)*

total audience of readers
1. Weitester Empfängerkreis (WEK) *m* *(Mediaforschung)*
2. Weitester Leserkreis (WLK) *m* *(Mediaforschung)*

total audience rating
1. Gesamteinschaltquote *f* *(Hörfunk/Fernsehen) (Mediaforschung)*
2. Gesamtleser *m/pl* *(Leserschaftsforschung)*

total audience impressions *pl*
Gesamtzahl *f* der Kontakte mit einer einzelnen Ausgabe oder mehreren Ausgaben einer Zeitschrift *(Leserschaftsforschung)*

total audience of households
Haushaltsreichweite *f*, Gesamtzahl *f* der Haushalte, in denen ein bestimmtes Programm eingeschaltet ist *(Hörfunk/Fernsehen) (Mediaforschung)*

total audience of individuals
Personenreichweite *f*, Gesamtzahl *f* der Einzelpersonen, die einen bestimmten Sender oder ein bestimmtes Programm hören oder sehen *(Hörfunk/Fernsehen) (Mediaforschung)*

total audience rating
vertikale Einschaltquote *f (Hörfunk/Fernsehen) (Mediaforschung)*

total bus
Totalbelegung *f (Verkehrsmittelwerbung)*

total circulation
Gesamtauflage *f*, Druckauflage *f*, verbreitete Auflage *f*, tatsächlich verbreitete Auflage (tvA) *f*, Vertriebsauflage *f (Zeitung/Zeitschrift)*

total city plan
Auflagenübersicht *f*, Übersicht *f* über die Auflage im Stadtbereich *(Zeitung)*

total coverage
Gesamtreichweite *f (Mediaforschung)*

total effective exposure (TEE)
effektive Gesamtreichweite *f (Mediaforschung)*

total household set tuning
Geräteeinschaltzahl *f*, Haushaltsreichweite *f (Hörfunk/Fernsehen) (Mediaforschung)*

total individual audience
Gesamtzahl *f* der zuhörenden/zuschauenden Einzelpersonen *(Hörfunk/Fernsehen) (Mediaforschung)*

total market
Marktpotential *n*, Absatzpotential *n (Wirtschaftslehre) (Marketing)*

total network coverage
Gesamtreichweite *f* eines Sendernetzes *(Hörfunk/Fernsehen)*

total number of exposures
Gesamtkontakte *m/pl* pro Nummer *(Mediaforschung)*

total reach
→ reach

total readers *pl*
→ total audience 2.

total reading days *pl*
etwa Gesamtlesetage *m/pl (Leserschaftsforschung)*

total sales discount
Gesamtumsatzrabatt *m (Konditionenpolitik)*

total survey area (TSA)
Gesamterhebungsgebiet *n (Mediaforschung)*

tourism
Fremdenverkehr *m*, Tourismus *m*

tourism advertising
→ tourist advertising

tourism marketing
Fremdenverkehrsmarketing *n*

tourism market research
→ tourist market research

tourist advertising
Fremdenverkehrswerbung *f*

tourist marketing
→ tourism marketing

tourist market research
Fremdenverkehrsmarktforschung *f*

tout
aufdringlicher Kundenwerber *m*, Kundenfänger *m*, Kundenschlepper *m*, Schlepper *m*

to tout
1. *v/t* aufdringliche Werbung treiben für, aufdringlichen Kundenfang treiben für
2. *v/i* aufdringliche Werbung treiben, aufdringlichen Kundenfang treiben

touter
→ tout

touting
Anreißen *n*, anreißerische Werbung *f*, aufdringliche Kundenwerbung *f*, Kundenfang *m*

traceable expenditure
eigentl nachweisbare, verfolgbare Ausgaben *f/pl*
veröffentlichte Werbeausgaben *f/pl*, erfaßte Werbeausgaben *f/pl*

tracking study
Trendstudie *f*, Trenderhebung *f*, Wiederholungsbefragung *f (empirische Sozialforschung) (Marktforschung) (Mediaforschung)*

trade
Handel *m*

trades

trades *pl* **(the trades** *pl*)
Handel *m* (Institution)

trade advertising
1. Händlerumwerbung *f*, Fachwerbung *f*
2. Händlerwerbung *f*

trade area
→ trading area

trade area analysis
→ trading area analysis

trade association
Gewerbeverband *m*, gewerblicher Fachverband *m*, Handelsverband *m*, Branchenvereinigung *f*, Wirtschaftsfachverband *m*, Arbeitgebervereinigung *f*, Unternehmerverband *m*

trade book
→ trade publication

trade branch margin
→ trade margin 1.

trade brokerage
Handelsvermittlung *f*

trade center
Großmarkt *m*, Großhandelsmarkt *m* *(Wirtschaftslehre)*

trade chain
Absatzkette *f*, Handelskette *f* *(Wirtschaftslehre) (Marketingorganisation)*

trade channel
Absatzkanal *m*, Handelskanal *m* *(Marketing) (Marketingorganisation)*

trade character
Symbolfigur *f* (in der Werbung), Warenzeichenfigur *f*, figürliche Produktdarstellung *f*

trade company
Handelsunternehmen *n*, Handelsfirma *f*

trade directory
Branchenadreßbuch *n*, Firmenverzeichnis *n*, Handelsadreßbuch *n*, Fachadreßbuch *n*

trade discount
Händlerrabatt *m*, Wiederverkäuferrabatt *m*, Funktionsrabatt *m* *(Konditionenpolitik)*

trade fair
Handelsmesse *f*, Handelsausstellung *f*, Messe *f*

trade fair advertising
Messewerbung *f*, Ausstellungswerbung *f*

trade fair test
Messetest *m* *(Marktforschung)*

trade function
Handelsfunktion *f* *(Wirtschaftslehre)*

trade image
Branchenimage *n*

trade journal
→ trade magazine

trade level
Handelsstufe *f* *(Wirtschaftslehre)*

trade level discount
Handelsstufenrabatt *m* *(Konditionenpolitik)*

trade magazine
Branchenzeitschrift *f*, Industriefachzeitschrift *f*, Industriezeitschrift *f*, Handelsblatt *n*, Handelsfachzeitschrift *f*, Gewerbezeitschrift *f*, berufsständische Zeitschrift *f*, Fachzeitschrift *f*

trade margin
1. Branchenspanne *f* *(Wirtschaftslehre) (Betriebswirtschaft)*
2. Handelsspanne *f* *(Wirtschaftslehre) (Betriebswirtschaft)*

trade margin of profit
→ trade margin

trademark (TM)
Warenzeichen *n*, Handelszeichen *n*, Firmenzeichen *n*

trade marketing
Handelsmarketing *n*, Händlermarketing *n* *(Einzelhandel) (Großhandel)*

trade marketing research
Handelsmarktforschung *f*

trademark number
Zahlenzeichen *n*

trademark word
Wortzeichen *n*

trademark picture
Bildzeichen *n*, Bildmarke *f*

trade mart
Großhandelszentrum *n*

trade name
Firmenzeichen *n*, Firmenname *m*, Markenzeichen *n*, Handelsbezeichnung *f*, Markenname *m*, Markenbezeichnung *f*, Markenwarenbezeichnung *f*, Markenzeichen *n*

trade panel
Branchenpanel *n (Marktforschung)*

trade paper
→ trade magazine

trade press
Branchenpresse *f*, Berufsfachpresse *f*, Handelspresse *f*, gewerbliche Presse *f*, berufsständische Presse *f*, Fachpresse *f*

trade promotion
→ promotion, sales promotion

trade publication
→ trade magazine

trade research
Handelsforschung *f*

trade show
geschlossene Filmvorführung *f* (für Verleiher/Kritiker)

trade union magazine
Gewerkschaftszeitschrift *f*

trade union paper
Gewerkschaftszeitung *f*

trade usage
Handelsbrauch *m*, Usance *f*

trading
Handel *m* (Funktion)

trading area
Einkaufsgebiet *n*, Einzugsbereich *m*, Absatzgebiet *n (Einzelhandel) (Standortforschung)*

trading stamp
Rabattmarke *f (Konditionenpolitik)*

trading down
Trading-down *n (Marketingplanung)*

trading up
Trading-up *n (Marketingplanung)*

trading zone
→ trading area

traditional media *pl*
klassische Medien *n/pl*

traffic
1. Besucherfluß *m*, Kundenverkehr *m (Konsumforschung) (Marktforschung)*
2. Arbeitsfluß *m*, Auftragsabwicklung *f* (in einer Werbeagentur)

traffic audit
Reichweitenüberprüfung *f*, Reichweitenkontrolle *f (Außenwerbung)*

traffic builder
eigentl Mittel *n* zum Aufbau des Besucherflusses, Kundenmagnet *m*, Zugabe *f*, Werbezugabe *f*

traffic controller
→ traffic manager

traffic count
eigentl Verkehrszählung *f*
Passantenzählung *f (Außen-/Verkehrsmittelwerbung) (Mediaforschung)*

traffic department
Terminabteilung *f* (in einer Werbeagentur)

traffic flow
Verkehrsfluß *m*, Linie *f* des Verkehrsflusses *(Außenwerbung)*

traffic flow map
Verkehrsflußkarte *f*, Karte *f* des Verkehrsflusses, kartographische Darstellung *f* des Verkehrsflusses *(Außenwerbung)*

traffic management
Terminkoordination *f*, Terminplanung *f* (in einer Werbeagentur)

traffic manager
Terminer *m*, Traffic-Manager *m (Werbung)*

traffic side
Fahrseite *f (Verkehrsmittelwerbung)*

traffic system
System *n* der Terminkoordination, Terminkoordinierungssystem *n* (in Werbeagenturen)

traffic time
etwa Zeit *f*, Tageszeit *f* in der beim Fahren

transaction

gehört wird, Zeit *f* der Spitzennutzung von Autoradios

transaction
Transaktion *f (Wirtschaftslehre) (Marktpsychologie)*

transactional analysis
Transaktionsanalyse *f*, transaktionale Analyse *f (Psychologie)*

transaction episode
Transaktionsepisode *f (Investitionsgütermarketing)*

transfer effect
Transfereffekt *m*, Übertragungseffekt *m (Kommunikationsforschung)*

transfer of arousal
emotionaler Transfer *m (Kommunikationsforschung)*

transient
Passant *m (Außenwerbung) (Mediaforschung)*

transient buyer
Zufallskunde *m*, Laufkunde *m*, Zufallskäufer *m (Einzelhandel)*

transient customer
Zufallskunde *m*, Laufkunde *m (Einzelhandel)*

transient customers *pl*
Laufkundschaft *f (Einzelhandel)*

transient media *pl*
transitorische Medien *n/pl*, Ablaufsmedien *n/pl*, Zeitablaufsmedien *n/pl*

transient rate
Einmal-Preis *m*, Einmaltarif *m (Werbung) (Mediaplanung)*

transit
kurz für transit advertising

transit advertising
Verkehrsmittelwerbung *f*, Verkehrswerbung *f*

transit advertising company
Verkehrsmittelwerbeunternehmen *n*

transit operating company
Verkehrsmittelunternehmen *n*, öffentliches Verkehrsmittelunternehmen *n*

transit poster
Verkehrsmittelanschlag *m*, Verkehrsmittelplakat *n*

transit poster exposure
Kontakt *m* mit einem Verkehrsmittelwerbeanschlag, Verkehrsmittelwerbekontakt *m (Mediaforschung)*

transit radio
Radioübertragung *f*, Hörfunkübertragung *f* in öffentlichen Verkehrsmitteln

transit route
Route *f*, Fahrtweg *m*, Route *f* eines Verkehrsmittels (in der Verkehrsmittelwerbung)

transit spectacular
Rundum-Ganzbemalung *f*, bemalter Bus *m*, bemalter Omnibus *m*, Bus *m* mit Werbebemalung *(Verkehrsmittelwerbung)*

transit station advertising
Bahnhofswerbung *f*, Werbung *f* in Bahnhöfen, Wartesälen, Haltestellen, Perronflächenwerbung *f (Verkehrsmittelwerbung)*

transit station poster
Bahnhofsplakat *n*, Haltestellenplakat *n*, Bahnhofsanschlag *m*, Haltestellenanschlag *m*, Perronplakat *n*, Perronanschlag *m (Verkehrsmittelwerbung)*

translight
Transparent *n*, Leuchtreklametransparent *n (Anschlagwerbung) (Außenwerbung)*

translucency
durchscheinendes Bild *n*, durchscheinende Illustration *f*, Transparentbild *n*, Durchsichtkopie *f*, Durchsichtvorlage *f*

translucent

transparency
1. Dia *n*, Diapositiv *n*, Diapositivbild *n (Photographie)*
2. Transparent *n*, Leuchtbild *n*, Durchscheinbild *n*

transparent
adj durchsichtig, lichtdurchlässig, durchscheinend, transparent, Transparent-

transparent box
→ transparent pack

transparent pack
Sichtverpackung *f*

transparent package
→ transparent pack

transportation advertisement
Verkehrswerbemittel *n*, Verkehrsmittelplakat *n*, Verkehrsmittelanschlag *m*

transportation advertising
→ transit advertising

transportation display poster
Perronanschlag *m*, Perronplakat *n*, Bahnhofsanschlag *m*, Bahnhofsplakat *n* *(Verkehrsmittelwerbung)*

transportation vehicle policy
Fuhrparkpolitik *f* *(Marketinglogistik)*

travel advertising
→ tourist advertising

traveling display
Werbemittel *n*, Werbeausstellung *f* das/die von Einzelhandelsgeschäft zu Einzelhandelsgeschäft geschickt wird, fahrendes Werbemittel *n*, fahrende Ausstellung *f*, Wanderausstellung *f*

traveling salesman
Reisender *m*, Handlungsreisender *m* *(Außendienst)*

travel marketing
Fremdenverkehrsmarketing *n*

travel market research
→ tourist market research

tray pack
Auslagekarton *m* *(Verpackung)* *(POP-Werbung)*

treatment
Behandlung *f*, Handhabung *f*, Art *f* und Weise *f* der Darstellung, Gestaltung *f* (einer Werbekampagne)

trend
1. Trend *m* *(Statistik)*
2. Tendenz *f*

trend analysis
Trendanalyse *f* *(Statistik) (empirische Sozialforschung) (Marktforschung) (Mediaforschung)*

trend comparison
Trendvergleich *m* *(Statistik) (empirische Sozialforschung) (Marktforschung) (Mediaforschung)*

trend elimination
Trendbereinigung *f*, Trendeliminierung *f* *(Statistik)*

trend fitting
Trendkorrektur *f*, Trendanpassung *f* *(Statistik)*

trend prediction
→ trend prognosis

trend prognosis
Trendprognose *f*, Trendvorhersage *f* *(Statistik)*

trend research
Trendforschung *f* *(empirische Sozialforschung)*

trendsetter
Trendsetter *m*, Geschmacksführer *m* *(Marktpsychologie)*

trial
Erstkauf *m*, Probekauf *m*, Erstnutzung *f*, Probenutzung *f* *(Marketing) (Werbeforschung)*

trial purchase
→ trial

trial size
Probepackungsformat *n*, Probepackungsgröße *f*

trial subscription
Probeabonnement *n*, Probebezug *m* *(Zeitung/Zeitschrift) (Medienvertrieb)*

trial test
Erfahrungstest *m* *(Marktforschung)*

trier
Erstkäufer *m*, Probekäufer *m* *(Marketing)*

triggyback
aus tri (drei) + piggyback (Huckepack) Dreierkombination *f* von 20-Sekunden-Werbesendungen *(Hörfunk/Fernsehen)*

trim
1. Beschnitt *m*, Beschnittzugabe *f* *(Anzeige)*
2. Schnittmaterial *n*, herausgeschnittene Teile *m/pl* *(Film)*
3. Schaufensterdekoration *f*, Schaufensterschmuck *m* *(POP-Werbung)*

4. Plakatrahmen *m*, Plakatumrahmung *f*, Plakatrand *m*

to trim
1. *v/t* anschneiden, beschneiden (Anzeige/Seite)
2. *v/t* (Text) kürzen, zurechtstutzen

triple associates method
Dreierassoziationsmethode *f*, Dreierassoziationsverfahren *n* *(Marktforschung) (Werbeforschung)*

triple associates test
Dreierassoziationstest *m (Werbeforschung)*

triple association
→ triple associates method

triple audience home
brit Haushalt *m*, der im Empfangsbereich von drei verschiedenen Fernsehsendern liegt

triple spotting
Ausstrahlung *f* von drei Werbesendungen für dasselbe Produkt unmittelbar hintereinander und ohne Pause *(Hörfunk/Fernsehen)*

tru-line rate
Millionenpreis *m*, Zeilenpreis *m (Anzeigenwerbung)* pro Millionenauflage auf der Basis der tatsächlich verbreiteten Auflage in einem genau umrissenen Marktgebiet

trust
Kartell *n (Wirtschaftslehre) (Wettbewerbstheorie)*

TSA
Abk total survey area

T-scope
Tachistoskop *n (Psychologie) (Marktforschung) (Werbeforschung)*

TTB
→ through-the-book

TTB method
→ through-the-book method

tube card
brit U-Bahn-Plakat *n (Verkehrsmittelwerbung)*

tum-tum
Tamtam *m*, aufdringliche Reklame *f*, aufdringliche Werbung *f*

tune-in
Geräteeinschaltzahl *f (Hörfunk/Fernsehen) (Mediaforschung)*

tune-in advertising
Mitmachwerbung *f (Hörfunk/Fernsehen)*

tune-in audience
Hörer *m/pl*, Zuschauer *m/pl*, die speziell ein bestimmtes Programm eingeschaltet haben *(Hörfunk/Fernsehen) (Mediaforschung)*

to tune out
v/t (Radio-/Fernsehgerät) ausstellen, abschalten (Sendung) abschalten, ausschalten

tuning time
Zeitdauer *f*, während derer ein Gerät eingeschaltet ist *(Hörfunk/Fernsehen) (Mediaforschung)*

turnkey operation
Systemverkauf *m*

turnover
1. Fluktuation *f*
2. Umsatz *m (Wirtschaftslehre) (Betriebswirtschaft)*

turnover rate
Fluktuationsgeschwindigkeit *f*, Fluktuationsrate *f*, Umschlagsgeschwindigkeit *f*

TVHH
Abk television household

20 (twenty, :20)
20-Sekunden-Werbesendung *f*, Werbesendung *f* von 20-Sekunden-Dauer *(Hörfunk/Fernsehen)*

20-second commercial
→ 20

25 showing
→ quarter showing

twenty-four hour recall
Werbeerinnerung *f* im Zeitraum von maximal 24 Stunden nach Ausstrahlung einer Werbesendung *(Hörfunk/Fernsehen) (Werbeforschung) (Mediaforschung)*

twenty-four hour recall score
Zwölf-Stunden-Erinnerungswert *m (Hörfunk/Fernsehen) (Mediaforschung)*

24-sheet (twenty-four sheet)
amerikanisches 24-Bogen-Plakat *n (Außenwerbung)*

24-sheet panel
→ 24-sheet poster panel

24-sheet poster
→ 24-sheet

24-sheet poster panel
Anschlagfläche *f* für ein 24-Bogen-Plakat *(Außenwerbung)*

twin pack
Doppelpackung *f*, Zweierpackung *f*

2C
Abk second cover

two-component package
Zwei-Komponenten-Dose *f (Verpackung)*

two-cycle flow of communication
Zwei-Zyklen-Fluß *m* der Kommunikation *(Kommunikationsforschung)*

two-hemisphere theory
Zwei-Hemisphären-Theorie *f*

200 showing
(two-hundred showing)

two pages facing *pl*
Doppelseite *f* ohne Beschnitt, unbeschnittene Doppelseite *f*, unangeschnittene Doppelseite *f*, unangeschnittene doppelseitige Anzeige *f (Zeitschrift)*

two-pay agency
Abonnementswerbebüro *n* das sich den Einzug der Abonnementsgebühren mit dem Verlag, bei dem die Publikation erscheint, aufteilt *(Medienvertrieb)*

two-pay plan
Modus *m* des Abonnementsgebühreneinzugs, bei dem ein Teil der Abonnements von einer Agentur, ein anderer Teil vom Verlag selbst eingezogen wird *(Medienvertrieb)*

two-sheet poster
Am Bahnhofsplakat *n*, Perronanschlag *m (Verkehrsmittelwerbung)*

two-shot
Aufnahme *f*, Nahaufnahme *f* mit zwei Objekten, Zweiereinstellung *f (Film/Fernsehen)*

two-step flow of communications
Zwei-Stufen-Fluß *m* der Kommunikation *(Kommunikationsforschung)*

two-step flow theory
Zwei-Stufen-Fluß-Theorie *f (Kommunikationsforschung)*

two-thirds page
Zweidrittelseite *f (Zeitung/Zeitschrift)*

two-way communication
Zweiwegkommunikation *f (Kommunikationsforschung)*

two-way communication cable system
→ two-way cable

type
1. Typus *m* Art *f*, Gattung *f*, Muster *n*, Modell *n*
2. Typ *m (Statistik)*

type of market
Markttyp *m (Wirtschaftslehre) (Marketing)*

type of product
Produktart *f*, Produktgattung *f*, Produkttyp *m*

typology
Typologie *f (empirische Sozialforschung) (Marktforschung)*

typology of consumer behavior
Typologie *f* des Verbraucherverhaltens, Typologie *f* des Konsumverhaltens *(Marktforschung) (Konsumforschung)*

typologization (*brit* **typologisation**)
Typologisierung *f (empirische Sozialforschung) (Marktforschung) (Konsumforschung)*

U

ultimate consumer
Endverbraucher *m*, Absatzempfänger *m* *(Marketing) (Marktforschung)*

umbrella advertising
Schirmwerbung *f*

unaided recall
reine Erinnerung *f* ohne Gedächtnisstützen, ungestützte Erinnerung *f*, spontane Erinnerung *f*, aktiver Bekanntheitsgrad *m* *(empirische Sozialforschung) (Marktforschung) (Mediaforschung)*

unaided recall test
ungestützter Erinnerungstest *m*, Test *m* ohne Gedächtnisstütze *f*, spontaner Erinnerungstest *m* *(empirische Sozialforschung) (Marktforschung) (Mediaforschung)*

unbranded goods *pl*
anonyme Waren *f/pl*, weiße Waren *f/pl*

unbranded product
anonyme Ware *f*, anonymes Produkt *n*, anonymes Erzeugnis *n*

unclassified ad
kurz für unclassified advertisement

unclassified advertisement
allgemeine Anzeige *f*, nichtrubrizierte Anzeige *f*

undifferentiated marketing
undifferenziertes Marketing *n* *(Marketingplanung)*

undisplay advertisement
Fließsatzanzeige *f (Zeitung/Zeitschrift)*

unduplicated audience
→ cumulative audience, net unduplicated audience, reach

unduplicated net readership
→ unduplicated audience

unexposed people *pl*
eigentl Personen *f/pl*, die (einer Situation) nicht ausgesetzt sind, Personen *f/pl* ohne Werbemittel- oder Werbeträgerkontakt *(Mediaforschung)*

unfair competition
unlauterer Wettbewerb *m* *(Wirtschaftslehre) (Wettbewerbsrecht)*

unintentional primary reader
unabsichtlicher Erstleser *m*, Zufallsleser *m*, Zweitleser *m*, Sekundärleser *m* *(Leserschaftsforschung)*

uniqueness
Einzigartigkeit *f*, Originalität *f* *(Werbeforschung)*

unique selling proposition (U.S.P., USP)
etwa einzigartiges Werbeargument *n*, einzigartiges Verkaufsargument *n*, einzigartiger Werbeanspruch *m*, einzigartiger verkaufender Anspruch *m* *(Marketingplanung) (Werbeforschung)*

unit method
Verkaufseinheits-Methode *f* (der Budgetierung)

unit price
1. Einheitspreis *m* *(Konditionenpolitik)*
2. Stückpreis *m* *(Konditionenpolitik)*

unit pricing
Unit Pricing *n*, Einheits-Preisbildung *f (Konditionenpolitik)*

unit split
Aufteilung *f*, einer Werbesendung in zwei gleich lange Teileinheiten, von denen jede einzelne eine eigenständige Werbesendung darstellt *(Hörfunk/Fernsehen)*

unpublished ad
kurz für unpublished advertisement

unpublished advertisement
unveröffentlichte Anzeige *f*, nicht veröffentlichte Anzeige *f*, *(Werbeforschung)*

unselfish display
eigentl selbstlose Warenauslage *f (POP-Werbung)*

untrimmed size
Format *n*, ohne Beschnitt, unbeschnittenes Format *n*, Größe *f*, ohne Beschnitt (Seite, Anzeige)

UPC system (Universal Product Code)
UPC-System *n*

up-cutting
Kürzen *n*, Abschneiden *n*, von Teilen eines Sendernetzprogramms durch einen Lokalsender *(Hörfunk/Fernsehen)*, um so mehr Sendezeit für lokale Werbesendungen zu bekommen

upfront
adj/adv langfristig, lange im voraus *(Werbeplanung)*

upgrading
Aufwertung *f*, Ersatz *m*, Substitution *f* eines minderwertigen Produkts durch ein höherwertiges, Kauf *m* eines höherwertigen Produkts anstelle eines minderwertigen *(Wirtschaftslehre)*

upscale
adj die gehobenen sozialen Schichten, die höheren Einkommensgruppen, die besser ausgebildeten Schichten betreffend

usage appeal
etwa Nutzungsappeal *m*, Gebrauchsappeal *m*, Verkaufsappeal *m (Werbeforschung)*

usage pull
Verkaufs-Zugkraft *f* der Werbung, Verkaufskraft *f* der Werbung, verkaufsfördernde Wirkung *f* der Werbung

usage test
Gebrauchstest *m (Marktforschung)*

user
1. Verwender *m (Marketing) (Marktforschung)*
2. Nutzer *m*, Klient *m*, Kunde *m (Mediaforschung)*
3. Nutzer *m*, Auftraggeber *m (Marktforschung) (Mediaforschung)*

uses-and-gratifications approach
Nutzenansatz *m*, Uses-and-Gratifikations-Ansatz *m (Kommunikationsforschung)*

U.S.P. (USP)
Abk unique selling propostion

utility
Nutzen *m (Wirtschaftslehre)*

utility maximization (*brit* utility maximisation)
Nutzenmaximierung *f (Wirtschaftslehre) (Wettbewerbstheorie)*

utility in use
Gebrauchsnutzen *m (Wirtschaftslehre)*

V

valence
Anmutung *f*, Anmutungsqualität *f*, Valenz *f*, Aufforderungscharakter *m* *(Psychologie)* *(Marktpsychologie)*

valence gradient
Aufforderungsgradient *m* *(Psychologie)* *(Marktpsychologie)*

validated readership
validierte Leserschaft *f (Leserschaftsforschung)*

validated recall
validierte Erinnerung *f (empirische Sozialforschung)*

value
1. Wert *m (Marktpsychologie)*
2. Nutzen *m*, Nützlichkeit *f*, Preis *m (Wirtschaftslehre)*

value importance
Wertebedeutung *f*, subjektive Wichtigkeit *f* eines Ziels für eine Person *(Psychologie)*

value in cash
Barwert *m* (einer Investition) *(Wirtschaftslehre)*

value research
Werteforschung *f (empirische Sozialforschung)* *(Marktpsychologie)*

variance of exposure
Kontaktstreuung *f (Mediaplanung)*

variety shop
→ variety store

variety store
Gemischtwarenladen *m*, Kramladen *m (Einzelhandel)*

Veblen effect
Veblen-Effekt *m (Wirtschaftslehre)*

vehicle
→ advertising vehicle, advertising medium

vehicle exposure
Werbeträgerkontakt *m (Mediaforschung)*

vehicle policy
Fuhrparkpolitik *f (Marketinglogistik)*

vehicular visibility index
Sichtbarkeitsindex *m* für Fahrzeuge *(Außenwerbung) (Mediaforschung)*

veiling
Veiling *n (Wirtschaftslehre)*

vending machine
Verkaufsautomat *m (Einzelhandel)*

vendor
1. Verkäufer *m (Einzelhandel)*
2. Verkaufsautomat *m (Einzelhandel)*

venture analysis
Risikoanalyse *f (Marketingplanung)*

venture team
Venture-Team *n*, Innovationsteam *n (Marketingplanung)*

verbal negative
Negativformulierung *f* (in der Werbung)

verbal positive
Positivformulierung *f* (in der Werbung)

vertical advertising
vertikale Gemeinschaftswerbung *f*, vertikale Verbundwerbung *f*, vertikale Coop-Werbung *f*

vertical buy
homogene Belegung *f* (Mediaplanung)

vertical case
Vertikalauslage *f*, vertikale Einzelhandelsauslage *f (POP-Werbung)*

vertical contiguity
Minimalbelegung *f* eines Senders *(Hörfunk/ Fernsehen)* mit Werbesendungen an einem Tag

vertical cooperation
vertikale Kooperation *f*, vertikale Zusammenarbeit *f (Marketingorganisation)*

vertical cooperative advertising
→ cooperative advertising 1., tie-in advertising

vertical cume
kumulierte Einschaltquote *f* von zwei oder mehr Sendungen an einem Tag *(Hörfunk/Fernsehen) (Mediaforschung)*

vertical differentiation
vertikale Differenzierung *f (Marketingplanung)*

vertical discount
Rabatt *m*, Malrabatt *m* für Werbung einer bestimmten Häufigkeit in einer festgelegten Zeitperiode, meist einer Woche *(Hörfunk/Fernsehen)*

vertical diversification
vertikale Diversifikation *f*, vertikale Diversifizierung *f (Marketingplanung)*

vertical half-page
senkrechte Halbseite *f*, hochformatige Halbseite *f*

vertical integration
vertikale Integration *f (Marketingorganisation)*

vertical marketing
vertikales Marketing *n (Marketingorganisation) (Marketingplanung)*

vertical marketing organization
vertikale Marketingorganisation *f*

vertical paper
→ vertical publication

vertical product differentiation
vertikale Produktdifferenzierung *f (Marketingplanung)*

vertical store sign
Nasenschild *n (Außenwerbung)*

to vertigrate
aus vertical + integrate
v/t (Werbe- und Verkaufsförderungsanstrengungen) vertikal integrieren d.h. vom Hersteller bis zum Einzelhändler koordinieren, aufeinander abstimmen, einheitlich durchorganisieren

vertigration
aus vertical + integration
vertikale Integration *f* der Werbe- und Verkaufsförderungsmaßnahmen vom Hersteller bis hin zum Einzelhändler

Vidale-Wolfe model
Vidale-Wolfe-Modell *n (Marktforschung)*

videometer
Einschaltquotenmeßgerät *n*, Gerät *n* zur Ermittlung von Einschaltquoten *(Fernsehen) (Mediaforschung)*

viewer
Zuschauer *m*, Fernseher *m*, Fernsehzuschauer *m (Mediaforschung)*

viewer attention
→ viewer attentiveness

viewer attentiveness
Aufmerksamkeit *f* der Fernsehzuschauer, Beachtung *f*, die Fernsehzuschauer einer Sendung schenken *(Mediaforschung) (Werbeforschung)*

viewer characteristics *pl*
Charakteristika *n/pl* demographische Merkmale *n/pl* der Zuschauer, Struktur *f* der Fernsehzuschauer *(Zuschauerschaftsforschung)*

viewers *pl* **per broadcast**
Seher *m/pl* pro Sendung *(Zuschauerschaftsforschung)*

viewers *pl* **per commercial block**
Zuschauer *m/pl* je Werbeblock *(Mediaforschung)*

viewers *pl* **per day**
Seher *m/pl* pro Tag *(Zuschauerschaftsforschung)*

viewer profile
Zuschauerprofil *n*, Fernsehzuschauerprofil *n (Zuschauerschaftsforschung)*

viewer research
Zuschauerforschung *f*, Zuschauerschaftsforschung *f (Fernsehen)*

viewer response service
Anfragenservice *m*, Werbeanfragenservice *m (Fernsehen)*

viewership
→ television viewership

viewers per household (V.P.H., VPH) *pl*
durchschnittliche Zahl *f* der Personen pro Haushalt *(Fernsehen) (Zuschauerschaftsforschung)*

viewers per set (V.P.S., VPS) *pl*
Abk viewers per viewing household

viewers per viewing household (VPVH, V.P.V.H., V/VH) *pl*
durchschnittliche Zahl *f* der Personen pro Fernsehhaushalt, die eine bestimmte Fernsehsendung anschauen *(Zuschauerschaftsforschung)*

viewing diary
Fernsehtagebuch *n (Zuschauerschaftsforschung)*

viewing habits *pl*
Fernsehgewohnheiten *f/pl*, Zuschauergewohnheiten *f/pl (Zuschauerschaftsforschung)*

viewing theatre
brit Studio *n*, Vorführraum *m* (in einer Werbeagentur)

viewing time
Sehdauer *f*, Fernsehzeit *f*, Dauer *f* des Fernsehens *(Zuschauerschaftsforschung)*

visibility
Sichtbarkeit *f*, Dauer *f* der Sichtbarkeit (von Außenanschlägen) *(Außenwerbung)*

visibility-adjusted OTS score
sichtbarkeitsjustierter Netto-Kontaktsummenwert *m (Außenwerbung)*

visual
Layoutskizze *f*, Verbildlichung *f* einer Werbeidee, Bildelement *n*, Veranschaulichung *f* einer Werbekonzeption

visual communication
visuelle Kommunikation *f*

visual coverage
Bildberichterstattung *f* (Presse, Fernsehen)

visual incentive
visueller Anreiz *m*, optischer Anreiz *m*

visual transfer
visuelle Übertragung *f*, visueller Transfer *m (Mediaforschung)*

visualization
Veranschaulichung *f*, Visualisierung *f*, Verbildlichung *f* (einer Werbeidee, einer Werbekonzeption)

vocational advertising
→ professional advertising

volume discount
1. Mengenrabatt *m (Konditionenpolitik)*
2. Gesamtumsatzrabatt *m (Konditionenpolitik)*
3. Abschlußrabatt *m*

volume policy
Mengenpolitik *f (Wirtschaftslehre) (Marketingplanung)*

voluntary
kurz für voluntary group

voluntary association
→ voluntary group

voluntary attention
freiwillige Beachtung *f*, freiwillige Aufmerksamkeit *f* (für Werbung)

voluntary chain
freiwillige Kette *f*, freiwillige Handelskette *f (Einzelhandel) (Großhandel)*

voluntary group
freiwillige Gruppe *f (Einzelhandel) (Großhandel)*

voluntary chain of retailers
Einkaufsring *m (Beschaffungsmarketing)*

voucher
1. Beleg *m*
2. Gutschein *m*

VPVH (V.P.V.H.)
Abk viewers per viewing household

V/VH
Abk viewers per viewing household

W

waistband
eigentl Hosenbund *m*, Hüftstreifen *m* Werbestreifen *m*, Werbebeschriftung *f*, Plakatstreifen *m* rund um einen Bus herum *(Verkehrsmittelwerbung)*

wait order
Terminauftrag *m*, Anzeigenterminauftrag *m (Zeitung/Zeitschrift)*

wall banner
Spannplakat *n*, Wand-Spannplakat *n (Außenwerbung)*

wallpaper
eigentl Tapete *f*
brit HiFi-Anzeige *f*, HiFi-Endlosanzeige *f*

wall position
Wandflächenposition *f*, Wandflächenstandort *m*, Anschlagwandposition *(Außenwerbung)*

wall-to-wall
adj unmittelbar aufeinanderfolgend, ohne Sendepause ohne zwischengeschaltete Werbesendungen *(Hörfunk/Fernsehen/Film)*

want
Bedarf *m*, Wunsch *m*, Bedürfnis *(Psychologie) (Marktpsychologie)*

want ad
1. Stellengesuch *n*, Stellengesuchsanzeige *f*
2. Stellenanzeige *f*, Stellenangebot *n*
3. Anzeige *f*, Annonce *f*, mit der etwas gesucht wird

want-creating advertising
bedürfniserzeugende Werbung *f*, bedürfnisweckende Werbung *f*

want factor
Bedarfsfaktor *m (Wirtschaftslehre) (Marktpsychologie)*

warehouse
Warenlager *n*, Lager *n*, Lagerhaus *n*, Speicher *m*

warehouse selling
Lagerhandel *m*, Lagergeschäft *n (Einzelhandel) (Großhandel)*

warm-up
Eisbrecher *m*, fesselnde Einführung *f*, Anreißer *m (Film/Hörfunk/Fernsehen)*

warranty
Garantie *f*, Gewähr *f*, Gewährleistung *f*, Zusicherung *f*, Bürgschaft *f*, Qualitätsgarantie *f* (bei Waren) *(Konditionenpolitik)*

waste circulation
→ waste coverage

waste coverage
Fehlstreuung *f*, Streuverluste *m/pl*, Streuungsverluste *m/pl (Mediaplanung) (Mediaforschung)*

wave posting
Rotationsplan *m*, Rotationswerbeplan *m (Außenwerbung)*

wave scheduling
Phasen-Werbung *f*, Phasen-Werbeplanung *f*, Werbeplanung *f* bei der Werbephasen und Werbepausen vorgesehen sind

waving schedule
Werbephasenplan *m*, Phasenplan *m* der Werbung

waving
→ wave scheduling

wearout
Nachlassen *n*, Abnützung *f*, Verschleiß *m (Werbeforschung)*

wearout system
etwa Abnutzungssystem *n*, Erschöpfungssystem *n (Briefwerbung)*

Weinberg model
Weinberg-Modell *n (Marktpsychologie) (Werbeforschung)*

wheel of retailing
Dynamik *f* der Betriebsformen *(Einzelhandel) (Großhandel)*

white coat rule
Regel *f*, Vorschrift *f* über weiße Kittel (in der Werbung)

white goods *pl*
weiße Artikel *m/pl*, weiße Waren *f/pl*

wholesale
1. Großhandel *m*, Engroshandel *m*
2. *adj* Großhandels-, Engros-

wholesale center (*brit* **wholesale centre**)
Großhandelszentrum *n*

wholesale consortium
Großhandelskonsortium *n*

wholesale dealer
→ wholesaler

wholesale marketing
Großhandelsmarketing *n*

wholesale market
Großmarkt *m*, Großhandelsmarkt *m*

wholesaler
Großhändler *m*, Engroshändler *m*

wholesaler panel
Großhandelspanel *n* (*Marktforschung*)

wholesale price
Großhandelspreis *m* (*Wirtschaftslehre*) (*Konditionenpolitik*)

wholesale trade
→ wholesale 1.

wild spot
Werbesendung *f* eines nationalen oder regionalen Werbungtreibenden, die von einem Lokalsender (*Hörfunk/Fernsehen*) ausgestrahlt wird

winding-up sale
Ausverkauf *m* (*Einzelhandel*)

window banner
→ window streamer

windowcard
Schaufensterplakat *n* (POP advertising)

window display
Schaufensterauslage *f*, Schaufensterdekoration *f*, Schaufensterwerbung *f*, Schaufensterreklame *f* (POP advertising)

window dresser
Schaufensterdekorateur *m*, Dekorateur *m*

window dressing
Schaufensterdekoration *f*, Dekoration *f*, Schaufenstergestaltung *f*, Schaufensteraufmachung *f*

window dressing contest
Schaufensterwettbewerb *m*, Dekorationswettbewerb *m*

window envelope
Fensterumschlag *m*, Fensterkuvert *n*, Fensterbriefumschlag *m*

window poster
Fensterplakat *n*, Scheibenplakat *n*

to windowshop
v/i einen Schaufensterbummel machen

windowshopper
Schaufensterbummler(in) *m(f)*, jemand *m*, der einen Schaufensterbummel macht

windowshopping
Schaufensterbummeln *n*

window streamer
Fensteraufkleber *m*, Streifenplakat *n* für Schaufenster Fensterkleber *m*, länglicher Plakatstreifen *m* für Schaufenster

window trim
→ window dressing

window trimming
→ window dressing

wire stand
Drahtgestell *n*, Verkaufsständer *m* aus Draht (*POP-Werbung*)

wish image
Wunschbild *n*, Wunschimage *n* (*Marktpsychologie*)

wobbler
eigentl Wackler *m*, Mobile *n*, Werbemobile *n* (*POP-Werbung*)

women readers *pl*
weibliche Leser *m/pl* im Alter von 18 Jahren und darüber (*Leserschaftsforschung*)

women viewers *pl*
weibliche Zuschauer *m/pl (Fernsehen)* im Alter von 18 Jahren und darüber *(Zuschauerschaftsforschung)*

wooden Indian
hölzerner Indianer *m*, Holzindianer *m (POP-Werbung)*

word-of-mouth advertising
Mundreklame *f*, Mundwerbung *f*, Mundpropaganda *f (Werbeforschung) (Kommunikationsforschung)*

word-of-mouth campaign
Mundpropagandafeldzug *m*, Mundpropagandakampagne *f*

to wrap
v/t einpacken, einschlagen, einwickeln, einhüllen

wraparound
dekorative Verpackung *f*, Einwicklung *f*, Einwickler *m*

wrapper
1. Hülle *f*, Verpackung *f*, Überzug *m*
2. Umschlag *m*, Buchumschlag *m*, Schutzhülle *f*
3. Kreuzband *n*, Streifband *n Zeitungspostversand)*

wrapper design
Verpackungsdesign *n*, Umschlagdesign *n*

wrappered newspaper
Streifbandzeitung *f (Medienvertrieb)*

wrapping paper
Einschlagpapier *n*, Einwickelpapier *n*, Verpackungspapier *n*

Y

yardstick
Maßstab *m*, Bezugspunkt *m*, Orientierungsmaßstab *m*, Orientierungsgröße *f*

yellow goods *pl*
Gebrauchsgüter *n/pl*, langlebige Konsumgüter *n/pl*, Besitzgüter *n/pl*

yellow pages *pl*
gelbe Seiten *f/pl*, Branchenseiten *f/pl* (im Telefonbuch)

yellow paper
Sensationsblatt *n*, Boulevardzeitung *f*

yesterday method of reading measurement
Befragung *f* nach dem gestrigen Lesen, Frage *f* nach dem gestrigen Lesen *(Leserschaftsforschung)*

yesterday's readersbip
gestrige Leserschaft *f (Leserschaftsforschung)*

yesterday's reading
gestriges Lesen *n (Leserschaftsforschung)*

you approach
Direktansprache *f*, Methode *f* der direkten Ansprache (der Zielgruppe)

Z

Z chart
→ zee chart

zee chart
Schichtenkarte *f (Statistik)*

zero-sum game
Nullsummenspiel *n (Spieltheorie)*

zig-zag spread
Zickzackanzeige *f* quer über eine Seite oder eine Doppelseite *(Zeitung/Zeitschrift)*

zip ad
Packungsbeigabe *f*, Packungsbeilage *f*, Packungsanhänger *m*, Packungsaufkleber *m (Zugabewerbung)*

Zöllner procedure
Zöllner-Verfahren *n (Werbeforschung)*

zone
Zone *f*, Werbezone *f*

zone campaign
lokale Werbekampagne *f*, Werbefeldzug *m* in einer lokalen Werbezone

zone plan
Zonenplan *m*, Mediaplan *m*, Streuplan *m*, für eine lokale Werbezone *(Mediaplanung)*

zoning
phasenweise Einführung *f*, sukzessiver Marktaufbau *m (Marketingplanung)*

A

abändern *v/t*
to alter, to change, to modify, to revise

Abänderung *f*
alteration, modification, change, revision

abbauen *v/t*
1. *(economics)* (Kosten) to reduce, to cut, to cut down, to retrench
2. *(economics)* (Auftragsbestand, Arbeitsüberhang) to work off

abbestellen *v/t*
1. (Waren) to cancel an order for, to countermand
2. (Abonnement) to cancel (a subscription), to discontinue the subscription (of), *colloq* to stop the paper

Abbestellquote *f*
→ Abbestellungsrate

Abbestellung *f*
1. cancellation, *Am also* cancelation, countermand
2. (Abonnement/Zeitung) cancellation, discontinuance
3. (beim Kabelfernsehen) disconnect

Abbestellungsfrist *f*
cancellation date

Abbestellungsrate *f* (**Abbestellquote** *f*)
1. rate of cancellations, cancellation rate, percentage of cancellations

abbilden *v/t*
1. to reproduce, to copy
2. (darstellen) to portray, to illustrate, to picture, to depict
3. (nachbilden) to model, to represent
4. (zeichnen) to draw
5. (graphisch darstellen) to plot

Abbildung *f*
1. reproduction, copy
2. (Darstellung) portrayal, portraiture, illustration, picture, depiction
3. (Nachbildung) representation, model

4. (Zeichnung) drawing
5. (graphische Darstellung) diagram

Abbildungsrechte *n/pl*
copyright, reproduction right(s) (*pl*)

Abbildungsverzeichnis *n*
list of illustrations

Abbruch *m* *(statistical quality control)*
cutoff

Abbruchsverfahren *n* (**Cut-off-Verfahren** *n*)
(statistical quality control)
cutoff procedure

ABC-Analyse *f* *(economics)*
ABC analysis, ABC inventory management, ABC inventory-control system

Abfangen *n* (**von Kunden**) (**Abfangwerbung** *f*)
(advertising)
touting, pulling-in (of customers)

Abfindung *f* (**Abfindungszahlung** *f*) *(economics)*
severance pay

Abflußquote *f* (**Abflußrate** *f*)
1. *(marketing)* customer decay rate, decay rate
2. *(radio/television)* audience loss, audience loss rate

abgebrochene Prüfung *f* *(statistical quality control)*
curtailed inspection

abgeleitete Nachfrage *f* (**abgeleiteter Bedarf** *m*)
(economics)
secondary demand, derived demand

abgeleitetes Ziel *n* *(organizational sociology)*
derived goal

abgepackte Waren *f/pl* (**Produkte** *n/pl*)
→ Fertigwaren

abgeschlossenes sequentielles Verfahren *n* *(statistics)*
closed sequential scheme, closed sequential

abgeschlossenes Verfahren
scheme, closed procedure, closed sequential procedure

abgeschlossenes Verfahren *n* **(geschlossenes Verfahren** *n***)** *(sequential analysis)*

Abgrenzung *f* **regionaler Teilmärkte** *(economics) (marketing)*
zoning, price zoning, zone-delivered pricing

Abholdienst *m*
collection service, pickup service

Ablaufdiagramm *n*
→ Ablaufsdiagramm, Flußdiagramm

Ablaufplanung *f* **(betriebliche Planung** *f***, Betriebsplanung** *f***)** *(economics)*
operational planning, operational management

Ablaufsanalyse *f* *(economics)*
process analysis, *pl* analyses, methods study, work simplification

Ablaufsdiagramm *n* **(Ablaufsdarstellung** *f***, Flußdiagramm** *n***)** *(graphic representation)*
process chart, flow chart, flow diagram

Ablaufsmuster *n* **(Verfahrensmuster** *n***, Verlaufsmuster** *n***)**
processual pattern

Ablaufsstudie *f*
→ Verlaufsstudie

Ablehnungsauswahl *f* **(Zurückweisungsauswahlverfahren** *n***, Zurückweisungsstichprobenverfahren** *n***)** *(statistical quality control)*
rejective sampling

Ablehnungsbereich *m* **(Bereich** *m* **der Ablehnung, Zurückweisungsbereich** *m***, Schlechtbereich** *m***)** *(statistical quality control)*
rejection area, area of rejection, rejection region, region of rejection, critical region, latitude of rejection

Ablehnungsgrenze *f* **(Zurückweisungsgrenze** *f***, Schlechtgrenze** *f***)** *(statistical quality control)*
rejection line, rejection boundary

Ablehnungslinie *f* **(Zurückweisungslinie** *f***, Schlechtlinie** *f***)** *(statistical quality control)*
rejection line, rejection boundary

Ablehnungszahl *f* **(Zurückweisungszahl** *f***, Schlechtzahl** *f***)** *(statistical quality control)*
rejection number

Abnahme *f* **(Annahme** *f***)**
1. (Verringerung *f*, Verminderung *f*, Dekrement *n*) decrement
2. acceptance
3. (von Entwürfen in einer Agentur) review
4. → Abnahmeprüfung, Qualitätskontrolle

Abnahmefunktion *f* **(Verminderungsfunktion** *f***)** *(mathematics/statistics)*
decrement function

Abnahmekontrolle *f* **(Annahmekontrolle** *f***)** *(statistical quality control)*
acceptance inspection, acceptance control, acceptance testing, attribute inspection, attribute sampling

Abnahmekontrollkarte *f* **(Annahmekontrollkarte** *f***, Kontrollkarte** *f***, Annahmekontrollkarte** *f***, Annahmekontrollgraphik** *f***)** *(statistical quality control)*
acceptance control chart, control chart

Abnahmelinie *f* **(Annahmelinie** *f***, Gutgrenze** *f***)** *(statistical quality control)*
acceptance line, line of acceptance, acceptance boundary, boundary of acceptance, acceptance control limit

Abnahmeprüfung *f* **mittels qualitativer Merkmale** *(statistical quality control)*
inspection by attribute, attribute sampling

Abnahmezahl *f* **(Annahmezahl** *f***, Gutzahl** *f***)**, *(statistical quality control)*
acceptance number

Abnehmer *m*
(economics) buyer, purchaser, customer, client

Abnehmerbefragung *f*
→ Käuferbefragung

Abnehmerbindung(en) *f(pl)*
→ Absatzbindung(en)

Abnehmerfinanzierung *f*
→ Absatzfinanzierung

Abnehmerverhalten *n*
→ Käuferverhalten, Konsumverhalten

Abnutzung *f* **(Abnutzungseffekt** *m***)** *(advertising)*
(in der Werbung) advertising wearout, wearout effect, advertising decay, wearout

Abo *n colloq*
→ Abonnement

Abonnement *n*
subscription

Abonnementspreis *m* (**Abonnementstarif** *m*)
subscription rate, subscription price

Abonnementswerber *m* (**Abo-Werber** *m*)
1. subscription agent, subscription canvasser, canvasser, magazine subscription canvasser, subscription salesman
2. subscription agency, book agent

Abonnent(in) *m(f)*
subscriber

Abonnentenwerber *m*
→ Abonnementswerber

Abonnentenwerbung *f*
→ Abonnementswerbung

Abonnentenzahl *f*
number of subscribers

abonnieren *v/t*
to subscribe to, to be a subscriber of, to have subscribed to, *colloq* to take in (a magazine)

abpacken *v/t*
to package, to pack, to pack up

Abpacken *n*
→ Verpacken

Abrechnungsverfahren *n* (**Abrechnungssystem** *n*)
advertising agency remuneration, agency remuneration system

Abreißgutschein *m* (**Abreißkupon** *m*, **abtrennbarer Gutschein** *m*)
tear-off coupon

Abreißkarte *f* (**abtrennbare Rückantwortkarte** *f*)
tear-out card, tear-off card

Absahnplan *m* (**Absahnstrategie** *f*, **Marktabschöpfungspolitik** *f*) *(marketing)*
cream plan, creaming, creaming strategy, milking strategy, skimming policy, skimming strategy, profit-taking strategy

Absatz *m*
1. *(economics)* sales *pl*, turnover
2. *(economics)* (Tätigkeit) selling
3. → Absatzmenge

Absatz *m* **über ausgewählte Absatzmittler**
→ selektiver Vertrieb

Absatzaktivität(en) *f* (*pl*) *(economics)*
sales activity (activities *pl*)

Absatzanalyse *f* *(economics)*
1. sales analysis
2. distribution analysis
3. marketing analysis

Absatzaußenorganisation *f*
→ Verkaufsaußenorganisation

Absatzbarometer *n* *(economics)*
sales barometer

Absatzbeobachtung *f* *(economics)*
1. sales observation
2. distribution observation
3. marketing observation

Absatzberater *m*
→ Marketingberater

Absatzbereich *m*
→ Absatzgebiet

Absatzbezirk *m* *(economics)*
sales district

Absatzbudget *n* *(economics)*
sales budget

Absatzchance(n) *f(pl)* *(economics)*
sales prospects *pl*, prospective sales *pl*

Absatzdaten *n/pl* *(economics)*
1. sales data *pl*
2. distribution data *pl*

Absatzdestinatar *m*
→ Zielperson

Absatzelastizität *f* *(economics)*
sales elasticity

Absatzentwicklung *f* *(economics)*
development of sales, sales development

Absatzerfolg *m* (**Absatzwirkung** *f*) *(economics)*
sales effectiveness

Absatzertrag *m*
→ realisierter Ertrag

Absatzerwartung(en) *f(pl)* *(economics)*
sales expectation(s) *(pl)*

Absatzfinanzierung *f* *(economics)*
financing of sales, sales financing

Absatzflaute *f* *(economics)*
period of slack sales, sales stagnation

Absatzförderung *f*
1. *(economics)* promotion, promotional activities *pl*
2. *(retailing)* merchandising

Absatzförderungsausgaben *f/pl* (**Promotionsausgaben** *f/pl*) *(marketing)*
promotional expenditure

Absatzförderungsinstrument *n* *(marketing)*
promotional instrument, instrument of sales promotion

Absatzförderungsmaterial *n* (**Absatzförderungsmittel** *n*) *(marketing)*
1. promotional material, promotion matter, promotool
2. (zusammenhängendes Paket von Materialien) promotional kit, promotional package

Absatzförderungs-Mix *n* *(marketing)*
promotion mix, promotional mix

Absatzförderungsnachlaß *m* *(economics)*
promotion allowance, merchandising allowance, dealer promotion rebate, promotion rebate, buying allowance

Absatzförderungsstrategie *f* (**Promotionsstrategie** *f*) *(marketing)*
promotional strategy, promotion strategy

Absatzform(en) *f(pl)*
distribution organization, *brit* organisation, sales organization, *brit* organisation

Absatzforschung *f* (**Absatzlehre** *f*) *(economics)*
sales research

Absatzfunktion(en) *f(pl)*
→ Handelsfunktionen

Absatzgarantie *f* *(economics)*
sales guarantee

Absatzgebiet *n* (**Absatzbereich** *m*) *(economics)*
sales area, sales territory, area of distribution, distribution area, trading area, trading zone

Absatzgemeinkosten *pl* *(economics)*
1. sales overhead cost
2. distribution overhead cost

Absatzgenossenschaft *f* *(economics)*
cooperative marketing association

Absatzgeschwindigkeit *f* *(economics)*
sales turnover, turnover rate, rate of stockturn, turnover, merchandise turnover, inventory turnover, stock turnover, stockturn

Absatzgroßhändler *m* *(wholesaling)*
1. industrial distributor
2. mill supply house

Absatzhelfer *m/pl* (**Absatzhilfsbetriebe** *m/pl*) *(marketing)*
facilitating agencies *pl* of marketing

Absatzhonorar *n*
royalty on sales, author's royalty

Absatzindex *m*
→ Absatzkennzahl

Absatzinnenorganisation *f*
→ Verkaufsinnenorganisation

Absatzinstrument *f* (**Absatzinstrumentarium** *n*)
→ absatzpolitische Instrumente

Absatzkanal *m* *(economics)*
1. sales channel, channel of sales
2. channel of distribution, distribution channel, trade channel
3. marketing channel
4. → Absatzweg

Absatzkartell *n*
→ Vertriebskartell

Absatzkennzahl *f* (**Absatzkennziffer** *f*) *(economics)*
1. operating ratio
2. sales index, sales index number
3. marketing index, marketing index number
4. → Vertriebskennzahl (Vertriebskennziffer)

Absatzkette *f* *(economics)*
chain of distribution, trade chain, sales chain

Absatzkontingent *n*
→ Absatzquote

Absatzkontrolle *f (economics)*
sales control, control of sales, sales audit

Absatzkonzept *n* (**Absatzkonzeption** *f*)
→ Marketingkonzept

Absatzkooperation *f*
→ Marketingkooperation

Absatzkredit *m (economics)*
sales credit, sales loan

Absatzlage *f*
→ Marktlage

Absatzlehre *f*
→ Absatzforschung

Absatzleistung *f*
→ Marktleistung

Absatzlenkung *f (economics)*
sales control, distribution control, controlled distribution

Absatzmarketing *n (economics)*
sales marketing, business marketing

Absatzmarkt *m (economics)*
sales market

Absatzmarkt *m* **für industrielle Erzeugnisse** *(economics)*
industrial market

Absatzmarktforschung *f*
sales market research

Absatzmaximierung *f (economics)*
maximization of sales, sales maximization, *brit* maximisation

Absatzmenge *f* (**Absatzvolumen** *n*) *(economics)*
sales volume, total number of sales, sales *pl*, quantity sold

Absatzmethode *f (economics)*
sales method

Absatzminimierung *f (economics)*
minimization of sales, sales minimization, *brit* minimisation

Absatzmittler *m (economics)*
marketing intermediary, intermediary, middleman

Absatzorgan *n*
→ Marketingorgan, Vertriebsorgan

Absatzorganisation *f* (**Absatzform** *f*) *(economics)*
sales organization, *brit* sales organisation, sales force, salesforce, salesforce organization

Absatzorganisationsgröße *f* (**Größe** *f* **der Absatzorganisation**) *(economics)*
size of sales organization, *brit* size of sales organisation, size of sales force, size of salesforce, size of salesforce organisation, size of the salesforce

Absatzpflege *f*
→ Marketing

Absatzplan *m (economics)*
sales plan

Absatzplanung *f (economics)*
sales planning

Absatzpolitik *f* (**absatzpolitische Instrumente** *n/pl*) *(economics)*
sales policy

absatzpolitisches Ziel *n* (**absatzpolitische Ziele** *n/pl*) *(economics)*
objective(s)(*pl*) of sales policy

Absatzpotential *n* (**unternehmensspezifisches Absatzpotential** *n*) *(economics)*
sales potential

Absatzprämie *f* (*sales promotion*)
premium money, push money (P.M., PM)

Absatzprognose *f (economics)*
sales forecast, sales prognosis, company sales forecast

Absatzquote *f (economics)*
sales quota, sales proportion, sales ratio

Absatzradius *m*
→ Einzugsgebiet

Absatzregelung(en) *f(pl)* *(economics)*
1. sales regulations *pl*, trade regulations *pl*
2. marketing regulations *pl*
3. → Absatzkontrolle

Absatzregion *f*
→ Absatzgebiet

Absatzrevision *f (economics)*
sales audit, auditing of sales

Absatzrisiko *n*
→ Marktrisiko

Absatzrückgang *m (economics)*
decline of sales, decrease of sales

Absatzschwankung(en) *f(pl) (economics)*
sales fluctuation, fluctuation of sales

Absatzsegment *n (economics)*
segment of sales

Absatzsegmentierung *f*
→ Marktsegmentierung

Absatzsegmentrechnung *f*
→ Deckungsbeitragsrechnung, Marktsegmentrechnung, Segmentierung

Absatzsoll *n* (**Absatzsollziffer** *f*)
sales target

Absatzstatistik *f (economics)*
sales statistics *pl construed as sg*

Absatzsteigerung *f (economics)*
1. increase in sales, sales increase, sales growth, sales growth over time, sales volume growth
2. (planmäßig) sales drive

Absatzstockung *f (economics)*
slump in sales, slowdown of sales, stagnation of sales

Absatzstrategie *f (economics)*
sales strategy

Absatzstruktur *f*
→ Marktstruktur

Absatzsystem *n*
→ Vertriebssystem

Absatztaktik *f (economics)*
sales tactics *pl construed as sg*

Absatztechnik *f*
→ Absatzmethode

Absatztheorie *f*
→ Marketingtheorie

Absatzverbund *m*
→ Absatzkooperation, Marketingkooperation

Absatzvolumen *n*
→ Absatzmenge

Absatzweg(e) *m(pl) (economics)*
1. sales channel, channel of sales
2. channel of distribution, distribution channel, trade channel, marketing channel

Absatzwegebewertung *f* (**Absatzwegbewertung** *f*) *(economics)*
distribution-channel evaluation, channel evaluation

Absatzwegeeffizienz *f (economics)*
channel efficiency

Absatzwegekontrolle *f* (**Kanalkontrolle** *f*) *(economics)*
channel control

Absatzwege-Manager *m*
channel manager

Absatzwege-Management *n* (**Kanalmanagement** *n*) *(marketing)*
channel management

Absatzwegemodifikation *f* (**Absatzwegemodifizierung** *f*) *(marketing)*
channel modification

Absatzwegepolitik *f (economics)*
channel policy, sales channel policy, distribution channel policy, trade channel policy, marketing channel policy, channel-structure strategy

Absatzwegkapitän *m (economics)*
1. channel captain
2. channel leader

Absatzwegmacht *f* (**Kanalmacht** *f*) *(marketing)*
channel power

Absatzwerbung *f* (**Verkaufswerbung** *f*)
sales advertising, short-circuit approach (of advertising), direct-action advertising

Absatzwirtschaft *f (economics)*
marketing industry

absatzwirtschaftlicher Indikator *m (economics)*
marketing indicator

absatzwirtschaftliche Kennzahl *f*
→ Absatzkennzahl, Absatzkennziffer

Absatzzahl *f* **(Absatzziffer** *f*) *(economics)*
sales figure

Absatzzeichen *n* *(printing)*
paragraph mark, break mark, *colloq* graf mark

Absatzzentrum *n* *(economics)*
distribution center, *brit* centre

Absatzziel *n* *(economics)*
sales objective, sales target

abschließende Entscheidung *f* *(statistics of decision-making/statistical quality control)*
terminal decision

Abschluß-Auftrag *m* **(beim Mediaeinkauf)** *(advertising)*
rate holder

Abschlußjahr *n* **(Geschäftsjahr** *n*) *(economics/advertising)*
contract year

Abschlußtermin *m* **(Abschlußstichtag** *m*) *(economics)*
(für Abonnements, Anzeigen etc.) closing date

Abschlußzwang *m*
→ Kontrahierungszwang

Abschnitt *m*
stage

Abschnittsschlußverkauf *m* **(Abschnittsverkauf** *m*) *(retailing)*
seasonal closing-out sale, seasonal sale

abschöpfen *v/t* *(economics)*
to cream, to cream off, to skim, to skim off, to milk

Abschöpfung *f* **(Abschöpfungsstrategie** *f*, **Skimming-Strategie** *f*) *(economics)*
creaming, creaming strategy, skimming, skimming strategy, skimming policy, milking, milking strategy, profit taking, profit-taking strategy

Abschöpfungspreis *m* *(economics)*
skimming price, skim-the-cream price

Abschöpfungspreispolitik *f* *(economics)*
skimming pricing

abschreiben *v/t*
(economics) to write off

Abschreibung *f* *(economics)*
write-off

Abschwung *m*
→ Rezession

absenden (abschicken) *v/t*
to dispatch, *also* despatch, to send off, to send away, (mit der Post) to mail, *brit* to post

Absender *m*

Absendung *f* **(Absenden** *f*)
dispatch, dispatching, mailing, mail-out

Absentismus *m* *(industrial sociology)*
absenteeism, employee absenteeism

absetzbar *adj*
1. saleable, *also* salable, marketable (leicht oder schwer absetzbar) easy to sell, difficult to sell
2. (steuerlich) deductible, subject to tax exemption
3. *(radio/television advertising)* preemptible

absetzen *v/t*
1. *(radio/television advertising)* (Programm, Sendung vom Spielplan absetzen) to preempt, to remove (a broadcast, a commercial) from the program, *brit* programme, to take (a broadcast, a commercial) out of the program
2. *(economics)* (Ware, Leistungen) to sell, to market

absolute Wahrnehmungsschwelle *f* **(Reizschwelle** *f*) *(psychology)*
absolute threshold, absolute threshold of perception, just noticeable difference (JND), absolute limen

Abspann *m* **(Abspanntitel** *m*, **Nachspann** *m*) *(film/television)*
end titles *pl*, credits *pl*, credit title, screen credits *pl*, end credits *pl*, close, closing, (bei Patronatssendungen) sponsor identification, I.D. (ID)

Abspenstigmachen *n* **(von Kunden)**
→ Abwerbung

Absteigerung *f*
→ Auktion auf Abstrich (Abstrichverfahren)

Absterbetafel *f (statistics)*
life table, mortality table

Abstrich *m*
→ Auktion auf Abstrich (Abstrichverfahren)

abstufen *v/t(economics)* **(Preise)**
→ staffeln

Abstufung *f*
→ Staffelung

Abteilplakat *n (transit advertising)*
car card, inside car card, inside transit poster, inside bus card, bulkhead card, square-end card, interior car card

Abteilung *f*
1. (Dienststelle *f*, Geschäftsstelle *f*) *(organizational sociology)*
department, division
2. (Sektion *f*) *(organizational sociology)*
division

Abteilungsorganisation *f* **(einer Werbeagentur)** *(advertising)*
departmental system, departmental organization structure, concentric system

abtrennbar *adj*
tear-out, tear-off

abtrennbare Rückantwortkarte *f*
tear-out card, tear-off card, *colloq* bingo card

Abverkaufsgeschwindigkeit *f (economics)*
number of sales at the point of sale, sales rate at the point of purchase, inventory turnover

Abwärtsmobilität *f* **(Abstiegsmobilität** *f***, Mobilität** *f* **nach unten, soziale Abwärtsmobilität** *f***)** *(mobility research)*
downward mobility, downward social mobility, skidding

Abwehrpreis *m (economics)*
keep-out price, preemptive price, stay-out price

Abwehrvergleich *m*
corrective counter advertisement, corrective comparison advertisement

Abwehrzeichen *n*
→ Defensivzeichen

Abweichungsanalyse *f*
→ Soll-Ist-Vergleich

abwerben *v/t*
1. (abspenstig machen) to lure (customers) away, to entice (customers) away
2. to lure someone away from his job

Abwerbung *f*
1. luring away of customers, enticing customers away
2. luring someone away from his job

abwickeln *v/t*
(Aufträge) to handle

Abwicklungsentscheidung *f*
operational decision

Abwicklungsgebühr *f*
→ Bearbeitungsgebühr

Abwicklungsplan *m (economics)*
operational plan

Abwicklungsprovision *f (economics)*
handling commission

Abzeichen *n*
badge

Abziehbild *n* **(Abziehplakat** *n***)**
transfer picture, transfer, decalcomania, decal

Abziehplakat *n*
→ Abziehbild

Abzug *m (economics)*
→ Nachlaß, Preisnachlaß, Rabatt

abzugsfähig *adj (economics) (advertising)*
(Werbungskosten) deductible

Abzugsfähigkeit *f (economics) (advertising)*
(Werbungskosten) deductibility

Accelerator *m (advertising)*
→ Terminer

Account *m (advertising)*
→ Etat, Werbeetat, Kundenetat, Klient

Account Executive *m (advertising)*
→ Kontakter, Kundenbetreuer

Account-Management *n (advertising)*
account management

Account Supervisor *m (advertising)*
→ Etatdirektor, Kontaktgruppenleiter

Acquisition *f*
→ Akquisition

Adaptation *f* (**Adaptierung** *f*)
1. *(economics)* (Produktanpassung) adaptation
2. *(psychology)* adaptation

Adaptations-Niveau-Theorie *f (psychology)*
adaptation-level theory, theory of adaptation level (H. Helson)

adaptieren *v/t*
to adapt

adaptive Optimierung *f (statistical quality control)*
adaptive optimization, *brit* optimisation

Adäquanz *f*
adequacy

Adequacy-Importance-Modell *n*
adequacy-importance model

AD-ME-SIM *abbr*
Advertising Media Simulation

administrative Entscheidung *f (economics)*
administrative decision

administrative Planung *f (economics)*
administrative planning

Admira-System *n*
→ Schneeballverfahren

Adopter *m (psychology/market research)*
adopter

Adoption *f (psychology/market research)*
adoption

Adoptionsmodell *n (psychology/market research)*
adoption model

Adoptionsprozeß *m (psychology/market research)*
adoption process

Adoptions-Prozeß Modell *n (psychology/market research)*
adoption process model

Adressat *m*
→ Empfänger

Adressatenzahl *f obsol*
→ Zielgruppe

Adreßbuch *n*
1. directory, city directory
2. (Branchenverzeichnis) trade directory, classified directory, commercial directory

Adreßbuchanzeige *f* (**Adreßbuchinserat** *n*)
directory advertisement, directory ad

Adreßbuchwerbung *f*
directory advertising

Adresse *f* (**Anschrift** *f*)
address

Adressenänderung *f*
change of address

Adressenaufkleber *m*
address label

Adressenbereinigung *f* (**Adressenkontrolle** *f*)
mailing list control

Adressenbüro *n*
→ Adressenverlag

Adressenhandel *m*
→ Adressenvermittlung

Adressenkartei *f*
→ Bezieherkartei, Kundenkartei, Abonnentenkartei

Adressenliste *f*
list of addresses, mailing list, list

Adressenmittler *m* (**Adressenvermittler** *m*)
list broker, list supplier, list house, mailing house

Adressenpflege *f*
→ Adressenbereinigung

Adressenquelle *f*
address source

Adressenverlag *m* (**Adressenbüro** *n*, **Adressenverleger** *m*)
list broker, list supplier, list house, mailing house

Adressenvermietung *f*
list broking Adressenvermittler *m*

Adressenvermittlung *f*
list broking, supply of lists

Adressenverzeichnis *n*
→ Adreßbuch

adressieren *v/t*
to address (a letter)

AE *abbr*
Annoncen-Expedition

A + E-Auflage *f* **(A + E-Exemplare** *n/pl*) *abbr*
Abbonements- und Einzelverkaufsauflage *f*
(Zeitungen/Zeitschrift)
1. primary circulation, net paid circulation, net paid, total net paid
2. (einschließlich der Sammelbezieher) total net paid including bulk
3. (ohne Sammelbezieher) total net paid excluding bulk

A + E-Exemplar *n*
(newspaper/magazine) original purchase unit

A + E-Leser *m* *(media research)*
(newspaper/magazine) paid reader, buyer-reader

AE-Provision *f* **(Annoncen-Expeditions-Provision** *f*) *(advertising)*
agency commission, advertising agency commission, media commission

Affekt *m* *(psychology)*
affect

Affekthandlung *f* **(affektives Verhalten** *n*) *(psychology)*
affect-related behavior, *brit* behaviour

Affektionswert *m* *obsol*
→ Zusatznutzen

affektiv-kognitive Konsistenz *f* *(psychology)*
affective-cognitive consistency (Leon Festinger)

Affektkauf *m*
→ Impulskauf

Affiche *m* *obsol*
→ Bogenanschlag, Anschlag, Plakat, Poster

Affidavit *n* **(Affidavitanzeige** *f*, **Affidavitwerbung** *f*) *obsol*
→ Testimonial

affordable-Methode *f* **(der Werbebudgetierung)**
→ finanzmittelbezogene Budgetierung

After-sales-Service *m*
→ Nachkaufwerbung

AGB *f/pl abbr*
Allgemeine Geschäftsbedingungen

AGB-Gesetz *n abbr*
Gesetz über Allgemeine Geschäftsbedingungen

Agent *m* *(marketing)*
agent

Agentenprovision *f* *(marketing)*
agent's commission

Agentur *f*
agency

Agenturbeilage *f* **(Agentur-Supplement** *n*)
syndicated supplement

Agenturbeleg *m* **(Agenturexemplar** *n*) *(advertising)*
agency copy, advertising agency copy

Agentur-Briefing *n* *(advertising)*
agency briefing

Agentureinkommen *n* **(Netto-Umsatz** *m* **einer Werbeagentur)** *(advertising)*
gross income

Agenturgebühr *f* *(advertising)*
agency fee, advertising agency fee, fee

Agenturgeschäft *n* *(marketing)*
agency business

Agenturgruppe *f*
→ Agenturkette

Agenturhonorar *n* *(advertising)*
agency fee

Agenturkette *f* **(Agenturnetz** *n*) *(advertising)*
agency chain, agency network

Agenturleistungen f/pl *(marketing)*
agency services pl

Agenturnachlaß m **(Agentur-Bonus** m) *(advertising)*
agency discount

Agentur-Netto n *(advertising)*
net cost, net plus, net

Agenturnetz n
→ Agenturkette

Agenturpersonal n **(Agenturmitarbeiter** m/pl) *(advertising)*
agency personnel, advertising agency personnel

Agenturpräsentation f *(advertising)*
1. agency presentation
2. (Wettbewerbspräsentation) agency pitch, pitch

Agenturprovision f *(advertising)*
agency commission, media commission, commission, 15 and 2 (15 & 2)

Agenturstück n
→ Agenturbeleg

Agenturumsatz m *(advertising)*
agency billings pl, billings pl

Agenturvergütung f *(advertising)*
agency remuneration, advertising agency remuneration

Agenturvertrag m *(advertising)*
agency agreement

Agenturvertreter m *(advertising)*
agency representative, representative of an agency

Agglomeration f **(im Einzelhandel)**
retail agglomeration

Aggregatdaten n/pl **(gemeinsame Daten** n/pl, **ökologische Daten** n/pl)
aggregate data pl

Aggregateigenschaften f/pl
emergent properties pl

Aggregatform f **des zusammengesetzten Index**
→ Aggregatindex

Aggregatindex m **(zusammengesetzter Index** m, **aggregierter Index** m, **Aggregatform** f **des zusammengesetzten Index)** *(statistics)*
aggregative index

Aggregatindexzahl f **(aggregierte Indexzahl** f, **zusammengesetzte Indexzahl** f) *(statistics)*
aggregative index number

aggregierter Index m
→ Aggregatindex

aggressive Werbung f **(aggressive Verkaufswerbung** f)
aggressive advertising, hard-selling advertising, hardselling advertisement, combative advertising

Agostini-Ansatz m *(media research)*
Agostini approach, Agostini method

Agrarmarketing n
agricultural marketing

AID-Verfahren n
→ Baumanalyse

AIDA-Formel f **(AIDA-Modell** n) *(advertising research)*
AIDA, AIDA-model

Aided Recall m **(Aided-Recall-Verfahren** n)
→ gestützte Erinnerung

Ajzen-Fishbein-Modell n *(attitudinal research)*
Ajzen Fishbein model

akquirieren v/t
to acquire, to make acquisitions

Akquisiteur m
→ Abonnentenwerber (Abo-Werber), Anzeigenakquisiteur, Kundenwerber

Akquisition f
acquisition

Akquisitionsanalyse f *(marketing)*
acquisition analysis

Akquisitionspolitik f
→ persönlicher Verkauf

akquisitorische Distribution f
acquisitory distribution

akquisitorisches Potential *n* (Erich Gutenberg) (**Marktkapital** *n*) (Herbert Gross)
acquisitory potential, market capital, company goodwill, market sales potential, total market, company sales potential

Aktion *f (advertising)*
action, campaign

Aktionsfeld *n* **der Preispolitik** (Heribert Meffert) *(economics)*
action parameters *pl* of price policy, action parameters *pl* of pricing

Aktionsforschung *f* (**Handlungsforschung** *f*)
action research

Aktionsparameter *m*
parameter of action

Aktionswerbung *f* (**Rücklaufwerbung** *f*)
1. direct-action advertising
2. direct-response advertising

Aktivation *f* (**Aktivierung** *f*) *(psychology)*
activation

Aktivationsforschung *f* (**Kaufentschlußforschung** *f*) *(market research)*
activation research (George H. Gallup)

Aktivationsinterview *n (marketing research)*
activation interview

Aktivationsumfrage *f* (**Aktivationsbefragung** *f*, **Kaufentschlußumfrage** *f*) *(marketing research)*
activation survey

Aktivator *m (printing)*
activator

aktiver Bekanntheitsgrad *m* (**ungestützte Erinnerung** *f*) *(empirical social research/marketing research)*
1. unaided recall, pure recall, spontaneous recall
2. top-of-mind awareness
3. share of mind

Aktualgenese *f* (Friedrich Sander) *(gestalt psychology)*
micro genesis, microgenesis

aktuelle Nachfrage *f (economics)*
existing demand

akustische Werbung *f* (**Tonwerbung** *f*)
auditory advertising

akuter Bedarf *m (economics)*
acute need, acute demand

Akzelerator *m (advertising)*
→ Terminer

Akzeptanz *f (marketing)*
acceptance

Akzeptanzregion *f*
→ Annahmebereich

akzessorische Werbung *f*
→ flankierende Werbung

akzidentelle Werbung *f* (**Extensivwerbung** *f*)
→ flankierende Werbung

aleatorische Werbung *f*
aleatory advertising

Alkoholwerbung *f*
advertising for alcoholic beverages, liquor advertising

allegatorische Werbung *f* (**zitierende Werbung** *f*)
advertising using quotes from research studies, scientific publications or test results, advertising using endorsements and testimonials

Alleinausliefer *m (retailing)*
exclusive distributor

Alleinauslieferung *f* (**Alleinvertrieb** *m*) *(retailing)*
exclusive distribution, exclusive outlet selling, exclusive agency method of distribution, exclusive dealing, exclusive selling, appointed dealer distribution

alleinstehende Anzeige *f*
island advertisement, island ad, solus advertisement

alleinstehende halbseitige Anzeige *f*
island half-page advertisement, island half page, half-page island advertisement

alleinstehende Warenauslage *f (POP advertising)*
island display, merchandise island, island

alleinstehender Werbespot m *(radio/television)*
1. island commercial, isolated commercial
2. (alleinstehender 30-Sekundenspot) isolated 30

Alleinstellung f *(advertising)*
1. (Position) island position, solus position
2. (Vorgang) island positioning, solus positioning
3. *(radio/television)* isolation
4. → Alleinstellungswerbung

Alleinstellungswerbung f **(Alleinstellung** f **)**
advertising using untrue and misleading superlatives, advertising using superiority claims

Alleinverkauf m *(retailing)*
exclusive sale, exclusive selling, exclusive dealing

Alleinvertreter m **(Exklusivvertreter** m**)**
exclusive representative, exclusive agent, manufacturer's agent

Alleinvertretung f
exclusive representation

Alleinvertrieb m **(Exklusivvertrieb** m**)**
exclusive distribution

Alleinvertriebsklausel f **(Alleinvertriebsvertrag** m**)**
→ Ausschließlichkeitsklausel (Ausschließlichkeitsvertrag)

Alleinwerbung f
→ Einzelwerbung

allgemeine Anschlagstelle f
→ Allgemeinstelle

allgemeine Betriebsunkosten pl *(economics)*
overhead cost, overhead

allgemeine Geschäftsbedingungen (AGB) f/pl
general business conditions pl, general business terms pl

allgemeine Öffentlichkeit f **(allgemeines Publikum** n**)** *(marketing)*
general public, public at large

allgemeine Zeitschrift f
→ Publikumszeitschrift

Allgemeines Einzelhandelspanel n
→ Einzelhandelspanel

allgemeines Publikum n
→ allgemeine Öffentlichkeit f

Allgemeinstelle f **(allgemeine Anschlagstelle** f**)** *(outdoor advertising)*
poster panel, general poster panel, billboard, billboard hoarding

Allgemeinstreuung f **(Allgemeinumwerbung** f**)**
scatter planning, shotgun approach (in media planning)

All-Media-Analyse f *(media research)*
all-media analysis

Allokation f **(Zuweisung** f**, Zuteilung** f**)**
allocation

Allokation f **der Marketingmittel, der Werbemittel**
allocation of marketing expenditure, of advertising expenditure

Allokationsproblem n *(operations research)*
allocation problem

All-you-can-afford-Methode (der Budgetierung)
→ finanzmittelbezogene Budgetierung

Altarfalz m **(Altarfalzanzeige** f**)**
Dutch door, Dutch door advertisement, Dutch door ad, Dutch door spread

Alternativdaten n/pl **(Alternativinformationen** f/pl**)**
alternative data pl, quantal data pl

Alternativkosten pl *(economics)*
opportunity cost(s) (pl)

Alternativplan m *(marketing)*
contingency plan

Alternativplanung f *(marketing)*
contingency planning

Alternativprognose f *(economics/marketing)*
alternative forecast, alternative prognosis

Altersgliederung f **(Altersverteilung** f**, Alterszusammensetzung** f**, Zusammensetzung** f **nach Altersgruppen)**
age distribution, age-distribution, age composition, age-composition

Altersgrad *m*
→ Altersstufe

Altersgrenze *f*
→ Ruhestandsalter

Altersgruppe *f*
age group, age grouping

Alterskategorie *f*
age category, age-category

Altersklasse *f*
age class, age-class, age grade, age-grade, age set, age-set

Altersstruktur *f* (**Altersaufbau** *m*) *(demography)*
age structure

am Fuß einer Seite
bottom of a page

Amalgamierung *f* (**Amalgamation** *f*, **Verschmelzung** *f*)
amalgamation

Ambivalenz *f*
ambivalence, *(seldom)* ambivalency

Ambivalenzkonflikt *m*
→ Appetenzkonflikt

ambulanter Großhändler *m (wholesaling)*
truck wholesaler

ambulanter Handel *m (retailing)*
non-stationary trade, itinerant trade

ambulanter Zeitungsverkauf *m*
→ Straßenverkauf

amerikanisches System *n* (**amerikanisches Abrechnungsverfahren** *n*) *(advertising)*
service fee system, fee basis (of advertising agency remuneration)

Amoroso-Robinson-Gleichung *f* (**Amoroso-Robinson-Relation** *f*) *(economics)*
Amoroso-Robinson equation

Amortisation *f (economics)*
packback, amortization

Amortisationszeit *f* (**Amortisationsdauer** *f*) *(economics)*
paykback time, payback period, amortization time

amtliche Anzeige *f* (**amtliche Bekanntmachung** *f*) *(advertising)*
public service advertisement, public service ad

analog *adj*
analogous

Analog-Marketing *n* (**Analog-Werbung** *f*)
→ Einweg-Kommunikation;

Analog-Methode *f* (**Analogiemethode** *f* **der Standortwahl**) *(economics/retailing)*
analogue method of store site determination, analogue method of determining retail locations, *Am* also analog method

Analogie *f*
analogy

Analogiemethode *f* (Heribert Meffert)
→ warenspezifische Analogiemethode

Analogmodell *n* (**analoges Modell** *n*, **Analogiemodell** *n*)
analogue model, analog model

Analogon *n* (**Entsprechung** *f*)
analogue

Analogsimulation *f*
analogue simulation, analog simulation

Analyse *f* **der relevanten Vergleichsmarken** *(market research)*
brand-set analysis, evoked set analysis

analytische Arbeitsplatzbewertung *f* (**analytische Arbeitsbewertung** *f*)
→ Arbeitsplatzbewertung

analytisches Hierarchieverfahren *n (marketing)*
analytic hierchary proces (AHP)

analytisches Modell *n*
analytic model

Anbieter *m (economics)*
supplier

Anbietergemeinschaft *f* (**Anbieterkoalition** *f*)
→ Selling Center

Anbieter-Nachfrager-Interaktionen *f/pl (economics)*
interactions *pl* between suppliers and demanders

Anbieterverhalten *n (economics)*
supplier behavior, *brit* behaviour, behavior of suppliers

anbringen *v/t*
1. (ein Plakat an der Anschlagfläche) to post (a poster), to poster, to put up
2. (ein Schild) to attach (a sign), to fix (a sign)

Anerkennungsschreiben *n*
→ Dankschreiben

Anfangsaufmerksamkeit *f*
initial attention

Anfragenkontrolltest *m* (**Anfragetest** *m*) *(advertising research)*
response control test, inquiry test, enquiry test

Angebot *n*
1. *(economics)* supply (Angebot und Nachfrage) (supply and demand)
2. *(economics)* (Gebot bei Ausschreibungen) bid, tender
3. offer, proposition, proposal

Angebot machen *v/i*
(bei Ausschreibungen) to bid, to tender

Angebotselastizität *f (economics)*
elasticity of supply, supply elasticity

Angebotsform(en) *f (pl)*
→ Marktformen des Angebots

Angebotsfunktion *f* (**Angebotskurve** *f*) *(economics)*
supply function, supply curve

Angebotsmacht *f (economics)*
supplier power, economic strength of a supplier

Angebotsmappe *f*
advertising portfolio, sales portfolio, sales kit

Angebotslage *f (economics)*
supply situation

Angebotsmonopol *n (economics)*
supplier monopoly, supply-side monopoly

Angebots-Nachfrage-Funktion *f*
→ Nachfragefunktion

Angebotsmuster *n*
→ Muster

Angebotspreis *m (economics)*
1. bid price
2. advertised price, quoted price

Angebotsstatistik *f (economics)*
supply statistics *pl construed as sg*

Angebotsstruktur *f (economics)*
structure of supply, supply structure

angeklebtes Werbemittel *n* (**Ankleber** *m*, **Aufkleber** *m*)
tip-on

angemessener Preis *m (economics)*
adequate price, fair price

angeschnitten *adj (printing)*
bled, bled-off, bleed, trimmed

angeschnittene Anzeige *f*
bleed advertisement, bleed ad, bled-off ad (vertisement)

angeschnittene Seite *f*
1. bleed page, bleed, bled-off page
2. (im Bundsteg angeschnittene Doppelseite) bleed in the gutter page, gutter bleed, bridge

angeschnittener Druck *m* (**Druck** *m* **angeschnittener Seiten**)
bleed printing, bleeding

angeschnittenes Plakat *n* (**Plakat** *n* **ohne weißen Rand**)
bleed face, bleed poster, bleed

Angestelltengesellschaft *f* (**Arbeitnehmergesellschaft** *f*)
employee society (Peter F. Drucker)

angestellter Geschäftsführer *m* (**Manager** *m*, **Geschäftsführer** *m*)
professional manager, managing director

angestrahlte Werbefläche *f*
illuminated outdoor poster, glow panel, glow bulletin board, glow bulletin

angewandte allgemeine Statistik *f*
applied general statistics *pl construed as sg*, practical general statistics *pl construed as sg*

Angst *f* (**Angstappell** *m*) *(advertising)*
anxiety, anxiety creating advertising

Anhänger *m* (**Anhängeetikett** *n*, **Anhängezettel** *m*) *(promotion)*
1. tag, label
2. (Flaschenanhänger) bottle hanger
3. (Deckenanhänger) dangler, mobile
4. (Packungsanhänger) package outsert, outsert

anheften *v/t (advertising)*
1. (Bekanntmachung an einem Brett) to attach a notice on a bulletin board
2. (Preisschild an eine Ware) to attach a price tag to a product

Animatic *n* (**Animatic-Verfahren** *n*)
animatic, animated storyboard, limited animation technique

Animatic-Test *m (advertising research)*
animatic test

Animation *f*
→ Trickfilm, Zeichentrickfilm

Animator *m*
→ Trickfilmzeichner

animieren *v/t (film)*
to animate

Ankerreiz *m (psychology)*
anchor stimulus, anchorage, anchoring point

ankleben *v/t (outdoor advertising)*
1. (Plakat) to post (a poster), to poster, to stick (a bill), to put up (a poster)
2. (ankleistern) to paste (a poster) on
3. (an einer Ecke) to tip on

Ankleben *n* (**Plakatkleben** *n*) *(outdoor advertising)*
billsticking, billposting, posting

Ankleber *m* (**Plakatkleber** *m*) *(outdoor advertising)*
billsticker, billposter

Anlage *f*
→ Industrieanlagen, Investition

Anlagegüter *n/pl*
→ Investitionsgüter

Anlagegüterwerbung *f*
→ Investmentwerbung

Anlaßfenster *n (POP advertising)*
theme display window, special occasion window

anlehnende Werbung *f*
→ Vorspannen

Anlocken *n* (**Anlocken** *n* **von Kunden**) *(retailing)*
bait advertising, bait-and-switch advertising, bait-and-switch selling, bait-and-switch tactics *pl construed as sg*, switch selling

Anmeldekartell *n*
→ Erlaubniskartell

anmoderierter Werbespot *m* (**Programm-Spot** *m*) *(radio/television)*
lead-in commercial, cast commercial, cast-delivered commercial, integrated commercial

Anmutung *f (psychology)*
first stage of emotional perception, first impression

Anmutungsqualität *f (psychology)*
valence

Annahme *f*
→ Akzeptanz

Annahmebereich *m (statistical hypothesis testing)*
region of acceptance, acceptance region, area of acceptance, acceptance area, nonrejection region, nonrejection area

Annahmekontrolle *f*
→ Abnahmekontrolle, Qualitätskontrolle

Annahmekontrollgraphik *f*
→ Abnahmekontrollkarte

Annahmekontrollkarte *f*
→ Abnahmekontrollkarte

Annahmelinie *f*
→ Abnahmelinie

Annahmeschluß *m (advertising)*
1. (Anzeigen) forms close date, forms close, closing date, cancellation date
2. firm order date

Annahmestelle *f*
→ Anzeigenannahme

Annahmezahl *f*
→ Abnahmezahl

Annonce *f obsol*
→ Anzeige

Annoncenakquisiteur *m*
→ Anzeigenakquisiteur

Annoncen-Expedition (AE) *f*
space broker, advertisement broker, advertising agency

Annoncenwesen *n*
→ Anzeigenwerbung

anonyme Anzeige *f (advertising)*
blind advertisement, blind ad

anonyme Ware *f* **(anonymer Artikel** *m***)** *(economics)*
unbranded product, unbranded goods *pl*, no-name product, no-name goods *pl*

anonyme Werbung *f*
→ Kennzifferwerbung

Anpassung *f*
adaptation, adaptating, adaptavizing

anpreisen *v/t (advertising)*
1. (Waren, Leistungen) to praise, to recommend, to boost, to promote, to glamorize
2. (marktschreierisch anpreisen) to ballyhoo, to bally, to puff

Anpreiser *m (advertising)*
barker, booster

Anpreisung *f* **(Anpreisen** *n***)** *(advertising)*
1. praise, recommendation, boost
2. (marktschreierische Anpreisung) ballyhoo, bally, puff, puffery, puffing, puffing advertising, puffing publicity, claptrap, borax

Anreißen *n* **(anreißerische Werbung** *f* **)**
touting, borax advertising

Anreißer *m (advertising)*
touter, puller-in

Anreiz *m*
1. *(psychology)* stimulus (*pl* stimuli)
2. *(marketing)* (Anreizprämie) incentive, incentive bonus

Anreiz-Beitrags-Theorie *f (psychology)*
stimulus-contribution theory

Anreiz-Marketing *n*
stimulational marketing (Philip Kotler)

Anreizprämie *f (promotion)*
incentive, incentive bonus, sales incentive

Ansage *f (radio/television)*
1. announcement, opening announcement
2. (Werbeansage) spot announcement, advertising announcement
3. (Ansage oder Absage des Werbungtreibenden)
billboard, credits *pl*, credit title, sponsor identification (S.I.). identification spot, identification commercial, ID commercial, ID

ansagen *(radio/television)*
1. *v/t* (Sendung/Person) to announce, to introduce, to present
2. *v/i* to be an announcer

Ansager *m* **(Ansagerin** *f* **)** *(radio/television)*
announcer, presenter

anschaffen
→ beschaffen einkaufen, kaufen

Anschaffung *f*
→ Beschaffung, Einkauf, Kauf

Anschaulichkeit *f* **(Deskriptivität** *f* **)**
descriptiveness

Anschauungsmaterial *n (promotion)*
visual aids *pl*, illustrative material

Anschlag *m*
→ Bogenanschlag, Plakatanschlag

Anschlagauftrag *m* **(Anschlaganweisung** *f* **)** *(outdoor advertising)*
billposting order, posting order, space order, space buy

Anschlagbeginn *m (outdoor advertising)*
posting date

Anschlagbogen *m (outdoor advertising)*
poster sheet

Anschlagbrett *n* **(Anschlagfläche** *f*, **Anschlagtafel** *f* **)** *(outdoor advertising)*
billboard, board, call board, *brit* notice-board, show board

Anschlagdauer *f (outdoor advertising)*
posting period

anschlagen

anschlagen v/t
(ein Plakat) to post, to billpost, to poster, to put up (a poster)

Anschläger m
→ Plakatanschläger

Anschlagfläche f **(Anschlagtafel** f **)** *(outdoor advertising)*
1. billboard, poster panel, panel, advertising panel, display surface, bulletin board
2. (gemalte) painted bulletin board, painted display, painted wall

Anschlagflächenkapazität f *(outdoor advertising)*
plant capacity

Anschlagflächenpächter m **(Anschlagpächter** m**, Plakatpächter** m**)** *(outdoor advertising)*
poster advertising operator, billposter, billposting agency, poster contractor, poster plant, outdoor advertising contractor, plant operator

Anschlagkontakt m
→ Plakatkontakt

Anschlagkontrolle f **(Plakatkontrolle** f **)** *(outdoor advertising)*
site inspection, riding the showing, riding the boards (die Anschlagkontrolle durchführen, die Anschlagstellen inspizieren) to ride the showing, to ride the boards

Anschlagkontrolleur m *(outdoor advertising)*
site inspector

Anschlagkosten pl **(Anschlagpreis** m**)** *(outdoor advertising)*
space charge, space rate

Anschlagort m **(Anschlagstellenstandort** m**)** *(outdoor advertising)*
space position, poster site, site location, board location

Anschlagpächter m
→ Anschlagflächenpächter

Anschlagplakat n
→ Anschlag, Plakat

Anschlagrichtung f **(Sichtrichtung** f **eines Anschlags)** *(outdoor advertising)*
facing

Anschlagsäule f **(Litfaßsäule** f **)** *(outdoor advertising)*
poster pillar, advertising pylon, pylon

Anschlagstelle f **(Plakatstelle** f **)** *(outdoor advertising)*
poster site, site

Anschlagstellenkarte f **(Anschlagstellenverzeichnis** n**)** *(outdoor advertising)*
spotted map, spotting map

Anschlagtafel f **(Plakattafel** f **)** *(outdoor advertising)*
billboard, poster panel, show board, advertisement board

Anschlagunternehmen n **(Plakatanschlagunternehmen** n**)** *(outdoor advertising)*
billposter, billposting agency, billposting company, plant operator, poster plant

Anschlagwand f **(Anschlagzaun** m**)** *(outdoor advertising)*
billboard hoarding, billboard, *brit* hoarding, poster hoarding

Anschlagwerbetest m **(Plakattest** m**)** *(outdoor advertising)*
billboard test, poster test

Anschlagwerbeunternehmen n **(Plakatwerbeunternehmen** n**)** *(outdoor advertising)*
billposter, billposting agency, billposting company, plant operator, poster advertising agency, poster advertising company, poster contractor, poster plant, poster advertising plant

Anschlagwerbung f **(Plakatwerbung** f **)**
poster advertising, billboard advertising

Anschlagzaun m *(outdoor advertising)*
billboard, *brit* hoarding

Anschlagzettel n *(outdoor advertising)*
placard, card, bill

Anschleichen n
→ anlehnende Werbung

Anschlußanzeige f **(Fortsetzungsanzeige** f **)** *(advertising)*
follow-on advertisement, follow-on ad, follow-up advertisement, follow-up ad

Anschlußauftrag m (**Anschlußbestellung** f) (economics/advertising)
follow-on order

Anschlußkauf m
→ Wiederholungskauf

Anschlußrabatt m (economics)
continuing discount

Anschlußwerbung f
follow-up advertising

Anschrift f
→ Adresse

Anschwärzung f (**Anschwärzen** n, **anschwärzende Werbung** f)
denigration, denigratory advertising, brit knocking copy

Ansichtsexemplar n (**Ansichtsheft** n, **Ansichtsnummer** f)
(newspaper/magazine) complimentary copy, courtesy copy, specimen copy

Ansichtsmuster n
→ Muster

Ansoffsche Strategien-Matrix f (**Matrix** f **der Marketingstrategien**)
Ansoff's matrix of marketing strategies, fourfold table of marketing strategies

Ansprechbarkeit f (advertising)
responsiveness

Ansprechgruppe f (advertising)
→ Zielgruppe

Anspruchsanpassung f
adaptation of aspiration

Anspruchsniveau n (field theory)
level of aspiration, aspiration level (Kurt Lewin)

Anstalt f (**Anstalt des öffentlichen Rechts**)
public service institution, public utility

Anstaltsbevölkerung f (**Anstaltsinsassen** m/pl) (demography)

Ansteckplakette f (**Ansteckknopf** m, **Anstecknadel** f)
badge, pin

Anstellung f (**Beschäftigung** f, **Einstellung** f)
employment

anstößige Werbung f
offensive advertising, indecent advertising

anstrahlen v/t (outdoor advertising)
(Plakatwand, Gebäude) to illuminate, (mit Scheinwerfern) to floodlight, to spotlight

Anstrahlen n (**Anstrahlung** f) (outdoor advertising)
illumination

Ansturm m (**Kundenansturm** m) (retailing)
rush, great rush, run

Antagonismus m
antagonism

antagonistische Kooperation f
antagonistic cooperation, competitive cooperation (William G. Sumner)

Anteil m (mathematics/statistics)
share, proportion, rate

Antext m (radio/television)
lead-in, introduction, intro, cue

Anti-Dirigismus m (**Ablehnung** f **staatlicher Lenkung, Ablehnung** f **einer Zentralverwaltungswirtschaft, Ablehnung** f **einer Planwirtschaft**)
anti-statism

Anti-Kartell-Gesetzgebung f (**Konzernentflechtungsgesetzgebung** f, **Antitrustgesetzgebung** f)
antitrust legislation, anti-trust legislation

Antimarketing n
counter marketing, countermarketing

Anti-Verbrauchswerbung f (**Anti-Werbung** f, **Anti-Konsumwerbung** f)
counter advertising, counter publicity

antizyklische Werbung f
anticyclical advertising

Antrieb m (**Antriebskräfte** f/pl, **Trieb** m) (psychology)
drive, drive stimulus

Antriebsniveau n (**Triebniveau** n) (psychology)
drive level

Antwort *f*
1. *(allgemein)* answer, reply
2. *(Gutscheinwerbung, Direktmarketing)* response, reply

Antwortgutschein *m* (**Rückantwortkupon** *m*) *(direct-response advertising)*
reply coupon

Antwortkarte *f* (**Rückantwortkarte** *f*) *(direct-response advertising)*
1. reply card business reply card, return card
2. (in Kennzifferanzeigen) reader service card, *colloq* bingo card

Antwortquote *f* (**Antwortrate** *f*, **Antworthäufigkeit** *f*, **Rücklaufquote** *f*, **Rücklaufrate** *f*, **Rücklauf** *m*)
(direct-response advertising) rate of returns, return rate

Antwortschein *m*

Antwortschreiben *n*
→ Antwortkarte

Anwendbarkeit *f* (**Eignung** *f* **für**)
applicability

Anwender *m*
user

Anwendung *f*
application

Anwendungsberatung *f*
consultancy, consulting

anwerben *v/t*
(Personal) to recruit

Anwerber *m*
(von Personal) recruiter

Anwerbung *f* (**Anwerben** *n*)
(von Personal) recruitment, recruiting

Anzeige *f*
1. *(Annonce, Inserat)* advertisement, ad, *Am seldom* advertizement, *brit also* advert
2. *(Ankündigung)* announcement
3. indication, reading

Anzeige *f* **im Kasten** *(advertising)*
box advertisement, boxed ad

Anzeige *f* **im redaktionellen Teil**
→ redaktioneller Hinweis, textanschließende Anzeige

anzeigen *v/t*
to advertise, to announce, *(tech)* to indicate

Anzeigenabteilung *f* (**Anzeigenakquisition** *f*)
advertising sales department, advertisement sales department, advertisement department

Anzeigenabzug *m*
1. advertisement proof, ad proof
2. (für Archivzwecke) file proof
3. (Agenturbeleg) agency copy, advertising agency copy

Anzeigenagentur *f*
→ Annoncen-Expedition

Anzeigenakquisiteur *m*
space salesman, space representative, space rep, advertisement canvasser, advertising canvasser, ad canvasser, newspaper representative, publisher's representative

Anzeigenakquisition *f*
space selling, advertising space selling, advertisement canvassing, advertising canvassing, ad canvassing, advertisement sales *pl*

Anzeigenanalyse *f*
advertisement analysis, advertising analysis

Anzeigenannahme *f* (**Anzeigenabteilung** *f*)
(bei einer Zeitung/Zeitschrift) advertisement office

Anzeigenannahmeschluß *m* (**Annahmeschlußtermin** *m*)
→ Anzeigenschluß

Anzeigenanteil *m* (**einer Publikation**)
advertising share, advertising content, advertising ratio, ratio of advertising, advertising to editorial ratio

Anzeigenarchiv *n*
advertisement file, advertising file

Anzeigenart *f* (**Anzeigenkategorie** *f*)
advertisement category

Anzeigenaufkommen *n*
advertising, amount of advertising, amount of advertisements, advertising weight, advertising support, advertising volume

Anzeigenaufmachung *f* (**Anzeigengestaltung** *f*)
advertisement format, advertisement makeup

Anzeigenauftrag *m*
space order, space buy, insertion order, advertisement order

Anzeigenausschnitt *m*
→ Anzeigenbeleg

Anzeigenbeachtung *f* (*media research*)
1. advertisement noting, ad noting, eyes open in front of advertisement (E.O.FA.)
2. (Anzeigenbeachtung pro Seite) ad-page audience

Anzeigenbedingungen *f/pl*
→ Allgemeine Geschäftsbedingungen

Anzeigenbeihefter *m* (**Anzeigenbeilage** *f*, **Anzeigenbeipack** *m*)
→ Beihefter, Beilage, Beipack

Anzeigenbeleg *m* (*advertising*)
1. (für den Werbungtreibenden) advertiser's copy
2. (für die Agentur) agency copy, advertising agency copy
3. (einzelne Seite) tearsheet, *also* tear sheet

Anzeigenbelegung *f* (**Anzeigeneinkauf** *m*, **Media-Einkauf** *m*)
space buying, advertising media buying

Anzeigenberechnung *f*
→ Satzumfangsberechnung

Anzeigenbewertung *f* (**Anzeigenevaluierung** *f*)
advertisement evaluation, ad evaluation

Anzeigenblatt *n* (**Offertenblatt** *n*)
giveaway paper, non-paid publication, free paper, free publication, freebee, freesheet, shopper, *brit also* advertiser

Anzeigenbüro *n*
→ Anzeigenabteilung

Anzeigenchiffre *f*
→ Chiffre

Anzeigenchiffrierung *f*
keying of an advertisement

Anzeigen-Copy-Test *m*
→ Copy-Test

Anzeigendirektor *m*
→ Anzeigenleiter

Anzeigendisposition *f*
space schedule, space scheduling

Anzeigeneinkauf *m*
→ Anzeigenverkauf

Anzeigeneinnahmen *f/pl*
advertising revenue, advertising receipts *pl*

Anzeigenerfolgskontrolle *f*
advertisement effectiveness control, ad effectiveness control

Anzeigenerinnerung *f* (*advertising research*)
advertisement recall, ad recall

Anzeigenerinnerungstest *m* (*empirical social research/marketing research*)
advertisement recall test, ad recall test

Anzeigenerlös *m* (*mostly pl* **Anzeigenerlöse**)
advertisement payout, advertisement payback

Anzeigenetat *m*
advertising budget, ad budget

Anzeigenexpedition *f*
→ Annoncenexpedition

Anzeigenfachmann *m*
adman, *also* ad man, advertising man

Anzeigenfestpreis *m*
→ Festpreis

Anzeigenfließsatz *m*
→ Fließsatz

Anzeigenformat *n*
size of an advertisement, form of an advertisement, space size, space form

Anzeigenfriedhof *m*
clutter, clutter of advertisements

Anzeigengemeinschaft *f*
→ Gemeinschaftsanzeige

Anzeigengeschäft *n*
advertising business, advertising sales *pl*, advertising

Anzeigengestaltung *f*
1. (Art und Weise, in der eine Anzeige gestaltet

Anzeigengröße

ist) design of an advertisement, makeup of an advertisement, advertisement makeup, advertisement format
2. (Vorgang der Gestaltung) design of advertisements, designing of ads, creating advertisement copy and artwork

Anzeigengröße *f*
1. space size, size of an advertisement, advertisement size
2. (nach Zeilen) advertisement lineage, lineage of an ad

Anzeigengrundpreis *m* **(Listenpreis** *m*)
base rate (of an advertisement) basic rate, card rate, flat rate, full rate-card cost, one-time rate, open rate

Anzeigenhauptteil *m* **(Anzeigenhaupttext** *m*)
body copy, body text, body

Anzeigenhöhe *f*
depth of space, depth of column, depth of an advertisement, advertisement depth, advertisement height

Anzeigeninhalt *m*
content of an advertisement

Anzeigenkampagne *f*
advertisement campaign, advertising campaign

Anzeigenkategorie *f*
type of advertisement, advertisement category

Anzeigenkauf *m*
space buying

Anzeigenkäufer *m*
space buyer

Anzeigenklischee *n* *(printing)*
advertising block, advertising plate

Anzeigenkodierung *f*
→ Anzeigenchiffrierung

Anzeigenkollektiv *n* **(Kollektivanzeige** *f* **)**
composite page

Anzeigenkompaß *m*
→ Starch-Verfahren

Anzeigenkontakt *m* *(advertising research)*
advertisement exposure, ad exposure, advertising exposure

Anzeigenkontaktchance *f*
→ Kontaktchance

Anzeigenkoppelung *f*
→ Koppelgeschäft

Anzeigenkunde *m*
space buyer, advertising space buyer, advertising customer, advertiser

Anzeigenleiter *m* **(Anzeigendirektor** *m*) *(advertising)*
advertising manager, head of advertising sales department, advertisement manager

Anzeigenleserschaft *f* **(Anzeigenleser** *m/pl*) *(media research)*
ad audience

Anzeigenmalstaffel *f*
→ Malstaffel

Anzeigen-Marketing *n*
space marketing, advertisement marketing

Anzeigenmarkt *m*
advertising market

Anzeigenmater *f* *(printing)*
ad mat, advertisement matrix

Anzeigenmittler *m*
space broker, space buyer, advertisement space broker

Anzeigennachlaß *m* **(Anzeigenpreisnachlaß** *m*)
advertising discount, discount on advertising

Anzeigen-Nach-Test *m*
→ Anzeigen-Posttest

Anzeigenpächter *m*
→ Anzeigenmittler

Anzeigenplacierung *f* **(Anzeigenplazierung** *f* **)**
placement of an ad(vertisement), positioning of an ad(vertisement), advertising position

Anzeigenplanung *f*
advertising planning

Anzeigenposition *f*
→ Anzeigenplazierung

Anzeigen-Posttest *m* *(advertising research)*
advertising post test

Anzeigenpreis m **(Anzeigentarif** m**)**
ad rate, adrate, advertisement rate, space rate, space charge, advertising rate

Anzeigenpreis m **minus Provision (abzüglich Provision)**
gross less

Anzeigenpreisliste f **(Preisliste** f**)**
ad(vertisement) rate card, rate card, space rates pl

Anzeigen-Pretest m *(advertising research)*
advertising pretest

Anzeigenprovision f **(AE-Provision** f**)**
agency commission, commission, advertising agency commission

Anzeigenpyramide f
advertising pyramid, pyramid makeup

Anzeigenrabatt m **(Anzeigenpreisnachlaß** m**)**
advertising discount

Anzeigenraum m **(Anzeigenfläche** f**)**
advertising space

Anzeigenreichweite f *(media research)*
advertising coverage, advertising reach, advertising audience

Anzeigenrubrik f
→ Rubrikanzeige

Anzeigensatz m *(typography)*
1. (Produkt) type set for an ad(vertisement)
2. (Vorgang) advertisement composition, ad composition, advertising typography

Anzeigensatzspiegel m *(typography)*
advertisement type area, advertising type area, adpage plan

Anzeigenschluß m **(Anzeigenschlußtermin** m**)**
1. closing date, closing day, closing time, ad closing, copy date, deadline
2. (Annahmeschluß für Druckunterlagen) forms close date, forms close

Anzeigenseite f
advertising page, adpage, *also* ad page, advertisement page

Anzeigenseitenbeachtung f
→ Anzeigenseitenkontakt, Seitenkontakt

Anzeigenseitenkontakt m *(media research)*
advertising page exposure (apx), ad-page exposure (Alfred Politz Research)

Anzeigenseitenspiegel m *(printing)*
advertising page plan, adpage plan

Anzeigenseiten-Tausenderpreis m *(media planning)*
cost per page per thousand circulation

Anzeigenserie f
series of ads, series of advertisements

Anzeigensetzer m *(typography)*
advertising typographer, advertisement typographer, advertographer

Anzeigensetzerei f *(typography)*
1. advertising typography
2. (in einer Setzerei) ad side, ad alley

Anzeigensonderform f
→ Flexformanzeige

Anzeigenspalte f
ad column, advertising column

Anzeigenspiegel m
advertisement type area, advertisement page plan

Anzeigen-Split m
alternate-bundles run, A-B split (a/b split), split-run advertising, split-run circulation, split run

Anzeigen-Splitting n
split-run advertising

Anzeigenstatistik f
advertising statistics *pl construed as sg*

Anzeigensteuer f
→ Werbesteuer

Anzeigenstrecke f
advertising clutter, clutter

Anzeigentarif m
→ Anzeigenpreis, Tarifpreis

Anzeigenteil m
advertising section, advertisement section, advertising content, adpages *pl*, advertising pages *pl*, advertising columns *pl*, ad columns *pl*

Anzeigen-Terminplan *m*
advertising schedule, media schedule

Anzeigentest *m (advertising research)*
1. advertisement test, advertising test
2. (Starch-Test) reading/noting study

Anzeigentext *m*
1. advertisement copy, advertising copy, copy, advertising lineage
2. (der reine Textteil) body copy

Anzeigentexter *m*
copywriter, advertising copywriter

Anzeigentextteil *m*
advertising matter, advertising copy

Anzeigen-Text-Verhältnis *n*
advertising-to-editorial ratio, editorial-to-advertising ratio

Anzeigenträger *m*
→ Werbeträger

Anzeigentyp *m*
→ Anzeigenkategorie

Anzeigenumbruch *m*
advertisement makeup, advertisement format

Anzeigenumfang *m*
→ Anzeigengröße

Anzeigenumsatz *m*
advertising turnover, advertising sales *pl*

Anzeigenverbund *m*
regional facilities *pl*

Anzeigenverkauf *m*
advertisement sales *pl*, advertising sales *pl*, space sales *pl*

Anzeigenverkaufsleiter *m*
advertisement manager

Anzeigenvermittler *m*
→ Anzeigenmittler

Anzeigenvertrag *m* **(Werbevertrag** *m***)**
advertising contract, space contract

Anzeigenvertreter *m*
space representative, advertisement representative, space rep, advertisement canvasser,
advertising canvasser, ad canvasser, newspaper representative, publisher's representative

Anzeigenvolumen *n*
advertising volume, total advertising, advertising sales *pl*, advertising weight, advertising support, support

Anzeigenvorlage *f*
copy, advertisement copy, advertising copy

Anzeigenvorspann *m*
→ Vorspann

Anzeigen-Vor-Test *m*
→ Anzeigen-Pretest

Anzeigenwerbeleiter *m*
→ Anzeigenleiter

Anzeigenwerbung *f*
press advertising, print advertising, newspaper and magazine advertising, publication advertising

Anzeigenwiedererkennung *f* **(Werbemittel-Wiedererkennung** *f***)** *(media research)*
advertisement recognition, ad recognition

Anzeigenwiedererkennungstest *m* **(Werbemittel-Wiedererkennungstest** *m***)** *(media research)*
advertisement recognition test, ad recognition test

Anzeigenwirkung *f* **(Werbewirkung** *f* **einer Anzeige)** *(advertising research)*
advertisement effect, effect of an advertisement, advertising effect

Anziehungskraft *f*
1. attraction, attractive power, drawing power, pull, pulling power, appeal
2. (Anziehungskraft der Werbung) advertising appeal

Apartverkauf *m*
→ Einzelverkauf

apathische Arbeitsgruppe *f* **(apathische Gruppe** *f***)** *(industrial psychology)*
apathetic group (Leonard R. Sayles)

aperiodisch (nicht periodisch) *adj*
aperiodic, nonperiodical

aperiodischer Zyklus *m* **(nicht periodischer Zyklus** *m***)**
aperiodic cycle

Aperiodizität *f* **(Nichtperiodizität** *f* **)**
aperiodicity

A-posteriori-Analyse *f* *(empirical social research) (decision-making theory)*
a posteriori analysis, posterior analyis

Apotheke *f*
Am pharmacy, *brit* chemist's shop

apothekenpflichtes Heilmittel *n*
patent medicine, proprietary pharmaceutical, OTC medicine, over-the-counter medicine

Apothekenverwerbung *f*
advertising of pharmacies

Appeal *m*
appeal

Appell *m*
appeal

Apperzeption *f* **(Apperzeptionswirkung** *f* **)**
apperception

Appetenz *f* **(Appetenzverhalten** *n***)** *(psychology)*
approach, approach behavior, *brit* behaviour

Appetenz-Aversions-Konflikt *m* *(psychology)*
approach-avoidance conflict, appetence-aversion conflict (Kurt Lewin), plus-minus conflict

Appetenz-Konflikt *m* **(Appetenz-Appetenz-Konflikt** *m***, Konflikt** *m* **zwischen Annäherungstendenzen, Annäherungs-Annäherungs-Tendenz** *f* **)** *(psychology)*
approach-approach conflict, plus-plus conflict (Kurt Lewin)

Appetite Appeal *m* *(advertising)*
appetite appeal

A-priori-Analyse *f* *(empirical social research) (decision-making theory)*
a priori analysis, prior analysis
a priori probability

Arbeit *f*
1. (Beschäftigung *f*, Tätigkeit *f*, Schaffen *n*)
work

2. *(economics)* (der Produktionsfaktor *m* Arbeit) labor, *brit* labour
3. (Tätigkeit *f*, Beschäftigung *f*) job, occupation

Arbeiter(in) *m(f)*
1. worker
2. Handarbeiter *m*, Handwerker *m*) worker, workman, *pl* workmen
3. (Fabrikarbeiter *m*, Industriearbeiter *m*, manueller Arbeiter *m*, manueller Industriearbeiter *m*) blue collar worker, blue-collar worker, blue collarite, blue collar, worker, manual worker
4. (ungelernte(r) Arbeiter(in) *m(f)*) laborer, *brit* labourer
5. (Angestellter *m* landwirtschaftlicher Herkunft) *(demography)* farm-born blue collar worker

Arbeiterklasse *f*
working class *(demography)*

Arbeiterschaft *f* **(Arbeitnehmerschaft** *f*, **Arbeiterschicht** *f*, **Arbeitskräfte** *f/pl*, **Arbeiter** *m/pl***)**
labor, *brit* labour *(demography)*

Arbeiterschicht *f*
working class *(demography)*

Arbeitgeber *m* **(Dienstherr** *m*, **Unternehmer** *m***)**
employer

Arbeitgeber-Arbeitnehmer-Beziehungen *f/pl*
→ Sozialpartnerschaft

Arbeitnehmer *m* **in der unteren Führungsfunktion**
→ Werkmeister

Arbeitnehmer(in) *m(f)* **(Angestellte(r)** *f(m)*, **Lohnempfänger(in)** *m(f)*, **Gehaltsempfänger(in)** *m(f)*, **Berufstätige(r)** *m(f)***)**
employed person, employee, employé, employe

Arbeitnehmergesellschaft *f*
→ Angestelltengesellschaft

Arbeitsamt *n*
labor exchange, *brit* labour exchange

Arbeitsbedingungen *f/pl* **(tariflich vereinbarte Arbeitsbedingungen** *f/pl***)**
labor standards *pl*, *brit* labour standards *pl*

Arbeitsbereich *m*
→ Fach

Arbeitsbereicherung *f* (**Arbeitsstrukturierung** *f*) *(psychology of work)*
job enrichment

Arbeitsclique *f* (**Clique** *f* **am Arbeitsplatz**)
work clique

Arbeitseifer *m*
work zeal

Arbeitselement *n* *(industrial sociology)*
work element

Arbeitsflußdiagramm *n*
work-flow chart, job flow chart

Arbeitsfortschrittsbild *n*
→ Gantt-Arbeitsleistungskarte

Arbeitsgebiet *n*
→ Fach, Wissensgebiet

Arbeitsgesellschaft *f*
→ Berufsgesellschaft

arbeitsintensiv *adj*
labor-intensive, *brit* labour-intensive

arbeitsintensive Entwicklung *f* *(economics)*
labor-intensive development, *brit* labour-intensive development

Arbeitskräfte *f/pl*
working force, workforce, labor force, *brit* labour force

Arbeitskräfteangebot *n* (**Angebot** *n* **auf dem Arbeitsmarkt, Angebot** *n* **an Arbeitskräften**) *(economics)*
labor supply, *brit* labour supply

Arbeitskräftebedarfsansatz *m*
→ Manpower-Ansatz

Arbeitskräftebeschaffung *f* *(economics)*
manpower procurement

Arbeitskräftefluktuation *f* *(economics)*
labor turnover, *brit* labour turnover

Arbeitskräftemobilität *f* (**Mobilität** *f* **der Arbeitskräfte**) *(mobility research)*
manpower mobility, labor mobility, *brit* labour mobility

Arbeitskräfteplanung *f* *(economics)*
manpower planning

Arbeitskräftetraining *n* (**Ausbildung** *f* **von Arbeitskräften**) *(economics)*
manpower training

Arbeitskreis *m* **der Deutschen Werbefachschulen (ASW)**

Arbeitsorganisation *f* *(organizational sociology)*
organization of work, *brit* organisation of work

Arbeitsökologie *f*
work ecology

Arbeitsökonomie *f* (**Arbeitsökonomik** *f*)
labor economics *pl construed as sg*, *brit* labour economics *pl construed as sg*

Arbeitsplatz *m*
1. (**Beruf** *m*, **Stelle** *f*, **Posten** *m*, **Arbeit** *f*, **Job** *m*)
job
2. (der Platz, an dem die Arbeit verrichtet wird)
workplace

Arbeitsplatzanalyse *f* (**Berufsbild** *n*) *(industrial psychology)*
job analysis, *pl* analyses

Arbeitsplatzausweitung *f* *(industrial psychology)*
job extension, job enlargement

Arbeitsplatzbeschreibung *f* *(psychology of work)*
job description, job design, work design

Arbeitsplatzbewertung *f* (**Arbeitsplatzeinschätzung** *f*, **analytische Arbeitsplatzbewertung** *f*, **analytische Arbeitsbewertung** *f*) *(psychology of work)*
job evaluation

Arbeitsplatzeinstufung *f* *(industrial sociology)*
job grading

Arbeitsplatzgestaltung *f* *(industrial sociology)*
job design, work design

Arbeitsplatzmobilität *f* *(mobility research)*
job mobility

Arbeitsplatzprofil *n* *(industrial sociology)*
job profile, job psychograph

Arbeitsplatzspezialisierung *f* (**Arbeitsspezialisierung** *f*) *(industrial sociology)*
job specialization

Arbeitsplatzspezifizierung *f (industrial sociology)*
job specification

Arbeitsplatzvereinfachung *f (psychology of work)*
job simplification

Arbeitsplatzwechsler *m* **(Stellenwechsler** *m*, **Jobwechsler** *m*) *(industrial sociology)*
job changer, job hopper

Arbeitsproduktivität *f (economics)*
labor productivity, *brit* labour productivity

Arbeitsspezialisierung *f* **(Spezialisierung** *f* **der Arbeitskräfte)** *(economics)*
labor specialization, *brit* labour specialisation

Arbeitsstrukturierung *f*
→ Arbeitsbereicherung

arbeitsteilige Kooperation *f* **(Kooperation** *f* **durch konvergentes Handeln, Zusammenarbeit** *f* **durch konvergentes Handeln)**
converging-action cooperation, converging-action co-operation

Arbeitsteilung *f (economics)*
division of labor, *brit* division of labour

Arbeitsteilung *f* **zwischen den Geschlechtern**
→ geschlechtliche Arbeitsteilung

Arbeitstherapie *f (psychology)*
work therapy

Arbeitstransparent *n* **(Overhead-Transparent** *n*)
overhead transparency

Arbeitsverhältnis *n* **(Beschäftigungsverhältnis** *n*, **Dienstverhältnis** *n*)
employment

Arbeitswerttheorie *f (economics)*
labor theory of value, *brit* labour theory of value (David Ricardo)

Arbeitszufriedenheit *f (industrial psychology)*
work satisfaction

Argument *n*
argument, point

Argumentation *f* **(Argumentationsweise** *f*, **Beweisführung** *f*)
reasoning, argumentation, line of argument

argumentative Werbung *f*
argumentative copy, argumentative advertising, reason-why copy, reason-why advertising, long-circuit appeal

Armer Hund *m* **(Hund** *m*) *(economics)*
dog, poor dog

Art-Buyer *m (advertising)*
art buyer

Art-Buying *n (advertising)*
art buying

Art-Direktor *m* **(Art-Director** *m*) *(advertising)*
art director (A.D., AD), art editor

Artikel *m* **(Produkt** *n*, **Ware** *f*) *(economics)*
article, product, commodity

Artikel *m/pl* **des täglichen Bedarfs** *(economics)*
convenience goods *pl*

Artikelausgleich *m*
→ kalkulatorischer Ausgleich

Artikelgruppenspanne *f* **(Handelsspanne** *f* **einer Artikelgruppe)** *(economics)*
product group margin of profit, product group trade margin

Artikelnumerierung *f* **(Artikelcodierung** *f*)
→ Strichkodierung

Artikelspanne *f* **(Stückspanne** *f*) *(economics)*
unit margin, profit margin per unit

Art-Work *n*
→ Gebrauchsgraphik

Arzneimittel *n*
1. drug, medicine
2. (verschreibungspflichtig) ethical drug, ethical medicine
3. (nicht verschreibungspflichtig) over-the-counter drug, OTC drug, over-the-counter medicine, OTC medicine

Arzneimittelwerbung *f*
pharmaceutical advertising, ethical advertising

Ärzte *m/pl* **in der Werbung (Werbung** *f* **mit Ärzten)**
white coat advertising

aspiratorische Bezugsgruppe *f* **(Aspirationsgruppe** *f* **)** *(social psychology)*
aspirational reference group, aspirational group

ASSESSOR-Modellkomplex *m*
ASSESSOR model

Assimilation *f*
assimilation

Assimilations-Kontrast-Theorie *f (psychology)*
assimilation-contrast theory (Muzafer Sherif and Carl I. Hovland)

Assimilationsprozeß *m*
assimilation, assimilation process, process of assimilation

Assoziationswerbung *f*
associative advertising

Ästhetik *f*
aesthetics *pl construed as sg*, esthetics *pl construed as sg*

asymmetrische Anordnung *f* **(asymmetrisches Anzeigenlayout** *n***)**
informal balance, occult balance, asymmetrical balance

atomistische Konkurrenz *f (economics)*
atomistic competition, perfect competition, pure competition

Attraktion *f*
attraction

attraktiv *adj*
attractive

Attraktivität *f*
attractiveness, pulling power, drawing power

Attrappe *f* **(Schaupackung** *f* **)**
1. dummy, dummy package, display package
2. (im Originalformat) mockup, *also* mock-up

Attrappenforschung *f*
dummy research

Attributprüfung *f* **(Abnahmeprüfung** *f* **mittels qualitativer Merkmale)** *(statistical quality control)*
inspection by attribute, attribute sampling

Attributsstatistik *f* **(Statistik** *f* **der Attributdaten, Statistik** *f* **qualitativer Daten)**
statistics *pl construed as sg* of attributes, attribute statistics *pl construed as sg*

Audit *m*
→ Revision, Marketingrevision

Aufbaumethode *f (marketing/marketing research)*
buildup method, build-up method, build-up approach

Aufbauskizze *f*
→ Layout

aufdringliche Werbung *f*
borax advertising, borax, tum-tum

Aufdruck *m*
→ Eindruck, Firmeneindruck

aufdrucken
→ eindrucken

aufeinanderfolgende Werbesendungen *f/pl*
back-to-back commercials *pl*, wall-to-wall commercials *pl*, adjacent commercials *pl*, adjacencies *pl*

auffällige Muße *f*
→ demonstrative Muße

auffälliger Konsum *m*
→ demonstrativer Konsum

auffälliges Produkt *n* **(sozial auffälliges Produkt** *n***)**
conspicuous product

Aufforderungscharakter *m* **(Valenz** *f* **)** *(field theory)*
valence (Kurt Lewin)

Aufforderungsgradient *m (psychology)*
gradient of valence

Aufgabe *f*
task

Aufgabenmotivation *f*
→ intrinsische Motivation

aufgabenorientierte Gruppe *f* **(aufgabenlösungsorientierte Gruppe** *f* **)**
task-oriented group, task group

Aufgabenorientierung *f* **(Aufgabenlösungsorientierung** *f* **)**
task orientation

Aufhängedekoration *f (POP advertising)*
mobile, dangler, banner, overwire hanger

Aufhängekreuz *n (POP advertising)*
peel

Aufhänger *m*
1. (im Text) peg, news peg, lead-in, catchline, attention getter
2. → Aufhängedekoration, Deckenaufhänger
3. → Aufhängung

Aufhängung *f (POP advertising)*
suspension

aufkaufen
→ einkaufen, kaufen

Aufkaufhandel *m* (**Aufkaufgroßhandel** *m*) *(wholesaling)*
buying-up trade, buying-up wholesaling

aufklappbar *adj*
fold-out

aufklappen *v/t*
to fold out, to flap up, to unfold

aufklärende Werbung *f* (**Aufklärungswerbung** *f*)
→ informative Werbung

Aufklärungsvergleich *m*
→ vergleichende Werbung

aufklebbar *adj*
adhesive

Aufklebeadresse *f*
1. adhesive label, adhesive address label
2. (gummiert) gummed address label, gummed label

Aufklebeetikett *n*
1. adhesive label, self-adhesive label, sticker
2. (gummiert) gummed label

Aufklebekarton *m*
adhesive cardboard, stick-on cardboard

Aufkleber *m*
1. adhesive label, self-adhesive label, sticker
2. (Aufklebestreifen) paster, snipe, overlay, tip-on

Aufklebezettel *m*
→ Aufklebeetikett, Aufkleber

Auflage *f (newspaper/magazine)*
circulation

Auflagenanalyse *n (newspaper/magazine)*
circulation analysis, circulation breakdown

Auflagebestand *m*
→ Lagerbestand

Auflagengarantie *f*
(newspaper/magazine) circulation rate base, rate base

Auflagenhöhe *f* (**Auflagenzahl** *f*)
(newspaper/magazine) circulation, circulation figure

Auflagenkontrolle *f* (**Auflagenprüfung** *f*)
(newspaper/magazine) circulation audit, auditing (of circulation)

Auflagenmeldung *f* (**des Verlags**)
(newspaper/magazine) publisher's statement of circulation, publisher's statement

auflagenschwach *adj*
low-circulation

auflagenstark *adj*
high-circulation

Auflagenstruktur *f*
(newspaper/magazine) structure of circulation, circulation breakdown

Auflagenverteilung *f*
→ Auflagenstruktur

Auflagenwachstum *n* (**Auflagenzuwachs** *m*)
(newspaper/magazine) circulation growth

Auflagenzahl *f* (**Auflagenziffer** *f*)
(newspaper/magazine) circulation figure

Aufmachung *f*
(einer Ware) makeup, *also* make-up, styling, design, getup *brit* get-up, appearance, styling

Aufmachungsmuster *n*
→ Attrappe

Aufmerksamkeit *f*
attention

Aufmerksamkeitsauslöser *m* (**aufmerksamkeitsauslösendes Werbeelement** *n*) *(advertising)*

Aufmerksamkeitsfaktor

attention getter, attention-getting element, attention incentive, teaser, hook, eye catcher

Aufmerksamkeitsfaktor *m (advertising)*
attention factor

Aufmerksamkeitshascherei *f*
→ Effekthascherei

Aufmerksamkeitsintensität *f* **(Aufmerksamkeitsgrad** *m***)**
attentiveness

aufmerksamkeitsstark *adj*
attention-getting, eye catching

Aufmerksamkeitswert *m*
attention value

Aufmerksamkeitswirkung *f* **(eines Werbemittels)**
stopping power (of an advertisement)

Aufnahme *f*
1. *(economics)* (günstige Aufnahme eines neuen Produkts etc.) acceptance, market acceptance
2. (Einbeziehung) inclusion, incorporation

Aufnahmeprobe *f* **(für Werbung)**
session

aufnehmen *v/t*
1. *(economics)* (der Markt) to absorb, to take up
2. *(economics)* (neue Produkte) to accept
3. (Anzeigen) to accept (advertisements), to admit *(advertising)*, to carry (advertisements or advertising)

Aufreißer *m*
→ Anreißer

Aufschlag *m*
→ Preisaufschlag

aufschlagbar
→ aufklappbar, ausschlagbar

aufschlagen *v/t*
(Zeitung) to open

Aufschlüsselungsmethode *f (marketing)*
break-down method

Aufschrift *f*
→ Etikett

Aufschwung *m* **(Konjunkturaufschwung** *m***)**
(economics)
business recovery, recovery

Aufstecker *m (POP advertising)*
1. header, topper crowner
2. (Flaschenaufstecker) bottle topper

Aufsteiger *m* **(sozialer Aufsteiger** *m***)**
upward mobile, social climber

Aufsteigerung *f*
→ Auktion auf Aufstrich (Aufstrichverfahren)

Aufsteller *m* **(Aufstellplakat** *n***) (Kleinplakat)**
(POP advertising)
1. show-card, tent card, A board, A frame
2. (Tresenaufsteller) counter card, display card

Aufstellerfüße *m/pl (POP advertising)*
crow's feet

Aufstellpackung *f (POP advertising)*
display package, display carton, display outer

Aufstellplakat *n*
→ Aufsteller

Aufstrich *m*
→ Auktion auf Aufstrich (Aufstrichverfahren)

Aufteilung *f* **(eines Werbebudgets)**
allocation of advertising expenditure

Aufteilung *f* **in Abteilungen** *(organizational sociology)*
departmentalization, departmentation

Auftrag *m*
1. *(economics)* (Bestellung *f*) order, commission, firm order
2. (Aufgabe *f*) job
3. (Mission *f*) mission
4. (Liefervertrag) contract

Auftraggeber *m (economics)*
client, customer

Auftragsausführung *f (economics)*
execution of an order

Auftragsbearbeitung *f* **(Auftragsabwicklung** *f***)**
(economics)
order processing

Auftragsbestand *m (economics)*
order books *pl*, stock of orders

Auftragsbestätigung *f (economics)*
1. confirmation of an order, order confirmation
2. *(advertising) (radio/television)* confirmation of broadcast order (C.B.O., CBO)

Auftragsdeckungsbeitrag *m*
→ Deckungsbeitrag

Auftragsformular *n*
order form

Auftragsproduktion *f*
commissioned production

Auftragsrückstand *m (economics)*
back orders *pl*, backlog of orders

Auftragsstatistik *f (economics)*
order stistics *pl construed as sg*

Auftragstasche *f (printing)*
job bag, docket

Aufwandanalyse *f*
→ Kostenanalyse

Aufwärtsmobilität *f* **(Aufstiegsmobilität** *f*, **Mobilität** *f* **nach oben, soziale Aufwärtsmobilität** *f*)
upward mobility, upward social mobility

Aufwendungen *f/pl*
expenses *pl*

Auf-Wunsch-Kommunikation *f* **(On Demand Communication** *f*)
→ Kommunikation auf Wunsch

Augenbewegung *f* **(Blickverlauf** *m*) *(empirical social research)*
eye movement, eye flow, eye direction, gaze motion, eye gaze

Augenkamera *f* **(Blickbewegungskamera** *f*) *(empirical social research)*
eye-movement camera eye camera

Augenfälligkeit *f* **(optisch ansprechender Charakter** *m*) *(advertising)*
eye appeal

Auktion *f* **(Versteigerung** *f*) *(economics)*
auction, auction sale, sale by auction, commercial auction

Auktion *f* **auf Abstrich (Absteigerung** *f*, **Abstrich** *m*) *(economics)*
Dutch auction

Auktion *f* **auf Aufstrich (Aufsteigerung** *f*, **Aufstrich** *m*) *(economics)*
common auction, auction

Auktionator *m (economics)*
auctioneer

auktionieren *v/t (economics)*
to auction, to auction off, to sell at auction, to sell by auction, to put up for auction, to put up to auction

Auktionsgebühr *f (economics)*
auction fee, auction charge

Auktionshaus *n (economics)*
auction house, auction company, auctioneer

Auktionspreis *m (economics)*
auction price

Ausbesserung *f* **(Wartung** *f*) *(outdoor advertising)*
(bei Plakaten in der Außenwerbung)
outdoor service, renewal, renewals *pl*, renewal service

Ausbeutung *f* **(Exploitation** *f*) *(economics)*
exploitation

Ausbeutung *f* **fremden Rufs**
→ Rufausbeutung

Ausbeutung *f* **durch Nachahmung**
→ Nachahmung

Ausbildung *f*
training

Ausbildungsmobilität *f*
→ Erziehungsmobilität

Ausbreitung *f*
→ Diffusion

Ausdeckung *f*
→ Haushaltsabdeckung, Reichweite

Ausfallgage *f* **(Ausfallhonorar** *n*) *(advertising)*
cancellation fee, payoff fee

Ausfallmuster *n*
outturn sample, *brit* out-turn sample

Ausfuhr
→ Export

Ausführung *f* **einer Entscheidung (Durchführung** *f* **einer Entscheidung, Ausführung** *f* **von Entscheidungen, Durchführung** *f* **von Entscheidungen)**
decision implementation

Ausgabe *f*
1. (einer Zeitung/einer Zeitschrift) issue, number, copy
2. → Output

Ausgaben-Nachlaß *m* **(Ausgaben-Rabatt** *m***)**
(für Anzeigen) combination discount

Ausgabenstruktur *f (economics)*
spending pattern, expenditure pattern

Ausgabenuntersuchung *f*
→ Haushaltsbudget-Studie

ausgedünntes Heft *n (media research)*
stripped magazine issue, thinned-out issue

ausgegangen *attr (economics)*
(Waren) out of sorts

ausgehandelter Preis *m (economics)*
negotiated price

ausgehandeltes Gebot *n (economics)*
negotiated bid

ausgeschriebener Preis *m* **(Ausschreibungspreis** *m***)** *(economics)*
bid price

Ausgleichsanspruch *m*
→ Handelsvertreterausgleich

Ausgleichskalkulation *f*
→ kalkulatorischer Ausgleich

Aushangdauer *f (outdoor advertising)*
(Plakate) posting period

Aushängekasten *m (outdoor advertising)*
bulletin board, *brit* notice board

Aushängeschild *n (outdoor advertising)*
signboard, sign, shop sign, store sign

ausklappbare Beilage *f* **(ausklappbare Werbebeilage** *f***)**
(Zeitschrift) pullout insert

Auskommen *n*
→ Lebensunterhalt

Auskunftsvergleich *m* **(Auskunftsverlangen** *n***)**
comparative advertising upon request

Auslage *f (POP advertising)*
1. display, window display, point-of-purchase display, POP display
2. exhibit, goods *pl* exhibited

Auslagegestell *n* **(Auslagegerüst** *n***)** *(POP advertising)*
gazebo

Auslagekarton *m* **(Auslagepackung** *f***)** *(POP advertising)*
display package, prepack display carton, display case, display outer, display bin

Auslagekiste *f* **(Auslagebehälter** *m***)** *(POP advertising)*
display bin, dump bin, dumper

Auslagenfenster *n (POP advertising)*
display window

Auslagengestaltung *f (POP advertising)*
display work

Auslagenregal *n (POP advertising)*
display rack, display shelf

Auslagenvitrine *f (POP advertising)*
display case, case

Auslagenwerbung *f*
merchandise display advertising, display advertising

Auslagenzettel *m* **(Auslagenwerbezettel** *m***)**
display card

Auslagepackung *f*
display package

Auslageregal *n* **(beidseitig offenes Warenregal** *n***)** *(POP advertising)*
gondola

Auslagetisch *m (POP advertising)*
1. display stand, display table
2. (für Sonderangebote) dump table

Auslandsfactoring *n (economics)*
export factoring

Auslandshilfe *f* (**ausländische Hilfe** *f*, **ausländische Hilfszahlungen** *f/pl*)
foreign aid

Auslandslizenz *f* *(economics)*
foreign license, *brit* licence

Auslandsmarkt *m* *(economics)*
foreign market

Auslandsmarktforschung *f*
international market research, market research in foreign countries

Auslandsmesse *f* *(economics)*
foreign trade fair

Auslandspresse *f*
foreign press

Auslandswerbung *f*
→ Werbung im Ausland

ausländischer Arbeiter *m* (**ausländischer Arbeitnehmer** *m*, **Gastarbeiter** *m*, **Einwanderungsarbeiter** *m*)
immigrant worker, foreign worker

auslegen *v/t* *(POP advertising)*
(Waren) to display, to expose, to lay out, to exhibit

Auslieferer *m* *(economics)*
distributor, supplier

ausliefern *v/t* *(economics)*
1. to deliver, to supply
2. (vertreiben) to distribute

Auslieferung *f* *(economics)*
1. delivery, delivery service, supply
2. (Vertrieb) distribution

Auslieferungsabteilung *f*
→ Vertriebsabteilung

Auslieferungslager *n* (**Auslieferungsgroßhandel** *m*) *(economics)*
delivery stores *pl*, supply depot, despatch warehouse

Auslieferungsstelle *f* *(economics)*
distribution center, *brit* centre

Auslieferungstag *m* (**Auslieferungstermin** *m*) *(economics)*
day of delivery

Auslieferungswagen *m*
(bei Zeitungen) newspaper delivery truck

ausliegen *v/i*
1. (Ware) to be displayed, to be laid out, to be exhibited
2. (Zeitungen/Zeitschriften) to be laid out, to be kept available

ausloben *v/t*
to promise a reward in public

Auslobung *f*
sweepstakes, public promise of a reward

Auslobungspreisausschreiben *n*
→ Auslobung

Ausmelkungsstrategie *f* *(marketing)*
milking strategy

Ausmustern *v/t*
(Waren) to reject, to discard

Ausmusterung *f*
1. (Handelsvertreter)
2. (von Tagesmustern) selection process, daily selection

Ausrufer *m* *(advertising)*
barker, tout

Ausrüstungen *f/pl*
→ Industrieanlagen, industrielle Hilfsgüter

ausschlagbare Anzeige *f* (**ausschlagbare Seiten** *f/pl*)
1. gatefold, French door, pullout insert
2. (nach rechts/links ausschlagbar) fold-in page
3. (in der Heftmitte) centerfold
4. (Altarfalzanzeige) Dutch door, Dutch door ad(vertisement), Dutch door spread
5. (ausschlagbare Titelseite) gatefold cover

Ausschließlichkeitsbindung *f*
→ Vertriebsbindung

Ausschließlichkeitsvertrieb *m*
→ Alleinvertrieb, Exklusivvertrieb

Ausschließlichkeitsklausel *f* *(economics)*
noncompete agreement, exclusivity agreement

ausschreiben *v/t*
(bekanntgeben) to announce, to advertise, to invite tenders, to invite bids for

Ausschreibung f *(economics)*
1. (einer Stelle) advertisement (of a vacancy)
2. (Submission) call for tenders, call for bids, invitation to tender
3. (Angebote aufgrund einer Ausschreibung) bid, tender
4. competitive bidding
5. open bid, open bidding

Ausschreibungspreis m
→ ausgeschriebener Preis

Ausschreier m **(Ausrufer** m**)**
barker, tout

Ausschuß m
1. (Komitee) committee, commission, board, panel
2. *(economics)* (Ausschußwaren) substandard goods pl, substandard products pl, substandard articles pl, rejects pl, waste

Außenanschlag m
outdoor advertisement, outdoor advertising poster, outdoor poster

Außenanschlagwerbung f
→ Außenwerbung

Aussendewelle f **(Aussendungswelle** f**)** *(direct advertising)*
mailing, direct mail shot

aussenden v/t
(Werbesendung) to mail out, to dispatch, to despatch

Außendienst m **(die Außendienstmitarbeiter)**
field force, field representatives pl

Außendienstbericht m **(Vertreterbericht** m**)**
call report, contact report

Außendienstbefragung f *(marketing research)*
salesforce survey, sales-force survey

Außendienstler m **(Außendienstmitarbeiter** m**)**
field man, field representative, member of the field force

Außendienstorganisation f
organization of the field force, *brit* organisation of the field force, field force organization

außengeleitete Gesellschaft f **(außengelenkte Gesellschaft** f**)**
other-directed society, outer-directed society (David Riesman et al.)

außengeleitete Persönlichkeit f **(außengelenkte Persönlichkeit** f**)**
other-directed man, outer-directed man (David Riesman et al.)

außengeleitetes Verhalten n
other-directed behavior, *brit* behaviour, outer-directed behavior (David Riesman)

Außenhandel m
foreign trade, external trade

Außenhandelsunternehmen n *(international marketing)*
export management company (EMC), *brit* export-import merchant

Außenlenkung f **(Außenleitung** f**)**
other-directedness, other-direction, outer-directedness, outer direction (David Riesman et al.)

Außenreklame f
→ Außenwerbung

Außenwelt f
→ Umwelt

Außenwerbeflächenkäufer m
outdoor space buyer

Außenwerbemittelkontakt m *(media research)*
outdoor advertising exposure

Außenwerbemittel-Reichweite f **(Plakatreichweite** f**)** *(media research)*
outdoor circulation, outdoor audience, effective circulation, daily effective circulation (DEC)

Außenwerbeunternehmen n
outdoor advertising plant, outdoor advertising plant operator

Außenwerbung f
outdoor advertising, outdoor poster advertising, out-of-home media advertising

außerbetriebliche Berufsausbildung f
→ überbetriebliche Berufsausbildung

Außer-Haus-Lesen n *(media research)*
out-of-home reading, away-from-home reading

Außer-Haus-Leser m **(Leser** m **außer Haus)** *(media research)*
out-of-home reader

Außer-Haus-Leserschaft f **(Leser** m/pl **außer Haus)** *(media research)*
out-of-home readers pl, out-of-home audience

Ausspannen n
→ Abwerbung

Ausspielung f *(promotion)*
lottery, raffle

Ausstaffierung f
→ Dekoration

Ausstattung f
1. → Warenausstattung
2. (eines Buchs) getup, *brit* get-up
3. *(film/television)* decor and makeup, mounting, costumes pl

Ausstattungsschachtel f **(Ausstattungskarton** m**)** *(POP advertising)*
fancy box, fancy carton

Ausstattungsschutz m
→ Warenzeichenschutz

Ausstattungsgrad m
→ Haushaltsabdeckung, Haushaltsausstattung

Ausstattungsingenieur m
installation engineer

Ausstattungskosten pl
design cost(s) *(pl)*

Ausstattungsleiter m
head of design

Ausstattungsmaterial n
→ Auslagematerial

Ausstattungsstab m
design team

Ausstattungstechnik f
design planning and installation

Ausstattungstest m *(market research)*
design test, test of product design

ausstellen v/t
(Waren etc.) to display, exhibit, to show

Aussteller m
exhibitor, exhibiting company

Ausstellerbefragung f
→ Messebefragung

Ausstellkarton m
→ Auslagekarton

Ausstellung f
exhibition, show, fair

Ausstellungsbau m
exhibition stand construction

Ausstellungsfläche f
exhibition space, exhibition area

Ausstellungsgegenstand m
exhibit, showpiece, exhibited object

Ausstellungsgelände n
exhibition grounds pl, exhibition site, fair grounds pl, fair site

Ausstellungsgüter n/pl
exhibits pl, exhibited articles pl

Ausstellungshalle f
exhibiton hall

Ausstellungskarton m
→ Auslagekarton

Ausstellungsjahr n
exhibition year

Ausstellungskatalog m
exhibition catalog, *brit* catalogue

Ausstellungs- und Verkaufslager n *(retailing)*
warehouse showroom

Ausstellungsmaterial n
→ Auslagematerial

Ausstellungspavillon m
exhibition pavilion

Ausstellungsplakat n
exhibition poster

Ausstellungsraum *m*
showroom, exhibition room, display room, exhibition hall

Ausstellungsrecht *n*
exhibition rights *pl*

Ausstellungsstand *m*
exhibition stand, exhibition booth, display booth

Ausstellungsständer *m* (**Aufsteller** *m*) *(POP advertising)*
floor stand

Ausstellungsstück *n*
→ Ausstellungsgegenstand

Ausstellungsvitrine *f (POP advertising)*
showcase, display case

Ausstellungswagen *m*
exhibition van

Ausstellungswerbung *f*
exhibition advertising, trade fair advertising

Ausstellungszug *m*
exhibition train

ausstrahlen (senden) *v/t* u. *v/i (radio/television)*
to broadcast, to radiate

Ausstrahlung *f (radio/television)*
broadcast

Ausstrahlungseffekt *m* (**Hofeffekt** *m*, **Halo-Effekt** *m*) *(empirical social research)*
halo effect, halo, irradiation effect, spillover effects *pl*

Ausstrahlungsprestige *n (social psychology)*
halo prestige

Austausch *m (sociology/economics/marketing)*
1. exchange
2. (Erwiderung *f*) reciprocation
3. (Tausch *m*, Umtausch *m*) exchange
4. (Substitution *f*) substitution

Austauschbarkeit *f* (**Auswechselbarkeit** *f*)
exchangeability, interchangeability

Austauschmedien *n/pl*
→ Interaktionsmedien

Austauschtheorie *f (sociology)*
exchange theory (Peter M. Blau)

austragen *v/t*
(Zeitungen) to deliver

Austräger *m*
→ Zeitungsausträger

Ausverkauf *m* (**Räumungsverkauf** *m*) *(retailing)*
1. clearance sale, sell out, close-out sale, closing-down sale, winding-up sale, sell-out
2. (liegengebliebener Waren) rummage sale, *brit* jumble sale

Ausverkaufspreis *m (retailing)*
bargain price

ausverkauft *attr/adv*
out of stock, sold out

Auswahl *f*
1. → Warenangebot
2. → Muster
3. → Markenwahl
4. *(decision-making)*
→ Auswahlalternative

Auswahlalternative *f* (**Auswahl** *f*, **Wahl** *f*, **Wahlhandlung** *f*, **Auswählen** *n*)
choice

Auswahlfeld *n (marketing)*
selection field (Philip Kotler)

Auswahlmuster *n*
→ Muster

Auswahlsendung *f*
→ unbestellte Waren

Auswahlsortiment *n (retailing)*
assortment

Auswahlstreuung *f (media planning)*
selective advertising, selective media planning, selective planning, rifle approach

Auswahltest *m (market research)*
choice test

Auswahlumwerbung *f*
→ Auswahlstreuung

Auswählreaktion f **(Wahlreaktion** f, **Wählreaktion** f, **Wahlhandlung** f, **Wählhandlung** f **)**
choice reaction

Auszahlungsfunktion f
→ Payoff-Funktion, Auszahlungsmatrix

Auszahlungsmatrix f **(Payoff-Matrix** f**)** *(theory of games)*
payoff matrix, *pl* matrixes or matrices

auszeichnen v/t *(economics)*
(Waren) to mark out to label, to tag, to ticket

Auszeichnung f *(economics)*
(Waren) marking out labeling, tagging, tag, branding

Autobushäuschen n *(transit advertising)*
bus shelter

Autobuswerbung f **(Omnibuswerbung** f**)** *(outdoor advertising)*
bus advertising, car advertising

Autobusplakat n **(Omnibusplakat** n**)** *(outdoor advertising)*
bus card, car card

Automat m **(Verkaufsautomat** m, **Warenautomat** m**)** *(retailing)*
automat, vending machine, automatic vending machine, vendor, slot machine

Automatenverkauf m **(automatischer Verkauf** m**)** *(retailing)*
automatic vending, automatic selling

automatischer Interaktions-Detektor m **(AID)** *(empirical social research)*
automatic interaction detector (AID, A.I.D.) (James N. Morgan & John A. Sohnquist)

automatische Ladenkasse f *(retailing)*
automated checkout system

Automobilwerbung f **(Autowerbung** f**)**
car advertising

autoritäre Führung f **(autoritäre Führerschaft** f**)**
authoritarian leadership

autoritäre Unternehmensführung f **(autoritäre Betriebsleitung** f, **autoritäres Management** n**)** *(industrial sociology)*
authoritarian management (Rensis Likert)

autoritärer Führer m
authoritarian leader

Autorität f *(sociology)*
authority

Autoritätsdiagramm n **(graphische Darstellung** f **einer Autoritätsstruktur)** *(organizational sociology)*
authority chart

Autoritätshierarchie f *(organizational sociology)*
authority hierarchy

Autoritätsstruktur f *(organizational sociology)*
authority structure

Autoritätswerbung f
→ allegatorische Werbung, Leitbildwerbung, Testimonialwerbung

Autowerbung f
→ Automobilwerbung

Aversion f *(psychology)*
aversion

Axialwachstum n **(radiales Wachstum** n**)** *(social ecology)*
axial growth, radial growth (Charles J. Galpin)

B

B-Geschäft *n*
→ Bedienungsgeschäft

Badwill *m*
badwill

Bahnhofshallenwerbung *f (transit advertising)*
station display advertising, transit station display, depot advertising, depot display advertising

Bahnhofsplakat *n (transit advertising)*
station poster, transit station poster, depot display poster, station display poster, transportation display poster

Bahnhofswerbung *f (transit advertising)*
transit station advertising, station advertising, railway station advertising

Bahnsteigplakat *n* **(Perronanschlag** *m*, **Perronplakat** *n***)** *(transit advertising)*
railroad platform poster, railway platform poster, track poster, cross tracks poster

Bahnung *f*
facilitation

Baisse *f (economics)*
depression

Balancetheorie *f* (Fritz Heider) *(social psychology)*
theory of balance, balance theory (Fritz Heider)

Bales-Technik *f* **(Bales-Verfahren** *n***)**
→ Interaktionsanalyse

Ballonwerbung *f*
balloon advertising

Bandbreite *f (economics)*
spread, range, scope

Bandenwerbung *f*
sports field advertising, advertising in sports fields, perimeter advertising

Banderole *f (packaging)*
package band, banderole

Banderolenzugabe *f* **(Banderolengutschein** *m*, **Banderolenkupon** *m***)** *(sales promotion)*
package band premium, banded premium, package band

Bankenwerbung *f* **(Bankwerbung** *f***)**
bank advertising, advertising of banks

Bankmarketing *n*
bank marketing

Bannerschlepp *m (outdoor advertising)*
banner trailing

Bargaining-Forschung *f*
bargaining research

Barometertechnik *f (empirical social research)*
barometer technique

barometrische Prognose *f*
barometer forecast, barometer prognosis

Barpreis *m*
cash price, cash rate

Barrabatt *m* **(Skonto** *n***)** *(economics)*
cash discount

Barwert *m* **(einer Investition)** *(economics)*
cash value (of an investment), cash equivalent, value in cash

Barzahlungsnachlaß *m* **(Barzahlungsrabatt** *m***)**
→ Barrabatt

Basis *f* **(Basiswert** *m***)**
basis

Basismedium *n (media planning)*
basic advertising medium, primary medium

Basispreis *m*
→ Grundpreis

Basissortiment n *(retailing)*
basic assortment

Basisumkehrtest m **(Umkehrprobe** f **für Indexbasen)** *(statistics)*
base reversal test

Basiswert m **(Ausgangswert** m**, Grundwert** m**)** *(mathematics/statistics)*
base value

Basiszeitraum f **(Basiszeit** f**, Bezugsperiode** f**, Bezugszeitraum** m**)** *(statistics)*
base period, reference period

Bauchbinde f **(Bauchstreifen** m**, Bauchband** n**)**
bookband, advertising band, advertising strip, jacket band, jacket flap, jacket blurb

Bauelement n **(industrielles Baueelement** n**)** *(economics)*
component part, component

Baukastensystem n
modular design construction, unit construction principle, unitized construction principle, unit principle

Baum m
→ Spielbaum

Baumanalyse f **(AID, Segmentation** f**, Kontrastgruppenanalyse** f**)** *(empirical social research)*
tree analysis, Automatic Interaction Detection (AID), segmentation

Baumdiagramm n **(Kontrastgruppendiagramm** n**)** *(graphic representation) (empirical social research)*
tree diagram, tree, branch diagram

Bauzaun m *(outdoor advertising)*
hoarding, hoarding site, billboard

Beachtung f **(Beachtungswert** m**)** *(media research)*
noting, noted score, noting claim

Beachtung f **pro Anzeige** *(media research)*
ad noting, noting (of an advertisement), *brit* eyes open in front of advertisement (E.O.FA.), noting per advertisement

Beachtungswert m **pro Seite** *(media research)*
page traffic, reader traffic per page, noting per page, reading/noting per page, noted score per page

bearbeiten v/t
1. (Text) to adapt, to edit, to prepare
2. (Auftrag) to handle, to process, to deal with, to work on

Bearbeiter m
1. (Text, Manuskript) adapter, revisor, editor
2. (Auftrag) handler

Bearbeitung f
1. (Text) adaption, adaptation, revision
2. (Auftrag) handling, processing

Bearbeitungsgebühr f *(economics)*
handling charge, fee for handling

beauftragen v/t
to commission, to charge, to instruct, to entrust

Becher m *(packaging)*
1. cup, mug
2. (aus Plastik) beaker

Bedarf m **(Nachfrage** f **)** *(economics)*
demand, requirements pl

Bedarfsanalyse f **(Nachfrageanalyse** f**)** *(economics)*
analysis of demand, demand analysis

Bedarfsartikel m **(Bedarfsgegenstand** m**, Bedarfsgüter** n/pl**)** *(economics)*
→ Gebrauchsgut, Convenience Goods

Bedarfsberater m (Erich Schäfer/Hans Knoblich)
supply consultant, demand consultant

Bedarfsdeckung f *(economics)*
supply, coverage of demand, supply of demand

Bedarfsdeckungsanalyse f *(market research)*
analysis of household supply

Bedarfsdichte f
→ Nachfragedichte

Bedarfselastizität f
→ Nachfrageelastizität

Bedarfsfaktor m *(marketing)*
factor of demand, demand factor, factor determining demand

Bedarfsfeld n **(Bedarfskomplex** m**)** *(economics)*
complementary goods pl

Bedarfsforschung

Bedarfsforschung f *(consumer research)*
research into demand, demand research

Bedarfsgebiet n
→ Nachfragegebiet

Bedarfsgegenstand m
→ Bedarfsartikel

Bedarfsgruppe f *(consumer research)*
group of persons (households) with an identical demand structure

Bedarfsgüter n/pl
→ Bedarfsartikel

Bedarfshäufigkeit f *(economics)*
frequency of demand, demand frequency

Bedarfsintensität f *(economics)*
intensity of demand, demand intensity

Bedarfskennzahl f
→ Kaufkraftkennziffer

Bedarfslenkung f *(economics)*
consumption control, consumer guidance, controlled distribution of supply

Bedarfslücke f
→ Marktlücke, Nachfragelücke, Marktnische

bedarfsorientiertes Fenster n *(POP advertising)*
related-item display window, setting display window

Bedarfsprognose f *(economics)*
demand prognosis, demand forecast
→ Nachfrageprognose

Bedarfsstruktur f **(Nachfragestruktur** f**)** *(economics)*
structure of demand, demand structure

Bedarfsuntersuchung f
→ Nachfrageuntersuchung

Bedarfsverschiebung f
→ Nachfrageverschiebung

Bedarfsvorhersage f
→ Nachfrageprognose

Bedarfsweckung f **(bedarfsweckende Werbung** f**)**
→ Bedürfnisweckung (bedürfnisweckende Werbung)

bedienen v/t
(Kunden) to serve, to attend to, to wait (upon)

Bediengerät n
control device, control unit, control box

Bedienung f
1. *(retailing)* (Service) service, counter service, service selling
2. *(Verkäufer)* sales clerk, clerk, *brit* shop assistent
3. *(von Geräten)* operation attendance, maintenance, control

Bedienungsanleitung f
operating instructions pl, service instructions pl

Bedienungsaufschlag m
extra charge for service, service charge

Bedienungsform f **(Bedienungssystem** n**, Verkaufsform** f**)** *(retailing)*
service system, type of service

Bedienungsgeschäft n **(B-Geschäft** n**, Bedienungsladen** m**)** *(retailing)*
service shop, service retailer, service store

Bedienungsgroßhandel m *(wholesaling)*
service wholesaling

Bedienungsgroßhändler m *(wholesaling)*
service wholesaler, regular wholesaler

Bedienungsverkauf m
→ Bedienung 1.

Bedienungsvorschrift f
operating instructions pl, service instructions pl

Bedingung f
1. (Bestimmung f, Verfügung f) term
2. (Voraussetzung f, Erfordernis n) condition

Bedürfnis n **(Erfordernis** n**, Bedarf** m**)** *(psychology) (economics)*
need, want

Bedürfnisausgleichsgesetz n
→ Gossensche Gesetze

Bedürfnisbefriedigung f **(Wunschbefriedigung** f**)** *(psychology) (economics)*
satisfaction of needs, satisfaction of wants, want satisfaction, need satisfaction

Bedürfnisdeprivation *f (psychology)*
need deprivation

Bedürfniserfüllung *f* (**Bedürfnisleistung** *f*) *(psychology)*
need achievement (David C. McClelland)

Bedürfniserweckung *f* (**bedürfniserzeugende Werbung** *f*)
want-creating advertising (John Kenneth Galbraith)

Bedürfnisforschung *f*
→ Wohlfahrtsforschung

Bedürfnishierarchie *f* (**Maslowsche Bedürfnishierarchie** *f*) *(psychology)*
hierarchy of needs, Maslow's hierarchy of needs (Abraham H. Maslow)

Bedürfnismatrix *f*
matrix of needs

Bedürfnismuster *n* (**Muster** *n* **der Bedürfnisse eines Individuums, Muster** *n* **der individuellen Bedürfnisse**) *(psychology)*
need pattern, pattern of needs, pattern of individual needs

Bedürfnispyramide *f*
→ Bedürfnishierarchie

Bedürfnisreduktion *f* (**Bedürfnisreduzierung** *f*) *(psychology)*
need reduction

Bedürfnissättigungsgesetz *n*
→ Gossensche Gesetze

Bedürfnisspannung *f (psychology)*
need tension

Bedürfnisunsicherheit *f*
need uncertainty

Bedürfnisweckung *f*
→ Bedürfniserweckung

Bedürftigkeit *f* (**Armut** *f*, **Not** *f*)
want

Beeinflußbarkeit *f (psychology) (communication research)*
persuasibility, suggestibility, influenceability

Beeinflußbarkeit *f* **durch überredende Kommunikation** (**Beeinflußbarkeit** *f* **durch Überredung**) *(communication research)*
persuasibility

beeinflussende Kommunikation *f*
→ Persuasion, Einfluß

Beeinflusser *m (economics)*
influencer (Philip Kotler)

Beeinflussung *f* (**Beeinflussungswirkung** *f*) *(communication research)*
persuasion, influence

Beeinflussung *f* **mit immunisierender Wirkung**
→ Inokulation

Befehlsgewalt *f*
→ Kontrollautorität

Befehlshierarchie *f* (**Kommandohierarchie** *f*, **Hierarchie** *f* **der Entscheidungsbefugnisse**) *(organizational sociology)*
line of command, line of authority, chain of command, command hierarchy

Beförderungsunternehmen *n (economics)*
carrier

Befriedigung *f* (**Zufriedenheit** *f*, **Erfüllung** *f*) *(psychology)*
satisfaction

Befriedigungsaufschub *m*
→ aufgeschobene Befriedigung

Befund *m*
finding, findings *pl*, data *pl*

Begabung *f (psychology)*
gift, talent, ability, endowment, vocation

begleitende Werbung *f* (**flankierende Werbung** *f*)
tie-in advertising

Begleitmaterialien *n/pl (advertising)*
tie ins *pl*, tie-in material

Begleittext *m*
1. accompanying text, accompanying copy
2. *(radio/television)* exposition, narration, accompanying script
3. *(radio/television)* (Nachrichten) dope sheet

begrenzte Hierarchie *f* (**beschränkte Hierarchie** *f*)
restricted hierarchy

begründende Werbung *f*
reason-why advertising, reason why, reason-why approach, factual approach, long-circuit appeal

begründender Werbetext *m*
reason why copy

behalten *v/t*
to remember, to retain, to keep (in mind)

Behalten *n*
remembrance, retention

Behaltensprüfung *f*
→ Erinnerungsprüfung

Behälter *m* (**Behältnis** *n*) *(packaging)*
1. *Am* container, *brit* case, box
2. (für Flüssigkeiten) tank, vessel, fountain

Behaviorismus *m* *(psychology)*
behaviorism, *brit* behaviourism

behavioristisch *adj*
behavioristic, *brit* behaviouristic

Behinderung *f* (**Behinderung** *f* **von Konkurrenten, Behinderungswettbewerb** *m*)
hindrance of competitors, obstruction of competitors

Behördenhandel *m*
→ Belegschaftshandel

Behördenrabatt *m*
→ Großverbraucherrabatt

Behörden- und Belegschaftshandel
→ Belegschaftshandel

Beiblatt *n* (**Beilagenzettel** *m*)
1. *(newspaper/magazine)* inserted leaf, enclosed leaf, insert, loose insert, stuffer
2. (Zeitung) newspaper stuffer, stuffer

Beihefter *m* (**Einhefter** *m*, **Durchhefter** *m*) *(printing)*
1. bound insert, bound-in insert
2. (in der Mitte des Bogens eingeheftet) inset
3. (in den Bogen gesteckt) wrap
4. (außen) outside wrap, outsert

5. (innen) inside wrap
6. (Beikleber) tip-in

Beihilfe *f*
subsidy

Beikleber *m* (**Einkleber** *m*) *(advertising)*
tip-in

Beiklang *m*
→ Konnotation

Beilage *f* (**Werbebeilage** *f*)
1. loose insert, insert
2. (vom Inserenten vorgedruckt) pre-printing insert, preprint
3. (Endlos-Farbbeilage) continuous roll insert, hifi insert, *brit* wallpaper

Beilagenhinweis *m*
insert notice

Beilagenzettel *m*
→ Beiblatt

beilegen *v/t*
to insert, to attach, to enclose

Beipack *m* (**Packungsbeigabe** *f*, **Packungsbeilage** *f*) *(sales promotion)*
1. (Innenbeilage) package insert, insert, insert, in-pack, stuffer, package enclosure
2. (als Zugabe) in-pack premium, container premium, factory-pack premium, boxtop offer
3. (Außenbeilage) package outsert, outsert, out-pack, zip ad
4. (Beipack von Werbedrucksachen) envelope stuffer

Beiprogramm *n* *(film)*
supporting program, *brit* supporting programme

Beirat *m*
advisory board, advisory panel

Beischaltblatt *n* *(sales promotion)*
outsert, zip ad

Beiwerk *n*
1. accessories *pl*, embellishments *pl*, *colloq* frills *pl*
2. (überflüssiges Textbeiwerk) padding

Bekanntgabe *f*
announcement, public announcement, pronouncement

bekanntgeben *v/t*
to announce, to make public, to make known, to divulge, to proclaim

Bekanntheit *f* (**Bekanntheitsgrad** *m*, **Bewußtheit** *f*) *(marketing research) (advertising research)*
1. awareness
2. (einer Marke) brand awareness
3. (der Werbung) advertising awareness

Bekanntheitsgradmessung *f* *(marketing research) (advertising research)*
1. measurement of awareness
2. (einer Marke) measurement of brand awareness
3. (eines Produkts) measurement of product awareness
4. (der Werbung) measurement of advertising awareness

Bekanntmachung *f (advertising)*
1. announcement, public announcement, public notice
2. (schriftlich) notification

bekleben *v/t*
1. to paste, to paste over
2. *(outdoor advertising)* (Plakat an die Wand) to paste a poster on something, to post a poster on something, to stick a poster on something
3. (eine Flasche mit einem Etikett) to label a bottle, to paste a label on a bottle

Beklebezettel *m*
gummed label, stick-on label, paste-on label

Bekräftigungstheorie *f*
→ Verstärkerhypothese

belästigende Werbung *f* (**Belästigung** *f*)
badgering, molestation, molesting advertising

Beleg *m* (**Belegexemplar** *n*, **Belegstück** *n*)
1. *(economics)* (Quittung) voucher, receipt
2.1. *(media)* (Vollbeleg) checking copy, voucher copy, voucher
2.2. (Agenturbeleg) agency copy, advertising agency copy
2.3. (Beleg für den Werbungtreibenden) advertiser's copy
2.4. (Korrespondentenbeleg) correspondent's copy
2.5. (Autorenbeleg) author's copy
3. (Einzelbeleg) tear sheet, tearsheet

Belegheft *n*
→ Beleg 2.1. (Vollbeleg)

Belegnummer *f*
→ Beleg

Belegschaft *f*
staff

Belegschaftshandel *m* (**Behörden-und Belegschaftshandel** *m*) *(economics) (retailing)*
company trade, company trading

Belegschaftsladen *m* (**Industrieladen** *m*) *(economics) (retailing)*
company store, company-owned store, industrial store, commissary store

Belegseite *f* (**Einzelbeleg** *m*)
tear sheet, tearsheet

Belegstück *n*
→ Beleg

Belegung *f (advertising)*
1. (von Werbezeiten, Werbeflächen, Anzeigenraum) booking, placing
2. (Anzeigenraum) space buying
3. (Plakatflächen) posting, space buying
4. (Werbezeit in Hörfunk und Fernsehen) airtime buying, time buying

Belegungskombination *f* (**Mediakombination** *f*) *(media planning)*
1. combination buy
2. (obligatorisch) forced combination, forced combination buy

Belegungsdauer *f*
→ Anschlagdauer

Belohnung *f (behavioral research)*
reward

Belohnungsaufschub *m*
→ aufgeschobene Befriedigung

Belohnungsmacht *f (organizational sociology)*
reward power (John R. P. French & Bertram Raven)

Belohnungssystem *n* (**System** *n* **der Belohnungen**)
reward system

bemalte Anschlagwand *f* (**bemalter Anschlag** *m*, **Hausbemalung** *f*) *(outdoor advertising)*
painted bulletin, painted display, painted wall

bemalter Bus

bemalter Bus *m*
→ Rundumbemalung

bemustern *v/t (economics)*
to supply samples (of), to attach samples, to sample

Bemusterung *f (economics)*
sampling, supply of samples

Bemusterungsgroßhandel *m (wholesaling)*
sample wholesaling, sample wholesale trade

Benutzer *m*
→ Nutzer

Benutzungsanalyse *f*
→ Nutzwertanalyse

Bequemlichkeitsbedarf *m* **(Kleinbedarf** *m***, Bedarfsgüter** *n/pl*) *(economics) (retailing)*
convenience goods *pl*, red goods *pl*

beratende Tätigkeit *f* **(Beratung** *f*)
counseling

beratender Psychologe *m*
consultant psychologist, consulting psychologist

Berater *m*
adviser, *also* advisor, counselor, *brit* counsellor, consultant

Beraterautorität *f* **(Beratungsautorität** *f***, Gutachterautorität** *f*)
advisory authority

Beraterhonorar *n*
service fee

Beraterkommission *f*
→ Beratungsausschuß

Beratung *f*
advice, counsel, consultancy

Beratungsagentur *f*
→ Marketingberater, Werbeberater

Beratungsausschuß *m* **(Beratungskommission** *f***, Beraterkommission** *f*)
advisory committee

Beratungsautorität *f*
→ Beraterautorität

Beratungsfirma *f*
consulting agency

Beratungskommission *f*
→ Beratungsausschuß

Beratungsvertrag *m*
→ Werbevertrag

berechnen *v/t*
to compute, to calculate

berechnende Beteiligung *f* **(kalkulierte Beteiligung** *f*) *(organizational sociology)*
calculative involvement (Amitai Etzioni)

Berechtigungsschein *m (economics)*
(im Kaufscheinhandel) warrant, certificate

Bereich *m*
1. (Gebiet *n*, Sphäre *f*) domain
2. region
3. scope

Bericht *m*
1. report
2. (Rechenschaft) account
3. (Zeitungsbericht) newspaper report

berichten *v/t*
to report (on)

Berichterstatter(in) *m(f)*
1. *(print media)* reporter, newsman, newspaperman, *brit* pressman
2. *(radio/television)* reporter, commentator

Berichterstattung *f*
coverage, news coverage, reporting, report

Berichtigungsanzeige *f* **(Gegendarstellungsanzeige** *f*)
corrective advertisement, corrective ad

Berichtigungswerbung *f*
corrective advertising

Berücksichtigungsfeld *n* (Philip Kotler) *(economics)*
1. consideration frame, brand set
2. evoked set

Beruf *f*
1. (Berufstätigkeit *f*, Tätigkeit *f*, Beschäftigung *f*, Geschäft *n*) employment, profession, trade, occupation, trade, *colloq* job
2. (Beschäftigung *f*, Gewerbe *n*) occupation

3. (Berufung *f*, Geschäft *n*, Beschäftigung *f*)
vocation

Beruf *m* **des primären Sektors**
primary occupation, primary sector occupation

Beruf *m* **des sekundären Sektors**
secondary occupation, secondary sector occupation

Beruf *m* **des tertiären Sektors (Dienstleistungsberuf** *m*)
tertiary occupation, tertiary sector occupation

Beruf *m* **mit hohem Status (Beschäftigung** *f* **mit hohem Status)**
high-status occupation

Beruf *m* **mit mittlerem Status (Beschäftigung** *f* **mit mittlerem Status)**
medium-status occupation

Beruf *m* **mit niedrigem Status (Beschäftigung** *f* **mit niedrigem Status)**
low-status occupation

beruflich (Berufs-, Standes-, Fach-, Amts-) *adj*
professional

beruflich selbständig (selbständig) *adj*
self-employed

berufliche Aspirationsskala *f* **(Skala** *f* **der beruflichen Aspirationen, Skala** *f* **der Berufsziele)** *(industrial psychology)*
Occupation Aspiration Scale (O.A.S.) (A. Haller/I. Miller)

berufliche Assimilierung *f* **(berufliche Assimilation** *f*) *(industrial sociology)*
occupational assimilation

berufliche Ausbildung *f*
→ Berufsausbildung

berufliche Ausbildung *f* **nach Eintritt in ein Unternehmen** *(sociology of work)*
post-entry training

berufliche Ausbildung *f* **vor Eintritt in ein Unternehmen** *(sociology of work)*
preentry training

berufliche Autorität *f*
→ Fachautorität

berufliche differentielle Assoziation *f* *(industrial sociology)*
occupational differential association

berufliche Diskriminierung *f* **(Diskriminierung** *f* **im Arbeitsleben)** *(industrial sociology)*
job discrimination

berufliche Distanz *f* **(Distanz** *f* **zwischen den Berufsklassen)** *(industrial sociology)*
occupational distance

berufliche Einstellung *f* **(Einstellung** *f* **zum Beruf)** *(industrial psychology)*
occupational attitude

berufliche Erbfolge *f* **(berufliche Nachfolge** *f*, **Berufsvererbung** *f*, **berufliche Personennachfolge** *f*) *(sociology of work)*
occupational succession

berufliche Fortbildung *f* **(berufliche Weiterbildung** *f*)
continuing education

berufliche Karriere *f* **(berufliche Laufbahn** *f*, **beruflicher Werdegang** *m*) *(industrial sociology)*
occupational career

berufliche Mobilität *f* **(Berufsmobilität** *f*)
occupational mobility

berufliche Qualifikation *f*
skill, often *pl* skills

berufliche Schichtung *f* **(berufliche Stratifizierung** *f*) *(sociology of work)*
occupational stratification

berufliche Sitten *f/pl* **und Gebräuche** *m/pl* *(industrial sociology)*
occupational folkways *pl*

berufliche Sozialisation *f* *(industrial sociology)*
occupational socialization

berufliche Spezialisierung *f* *(industrial sociology)*
occupational specialization

berufliche Veränderung *f* *(mobility research)*
occupational movement

beruflicher Situs *m* **(beruflicher Standort** *m*, **berufliche Lage** *f*) *(sociology of work)*
occupational situs (Paul K. Hatt)

berufliches Niveau *n* (**berufliches Leistungs- und Ausbildungsniveau** *n*, **Berufsniveau** *n*) *(industrial sociology)*
occupational level

berufliches Streben *n* (**berufliche Aspiration** *f*, **beruflicher Ehrgeiz** *m*, **Berufsansprüche** *m/pl*, **Berufsziele** *n/pl*)
occupational aspiration

Berufsausbildung *f* (**berufliche Ausbildung** *f*)
vocational training

Berufsautorität *f*
→ Fachautorität

Berufsberatung *f* (**berufliche Beratung** *f*)
vocational counseling, vocational guidance

Berufsbild *n* (**Arbeitsplatzanalyse** *f*) *(industrial psychology)*
job analysis, *pl* analyses, occupational analysis

Berufseinstellung *f* (**Standeshaltung** *f*, **berufliche Einstellung** *f*) *(industrial sociology)*
professional attitude

Berufsethik *f* (**Berufsethos** *n*) *(industrial sociology)*
professional ethics *pl* construed as *sg*

Berufsfachzeitschrift *f*
→ Berufszeitschrift

Berufsgesellschaft *f* (**Arbeitsgesellschaft** *f*) *(industrial sociology)*
occupational society

Berufsgewerkschaft *f* (**Fachgewerkschaft** *f*)
craft union

Berufsgliederung *f* (**berufliche Gliederung** *f*, **berufliche Klassifizierung** *f*, **Einteilung** *f* **in Berufsgruppen**) *(industrial sociology)*
occupational classification

Berufsgruppe *f*
1. (**Berufsklasse** *f*, **Berufskategorie** *f*) *(industrial sociology)*
occupational class, occupational category, occupational family, occupational field, occupational grouping
2. (**Berufsverband** *m*, **Berufsvereinigung** *f*) *(industrial sociology)*
occupational group, occupational family, professional association

Berufsgruppenzeitschrift *f*
horizontal magazine, horizontal paper, horizontal publication

Berufshierarchie *f* (**Hierarchie** *f* **der Berufe**, **berufliche Hierarchie** *f*) *(industrial sociology)*
occupational hierarchy

Berufsideologie *f* (**berufliche Ideologie** *f*) *(industrial psychology)*
occupational ideology

Berufsinteressentest *m* (**BIT**) (**Fragebogen** *m* **für einen Berufsinteressentest**) *(psychology)*
vocational interest inventory, vocational interest test, occupational interest test

Berufskategorie *f* (**Beschäftigungskategorie** *f*, **Berufsgruppenkategorie** *f*) *(industrial sociology)*
occupational category

Berufsklassifizierung *f* (**berufliche Klassifizierung** *f*, **Klassifizierung** *f* **nach Berufsgruppen**)
vocational classification, occupational classification

Berufskrankheit *f*
occupational disease

Berufskultur *f*
1. (**berufliche Kultur** *f*, **berufliche Subkultur** *f*) *(industrial sociology)*
occupational culture, occupational subculture
2. (**Standeskultur** *f*) professional culture

Berufsmobilität *f* (**berufliche Mobilität** *f*)
occupational mobility

Berufsmobilität *f* **innerhalb desselben Berufs**
intraoccupational mobility

Berufsmobilität *f* **zwischen verschiedenen Berufen** (**zwischenberufliche Mobilität** *f*, **soziale Mobilität** *f* **zwischen Berufen**) *(mobility research)*
interoccupational mobility

Berufspersönlichkeit *f* (**Berufscharakter** *m*) *(industrial psychology)*
occupational personality

Berufspresse *f*
→ Berufszeitschrift

Berufsprestige *n* (**berufliches Prestige** *n*) *(industrial sociology)*
occupational prestige

Berufsprestigeskala *f* **(Prestigeskala** *f* **der Berufe, Skala** *f* **zur Messung des Berufsprestiges)** *(industrial sociology)*
occupational prestige scale
→ North-Hatt-Skala

Berufsprofil *n* *(sociology of work)*
occupational profile

Berufspsychologie *f*
occupational psychology

Berufspyramide *f* **(Beschäftigungspyramide** *f* **)** *(industrial sociology)*
occupational pyramid

Berufsschicht *f* **(berufliche Schicht** *f* **)** *(sociology of work)*
occupational stratum, *pl* strata

Berufssitten *f/pl* **(berufsspezifische Sitten** *f/pl* **und Gebräuche** *m/pl*, **berufsständische Sitten** *f/pl*)
professional folkways *pl*, occupational folkways *pl*

Berufssolidarität *f* **(berufliche Solidarität** *f*, **berufsständische Solidarität** *f* **)**
professionalism, occupational solidarity

Berufssozialisation *f* **(berufliche Sozialisation** *f*, **berufsständische Sozialisation** *f* **)**
professional socialization, occupational socialization

Berufssoziologie *f*
occupational sociology, sociology of occupations

berufsspezifische Sitten *f/pl* **und Gebräuche** *m/pl*
→ Berufssitten

Berufsstand *m*
→ Korporation

berufsständische Körperschaft *f*
corporation

berufsständische Sitten *f/pl*
→ Berufssitten

Berufsstatistik *f*
occupational statistics *pl* construed as sg

Berufsstereotyp *n* **(Stereotyp** *n* **über einen Beruf)** *(industrial psychology)*
occupational stereotype

Berufsstruktur *f*
→ Beschäftigungsstruktur

berufstätig *adj*
gainfully employed, economically active, working, employed

berufstätige Bevölkerung *f* **(erwerbstätige Bevölkerung** *f* **)**
working population, gainfully employed population, economically active population, gainful population

berufstätige Frauen *f/pl* **(weibliche Angestellte** *f/pl* **)**
colloq pink collar

Berufstätige *m/pl* **einschließlich der Arbeitslosen**
experienced labor force

Berufstätige(r) *f(m)* **Beschäftigte(r)** *f(m)*, **berufstätige Person** *f* **)** *(demography)*
gainfully employed person, economically active person, employed person, gainfully occupied person

berufstätige(r) Arbeiter(in) *m(f)* *(demography)*
gainful worker, gainfully employed worker, gainfully occupied worker

Berufstätigkeit *f*
gainful employment, employment, economical activity

Berufsverband *m* **(Berufsvereinigung** *f* **)**
professional association, professional organization, *brit* organisation, occupational association

Berufsverband *m* **des Rundfunkgewerbes**
broadcast trade organization, *brit* organisation

Berufsverband *m* **Deutscher Markt-und Sozialforscher e.V. (BVM)**
Professional Association of German Market and Social Researchers

Berufsverteilung *f* **(berufliche Gliederung** *f* **)** *industrial sociology)*
occupational distribution

Berufswahl *f* **(Wahl** *f* **des Berufs, Entscheidung** *f* **für einen Beruf, Auswahl** *f* **des eigenen Berufs)**
occupational choice, vocational choice

Berufswert *m* (**beruflicher Wert** *m*) *(sociology of work)*
occupational value

Berufszeitschrift *f* (**Berufsfachzeitschrift** *f*)
1. professional journal, professional magazine
2. (Publikation) professional publication, horizontal magazine, horizontal paper, horizontal publication

Berufszufriedenheit *f* (**Arbeitszufriedenheit** *f*) *(psychology of work)*
job satisfaction, work satisfaction

berühmte Marke *f* *(marketing)*
famous brand

Berühmtheit *f* (**berühmte Persönlichkeit** *f*)
celebrity

beschädigtes Plakat *n* (**beschädigter Anschlag** *m*) *(outdoor advertising)*
damaged poster

Beschaffenheitsangaben *f/pl*
→ Gattungsbezeichnung

Beschaffer *m* *(economics)*
buyer, organizational buyer, *brit* organisational buyer

Beschaffung *f* *(economics)*
buying, procurement, acquisition, corporate purchasing

Beschaffung *f* **von Investitionsgütern** *(economics)*
procurement of investment goods

Beschaffungsentscheidung *f* *(economics)*
buying decision, corporate purchasing decision, purchase decision, industrial purchase decision, corporate buying decision, buying decision, industrial buying decision

Beschaffungsentscheidungsprozeß *m* *(economics)*
buying decision making, process of making buying decisions

Beschaffungsfunktion *f* *(economics)*
buying function, procurement function

Beschaffungskomitee *n* *(economics)*
buying committee

Beschaffungskooperation *f* *(economics)*
cooperative buying group, cooperative buying, buying cooperation, buying syndicate, supply cooperative, supply cooperation

Beschaffungsmarketing *n*
supply marketing, procurement marketing

Beschaffungsmarkt *m* *(economics)*
supply market

Beschaffungsmarktanalyse *f* *(marketing research)*
analysis of supply market, supply market analysis

Beschaffungsmarktbeobachtung *f* *(marketing research)*
observation of supply market, supply market observation

Beschaffungsmarktforschung *f*
research into the supply market, supply market research

Beschaffungsmenge *f* *(economics)*
supply, quantity of supply

Beschaffungsorganisation *f* *(economics)*
organization of supply, *brit* organisation of supply, supply organization

Beschaffungsplan *m* *(economics)*
supply plan, procurement plan

Beschaffungsplanung *f* *(economics)*
supply planning, procurement planning Beschaffungspolitik *f*

beschaffungspolitisches Instrumentarium *n* (**beschaffungspolitische Instrumente** *n/pl*) *(economics)*
instruments *pl* of supply policy, instruments *pl* of supply marketing

Beschaffungsprogramm *n* *(economics)*
supply program, *brit* programme, procurement program, buying program

Beschaffungsprozeß *m* *(economics)*
industrial buying process, buying process, corporate purchasing process, purchase process, industrial purchase process, corporate buying process

Beschaffungs- und Vorratspolitik *f*
→ Marketinglogistik

Beschaffungsverhalten n *(economics)*
buying behavior, *brit* behaviour, procurement behavior, organizational buying behavior, *brit* organisational buying behaviour

Beschaffungsweg m *(economics)*
supply channel, buying channel, procurement channel

Beschaffungswerbung f *(economics)*
supply advertising, procurement advertising

Beschaffungsziel n *(economics)*
supply objective, procurement objective, buying objective

Beschäftigung f **(Arbeit** f**)**
employment, job, occupation

Beschäftigungspyramide f
→ Berufspyramide

Beschäftigungsstruktur f **(Berufsstruktur** f**)** *(industrial sociology)*
occupational structure

beschallte Anzeige f
sound advertisement, sound ad
→ Anschnitt

Beschnitt m **im Bundsteg**
→ Anschnitt

beschnitten
→ angeschnitten

Beschnittgröße f **(Größe** f **nach Beschnitt)** *(printing)*
trim size

Beschnittrand m *(printing)*
bleeding, bleed border, bleed margin, trim edge

Beschnittzugabe f *(printing)*
bleed difference, trim

Beschnittzuschlag m *(advertising)*
additional charge for bleeding, bleeding surcharge

Beschriftung f
labeling, lettering, marking, *brit also* labelling

Beschwerde f
→ Reklamation

Beschwerdeverfahren n **(bei Tarifverhandlungen)**
grievance procedure (in collective bargaining)

Besitz m
1. (Bodenbesitz m, Grundbesitz m, Landbesitz m)
tenure
2. (im Gegensatz zu Eigentum) property
3. (Innehaben n) occupation

Besitz m **an Grund und Boden**
→ Landbesitz

Besitzer m **(Mieter** m**, Pächter** m**)** **(im Gegensatz zu Eigentümer)**
tenant

Besitzungen f/pl **(Reichtümer** m/pl**)**
wealth

Besoldung f
→ Gehalt

Besprechungsexemplar n **(Besprechungsstück** n**)**
review copy, reviewer's copy, press copy

Bestandsaufnahme f
1. appraisal, corporate appraisal
2. (im Haushalt)

Bestandsaufnahme f **nach dem Kauf** *(economics)*
inventory taking, stock taking

Bestandsaufnahme f **in Testläden**
→ Ladentest

Bestandsmanagement n *(economics)*
stock management, inventory management, inventory control

Bestandsprüfung f *(economics)*
audit, stock check, inventory control, shop audit

Bestätigung f
→ Auftragsbestätigung

bestehende Nachfrage f *(economics)*
existing demand

Bestellabschnitt m **(Bestellgutschein** m**)** *(sales promotion)*
order coupon, order slip

Bestellbuch *n*
→ Auftragsbuch

Bestellbrief *m*
order letter

bestellen *v/t (economics) (advertising)*
to order, to book

Besteller *m*
→ Abonnent, Käufer

Bestellformular *n*
order form, order blank

Bestellkarte *f*
order card, reply card

Bestellkosten *pl (economics)*
ordering costs *pl*, cost per order (cpo)
Bestellkupon *m*
→ Bestellabschnitt

Bestellmenge *f (economics)*
order quantity, order size
(optimale Bestellmenge) economic order quantity (EOQ)

Bestellnummer *f (economics)*
order number, order code

Bestellpunkt *m (economics)*
reorder point

Bestellpunktverfahren *n* (**Bestellpunktmodell** *n*) *(economics)*
reorder point system, economic order quantity (EOQ) model, EOQ model

Bestellschein *m*
→ Bestellformular

Bestellung *f*
(economics) order

Bestellvertrag *m*
→ Werkvertrag

Bestellzeitpunkt *m (economics)*
reorder time, reorder period

Bestellzettel *m*
→ Bestellabschnitt

bestmögliche Aufteilung *f* **nach Schichten**
→ optimale Schichtung

Bestseller *m*
bestseller

Besuch *m*
1. (Vertreterbesuch *m*, Interviewerbesuch *m*) call
2. *(cinema)* attendance, audience attendance

Besucher *m*
→ Kinobesucher

Besucherbefragung *f*
1. *(cinema)* survey of movie-goers, interviews *pl* among moviegoers, survey of cinema-goers, interviews *pl* among cinema-goers
2. (Messen und Ausstellungen) survey among trade fair attendants, interviews *pl* among trade fair attendants

Besucherfrequenz *f* **der Filmtheater**
frequency of movie-theater attendance, frequency of cinema attendance

Besucherzahlen *f/pl*
(in Filmtheatern) movie-theater attendance, movie-theater audience figures *pl*

Besucherzählung *f*
(Messen und Ausstellungen) count of trade fair attendants

Besuchsankündigung *f* (**Vorankündigung** *f*) (**eines Interviewerbesuchs beim Befragten**) *(survey research)*
advance notice (to the respondent), preliminary notification

Besuchsauswertung *f*
(Vertreter) call analysis, post call analysis

Besuchsbericht *m*
(Vertreter) call report

Besuchseffizienz *f*
(Vertreter) order/call ratio

Besuchserfolgskontrolle *f*
(Vertreter) post call analysis, analysis of call effectiveness

Besuchshäufigkeit *f*
(Vertreter) call frequency

Besuchsplan *m*
(Vertreter) call schedule, call frequency schedule, *brit* journey plan

Besuchsplanung *f*
(Vertreter) call scheduling, *brit* journey planning

Besuchsquote *f*
(Vertreter) call rate

Besuchswahrscheinlichkeit *f (media research) (cinema)*
probability of movie attendance, probability of movie-theater attendance, *brit* probability of cinema-attendance

Betagte *m/pl* **(die Betagten** *m/pl*, **alte Leute** *pl*)
aged, *mostly* the aged

beteiligte Verkehrskreise *m/pl*
→ Verkehrsauffassung

Beteiligungsmedium *n* **(Beteiligungsprogramm** *n*, **Beteiligungssendung** *f*)
audience-participation medium, participation medium, audience-participation program, *brit* programme, audience-participation broadcast, participation program, participation broadcast

Betrachtungszeit *f (media research)*
noting time, reading time, time spent reading

Betreuungsbesuch *m*
→ Besuch

Betrieb *m (industrial sociology)*
company, plant, shop

betriebliche Fortbildung *f* **(innerbetriebliche Fortbildung** *f*, **betriebliche berufliche Weiterbildung** *f*, **innerbetriebliche berufliche Weiterbildung** *f*)
on-the-job-training (OJT)

betriebliche Kennziffer *f (statistics/economics)*
operating ratio

betriebliche Marktforschung *f* **(interne Marktforschung** *f*)
company-based market research, company market research

betriebliche Mitbestimmung *f* **(betriebliche Mitwirkung** *f* **bei Unternehmensentscheidungen)** *(industrial sociology)*
participative management, participant management (Rensis Likert), management by participation

betriebliche Planung *f*
→ Ablaufplanung

Betriebsanalyse *f (economics)*
operational analysis

Betriebsanleitung *f* **(Betriebsanweisung** *f*)
operation instruction(s) (*pl*), operating instruction(s) (*pl*)

Betriebsartenschalter *m (radio)*
function selector switch, selector switch, mode selector

Betriebsartenwahl *f (radio)*
function selection

Betriebsausgaben *f/pl (statistics/economics)*
operating expenses *pl*, operating expense ratio

Betriebsbeobachtung *f (economics)*
operational observation

Betriebsberatung *f*
industrial consultation, managerial consultation, business consultation

Betriebsdorf *n* **(Firmendorf** *n*)
company village

Betriebseinnahmen *f/pl*
→ Betriebserlös

Betriebserlös *m (economics)*
operating income

Betriebsform *f* **(Betriebstyp** *m*) *(economics)*
type of company, type of business, type of firm

Betriebsfrequenz *f (radio)*
operating frequency, nominal frequency, working frequency

Betriebsführung *f* **(Betriebsmanagement** *n*, **Wirtschaftsmanagement** *n*, **Wirtschaftsführung** *f*) *(economics)*
business management, industrial management

Betriebsführungsgrundsätze *m/pl* **(Leitlinien** *f/pl* **der Betriebsführung, der Industrieführung)**
industrial policy

Betriebsgewerkschaft *f* **(unabhängige Betriebsgewerkschaft** *f*)
company union, independent union

Betriebsgröße *f (economics)*
company size, size of company

Betriebshandel *m* (**Betriebs- und Belegschaftshandel** *m*)
→ Belegschaftshandel, Kaufscheinhandel

Betriebshandelsspanne *f* (**Betriebsspanne** *f*) *(economics)*
dealer's margin of profit, dealer margin, operating margin, gross margin

Betriebskapital *n* (**Betriebsmittel** *n/pl*) *(economics)*
working capital, operating capital

Betriebskennzahl *f* (**Betriebskennziffer** *f*) *(statistics/economics)*
operating ratio

Betriebskosten *pl (economics)*
operating expenses *pl*, working costs *pl*, running costs *pl*

Betriebsleitung *f*
→ Management

Betriebsmittel *n/pl (economics)*
operation stock, working material, working stock, working capital, working funds

Betriebsmodell *n* (**Arbeitsmodell** *n*, **Funktionsmodell** *n*)
operating model

Betriebsnudel *f*
→ Vereinsmensch

Betriebsplanung
→ Ablaufplanung

Betriebsspanne *f*
→ Handelsspanne

Betriebssprache *f* (**Auftragssprache** *f*, **Auftragssteuersprache** *f*, **Jobbetriebssprache** *f*) **(EDP)**
job control language (JCL)

Betriebsstatistik *f*
business statistics *pl construed as sg*, industrial statistics, company statistics, management statistics *pl construed as sg*, operational statistics *pl construed as sg*

Betriebsstoff *m* (*mostly pl* **Betriebsstoffe, Hilfs- und Betriebsstoffe** *m/pl*) *(economics)*
supplies *pl*, maintenance, repair, and operating supplies, maintenance, repair, and overhaul supplies, MRO items

Betriebssystem *n* **(EDP)**
operating system

Betriebstyp *m*
→ Betriebsform

Betriebstypendynamik *f*
→ Dynamik der Betriebsformen

Betriebsvergleich *m (empirical social research)*
interfirm comparison, inter-company comparison

Betriebswirtschaft *f*
1. (**Betriebswirtschaftslehre** *f*) business administration, industrial administration
2. (**Industrieverwaltung** *f*) industrial administration, administrative management

Betriebswirtschaftslehre *f*
business administration, business economics *pl construed as sg*, business management

Betriebszeitschrift *f*
company magazine, company journal, internal house organ, house organ

Betriebszeitung *f*
company newspaper, company paper, internal house organ, house organ

betrügerische Werbung *f*
fraudulent advertising

Beutel *m (packaging)*
bag, sack

Beutelverschließgerät *n (packaging)*
bag sealer

Bevölkerung *f* (**Einwohnerzahl** *f*) *(demography)*
population

Bevölkerung *f* **zur Nachtzeit**
→ Schlafbevölkerung

Bevölkerungs- und Siedlungsstreuung *f*
→ ökologische Streuung

Bevölkerungsaggregat *n*
population aggregate

Bevölkerungsballung *f* (**Zusammenballung** *f*, **extrem dichte Besiedlung** *f*, **Übervölkerung** *f*) *(social ecology)*
congestion

Bevölkerungsdichte f (**Verhältnis** n **der Arbeitskräfte zur landwirtschaftlich nutzbaren Fläche**) *(demography)*
density of population, population density, man-land ratio, density of settlement

Bevölkerungsdichtemaß n *(demography)*
population divided by area (P/A), man-land ratio

Bevölkerungsdruck m *(demography)*
population pressure, real population density, real density

Bevölkerungsdynamik f (**Dynamik** f **der Bevölkerungsbewegungen**) *(demography)*
population dynamics *pl construed as sg*

Bevölkerungsentwicklung f *(demography)*
population development

Bevölkerungshochrechnung f *(statistics)*
population projection, population raising, population expansion

Bevölkerungshochrechnungsfaktor m *(statistics) (media research)*
population projection factor, population raising factor, population expansion factor

Bevölkerungsmobilität f (**Mobilität** f **der Gesamtbevölkerung**) *(mobility research)*
population mobility
population forecast

Bevölkerungspyramide f (**Alterspyramide** f) *(demography)*
population pyramid, age pyramid, age-sex pyramid, age-sex triangle

Bevölkerungsschicht f *(demography)*
population stratum, *pl* strata

Bevölkerungsstatistik f
1. (**Bevölkerungslehre** f) *(demography)*
larithmics *pl construed as sg*
2. population statistics *pl construed as sg*, demographic statistics *pl construed as sg*, demography, population analysis, *pl* analyses, population studies *pl*

bevölkerungsstatistisch *adj (demography)*
larithmic

Bevölkerungsstruktur f *(demography)*
population structure, demographic structure, age-sex structure, population composition

Bevölkerungsverteilung f *(demography)*
population distribution

Bevölkerungswachstum n (**Bevölkerungszuwachs** m) *(demography)*
population growth

Bevölkerungszusammensetzung f (**demographische Struktur** f, **Zusammensetzung** f **der Bevölkerung**) *(demography)*
population composition, demographic structure

Bevölkerungszyklus m *(demography)*
population cycle

bevorzugte Plazierung f (**Plazierungsvorschrift** f) *(advertising)*
(eines Werbemittels) preferred position, premium position, special position

Bevorzugung f (**einer Marke**)
→ Markenpräferenz

Bevorzugungstest m
→ Präferenztest

bewerben *v/refl*
1. (sich bewerben) to apply (for)
2. (um einen Auftrag) to make a bid, to submit a tender, to tender

Bewerber m (**Bewerberin** f)
1. applicant
2. (bei Kaufangeboten) bidder
3. (bei Ausschreibungen) tenderer

Bewerbung f
1. application
2. (bei Kaufangeboten) bid
3. (bei Ausschreibungen) tender

bewerten *v/t*
to evaluate, to appraise, to assess

Bewertung f
1. (Beurteilung f, Auswertung f) evaluation, appraisal, assessment
2. valuation

Bewertungsmatrix f
→ Produktbewertung

Bewertungsmethode f
→ Evaluierung

Bewertungsmuster *n*
evaluative pattern, pattern of evaluation

Bewertungsphase *f (marketing)*
(bei Innovationen) evaluation stage, evaluation phase

Bewertungsschema *n* **(für neue Produkte)**
→ Produktbewertung

Bewertungsverhalten *n (consumer research)*
(von Konsumenten) evaluative behavior, *brit* behaviour, evaluation behavior

Bewirtung *f* **(Bewirtungskosten** *pl*, **Spesen** *pl*)
expenses *pl*

bewußter Hauptleser *m* **(bewußter Erstleser** *m*)
(Jean-Michel Agostini) *(media research)*
intentional primary reader

Bewußtseinsschwelle *f (psychology)*
limen

beziehen *v/t*
1. (Waren) to get, to be supplied with, to obtain, to buy
2. *(newspaper/magazine)* to subscribe to, to take (in): to have a subscription (for, to)

Bezieher *m*
1. (von Waren) buyer, customer
2. *(newspaper/magazine)* subscriber, buyer

Bezieheranalyse *f (media research)*
analysis of subscribers, subscriber study

Bezieherkartei *f* **(Bezieherliste** *f*)
mailing list, list of subscribers

Bezieherwerber *m*
→ Abonnementswerber

Bezieherwerbung *f*
→ Abonnementswerbung

Beziehungshandel *m* **(Beziehungskauf** *m*) *(economics)*
direct sale (of wholesalers or producers) to private households

Beziehungszahl *f* **(Beziehungskennziffer** *f*) *(statistics)*
quotient, rate

Bezirksprovision *f*
→ Gebietsprovision

Bezirksschutz *m*
→ Gebietsschutz

Bezirksvertreter *m*
→ Gebietsvertreter

Bezirksvertretung *f*
→ Gebietsvertretung

Bezug *m*
1. (Waren, Dienstleistungen) buying, purchase, ordering
2. (Periodikum) subscription

Bezugnahme *f (personal selling)*
referrals *pl*, referrals approach

Bezugsbedingungen *f/pl*
1. *(economics)* terms *pl* of delivery, delivery conditions
2. *(newspapers/magazines)* subscription terms *pl*

Bezugsbindung *f*
→ Absatzbindung

Bezugsdauer *f*
(bei Abonnements) subscription period

Bezugsgeld *n*
(bei Abonnements) subscription fee

Bezugsgenossenschaft *f*
→ Einkaufsgenossenschaft

Bezugsgruppe *f (sociology)*
reference group (Herbert H. Hyman)

Bezugsgruppentheorie *f (sociology)*
reference group theory (Herbert H. Hyman)

Bezugsjahr *n (statistics)*
base year

Bezugsmacht *f* **(persönliche Macht** *f*)
referent power, identitive power (John R. P. French & Bertram Raven)

Bezugsperiode *f* **(Bezugszeitraum** *m*) *(statistics)*
base period

Bezugsperson *f (sociology) (demography)*
reference individual (Herbert H. Hyman), reference person

Bezugsphase *f*
reference phase

Bezugspreis *m*
1. *(economics)* purchase price, advertised price
2. (bei Abonnements) subscription rate, subscription price

Bezugspunkt *m*
1. (Referenzpunkt *m*) point of reference
2. (Verankerung *f*, Ankerreiz *m*) *(psychology)* anchorage, anchoring point, point of reference
3. (Richtwert *m*, Richtgröße *f*) benchmark, reference point

Bezugsquelle *f (economics)*
source, source of supply

Bezugsquellennachweis *m* **(Bezugsquellenverzeichnis** *n*)
1. list of suppliers, directory of suppliers
2. *(sales promotion)* dealer listing

Bezugssystem *n* **(Bezugsrahmen** *m*)
reference system, frame of reference

Bierdeckel *m (POP advertising)*
beer mat, drip mat, beer coaster

Bierdeckelwerbung *f* **(Bierfilzwerbung** *f*) *(POP advertising)*
advertising on beer drip mats, advertising of beer coasters, advertising on beer mats

Bierwerbung *f*
beer advertising, advertising for beer

bilaterales Monopol *n (economics)*
bilateral monopoly

Bildanzeige *f (advertising)*
illustrative ad(vertisement), illustrated ad(vertisement), pictorial ad(vertisement)

Bildbeilage *f* **(Bilderbeilage** *f*)
1. (einer Zeitung) illustrated supplement, pictorial supplement
2. (Tiefdruckbeilage) roto section, rotogravure supplement

Bilderscheck *m (sales promotion)*
picture check, picture premium check

Bildideengestalter *m* **(Layouter** *m*, **Visualizer** *m*) *(advertising)*
visualizer

Bildideengestaltung *f* **(Layouten** *n*, **Visualisierung** *f*) *(advertising)*
visualizing

Bildrechte *n/pl*
reproduction rights *pl*, picture copyright, illustration copyright, photo coypright

Bildsortiertest *m* **(Bilderreihentest** *m*, **Bilderordnungstest** *m*) *(empirical social research/market research)*
picture arrangement test

Bildungsgrad *m*
level of education, educational level, formal education

Billigkeit *f* **(Gerechtigkeit** *f*, **Unparteilichkeit** *f*)
equity

Billigmarke *f*
→ Zweitmarke

Billigpreis-(Billig-) *adj (economics)*
cut-rate, price-off

Billigprodukt *n* **(Billigware** *f*, **Schleuderartikel** *m*) *(economics)*
catchpenny product, catchpenny, *colloq* schlock merchandise

Billings *pl*
→ Honorarumsatz

Bindung *f*
→ Abnehmerbindung, Absatzbindung, Vertriebsbindung

Binnenhandel *m (economics)*
domestic market trade, domestic trade, home market trade, home trade, internal trade

Binnenhandelspolitik *f (economics)*
domestic market policy, home market policy

Binnenmarkt *m (economics)*
domestic market, home market

Binnenmarktforschung *f (economics)*
domestic market research, market research on the domestic market

bis auf weiteres *(advertising)*
(bei Werbeaufträgen) till forbid (T.F., TF), till cancelled, *Am* till canceled, till countermanded

Blechplakat *n* **(Blechschild** *n*)
→ Emailplakat

Bleistiftskizze *f* **(Bleistiftzeichnung** *f*)
rough, pencil test, pencil drawing

Blickaufzeichnung *f* **(Blickregistrierung** *f*) *(empirical social research/market research)*
eye-movement registration, eye-flow registration, eye-direction registration, gaze-motion registration, direct eye movement observation

Blickaufzeichnungsgerät *n* **(Augenkamera** *f*, **Blickregistrierungskamera** *f*) *(empirical social research/market research)*
eye-movement camera, eye camera, eye-movement observation camera, direct eye movement observation camera

Blickbewegung *f* *(empirical social research/market research)*
eye gaze, eye movement

Blickfang *m* *(advertising)*
eye catcher, eye stopper, attention getter, hook

Blickfanganzeige *f*
eye-catching advertisement, eye-catching ad

Blickfangwerbung *f* **(Blickfangreklame** *f*)
eye-catching advertising, attention getting advertising

Blickregistrierung *f*
→ Blickaufzeichnung

Blickrichtung *f* *(empirical social research/market research)*
eye direction, gaze direction, eye gaze, eyegaze

Blickverlauf *m* *(empirical social research/market research)*
eye flow, gaze motion, eye movement

Blinklichtwerbung *f*
→ Leuchtwerbung

Blinzelgeschwindigkeit *f* **(Blinzelhäufigkeit** *f*) *(empirical social research/market research)*
frequency of blinking, blink rate

Blinzelmeßgerät *n*
→ Augenkamera

Blinzeltest *m* *(empirical social research/market research)*
eye-blink test

Block *m*
→ Werbeblock

Blockwerbung *f* *(radio/television)*
block advertising

Bodenbeutel *m* **(mit Seitenfalten)** *(packaging)*
gusset bag, gusseted bag

Bogenanschlag *m* **(Bogenanschlagwerbung** *f*, **Plakatanschlag** *m*, **Plakatanschlagwerbung** *f*, **Anschlagwerbung** *f*)
billposting, bill posting, poster advertising

Bogentagpreis *m* *(outdoor advertising)*
one-day outdoor poster rate, basic outdoor advertising rate (for one sheet per day)

Bon *m*
1. → Gutschein
2. → Gratisgutschein

Bonus *m*
1. bonus
2. *(sales promotion)* bonus, consumer premium

Bonuspackung *f* *(sales promotion)*
bonus pack, merchandise pack

Börse *f*
1. exchange
2. (Effektenbörse) stock exchange, bourse
3. (Warenbörse) commodity exchange

Boston-Effekt *m*
→ Erfahrungskurveneffekt

Botschaft *f* **(Nachricht** *f*) *(communication research)*
message

Boutique *f* *(retailing)*
boutique

Boykott *m*
boycott

Brainstorming *n*
brainstorming (Alex F. Osborn)

Brainwriting *n*
brainwriting

Brainwriting-Pool *m*
brainwriting pool

Branche *f* **(Tätigkeitsfeld** *n*, **Gebiet** *n*, **Fach** *n*) *(economics)*
line of business, line, trade

Branchenadreßbuch *n* **(Branchenadreßverzeichnis** *n*)
trade directory, commercial directory, classified directory

branchengleiche Agglomeration *f*
→ Agglomeration (im Einzelhandel)

branchengleiche Konkurrenz *f* **(branchengleicher Wettbewerb** *m***)** *(economics)*
intertype competition

Branchen-Handelsspanne *f* **(Branchenspanne** *f* **)** *(economics)*
trade branch margin of profit, trade branch margin, line of business margin, trade margin

Branchenimage *n*
image of a line of business, line of business image, trade image

Branchenspanne *f*
→ Handelsspanne

Branchentelefonbuch *n*
trade telephone directory, commercial telephone directory, classified telephone directory

branchenübliche Preissetzung *f* **(handelsübliche Preissetzung** *f* **)** *(economics)*
customary pricing

branchenüblicher Preis *m* **(handelsüblicher Preis** *m***)** *(economics)*
customary price

Branchenumwelt *f* **(Branchenumfeld** *n***)** *(economics/marketing)*
industry environment

branchenungleiche Agglomeration *f*
→ Agglomeration (im Einzelhandel)

Branchenwerbung *f*
→ Gemeinschaftswerbung

Brand-
→ Marken-

Break-Even *m* **(Break-even-Punkt** *m***)** *(economics)*
break-even point, break-even

Break-even-Analyse *f* *(economics)*
break-even analysis

Break-even-Preissetzung *f* **(Break-even-Preisgebung** *f* **)** *(economics)*
break-even pricing

Brett *n*
→ Anschlagbrett

Bretterwand *f* **(Plakatwand** *f* **)** *(outdoor advertising)*
billboard, board, *brit* hoarding, billboard hoarding

Briefing *n*
briefing

Briefumschlagwerbung *f*
advertising on envelopes, envelope advertising, corner card advertising

Briefumschlagwerbematerial *n* **(Briefwerbematerial** *n***)** *(advertising)*
(Einzelstück) mailer

Briefwerbeaktion *f* **(Postwurfsendung** *f* **)**
direct mailing

Briefwerbeunternehmen *n* **(Briefwerbefirma** *f***, Briefwerber** *m***)**
direct-mail advertiser, direct-mail advertising company, direct-mail advertising agency

Briefwerbetest *m* **(Direktversandtest** *m***)**
1. direct-mail test
2. (gegabelter Briefwerbetest) direct-mail split test

Briefwerbung *f*
direct-mail advertising

bringen (veröffentlichen, senden) *v/t*
to bring, to present, to printing, to publish, to carry, to feature, to run

Broschüre *f* *(advertising)*
pamphlet, folder, booklet, brochure

Brückenwerbung *f* *(outdoor advertising)*
advertising on bridges, outdoor advertising on bridges

brutto *adj*
gross

Brutto für Netto (brutto für netto) *(advertising)*
gross for net

Bruttoabsatz *m* *(economics)*
gross sales *pl*, gross sales volume, gross volume

Brutto-Anzeigenpreis *m*
→ Grundpreis

Brutto-Einschaltpreis *m*
→ Grundpreis, Einschaltpreis

Bruttoeinkommen *n (economics)*
gross income, income before tax

Bruttoeinnahmen *f/pl (economics)*
gross receipts *pl*, gross revenue

Bruttoertrag *m*
→ Bruttogewinn

Bruttofehler *m (statistical hypothesis testing)*
gross error

Bruttogewinn *m (economics)*
gross profit, gross profits *pl*

Bruttogewinnspanne *f (economics)*
gross margin of profit(s) (*pl*), gross margin ratio, gross margin

Bruttohörer *m/pl* (**Bruttohörerschaft** *f*) *(media research)*
1. gross audience, gross number of listeners
2. (Reichweite) gross rating points *pl* (GRPs, G.R.P.s), radio rating points *pl*, duplicated audience

Brutto-Inlandsprodukt *n (economics)*
gross domestic product (GDP)

Brutto-Kapitalertrag *m* (**Brutto-Kapitalrendite** *f*) *(economics)*
gross margin return on investment (GMROI)

Bruttokontaktsumme *f* (**Bruttokontakte** *m/pl*) *(media research)*
1. gross audience, gross impacts *pl*, gross impressions *pl*, gross opportunities *pl* to see, gross OTS (O.T.S.), duplicated audience
2. *(outdoor advertising)* gross circulation

Bruttoleser *m/pl* (**Bruttoleserschaft** *f*) *(media research)*
gross audience, gross number of readers, duplicated audience, accumulated audience, cumulated audience („cume")

Bruttopreis *m*
1. *(economics)* gross price, gross
2. *(advertising)* (für Werbung) gross rate, gross cost, gross
3. *(advertising)* (Grundpreis) base rate, basic rate, cardrate, flat rate, full rate-card cost, onetime rate, open rate

Bruttopreissystem *n* (**Bruttopreisbildung** *f*) *(economics)*
gross pricing, gross billing

Brutto-Reichweite *f (media research)*
1. gross audience, gross coverage, gross cover, gross reach, combined audience, audience combination („combo"), combination of audiences
2. *(radio/television)* gross rating points *pl* (GRPs, G.R.P.s)

Brutto-Sozialprodukt *n (economics)*
gross national product (GNP, G.N.P.)

Bruttospanne *f* (**Brutto-Handelsspanne** *f*, **Brutto-Gewinnspanne** *f*) *(economics)*
gross margin of profit, gross margin, gross merchandising margin

Brutto-Stichprobe *f (statistics)*
→ Ausgangsstichprobe *f*

Bruttotarif *m*
→ Bruttopreis

Brutto-Umsatz *m*
→ Honorarumsatz

Bruttovolumen *n*
gross volume

Brutto-Werbeaufwendungen *f/pl*
advertising input, advertising expenditure, advertising outlay

Brutto-Werbeeinnahmen *f/pl*
advertising output, advertising receipts *pl*, advertising payout, advertising payback, advertising revenue

Bruttozuschauer *m/pl* (**Bruttozuschauerschaft** *f*) *(media research)*
1. gross audience, gross number of viewers
2. (Bruttoreichweite) gross rating points (GRPs, G.R.P.s) television rating points *pl*, television audience, television audience

BuBaW-Verfahren *n* (Johannes Bidlingmaier) *(market research)*
abbr Bestellung unter Bezugnahme auf Werbung
coupon redemption test procedure, redemption rate investigation, redemption test technique

Buchanzeige *f*
book advertisement, book ad

Buchbauchbinde *f* (**Buchbinde** *f*)
bookband, jacket band

buchen v/t
1. to book
2. *(radio/television)* (Sendezeit) to book airtime
3. *(print media)* (Anzeigen- bzw. Werbefläche) to book space

Büchergutschein m
book token

Büchermarktforscher m
→ Buchmarktforscher

Büchermarktforschung f
→ Buchmarktforschung

Buchhülle f (**Buchumschlag** m, **Schutzhülle** f)
book jacket, dust cover, dust jacket, book wrapper, jacket wrapper

Buchmarkt m
book market, market for books

Buchmarktforscher m
book market researcher

Buchmarktforschung f
book market research

Buchmesse f (**Buchhandelsmesse** f, **Buchhändlermesse** f)
book fair

Buchscheck m
→ Buchgutschein

Buchstaben-Bildzeichen n
logotype

Buchstreifen m
→ Buchbauchbinde

Buchumschlag m
→ Buchhülle

Buchumschlagklappe f (**Buchklappe** f, **Klappe** f)
jacket flap, book jacket flap

Buchung f (**Buchen** n)
booking

Buchungstermin m
→ Annahmeschluß

Buchwerbeagentur f
book advertising agency

Buchwerbekampagne f (**Buchwerbefeldzug** m)
book advertising campaign, book campaign

Buchwerbeplakat n
book poster, book advertising poster

Budget n (**Etat** m) *(economics)*
budget

Budgetallokation f *(economics)*
1. budget allocation
2. *(marketing)* allocation of marketing expenditure
3. *(advertising)* allocation of advertising expenditure

Budgetierung f (**Budgetplanung** f) *(economics)*
budgeting

Budgetkontrolle f (**Etatkontrolle** f) *(economics)*
budget control, budgetary control, budget check

Buffalo-Methode f
→ kreatives Problemlösen

Bulkware f *(economics)*
bulk commodity, bulk goods pl

Bulletin n
bulletin

Bumerangeffekt m *(communication research)*
boomerang effect, negative change effect

Bumerang-Methode f
boomerang method

Bunddurchdruck m *(printing)*
bridge, gutter bleed, bleed in the gutter

Bündel n *(packaging)*
bundle, package

Bündeleinschlagen n *(packaging)*
1. bundle wrapping
2. (in Kraftpapier) bundle wrapping in kraft paper
3. (in Folie) bundle wrapping in film

bündeln *(packaging)* v/t
to bundle, to bundle up to tie in bundles, to tie up into bundles

Büroberuf m (**Bürobeschäftigung** f, **Angestelltentätigkeit** f, **Bürotätigkeit** f) *(economics)*

Bustest

white-collar occupation, white-collar job, white collar, black-collar occupation, black collar

Bustest *m*
→ Caravan-Test

Buygrid-Modell *n*
buygrid model, buygrid framework

Buying Center *n* **(Einkaufsgremium** *n (industrial marketing)*
buying center (Frederick E. Webster Jr./Yoram Wind)

Buy-Response-Funktion *f*
→ Kurve der Kaufwahrscheinlichkeit

C

© *abbr*
Copyright

C & C-Großhandel *m* **(C & C-Betrieb** *m*)
→ Cash-and-Carry-Großhandel

Caravan-Test *m* **(Bus-Test** *m*) *(market research)*
mobile shop test, merchandising bus test, caravan test

Caravan-Testverfahren *n* **(Caravan-Testtechnik** *f*) *(market research)*
mobile shop technique, merchandising bus technique, caravan test technique

Carry-over-Effekt *m* **(Übertragungseffekt** *m*, **Wirkungsverzögerung** *f*) *(advertising research)*
carryover effect

Cartoon *m* **(Bildstreifen** *m*, **Streifenbild** *n*)
cartoon

Cartoonanzeige *f* **(Bildstreifenanzeige** *f*, **Streifenbildanzeige** *f*)
cartoon advertisement, cartoon ad

Cartoon-Werbung *f* **(Werbung** *f* **mit Cartoons, Streifenbildanzeigenwerbung** *f*, **Bildstreifenanzeigenwerbung** *f*)
cartoon advertising

Cash-and-Carry-Betrieb *m* **(Cash-and-Carry-Großhandel** *m*, **Abhollagergroßhandel** *m*, **Lagergroßhandel** *m*, **Selbstbedienungsgroßhandel** *m*) *(wholesaling)*
cash-and-carry wholesaler, cash-and-carry warehouse, self-service wholesaler, self-service warehouse

Cash-and-Carry-Handel *m* **(Cash-and-Carry-Großhandel** *m*, **Abhollagergroßhandel** *m*, **Lagergroßhandel** *m*, **Selbstbedienungsgroßhandel** *m*) *(wholesaling)*
cash-and-carry trade

Cash Cow *f*
→ Milchkuh

Cash Flow *m* **(Kapitalfluß** *m* **aus Umsatz)** *(economics)*
cash flow

Cash-Flow-Analyse *f* **(Analyse** *f* **des Kapitalflusses aus Umsatz)** *(economics)*
cash-flow analysis

Cash-Flow-Tabelle *f* *(economics)*
cash-flow table

Catalog Showroom *m*
→ Katalogladen (Katalogschauraum)

Charting-System *n*
charting system

Checkliste *f*
→ Prüfliste

Checklistenverfahren *n*
→ Prüflistenverfahren

Chefgraphiker *m* **(Chefgrafiker** *m*)
→ Art Direktor

Cheftexter *m* *(advertising)*
copy chief, copy supervisor

Chiffre *f* **(Kennziffer** *f*, **Ziffer** *f*, **Chiffrenummer** *f*) *(advertising)*
(bei Anzeigen) key number, box number

Chiffreanzeige *f* **(Kennzifferanzeige** *f*, **Ziffernanzeige** *f*) *(advertising)*
keyed advertisement, keyed ad, box number advertisement, box number ad

Chiffregebühr *f* **(Kennzifferanzeigengebühr** *f*) *(advertising)*
box number adrate

chiffrieren *v/t*
(Anzeigen) to key (an advertisement)

C.I.-Wert *m*
→ Corporate-Identity-Wert

Cloze-Verfahren *n* **(Lückentest** *m***) (readership research)**
cloze procedure

Colley's Stufenmodell *n* **der Werbewirkung**
→ DAGMAR-Modell

Container *m* *(packaging)*
container

Convenience Goods *n/pl* **(Klein- und Bequemlichkeitsbedarf** *m***, Güter** *n/pl* **des täglichen Kleinbedarfs)** *(economics) (retailing)*
convenience goods *pl*, red goods *pl*

Convenience-Laden *m*
→ Nachbarschaftsladen

Coop-Mailing *n*
→ Gemeinschaftsversand

Coop-Werbung *f*
→ Gemeinschaftswerbung, Verbundwerbung

Copy *f*
→ Werbetext

Copy Chief *m* **(Copy Director** *m***)**
→ Cheftexter

Copy-Plattform *f* *(advertising)*
copy platform, copy plan, copy outline, copy policy, copy approach, strategy platform

Copyright *n* **(©)**
copyright

Copyright-Vermerk *m*
copyright notice, notice of copyright

Copy-Strategie *f* **(Textstrategie** *f***, Werbetextstrategie** *f***)** *(advertising)*
copy strategy

Copy-Test *m* *(advertising research) (media research)*
copy test

Copytesten *n* **(Copy-Testforschung** *f***)** *(advertising research) (media research)*
copy testing

Corporate Advertising *n*
→ Unternehmenswerbung, Firmen-Imagewerbung

Corporate Communication *f*
corporate communication, corporate communications *pl construed as sg*

Corporate Design *n* **(Corporate-Identity-Design** *n***)**
corporate design

Corporate Identity *f* **(C.I.)**
corporate identity, corporate image

Corporate-Identity-Wert *m* **(C.I.-Wert** *m***)**
corporate identity value

Corporate Image *n* **(Firmen-Image** *n***, Unternehmens-Image** *n***)**
→ Unternehmensidentität

Corporate-Philantropie *f* **(unternehmerische Philantropie** *f***)**
corporate philantropy, business philantropy

Cost Center *n*
→ Kostenzentrum

Cost-plus-System *n*
→ Pauschalpreis plus Kosten

Countermarketing *n*
→ Kontramarketing

Countervailing Power *f*
→ gegengewichtige Marktmacht

Coupon *m*
→ Gutschein, Kupon

Coupon-
→ Gutschein-, Kupon-

Couponanzeige *f*
→ Kuponanzeige

Courtage *f* **(Kurtage** *f***)** *(economics)*
brokerage commission, brokerage fee, brokerage

CPM *abbr*
Critical-Path-Methode

CpO-Wert *m* *(economics)*
cost-per-order value, cost per order

Cream-Plan *m*
→ Abschöpfungsstrategie

Creativ-Abteilung *f*
→ Kreativabteilung

Creative-Director *m* **(CD)**
→ Kreativdirektor

Critical-Path-Methode *f* **(CPM) (Methode** *f* **des kritischen Pfades)** *(marketing planning)*
critical path method (CPM)

D

Dachkampagne *f (marketing) (advertising)*
umbrella campaign

Dachmarke *f* (**Markenfamilie** *f*) *(marketing)*
umbrella brand, family brand

Dachschild *n* (**Dachplakat** *n*) *(outdoor advertising)*
roof panel

Dachposition *f* (**Giebelposition** *f*) *(outdoor advertising)*
roof position, gable-end position

Dachwerbung *f (outdoor advertising)*
roof advertising, roof panel advertising, gable advertising, gable-end advertising

DAGMAR-Formel *f* (**DAGMAR-Modell** *n*) *(advertising research)*
DAGMAR model, DAGMAR formula (Russell H. Colley)

daktyloskopische Methode *f* (**Fingerabdruckverfahren** *n*) *(media research)*
dactyloscopic method, dactylogram method, fingerprint method

Dankschreiben *n (advertising)*
(in der Werbung) testimonial, testimonial letter

Datenbank *f*
data bank, data archive(s) *(pl)*

Datenbankmarketing *n*
data bank marketing

Datenfeld *n* **der Preispolitik** (Heribert Meffert) *(economics)*
data field of price policy, data field of pricing

Datenkommunikation *f*
data communication, data communications *pl construed as sg*

Datenplan *m* (**der Anzeigen**) *(marketing planning)*
schedule of insertions, schedule of insertions

Datierung *f*
dating

Datum *n* (**Einzeldatum** *n*, **Einzelwert** *m*) *(data analysis)*
datum, *pl* data, data point, point datum

Datumsangabe *f*
(wie Frischestempel) code date, date

Daueranschlag *m* (**Dauerplakat** *n*) *(outdoor advertising)*
long-term poster, painted bulletin, painted display, painted wall

Dauereinkommenshypothese *f (economics)*
permanent income hypothesis (Milton Friedman)

Dauerkunde *m*
→ Stammkunde

Dauerwerbung *f (outdoor advertising)*
long-term posting, long-term outdoor advertising, permanent posting, permanent outdoor advertising

Dauerwirkung *f*
long-range effect, long-term effect, lasting effect

DBGN *n abbr*
Deutsches Bundesgebrauchsmuster

DBPa *abbr*
Deutsches Bundespatentamt angemeldet

Decision-Calculus-Ansatz *m* (**Decision-Calculus-Methode** *f*, **Decision-Calculus-Modell** *n*) *(marketing planning)*
decision-calculus approach, decision-calculus method, decision-calculus model (John D. C. Little)

Decision-Support-System *n* (**DSS**) *(marketing planning)*
decision-support system

Deckenanhänger *m* (**Deckenhänger** *m*, **Deckenaufhänger** *m*) *(POP advertising)*
dangler, mobile, pelmet, wobbler

Deckengestänge *n* **(Deckengitter** *n*) *(POP advertising)*
aisle jumper

Deckung *f*
(economics) (des Bedarfs) supply

Deckungsbeitrag *m (economics)*
contribution margin

Deckungsbeitragsrechnung *f* **(DBR)** *(economics)*
contribution costing, contribution accounting, direct costing

defensive Preisstrategie *f (economics)*
defensive pricing

Defizitmotivation *f* **(Motivation** *f* **durch Mangel)** *(behavioral research)*
deficiency motivation (Abraham H. Maslow)

Deflation *f (economics)*
deflation

Deflationsmethode *f* **(Deflationsverfahren** *n*) *(advertising research)*
deflation technique, deflation

Deformationsverfahren *m* **(Zerfallsverfahren** *n*) *(advertising research)*
distortion technique

Degenerationsphase *f* **(Schrumpfungsphase** *f* **(im Produktlebenszyklus)** *(marketing research) (marketing planning)*
decline stage, decline, obsolescence

Dekorateur *m*
decorator, display artist, window dresser, set designer, scene painter

Dekoration *f* **(Dekorieren** *n*)
1. *(POP advertising)* decoration, decorating, display work, window dressing, design
2. *(film/television/photography)* scenery set, scenery, setting and properties, set

Dekorationsabbau *m (film/television/photography)*
set striking

Dekorationsaufbau *m (film/television/photography)*
set construction, set erection

Dekorationshilfen *f/pl*
→ Händlerhilfen

Dekorationslicht *n* *(film/television/photography)*
set light, background light

Dekorationsmaler *m (film/television/photography)*
scene painter

Dekorationsmaterial *n (POP advertising)*
display material, displays *pl*

Dekorationsrabatt *m (retailing)*
display discount, display allowance

Dekorationsstoff *m* *(film/television/photography/POP advertising)*
decorative material, decoration material, display material

Dekorationsstück *n* **(Dekorationsteil** *m*) *(POP advertising)*
display piece, show piece

dekorativ *adj*
decorative

dekorieren *v/t*
to decorate, to dress

Dekrement *n*
→ Abnahme

Delayed-response-Effekt *m*
→ Wirkungsverzögerung

Delegieren *n* **(Delegation** *f*) *(marketing)*
delegation, structure (P. J. Stonich), allocating (Thomas V. Bonoma)

Delkredere *n* **(Delkrederegeschäft** *n*) *(economics)*
del credere, del credere business

Delkredereprovision *f (economics)*
del credere commission

Delphibefragung *f* **(Delphimethode** *f*, **Expertenbefragung** *f*) *(empirical social research) (marketing research)*
Delphi survey, Delphi method

Delphi-Befragungsmethode *f* **(Delphi-Methode** *f*, **Delphi-Technik** *f*) *(empirical social research) (marketing research)*

Demand-Pull-Theorie 378

Delphi technique, Delphi interviewing technique, Delphi method, Delphi interviewing method, delphi technique, delphi interviewing technique, delphi method, delphi interviewing method

Demand-Pull-Theorie *f*
→ Pull-Theorie

Demarketing *n*
→ Reduktionsmarketing

demographische Investition(en) *(f(pl)) (bevölkerungspolitische Investition(en) f(pl))*
demographic investment

demographische Marktsegmentierung *f (marketing research)*
demographic market segmentation

demographische Merkmale *n/pl* **(demographische Struktur** *f***)** *(empirical social research)*
demographic characteristics *pl*, demographics *pl*, demographic structure

demographische Segmentierung *f*
→ demographische Marktsegmentierung

demographische Struktur *f* **(Bevölkerungsstruktur** *f***, demographische Verteilung** *f***)**
demographic structure

demographische Zusammensetzung *f* **(demographische Struktur** *f***)**
demographic composition, demotic composition

demographische Zusammensetzung *f* **(demographische Struktur** *f***)**
demographic composition, demotic composition

demographischer Analogieschluß *m* **(media planning)**
demographic analogy

DEMON *n* **(DEMON-Modell** *n***)** *(marketing)*
DEMON model

Demonstration *f* **(Vorführung** *f***)**
1. *(sales promotion)* demonstration, sales demonstration, product demonstration, presentation, *colloq* demo
2. *(POP advertising)* (im Laden) in-store demonstration

Demonstrationsauslage *f* **(Vorführauslage** *f***)** *(POP advertising)*
demonstrator display, point-of-purchase display

Demonstrationsfilm *m* **(Musterfilm** *m***, Vorführrolle** *f***)**
demonstration recording, demonstrational film, demo reel, demo, sample reel

Demonstrationsmaterial *n*
→ Anschauungsmaterial

Demonstrationsplatte *f* **(Demo-Platte** *f***, Vorführplatte** *f***)**
demonstration recording, demo record, demo

demonstrative Muße *f* **(ostentative Muße** *f***, demonstratives Freizeitverhalten** *n***)**
conspicuous leisure (Thorstein Veblen)

demonstrative Verschwendung *f*
conspicuous waste (Thorstein Veblen)

demonstrativer Konsum *m* **(Geltungskonsum** *m***, ostentativer Konsum** *m***)**
conspicuous consumption (Thorstein Veblen)

demonstrieren *v/t*
to demonstrate, to present

Departmentsystem *n*
→ Abteilungsorganisation

Depothandel *m* **(stiller Handel** *m***)** *(economics)*
silent trade, silent barter

Depression *f (economics)*
depression

Deprivation *f*
→ relative Deprivation

Design *n* **(Gestaltung** *f***, Formgebung** *f***, Formgestaltung** *f***)**
design

Designer *m* **(Formgestalter** *m***)**
designer

Desk-Research *m*
→ Sekundärforschung

deskriptive Forschung *f* **(deskriptive Marktforschung** *f***)**
descriptive research, descriptive market research

deskriptive Statistik *f* **(Deskriptivstatistik** *f*, **beschreibende Statistik** *f* **)**
descriptive statistics *pl construed as sg* quality control)
destructive inspection, destructive test

Desorganisation *f*
disorganization, *brit* disorganisation

Dessin *n*
pattern, design, ornament, ornamental style

Dessinateur *m*
→ Musterzeichner

destruktive Prüfung *f* **(zerstörende Prüfung** *f*, **destruktive Inspektion** *f*, **zerstörende Inspektion** *f* **)** *(statistical)*

Detailgeschäft *n*
→ Einzelhandelsgeschäft

Detailhandel *m*
→ Einzelhandel

Detailhändler *m*
→ Einzelhändler

Detailleur *m* **(Detaillist** *m***)**
→ Einzelhändler

deterministische Beziehung *f*
determinate relationship

deterministischer Fall *m*
→ Entscheidung unter Sicherheit

deterministisches Modell *n*
determinate model, deterministic model

deterministisches System *n*
deterministic system

Devisenbörse *f* *(economics)*
foreign exchange market, foreign exchange

dezentralisierte Kommunikation *f*
decentralized communication

dezentralisierte Planung *f*
decentralized planning

dezentralisierter Einkauf *m* **(dezentraler Einkauf** *m***)** *(retailing)*
decentralized buying, *brit* decentralised buying

Dezentralisierung *f* **(Dezentralisation** *f* **)**
decentralization

Dia *n*
short for Diapositiv

Dia *n* **auf Film**
→ Filmdia

Dialog-Marketing *n*
interactive marketing, direct-response marketing

Dialogwerbung *f* **(Rücklaufwerbung** *f*, **Direct-Response-Werbung** *f* **)**
direct-response advertising, direct-response marketing, direct response

Dia *n* **viva**
slidefilm, film strip, filmstrip, stripfilm, slide motion picture

Diawerbung *f*
1. slide advertising, film slide advertising, cinema slide advertising
2. (Werbemittel) slide advertisement, film slide advertisement, cinema slide advertisement

Diener *m* **(Bediensteter** *m***)**
servant

Dienst *m* **(Arbeit** *f* **)**
service

Dienstleistung *f(economics)*
service

Dienstleistungsanzeige *f*
service advertisement, service announcement

Dienstleistungsberuf *m* **(Beruf** *m* **im tertiären Sektor)** *(economics)*
tertiary occupation, service industry occupation, service occupation

Dienstleistungsberufe *m/pl* **(die Angehörigen** *m/pl* **der Dienstleistungsberufe)**
servant classes *pl*, the service class

Dienstleistungsbörse *f* *(economics)*
service exchange market

Dienstleistungsbranche *f* **(Dienstleistungsgewerbe** *n***)** *(economics)*

Dienstleistungsgewerbe

service industry, services industry, services trade

Dienstleistungsgewerbe *n*
service industry, *often pl* service industries, service-producing industries *pl*

Dienstleistungsmarke *f (economics)*
service mark

Dienstleistungsmarketing *n*
service marketing, marketing of services

Dienstleistungsprobe *f (economics)*
service sample

Dienstleistungssektor *m* **(Dienstleistungsbereich** *m*)
service sector, tertiary sector

Dienstleistungsunternehmen *n (economics)*
service company, service-rendering enterprise

Dienstleistungszentrum *n* **(Leistungszentrum** *n*) *(social ecology)*
service center, *brit* service centre

Differential-Verfolgungsspiel *n (theory of games)*
differential game of pursuit

Diffusionskurve *f (economics)*
diffusion curve, curve of diffusion

Diffusionsmodell *n (economics)*
diffusion model

Diffusionsprozeß *m (economics)*
diffusion process

Diffusionsrate *f* **(Diffusionsgeschwindigkeit** *f* **)** *(economics)*
diffusion rate

Diffusionstheorie *f (economics)*
diffusion theory

Digital-Marketing *n*
→ Dialog-Marketing

diktatorische Preisbestimmung *f (economics)*
dictatorial pricing, dictatorial price strategy

diktatorischer Preis *m (economics)*
dictatorial price

Direct Costing *n*
→ Teilkostenrechnung

Direct Mail *n*
→ Briefwerbung

Direct-Response-Marketing *n*
→ Dialogmarketing (Rücklaufmarketing)

Direct-Response-Werbung *f*
→ Dialogwerbung (Rücklaufwerbung)

Direktabsatz *m (economics)*
1. direct sale
2. direct selling

Direktansprache *f* **(Methode** *f* **der direkten Ansprache)** *(advertising)*
(in der Werbung) you approach, „you" attitude

Direktausfuhr *f*
→ Direktexport

Direktbestellung *f (economics)*
direct order

Direktbezug *m* **(Direkteinkauf** *m*, **Direktkauf** *m*)
1. direct purchase, direct buy
2. direct purchasing, direct buying, buying direct, industrial buying, industrial purchasing
3. (Abonnement) direct subscription

direkte Arbeit *f* **(Arbeit** *f* **am Produkt, produktbezogene Arbeit** *f* **)**
direct work, direct job, direct labor, *brit* labour

direkte Kosten *n (economics)*
direct cost(s) (*pl*)

direkte persönliche Kommunikation *f*
person-to-person commmunication, face-to-face communication

direkte Zusammenarbeit *f* **(direkte Kooperation** *f*)
direct cooperation, direct co-operation

direkter persönlicher Kontakt *m*
face-to-face contact

Direkteinkauf *m*
→ Direktkauf

Direktexport *m (international marketing)*
direct export, direct exporting

Direktkauf *m* (**Direkteinkauf** *m*)
→ Direktbezug 1. und 2.

Direktkosten *pl*
→ direkte Kosten

Direktkostenansatz *m* *(economics)*
direct-cost approach, direct costing

Direktmarketing *n*
direct marketing

Direktmarketingagentur *f* (**Direktmarketing-Unternehmen** *n*)
direct-marketing agency, direct-marketing company

Direktstreuung *f*
→ Direktwerbung

Direktverkauf *m*
1. direct sale
2. direct selling
3. (ab Hersteller) industrial selling
4. (Haustürverkauf an den Endverbraucher) house-to-house sale, house-to-house selling, door-to-door sale, door-to-door selling
5. (per Post) (→) Versandhandel

Direktverkaufspreis *m* *(economics)*
direct-sale price, direct-sale rate

Direktversand *m* (**Postversand** *m*)
→ Versandhandel

Direktvertrieb *m* (**Direktverteilung** *f*)
direct distribution, direct-channel distribution

Direktvertriebsweg *m* (**Direktvertriebskanal** *m*)
direct distribution channel, direct channel of distribution, direct channel

Direktvertriebssystem *n*
direct distribution system, direct-channel distribution system

Direktwerbeaktion *f* (**Direktwerbekampagne** *f*)
direct-advertising campaign

Direktwerber *m*
1. direct advertiser, direct-advertising agent, direct-advertising man
2. (Kundenbesucher) canvasser, house-to-house salesman, door-to-door salesman
3. (Abowerber) subscription canvasser, magazine subscription canvasser, subscription agent, subscription salesman

Direktwerbesendung *f*
direct mailing, mailing

Direktwerbeunternehmen *n* (**Direktwerbeagentur** *f*)
direct advertising agency, direct advertising company, direct advertiser

Direktwerbung *f*
direct advertising

Direktwerbung *f* **durch die Post**
→ Briefwerbung, Drucksachenwerbung

Direktzugabe *f* (**Sofortzugabe** *f*) *(sales promotion)*
direct premium

Diskont *m* (**Discount** *m*, **Diskonto** *m*) *(retailing)*
discount, discounting

Diskonter *m* (**Discounter** *m*, **Diskontgeschäft** *n*, **Diskonthaus** *n*) *(retailing)*
discounter, discount house, discount store

Diskonthandel *m* (**Discounthandel** *m*) *(retailing)*
1. (Institution) discount trade
2. (Funktion) discount selling

Diskontpreis *m* (**Discount-Preis** *m*) *(economics) (retailing)*
discount price

Diskontpreiswerbung *f* (**Discount-Preis-Werbung** *f*) *(economics) (retailing)*
discount price advertising, advertising with discount prices

Diskont-Warenhaus *n* *(retailing)*
discount department store

diskursive Problemlösungsmethode *f*
→ morphologische Analyse

Display *n* *(POP advertising)*
display

Displayartikel *m* *(POP advertising)*
display product

Displaygestalter *m*
→ Schauwerber

Displaygestaltung *f*
→ Schauwerbung

Displaymaterial *n* (**Displaymittel** *n/pl*) (*POP advertising*)
display material, displays *pl*

Display-Werbung *f* (**Auslagenwerbung** *f*, **Verkaufsauslagenwerbung** *f*, **Schauwerbung** *f*) (*POP advertising*)
display advertising

disponibles Einkommen *n* (**verfügbares Einkommen** *n*) (*economics*)
1. discretionary income, discretionary buying power, discretionary spending power, discretionary purchasing power
2. disposable income, personal disposable income

Disposition *f*
disposition

Dispositionswerbung *f* (**Goodwillwerbung** *f*, **einstimmende Werbung** *f*)
indirect-action advertising

Dispositionszentrale *f* (**Dispositionszentrum** *n*) (*retailing*)
→ Einkaufszentrale, Großhandelszentrum, Trade Mart

Distanzhandel *m*
→ Streckenhandel

Distribution *f*
distribution

Distributionsanalyse *f* (*market research*)
distribution analysis, analysis of distribution, distribution check

Distributionsauslese *f*
→ selektiver Vertrieb (selektive Distribution)

Distributionsdaten *n/pl*
→ Vertriebsdaten

Distributionsdichte *f* (**Vertriebsdichte** *f*) (*marketing*)
distribution density

Distributionseffizienz *f* (*marketing*)
distribution efficiency, efficiency of distribution

Distributionsgrad *m* (**Distributionsintensität** *f*)
distribution intensity

Distributionsindex *m* (*marketing*)
index of distribution, distribution index

Distributionskanal *m*
→ Absatzweg, Vertriebsweg

Distributionskette *f* (*marketing*)
distribution chain, chain of distribution

Distributionskosten *pl* (*marketing*)
distribution cost, cost of distribution, distribution expenditure

Distributionskostenanalyse *f* (*marketing*)
distribution cost analysis (DCA)

Distributions-Mix *n* (**Distributionspolitik** *f*, **Absatz-Mix** *n*) (*marketing*)
distribution mix, distribution policy

Distributionsorgan *n* (*marketing*)
distribution organ

Distributionsprogrammierung *f*
distribution programming

Distributionsquote *f* (**Distributionsrate** *f*, **Distributionsgrad** *m*) (*marketing*)
distribution quota, distribution rate

Distributionssystem *n*
→ Absatzsystem, Vertriebssystem

Distributionsstadium *n* (*marketing*)
distribution stage

Distributionsweg *m*
→ Absatzweg, Beschaffungsweg, Vertriebsweg

Distributor *m*
distributor, service wholesaler

Diversifizierung *f* (**Diversifikation** *f*) (*marketing*)
diversification

Diversifikationsstadium *f* (**Diversifikationsphase** *f*) (*economics/marketing*)
diversification stage, diversification phase (of corporate development)

domestizierter Markt *m*, **gebändigter Markt** *m* (*economics*)
domesticated market (Johan Arndt)

dominante Werbung *f*
→ Intensivwerbung;

Doppelbelegung *f* **(Zweifachbelegung** *f*) *(transit advertising)*
double-carding

Doppeldeckerplakat *n* *(outdoor advertising)*
double-decker, golden showcase

Doppelhörer *m*
→ Mehrfachhörer

Doppelkontakt(e) *m(pl)*
→ Mehrfachkontakt(e)

Doppelleser *m*
→ Mehrfachleser

Doppelnutzer *m*
→ Mehrfachnutzer

Doppelnutzung *f*
→ Mehrfachnutzung

Doppelpackung *f* **(Zweierpackung** *f*)
twin pack, *also* double-sized package

Doppelplakat *n*
1. *(outdoor advertising)* double-decker, *also* center spread, golden showcase
2. *(transit advertising)* (an der Verkehrsmittelfront) double front

Doppelpostkarte *f*
double post card, double postal card

Doppelseite *f*
1. *(newspaper)* double truck
2. *(magazine)* double page, spread, double-page spread (DPS)
2.1. (in der Heftmitte) center spread
2.2. (ohne Beschnitt) two pages facing *pl*

Doppelseitenkontakt(e) (DSK) *m(pl)* **(Doppelanzeigenseitenkontakt** *m*, **Kontakte** *m/pl* **pro Doppelseite)** *(media research)*
double-page spread exposure, double-page exposure

doppelseitig *adj*
double-page, spread, double-page spread

doppelseitige Anzeige *f*
1. double-page spread (DPS), double truck, double spread, two-page spread, advertising spread

2. (in der Heftmitte) center spread, *brit* centre spread
3. (im Bundsteg beschnitten) bridge

doppelter Konflikt *m* **zwischen Annäherungs- und Vermeidungstendenzen (doppelter Appetenz-Vermeidungs-Konflikt** *m*, **doppelter Annäherungs-Vermeidungskonflikt** *m*, **doppelter Appetenz-Aversions-Konflikt** *m*) *(psychology)*
double approach-avoidance conflict (Kurt Lewin)
Dorfman-Steiner model, Dorfman-Steiner theorem (R. Dorfman/P.O. Steiner)

Dose *f* *(packaging)*
box, container, can, *brit* tin

Draufgabe *f*
→ Naturalrabatt *m*

Drehscheiben-Display *n* **(Drehscheibenauslage** *f*) *(POP advertising)*
lazy Susan display

3-D-Werbemittel *n* **(dreidimensionales Werbemittel** *n*)
dimensional advertisement, dimensional ad, 3D advertisement, 3D ad, *(POP advertising)* (Auslage) dimensional display, 3D display, three-dimensional

30-Sekunden-Spot *m* **(30-Sekunden-Werbesendung** *f*) *(television)*
30-second commercial, thirty, -30-, :30

Dressman *m*
male fashion model

drittelseitige Anzeige *f*
one-third page advertisement, one-third page ad

Drittleser *m* **(Mitleser** *m* **andernorts)** *(readership research)*
tertiary reader, out-of-home pass-along reader

Drive-in-Geschäft *n* *(retailing)*
1. drive-in store
2. (Restaurant) drive-in restaurant, drive-in

Drop Shipper *m* *(wholesaling)*
drop shipper

Drop Shipment *n* *(wholesaling)*
→ Streckengroßhandel

Druckanzeige *f* (**gedruckte Anzeige** *f*, **Printanzeige** *f*)
print advertisement

Dualdistribution *f* (**duale Distribution** *f*)
dual distribution, two-channel distribution

duale Ökonomie *f*
dual economy

duales Spiel *n* (**Nullsummenspiel** *n* **für zwei Personen**) *(theory of games)*
dual game

Dualproblem *n* (**Dualität** *f*, **duales Problem** *n*) *(linear programming)*
dual problem

Dumping *n* *(pricing)*
dumping

Dumpingpreis *m* *(economics)*
dumping price

Duplizierung *f* *(media research)*
duplication („dupe"), audience duplication, duplicate exposure, duplicated audience

durchblättern *v/t*
(newspaper/magazine) to leaf through, to page through, to skimp, to thumb through, to skim (over)

Durchdringung *f* (**Penetration** *f*) *(marketing)*
penetration

Durchdringungsmodell *n* (**Parfittsches Modell** *n*)
penetration model

Durchfuhrhandel *m* (**Transithandel** *m*) *(economics)*
transit trade

Durchführbarkeitsanalyse *f*
feasibility analysis, *pl* analyses

Durchführbarkeitsstudie *f* (**Durchführbarkeitsuntersuchung** *f*)
feasibility study

Durchführung *f*
implementation

Durchführungsplanung *f* (**betriebliche Planung** *f*, **Betriebsplanung** *f*) *(economics)*
operational planning, operational policy

durchgestrichener Preis *m* („**Anstatt**"-**Preis** *m*, „**Jetzt**"-„**Früher**"-**Preis** *m*) *(economics)*
was-is price, superficial discount

Durchhefter *m*
→ Beihefter

durchschnittliche Einschaltzahl *f* *(media research)*
average households set tuning *pl*

durchschnittliche Konsumneigung *f* *(economics)*
average propensity to consume

durchschnittliche Kontaktzahl *f* *(media research)*
1. average number of exposures, average frequency
2. (Kontaktchance) average opportunity to see, average OTS

durchschnittliche Konsumneigung *f* *(economics)*
average propensity to consume

durchschnittliche Kontaktzahl *f* **pro Leser** *(readership research)*
average number of exposures per reader, average frequency

durchschnittliche Leserzahl *f* (**einer Ausgabe**) *(readership research)*
average-issue audience (AIA), average-issue readership (A.I.R.)

durchschnittliche Nutzungswahrscheinlichkeit *f* (**durchschnittliche Lesewahrscheinlichkeit** *f*) *(readership research)*
average reading probability

durchschnittliche Sparneigung *f* *(economics)*
average propensity to save

durchschnittliche Zahl *f* **der Hörer** *(audience research)*
average number of listeners, average audience (AA)

durchschnittliche Zahl *f* **der Leser** *(readership research)*
average number of readers, average audience (AA)

durchschnittliche Zahl *f* **der Kontakte pro Seite** *(readership research)*
average page exposure (apx), ad-page exposure (apx)

durchschnittliche Zahl f **der Prüfstichproben (durchschnittliche Zahl der Stichproben)** *(statistical quality control)*
average run length (ARL), average sample run length

durchschnittliche Zahl f **der Prüfstücke** *(statistical quality control)*
average article run length

durchschnittliche Zahl f **der Zuschauer** *(audience research)*
1. average number of viewers, average audience (AA)
2. (Reichweite) average audience rating

Durchschnittsabsatz m *(economics)*
average sales *pl*

Durchschnittsauffassung f
→ Verkehrsauffassung

Durchschnittskontakte m/pl *(media research)*
average number of exposures, average frequency

Durchschnittskosten pl *(economics)*
average cost(s) *(pl)*

Durchschnittsleser m *(readership research)*
average reader

Durchschnittsqualität f
→ Gewährleistung der Durchschnittsqualität

Durchschnittsrabatt m *(economics)*
average disccount

Durchsetzung f **im Verkehr**
→ Verkehrsauffassung, Verkehrsgeltung

Durchsetzungswerbung f
penetration advertising

Dynamik f **der Betriebsformen (im Einzelhandel)**
wheel of retailing, the wheel of retailing, retail institution cycle, dynamics *pl construed as sg* of retailing

dynamische Motivtheorie f
→ Bedürfnishierarchie

dynamische Programmierung f
dynamic programming

dynamische Simulation f
dynamic simulation

dynamisches Gleichgewicht n
dynamic equilibrium, *pl* equilibriums or equilibria

dynamisches Modell n
dynamic model, dynamic system

Dyopol n *(economics)*
dyopoly

E

EAN-Code *m* (**EAN-Strichcode** *m*, **Europäische Artikelnumerierung** *f*)
European Product Code

ebenerdige Warenauslage *f (POP advertising)*
1. floor display
2. (pyramidenförmig) floor pyramid

eben merklicher Unterschied *m* (**Unterschiedsschwelle** *f*) *(psychology)*
just noticeable difference (JND), difference threshold, liminal difference

echter Zyklus *m* (**wirklicher Zyklus** *m*, **genuiner Zyklus** *m*) *(statistics) (economics)*
genuine cycle

Eckanzeige *f* (**Titelboxanzeige** *f*) *(advertising)*
(Zeitung) ear, ear space advertisement, earlug, title corner ad(vertisement), title corner

Eckfläche *f* (**Eckflächenanschlag** *m*) *(transit advertising)*
square end, square-end display

Eckplatz *m* (**Eckposition** *f*) *(print media)*
(Anzeige) ear space position, ear position, earlug position

Effekt *m*
1. (Wirkung *f*) effect
2. *(film/television)* (Trickeffekt) special effect
3. *(film/television)* (optischer Trickeffekt) optical effect, optical
4. *(film/television/radio)* (Geräuscheffekt) sound effect, sound

Effektenbörse *f (economics)*
stock exchange

Effektgesetz *n (psychology)*
law of effect (Edward L. Thorndike)

Effekthascherei *f* (**effekthascherische Werbung** *f*)
claptrap

effektive Kaufkraft *f (economics)*
effective buying income (EBI)

effektive Nachfrage *f (economics)*
effective demand

effektive Reichweite *f* (**wirksame Reichweite** *f*) *(media research)*
1. effective coverage, effective cover, effective audience
2. *(radio/television)* full attention rating (FAR)
3. *(outdoor/transit advertising)* effective circulation
4. *(magazine/newspaper advertising)* effective circulation

effektiver Nettopreis *m* (**für Werbung**) *(advertising)*
earned rate

Effektivität *f* (**Wirksamkeit** *f*)
effectiveness

Effektivitätsmodell *n* (**Erfolgsmodell** *n*)
effectiveness model

Effizienz *f* (**Wirksamkeit** *f*)
efficiency

Ego-Involvement *n* (**Ich-Beteiligung** *f*) *(psychology)*
ego involvement

EH *abbr*
Einzelhandel

eichen *v/t*
to calibrate, to gauge, to standardize, *brit* to standardise

Eichmarke *f*
calibration mark

Eichung *f* (**Kalibrierung** *f*, **Kalibrieren** *n*, **Justierung** *f*, **Justieren** *n*)
(economics) standardization, *brit* standardisation

Eigenanzeige *f* (**Eigenwerbemittel** *n*)
house advertisement, house ad

Eigenbeilage *f* (**Eigensupplement** *n*) *(print media)*
individual supplement

Eigen-Bezugsgruppe *f* **(Bezugsgruppe** *f,* **der ein Individuum zugleich als Mitglied angehört)** *(group sociology)*
membership reference group

Eigenimage *n* **(Selbstimage** *n,* **Selbstbild** *n***)**
mirror image, self-image, self-concept

Eigenlager *m (warehousing)*
field warehouse

Eigenmarke *f* **(Hausmarke** *f,* **Handelsmarke** *f,* **Verteilermarke** *f* **)** *(economics)*
1. house brand, private brand, private label, dealer's brand
2. (eines Großhändlers/einer Handelskette) controlled brand, controlled label
3. (die Waren) private-label goods *pl,* private brand goods *pl,* private brands *pl,* private distributor brands *pl*

Eigenmarkenstrategie *f (marketing planning)*
private labeling, private-labeling strategy, private label strategy

Eigenstreuung *f* **(Eigenstreuwege** *m/pl***)** *(advertising)*
advertising in house organs

Eigentum *n*
property

Eigentumsrecht *n*
ownership

Eigentümerschaft *f* **(Besitzerschaft** *f* **)**
ownership

Eigenvergleich *m (advertising)*
(in der Werbung) self-comparison, comparison advertising with own products

Eigenwerbeträger *m*
house organ, advertiser-owned advertising medium

Eigenwerbung *f*
advertising in home organs

Eignung *f*
1. *(psychology)* aptitude
2. (Annehmbarkeit *f,* Qualifikation *f*) eligibility

Einblattdruck *m (sales promotion)*
broadsheet, broadside

Eindringungspreisstrategie *f*
→ Penetrationsstrategie

Eindruck *m*
1. *(psychology)* impression
2. *(printing)* imprint

Eindrucken *n* **(Herstellung** *f* **von Werbeeindrucken)** *(advertising)*
imprinting

Eindruckfeld *n*
→ Eindruck 2., Händlereindruck, Firmeneindruck

einfacher Index *m* **(einfache Indexzahl** *f* **)** *(statistics)*
simple index number

Ein-Firmen-Handelsvertreter *m* **(Ein-Firmen-Vertreter** *m***)**
manufacturer's agent

Einfluß *m* **(Macht** *f* **)**
influence

Einfluß-Matrix-Projektmanagement *n* **(Einfluß-Projektmanagement** *n***)**
→ Projektmanagement

einfügen *v/t*
1. (Text einschieben) to insert, to put in, to interpolate, to fill in
2. *(printing)* to run in, to insert
3. (zusätzlichen Text z.B. in eine Anzeige zwängen) to shoehorn

Einfügung *f*
1. (Einschub) insertion, filling-in, interpolation
2. *(printing)* (das Eingefügte) run-in, insert, insertion, inserted word(s) *(pl)*
3. *(printing)* (zwischen zwei Zeilen) interlineation
4. *(printing)* (zwischen zwei Zeilen eingefügter Satz) interlinear matter

einführen *v/t*
1. *(economics)* to import
2. *(marketing)* (Neuerung) to introduce, to adopt, to initiate, to innovate, to launch

Einführer *m*
→ Innovater

Einführung *f*
1. (Einleitung) introduction, lead-in
2. *(radio/television)* (einleitende Ansage) lead-in, lead-in program, lead-in show

Einführungsaktion

3. *(economics)* **(eines Produkts) (new product)
launch, introduction**

Einführungsaktion *f*
→ Einführungskampagne

Einführungsangebot *n (marketing planning)*
introductory offer, launch offer

Einführungsanzeige *f (advertising)*
1. launch advertisement launch ad, introductory advertisement, introductory ad
2. (Ankündigung) announcement advertisement, announcement ad

Einführungskampagne *f* **(Einführungsaktion** *f* **)**
(advertising)
launch campaign, launch advertising campaign, introductory campaign

Einführungsphase *f* **(im Produktlebenszyklus)**
(marketing)
pioneering stage (in the product life cycle), introduction stage, introductory phase, primary stage

Einführungspreis *m (marketing planning)*
launch price, introductory price

Einführungsrabatt *m (marketing planning)*
introductory allowance, launch discount

Einführungswerbung *f (marketing planning)*
introductory advertising, launch advertising, pioneer advertising

eingebaute Obsoleszenz *f*
→ geplante Obsoleszenz

eingebauter Kontrollmechanismus *m* **(eingebaute Kontrolle** *f* **)**
built-in control mechanism, built-in control

eingedruckte Händleranschrift *f*
→ Händlereindruck, Firmeneindruck

eingedruckter Gutschein *m* **(eingedruckter Kupon** *m* **)** *(sales promotion)*
on-page coupon, boxed-in coupon

eingedruckter Rücksendegutschein *m* **(eingedruckter Rücksendekupon** *m* **)** *(sales promotion)*
on-page return coupon, boxed-in return coupon

eingeengte Kontrollgrenzen *f/pl (statistical quality control)*
compressed limits *pl*

eingehefteter Gutschein *m* **(eingehefteter Kupon** *m* **)** *(sales promotion)*
bound-in coupon

eingeheftete Antwortkarte *f* **(eingeheftete Rückantwortkarte** *f* **)** *(sales promotion)*
bound-in return card

eingeheftete Beilage *f*
→ Beihefter (Durchhefter)

eingehen *v/i*
1. *(economics)* (Firma) to close down, to cease to exist
2. *(print media) (newspaper/magazine)* to cease publication, to cease to appear, to perish

eingeklebt *adj*
tipped-in, tip-in

eingeklebter Gutschein *m* **(eingeklebter Kupon** *m* **)** *(sales promotion)*
tip-in coupon, tipped-in coupon, tip-in

eingeklebter Rücksendegutschein *m* **(Rücksendekupon** *m* **)** *(sales promotion)*
tip-in return coupon, tipped-in return coupon, tip-in

eingeklebtes Bild *n (print media)*
tip-in picture, tip-in illustration, tip-in

eingepackter Gutschein *m (sales promotion)*
in-pack coupon, in-pack

eingeplante Veralterung *f*
→ Obsoleszenz

eingerahmte Anzeige *f* **(Anzeige** *f* **im Kasten)**
(advertising)
box advertisement, box ad, boxed advertisement, boxed ad

eingetragenes Gebrauchsmuster *n*
registered design

eingetragenes Warenzeichen *n*
registered trademark

einheitliche Preisstellung *f* **frei Haus** *(economics)*
uniform-delivered pricing, uniform geographic pricing, *colloq* postage-stamp pricing

Einheitscontainer *m (packaging)*
unit container, standard-size container

Einheitsformat *n (packaging)*
standard size

Einheitsformular *n (advertising)*
(für Werbeaufträge) standard order blank

Einheitspreis *m* (**Festpreis** *m*, **Grundpreis** *m*)
1. *(economics)* standard price, standard rate, fixed price, fixed rate
2. *(economics)* single price, one-price
3. *(advertising)* single rate, flat rate, flat price, base rate, basic rate, card rate, full rate-card cost, one-time rate, open rate, transient rate

Einheitspreisgeschäft *n*
→ Kleinpreisgeschäft

Einheitspreisliste *f* (**Einheitstarifliste** *f*) *(advertising)*
single rate card

Einheitspreisstrategie *f (economics)*
single-price strategy, one-price strategy

einhüllen *v/t*
→ einpacken, einschlagen, einwickeln

Einkauf *m (economics)*
1. (einzelner Kaufakt) purchase, buy
2. (das Einkaufen) purchasing, buying
3. (der Einkauf im Handel) retail buying, buying
4. (Einkaufengehen privater Konsumenten) shopping

einkaufen *v/t* + *v/i*
→ kaufen

Einkäufer *m (economics)*
buyer, buying agent, purchasing agent, purchasing executive, *brit* purchasing officer, organizational buyer, *brit* organisational buyer

Einkäuferverhalten *n (marketing research)*
buyer behavior, industrial buyer behavior, *brit* behaviour

Einkaufplan *m (retailing)*
buying plan

Einkaufsabteilung *f*
buying department, purchasing department

Einkaufsanalyse *f (market research)*
purchase analysis, purchasing analysis, buying analysis

Einkaufsausweis *m*
→ Kaufschein

Einkaufsbeobachtung *f (market research)*
purchasing observation, buying observation

Einkaufsentscheidung *f*
→ Kaufentscheidung

Einkaufsforschung *f (marketing research)*
purchase research, purchasing research, buying research

Einkaufsfrequenz *f*
→ Einkaufshäufigkeit

Einkaufsgemeinschaft *f* (**Einkaufsvereinigung** *f*) *(retailing)*
voluntary group, voluntary association, retailer-owned voluntary association, retailer-owned voluntary group, informal buying group, pooled buying group

Einkaufsgenossenschaft *f* (**EKG**) *(retailing)*
retailer cooperative, buying cooperative, purchasing cooperative, cooperative retailer organization, retailer-sponsored cooperative, retailers' cooperative

Einkaufsgewohnheit *f*
→ Kaufgewohnheit

Einkaufsgremium *n* (**Einkaufskern** *m*, **Buying Center** *n*) *(economics)*
1. buying center (Frederick E. Webster Jr./Yoram Wind)
2. → Einkaufskomitee

Einkaufsgutschein *m*
→ Kaufgutschein

Einkaufshäufigkeit *f* (**Einkaufsfrequenz** *f*) *(consumer research)*
shopping frequency, buying frequency

Einkaufshäufigkeitsanalyse *f* (**Einkaufsfrequenzanalyse** *f*) *(consumer research)*
analysis of shopping frequency, analysis of buying frequency

Einkaufskartell *n*
→ Einkaufsgemeinschaft

Einkaufskern *m*
→ Einkaufsgremium

Einkaufskomitee *n (retailing)*
buying committee

Einkaufskommission *f (retailing)*
buying commission

Einkaufskommissionär *m (retailing)*
buying agent, purchasing agent

Einkaufskooperation *f (retailing)*
buying cooperation, cooperation in buying, buying group

Einkaufslimitrechnung *f*
→ Limitrechnung

Einkaufsliste *f* (**Einkaufszettel** *m*) *(consumer research)*
shopping list

Einkaufslistenverfahren *n* (**Einkaufszettelverfahren** *n*) *(consumer research)*
shopping list technique, shopping list test (Mason Haire)

Einkaufsmarktforschung *f*
buying market research

Einkaufsorganisation *f*
→ Einkaufsgremium

Einkaufsorientierung *f (consumer research)*
shopping orientation

Einkaufsort *m*
→ Kaufort

Einkaufspolitik *f*
→ Beschaffungspolitik

Einkaufspreis *m* (**Einkaufsrechnungspreis** *m*) *(economics)*
purchase price, stock price, trade price

Einkaufsquelle *f*
→ Kaufort

Einkaufsring *m (retailing)*
retailer-owned wholesaler, purchasing group, voluntary chain of retailers, buying syndicate

Einkaufsstatistik *f*
purchasing statistics *pl construed as sg*

Einkaufsstätte *f*
→ Kaufort

Einkaufsstraße *f* (**Fußgängerzone** *f*) *(retailing)*
shopping mall, mall, shopping strip, strip center

Einkaufstagebuch *n (market research)*
purchase diary, buying diary, shopping diary

Einkaufstasche *f (packaging)*
1. shopping bag
2. (Papier) paper bag
3. (Plastik) plastic bag

Einkaufstechnik *f*
→ Beschaffungstechnik

Einkaufstest *m*
→ Ladenbeobachtung, Store-Test, Testkauf

Einkaufsvereinigung *f*
→ Einkaufsgemeinschaft

Einkaufsverhalten *n (consumer research)*
shopping behavior, *brit* behaviour, buying behavior, purchasing behavior

Einkaufswagen *m (retailing)*
shopping cart, cart

Einkaufswagenplakat *n (POP advertising)*
cart wrap

Einkaufsverband *m*
→ Einkaufsgemeinschaft

Einkaufsvertreter *m*
purchasing agent, purchasing representative

Einkaufszentrale *f*
→ Einkaufsgremium

Einkaufszentrum *n (retailing)*
1. shopping center, shopping mall, *brit* shopping centre
2. (einzelne Gebäude) shopping plaza
3. (durch Planung entstanden) planned shopping center, controlled shopping center, major retail center, mall center

Einkaufszentrum *n* **mit offener Ladenstraße** *(retailing)*
open-mall shopping center

Einkaufszentrum *n* **mit überdachter Ladenstraße** *(retailing)*
enclosed-mall shopping center

Einkaufszentrum *n* **mit Ladenstraßen auf mehreren Ebenen** *(retailing)*
multiple-level shopping center

Einkaufszetteltest *m*
→ Einkaufslistenverfahren

Einkaufszusammenschluß *m*
→ Einkaufsgemeinschaft

Einklappbild *n* **(Klapptafel** *f*, **Flip-Chart** *n***)**
flip chart, flip card

Einkleber *m*
→ Beikleber

Einkommen *n* **(Einkünfte** *f/pl***)** *(economics)*
income, earnings *pl*

Einkommen-Konsumfunktion *f*
→ Engel-Kurve

Einkommenseffekt *m*
income effect

Einkommenselastizität *f* **der Nachfrage (Einkommensnachfrageelastizität** *f***)** *(economics)*
income elasticity of demand

Einkommensgruppe *f* **(Einkommensklasse** *f***)**
(economics)
income bracket, income group

Einkommensniveau *n* *(economics)*
level of income, income level

Einkommensstatistik *f* *(economics)*
income statistics *pl construed as sg*

Einkommensumverteilung *f* *(economics)*
redistribution of income, income redistribution

Einkommensverteilung *f* *(economics)*
income distribution, distribution of income

Einkommenverteilungskurve *f*
income distribution curve, curve of income distribution

Einlage *f* *(packaging)*
(Kissen, Polster) cushion, pad fitment, fitting, inset, insert

Einleitung *f*
introduction, lead-in, *colloq* intro

einlösen *v/t (sales promotion)*
(Gutschein) to redeem (a coupon)

Einlösung *f (sales promotion)*
(von Gutscheinen) redemption, coupon redemption

Einlösungsquote *f* **(Einlösungsrate** *f***)** *(sales promotion)*
(bei Gutscheinen) redemption rate, coupon redemption rate

einmaliger Rabatt *m (economics)*
temporary allowance, one-time discount

Einmalkontakt *m* **(einmaliger Kontakt** *m***)** *(media research)*
single exposure, exposure

Ein-Marken-Strategie *f (marketing)*
→ Einzelmarkenstrategie

einpacken *v/t*
to pack, to wrap, to package

Einpackpapier *n*
→ Packpapier

Ein-Preis-Strategie *f*
→ Einheitspreisstrategie

Ein-Produkt-Strategie *f (marketing planning)*
one-product strategy, single-product strategy

Ein-Produkt-Unternehmen *n (economics)*
one-product enterprise, single-product enterprise, one-product company, single-product company

Einreichungsfrist *f (economics)*
(bei Ausschreibungen) tender period, closing date

Einsatz *m*
1. *(promotion)* (Gewinnspiel) stake, stakes *pl*
2. *(packaging)* (Einlage) fitting, fitment, insert, inset, inner packing form partition
3. (Engagement *n*) involvement

Einsatzphase *f* **(Einsatzperiode** *f*, **Aktionszeitraum** *m***)** *(advertising) (sales promotion)*
(bei Werbung/Verkaufsförderung) drive period, promotion drive period, promotion time

Einschaltauftrag *m*
→ Anzeigenauftrag, Mediavertrag, Werbeauftrag

Einschaltbeleg *m* (**Einschaltbestätigung** *f*)
→ Beleg

einschalten *v/t*
(advertising) (Anzeige) to insert, to run, to place, to schedule

Einschalten *n* (**Einschaltung** *f*)
(advertising) (Anzeige) insertion, placing, advertising, scheduling

Einschaltfrequenz *f*
→ Werbehäufigkeit

Einschaltjahr *n* (**Geschäftsjahr** *n*) *(advertising) (media planning)*
contract year

Einschaltplan *m* (**Schaltplan** *m*) *(advertising) (media planning)*
advertising schedule, insertion schedule

Einschaltpreis *m* (**Anzeigenpreis** *m*, **Werbepreis** *m*) *(advertising) (media planning)*
1. advertising rate, insertion rate, adrate rate
2. (bei Werbung, deren Preis in Flächeneinheiten berechnet wird) space rate
3. (bei Werbung, deren Preis in Zeiteinheiten berechnet wird) time rate

Einschaltquote *f* (*also* **Einschaltrate** *f*) *(audience research)*
1. *(radio/television)* (Anteil der Hörer/Zuschauer) audience rating, rating (the ratings *pl*), broadcast rating, share-of-audience rating, share of audience, audience share
1.1. (beim Fernsehen) television rating, television rating
1.2. (beim Radio) radio rating
2. *(radio/television)* (Anteil der eingeschalteten Geräte) sets-in-use rating, S.I.U. rating, SIU rating, sets in use *pl*, tune-in
3. *(radio/television)* (Anteil der Haushalte, in denen ein Gerät eingeschaltet ist) homes-using-sets rating homes using sets *pl*, households using sets *pl*
3.1. (beim Fernsehen) homes-using-television rating, homes-using-television rating, HUT rating, households-using-television rating, households-using-television rating, households using television
3.2. (beim Radio) homes-using-radio rating, HUR rating, households-using-radio rating, homes using radio *pl*, households using radio *pl*
4. *(radio/television)* (Anteil der Personen, die hören/zuschauen)
4.1. (beim Fernsehen) individuals-using-television rating, individuals using television *pl*
4.2. (beim Radio) individuals-using-radio rating, individuals using radio *pl*
5. *(radio/television)* (Anteil der Hörer/Zuschauer, die ein bestimmtes Programm eingeschaltet haben) program rating, tune-in audience rating tune-in audience
6. *(radio/television)* (Anteil der Hörer/Zuschauer, die ein bestimmtes Programm eines bestimmten Senders eingeschaltet haben) program station rating, program station basis (P.S.B.), P.S.B. rating
7. *(radio/television)* (Einschaltquote eines Sendernetzes) network rating, network audience rating
8. *(radio/television)* (Einschaltquote eines Einzelsenders) station rating, station audience rating
9. *(radio/television)* (Einschaltquote eines einzelnen Werbespots) commercial rating, commercial audience rating, commercial audience
10. *(radio/television)* (Einschaltquote einer programmunterbrechenden Werbesendung) commercial break audience rating, commercial break audience
11. *(radio/television)* (durchschnittliche Einschaltquote) average audience rating, AA rating, A.A. rating, aa rating
12. *(radio/television)* (Bruttoeinschaltquote, Bruttoreichweite) gross rating points *pl*, GRPs *pl*, G.R.P.s *pl*, cumulative gross rating points *pl*
13. *(radio/television)* (Beliebtheitsquote) popularity rating
14. *(radio/television)* (Einschaltquote in einem designierten Marktgebiet) designated market area rating, DMA rating

Einschaltquote *f* **pro Minute (im Minutentakt gemessene Einschaltquote)** *(audience research) (radio/television)*
minute-by-minute audience rating, minute-by-minute audience, average minute rating, audience minute rating

Einschaltseite *f* *(printing)*
insert, inserted leaf

Einschaltung *f*
→ Einschalten

Einschaltverhalten *n* *(media research) (radio/television)*
set-tuning behavior, *brit* behaviour

Einschaltzahl *f* *(audience research)*
1. *(radio/television)* audience score, audience, broadcast audience

1.1. (beim Fernsehen) television audience, television audience
1.2. (beim Radio) radio audience
2. *(radio/television)* (Zahl der eingeschalteten Geräte) sets in use *pl*, tune-in
3. *(radio/television)* (Zahl der Haushalte, in denen ein Gerät eingeschaltet ist) homes using sets *pl*, households usings sets *pl*
3.1. (beim Fernsehen) homes using television *pl*, households using television *pl*, homes using television *pl*, households using television *pl*
3.2. (beim Radio) homes using radio *pl*, households using radio *pl*
4. *(radio/television)* (Zahl der Personen, die hören/zuschauen) individuals using television *pl*, individuals using television *pl*, individuals using radio *pl*
5. *(radio/television)* (Zahl der Hörer/Zuschauer, die ein bestimmtes Programm eingeschaltet haben) program audience, tune-in audience
6. *(radio/television)* (Zahl der Hörer/Zuschauer, die ein bestimmten Senders eingeschaltet haben) program station audience
7. *(radio/television)* (Einschaltzahl eines Sendernetzes) network audience, network audience score
8. *(radio/television)* (Einschaltzahl eines Einzelsenders) station audience
9. *(radio/television)* (Einschaltzahl eines einzelnen Werbespots) commercial audience
10. *(radio/television)* (Einschaltzahl einer programmunterbrechenden Werbesendung) commercial break audience
11. *(radio/television)* (durchschnittliche Einschaltzahl) average audience

Einschätzungsskalierung *f*
→ Rating, Ratingskala

Einschreibung *f* **(Einschreibeverfahren** *n*) *(economics)*
sealed bidding

Einschub *m* **(Einschiebsel** *n*, **Einschiebung** *f*) *(printing)*
insertion, insert, interpolation

einschweißen *v/t (packaging)*
(in Schrumpffolie) to shrink-wrap

Einschweißen *n* **(Einschweißung** *f*) *(packaging)*
(in Schrumpffolie) shrink wrapping

einseitige Anzeige *f*
→ ganzseitige Anzeige

einseitiges Monopol *n*
unilateral monopoly

einspaltig *adj (printing)*
single-column, one column wide

einspaltige Anzeige *f (advertising)*
single-column advertisement, single-column ad

Einstandspreis *m* **(Selbstkostenpreis** *m*) *(economics)*
cost price
zum Einstandspreis verkaufen
to sell at cost

Einstiegsberuf *m* *(sociology of work)*
first job

Ein-Stufen-Fluß *m* **(der Kommunikation) (einstufiger Kommunikationsfluß** *m*) *(communication research)*
one-step flow (of communication)

Einwegflasche *f (packaging)*
one-way bottle, nondeposit bottle, no-return bottle, expendable bottle, nonreturnable bottle, *brit* non-returnable bottle

Einweg-Spiegel *m*
→ Spionspiegel

Einwegpackung *f* **(Einwegverpackung** *f*)
one-way pack, one-way package, single-service pack, single-service package, disposable pack(-age), no-return pack(age), nonreturnable pack(age), one-trip pack(age), single-trip pack(age), single-use pack(age), throwaway pack(age)

einwickeln (einpacken, einschlagen) *v/t (packaging)*
to wrap, to wrap up

Einwickelpapier *n* **(Einwickelstreifen** *m*, **Einwickelmaterial** *n*) *(packaging)*
wrapping paper, kraft paper, case wraparound

Einwohneradreßbuch *n* **(Einwohnerverzeichnis** *n*)
city directory, directory

Einzelauslage *f (POP advertising)*
spot display

Einzelbeleg *m* *(advertising)*
tearsheet, tear sheet

Einzelgeschäft *n* **(Filiale** *f*) *(retailing)*
sales outlet, outlet

Einzelhandel (EH) *m*
1. (Institution) retail trade, the retailers *pl*
2. (Funktion) retailing, retail trading

Einzelhandelsanzeige *f* **(Einzelhandelswerbemittel** *n***)**
retail advertisement, retail ad, local advertisement, local ad

Einzelhandelsbefragung *f*
→ Einzelhändlerbefragung

Einzelhandelsbestandsprüfung *f* *(market research)*
retail audit, shop audit, dealer audit

Einzelhandelsbetrieb *m*
→ Einzelhandelsgeschäft

Einzelhandelsbindung *f*
→ Geschäftsbindung, Ladenbindung

Einzelhandelsdynamik *f*
→ Dynamik der Betriebsformen (im Einzelhandel)

Einzelhandelsfiliale *f (retailing)*
retail outlet, outlet
1. (eines Herstellers) manufacturer's sales branch, manufacturer's sales office, manufacturer's store branch store, branch house, branch office, branch establishment, sales outlet, outlet
2. (eines Handelsunternehmens) retail store, retail outlet, sales outlet, outlet, branch store
3. (einer Handelskette) chain store

Einzelhandelsforschung *f*
retail trade research, retail research, dealer research

Einzelhandelsgeschäft *n* **(Einzelhandelsbetrieb** *m***, Einzelhandelsunternehmen** *n***)**
retail establishment, retail shop, retail store, retail business, independent store

Einzelhandelsgutschein *m* **(Einzelhandelskupon** *m***)** *(sales promotion)*
1. in-store coupon
2. retailer coupon, cents-off store coupon, cents-off store offer, cents-off coupon, cents-off offer

Einzelhandelskette *f*
→ freiwillige Handelskette

Einzelhandelskunde *m*
retail customer

Einzelhandels-Lebenszyklus *m (marketing research)*
→ Lebenszyklus des Einzelhandels

Einzelhandelsmarketing *n*
retail marketing

Einzelhandelsmarktforschung *f*
retail marketing research, dealer marketing research, dealer research

Einzelhandelspanel *n (market research)*
retail panel survey, retail panel

Einzelhandelspreis *m* **(Ladenpreis** *m***)** *(economics)*
retail price, consumer price

Einzelhandelspreispolitik *f*
retail pricing

Einzelhandelsrabatt *m* **(Wiederverkäuferrabatt** *m***)**
retail discount

Einzelhandelsreisender *m*
→ Handelsreisender

Einzelhandelsspanne *f*
retail trade margin of profit, retail trade margin

Einzelhandelsspezialisierung *f*
retail specialization, *brit* specialisation

Einzelhandelsstatistik *f*
→ Handelsstatistik

Einzelhandelsstruktur *f*
retail structure

Einzelhandelsstrukturanalyse *f*
retail structure analysis, analysis of retail structure

Einzelhandelsumsatz *m*
retail sales *pl*, retail turnover, stockturn

Einzelhandelsunternehmen *n*
→ Einzelhandelsgeschäft

Einzelhandelsverkauf m
1. (einzelner Verkaufsakt) retail sale
2. (das Verkaufen) retail selling, retail sales

Einzelhandelsverkaufspreis m
→ Einzelhandelspreis

Einzelhandelsvertreter m
→ Handelsvertreter

Einzelhandelsvertrieb m
retail distribution

Einzelhandelswerbetarif m (**Einzelhandelswerbepreis** m) *(advertising)*
retail rate, local rate

Einzelhandelswerbung f
1. (die Werbung örtlicher Einzelhändler) retail advertising, local advertising
2. (Gemeinschaftswerbung örtlicher Einzelhändler) dealer cooperative advertising
3. (eines einzelnen Händlers) store advertising, dealer advertising

Einzelhandelszeitschrift f (**Einzelhändlerzeitschrift** f)
dealer magazine, retail magazine

Einzelhandelszentralität f
→ Zentralität

Einzelhandelszentrum n
→ Einkaufszentrum

Einzelhändler m
1. retailer, retail dealer, dealer
2. (in einer Vertriebsorganisation) distribution outlet

Einzelhändlerbefragung f *(market research)*
retail survey, dealer survey

Einzelhändlergenossenschaft f
→ Einkaufsgenossenschaft

Einzelkontakt m *(media research)*
single exposure, one-time exposure

Einzelmarke f *(economics)*
individual brand

Einzelmarkenstrategie f *(marketing)*
individual branding

Einzelpackung f
unit pack, primary package

Einzelplakat n (**Nicht-Serie** f) *(outdoor advertising)*
non-serial poster, single poster

Einzelpreis m
→ Einheitspreis

Einzelprodukttest m (**Einzeltest** m) *(market research)*
single product test

Einzelreichweite f
→ Reichweite

Einzelsendung f
→ Einzelfilm

Einzelumwerbung f *obsol* (**Rudolf Seyffert**)
individual advertising, personal advertising, mouth-to-mouth advertising, face-to-face advertising

Einzelverkauf m (**Apartverkauf** m, **Einzelverkaufsexemplare** n/pl) *(print media)*
1. *(newspaper/magazine)* single copy sales pl, newsstand sales pl, counter sales pl
2. (abzüglich der Remittenden) net single copy sales pl
3. (durch Straßenverkäufe) street sales pl
4. (durch Zeitungsjungen) newsboy sales pl, boy sales pl

Einzelverkaufsauflage f *(print media)*
1. *(newspaper/magazine)* single copy circulation, single copy sales pl, newsstand circulation, newsstand sales pl
2. (abzüglich der Remittenden) net single copy circulation, net single copy sales pl

Einzelverkaufsleser m (**E-Leser** m)
→ A + E-Leser

Einzelverkaufszeitschrift f
→ Kaufzeitschrift

Einzelwerbebrief m
individual advertising letter, personal advertising letter

einzigartiges Verkaufsversprechen n
→ U.S.P.

Einzugsbereich *m* **(Einzugsgebiet** *n***)**
1. *(retailing)* (im Einzelhandel) trading area, trading zone, retail trading zone, shopping radius, shopping area
2. *(radio/television)* (Marktvorherrschaftsbereich eines Radio- oder Fernsehsenders) area of dominant influence, A.D.I., ADI, designated market area, D.M.A., DMA, dominant area, exclusive coverage area
3. *(outdoor advertising)* circulation area
4. (Zeitung) coverage area

Eisbergprinzip *n (marketing)*
iceberg principle

Eisenbahnplakat *n (transit advertising)*
railroad poster, railway poster, railroad showing

Eisenbahnwerbung *f* **(Eisenbahnreklame** *f***)** *(transit advertising)*
railroad advertising, railway advertising

EKG *abbr*
Einkaufsgenossenschaft

eklektische Methode *f* **(der Werbebudgetierung)**
eclectic method (of advertising budget determination), composite method

elastische Nachfrage *f* **(elastischer Bedarf** *m***)**
→ Nachfrageelastizität

Elastizität *f*
elasticity

Elastizität *f* **(der Nachfrage)** *(statistics/economics)*
elasticity of demand

Elastizitätskoeffizent *m (statistics/economics)*
coefficient of elasticity, elasticity coefficient

Elastizitätsmethode *f (advertising)*
(der Werbebudgetierung) elasticity method (of advertising budget determination)

elektrodermale Reaktion *f* **(EDR)**
→ pschogalvanische Reaktion (PGR)

Elektroenzephalogramm *n* **(EEG)** *(market research)*
electroencephalogram

elektromechanische Einschaltquotenmessung *f (media research)*
mechanical recorder method, mechanical recorder technique

elektronische Ladenkasse *f (retailing)*
electronic cash register (ECR)

elektronische Medien *n/pl*
electronic(al) media *pl*

Elendsindex *m*
→ Notlagenindex

Elimination *f* **nach Aspekten** *(economics)*
elimination by aspects

Eliminationspreis *m (economics)*
elimination price

Eliminationsverfahren *n (advertising research)*
elimination technique

eliminieren *v/t*
to eliminate

Eliminierung *f* **(Elimination** *f***, Beseitigung** *f***, Streichung** *f***, Auslassung** *f***, Tilgung** *f***)**
elimination

Emailleschild *n* **(Emailleplakat** *n***)** *(outdoor advertising)*
enamel plate, enamel sign

Emanzipationswerbung *f* (Karl Christian Behrens)
emancipatory advertising

Emblem *n*
emblem

Emotion *f* **(Gefühl** *n***, Gemütsbewegung** *f***)** *(psychology)*
emotion

emotionale Konditionierung *f (advertising research)*
emotional conditioning

emotionale Werbung *f*
emotional advertising, short-circuit appeal

emotionales Engagement *n*
emotional involvement

Emotionsforschung *f (psychology)*
emotions research

Empfänger *m*
1. *(communication)* (Rezipient *m*, Adressat *m*) recipient
2. *(direct advertising)* addressee

Empfänger *m* **im Betrieb** *(media research)*
call-at-office subscriber

Empfängeranalyse *f (media research)*
mailing-list analysis, an alysis of adresses in the mailing list, mail address analysis

Empfängerseite *f (communication)*
receiving end

Empfänger-Strukturanalyse *f (media research)*
analysis of readership structure

Empfänglichkeit *f* (**Empfindlichkeit** *f*)
responsiveness, responsivity

Empfänglichkeit *f* **für Überredung**
→ Überredbarkeit

Empfehlung *f (advertising)*
recommendation

Empfehlungsschild *n (advertising)*
recommendation sign

Empfehlungsschreiben *n* (**Anerkennungsschreiben** *n*) *(advertising)*
letter of recommendation, testimonial letter, testimonial

empfohlen *adj*
recommended

empfohlener Preis *m*
→ Richtpreis

empirische Wirtschaftsforschung *f*
empirical economics *pl construed as sg*, empirical economic research

empirischer Trend *m* (**empirische Tendenz** *f*, **empirische Regelmäßigkeit** *f*)
empirical trend, empirical regularity

empirisches Gesetz *n* (**empirische Gesetzmäßigkeit** *f*)
empirical law

Endabnehmer *m*
→ Endverbraucher

Endabnehmerpreis *m*
→ Endverbraucherpreis, Ladenpreis, Einzelhandelspreis

Endfertigung *f* (**Endkonfektionierung** *f*)
finishing

Endlosdruck *m*
continuous roll printing, wallpaper printing, hifi printing, Hi-fi printing, hifi, Hi-Fi

Endlos-Farbanzeige *f* (**HiFi-Anzeige** *f*) *(advertising) (print media)*
continuous roll insert, hifi insert, hifi color ad(vertisement), hifi, wallpaper, Hi-Fi insert, Hi-Fi color ad(vertisement), Hi-Fi color, spectacolor

Endverbraucher *m* (**Verbraucher** *m*) *(economics)*
end consumer, final consumer, ultimate consumer, consumer

Endverbraucher-Panel *n*
→ Verbraucherpanel

Endverbraucher-Preis *m*
→ Einzelhandelspreis, Ladenpreis

Endverbraucherwerbung *f* (**Letztverbraucherwerbung** *f*)
consumer-directed advertising, consumer advertising

Endzifferneffekt *m (economics)*
(in der Preispolitik) odd-price effect, odd-number price effect, odd-ending number price effect, odd-pricing effect, odd-number effect

Engagement *n* (**engagiertes Interesse** *n*, **innere Beteiligung** *f*, **Anteilnahme** *f*, **Betroffenheit** *f*)
involvement

Engel-Blackwell-Kollat-Modell *n* (**Engel-Kollat-Blackwell-Theorie** *f*) **(der Konsumentenentscheidungen)** *(market research)*
Engel-Blackwell-Kollat model (EKB model), Engel-Blackwell-Kollat theory of consumer decisions (James F. Engel/Roger D. Blackwell/David T. Kollat)

Engelsches Gesetz *n* (**Engel-Schwabesches-Gesetz** *n*, **Engelkurve** *f*) (Ernst Engel) *(economics)*
Engel's law, Engel s income-consumption function

Engel-Schwabesches Gesetz *n* (**Engelsches Gesetz** *n*) *(economics)*
Engel's law

Engelkurve *f* (**Einkommen-Konsum-Funktion** *f*) *(economics)*
Engel curve

Engroshandel *m*
→ Großhandel

Engroshändler *m*
→ Großhändler

Ensemble-Auslage *f (POP advertising)*
ensemble display

Entgelt *n* (**Entgeltpolitik** *f*, **Entgelt-Mix** *n*) *(marketing)*
→ Kontrahierungs-Mix

Entladepolitik *f*
→ Fuhrparkpolitik

Entlohnung *f* (**für Werbung**)
→ Abrechnungsverfahren

Entlohnung *f* **im Außendienst** (**Außendienstentlohnung** *f*)
sales compensation

Entscheidung *f* (**Entschluß** *m*)
decision

Entscheidung *f* **bei Risiko** (**Entscheidung** *f* **unter Risiko, stochastischer Fall** *m*) *(statistics)*
decision making under conditions of risk
→ Entscheidung unter Risiko

Entscheidung *f* **bei Sicherheit** (**Entscheidung** *f* **unter Sicherheit, deterministischer Fall** *m*) *(statistics)*
decision making under conditions of certainty
→ Entscheidung unter Sicherheit

Entscheidung *f* **bei Unsicherheit** (**Entscheidung** *f* **unter Unsicherheit, probabilistischer Fall** *m*) *(statistics)*
decision making under conditions of uncertainty
→ Entscheidung unter Unsicherheit

Entscheidung *f* **durch Konsens** (**Treffen** *n* **von Konsensentscheidungen**)
consensual decision-making

Entscheidung *f* **über die große Linie**
policy decision

Entscheidung *f* **über eine einzuschlagende Taktik**
policy decision

Entscheidung *f* **über politische Grundsatzfragen**
policy decision

Entscheidung *f* **unter Risiko** (**stochastischer Fall** *m*) *(decision-making theory)*
decision-making under risk, stochastic decision-making

Entscheidung *f* **unter Sicherheit** (**deterministischer Fall** *m*) *(decision-making theory)*
decision-making under certainty, deterministic decision-making

Entscheidung *f* **unter Unsicherheit** (**verteilungsfreier Fall** *m*) *(decision-making theory)*
decision-making under uncertainty, distribution-free decision-making

Entscheidungsalternative *f*
alternative decision

Entscheidungsanalyse *f*
decision analysis, formal decision analysis, analysis of decision making

Entscheidungsbaum *m (decision-making theory)*
decision tree, decision network

Entscheidungsbaumanalyse *f (decision-making theory)*
decision-tree analysis, *pl* analyses

Entscheidungseinheit *f (decision-making theory)*
decision-making unit (DMU), decision-maker

Entscheidungsentscheiden *n* (**Treffen** *n* **von Entscheidungen, einer Entscheidung**)
decision-making

Entscheidungsexperiment *n* (**entscheidendes Experiment** *n*, **experimentum crucis** *n*) *(hypothesis testing)*
experimentum crucis, crucial experiment, critical experiment

Entscheidungsfeld *n*
decision field

Entscheidungsforschung *f*
decision-making research

Entscheidungsfunktion *f (statistics)*
decision function, decision-making function

Entscheidungsgabelung *f (decision-making theory)*
decision fork

Entscheidunghilfe *f (pl)*
decision-making aid(s) (*pl*), decisions aid(s) (*pl*)

Entscheidungskriterium *n*
decision-making criterion, decision criterion

Entscheidungslogik *f*
→ Entscheidungstheorie, Praxeologie

Entscheidungsmatrix *f (decision-making theory)*
decision matrix, *pl* matrixes or matrices

Entscheidungsmethode *f*
decision-making method, decision-making technique

Entscheidungsmethode *f* (in Gemeindestudien)
decisional method

Entscheidungsmodell *n (theory of games)*
decision model, decision-making model

Entscheidungsnetz *n*
→ Entscheidungsbaum

Entscheidungsparameter *m*
→ Aktionsparameter

Entscheidungsprämisse *f* (**Entscheidungsvoraussetzung** *f*) *(decision-making theory)*
decision premise

Entscheidungsprinzip *n*
→ Entscheidungsregel

Entscheidungsproblem *n (decision-making theory)*
decision problem, decision analysis problem

Entscheidungsprozeß *m*
decision-making process, process of decision making

Entscheidungspunkt *m (decision-making theory)*
decision point

Entscheidungsraum *m (statistics)*
decision space

Entscheidungsregel *f (decision-making theory)*
decision rule

Entscheidungsraum *m (statistics)*
decision space

Entscheidungstheorie *f* (**statistische Entscheidungstheorie** *f*)
decision theory, decision-making theory, theory of decision-making, statistical decision theory, statistical decision-making theory, statistical theory of decision making, Bayesian theory, Bayesian analysis

Entscheidungsträger *m*
decisionmaker, decision-maker

Entscheidungsvariable *f* (**Variable** *f* im **Entscheidungsmodell**)
decision variable

Entscheidungsverfahren *n*
decision procedure, decision-making procedure

Entscheidungsverhalten *n*
decision-making behavior, *brit* behaviour, decision behavior, decision making

Entscheidungswissenschaften *f/pl* (**Problemlösungswissenschaften** *f/pl*)
policy sciences *pl*

Entscheidungsziel *n*
goal of decision making

entstehende Nachfrage *f (economics)*
incipient demand

entwerfen *v/t*
(Text, Illustration) to design, to sketch, to sketch out, to outline, to draft, to draw up

entwickeln *v/t (economics)*
(Verfahren) to develop, to work out, to evolve

Entwicklung *f (economics)*
(Vorgang) development

Entwicklung *f* (neuer Erzeugnisse, neuer Produkte)
→ Produktentwicklung

Entwicklungsabteilung *f (economics)*
(im Unternehmen) research and development (R & D), research and development department, R & D department, research department

Entwicklungsbank *f (economics)*
development bank

Entwicklungsideologie *f* (**Wachstumsideologie** *f*)
developmentalism

Entwicklungsingenieur *m (economics)*
development engineer, research engineer

Entwicklungskosten *pl (economics)*
development cost(s) *(pl)*

Entwicklungsland *n (political science)*
developing nation

Entwicklungsmarketing *n*
developmental marketing (Philip Kotler)

Entwicklungsphase *f* (**Entwicklungsstufe** *f*)
development stage, developmental stage

Entwicklungsplanung *f* (**Wirtschafts- und Sozialplanung** *f*) *(economics)*
development planning

Entwicklungsstadium *n* (**eines Unternehmens**) *(economics/marketing)*
stage of corporate development, corporate development stage

Entwicklungsstufe *f*
developmental stage

Entwurf *m*
1. design
2. (Konzept) draft, outline
3. (Zeichnung) sketch, outline draft
4. (Rohentwurf) rough, rough drawing, rough outline, visual
5. layout, rendering, comprehensive layout

EPS-Kurve *f (communication research)*
EPS curve (Richard Maisel), curve of elite media, popular mass media and special-interest media

Equity-Theorie *f (economics)*
equity theory, theory of equity

Equivalent Billings *pl*
→ Honorarumsatz

Erbauungsnutzen *m* (Wilhelm Vershofen) *(economics)*
→ Zusatznutzen

Ereignis *n (probability theory)*
event

Ereignisalgebra *f (stochastics)*
algebra of events

Ereignisanalyse *f (sociology)*
event analysis, *pl* analyses

Ereignisbaum *m* (**Ereignisdiagramm** *n*, **Zweigdiagramm** *n*, **Baumdiagramm** *n*) *(probability theory)*
event tree

Erfa-Gemeinschaft *f* (**Erfa-Gruppe** *f*) *(economics)*
short for Erfahrungs-Austauschgemeinschaft experience-exchanging group

Erfahrung *f*
experience

Erfahrungs-
→ empirisch

Erfahrungskurve *f (psychology) (marketing research)*
experience curve

Erfahrungskurveneffekt *m* (**Boston-Effekt** *m*) *(marketing)*
experience curve effect (Boston Consulting Group), Boston Consulting Group approach

Erfahrungstest *m* (**Erprobungstest** *m*) *(market research)*
experience test, trial test

Erfahrungswirklichkeit *f*
experience actual (Samuel J. Beck)

Erfindung *f*
invention

Erfolgsanalyse *f* (**Erfolgskontrolle** *f*)
→ Marketingkontrolle, Werbeerfolgskontrolle

Erfolgsethik *f*
success ethic

Erfolgsmodell n
→ Effektivitätsmodell

Erfolgsmuster n
success pattern

Erfolgsprämie f **(für Einzelhändler)** *(sales promotion)*
push money (P.M.), spiff

Erfolgswahrscheinlichkeit f
success probability, probability of success

Erfolgsziel n
success goal

Ergänzungswerbung f
→ flankierende Werbung

Ergebnis n **(Resultat** n**)**
outcome

Ergebnismatrix f *(statistics)*
outcome matrix, *pl* matrixes or matrices, payoff matrix, *pl* matrixes or matrices

Erhaltung f **(Versorgung** f**, Ernährung** f**)**
sustenance, maintenance

Erhaltungsfunktion f **(Aufrechterhaltungsfunktion** f**, Stabilisierungsfunktion** f**, Behauptungsfunktion** f**)** *(organizational sociology)*
maintenance function

Erhaltungsmarketing n
maintenance marketing (Philip Kotler)

Erhaltungsniveau n
maintenance level

Erhaltungsorganisation f **(Aufrechterhaltungsorganisation** f**, Stabilisierungsorganisation** f**, Behauptungsorganisation** f**)** *(organizational sociology)*
maintenance organization, *brit* organisation

Erhaltungsrolle f **(Aufrechterhaltungsrolle** f**, Stabilisierungsrolle** f**, Behauptungsrolle** f**)** *(organizational sociology)*
maintenance role

Erhaltungsspezialist m **(Erhaltungsexperte** m**)** *(organizational sociology)*
maintenance specialist

Erhaltungssynergie f **(Aufrechterhaltungssynergie** f**, Stabilisierungssynergie** f**, Behauptungssynergie** f**)** *(organizational sociology)*
maintenance synergy

Erhaltungswerbung f **(Stabilisierungswerbung** f**, Festigungswerbung** f**)**
maintenance advertising, sustaining advertising, reinforcement advertising

Erhärtung f **(Bekräftigung** f**, Bestätigung** f**)**

Erinnerung f *(psychology)*
1. **(Erinnern** n**)** *(psychology)* remembering
2. *(psychology/empirical social research)* recall

Erinnerung f **(an Werbung, Werbeerinnerung** f**)** *(empirical social research)*
1. (an den Inhalt der Werbung) advertising recall, advertising playback, ad playback
2. (an den Werbeträger) advertising media recall

Erinnerung f **ohne Gedächtnisstütze (Erinnerung** f **ohne Gedächtnishilfe)** *(empirical social research)*
unaided recall

Erinnerungsanzeige f
reminder advertisement, reminder ad

Erinnerungsbild n *(psychology)*
memory image

Erinnerungserfolg m
→ Gedächtniserfolg

Erinnerungsfunktion f
(der Werbung) reminder function

Erinnerungsimpulskauf m *(consumer research)*
reminder impulse buy, reminder impulse buying

Erinnerungswerbekampagne f **(Erinnerungsaktion** f**)**
reminder advertising campaign, reminder campaign
→ Erinnerungswerbung

Erinnerungswerbemittel n **(Erinnerungsanzeige** f**)**
reminder advertisement, reminder ad

Erinnerungswerbung f **(Verstärkungswerbung** f**)**
reminder advertising, name advertising, reinforcement advertising, retentive advertising, follow-up advertising, remembrance advertising, name advertising

Erinnerungswert *m (media research)*
recall value, retention value, *also* reminder value, memory value, remembrance value

Erinnerungswirkung *f (advertising)*
(von Werbung) reminder effect, recall effect (of advertising)

Erklärungsmodell *n (market research)*
explanatory model

Erlaubniskartell *n (economics)*
lawful cartel, cartel permitted by law

Erlös *m*
1. *(economics)* profit(s) *(pl)*, net profit(s) *(pl)*, revenue
2. *(promotion)* (eines Gewinnspiels) proceeds *pl*

Erlösfunktion *f*
→ Umsatzfunktion

Erlöskurve *f* (**monetäre Nachfragekurve** *f*) *(economics)*
monetary demand curve

Erlösmaximierung *f*
→ Gewinnmaximierung, Grenzerlös

ermäßigter Grundpreis *m (advertising)*
(für Werbung) reduced basic rate, reduced base rate, reduced flat rate, reduced one-time rate

ermäßigter Preis *m*
1. *(economics)* reduced price
2. *(advertising)* (für Werbung) reduced rate

Ermäßigung *f*
→ Preisermäßigung

Ernährer *m (economics)*
(einer Familie) provider, breadwinner

Ernennung *f* (**Berufung** *f*, **Einsetzung** *f*, **Bestellung** *f*) *(organizational sociology)*
appointment

Ernennungsamt *n* (**durch Ernennung zu besetzendes Amt** *n*) *(organizational sociology)*
appointive office

Erneuerungsbedarf *m*
→ Ersatzbedarf

Eröffungsangebot *n* (**Eröffnungspreis** *m*)
→ Einführungspreis

Eröffnungswerbung *f*
→ Einführungswerbung

Erprobungskauf *m*
→ Testkauf

Erprobungstest *m*
→ Erfahrungstest

Ersatzanzeige *f (advertising)*
makegood (MG), make-good, makegood advertisement

Ersatzbedarf *m* (**Ersatznachfrage** *f*, **Erneuerungsbedarf** *m*, **Erneuerungsnachfrage** *f*) *(economics)*
replacement demand, after-market, after-demand, aftermath market, aftermath demand

Ersatzeinschaltung *f*
→ Ersatzanzeige, Ersatzsendung, Ersatzwerbemittel

Ersatzkauf *m* (**Nachkauf** *m*) *(economics)*
replacement purchase

Ersatzlieferung *f (economics)*
replacement delivery

Ersatzmedium *n* (**Ersatzwerbeträger** *m*) *(marketing planning)*
replacement medium

Ersatznachfrage *f*
→ Ersatzbedarf

Ersatzsender *m (radio/television)*
standby transmitter

Ersatzsendung *f* (**Ersatzwerbesendung** *f*) *(radio/television)*
makegood (MG), make good, makegood commercial, make-good commercial, bonus spot

Ersatzverkauf *m (economics)*
replacement sale

Ersatzwerbemittel *n (marketing planning)*
makegood (MG), make good, makegood advertisement, makegood ad

Ersatzwerbespot *m*
→ Ersatzsendung

Erschließung *f* **neuer Märkte**
→ Markterschließung

Erschließungsbedarf m *(economics)*
latent demand

Erschließungsstrategie f *(marketing)*
development strategy

Erstanmutung f
→ Anmutung

Erstargumenthypothese f **(Primateffekthypothese** f**)** *(communication research)*
primacy effect hypothesis, primacy hypothesis

Erstausrüstung f *(economics)*
original equipment, original equipment manufacturing

Erstausrüstungsgeschäft n *(economics)*
original equipment manufacturer

Erstbedarf m **(Erstnachfrage** f**, Neubedarf** m**)** *(economics)*
original demand, primary demand

Erstbedarfsschöpfung f **(Erstnachfrageschöpfung** f**, Neubedarfsschöpfung** f**)** *(economics)*
original demand stimulation, primary demand stimulation

erste Seite f **(Titelseite** f**, Kopfseite** f**)** *(print media)*
first page, cover page, front cover, outside front cover(C), title page

erste Umschlagseite f **(U 1** f**, Titelseite** f**)**
front page, front cover, outside front cover(C), first cover, title page

Erstellungspreis m
→ Einstandspreis

Erstempfänger m *(media research)*
first reader, first-time reader, buyer-reader

erster Entwurf m
first draft, rough draft, rough

erster Grenzwertsatz m **(erstes Grenzwerttheorem** n**)** *(statistics)*
first limit theorem

Erstinnovation f
→ Innovation

Erstkauf m **(Probekauf** m**)** *(economics)*
trial purchase, initial purchase, trial

Erstkäufer m *(economics)*
1. (Probekäufer) trial buyer, trier
2. → Konsumpionier, Innovator

Erstkontakt m *(media research)*
first exposure, first time exposure

Erstleser m *(media research)*
primary reader, buyer-reader, claimed buyer-reader, first-time reader

Erstleserhaushalt m **(Primärleserhaushalt** m**)** *(media research)*
primary household, buyer household

Erstleserschaft f **(Erstleser** m/pl**, Primärleser** m/pl**)** *(media research)*
primary audience, primary readers pl, primary readership, buyer-readers pl, claimed buyer-readers pl, first-time readers pl, first-time audience

Erstmappe f
(Lesezirkel) first set of magazines

Erstübernehmer m *(economics)*
early adopter, early acceptor

Erstverkauf m *(economics)*
initial sale

Erstverkaufstag m **(Erstauslieferungstag** m **)** *(economics)*
day of delivery, delivery day

Erstverwender m *(economics)*
trial user, first user, first-time user

Ertragszentrum n **(Profit Center** n**)** *(economics)*
profit center

Erwartung f
expectation

Erwartungseffekt m **(Hawthorne-Effekt** m**)** *(empirical social research)*
expectation effect, anticipation effect, Hawthorne effect, *colloq* guinea pig effect,

Erwartungsfeld n **der Preispolitik** (Heribert Meffert) *(economics)*
expectations pl of price policy, expectation field of pricing

Erweiterungsbedarf m
→ Neubedarf

Erweiterungswerbung 404

Erweiterungswerbung *f*
→ Festigungswerbung

Erwerbslosenunterstützung *f* **(Arbeitslosenunterstützung** *f*)
unemployment benefits *pl*, unemployment compensation

Erwerbslosenversicherung *f* **(Arbeitslosenversicherung** *f*)
unemployment insurance

Erwerbslosigkeit *f* **(Arbeitslosigkeit** *f*)
unemployment

Erwerbsperson *f* **(Erwerbstätiger** *m*) *(economics)*
gainfully employed person, economically active person

Erwerbsquote *f* *(demography)*
activity rate

erwerbstätige Bevölkerung *f* *(demography)*
economically active population, active population, labor force, *brit* labour force

Erwerbstätigkeit *f* *(economics)*
gainful employment

Erzeugergemeinschaft *f* **(Erzeugervereinigung** *f*) *(economics)*
producers' association, farmers' production association, agricultural association

Erzeugergenossenschaft *f* *(economics)*
producer's cooperative, farmers' cooperative, agricultural cooperative

Erzeugerpreis *m* *(economics)*
producer's price

Etat *m* **(Budget** *n*, **Haushalt** *m*) *(economics)*
budget, account

Etataufteilung *f* **(Budgetaufteilung** *f*) *(economics)*
budget allocation

Etatbestimmung *f*
→ Etatfestsetzung

Etatdirektor *m* *(advertising)*
account executive, account manager, account supervisor, account representative, senior account executive, senior account manager, account controller, contact executive, account director

Etatfestsetzung *f* **(Etatbestimmung** *f*) *(economics)*
budget determination

Etatkonflikt *m* *(advertising)*
account conflict

Etatkontrolle *f* *(economics)*
budgetary control, budget check

Etatplan *m* *(economics)*
budget plan, account plan

Etatplanung *f* *(economics)*
budget planning, account planning

Etatstrategie *f* *(economics)*
budget strategy, account strategy

ethische Werbung *f*
→ Arzneimittelwerbung, Heilmittelwerbung

ethisches Produkt *n*
→ Arzneimittel

Etikett *n*
label, tag, card, slip, ticket

etikettieren *v/t*
to label, to tag, to provide with a label, with a tag, with a price tag

Etikettierung *f* *(marketing)*
labeling, *also* labelling

EV-Lieferung *f* **(Einzelverkaufslieferung** *f*, **Apartlieferung** *f*)
→ Einzelverkauf

EV-Stück *n*
→ Einzelverkauf

EV-Verkauf *m*
→ Einzelverkauf

Evaluation *f*, **Evaluierung** *f*
evaluation

Evaluierung *f* **(Evaluation** *f*)
evaluation

Evaluierungsmodell *n* **(Evaluationsmodell** *n*) *(media planning)*
evaluation model

Evaluierungsprogramm n *(media planning)*
evaluation program, *brit* programme

Evaluierungsverfahren n *(media planning)*
evaluation technique

Eventualplan m **(Plan** m **für den Eventualfall)**
contingency plan

Eventualplanung f
contingency planning

Evoked Set m **(Brand Set** m**)** *(psychology)* *(marketing research)*
evoked set

Existenzminimum n **(minimaler Lebensstandard** m**)** *(economics)*
minimum living standard, minimum wage, poverty line, subsistence level

exklusiv *adj*
exclusive

Exklusivagent m **(Alleinagent** m**)** *(economics)*
exclusive agent

Exklusivagentur f **(Alleinagentur** f **)**
exclusive agency

Exklusivität f
exclusiveness, exclusivity

Exklusivitätsklausel f
exclusive agency agreement

Exklusivleser m **(Alleinleser** m**)** *(media research)*
exclusive reader

Exklusivvertrieb m **(Alleinvertrieb** m**)** *(economics)*
exclusive distribution, exclusive dealing, exclusive selling, exclusive outlet selling, exclusive agency method of distribution, appointed dealer distribution

Exklusivware f *(economics)*
exclusive merchandise

exogene Variable f
1. (Außenvariable f) *(statistical hypothesis testing)* extraneous variable, exogenous variable
2. *(econometrics)* exogenous variable
3. externality

Expansionswerbung f
expansion advertising

Experte m **(Fachmann** m**)**
expert

Experte m **für äußere Kommunikation (von Organisationen)** *(communication research)*
external communications expert (Harold L. Wilensky)

Experte m **für innere Kommunikation (von Organisationen)** *(communication research)*
internal communications expert (Harold L. Wilensky)

Expertenautorität f
expert authority, expert's authority, experts' authority

Exponat n
exhibit

Exponentialfunktion f *(statistics)*
exponential function

Exponentialgröße f *(mathematics/statistics)*
exponential

Exponentialkurve f *(statistics)*
exponential curve

Exponentialtrend m
→ exponentieller Trend

Exponentialverteilung f *(statistics)*

exponentielle Glättung f **(exponentielles Glätten** n**)** *(statistics)*
exponential smoothing

exponentieller Trend m *(statistics)*
exponential trend

Export m *(economics)*
export, exporting

Exportgemeinschaft f *(economics)*
export association

Export-Import-Händler m *(wholesaling)*
export management company (EMC), *brit* export-import merchant

Exportkatalog m
export catalog, *brit* catalogue

Exportmarketing

Exportmarketing *n*
export marketing

Exportmarktforschung *f*
export market research

Exportmusterschau *f*
export fair

Exportwerbung *f*
export advertising

Extensivwerbung *f*
→ akzidentelle Werbung

externe Konsumeffekte *m/pl*
→ Nachfrageeffekt

externe Marktforschung *f*
→ Institutsmarktforschung

externe Überschneidung *f* **(Quantuplikation** *f*, **Duplikation** *f*) *(media research)*
audience duplication, duplication („dupe"), quantuplication

F

Fabrikabgabepreis *m*
→ Fabrikpreis

Fabrikant *m* (**Fabrikbesitzer** *m*, **Industrieller** *m*)
manufacturer

Fabrikarbeiter *m*
→ Industriearbeiter

Fabrikat *n* *(economics)*
make

Fabrikhandel *m*
→ Belegschaftshandel, Betriebshandel

Fabrikladen *m*
→ Belegschaftsladen

Fabrikmarke *f* *(economics)*
manufacturer's brand, manufacturer brand

fabrikmäßige Erzeugung *f*
→ Fertigung

Fabrikpreis *m* (**Fabrikabgabepreis** *m*) *(economics)*
manufacturer's price, price ex works, factory door cost, factory price, prime cost

Fabriksystem *n* (**Fabrikproduktion** *f*) *(economics)*
factory system, shop production

Fabrikverkauf *m*
→ Belegschaftshandel

Fabrikware *f* *(economics)*
1. manufactured goods *pl*, manufactured products *pl*, factory-made goods *pl*, factory-made products *pl*, factory products *pl*, factory goods *pl*
2. mass merchandise, mass-produced merchandise

Face-to-face-Kommunikation *f*
→ persönliche Kommunikation (direkte, persönliche Kommunikation *f*)

Face-to-face-Verkauf *m*
→ persönlicher Verkauf

Fach *n*
1. (Fachgebiet *n*, Studienfach *n*) subject
2. *(printing)* (des Setzkastens) box

Fachadreßbuch *n*
→ Branchenadreßbuch

Facharbeiter *m* (**Handwerker** *m*, **ausgebildeter Facharbeiter** *m*, **gelernter Arbeiter** *m*) *(sociology of work)*
skilled manual worker, skilled worker

Facharbeiterschaft *f* (**Handwerkerschaft** *f*, die **Facharbeiter** *m/pl*) *(sociology of work)*
skilled labor, *brit* labour

Fachausdruck *m*
term, technical term

Fachausstellung *f*
special exhibition, specialized exhibition

Fachautorität *f* (**Expertenautorität** *f*, **funktionale Autorität** *f*, **Sachautorität** *f*)
expert power, expert authority, expert's authority, experts' authority

fachbezogene Leitungsautorität *f*
→ Linienautorität

Fachblattanzeige *f*
→ Fachzeitschriftenanzeige

Facheinzelhandel *m* *(economics)*
special-line retailing, special-line retail trade, specialty retailing, specialty retail trade

Fächerregal *n* *(retailing)*
rack

Fachgeschäft *n* *(economics) (retailing)*
specialty store, special-line store, specialty shop

Fachgewerkschaft *f*
→ Berufsgewerkschaft

Fachgroßhandel *m (wholesaling)*
limited-line wholesaling, special-line wholesaling, limited-line wholesale trade, special-line wholesale trade, specialty wholesaling, specialty wholesale trade

Fachgroßhändler *m (wholesaling)*
limited-line wholesaler, special-line wholesaler, specialty wholesaler

Fachhandel *m (economics)*
specialty trade, special-line trade

Fachhandelspanel *n*
→ Einzelhandelspanel

Fachhandelstreue *f* (**Fachhandelsloyalität** *f*) *(retailing)*
specialty store loyalty

Fachkenntnis *f*
skill, often *pl* skills

Fachkundigkeit *f* (**Sachkundigkeit** *f*, **Sachkunde** *f*, **Sachverstand** *m*, **Sachverständigkeit** *f*)
expertness

fachliche Kontrolle *f*
→ funktionale Kontrolle

Fachmann *m*
→ Experte

fachmännisch (fachkundig, sachkundig) *adj*
expert

Fachmarkt *m (economics)*
specialty market, specialty warehouse, special-line market

Fachmesse *f (economics)*
specialized trade fair, specialized fair, trade show

Fachpresse *f (print media)*
business press, trade press, specialized press

Fachschule *f*
→ Werbefachschule

Fachsprache *f* (**Terminologie** *f*)
terminology

Fachversandhandel *m (economics)*
specialty mail order trade, special-line mail order trade

Fachwerbung *f* (**Werbung** *f* **in Fachkreisen**)
business advertising, trade advertising, industrial advertising, professional advertising, advertising to trade channels

Fachzeitschrift *f (print media)*
periodical, technical journal, trade magazine, trade journal, professional magazine, professional journal, scientific journal, scientific magazine, specialist magazine, specialized magazine, special magazine, specialist journal, specialized journal, special journal, nonfiction magazine, non-fiction magazine

Fachzeitschriftenanzeige *f (advertising)*
trade advertisement, trade ad, advertisement in a trade magazine, advertisement in a technical magazine, advertisement in a specialized magazine

Fachzeitschriftenwerbung *f*
advertising in specialized magazines, advertising in trade magazines

Fachzeitung *f*
trade (news)paper, technical (news)paper professional (news)paper, specialist (news)paper, specialized (news)paper, special (news)paper

Factor *m (economics)*
factor

Factoring *n (economics)*
factoring

Fähnchen *n*
→ Werbefähnchen

fahrbare Verkaufsstelle *f (retailing)*
mobile shop, merchandising bus

Fahrgast *m* (**Passagier** *m*) *(transit advertising)*
rider, passenger

Fahrseite *f (transit advertising)*
traffic side

Fahrverkauf *m (retailing)*
mobile shop selling

Faktor *m*
factor

Fall *m* (**Einzelfall** *m*, **Einzelelement** *m*) *(psychology/empirical social research)*
case

Fallgeschichte *f* (**Einzelfallgeschichte** *f*, **Vorgeschichte** *f*, **Anamnese** *f*) *(psychology/empirical social research)*
case history

Fallmethode *f* (**Einzelfallmethode** *f*) *(empirical social research)*
case method, case rate method

Fallstudie *f* (**Einzelfallstudie** *f*) *(psychology/empirical social research)*
case study

falsche Angaben *f/pl*
1. → irreführende Werbung
2. *(media research)* false claiming, false claims *pl*

falsche Negativentscheidung *f* *(empirical social research) (decision-making theory)*
false negative, miss

falsche Positiventscheidung *f* *(empirical social research) (decision-making theory)*
false positive *pl*

falsche Zuschreibung *f*
→ Misattribution

Faltblatt *n* *(advertising)*
folded page, folded sheet, folder

falten *v/t*

Faltkalender *m*
folding calender, pocket calender

Faltprospekt *m*
→ Prospekt

Faltschachtel *f* *(packaging)*
folding box, folding carton, slotted container, *brit* one-piece case

Faltseite *f* (**faltbare Seite** *f*) *(printing)*
fold-in page, fold-out page

Falz
1. (Faltstelle) *(printing)* fold, crease
2. (Falzbruch) *(printing)* fold

Familienbudget *n* (**Familienhaushalt** *m*, **Familienetat** *m*) *(demography) (empirical social research)*
family budget

Familieneinkaufsentscheidung *f* *(economics)*
family buying decision, buying decision within the family, family purchasing decision, purchasing decision-making within the family

Familieneinkommen *n* (**Gesamteinkommen** *n* **aller Familienmitglieder**) *(demography) (empirical social research)*
family income

Familienentscheidung *f*
→ Familieneinkaufsentscheidung

Familienhaushalt *m* *(demography) (empirical social research)*
family household, private household

Familien-Lebensstil *m* *(economics)*
family life-style

Familien-Lebenszyklus *m* (**Familienzyklus** *m*) *(economics)*
family life cycle, family cycle

Familienmarke *f*
family brand

Familienoberhaupt *n*
family head, head of family

Familienpackung *f* (**Großpackung** *f*)
family package, family pack, economy-size pack, economy-size package

Familienprogramm *n* *(radio/television)*
general-audience program, *brit* programme, family program *brit* programme, general-interest program

Familienstand *m*
marital status

Familienzeitschrift *f*
1. → Publikumszeitschrift
2. family magazine

Familienzyklus *m* (**Lebenszyklus** *m* **der Familie**)
family cycle, family life cycle

Fantasiefenster *n*
→ Phantasiefenster

Farbanzeige *f* (**farbige Anzeige** *f*, **mehrfarbige Anzeige** *f*) *(advertising)*
color advertisement, *brit* colour advertisement, color ad, *brit* colour ad

Farbbeilage *f*
1. color insert, *brit* colour insert
2. (Supplement) color supplement, *brit* colour supplement

Farbe *f (photography/printing/television)*
color, *brit* colour

Farbgestaltung *f*
color design, *brit* colour design

Farbgraphik *f* **(farbige Graphik** *f* **)**
color artwork, *brit* colour artwork

Farbtest *m* **(Farbentest** *m*) *(market research)*
color test *brit* colour test

Farbzuschlag *m* **(Farbaufschlag** *m*) *(advertising)*
color surcharge, *brit* colour surcharge, additional color charge, *brit* additional colour charge

Fashion Center *n (retailing)*
fashion center, *brit* fashion centre

Fassade *f*
façade, wall

Fassadenbemalung *f (outdoor advertising)*
painted wall, painted bulletin, painted display

Fassadenwerbung *f (outdoor advertising)*
painted wall advertising, painted bulletin advertising, wall advertising

Faustskizze *f*
→ Rohentwurf

federführende Agentur *f* **(Hauptagentur** *f* **)** *(advertising)*
captain agency, master agency, parent agency

federführendes Unternehmen *n (economics)*
(beim Konsortialgeschäft) pilot contractor

Fehlangaben *f/pl*
1. (übertriebene Angaben) overclaims *pl*, overreports *pl*
2. (untertriebene Angaben) underclaims *pl*, underreports *pl*

Fehlangabenmachen *n*
1. (übertriebene Angaben) overclaiming, overreporting
2. (untertriebene Angaben) underclaiming, underreporting

fehlendes Glied *n* **(fehlende Glieder** *n/pl*, **Ansatz** *m* **der fehlenden Glieder)** *(marketing)*
missing link, *pl* missing links, missing link approach

fehlerfreies Stück *n (statistical quality control)*
effective unit

fehlerhaft *adj*
faulty, imperfect, defective

fehlerhaftes Stück *n (statistical quality control)*
defective unit

Fehlerquelle *f (statistics)*
source of error

Fehlerquote *f* **(Fehlerrate** *f* **)** *(statistics)*
error rate

Fehlfunktion *f* **(Funktionsstörung** *f* **)**
malfunction

Fehlstreuung *f (media research)*
circulation waste, waste circulation

Feinkarton *m* **(Feinpappe** *f* **)** *(packaging)*
fine cardboard

Feinstreuung *f (media planning)*
rifle approach, selective advertising, selective advertising, selective media planning, selective planning

Feld *n*
1. (Außendienst *m*) field
2. (Sachgebiet *n*, Fachgebiet *n*, Forschungsgebiet *n*, Disziplin *f*) field
3. (Zelle *f*) *(statistics)* cell
4. scope

Feldanteil *m* **(Verbraucheranteil** *m*) (Bernt Spiegel) *(market research)*
field share, consumer share

Feldmodell *n (market research)*
field model

Feldpsychologie *f* **(Vektorpsychologie** *f*, **topologische Psychologie** *f* **)**
field psychology (Kurt Lewin)

Feldtheorie *f* (Kurt Lewin) *(psychology)*
field theory

Fenster *n*
window

Fensteraufkleber *m* **(Fensteraufklebestreifen** *m***)** *(POP advertising)*
window streamer window strip

Fensterbriefumschlag *m* **(Fensterbriefhülle** *f*, **Fensterkuvert** *n***)** *(advertising)*
window envelope

Fensterfalz *m* **(Fensterfalzung** *f* **)** *(printing)*
window fold, window folding

Fernschreiberwerbung *f*
teleprinter advertising, teletypewriter advertising, telex advertising

Fernsehdauer *f* **(Dauer** *f* **des Fernsehens, Sehdauer** *f* **)** *(media research)*
time spent viewing

Fernseheinschaltquote *f*
→ Einschaltquote

fernsehen *v/t*
to watch television, to teleview

Fernsehen *n*
1. (Institution) television, TV, *Am also* video
2. (Tätigkeit) televiewing, watching television, watching TV

Fernsehforschung *f*
television audience research, TV audience research, television research, TV research

Fernsehgewohnheiten *f/pl* *(audience research)*
television viewing habits *pl*, television watching habits *pl*, viewing habits *pl*

Fernsehhaushalt *m*
1. *(media research)* television household (TVHH), TV household (TVHH), television home, TV home
2. television budget

Fernsehnutzung *f* *(audience research)*
television consumption, TV consumption

Fernsehpublikum *n* **(Fernsehzuschauerschaft** *f*, **Fernsehzuschauer** *m/pl***)**
television audience, TV audience

Fernsehreklame *f*
→ Fernsehwerbung

Fernsehsendung *f*
television broadcast, TV broadcast, telecast, television show, TV show, television transmission, TV transmission, video transmission, television program, *brit* television programme, TV program, *brit* TV programme

Fernsehspot *m* **(Werbespot** *m***)**
television commercial, TV commercial, commercial

Fernsehspot-Test *m* *(advertising research)*
television commercial test, TV commercial test

Fernsehteilnehmer *m*
→ Fernsehzuschauer

Fernsehwerbung *f*
television advertising, TV advertising

Fernsehzuschauer *m*
1. television viewer, TV viewer, viewer, *Am* video viewer, televiewer
2. (Zuschauerschaft) television audience, TV audience

Fernsehzuschauerforschung *f*
→ Zuschauerforschung

Fernsprechbuchwerbung *f*
→ Telefonbuchwerbung

fertiggepackt *adj*
(Ware) packaged

Fertigkeit *f* *(psychology)*
skill, often *pl* skills

Fertigpackung *f*
prepack, prepackage

Fertigprodukt *n* **(Erzeugnis** *n*, **Ware** *f* **)** *(economics)*
manufactured good

Fertigung *f* **(fabrikmäßige Erzeugung** *f*, **Erzeugung** *f*, **Produktion** *f* **)** *(economics)*
manufacture

Fertigwaren *f/pl* *(economics)*
packaged goods *pl*, package goods *pl*

Festabonnement *n* **(Festauftrag** *m*, **Festbestellung** *f*, **Festbezug** *m***)**
(newspaper/magazine) firm order

feste, zahlende Einzelbezieher *m/pl* *(print media)*
(newspaper/magazine) paid subscribers *pl*, net paid circulation

Festgröße *f*
→ Anzeigengröße;

Festigungswerbung *f* **(Verstärkungswerbung** *f* **)**
→ Erhaltungswerbung

Festplazierung *f* **(Dauerplazierung** *f*, **feste Position** *f* **)** *(advertising) (media planning)*
1. fixed position fixed advertising position, fixed location fixed advertising location
2. *(radio/television)* (selbe Stelle, selbe Welle) across the board

Festpreis *m* *(economics)*
1. fixed price, protected rate, price line
2. (Mindestpreis) pegged price

Festpreisabonnement *n* *(print media)* *(newspaper/magazine)* charter subscription

Festpreisabonnent *m* *(print media)* *(newspaper/magazine)* charter subscriber

Festpreispolitik *f* **(Festpreisstrategie** *f* **)** *(economics)*
price lining

Festzeit *f* *(radio/television)*
(Rundfunkwerbung) fixed time

Feuilletonwerbung *f* **(feuilletonistische Werbung** *f* **)**
advertising in short-story style, narratory copy advertising

FFF-Berater *m* **(FFF-Fachmann** *m*, **FFF-Gestalter** *m* **)**
film, broadcast and television advertising adviser, screen and broadcast media advertising adviser

FFF-Werbung *f*
advertising in film, broadcast and television media advertising in screen and broadcast media

FiFo-Prinzip *n* **(FiFo-Verfahren** *n* **)** *(economics)*
fifo, fifo principle, first-in, first out

Filiale *f* **(Filialbetrieb** *m* **)** *(retailing)*
1. (eines Herstellers) manufacturer's sales branch, manufacturer's sales office, manufacturer's store branch store, branch house, branch office, branch establishment, sales outlet, outlet
2. (eines Handelsunternehmens) retail store, retail outlet, sales outlet, outlet, branch store
3. (einer Handelskette) chain store

Filialunternehmen *n* **(Filialist** *m* **)** *(economics)*
(Unternehmen mit Filialbetrieben) branch establishment, multiple-store company, multiple-store enterprise, store chain

Fill-in-Booklet *n* *(direct advertising)*
fill-in booklet

Fill-in-Brief *m* *(direct advertising)*
fill-in letter

Filmagentur *f* **(Werbefilmagentur** *f* **)**
film studio

Filmbesuch *m*
→ Kinobesuch

Filmbesucher *m*
→ Kinobesucher *m*

Film-Dia *n* **(Film-Diapositiv** *n*, **Kino-Dia** *n*, **Lauf-Dia** *n* **)**
cinema slide, film slide, filmslide, cinema slide advertisement, advertising film slide, film strips *pl*, filmstrips *pl*, slidefilm

Film-Diawerbung *f*
→ Kino-Diawerbung

Filmplakat *n* **(Kinoplakat** *n* **)**
cinema poster, film poster, movie poster

Filmreklame *f*
→ Filmwerbung

Filmtheaterbesuch *m*
→ Kinobesuch

Filmtheaterwerbung *f*
→ Filmwerbung, Kinowerbung

Film- und Diapositivwerbung *f*
→ Filmwerbung, Kinowerbung

Filmwerbespot *m*
→ Kinowerbespot

Filmwerbung *f* **(Film- und Diawerbung** *f*, **Kinowerbung** *f* **)**
1. (Werbemittel) cinema advertisement, cinema ad, cinema announcement, film commercial, screen advertisement, movie-theater advertisement, theater-screen advertisement
2. (Reklame) cinema advertising, screen advertising, film advertising, film commercial advertising, in-theater advertising, theater advertising, theater-screen advertising

Filmzuschauerschaftsforschung *f*
→ Kinopublikumsforschung

Finanzanzeige *f*
financial advertisement, financial ad

finanzieller Status *m* *(economics)*
financial performance

Finanzjahr *n*
→ Haushaltsjahr

Finanzmarketing *n*
1. finance marketing
2. → Bankmarketing

Finanzmarktforschung *f*
finance market research, finance marketing research, marketing research on the finance market

finanzmittelbezogene Werbebudgetierung *f*
affordable method, all-you-can-afford method, affordable budgeting method, what-can-be-afforded method

Finanzplan *m* *(economics)*
finance plan

Finanzplanung *f* *(economics)*
financial planning

Finanzwerbung *f*
finance advertising, financial advertising
→ Bankenwerbung

Fingerabdruckmethode *f* **(Fingerabdruckverfahren** *n***)**
→ daktyloskopische Methode

firmenbetonte Werbung *f*
→ Firmenwerbung

Firmenbezeichnung *f* **(Firmenname** *m* **)**
company name, corporate name

Firmenbild *n*
→ Firmenimage

firmeneigene Werbeagentur *f*
→ Hausagentur

firmeneigenes Lager *n*
→ Firmenlager

Firmeneindruck *m* **(Firmenaufdruck** *m***)**
→ Händlereindruck

Firmenimage *n* **(Unternehmensimage** *n*, **Corporate Image** *n***)**
corporate image (C.I.)

Firmenimage-Werbemittel *n*
corporate advertisement

Firmenimagewerbung *f* **(Unternehmensimagewerbung** *f*, **Unternehmenswerbung** *f***)**
corporate image advertising, institutional advertising

Firmenlager *n* **(firmeneigenes Lager** *n***)** *(warehousing)*
field warehouse

Firmenmarkt *m*
→ akquisitorisches Potential

Firmenphilosophie *f*
→ Unternehmensphilosophie

Firmenschild *n*
nameplate, signboard, facia, shingle

Firmenstil *m*
→ Werbestil

Firmentyp *m* *(economics/marketing)*
type of firm

Firmen-Vertrauenswerbung *f* **(Unternehmens-Vertrauenswerbung** *f***)**
patronage institutional advertising

Firmenwerbung *f* **(firmenbetonte Werbung** *f***)**
institutional advertising, corporate advertising

Firmenwert *m* **(Geschäftswert** *m***)** *(economics)*
goodwill (of a company)

Firmenzeichen *n* **(Firmensignet** *n***)**
company signature, signature, company logo, logotype, logograph

Firmenzeitschrift *f*
→ Kundenzeitschrift

Fishbein-Modell *n* **(der Einstellungsänderung)** *(attitudinal research)*
Fishbein model (of attitude change) (Martin Fishbein)

fixe Kosten *pl* *(economics)*
fixed cost(s) *(pl)*

fixes Kapital *n (economics)*
fixed capital

Fixkosten *pl (economics)*
fixed cost(s) (*pl*)

flache Hierarchie *f (organizational sociology)*
flat hierarchy

flache Organisationsstruktur *f (organizational sociology)*
flat organization structure, *brit* organisation

Flaggschiff *n* (**Flaggschiffprodukt** *n*) *(economics)*
flagship, flagship product

flankierende Werbung *f* (**akzidentelle Werbung** *f*, **Extensivwerbung** *f*)
complementary advertising, accessory advertising, collateral advertising

Flaschenanhänger *m* (**Flaschenaufhänger** *m*) *(POP advertising)*
(als Werbemittel) bottle hanger, *colloq* bottle glorifier

Flaschenaufsatz *m* (**Flaschenaufstecker** *m*) *(POP advertising)*
(als Werbemittel) bottle topper, *colloq* bottle glorifier

Flaschenkragen *m* (**Flaschenkrause** *f*, **Flaschenring** *m*) *(POP advertising)*
(als Werbemittel) bottle collar, *colloq* bottle glorifier

Flaute *f* (**Depression** *f*, **wirtschaftlicher Stillstand** *m*, **Baisse** *f*) *(economics)*
depression

Flexformanzeige *f* (**Flexform** *f*) *(advertising)*
flexform advertisement, flexform ad, bastard size advertisement, bastard size ad, bastard size, special shape advertisement, spezial shape ad

flexibel *adj*
flexible

Flexibilität *f*
flexibility

flexible Break-even-Preissetzung *f (economics)*
flexible break-even analysis

flexibler Preis *m (economics)*
flexible price

Fließsatzanzeige *f* (**reine Textanzeige** *f*) *(advertising)*
all-copy advertisement, all-copy ad, solid matter advertisement solid-matter ad, undisplay advertisement, undisplay ad, contempt tombstone advertisement, tombstone ad

Fließsatzanzeigenwerbung *f*
all-copy advertising, solid-matter advertising, undisplay advertising, contempt tombstone advertising

Flop *m (economics)*
flop

Floprate *f (economics)*
flop rate

flüchtiger Leser *m (media research)*
inlooker

Flugblatt *n* (**Handzettel** *m*, **Werbezettel** *m*) *(advertising)*
handbill, leaflet, flyer, flier, fly sheet, dodger, giveaway, throwaway

Flughafenwerbung *f*
airport advertising

Fluglinienwerbung *f*
airline advertising

Flugzettel *m*
→ Flugblatt

Flugzeugwerbung *f* (**Flugzeugreklame** *f*)
→ Luftwerbung

Fluktuation *f*
1. *(economics)* fluctuation, turnover
2. *(audience research)* turnover

Fluktuationsbereitschaft *f*
→ Markenwechsel

Flußstudie *f (media research)*
(Zuschauer-, Hörerflußstudie) audience flow study, audience flow investigation

Flüsterkampagne *f*
whispering campaign

Flüsterpropaganda *f*
whispering propaganda

FOB-Preis *m* **(fob-Preis** *m***)** *(economics)*
F.O.B. price, F.O.B. factory price

Folder *m*
folder

Foldertest *m* **(Foldertestverfahren** *n***)** *(media research)*
folder test, folder test technique, folder technique, portfolio test, portfolio technique

Folge *f*
1. (Fortsetzung) continuation, installment, instalment, sequel
2. (Lieferung, Heft) number, issue, sequel

Folgeanzeige *f*
→ Anschlußanzeige

Folgeauftrag *m* **(Anschlußauftrag** *m***)**
follow-on order, follow-up order

Folgebedarf *m* *(economics)*
follow-up and replacement demand

Folgebedürfnis *n* *(economics)*
follow-up and replacement need

Folgefrequenz *f*
repetition frequency

Folgeleser *m*
→ Zweitleser

Folgerecht *n* **(Folgeschutzrecht** *n***)**
consequential right, droit de suite

Folgeware *f* (Bruno Tietz)
→ Erneuerungsbedarf;

fördern *v/t*
(finanziell unterstützen) to sponsor, to patronize

forensische Marktforschung *f*
survey research in court procedures, forensic market research

formale Autorität *f* **(formelle Autorität** *f* **)**
formal authority

formaler Status *m* **(formeller Status** *m***)** *(sociology)*
formal status

Formalogramm *n* **(graphische Darstellung** *f* **der formellen Beziehungen in einer Organisation)** *(organizational sociology)*
formalogram

Format ändern *v/t* *(printing)* *(advertising)*
(Anzeige, Druckvorlage) to rescale, to resize

Formatänderung *f* **(Formatändern** *n***)** *(printing)* *(advertising)*
rescale, rescaling, resizing, scaling

Formatanzeige *f* **(Eckanzeige** *f***)** *(advertising)*
position ad, full position advertisement, full

Formgebung *f* **(industrielle Formgebung** *f* **)**
→ Design

Formgebungstest *m*
→ Produktgestaltung

Formgestalter *m*
→ Industriedesigner

Formgestaltung *f*
→ Industriedesign

Formular *n*
form, printed form, blank, blank form

Forschung *f* **und Entwicklung** *f* *(economics)*
research and development (R & D)

Forschungs- und Entwicklungsabteilung *f* *(economics)*
research and development department, research and development, R & D department, R & D

Forschungs- und Entwicklungsausgaben *f/pl* *(economics)*
research and development expenditure, research and development expenses *pl*, R & D expenditure, R & D expenses *pl*

Forschungssystem *n* *(marketing)*
research system, basic research system

Fortführungswerbung *f* (Karl Christian Behrens)
follow-up advertising, continuation advertising, expansion advertising

fortgesetzt *attr*
1. continued, cont'd
2. (Fortsetzung folgt) to be continued, cont'd

Fortschritts- und Systemvergleich *m* (**Fortschrittsvergleich** *m*)
→ Systemvergleich

fortsetzen *v/t*
to continue

Fortsetzung *f*
1. continuation
2. (eines Textes) installment, instalment, sequel, part, continuation

Fortsetzungsanzeige *f*
follow-on, advertisement, follow-on ad, continuity series

Fortsetzungsauftrag *m* *(economics)*
continuation order, standing order (S.O.), follow-up order

Fortsetzungslieferung *f* (**Nachlieferung** *f*)
follow-up delivery

Fortsetzungsrabatt *m*
continuing discount, continuity discount

Fortsetzungsreihe *f* (**Fortsetzungsserie** *f*)
serial, serialized article, serialized articles *pl*

Frage *f* **nach dem letzten Lesen (nach dem letzten Kontakt)** *(media research)*
recency question, recent reading question

Frage- und Antwortspiel *n* *(advertising)*
(in einem Werbemittel) question and answer (q and a, q & a)

Fragezeichen *n*
(economics) question mark

Franchise *f* *(economics)*
franchise

Franchising *n* (**Franchise-System** *n*) *(economics)*
franchising, franchise system

Franchisegeber *m* *(economics)*
franchisor

Franchisenehmer *m* *(economics)*
franchisee

frei verfügbare Zeit *f*
1. (freie Zeit *f*) free time
2. (verfügbare Zeit *f*, freie Zeit *f*) discretionary time, free time

frei verfügbares Einkommen *n* (**verfügbares Einkommen** *n*) *(economics)*
1. disposable income
2. discretionary income

Freiabonnement *n* (**Freistücke** *n/pl*, **Freieinweisung** *f*, **Gratisabonnement** *n*) *(print media) (newspaper/magazine)* complimentary subscription, free subscription, free copies *pl*

Freianschlag *m* (**Gratisanschlag** *m*) *(outdoor advertising)*
free posting

Freianschlagstelle *f* (**Gratisanschlagstelle** *f*) *(outdoor advertising)*
free billboard, free poster panel

Freiberufler *m*
freelancer, freelance

freiberuflich *adj*
freelance

freiberuflicher Graphiker *m* (**freischaffender Künstler** *m*)
freelance artist

freie Marktwirtschaft *f* *(economics)*
free enterprise economy, free enterprise society, free market economy, free private enterprise

freie Plazierung *f* (**ohne Plazierungsvorschrift** *f*) *(advertising) (media planning)*
1. (Anzeige in einer Zeitung) run-of-paper position, run-of-paper, ROP, R.O.P., ROP position, R.O.P. position run-of-press position, run-of-press
2. (Anzeige in einer Zeitschrift) run-of-book position run-of-the-book position run-of-book, run-of-the-book, ROB, R.O.B., ROB position, R.O.B. position
3. *(radio/television)* (Vereinbarung über die Sendezeit) run-of-schedule, run-of-station, ROS, R.O.S.
3.1. *(radio/television)* (freie Plazierung im Jahresverlauf) run-of-year, R.O.Y., ROY
3.2. *(radio/television)* (freie Plazierung im Laufe des Monats) run-of-month, R.O.M., ROM
3.3. *(radio/television)* (freie Plazierung im Laufe der Woche) run-of-week. ROW, R.O.W.
3.4. *(radio/television)* (freie Plazierung im Laufe des Tages) run-of-day, ROD, R.O.D.

freies Kapital *n (economics)*
free capital

freies Unternehmertum *n* **(Unternehmerinitiative** *f* **)** *(economics)*
free enterprise, free competitive enterprise, free private enterprise

Freiexemplar *n* **(Freistück** *n***, Gratisexemplar** *n***)**
(print media)
(newspaper/magazine) free copy, unbilled copy, unpaid copy, complimentary copy, specimen copy, sample copy, courtesy copy

Freigabe *f*
1. release
2. (urheberrechtlich geschütztes Material) clearance

Freigabedatum *n* **(Freigabetermin** *m***)**
release date

Freigutschein *m*
→ Gratisgutschein

Freihandel *m*
free trade

freihändige Vergabe *f (economics)*
competitive bidding

Freihandmethode *f* **(Freihandverfahren** *n***)**
(graphic representation) (statistics)
freehand method, freehand technique

Freihandzeichnung *f* **(Freihandskizze** *f* **)**
free-hand drawing, free-hand sketch, free-hand copy

Freihauslieferung *f* **(Lieferung** *f* **frei Haus, Gratiszustellung** *f* **)** *(economics)*
free delivery, house delivery

freistehend *adj*
1. *(print advertising)* (Anzeige) island, solus
2. *(outdoor advertising)* (Anschlag) island, solus

freistehende Anzeige *f (advertising)*
island advertisement, island ad, solus advertisement, solus ad

freistehende Position *f* **(freistehende Plazierung** *f* **)** *(advertising/merchandise display)*
island position, solus position

freistehende Warenauslage *f (POP advertising)*
island display

freistehende Werbesendung *f (radio/television)*
isolated commercial, island position commercial

freiverkäufliches Arzneimittel *n* **(apothekenpflichtiges Arzneimittel** *n***)** *(economics)*
patent medicine, proprietary medicine, O.T.C., OTC

Freiwahl *f*
→ Teilselbstbedienung (Selbstauswahl)

freiwillige Gruppe *f* **(freiwillige Handelsgruppe** *f* **)** *(retailing)*
voluntary group, informal buying group, pooling buying group

freiwillige Kette *f* **(freiwillige Handelskette** *f* **)** *(retailing)*
voluntary chain, wholesale sponsored voluntary chain, voluntary wholesale chain

freiwillige Schlichtung *f* **(freiwillige Schiedsgerichtsbarkeit** *f* **)**

Freizeichen *n (economics)*
secondary meaning, secondary meaning mark

Freizeit *f* **(Mußezeit** *f* **)**
leisure time

Freizeitforschung *f*
leisure time research, leisure research

Freizeitsoziologie *f* **(Soziologie** *f* **der Freizeit)**
sociology of leisure

Freizeitzentrum *n*
recreation center, *brit* centre

Fremdbedienung *f* **(Bedienung** *f* **)** *(retailing)*
service, service selling, counter service

Fremdbedienungsgeschäft *n*
→ Bedienungsgeschäft

Fremdbedienungseinzelhandel *m*
→ Bedienungsgeschäft

Fremdbedienungsgroßhandel *m*
→ Bedienungsgroßhandel

Fremdbeilage *f*
→ Beilage

Fremdenverkehr *m*
tourism

Fremdenverkehrsmarketing *n*
tourism marketing, tourist marketing, travel marketing

Fremdenverkehrswerbung *f*
tourism advertising, tourist advertising, travel advertising

Fremdlager *n (warehousing)*
public warehouse

Fremdstreuung *f* **(Fremdstreuwege** *m/pl***)**
advertising in external media, paid advertising

Fremdwerbung *f*
paid advertising

Frischestempel *m (economics)*
(auf Warenpackungen) fresh sales life date

Frontalauslage *f*
→ Vollsichtauslage

Frontplakat *n* **(Frontseitenplakat** *n***)** *(transit advertising)*
front-end display, headlight display

Frontseite *f* **(eines Verkehrsmittels)** *(transit advertising)*
1. front end
2. (als Werbefläche) front-end space
3. (beim Doppeldeckerbus) double front

Frühadopter *m* **(Erstadopter** *m***)** *(psychology/market research)*
early adopter

frühe Mehrheit *f (psychology/market research)*
early majority

Führerschaft *f* **(Führung** *f***, Leitung** *f***)** *(group sociology) (organizational sociology)*
leadership

Führung *f*
→ Führerschaft, Management

Führungsklima *n (group sociology) (organizational sociology)*
leadership climate

Führungsstil *m (organizational sociology)*
leadership style

Führungsstruktur *f (organizational sociology)*
leadership structure

Führungsstudie *f* **(Führungsuntersuchung** *f***, Untersuchung** *f* **des Führungsverhaltens)** *(organizational sociology)*
leadership study, leadership investigation

Füllanzeige *f* **(Füllinserat** *n***, Füller** *m***)** *(advertising)*
filler, fill, stop-gap advertisement, stop-gap ad

Füller *m* **(Füllprogramm** *n***)** *(radio/television)*
filler, fill-up, cushion, plug, squib, stretch

Füllinserat *n*
→ Füllanzeige

Füllmenge *f* **(Füllinhalt** *m***)** *(packaging)*
filling quantity

Full Service *m* **(Vollservice** *m***)** *(economics)*
full service

Full-Service-Agentur *f* **(Full-Service-Werbeagentur** *f***)** *(advertising)*
full service agency, full service advertising agency

Full-Service-Genossenschaft *f* **(Universalgenossenschaft** *f***)** *(economics)*
full service cooperative

Full-Service-Konzeption *f (economics)*
full-service concept

fungibel *adj (economics)*
fungible

Fungibilität *f (economics)*
fungibility

Funkmedienforschung *f*
broadcast media research
→ Hörerforschung, Zuschauerforschung

Funkspot *m*
→ Hörfunkspot

Funktion *f*
function

funktional *adj*
functional

funktionale Gruppe *f* **(Funktionsgruppe** *f*, **Leistungsgruppe** *f*) *(organizational sociology)*
functional group

funktionale Kontrolle *f* **(Leistungskontrolle** *f*, **fachliche Kontrolle** *f*, **sachbezogene Kontrolle** *f*) *(organizational sociology)*
line control

funktionale Marketingorganisation *f*
functional marketing organization, functional organization

funktionale Planung *f* *(marketing)*
functional marketing planning, functional planning

funktionaler Einzelhandel *m*
→ Einzelhandel

funktionaler Großhandel *m*
→ Großhandel

funktionaler Status *m* **(funktioneller Status** *m*) *(organizational sociology)*
functional status

funktionales Gleichgewicht *n* *(social research)*
functional equilibrium, *pl* equilibriums or equilibria

funktionales Gleichgewichtssystem *n* *(social research)*
functional equilibrium system

Funktionär *m* **(Funktionsträger** *m*) *(organizational sociology)*
official, functionary

Funktionalqualität *f* **(Grundqualität** *f*) (Werner Pfeiffer) *(economics)*
functional quality

Funktionen *f/pl* **des Handels**
→ Handelsfunktionen

Funktionsanalyse *f* **(funktionale Analyse** *f*) *(empirical social research)*
functional analysis

Funktionsmanagement *n* *(economics)*
functional management

Funktionsorganisation *f* **(Funktionsgliederung** *f*) *(marketing)*
functional organization *brit* organisation

Funktionsrabatt *m* **(Händlerrabatt** *m*, **Wiederverkäuferrabatt** *m*) *(economics)*
functional discount, trade discount, handling allowance

Funktionsstörung *f* *(psychology)* *(organizational sociology)*
functional disorder

Funkwerbung *f*
→ Hörfunkwerbung, Rundfunkwerbung

Furcht *f* *(psychology)*
fear

furchterregende Werbung *f* **(furchteinflößende Werbung** *f*)
scare copy, fear-instilling advertising

Fußgänger *m* **(Passant** *m*) *(outdoor advertising)*
pedestrian

Fußgängerfluß *m* **(Passantenfluß** *m*) *(outdoor advertising)*
pedestrian traffic flow, pedestrian traffic

Fußgängerkontakt *m* **(Passantenkontakt** *m*) *(outdoor advertising)*
pedestrian exposure

Fußgängerzone *f* *(retailing)*
mall, shopping mall

G

Gag *m (advertising)*
gag, gimmick

Gain-Loss-Analyse *f* **(Zu- und Abwanderungs-Analyse** *f***)** *(economics)*
gain-and-loss analysis

Galvanometer *n (psychology)*
galvanometer

galvanometrische Methode *f* **(galvanische Hautreaktion** *f***)** *(empirical social research)*
arousal method, galvanic skin response (G.S.R.)

Gantt-Arbeitsleistungskarte *f* **(Gantt-Karte** *f*, **Arbeitsfortschrittsbild** *n***)** *(statistics) (economics)*
Gantt process chart, Gantt chart, Gantt system

ganz seltener Leser *m (media research)*
seldom reader

Ganzbemalung *f*
→ Rundumbemalung

ganze Seite *f*
(newspaper/magazine) full page

Ganzheftremission *f* **(Vollremission** *f***)** *(print media)*
full-copy return, copy return, return copies *pl*

Ganzheitslehre *f* **(Ganzheitspsychologie** *f*, **Leipziger Schule** *f***)** *(psychology)*
holism, holistic psychology

ganzseitig *adj (advertising)*
full-page

ganzseitige Anzeige *f (print media)*
(newspaper/magazine) full-page advertisement, full-page ad, spread advertisement, spread ad, spread, full-page spread, *obsol* single truck

Ganzstelle *f* **(Ganzsäule** *f***)** *(outdoor advertising)*
bulletin board, solus site

ganzzahlige Programmierung *f* **(Ganzzahlprogrammierung** *f*, **Ganzzahlplanungsrechnung** *f***) (EDP)**
integer programming, discrete programming

Garantie *f (economics)*
guarantee, guaranty, warranty, *also* money-back guarantee

Garantiefrist *f (advertising)*
(bei Werbung) rate protection

Garantiegemeinschaft *f*
→ Gütegemeinschaft

Garantiepreis *m* **(Preisgarantie** *f***)** *(economics)*
guaranteed price, price guarantee, guaranty against price decline, price protection

garantieren *v/t*
to guarantee, to warrant

garantierte Auflage *f* **(garantierte Mindestauflage** *f***)** *(print media)*
(Zeitung/Zeitschrift) rate base, guaranteed circulation, guaranteed minimum circulation, minimum circulation

garantierte Einschaltquote *f* **(garantierte Reichweite** *f***)** *(radio/television) (media planning)*
rate base, guaranteed home impacts (GHIs) *pl*, guaranteed home impressions *pl*

garantierter Anzeigenpreis *m (print media) (media planning)*
guaranteed advertising rate, guaranteed rate

Garantieschein *m* **(Garantiebrief** *m***)** *(sales promotion)*
guarantee, guaranty, warranty

Gattungsbezeichnung *f (economics)*
generic label, generic term, generic name

Gattungsimage *n*
generic image

Gattungsmarke *f (economics)*
generic brand, generic name, generic brand

name, generic-labeled product, generic, *mostly pl* generics

Gattungs-Produktmarkt *(economics/marketing)*
generic-class product market

Gattungswerbung *f*
→ Produktwerbung

gebändigter Markt *m* **(domestizierter Markt** *m*) *(economics)*
domesticated market (Johan Arndt)

Gebietsverkaufstest *m* **(Gebietstest** *m*) *(market research)*
area sales test

Gebrauchsanweisung *f* **(Gebrauchsanleitung** *f*)
operation instruction(s) *(pl)*, instruction(s) *(pl)*, instructions sheet, instructions slip

Gebrauchsartikel *m*
→ Gebrauchsgüter

Gebrauchsgraphik *f* **(Gebrauchsgrafik** *f*)
commercial art, creative art, advertising art

Gebrauchsgraphiker *m* **(Gebrauchsgrafiker** *m*)
commercial artist, creative artist, advertising artist

Gebrauchsgüter *n/pl* **(langlebige Konsumgüter** *n/pl*) *(economics)*
durable goods *pl*, durable consumer goods *pl*, consumer durables *pl*, durables *pl*, hard goods *pl*, yellow goods *pl*, white goods *pl*

Gebrauchsgüter-Panel *n* *(market research)*
consumer durables panel

Gebrauchsmuster *n* *(economics)*
registered design

Gebrauchsmustergesetz *n* *(economics)*
registered design law, registered design legislation

Gebrauchsmusterrolle *f* *(economics)*
design registration roll, design register

Gebrauchsmusterschutz *m*
registered design protection

Gebrauchsnutzen *m* **(Gebrauchswert** *m*) *(economics)*
functional value, functional utility, functional product value, functional product utility

Gebrauchsprodukt *n*
→ Gebrauchsgüter

Gebrauchstest *m* *(market research)*
usage test, product use test

Gebrauchswerbung *f*
→ Schauwerbung

Gebrauchswert *m*
→ Gebrauchsnutzen

Gebrauchtwarenhandel *m* *(retailing)*
second-hand trade

gebrochener Preis *m* *(economics)*
odd price, odd-even price, odd/even price

gebunden *adj*
(Preis) regulated, maintained, fixed

gebundener Preis *m* *(economics)*
regulated price, maintained resale price, fixed price

gebundener Prospekt *m* **(gehefteter Prospekt** *m*)
brochure

Gedächtniserfolg *m* **(Erinnerungserfolg** *m*) *(advertising)*
recall effect

Gedächtniswirkung *f*
→ Erinnerungswirkung

gedehntes Lesen *n* **(gedehntes und wiederholtes Lesen** *n*) *(media research)*
replicated reading, replication

Gefälligkeitsanzeige *f*
courtesy advertisement, courtesy ad

Gefangenendilemma *n*
→ Häftlingsdilemma

Gefühl *n*
→ Emotion

gefühlsbetonte Werbung *f*
→ emotionale Werbung

Gefühlston *m*
feeling tone

gegabelter Anzeigentest *m*, **(gegabelter Werbetest** *m*) *(advertising research)*

Gegenaktion

split-ballot advertising test, split-run advertising test, split-run test, split-run inquiry test, split-run test, split run

Gegenaktion *f* **(Gegenmaßnahme** *f***)**
counteraction, counter-action

Gegendarstellung *f*
corrective statement, correction

Gegendarstellungsanzeige *f*
corrective advertisement, corrective ad

Gegengeschäft *n* **(Kompensationsgeschäft** *n***)** *(economics)*
barter, barter transaction, barter business

Gegengeschäftsanzeige *f*
barter advertisement, barter ad, exchange advertisement exchange ad

Gegengeschäftsmittler *m* **(Gegengeschäftsmakler** *m***)** *(economics)*
barter broker

Gegengeschäftsplan *m* **(Tauschvereinbarung** *f***)** *(economics)*
barter plan

Gegengeschäftsvereinbarung *f* **(Gegengeschäftsanerkenntnis** *f***)** *(economics)*
due bill

Gegengeschäftswerbung *f*
barter advertising

gegengewichtige Marktmacht *f* **(Gegengewalt** *f***, ausgleichende Macht** *f***, kompensierende Macht** *f***)** *(economics)*
countervailing power, countervailance (John Kenneth Galbraith)

Gegengewicht *n* **(Kompensationsfaktor** *m***, ausgleichende Kraft** *f***)**
counterpoise, counter-poise

Gegenmacht *f*
counter power, counter-power

Gegenprogramm *n*
→ Konkurrenzprogramm

Gegenprogrammgestaltung *f* **(Konkurrenzprogrammgestaltung** *f***)** *(radio/television)*
counterprogramming, counter programming

Gegenpropaganda *f*
counterpropaganda, counter-propaganda

Gegenseitigkeit *f* **(Wechselseitigkeit** *f***)**
mutuality

Gegenseitigkeitsgeschäft *n*
→ Kompensationsgeschäft

gegenüber *prep (advertising)*
facing, next to, opposite

gegenüber den Geleisen *(transit advertising)*
cross tracks

gegenüber Inhaltsverzeichnis *(advertising)*
facing contents

gegenüber redaktionellem Text (gegenüber Text) *(advertising)*
facing matter (FM), facing editorial matter, facing text matter

gegenüberliegende Seite *f (printing)*
opposite page

Gegenwartswert *m (economics)*
present value

Gegenwerbung *f*
→ Anti-Werbung

gegenzyklische Werbung *f*
counter-cyclical advertising

Gehalt *n* **(Besoldung** *f***)**
salary

Gehalt *m* **(Substanz** *f***)**
content, substance

Gehaltsempfänger *m*
salaried employee, salaried worker

gehäuftes Lesen *n* **(paralleles Lesen** *n***)** *(media research)*
parallel reading

geheftete Beilage *f*
→ Beihefter

geheime Verführer *m/pl (advertising)*
hidden persuaders *pl* (Vance Packard)

Gehirnforschung *f*
brain research

Gehseite *f (transit advertising)*
curb side, *brit* kerb side

geknickte Nachfragekurve *f* **(geknickte Preis-Absatz-Funktion** *f* **)** *(economics)*
kinked demand curve

Gelbe Seiten *f/pl* **(Branchenseiten** *f/pl* **im Telefonbuch)**
yellow pages *pl*

Geld *n*
money

Geldgesellschaft *f* **(pekuniäre Gesellschaft** *f* **)**
pecuniary society (Thorstein Veblen)

Geldrabatt *m*
→ Barrabatt

Geldwirtschaft *f* *(economics)*
monetary-exchange economy

Geldwirtschaftskultur *f* **(monetäre Kultur** *f* **)**
monetary culture, monetary-exchange culture

Gelegenheit *f* **(Gelegenheitskauf** *m***)** *(retailing)*
bargain

Gelegenheitsarbeiter *m* *(industrial sociology)*
jobber, floater

Gelegenheitskauf *m*
→ Sonderangebotskauf

Gelegenheitskaufen *m* **(Sonderangebotekaufen** *n***)**
bargain buying (bargain sales buying, *colloq* cherrypicking)

Gelegenheitspreis *m*
→ Sonderangebotspreis

gelegentlicher Hörer *m* *(media research)*
occasional listener

gelegentlicher Leser *m* *(media research)*
occasional reader

gelegentlicher Zuschauer *m* *(media research)*
occasional viewer

gelenkte Wirtschaft *f* **(System** *n* **der Wirtschaftslenkung)**
controlled economy

gelenkte Zusammenarbeit *f* **(gelenkte Kooperation** *f* **)**
directed cooperation

gelenkter Wandel *m* **(geplanter Wandel** *m***)**
directed change

gelernter Arbeiter *m*
skilled manual worker, workman, *pl* workmen

Geltungsbedürfnisse *n/pl* *(psychology)*
esteem needs *pl*

Geltungskonsum *m*
→ ostentativer Konsum

Geltungsmuße *f*
→ ostentative Muße

Geltungsnutzen *m* **(Prestigenutzen** *m***)** (Wilhelm Vershofen) *(economics)*
prestige value, prestige utility

Geltungsverschwendung *f*
→ ostentative Verschwendung

GEMA-frei *adj*
→ gemeinfreie Werke

gemeinfreie Werke *n/pl*
public domain, PD, P.D.

Gemeindezentrum *n* **(Community Center** *n***)** *(retailing)*
community center, community shopping center

Gemeinkosten *pl* *(economics)*
overhead cost(s) (*pl*), overhead

gemeinnütziges Unternehmen *n*
→ öffentlicher Versorgungsbetrieb

Gemeinschaftsanzeige *f* **(Gemeinschaftswerbemittel** *n***)**
cooperative advertisement, cooperative ad, co-op advertisement, co-op ad, (zweier Werbungtreibender) crossruff advertisement, crossruff ad

Gemeinschaftsausstellung *f*
cooperative exhibition

Gemeinschaftsbezug *m* *(retailing)*
pooled buying, cooperative buying, cooperative purchasing

Gemeinschaftshandelsgesellschaft *f* *(economics)*
manufacturer's sales office, manufacturer's wholesaler

Gemeinschaftsmarke f *(economics)*
cooperative brand

Gemeinschaftsmarketing n
cooperative marketing

Gemeinschaftsmarktforschung f
cooperative market research, syndicated market research

Gemeinschaftsnachfrage f *(economics)*
joint demand

Gemeinschaftspreis m (**Gemeinschaftstarif** m)
(advertising)
(für Werbung) joint rate

Gemeinschaftsproduktion f *(economics)*
coproduction, joint production

Gemeinschaftsstudie f (**Gemeinschaftsuntersuchung** f) *(market research) (audience research)*
1. syndicated study, syndicated investigation, syndicated analysis, syndicated survey
2. (Leserschaftsuntersuchung) syndicated readership survey, syndicated readership investigation, syndicated readership study
3. *(radio/television)* (Einschaltquotenuntersuchung) syndicated rating survey, syndicated rating study

Gemeinschaftsunternehmen n (**Gemeinschaftsprojekt** n) *(international marketing)*
joint venture

Gemeinschaftsversand m (**Gemeinschaftswerbeversand** m)
cooperative mailing, group mailing

Gemeinschaftsvertrieb m *(economics)*
cooperative distribution

Gemeinschaftsvertriebsgesellschaft f *(economics)*
cooperative distributor

Gemeinschaftswarenhaus n (**Kollektivwarenhaus** n, **Kaufmannswarenhaus** n, **Ladengemeinschaft** f) *(retailing)*
planned shopping center, controlled shopping center, shopping plaza

Gemeinschaftswerbekatalog m (**Gemeinschaftskatalog** m)
file catalog, *brit* catalogue, combination catalog

Gemeinschaftswerbung f (**Kollektivwerbung** f)
cooperative advertising, co-op advertising, (horizontale Gemeinschaftswerbung) horizontal cooperative advertising (vertikale Gemeinschaftswerbung) vertikal cooperative advertising

gemischte Wirtschaft f (**Mischwirtschaft** f)
mixed economy

gemischtes Spiel n *(theory of games)*
mixed game, mixed motive game, mixed strategy *(theory of games)*

Gemischtwarengeschäft n (**Gemischtwarenhandlung** f) *(retailing)*
general store, country general store

Gemischtwarenhandel m *(economics)*
general goods trade, variety trade

Gemischtwarenladen m
→ Gemischtwarengeschäft

Generalist m *(organizational sociology)*
generalist

Generalunternehmer m *(economics)*
general contractor, prime contractor

Generalvertreter m *(economics)*
general sales representative, general representative

generisches Marketing n
generic marketing, generic concept of marketing (Philip Kotler)

generische Marke f
→ Gattungsmarke

genormte Verpackung f (**genormte Packung** f)
(economics)
standardized package, standard package

Genossenschaft f (**Kooperative** f) *(economics)*
cooperative, co-operative

genossenschaftlich *adj (economics)*
cooperative, cooperative

Genossenschaftsbewegung f (**genossenschaftliche Bewegung** f) *(economics)*
cooperative movement, co-operative movement

Genossenschaftsladen m
cooperative store

Genossenschaftswesen *n (economics)*
cooperativism, co-operativism

Genußgüter *n/pl* **(Genußmittel** *n***)**
→ Luxusgüter

geographische Angabe *f* **(geographische Warenbezeichnung** *f***)**
→ Herkunftsangabe

geographische Preisdifferenzierung *f (economics)*
geographic pricing

geographische Verbreitung *f*
geographic distribution

geographische Verbreitungsanalyse *f*
geographic distribution analysis

geographische Verteilung *f* **(räumliche Verteilung** *f***)** *(demography)*
spatial distribution, areal distribution

geographischer Split *m* **(geographischer Anzeigensplit** *m***)**
geographic split run, split run

geplante Obsoleszenz *f* **(geplante Veralterung** *f***)**
planned obsolescence, managed obsolescence (eingebaute Obsoleszenz) built-in obsolescence

geradlinige Preiselastizität *f* **der Nachfrage** *(economics)*
unitary price elasticity of demand, unitary elasticity

Geräteeinschaltquote *f* **(Quote** *f* **der eingeschalteten Geräte)** *(media research)*
sets-in-use rating, S.I.U. rating, SIU rating

Geräteeinschaltzahl *f* **(Zahl** *f* **der eingeschalteten Geräte)** *(media research)*
sets-in-use *pl*, S.I.U., SIU

gerechter Preis *m (economics)*
fair price

gerechtes Spiel *n (theory of games)*
fair game, equitable game

gerichtete Strategiematrix *f (economics/marketing)*
directional policy matrix

Geringstkosten *pl (economics)*
minimum cost

Gesamtkosten *pl*
→ allgemeine Unkosten

Gesamtkontakte *m/pl* **(Gesamtzahl** *f* **der Kontakte)** *(media research)*
1. total number of exposures, total effective exposure, TEE
2. *(radio/television)* total audience rating, total audience impressions *pl*, audience rating

Gesamtkosten *pl (economics)*
total cost

Gesamtkostenverfahren *n (economics)*
total cost approach

Gesamtreichweite *f (media research)*
total audience rating, total coverage, *also* total reach total effective exposure (TEE), total number of exposures

Gesamtumsatz *m (economics)*
total sales *pl*, total business, total turnover

Gesamtumsatzrabatt *m (economics)*
total sales discount, volume discount, patronage discount, (bei Werbung) bulk discount

Gesamtwerbeaufwand *m*
total advertising expenditure, total advertising

Gesamtwirkung *f* **(Gesamteffekt** *m***)** *(path analysis)*
total effect

Gesamtzahl *f* **(Gesamtergebnis** *n*, **Reihensumme** *f*, **Spaltensumme** *f***) (in einer statistischen Tabelle)**
totals *pl*

Gesamtzahl *f* **der Hörer** *(media research)*
total number of listeners, total listeners *pl*, total audience (T.A., TA)

Gesamtzahl *f* **der Kontakte** *(media research)*
→ Gesamtkontakte

Gesamtzahl *f* **der Leser** *(media research)*
total number of readers, total readers *pl*, total audience (T.A., TA)

Gesamtzahl *f* **der Zuschauer** *(media research)*
total number of viewers, total viewers *pl*, total audience (T.A., TA)

Gesamtzahl f der eingeschalteten Geräte *(media research)*
→ Geräteeinschaltzahl

Geschäft n (Unternehmen n, Firma f)
business

Geschäftsabzeichen n
corporate logotype, corporate logograph, name flag nameplate, name slug, logo

Geschäftsanzeige f
business advertisement, business ad

Geschäftsatmosphäre f *(retailing)*
store atmospherics *pl construed as sg*

Geschäftsbezeichnung f
corporate name

Geschäftsbindung f (Geschäftstreue f, Geschäftsloyalität f)
→ Ladentreue

Geschäftsfläche f *(retailing)*
gross leasable area (GLA)

geschäftsführender Angestellter m
→ Manager

Geschäftsführung f (Geschäftsleitung f)
→ Management

Geschäftsgestaltung f *(retailing)*
store engineering, store design

Geschäftsgewerkschaft f
business union

Geschäftsimage n
→ Ladenimage

Geschäftsjahr n
1. *(economics)* fiscal year (FY), fiscal (Geschäftsjahr 1999: fiscal 1999)
2. *(advertising)* contract year (CY)

Geschäftskarte f (Visitenkarte f)
business card

Geschäftstreue f
→ Ladentreue

Geschäftswerbung f
business advertising

Geschäftswert m
→ Firmenwert

Geschäftszentrum n
1. (Stadtmitte f, Stadtzentrum n) central business district (CBD), central commercial district, central city, downtown business district, central traffic district
2. (gewachsenes Einkaufszentrum n) *(retailing)* central business district (CBD), central shopping district

Geschenk n
→ Werbegeschenk

Geschenkabonnement n
(newspaper/magazine) gift subscription

Geschenkartikel m
→ Werbeartikel, Werbegeschenk

Geschenkartikelhändler m (Werbeartikelvertrieb m)
advertising specialty distributor

Geschenkartikelwerbung f (Geschenkwerbung f)
specialty advertising, novelty advertising, gift advertising

Geschenkbon m
→ Geschenkgutschein

Geschenkgutschein m (Geschenkkupon m, Geschenkbon m) *(sales promotion)*
gift coupon, gift voucher, gift certificate

Geschenkgutschein-System n
gift coupon system, gift couponing

Geschenkpackung f (Geschenkverpackung f) *(sales promotion)*
gift package, gift pack, gift wrapper, gift box

Geschenkwerbung f
→ Geschenkartikelwerbung

geschlechtliche Arbeitsteilung f (Arbeitsteilung f zwischen den Geschlechtern) *(industrial sociology)*
sexual division of labor, *brit* sexual division of labour

geschlossene Warenauslage f *(POP advertising)*
closed display, closed assortment display

geschlossener Markt *m (economics)*
closed market

Geschmack *m*
taste

Geschmacksführer *m (communication research) (empirical social research)*
taste maker
→ Modeführer

Geschmacksmuster *n (economics)*
registered design

Geschmacksmusterschutz *m (economics)*
registered design protection

Geschmackstest *m (market research)*
taste test

Gesellschaft *f* **im Überfluß**
→ Überflußgesellschaft

gesendet werden *v/i*
to be broadcast, to be aired, to be on the air

Gesetz *n* **der Agglomeration im Einzelhandel** *(economics)*
law of retail gravitation (William J. Reilly)

Gesetz *n* **gegen den unlauteren Wettbewerb (UWG)** *(economics)*
Unfair Practice Act

Gesetz *n* **gegen Wettbewerbsbeschränkungen (Kartellgesetz) (GWB)** *(economics)*
Cartel Law, Anti-Trust Act

Gesetz *n* **von Engel**
→ Engelsches Gesetz

Gesetz *n* **von Schwabe**
→ Engelsches Gesetz

gesetzliche Schutzrechte *n/pl*
→ gewerblicher Rechtsschutz

gestalten *v/t*
to form, to frame, to design, to shape, to create, to fashion

Gestalten *n*
→ Gestaltung

Gestalter *m*
creative artist, creative, designer, visualizer, artist, artsman, draftsman, draftswoman, *also* draughtsman, draughtswoman

gestalterisch *adj*
creative

Gestaltfaktor *m (psychology)*
gestalt factor

Gestaltfestigkeit *f (psychology)*
form quality

Gestaltgesetz *n* **(Gestaltfaktor** *m***)** *(psychology)*
gestalt law

Gestaltpsychologie *f* **(Berliner Schule** *f***, Gestalttheorie** *f***)** (Kurt Koffka, Wolfgang Köhler, Max Wertheimer)
gestalt psychology, gestalt theory, gestaltism, form psychology, configurational psychology

Gestaltqualität *f (psychology)*
gestalt quality, form quality

Gestaltung *f* **(Gestaltungsarbeit** *f***)**
design, artistic design, creative design, creative work, creation, production, printing presentation

Gestaltung *f* **einer Anzeige**
→ Anzeigengestaltung

Gestaltungsabteilung *f*
creative department, creative group, art department

Gestaltungsgesetz *n* **(Gestaltungsgrundsatz** *m***)**
design rule, creative rule

Gestaltungsgrundlage *f* **(Copy-Platform** *f***, Gestaltungskonzept** *n***)**
(für ein Werbemittel) copy platform

Gestaltungskosten *pl*
art and mechanical costs *pl*, A & M costs *pl*

Gestaltungskunst *f* **(künstlerische Gestaltung** *f***)**
creative art, art design, arts and crafts *pl*

Gestaltungsmaterial *n* **(Gestaltungsmittel** *n/pl***)**
art and mechanical, A & M

Gestaltungsstrategie *f* **(Copy-Strategie** *f***)**
copy strategy

Gestehungskosten *pl*
→ Selbstkosten

gesungener Werbespruch *m*
jingle

gewährleistete Qualität *f* **der Partie (durch Abnahmeprüfung gewährleistete Qualität** *f* **der Partie)** *(statistical quality control)*
lot quality protection

Gewährleistung *f*
warranty, guarantee

Gewährleistung *f* **der Durchschnittsqualität** *f* *(statistical quality control)*
average quality protection, average outgoing quality level

Gewerbe *n* **(Handelstätigkeit** *f*, **Geschäft** *n*) *(economics)*
business

Gewerbegebiet *n* **(Industriegebiet** *n*, **gewerbliche Vorstadt** *f*) *(social ecology)*
employing suburb, industrial suburb, industrial area

Gewerbeschule *f*
1. (Gewerbefachschule *f*)
2. (Handelsschule *f*) trade school

gewerbliche Anzeige *f*
→ Geschäftsanzeige

gewillkürte Prognose *f* **(gewillkürte Voraussage** *f*, **gewillkürte Vorhersage** *f*, **intuitive Prognose** *f*, **willkürliche Prognose** *f*)
judgment forecast

Gewinn *m* **(Profit** *m*) *(economics)*
profit

Gewinnanalyse *f* *(statistics)*
gain analysis

Gewinnanteilsmethode *f* **(der Werbebudgetierung)**
1. percentage-of-profit method
2. (projektiv) percentage-of-anticipated-profit method, percentage-of-expected-profit method
3. (historisch) percentage-of-last-year's-profit method, percentage-of-previous-profit method

Gewinnfunktion *f* **(eines Spiels)** *(theory of games)*
gain function (of a game)

Gewinngutschein *m*
→ Einkaufsgutschein

Gewinnklemme *f*
profit squeeze

gewinnmaximale Menge *f* *(economics)*
profit-maximizing quantity

gewinnmaximaler Preis *m* *(economics)*
profit-maximizing price

Gewinnmaximierung *f* *(economics)*
maximization of profits

Gewinnmaximum *n* *(economics)*
profit maximum, maximum profit

Gewinn-Optimierungs-Planung *f*
profit-optimization planning

Gewinnschwelle *f* **(Break-even-Punkt** *m*, **Breakeven** *m*) *(economics)*
breakeven point, break-even

Gewinnschwellenanalyse *f*
→ Break-even-Analyse

Gewinnspanne *f* **(Gewinnmarge** *f*) *(economics)*
margin of profit, profit margin

Gewinnspiel *n*
sweepstakes *pl*, short sweeps *pl*

Gewinn- und Verlustrechnung *f*
→ Gain-und-Loss-Analyse

Gewinnziel *n*
profit objective

Gewohnheit *f*
habit

Gewohnheitskauf *m*
habitual purchase

Gewohnheitskaufverhalten *n* **(habituelles Kaufverhalten** *n*)
habitual buying behavior

gezielte Streuung *f* **(von Werbemitteln) (Richtstrahlansatz** *m*) *(media planning)*
selective advertising, rifle approach

Giebel *m* **(Giebelspitze** *f*) *(outdoor advertising)*
gable end, gable, *brit* gable-end

Giebelwerbung *f* *(outdoor advertising)*
gable-end advertising gable advertising, gable-end publicity, gable publicity, wall advertising, wall publicity

Gießkannenansatz *m* **(Gießkannenstreuung** *f*, **Streuung** *f* **nach dem Gießkannenprinzip)** *(advertising)*
shotgun approach, scatter planning

Giffen-Effekt *m* **(Giffen-Fall** *m*, **Giffen-Paradox** *n*) *(economics)*
Giffen effect (Sir R. Giffen)

Glanzkarton *m* **(Glanzpappe** *f*) *(packaging)*
1. glazed board
2. (gestrichen) coated board

Glättung *f* **(Glätten** *n*) *(statistics)*
smoothing

Glaubwürdigkeit *f*
1. credibility, believability
2. (der Werbung) advertising credibility, credibility of advertising, advertising believability, believability of advertising
3. (des Kommunikators) communicator credibility, communicator believability
4. (eines Werbeträgers) media credibility, media believability
5. (einer Quelle) source credibility, source believability

Gleichgewicht *n* **(Equilibrium** *n*, **Gleichgewichtszustand** *m*)
equilibrium, *pl* equilibriums or equilibria

Gleichgewichtsmodell *n*
equilibrium model

Gleichgewichtspaar *n* *(theory of games)*
equilibrium pair

Gleichverteilungslinie *f* **(in der Lorenzkurve)** *(statistics)*
line of equal distribution

gleitende Jahressumme *f* *(statistics)*
moving annual total

gleitende Saisonschwankung *f* **(gleitende saisonale Schwankung** *f*) *(statistics)*
moving seasonal variation

Gleitpreis *m* *(economics)*
flexible price, moving price

Gliederungszahl *f* **(Gliederungsziffer** *f*) *(statistics)*
ratio

Gliedziffer *f* **(Verkettungsziffer** *f*) *(statistics)*
link-relative

Gliedzahlenmethode *f* **(nach Persons)** *(statistics)*
link-relative method of seasonal adjustment, method of link-relatives (Warren M. Persons)

Gliedziffernmethode *f* **(der Saisonanpassung)** *(statistics)*
link-relative method (of seasonal adjustment), method of link relatives (Warren M. Persons)

Globalanalyse *f*
global analysis

Globalansatz *m*
global approach

globale Marke *f*

Globalmarketing *n* **(globales Marketing** *n*)
global marketing (Theodore E. Levitt)

globale Marktforschung *f*
global market research

Glücksspiel *n* *(promotion)*
game of chance, gamble

Gompertzfunktion *f* *(statistics)*
Gompertz function

Gompertzkurve *f* *(statistics)*
Gompertz curve, growth curve

Gompertz-Modell *n* *(statistics)*
Gompertz model

Goodwill *m* **(Firmenwert** *m*
goodwill

Goodwill-Werbung *f* **(Vertrauenswerbung** *f*, **Prestigewerbung** *f*)
1. goodwill advertising, indirect-action advertising
2. (Goodwill-Werbetext) goodwill copy, indirect-action copy

Gossensche Gesetze *n/pl*
→ Bedürfnissättigungsgesetz (1. Gossensches Gesetz), Bedürfnisausgleichsgesetz (2. Gossensches Gesetz)

Grabbelkiste *f* **(für Sonderangebote)**
→ Wühlkiste (Wühltisch)

Gradientenmodell *n*
→ Aufforderungsgradient

Grafik *f*
→ Graphik

Graphik *f* **(Grafik** *f* **)**
1. (graphische Kunst) graphic art, graphic arts *pl*, graphics *pl construed as sg*, creative art, artwork, creative copy and art, creative work, arts and crafts *pl*
2. (graphische Gestaltung) creative art, artwork, creative work, creative copy and art, creative design
3. (Kunstdruck) art printing, printing, artwork, graphic picture
4. *(statistics)* (graphische Darstellung) diagram, graph, graphic presentation
5. → graphische Abteilung

Graphik-Designer *m* **(Grafik-Designer** *m***)**
→ Graphiker

Graphiker(in) *m(f)* **(Grafiker(in)** *m(f)***)**
1. graphic artist, artist
2. (Gebrauchsgraphiker) commercial artist
3. (Werbegraphiker) advertising artist
4. (Chefgraphiker) art director, art editor

graphische Abteilung *f* **(Graphik** *f***) (in einer Werbeagentur)**
art department, commercial art department, art studio, *colloq* bull pen

graphisches Material *n* **(Material** *n* **für Graphiker)**
artists' medium, art and mechanical, A & M

graphisches Symbol *n*
→ Ideogramm

Gratifikation *f* **(Befriedigung** *f***, Belohnung** *f***)** *(psychology)*
gratification

Gratifikationsmuster *n* **(Muster** *n* **der Bedürfnisbefriedigung)** *(psychology)*
gratification pattern

Gratifikationsprinzip *n*
gratification principle, principle of gratification

Gratisangebot *n (economics)*
free offer, gratuitous offer

Gratisankündigung *f* **(Gratisansage** *f***, Gratisanzeige** *f* **)** *(advertising)*
puff notice free puff, free mention puff plug, editorial mention, deadhead

Gratisanschlag *m*
→ Freianschlag

Gratisanschlagstelle *f*
→ Freianschlagstelle

Gratisanzeige *f*
→ Gratisankündigung

Gratisexemplar *n*
→ Freiexemplar

Gratisgutschein *m* **(Freigutschein** *m***)**
gratuitous coupon

Gratislieferung *f*
→ Freihauslieferung

Gratismuster *n* **(Gratisprobe** *f* **)** *(economics)*
free sample, gratuitous sample

Gratisprobe *f*
→ Gratismuster

Gratisverlosung *f*
→ Verlosung

Gratisversand *m* **(Freiversand** *m***)**
free mailing

Gratiswerbesendung *f* **(Gratissendung** *f* **)** *(radio/television)*
bonus spot, plug

Gratiszustellung *f*
→ Freihauslieferung

grauer Markt *m (economics)*
gray market, *brit* grey market

grauer Preis *m (economics)*
gray market price, *brit* grey market price

Gravitationsmodell *n* **(Huff-Modell** *n***)** *(retailing)*
gravitation model, Huff's model, Huff model

Greifbühnentest *m* **(Schnellgreiftest** *m***, Greiftest** *m***, Schnellgreifbühnentest** *m***)** *(market research)*
pickup test, pick-up test, product pickup test, product pick-up test

Greiftest *m*
→ Greifbühnentest

Grenzanbieter *m* (**Grenzbetrieb** *m*) *(economics)*
marginal enterprise

Grenzbedingung *f* (**Extrembedingung** *f*) *(statistical hypothesis testing)*
boundary condition

Grenzerlös *m* *(economics)*
marginal revenue (MR)

Grenzkosten *pl* *(economics)*
marginal cost (MC)

Grenzkostenpreis *m* *(economics)*
marginal cost price, marginal cost

Grenzkostenrechnung *f* *(economics)*
marginal costing, marginal-cost pricing

Grenzlinie *f* (**Trennungslinie** *f*, **Grenze** *f*)
division, dividing line, boundary

Grenznutzen *m* *(economics)*
marginal utility

Grenzpreis *m* *(economics)*
marginal price

Grenzrate *f* **der Substitution** *(economics)*
marginal rate of substitution

Grenzverteilung *f* *(statistics)*
limit distribution

Grenzwert *m* *(economics)*
marginal value

Grenzwertbetrachtung *f*
→ Marginalanalyse

Grenzwertsatz *m* *(statistics)*
marginal value theorem

Grobstreuung *f* *(media planning)*
shotgun approach, scatter planning

Großabnehmerabatt *m* *(economics)*
patronage discount

Großabnehmer *m* *(economics)*
bulk purchaser, bulk buyer

Großanschlag *m* (**Großanschlagfläche** *f*) *(outdoor advertising)*
bulletin board, supersite

Großanschlagwerbung *f* (**Großanschlagflächenwerbung** *f*) *(outdoor advertising)*
bulletin board advertising, supersite advertising

Großanzeige *f*
→ Formatanzeige

Großanzeigenwerbung *f*
→ Formatanzeigenwerbung

Großbetrieb *m* *(economics)*
large-size enterprise, large-scale enterprise

Größe *f*
1. size, format, dimension
2. (Umfang) volume

Großeinkauf *m* *(economics)*
large-scale purchase, large-quantity purchase, bulk purchase

Großeinkäufer *m* *(economics)*
large-scale purchaser, large-scale buyer, large-quantity purchaser, large-quantity buyer, bulk purchaser, bulk buyer

Größenklasse *f*
size class

Größenordnung *f*, (**Größe** *f*, **Umfang** *m*)
dimension, order, magnitude

Großfläche *f* *(outdoor advertising)*
bulletin board, large panel, magna panel, supersite

Großflächenanschlag *m* (**Großflächenplakat** *n*) *(outdoor advertising)*
bulletin board poster, bulletin board, large panel poster, magna panel poster, supersite poster

Großflächenanschlagwerbung *f* (**Großflächenwerbung** *f*) *(outdoor advertising)*
bulletin board advertising, large-panel poster advertising, magna panel advertising, supersite poster advertising

Großformat *n*
large size, large format

Großhandel *m* *(economics)*
1. (Institution) wholesale trade, the wholesalers *pl*
2. (Funktion) wholesaling, wholesale trading

Großhandelsbetrieb *m* (**Großhandelsfirma** *f*, **Großhandelsunternehmen** *n*) *(economics)*
wholesaler, wholesale business, wholesale merchant, wholesale company, *also* jobber, distributor, supply house (Filiale) wholesale outlet

Großhandelsdispositionszentrum *n* (**Trade Mart** *m*) *(economics)*
trade mart, mart, trade center

Großhandelsfläche *f*
→ Verkaufsfläche

Großhandelsformat *n* (**Großhandelspackung** *f*, **Großverbraucherpackung** *f*) *(economics)*
institutional size, bonus pack size, extra size pack

Großhandelsfunktion *f*
→ Großhandel

Großhandelsindex *m* (**Großhandelspreisindex** *m*) *(economics)*
obsol wholesale price index (WPI)

Großhandelskette *f* *(economics)*
wholesale chain chain of wholesalers

Großhandelslager *n* *(economics)*
wholesale store, wholesale warehouse

Großhandelsmarketing *n* *(economics)*
wholesale marketing

Großhandelsmarkt *m*
→ Großmarkt

Großhandelsmarktforschung *f*
wholesale market research

Großhandelspanel *n* *(market research)*
wholesaler panel survey, wholesaler panel study, wholesaler panel investigation, wholesaler panel

Großhandelspreis *m* *(economics)*
wholesale price

Großhandelspreisindex *m*
→ Großhandelsindex

Großhandelsrabatt *m* *(economics)*
wholesale discount

Großhandelsreisender *m*
→ Reisender

Großhandelsspanne *f* (**Handelsspanne** *f* **des Großhandels**) *(economics)*
wholesale trade margin of profit, wholesale trade margin, wholesale margin

Großhandelsunternehmen *n*
→ Großhandelsbetrieb

Großhandelswerbung *f*
wholesale advertising, wholesaler advertising

Großhandelszentrum *n* (**Standortzentrum** *n*, **Kooperationszentrum** *n*) *(economics)*
wholesale center, wholesaling center, trade center, mart, trade mart

Großhändler *m* *(economics)*
wholesaler, wholesale dealer, wholesale merchant, distributor, *also* jobber

Großhändlerwerbung *f*
→ Großhandelswerbung

Großhandlung *f*
→ Großhandelsbetrieb, Großhändler

Grossierer *m obsol*
→ Großhändler

Grossist *m*
→ Großhändler, Pressegrosso

Großkunde *m* (**Großauftrag** *m*, **großer Etat** *m*) *(advertising)*
(einer Werbeagentur) key account

Großkundenbetreuung *f*
key account management

Großmarkt *m* (**Erzeugergroßmarkt** *m*, **Versorgungsgroßmarkt** *m*) *(economics)*
wholesale market, central market, trade center, merchandise mart

Grosso *n*
→ Pressegrosso

Grossorabatt *m*
→ Großhandelsrabatt

Großplakat *n* *(outdoor advertising)*
king-size poster, magna poster

Großraumladen *m*
→ Discountbetrieb, Supermarkt, Verbrauchermarkt

Großsupermarkt m *(retailing)*
super-supermarket, hypermarket, hypermarché, superstore

Großtafel f
→ Großfläche

Großverbraucher m *(economics)*
institutional consumer, large-scale consumer

Großverbrauchergeschäft n *(economics)*
large-scale consumption dealer, institutional consumer dealer

Großverbraucher-Rabatt m *(economics)*
bonus, bonus discount

Großverpackung f
→ Familienpackung, Großhandelsformat

Grundaufforderungswert m
→ Aufforderungswert

Grundaussage f **(Grundbotschaft** f**)**
basic message

Grundbedarf m **(Primärbedarf** m**)** (Wilhelm Vershofen) *(economics)*
basic demand, primary demand

Grundbedürfnis n **(Primärbedürfnis** n**, Grundverlangen** n**)** *(psychology)*
basic need

Grundeinheit f **(von Maßsystemen)**
basic unit, base

Grundindustrie f **(Grundstoffindustrie** f**, Schlüsselindustrie** f**)** *(economics)*
basic industry

Grundinteresse n **(Minimalinteresse** n**)** *(advertising research)*
base-line involvement, baseline involvement

Grundkonzept n **(Grundkonzeption** f**)**
basic concept

grundlegende Werbebotschaft f
basic advertising message, basic message

gründlicher Leser m *(media research)*
thorough reader

gründliches Leser n *(media research)*
thorough reading

Gründlichkeit f **des Lesens** *(media research)*
thoroughness of reading

Grundnachfrage f
→ Grundbedarf

Grundnutzen m (Wilhelm Vershofen) *(economics)*
basic utility

Grundpreis m
1. *(economics)* base price, basic price, advertised price
2. *(advertising)* base rate, basic rate, card rate, flat rate, full rate-card cost, one-time rate, open rate, transient rate, standard rate

Grundsätze m/pl **(Prinzipien** n/pl**, Methode** f**, Taktik** f**, Verfahren** n**, Vorgehensweise** f**, Politik** f**, politische Linie** f**)**
policy

Grundschrift f *(typography)*
body type text type, main type, body text, body copy

grundstoffverarbeitende Industrie f *(economics)*
secondary industry

Grundstücksanzeige f
real estate advertisement, real estate ad

Grundstücksmakler m *(wholesaling)*
real estate broker

Grundtenor m **(Grundthema** n**)** *(advertising)*
(eines Werbetextes) copy theme, theme

Grundware f *(economics)*
basic product, primary product

Gruppengeist m **(Esprit** m **de Corps, Korpsgeist** m**)**
group mind, esprit de corps, group thought

Gruppenmarketing n
group marketing, horizontal marketing, horizontal marketing cooperation

Gruppenmoral f **(Gruppengeist** m**)** *(group sociology)*
group morale

Gruppenorganisation f **(Gruppensystem** n**)** *(advertising)*
(Agenturorganisation) group system, group

organization system, creative groups organization system

gruppenverankerte Einstellung *f*
group-anchored attitude

Gruppenwerbung *f*
group advertising, horizontal advertising, horizontal advertising cooperation

Gruppenwettbewerb *m* *(sales promotion)*
group contest

Gutachten *n*
expert opinion, expert advice, expertise

Gutachter *m* **(Sachverständiger** *m*)
expert referee

gute Sitten *f/pl*
business practice

Gütegemeinschaft *f* *(economics)*
grade label association, certification mark association, quality label association

Güter *n/pl* *(economics)*
goods *pl*

Güter *n/pl* **des gehobenen Bedarfs** *(economics)*
shopping goods *pl*

Güter *n/pl* **des täglichen Bedarfs**
→ Convenience Goods

Güterklassifikation *f* **(Gütertypologie** *f*) *(economics)*
classification of goods, typology of goods

Güterstrom *m* *(economics)*
flow of goods

Gütertest *m*
→ Warentest

Gütertypologie *f*
→ Güterklassifikation

Gütesiegel *n*
→ Testsiegel

Gütezeichen *n* *(economics)*
grade label, certification mark, quality label

Gutgrenze *f* **(zulässiges Qualitätsniveau** *n*, **annehmbare Qualität** *f* **der Lieferung)** *(statistical quality control)*
acceptable quality level (AQL)

Gutschein *m* **(Kupon** *m*, **Coupon** *m*)
coupon

Gutscheinausschneiden *n* **(Kuponausschneiden** *n*)
coupon clipping

Gutscheinblock *m* **(Kuponblock** *m*, **Gutscheinabreißblock** *m*)
coupon pad

Gutscheineinlösung *f* **(Kuponeinlösung** *f*)
coupon redemption

Gutscheineinlösungsrate *f* **(Kuponeinlösungsrate** *f*)
coupon redemption rate

Gutscheineinlösungsverhalten *n* **(Kuponeinlösungsverhalten** *n*)
coupon redemption behavior, *brit* coupon redemption behaviour

Gutscheinrücklauf *m* **(Kuponrücklauf** *m*)
coupon returns *pl*, coupon redemption rate, redemption rate

Gutscheinwerbung *f* **(Kuponwerbung** *f*)
coupon advertising, couponing

H

habituelles Kaufverhalten n *(economics)*
habitual buying behavior, *brit* habitual buying behaviour

Haftetikett n
adhesive label, self-adhesive label, pressure-sensitive label

Häftlingsdilemma n *(theory of games)*
prisoner's dilemma

Halbbelegung f *(outdoor & transit advertising)*
half showing, 50 showing, 50 showing, half run, half service, number 50 showing, minimum coverage

halbe Doppelseite f **(halbe Doppelseitenanzeige** f **)**
half-page spread, junior spread, pony spread, Scotch spread

Halbfabrikat n **(Halbfertigware** f **)** *(economics)*
semifinished product, *brit* semi-finished product, semifinished goods pl, *brit* semi-finished goods pl, semi-manufactured goods pl, fabricating materials pl

Halbfaltschachtel f
half-slotted container with separate cover (HSC)

Halbkarton m
paperboard, thin cardboard

Halbselbstbedienung f
→ Teilselbstbedienung (Selbstauswahl)

halbseitige Anzeige f
half-page advertisement, half-page ad

halbspaltig adj *(printing)*
half-measure, half-column measure, half-column, half-stick

Haltestellenplakat n *(transit advertising)*
transit station poster, transportation display poster

Handel m *(economics)*
1. (Funktion) (Handelsverkehr m) trade, trading, commerce

2. (Institution) distributive trades pl, the trades pl

Handelsadreßbuch n
trade directory, commercial directory rade activity

Handelsbeauftragter m
trade agent, agent, sales agent

Handelsbefragung f
→ Händlerbefragung, Einzelhandelsbefragung, Großhandelsbefragung

Handelsbetrieb m
→ Handelsunternehmen

Handelsblatt n
→ Handelsfachzeitschrift

Handelsbrauch m **(Handelsusance** f **)** *(economics)*
trade practice, commercial practice, commercial usage, practice of trade

Handelsdynamik f
→ Dynamik der Betriebsformen

Handelsfachzeitschrift f **(Handelszeitschrift** f, **Handelsblatt** n**)**
commercial magazine trade magazine, commercial journal, trade journal

Handelsfirma f
→ Handelsunternehmen

Handelsforschung f *(economics)*
commercial research, trade research

Handelsfunktion f *(economics)*
trade function, function of trade

Handelsgehilfe m
→ kaufmännische(r) Angestellte(r)

Handelsgewohnheit f
→ Handelsbrauch

Handelsgut n **(Handelsware** f **)** *(economics)*
merchandise, (pl Güter) commercial goods pl, commodity

Handelshof *m* (**Abholgroßhandlung** *f*)
→ Cash-and-Carry-Betrieb

Handelskette *f* (Rudolf Seyffert)
1. trade chain, chain of distribution, dealer chain, chain of dealers
2. → freiwillige Handelskette

Handelskettenmethode *f* (**Handelskettenanalyse** *f*) (Rudolf Seyffert) *(economics)*
trade chain analysis, chain of distribution analysis, dealer chain analysis

Handelskettenspanne *f*
→ Gewinnspanne, Handelsspanne, Distributionskosten

Handelsklasse *f* (**Güteklasse** *f*) *(economics)*
quality grade, market grade. grade label, grade

Handelsklausel *f* (*meist pl* **Handelsklauseln**)
International Commercial Terms *pl* (incoterms)

Handelslager *n (economics)*
trade warehouse

Handelsmakler *m (economics)*
merchant broker

Handelsmanagement *n* (**Unternehmensführung** *f* **im Handel**) *(economics)*
1. (im Einzelhandel) retail management
2. (im Großhandel) wholesale management

Handelsmanager *m (economics)*
1. (im Einzelhandel) retail manager
2. (im Großhandel) wholesale manager

Handelsmarke *f* (**Händlermarke** *f*) *(economics)*
dealer's brand, dealer brand, private brand, private label, private distributor brand, middleman's brand, retailer's brand

Handelsmarketing *n (economics)*
dealer marketing, dealers' marketing, trade marketing

Handelsmesse *f*
trade show

Handelspanel *n*
→ Einzelhandelspanel, Großhandelspanel

Handels-PR *f* (**Pflege** *f* **der Beziehungen zum Handel**)
dealer relations *pl* oder *sg*

Handelsreisender *m* (**Handlungsreisender** *m*)
salaried salesman, travel salesman, manufacturer's agent, manufacturer's salesman, manufacturer's salesperson, manufacturer's representative

Handelsrevolution *f (economics)*
commercial revolution

Handelssortiment *n*
→ Sortiment

Handelsspanne *f (economics)*
1. gross margin, gross profit, trade margin of profit, trade margin
2. (Einzelhandelsspanne) retail trade margin of profit, retail trade margin
3. (Großhandelsspanne) wholesale trade margin of profit, wholesale trade margin
4. (Betriebsspanne) dealer's margin of profit, dealer margin
5. (Stückspanne) per product margin of profit, per product trade margin
6. (Artikelgruppenspanne) product group margin of profit, product group trade margin
7. (Branchenspanne) trade branch margin of profit, trade branch margin

Handelsspannenmethode *f (advertising)*
(der Werbebudgetierung) gross margin method (of advertising budget determination)

Handelsstatistik *f (economics)*
trade statistics *pl construed as sg*

Handelsstruktur *f (economics)*
trade structure, commercial structure

Handelsstufe *f (economics)*
trade level

Handelsstufenrabatt *m (economics)*
trade discount, dealer discount

Handelstätigkeit *f*
→ Gewerbe

Handelsteil *m*
(der Zeitung) commercial section, commercial pages *pl*

handelsübliche Preissetzung *f* (**branchenübliche Preissetzung** *f*) *(economics)*
customary pricing

handelsüblicher Preis *m* (**branchenüblicher Preis** *m*) *(economics)*
customary price

Handelsunternehmen *n* (**Handelsfirma** *f*, **Handelsbetrieb** *m*) *(economics)*
commercial enterprise, trade company

Handelsusance *f*
→ Handelsbrauch

Handelsverband *m* *(economics)*
trade association, dealer association, dealers association

Handelsverkehr *m* *(economics)*
trade, commerce

Handelsvermittlung *f* *(economics)*
trade brokerage

Handelsvermittlungshandel *m* *(economics)*
brokerage trade

Handelsvertreter *m* (**Handelsagent** *m*) *(wholesaling)*
sales representative, commercial representative, sales agent, selling agent, commercial agent, trade representative, trade agent, merchandise agent

Handelsware *f* (oft *pl* **Handelswaren**) *(economics)*
commercial goods *pl*, commercial product, merchandise, commodity

Handelswerbung *f*
→ Händlerwerbung

Handelswettbewerb *m*
→ Händlerwettbewerb

Handelswissenschaft *f*
→ Handelsforschung

Handelszeitschrift *f*
→ Handelsfachzeitschrift

Handelszentrum *n* (**Handelsstadt** *f*) *(social ecology)*
commercial city

Handelszone *f*
→ Einzugsbereich 1.

Handelszugabe *f* *(sales promotion)*
trade premium

Handhabungstest *m* *(market research)*
handling test

Händler *m* *(economics)*
dealer, merchant

Händlerbefragung *f* *(market research)*
dealer survey, dealer interview

Händlerdichte *f* *(economics)*
dealer outlet density, outlet density

Händlereindruck *m* (**Firmeneindruck** *m*) *(advertising)*
dealer imprint, imprint, *colloq* hooker

Händlerhilfen *f/pl* (**Verkaufshilfen** *f/pl* **für Händler**) *(promotion)*
1. dealer aids *pl*, sales aids *pl*, merchandising materials *pl*, point-of-purchase material, *also* dealer helps *pl*, promotional material
2. (Paket von Materialien) promotional kit, promotional package

Händlerkatalog *m* *(promotion)*
dealer catalog, *brit* dealer catalogue

Händlermarke *f*
→ Handelsmarke

Händlerpanel *n* *(market research)*
dealer panel, dealer panel investigation

Händler-Promotions *f/pl*
→ Verkaufsförderung

Händlernachlaß *m* *(sales promotion)*
1. free merchandise
2. merchandise allowance

Händlerrabatt *m* *(sales promotion)*
1. dealer allowance, trade discount
2. (für Verkaufsförderungsmaßnahmen) promotion allowance, merchandising allowance, buying allowance
3. buy-back allowance
4. count and recount promotion

Händlerumwerbung *f*
→ Fachwerbung

Händlerwerbehilfen *f/pl*
→ Händlerhilfen

Händlerwerbung *f* (**Handelswerbung** *f*)
1. dealer advertising
2. (Gemeinschaftswerbung) dealer cooperative advertising, cooperative dealer advertising

Händlerwettbewerb m *(promotion)*
dealer contest, contest

Händlerzeitschrift f
dealer magazine

Händlerzugabe f *(sales promotion)*
dealer loader

Handlungskosten pl **(Handlungsunkosten** pl**)**
→ Gemeinkosten, Vertriebskosten

Handlungsreisender m
→ Handelsreisender

Handmuster n
→ Attrappe

Handwerk n **(das Handwerk** n**)** *(economics)*
crafts pl, the crafts pl, handicraft

Handwerker m **(Kunsthandwerker** m**, Mechaniker** m **in einer Agrargesellschaft)**
artisan

Handwerker m
craftsman, pl craftsmen, handicraftsman, pl handicraftsmen, skilled manual worker

Handwerkswirtschaft f **(Handwerkerwirtschaft** f**)** *(economics)*
handicraft economy

Handzettel m *(sales promotion)*
handbill, dodger, giveaway, throwaway

Hängeplakat n *(promotion)*
hanger card

häufiger Leser m *(readership research)*
frequent reader

häufiges Lesen n *(readership research)*
frequent reading

Hauptabsatzgebiet n *(economics)*
major sales area, sales area, primary marketing area (P.M.A.), primary market area (P.M.A.), heartland

Hauptagentur f
→ federführende Agentur

Haupteffekt m **(hauptsächlicher Effekt** m**, hauptsächliche Wirkung** f**)** *(market research)*
main effect

Hauptgeschäft n *(retailing)*
main store, parent store, flagship store

Hauptgeschäftszeit f **(Hauptgeschäftsstunden** f/pl**)** *(economics)*
peak hours pl, peak business hours pl, main business hours pl

Hauptleser m **(bewußter Hauptleser** m**)**
→ Erstleser

Hauptteil m **(Body Copy** f**, Haupttext** m**)** *(advertising)*
(einer Anzeige) body copy, body matter, body

Hauptverbreitungsgebiet n **(Kernverbreitungsgebiet** n**)** *(print media) (economics)*
1. (Zeitung/Produkt) primary marketing area (P.MA.), sectional center
2. *(economics)* → Hauptabsatzgebiet

Hauptverdiener m **(Ernährer** m**, Lohnempfänger** m**) (in einem Haushalt)**
main wage earner, wage earner, bread winner, bread-winner

Hauptverkaufsargument n *(advertising)*
focus of sale

Hauptverkehrsroute f **(Hauptverkehrsweg** m**)**
(outdoor advertising)
primary route of travel

Hauptware f **(Hauptprodukt** n**)** *(economics)*
(im Gegensatz zur Zugabe) basic product

Hauptwerbemittel n
basic advertisement

Hauptwerbeträger m *(marketing planning)*
basic advertising medium, basic medium, primary medium

Hausagentur f **(**also **Haus-AE** f**)** *(advertising)*
house agency

Hausbemalung f **(bemalte Häuserwand** f**, Hausbemalungswerbung** f**) (ouutdoor advertising)**
painted wall, painted wall advertising

Hausbesuch m **(Kontaktbesuch** m**)** *(economics)*
(market research)
call, canvas, canvass

Hauseigentümer m **(Hausbesitzer** m**, Hauswirt** m**, Hausherr** m**)**
landlord

Hausfarbe *f* **(Hausausstattung** *f* **)** *(economics)*
house style

Hausfrau *f*
housewife, *pl* housewives

Haushalt *m*
1. (privater Haushalt *m*, Familienhaushalt *m*) *(empirical social research) (demography)* household, home, domestic group
2. → Etat, Budget
3. → öffentlicher Haushalt

Haushalt *m* **mit mittlerem Einkommen** *(economics)*
median-income household

Haushaltsabdeckung *f*
→ Haushaltsreichweite

Haushaltsbuch *n* *(marketing research)*
household book

Haushaltsbuchforschung *f* *(market research)*
household book research

Haushaltsbudget *n* **(Etat** *m* **eines Haushalts)** *(empirical social research)*
household budget

Haushaltscharakteristik *f* **(Haushaltsmerkmale** *n/pl*, **demographische Merkmale** *n/pl* **eines Haushalts, demographische Charakteristika** *n/pl* **der Mitglieder eines Haushalts)** *(market research)*
household characteristics *pl*

Haushaltseinheit *f*
→ Konsumentenhaushalt

Haushaltseinkommen *n* *(economics)*
income of household, household income

Haushalts-Einschaltquote *f* *(radio/television) (media research)*
1. homes-using-sets rating, households-using-sets rating, homes per rating point (HPRP), share of audience
2. (beim Fernsehen) homes-using-television rating (HUT rating), households-using-television rating (HUT rating), homes-using-television rating, households-using-television rating
3. (beim Radio) homes-using-radio rating (HUR rating), households-using-radio rating, Nielsen rating, Hooperating

Haushalts-Einschaltzahl *f* *(media research) (radio/television)*
1. homes using sets *pl*, households using sets *pl*, household audience
2. (beim Fernsehen) homes using television *pl*, households using television *pl*, homes using television *pl*, households using television *pl*
3. (beim Radio) homes using radio *pl*, households using radio

Haushaltsentscheidung *f*
→ Familieneinkaufsentscheidung

Haushaltsführung *f* *(economics)*
household administration, household management

Haushaltsgröße *f* *(economics)*
household size

Haushalts-Investitionsgüter *n/pl*
→ Gebrauchsgüter

Haushaltsjahr *n* *(economics)*
fiscal year (FY)

Haushaltsmanagement *n* **(Haushaltsführung** *f* **)** *(economics)*
household management

Haushaltsnettoeinkommen *n* *(economics)*
net income of a houshould, household net income

Haushaltsorganisation *f* **(Haushaltsstruktur** *f* **)**
domestic organization, *brit* domestic organisation, household organization, *brit* household organisation

Haushaltspackung *f*
→ Familienpackung

Haushaltsplan *m* *(economics)*
budget

Haushaltsreichweite *f* *(economics/media research)*
1. household coverage, *also* households reached *pl*, household reach, audience of households, household audience, accumulated households *pl*
2. *(print media)* circulation-to-household coverage

Haushaltssättigung *f*
→ Sättigung

Haushaltstheorie *f* (**mikroökonomische Haushaltstheorie** *f*) *(economics)*
microeconomic theory

Haushaltsvorstand *m* *(demography)*
1. head of household, head of family, household head, householder, family head
2. (alleinstehend) primary individual

Haushaltswerbung *f* (**Haushaltsumwerbung** *f*)
direct household advertising, door-to-door advertising, canvassing

Haushaltszusammensetzung *f* *(statistics)* *(empirical social research)*
household composition

Haushaltszuschauerschaft *f* (**Haushaltszuschauer** *m/pl*) *(media research)*
audience of households, household audience

Haushaltung *f*
→ Haushalt

Hausierhandel *m* (**Hausiergewerbe** *n*) *(economics)*
door-to-door selling, door-to-door sales *pl*, house-to-house selling, hawking, peddlery, peddling

Hausmann *m*
househusband

Hausmarke *f*
1. private label, house brand, private brand, dealer's brand
2. (eines Großhändlers/einer Handelskette) controlled brand, controlled label
3. (die Waren) private-label goods *pl*, private brand goods *pl*, private brands *pl*, private distributor brands *pl*

Hausmarkenstrategie *f* *(marketing)*
private labeling, private-labeling strategy, private label strategy

Hausschild *n*
door sign

hautenge Verpackung *f*
skin-tight package

Hautwiderstandsmessung *f*
→ psychogalvanische Reaktion

Hawthorne-Effekt *m* (**Versuchskanincheneffekt** *m*) *(empirical social research)*
Hawthorne effect, guinea pig effect

Hawthorne-Experimente *n/pl* (**Hawthorne-Studien** *f/pl*) *(industrial psychology)*
Hawthorne studies *pl*, Hawthorne experiments *pl*

Heckfläche *f* *(transit advertising)*
rear end, tail end (beim Doppeldeckerbus) double back

Heckflächenplakat *n* (**Heckfläche** *f*) *(transit advertising)*
rear-end display, rear end, tail-light display, tail-light poster

hedonisches Prinzip *n* (**hedonistisches Prinzip** *n*, **Prinzip** *n* **des Hedonismus**)
hedonic principle, hedonistic principle

Hedonismus *m*
hedonism

hedonistisch *adj*
hedonistic

Heft *n* (**Zeitschriftenexemplar** *n*)
copy, *colloq* the book

Heftalter *n* *(media research)*
age of an issue

Heftvorlage *f*
→ Originalheftvorlage

Heilmittelwerbung *f* (**Pharmawerbung** *f*)
1. pharmaceutical advertising
2. (für rezeptpflichtige Heilmittel) ethical advertising
3. (für nicht-rezeptpflichtige Heilmittel) patent medicine advertising, OTC advertising

Heimarbeit *f* *(economics)*
homework, domestic labor, *brit* domestic labour

Heimdienst *m* *(distribution)*
home-delivery service, free-delivery service

Hemisphärenforschung *f* (**Hirnhälftenforschung** *f*)
brain hemisphere research

Hendry-Marketing-Simulation *f*
Hendry marketing simulation

herabgesetzter Preis *m* *(economics)*
1. reduced price, cut price
2. → durchgestrichener Preis

herabsetzende Werbung *f* (**herabsetzende Bezugnahme** *f*)
denigratory advertising, mudslinging, knocking copy, disparaging advertising

herausbringen *v/t (print media)*
(Publikation) to bring out, to put out, to publish

Herausgabe *f (print media)*
putting out, publishing, editing, publication, bringing out

herausgeben *v/t (print media)*
(Publikation) to publish, to edit, to put out, to issue

Herausgeber *m*
editor, publisher

herausklappbare Anzeige *f*
→ ausschlagbare Anzeige

Herfindahl-Index *m* (**der Industriekonzentration**) *(economics)*
Herfindahl index (of industrial concentration)

Herkunftsangabe *f* (**Herkunftsbezeichnung** *f*) *(economics)*
mark of origin, mark of geographical origin

Herkunftstäuschung *f (economics)*
deceptive mark of origin, misleading mark of origin

Hersteller *m* (**Produzent** *m*, (**Erzeuger** *m*) *(economics)*
producer, manufacturer

herstellereigene Verkaufsfiliale *f (economics)*
manufacturer's sales branch, branch house, branch store, branch office, manufacturer's sales outlet, manufacturer's sale office, manufacturer's store, branch house, branch establishment, sales outlet, outlet

Herstellerhaftung *f*
→ Produzentenhaftung

Herstellermarke *f* (**Industriemarke** *f*) *(economics)*
producer's brand, manufacturer's brand, national brand, manufacturer brand

Herstellermarkensystem *n*
→ Markenartikelsystem

Herstellerrisiko *n*
→ Produzentenrisiko

Herstellerwerbung *f*
→ Unternehmenswerbung

Herstellerzugabe *f (promotion)*
factory-pack premium

Herstellung *f* (**Produktion** *f*)
1. *(economics)* production, manufacture, manufacturing
2. *(advertising) (radio/television)* production
3. *(advertising) (radio/television)* (Herstellungsabteilung) production department

Herstellungskosten *pl* (**Produktionskosten** *pl*)
1. *(economics)* production costs *pl*, manufacturing costs *pl*, cost of production, cost of manufacture
2. *(advertising)* (für Werbung) art and mechanical costs *pl*, A & M costs *pl*
3. *(advertising)* (im Agenturbudget) above-the-line cost, above the line

Herstellungsleiter *m (economics/advertising)*
production manager

Herzaufsteller *m (promotion)*
A board, „A" board, A frame, „A" frame

Hierarchie *f* **der Bedürfnisse** (**Bedürfnishierarchie** *f*)
hierarchy of needs (Abraham H. Maslow), hierarchy of motives, motive hierarchy, motivational hierarchy

Hierarchie *f* **der Entscheidungsbefugnisse**
→ Befehlshierarchie

Hierarchie *f* **der Mittel und Ziele** *(organizational sociology)*
hierarchy of means and ends (Herbert A. Simon)

Hierarchy-of-effects-Modell *n* (**Lavidge-Steiner-Modell** *n*) *(advertising)*
hierarchy-of-effects model (Robert J. Lavidge/ Gary A. Steiner)

Hifi-Anzeige *f*
hifi, hi-fi, Hi-Fi, hifi insert, continuous roll insert, wallpaper, preprint

High-Assay-Verfahren *n (media planning)*
high assay model, high assay iteration model

Hilfsarbeiter *m* **(ungelernter Arbeiter** *m***)**
unskilled worker, unskilled manual worker

Hilfsarbeiterschaft *f* **(ungelernte Arbeiterschaft** *f***, die Hilfsarbeiter** *m/pl***, die ungelernten Arbeiter** *m/pl***)**
unskilled labor, *brit* unskilled labour

Hilfsbetriebe *m/pl* **des Marketing**
facilitating agencies *pl* of marketing

Hilfsgut *n* **(Hilfsgüter** *n/pl***)**
→ industrielle Hilfsgüter

Hilfsleistung *f* **(Unterstützung** *f***, Fürsorge** *f***, Fürsorgeleistung** *f***, Fürsorgeunterstützung** *f* **)**
relief

Hilfsquelle *f* **(Hilfsmittel** *n***)**
resource

Hilfsstoff *m*
→ Betriebsstoff

Himmelsschreiben *n* **(Himmelsschrift** *f* **)** *(advertising)*
skytyping, skywriting

Himmelswerbung *f (advertising)*
sky advertising, aerial advertising

hinstimmende Werbung *f*
mood advertising, mood copy

Hintergrundmusik *f (radio/television/POP advertising)*
mood music, background music

historische Methode *f* **der Werbebudgetierung**
1. historical method (of advertising budget determination)
2. (bezogen auf den letzten Jahresumsatz) percentage-of-last-year's sales method
3. (bezogen auf die Überschüsse des letzten Jahres) percentage-of-last-year's surplus method, percentage-of-previous-year's surplus method

historische Schule *f* **(der Nationalökonomie)** *(economics)*
historical school

Hobby *n* **(Steckenpferd** *n***)**
hobby

Hochkonjunktur *f* **(Boom** *m***)** *(economics)*
prosperity phase, prosperity

hochleistungsmotivierter Mensch *m* **(Mensch** *m* **mit hoher Leistungsmotivation)** *(psychology)*
high achievement motive subject

Hochpreispolitik *f (economics)*
high-price policy, skimming policy

Höchstformat *n* **(Höchstgröße** *f* **)**
1. maximum size
2. *(advertising) (printing)* (in Zeilen) maximum linage, *also* maximum lineage

Höchstpreis *m*
1. *(economics)* maximum price
2. *(economics)* premium price
3. *(economics)* umbrella price
4. *(advertising) (print media)* (für Anzeigen) maximil rate (höchster Zeilensatz), *colloq* maximil, maxiline

Höchstpreisberechnung *f (advertising)*
(für Werbung) charging the top of the rate card

Höchstrabatt *m (economics)*
maximum discount

Höchstwert *m*
→ Maximum

hohe Hierarchie *f (organizational sociology)*
tall hierarchy

höhere Berufsstände *m/pl* **(akademische Schichten** *f/pl***)**
professional classes *pl*

höhere Einkommensgruppe *f* **(höhere Einkommenskategorie** *f* **)**
higher income bracket

höheres Dienstalter *n* **(höherer Dienstrang** *m***)**
seniority

Hohlkehle *f (POP advertising)*
channel strip, case strip, shelf strip

Hökerhandel *m (economics)*
street trade, street trading, huckstering

homo oeconomicus *(economics)*
economic man

Honorar *n (advertising)*
(einer Agentur/eines Instituts) service fee

Honorarpauschale *f*
→ Pauschalhonorar

Honorarumsatz m *(advertising)*
billing, billings *pl*

Hörbeteiligung f *(radio)*
audience rating, share-of-audience

Hörer m **(Radiohörer** m**)** *(media research)*
listener, radio listener

Hörer m/pl **pro Stunde** *(media research)*
listeners *pl* per hour

Hörer m/pl **pro Tag** *(media research)*
listeners *pl* per day

Hörerakzeptanz f *(media research)*
radio program acceptance, radio acceptance

Höreranalyse f **(Hörerschaftsanalyse** f**)** *(media research)*
radio audience analysis, audience analysis, broadcast audience analysis, listenership analysis

Hörerbefragung f *(media research)*
radio audience survey, survey among radio listeners, audience survey, broadcast audience survey

Hörerdaten n/pl *(media research)*
radio audience data *pl*, broadcast audience data *pl*, listener data *pl*

Hörerfluß m *(media research)*
audience flow

Hörerforschung f *(media research)*
radio audience research, listener research, radio listener research, broadcast audience research, audience research

Hörergemeinde f
→ Hörerschaft

Hörerschaft f **(Hörer** m/pl**, Hörergemeinde** f**)** *(media research)*
radio audience, radio listeners *pl*, audience, listenership, circulation

Hörerschaftsmessung f **(Hörerschaftsermittlung** f**)** *(media research)*
radio audience measurement, audience measurement

Hörerschaftspanel n *(media research)*
panel of listeners, panel of radio listeners

Hörerschaftsstruktur f *(media research)*
audience composition, radio audience composition, radio audience structure, audience structure, listener characteristics *pl*

Hörer-Strukturanalyse f *(media research)*
structure analysis of radio audience, radio audience structure analysis

Hörertagebuch n **(Hörerschaftstagebuch** n**)** *(media research)*
radio-listening diary, radio diary, radio listener diary, listener diary

Hörerzahl f *(media research)*
radio audience, size of radio audience, radio audience figure

Hörfunk m **(Radio** n**)**
radio broadcasting, sound broadcasting, sound radio, radio

Hörfunkhörer m **(Radiohörer** m**)**
→ Hörer

Hörfunkspot m **(Hörfunkwerbespot** m**, Hörfunkwerbesendung** f**)**
radio commercial, radio announcement

Hörfunkwerbung f **(Radiowerbung** f**)**
radio broadcast advertising, radio advertising, broadcast advertising

Hörgewohnheit f *(media research)*
listening habit

horizontale Absatzwegeintegration f *(economics)*
horizontal channel integration, horizontal integration

horizontale Arbeitsgruppe f *(sociology of work)*
horizontal work group

horizontale Arbeitsstrukturierung f **(Arbeitsplatzausweitung** f**)** *(psychology of work)*
job enlargement

horizontale Arbeitsstrukturierung f **durch Wechsel der Arbeitsinhalte (Arbeitsplatz-Ringtausch** m**)** *(psychology of work)*
job rotation

horizontale Clique f *(industrial sociology)*
horizontal clique

horizontale Diversifikation f **(horizontale Diversifizierung** f**)** *(economics)*
horizontal diversification

horizontale Integration f *(sociology)*
horizontal integration, lateral integration

horizontale Kommunikation *f (communication research)*
horizontal communication

horizontale Konkurrenz *f*
→ horizontaler Wettbewerb

horizontale Koordinierung *f* **(horizontale Koordination** *f* **)** *(organizational sociology)*
horizontal coordination, horizontal co-ordination, lateral coordination, lateral co-ordination

horizontale Migration *f (marketing)*
horizontal migration

horizontale soziale Distanz *f (sociology)*
horizontal social distance

horizontale Wiederholung *f (statistical hypothesis testing)*
horizontal replication

horizontaler Wettbewerb *m* **(horizontale Konkurrenz** *f* **)** *(economics)*
horizontal competition

horizontales Marketing *n*
horizontal marketing

horizontales Wachstum *n* **(Breitenwachstum** *n***)**
horizontal growth

Horrorwerbung *f*
→ angsterzeugende Werbung

Hörstunden *f/pl* **pro Kopf** *(media research)*
man-hours *pl* of listening

Hortungsorientierung *f* (Erich Fromm) *(psychoanalysis)*
hoarding orientation
cf. Marketingpersönlichkeit

Hotelexemplar *n (print media)*
(Zeitschrift) hotel copy

Howard-Sheth-Modell *n (advertising research)*
Howard-Sheth model (John A. Howard/Jagdish Sheth)

Hülle *f (packaging)*
wrapper, wrap

Huff-Modell *n* **(Huffs Modell** *n***)** *(retailing)*
→ Gravitationsmethode

Human Engineering *n*, **Arbeitspsychologie** *f* *(psychology of work)*
human engineering, human factors engineering

humanes Marketing *n*
human concept of marketing

Human-Factor-Bewegung *f (industrial sociology)*
human factor movement

Humanisierung *f* **(Humanisieren** *n***)**
humanization, humanizing

Humankapital *n* **(menschliches Kapital** *n*, **Human Capital** *n***)** *(economics)*
human capital

Human Relations *pl* **(Human-Relations-Arbeit** *f* **)**
human relations *pl construed as sg*, industrial human relations *pl construed as sg*

Human-Relations-Soziologie *f (industrial sociology)*
human relations sociology

Humor *m*
humor

Humor *m* **in der Werbung**
humor in advertising

humorvolle Werbung *f*
humorous advertising

Hund *m*
→ Armer Hund

hundertprozentige Prüfung *f* **mit Ablehnung der Ausschußstücke** *(statistical quality control)*
screening inspection

Hydrasystem *n*
→ Schneeballverfahren

Hygienefaktor *m (industrial psychology)*
hygiene factor (Frederick Herzberg)

hyperbolischer Trend *m (statistics)*
hyperbolic trend

Hypodermic-Needle-Modell *n*
→ Injektionsmodell

Hypothese *f* **der minimalen Wirkung (der Massenmedien)** *(communication research)*
minimal effects hypothesis, *pl* hypotheses (Paul F. Lazarsfeld)

Hypothesentheorie *f* **der Wahrnehmung** *(psychology)*
hypothesis theory of perception (Leo J. Postman/Jerome S. Bruner)

I

Ich-Beteiligung *f* **(Ego-Involvement** *n*) *(psychology)*
ego involvement

Idealimage *n*
ideal image, image ideal, ideal self-image

Ideal-Index *m* **(Fisherscher Idealindex** *m*) *(statistics)*
ideal index number, ideal index, *pl* ideal indexes or indices

Ideal-Modell *n* **von Trommsdorf**
→ Trommsdorf-Modell

Idealprodukt *n* *(market research)*
ideal product

Idealproduktmodell *n* *(market research)*
ideal product model

Idealpunktmodell *n* *(empirical social research) (multidimensional scaling)*
ideal-point model

Idealtypus *m* **(Idealtyp** *m*) (Max Weber) *(theory of knowdledge)*
ideal type, pure type

Ideenentwicklung *f* **(Ideenentwicklungsinterview** *n*) *(marketing planning)*
idea development interview (IDI), idea generation interview

Ideenfenster *n*
→ Phantasiefenster

Ideenfindungsmethode *f*
→ Kreativitätstechnik

Ideenproduktion *f* *(marketing planning)*
generation of ideas, idea generation

Ideenskizze *f*
→ Rohentwurf

identische Nachbildung *f*
→ sklavische Nachahmung

Identitätspolitik *f*
corporate communication, corporate communications *pl construed as sg*

Ideogramm *n* **(Begriffszeichen** *n*, **Begriffssymbol** *n*, **graphisches Symbol** *n*)
ideograph, ideogram

ideographisch *adj*
ideographical

Illustration *f*
illustration, picture

Illustrator *m*
illustrator

illustrieren *v/t*
to illustrate, to picturize

illustrierte Anzeige *f* *(advertising)*
illustrated advertisement, illustrated ad

Image *n* **(Vorstellungsbild** *n*, **Vorstellung** *f*)
image

Image-Aktion *f*
→ Imagekampagne

Image-Analyse *f* *(communication research)*
image analysis

Image-Aufbau *m* **(Image-Entwicklung** *f*, **Imagepflege** *f*)
image building

Imageforschung *f* *(empirical social research)*
image research

Imagekonzept *n*
image concept, concept of image

Image-Marketing *n* (H. J. Richter)
image marketing

Imagemessung *f*
measurement of image, image measurement

Image-Modell *n*
image model

Image-Optimierung *f*
optimization of image, image optimization

Imagepolitik *f*
image policy

Imagery *f* **(bildhafte Darstellung** *f*, **geistige Bilder** *n/pl*, **Vorstellungen** *f/pl*, **Bildersprache** *f* **)** *(communication research)*
imagery, mental imagery

Imagery-Analyse *f* **(Analyse** *f* **mutmaßlicher erklärender latenter Begriffe)** *(empirical social research)*
imagery analysis, *pl* analyses (Paul F. Lazarsfeld)

Image-Stabilität *f*
stability of image, image stability

Image-Theorie *f*
image theory, theory of image

Imagetransfer *m*
image transfer, transfer of image

Image-Untersuchung *f* **(Imagestudie** *f* **)**
image investigation, investigation of (an) image, image study

Imageverstärker *m* (Uwe Johannsen)
image factor, image reinforcer

Imagewerbung *f*
image advertising

Imagewirkung *f* *(advertising)*
image effect, image impact

Imagination *f*
→ Phantasie

Imitation *f*
imitation

imitieren *v/t*
to imitate

immaterielles Eigentum *n* **(geistiges Eigentum** *n***)**
incorporeal property

Immobilienanzeige *f*
real estate advertisement, real estate ad

Immobilienwerbung *f*
real estate advertising

Immunisierung *f* **(gegenüber beeinflussender Kommunikation)**
→ Inokulation, Inokulationstheorie

Impacttest *m* **(Impactverfahren** *n*, **Impacttestverfahren** *n***)** *(advertising research)*
impact test, impact testing, impact test procedure

Impactwert *m* **(Impact-Wert** *m***)** *(advertising research)*
impact value

Imperativ *m*
→ Intensivnutzer, Vielnutzer

Importagent *m* *(economics)*
import agent, import agency

Import-Factoring *n* *(economics)*
import factoring

Importmarketing *n* *(economics)*
import marketing

Importmarktforschung *f*
import market research

Impulsgüter *n/pl* **(Impulswaren** *f/pl*, **Impulssortiment** *n***)** *(economics)*
impulse goods *pl*, impulse items *pl*

Impulskauf *m* **(impulsive Kaufentscheidung** *f* **)** *(economics)*
impulse purchase, impulsive buying decision

Impulskaufen *n* **(impulsiv Kaufen** *n*, **impulsive Kaufentscheidungen** *f/pl***)** *(economics)*
impulse buying, impulse purchasing

Imputation *f* **(Zurechnung** *f*, **Zuschreibung** *f*, **Zuschlag** *m***)** *(theory of games)*
imputation

Incentive *f*
incentive, incentive item, incentive bonus

Incentive-Marketing *n*
incentive marketing

Incentive-Reise *f*
incentive travel

Incentive-Theorie *f* *(communication research)*
incentive theory

Indentkauf *m*
resident buying

Indentkäufer *m (retailing)*
resident buyer

Indentkaufzentrale *f* (**Indentkaufbüro** *n*) *(retailing)*
resident buying office

Index *m* (**Indexziffer** *f*, **Indexzahl** *f*) *(statistics)*
index, *pl* indexes *or* indices, index number

Index *m* **der Prognoseeffizienz** (**Index** *m* **der Voraussageeffizienz, Index** *m* **der prognostischen Leistungsfähigkeit**) *(statistics)*
forecasting efficiency index, *pl* indexes or indices

Index *m* **der sozialen Schichtposition** (**Index** *m* **der sozialen Schichtzugehörigkeit, Index** *m* **der Klassenzugehörigkeit**) *(empirical social research)*
Index of Class Position (ICP, I. C. P.)

Index *m* **der sozialen Stellung** (**der sozialen Position**) *(empirical social research)*
Index of Social Position (ISP, I. S. P.), Hollingshead index (August B. Hollingshead/J. Myers)

Index *m* **des sozioökonomischen Status** *(empirical social research)*
index of socio-economic status

Index *m* **für die Lebenshaltung**
→ Preisindex für die Lebenshaltung

Index *m* **mit fester Basis** (**Indexziffer** *f*, **Indexzahl** *f* **mit fester Basis**) *(statistics)*
fixed-base index, *pl* indexes or indices

Index *m* **mit gekreuzten Gewichten** (**Indexzahl** *f* **mit gekreuzten Gewichten**) *(statistics)*
crossed-weight index, *pl* indices or indexes, crossed-weight index number

Indexbildung *f (statistics)*
indexing, index construction, formation of indexes, formation of indices

Indexzahl *f* (**Indexziffer** *f*, **Index** *m*) *(statistics)*
index number, index

Indifferenz *f* (**Gleichgültigkeit** *f*)
indifference

Indifferenzbereich *m* (**Bereich** *m* **der Indifferenz**)
latitude of noncommitment, zone of indifference

Indifferenzgesetz *n (economics)*
law of indifference

Indifferenzkurve *f (economics)*
curve of indifference

Indifferenz-Präferenz-Theorie *f (economics)*
indifference-preference theory (J.R. Hicks/F.Y. Edgeworth)

indirekte Arbeit *f* (**indirekt, mittelbar zum Produkt bezogene Arbeit** *f*, **nichtproduktbezogene Arbeit** *f*) *(sociology of work)*
indirect work, indirect job, indirect labor, *brit* indirect labour

indirekte Ausfuhr *f (international marketing)*
→ indirekter Export

indirekte Preiserhöhung *f (economics)*
indirect price increase

indirekte Suggestion *f (communication research)*
indirect suggestion

indirekte Werbung *f*
indirect advertising

indirekte Zusammenarbeit *f* (**indirekte Kooperation** *f*)
indirect cooperation, indirect co-operation

indirekter Export *m* (**indirekte Ausfuhr** *f*) *(international marketing)*
indirect exporting

indirekter Exporteur *m (international marketing)*
indirect exporter

indirekter Kontakt *m* (**vermittelter Kontakt** *m*) *(communication research)*
indirect contact

Individualentscheidung *f* (**individuelle Kaufentscheidung** *f*) *(economics)*
individual decision

individualisierter Werbebrief *m*
individual advertising letter

Individualkommunikation *f*
individual communication

Individualmarke *f (economics)*
individual brand

Individualmerkmal *n*
→ Merkmal

Individualumwerbung *f*
→ Einzelumwerbung

Individualwerbung *f*
→ Einzelumwerbung

individuelle Autorität *f* **(Autorität** *f* **einer Einzelperson)**
individual authority

individueller Konflikt *m* **(Konflikt** *m* **zwischen Einzelpersonen)**
individual conflict

Industrial Relations *f/pl*
industrial relations *pl construed as sg*

Industrialisierung *f*
industrialization

Industrie *f* **(Gewerbe** *n***)**
industry

Industrieanlagen *f/pl*
major industrial equipment, major equipment

Industriearbeit *f* **(Industrialismus** *m***)**
industrialism, industrial work

Industriearbeiter *m* **(Fabrikarbeiter** *m***)**
industrial worker

Industrie-Design *n*
→ industrielle Formgebung

Industriediffusion *f* **(industrielle Diffusion** *f***)**
industrial diffusion

Industriedispersion *f* **(Industriestreuung** *f***)**
industrial dispersion

Industrieentwicklung *f* **(industrielle Entwicklung** *f***)** *(economics)*
industrial development

Industriefilm *m* **(industrieller Dokumentationsfilm** *m***)**
industrial film, business film, sponsored film, theatrical film

Industrieforschung *f*
industrial research

Industriegebiet *n*
→ Gewerbegebiet

Industriegesellschaft *f* **(industrielle Gesellschaft** *f***)**
industrial society

Industriegroßhändler *m (wholesaling)*
industrial distributor

Industriegüter *n/pl* **(industrielle Güter** *n/pl***)** *(economics)*
industrial goods *pl*

Industriegüterwerbung *f* **(Investitionsgüterwerbung** *f***)**
industrial goods advertising, industrial advertising, capital goods advertising

Industrieladen *m*
→ Belegschaftsladen

Industrielieferant *m (wholesaling)*
mill supply house, mill supplier

industrielle Beziehungen *f/pl*
industrial relations *pl*

industrielle Dienstleistung *f (economics)*
industrial service

industrielle Formgebung *f* **(Industrie-Design** *n***)**
industrial design

industrielle Hilfsgüter *n/pl (economics)*
accessory industrial equipment, accessory equipment, accessory goods *pl*, accessory products

industrielle Kaufentscheidung *f (economics)*
industrial buying decision, buying decision

industrielle Nachfrage *f* **(Industrienachfrage** *f***)** *(economics)*
industrial demand

industrielle Mobilität *f* **(Industriemobilität** *f***)**
industrial mobility

industrielle Organisation f **(Industrieorganisation** f**)**
industrial organization, *brit* organisation

industrielle Preisgebung f **(indutrielle Preissetzung** f**)** *(economics)*
industrial pricing, industrial price policy, industrial pricing policy, industrial price setting

industrielle Revolution f
industrial revolution, Industrial Revolution (Arnold Toynbee)

industrielle Schlichtung f **(Schlichtung** f **bei Arbeitskonflikten)**
industrial arbitration

industrielle Symbiose f
industrial symbiosis

industrielle Werbung f
→ Industriegüterwerbung

Industriemarke f
→ Herstellermarke

Industriemarketing n
industrial marketing (E. Raymond Corey)

Industriemarkt m *(economics)*
industrial market

Industriemensch m *(social psychology)*
industrial man, *pl* men (Alex Inkeles)

Industriesoziologie f **(Betriebssoziologie** f**)**
industrial sociology, sociology of work

Industriestadt f **(Fabrikstadt** f**)** *(social ecology)*
industrial city

Industriestandort m **(Gewerbestandort** m**)**
industrial location

Industrieverpackung f
1. industrial package
2. industrial packaging

Industrieverwaltung f
→ Betriebswirtschaft

Industrievorort m **(gewerblicher Vorort** m**)** *(social ecology)*
industrial suburb

Industriewerbung f
→ Industriegüterwerbung

Industriezweig m
industry, branch of industry

ineffizient *adj*
inefficient

Ineffizienz f
inefficiency

inelastische Nachfrage f *(economics)*
inelastic demand

inferiore Güter n/pl *(economics)*
inferior goods *pl*, Giffen goods *pl*

Inflation f *(economics)*
inflation

informale Autorität f **(informelle Autorität** f**)**
informal authority *(organizational sociology)*

informale Kommunikation f **(informelle Kommunikation** f**)** *(communication research)*
informal communication

informale Organisation f **(informelle Organisation** f**, informale soziale Organisation** f**)**
informal organization, *brit* informal organisation, complex organization

informale Struktur f **(informelle Struktur** f**)** *(sociology)*
informal structure

informaler Status m **(informeller Status** m**)**
informal status

Informalogramm n **(graphische Darstellung** f **der informellen Beziehungen in einer Organisation)** *(organizational sociology)*
informalogram

Informatik f
theory of information processing, computer science

Information f **(Nachricht** f**)**
information

Informationsbank f
→ Datenbank

Informationsblatt n **(Informationszettel** m**)**
fact sheet

Informationsdiffusion f *(communication research)*
information diffusion, diffusion of information

Informations-Display-Matrix f (IDM)
information display matrix

Informationsfluß m *(communication research)*
flow of information, information flow

Informationsgesellschaft f
information society

Informationsgrad m
level of information

Informationskanal m **(Nachrichtenkanal** m**)** *(communication research)*
information channel

Informationsmarkt m
information market

Informationsmatrix f *(statistics)*
information matrix, *pl* matrices or matrixes

Informationsnachfrage f
demand for information, information demand

Informationspolitik f
information policy

Informationspool m **(Pool** m**)** *(communication research)*
pool, information pool

Informationsselekteur m **(Nachrichtenselekteur** m**, Gatekeeper** m**)** *(communication research)*
gatekeeper (Kurt Lewin)

Informationsselektion f
election of information, information selection, gatekeeping (Kurt Lewin)

Informationssprache f *(communication research)*
information language

Informationssystem n **(Nachrichtensystem** n**)**
information system, data information system

Informationstechnologie f **(Informationstechnik** f**)**
information technology

Informationstheorie f
information theory, theory of information

Informationsüberlastung f **(Informationsüberflutung** f**)** *(communication research)*
information overload

Informationsübermittlung f **(Informationsübertragung** f**)**
transfer of information, information transfer

Informationsübertragung f **(Nachrichtenübertragung** f**)**
information transmission

Informationsverbreitung f **(Informationsdiffusion** f**)**
diffusion of information, information diffusion

Informationsverhalten n
information-getting behavior, *brit* behaviour, information-gathering behavior, information behavior

Informationsverlust m *(information theory)*
loss of information

informative Etikettierung f **(Informatives Labeling** n**)** *(advertising) (packaging)*
informative labeling, *also* informative labelling

informative Werbung f
1. informative advertising, information advertising, informative product advertising factual approach (in advertising), reason-why advertising, reason-why approach (in advertising)
2. (einzelner Werbetext) informative copy, reason-why copy

Infrastruktur f
infrastructure

Initiator m
initiator

Inkompatibilität f **(Unvereinbarkeit** f**)**
incompatibility

Inkongruenz f **(Inkongruität** f**)**
incongruity

Inkonsistenz f
inconsistency

Inkrement n **(positives Differential** n**, Zuwachs** m**, Zunahme** f**)**
increment

Inkrementalismus m **(Gradualismus** m**)**
incrementalism

Inlandsmarkt m *(economics)*
domestic market, home market

Inlandsmarktforschung *f*
domestic market research, national market research, home market research

Inlandswerbung *f*
domestic market advertising, national advertising, home market advertising

Innenanschlag *m* **(Innenplakat** *n***)** *(poster & transit advertising)*
1. indoor panel, indoor poster, inside advertisement, inside poster interior poster
2. (Verkehrsmittel) inside transit poster, baby billboard, inside car card, inside bus bard

Innenanschlagwerbung *f* **(Innenplakatwerbung** *f***)** *(poster & transit advertising)*
(in Verkehrsmitteln) inside transit advertising, inside car card advertising, inside bus card advertising, inside advertising

Innenauslage *f* **(Ladenauslage** *f***)** *(POP advertising)*
interior display, in-store display

Innenbelegung *f (transit advertising)*
(Belegung der Innenanschläge) basic bus

innengeleitete Gesellschaft *f* **(innengelenkte Gesellschaft** *f***)** *(sociology)*
inner-directed society, (David Riesman et al.)

innengeleitete Persönlichkeit *f* **(innengelenkte Persönlichkeit** *f***)** *(psychology)*
inner-directed man (David Riesman et al.)

Innenlenkung *f* **(Innenleitung** *f***)**
inner-directedness, innerdirection (David Riesman et al.)

Innenplakat *n*
→ Innenanschlag

innerbetriebliche berufliche Fortbildung *f* **(innerbetriebliche Ausbildung** *f***)** *(sociology of work)*
in-service training, post-entry training

innerbetriebliche Werbung *f*
→ werbende Führung

Innovation *f* **(Innovationsprozeß** *m***)** *(economics)*
innovation

Innovationsbereitschaft *f (economics)*
innovativeness

Innovationsdiffusion *f*
diffusion of innovation, diffusion, innovation diffusion

Innovationsforschung *f* **(Erforschung** *f* **von Neuerungen)**
innovation research *(empirical social research)*

Innovationsplanung *f*
innovative planning

Innovationsrate *f (economics)*
rate of innovation, innovation rate

Innovationsrisiko *n (economics)*
innovation risk

Innovationsverhalten *n (economics)*
innovation behavior, *brit* innovation behaviour

innovatives Marketing *n*
innovative marketing

innovatives Verhalten *n (economics)*
innovative behavior, *brit* innovative behaviour

Innovativität *f* **(Innovationseffizienz** *f***)** *(economics)*
innovative efficiency

Innovator *m (psychology/market research)*
innovator

Inokulation *f* **(Beeinflussung** *f* **mit immunisierender Wirkung)** *(communication research)*
inoculation (William J. McGuire)

Input *n* **(Eingabe** *f***, zugeführte Menge** *f***)**
input

Input-Output-Analyse *f (economics)*
input-output analysis, *pl* analyses (Wassilij Leontieff)

Input-Output-Methode *f (economics)*
input-output-method

Input-Output-Prozeß *m (economics)*
input-output process (Wassilij Leontieff)

Input-Output-Tabelle *f (economics)*
input-output table (Wassilij Leontieff)

Inselanzeige *f* **(Insel-Form-Anzeige** *f***)**
→ alleinstehende Anzeige

Inserat

Inserat *n*
→ Anzeige

Inseratenagentur *f*
→ Anzeigenagentur, Annoncen-Expedition

Inseratenreisender *m*
→ Anzeigenvertreter

Inseratenstatistik *f*
→ Anzeigenstatistik

Inseratenteil *m*
→ Anzeigenteil

Inserent *m* **(Werbungtreibender** *m***)**
advertiser

Inserentenbeleg *m (advertising)*
advertiser's copy

inserieren *v/t*
to advertise

Insert *m (film/television)*
insert, (Schriftbild) caption

Insertion *f*
→ Anzeigenschaltung

Insertionsanweisung *f (advertising)*
scheduling instruction(s) *(pl)*

Insertionsauftrag *m*
→ Anzeigenauftrag

Insertionskosten *pl*
→ Anzeigenkosten, Werbekosten

Insertionsplan *m (advertising)*
space schedule

Insertionsvertrag *m*
→ Anzeigenvertrag, Werbevertrag

Insertionsvolumen *n*
→ Anzeigenvolumen

Insertpult *n (television)*
caption desk, caption easel, caption stand

Institutionalismus *m (economics)*
institutionalism, institutional approach to economic theory, institutional economics

institutionelle Kommunikation *f*
institutional communication

institutionelle Werbung *f* **(firmenbetonte Werbung** *f* **)**
institutional advertising, corporate image advertising, corporate advertising

institutioneller Einzelhandel *m*
→ Einzelhandel

institutioneller Großhandel *m*
→ Großhandel

institutioneller Markt *m (economics)*
institutional market

Institutionenmarketing *n*
institutional approach in marketing, institutional marketing approach

instrumentelle Funktion *f* **(aufgabenorientierte Funktion** *f* **)**
instrumental function, task function

Integralqualität *f* **(integrale Qualität** *f* **)** (Werner Pfeiffer) *(economics)*
integral quality

Integration *f*
integration

Integrationsmanager *m*
integration manager

Integrationssystem *n* **(Integrationsmanagement** *n***)**
→ Produktmanagement

integrierte Globalplanung *f*
integrated global planning

integrierte Kommunikation *f*
integrated communication

integriertes Kommunikations-Mix *n*
integrated communication mix

integriertes Marketing *n*
integrated marketing

Intensität *f*
intensity

Intensität *f* **des Kundenstroms (Kundenstromintensität** *f* **)** *(queuing)*
trafic intensity

intensive Distribution *f*
→ Intensivvertrieb

Intensivkampagne *f* **(Intensivwerbekampagne** *f*) *(advertising)*
saturation campaign

Intensivleser *m*
→ häufiger Leser

Intensivvertrieb *m* *(economics)*
intensive distribution, broadcast distribution

Intensivwerbung *f* **(Sättigungswerbung** *f*)
saturation advertising, satiation advertising, supersaturation advertising

Intention *f* **(Absicht** *f*)
intention

intentionales Lesen *n* **(absichtsvolles Lesen** *n*) *(media research)*
intentional reading

Interaktion *f* **(Wechselwirkung** *f*, **gegenseitige Beeinflussung** *f*)
interaction

Interaktionismus *m*
interactionism

interaktive Kommunikation *f*
→ Zwei-Weg-Kommunikation

interaktive Werbung *f*
→ Rücklaufwerbung

Interdependenz *f* **(wechselseitige Abhängigkeit** *f*)
interdependence, interdependency

Interessengemeinschaft *f*
community of interest

Interessenkonflikt *m*
conflict of interest

Interessent *m*
→ Kaufinteressent

Interesseweckung *f* *(advertising)*
arousal of interest, interest arousal

Interessenweckungserfolg *m* (Folkard Edler) *(advertising)*
interest arousal effect

Interkommunikation *f* **(wechselseitige Kommunikation** *f*)
intercommunication

Intermediaforschung *f*
intermedia research

Intermediaplanung *f*
intermedia planning, mixed-media planning

Intermediaselektion *f*
intermedia selection, intermedia choice

Intermediavergleich *m*
intermedia comparison

intermittierende Werbung *f*
→ pulsierende Werbung

Internal Relations *pl*
→ Human Relations

internationale Marke *f*
international brand, international trademark, worldwide brand, global brand

internationale Marktforschung *f* **(Auslandsmarktforschung** *f*)
international market research, market research in foreign countries

Internationale Verhaltensregeln *f/pl* **für die Verkaufsförderungspraxis**
International Code of Sales Promotion Practice

Internationale Verhaltensregeln *f/pl* **für die Werbewirtschaft**
International Code of Advertising Practice

internationale Werbung *f*
international advertising, multinational advertising

Internationaler Code *m* **der Markt- und Meinungsforschung**
International Code of Market and Opinion Research

internationaler Handel *m* *(economics)*
international trade

internationales Handelsunternehmen *n* **(internationale Handelsgesellschaft** *f*)
international trading company

internationales Marketing *n*
international marketing, multinational marketing

interne Kommunikation *f* **(innerbetriebliche Kommunikation** *f*)
internal communications *pl construed as sg*, internal relations *pl construed as sg*

interne Marktforschung *f*
→ betriebliche Marktforschung

interne Überschneidung *f* **(Kumulation** *f***)** *(media research)*
audience cumulation, cumulation („cume"), audience accumulation, accumulation, reach

interne Zinsfußmethode *f (economics)*
discounted cash flow rate of return, internal rate of return, discounted-cash-flow-rate-of-return method, internal-rate-of-return method

interner Konflikt *m*
internal conflict

interner Zinsfuß *m (economics)*
internal rate of return, discounted cash flow

interpersonale Kommunikation *f*
interpersonal communication

Intramediaplanung *f*
intramedia planning

Intramediaselektion *f (media planning)*
intramedia selection, intra-media choice

Intramediavergleich *m*
intramedia comparison

Introduktionsanalyse *f* (Rudolf Seyffert) *(economics)*
introduction analysis, product introduction analysis

Intuition *f*
intuition

Intuitionismus *m (philosophy)*
intuitionism

intuitive Prognose *f*
→ gewillkürte Prognose

intuitive Methode *f (advertising)*
(der Werbebudgetierung) arbitrary method (of advertising budget determination)

Inventurausverkauf *m* **(Inventurverkauf** *m***)**
→ Saisonschlußverkauf

Investition *f (economics)*
investment

Investitionsgüter *n/pl* **(gewerbliche Gebrauchsgüter** *n/pl***)** *(economics)*
investment goods *pl*, capital goods *pl*, capital investment goods *pl*

Investitionsgütermarketing *n* **(Invest-Marketing** *n***)** *(economics)*
investment goods marketing, capital goods marketing

Investitionsgütermarkt *m (economics)*
investment goods market, market for investment goods, capital goods market

Investitionsgütermarktforschung *f* **(Investmarktforschung** *f* **)**
investment goods market research, capital goods market research

Investitionsgüternachfrage *f (economics)*
demand for investment goods, demand for capital goods

Investitionsgütertypologie *f (economics)*
typology of investment goods, typology of capital goods

Investitionsgüterwerbung *f* **(Investwerbung** *f* **)**
investment goods advertising, advertising for investment goods, capital goods advertising

Investitionsintensität *f (economics)*
investment intensity

Investment Center *n*
→ Ertragszentrum

Irradiation *f (psychology)*
irradiation

Irradiationsphänomen *n (psychology)*
irradiation phenomenon, phenomenon of irradiation

irradiierender Faktor *m (psychology)*
irradiating factor

irreführende Angaben *f/pl*
→ irreführende Werbung

irreführende Werbung *f* **(irreführende Reklame** *f* **)**
deceptive advertising, misleading advertising

Irreführung *f*
deception

Isochrone *f*
isochrone

Isogewinnkurve f *(economics)*
isoprofit curve

isokurtisch *adj (statistics)*

isometrisches Schaubild n *(statistics) (graphic representation)*
isometric chart, isometric graph, isometric diagram

Isopräferenzlinie f *(economics)*
isopreference line

Istzahl f **(Istwert** m, **Istziffer** f**)**
actual figure

Istzeit f **(Echtzeit** f, **Realzeit** f**) (EDP)**
real time

Istzeitsystem n **(Echtzeitsystem** n, **Realzeitsystem** n**) (EDP)**
real time system

Istzeitverarbeitung f **(Echtzeitverarbeitung** f, **Realzeitverarbeitung** f**) (EDP)**
real time procesing

Istziffer f
→ Istzahl

Iterationsmodell n *(media selection)*
iteration model (of media selection), media schedule iteration

J

Jahresabonnement *n*
annual subscription

Jahresabonnementspreis *m* **(Jahresbezugspreis** *m***)**
annual subscription rate

Jahresrabatt *m* **(Jahresnachlaß** *m***)**
annual discount

Jahresstreuplan *m* **(Jahresmediaplan** *m***)**
annual media plan, annual space schedule, schedule of annual insertions

„Jetzt"-Preis *m* **(„Jetzt"-„Früher"-Preis** *m***)** *(economics)*
was-is price

Jingle *m (advertising) (radio/television)*
jingle

Jobwechsler *m*
→ Arbeitsplatzwechsler

Joint-Venture *n* **(Gemeinschaftsunternehmen** *n***)** *(international marketing)*
joint venture

Jubiläumsverkauf *m*
anniversary sale

Jugend *f*
youth, adolescence

Jugendalter *n (developmental psychology)*
youth, adolescence

Juniorwarenhaus *n*
→ Kleinpreisgeschäft

K

K₁ *m* (**K₁-Wert** *m*) *(media research)*
average-issue audience (AIA, A.I.A.), average-issue readership

Kabelfernsehzuschauer *m* (**Kabelzuschauer** *m*)
cable viewer, cable television viewer, cable television viewer

Kabelfernsehzuschauerhaushalt *m* (**Kabelhaushalt** *m*)
cable television household, cable television household, cable household

Kabelfernsehzuschauerschaft *f* (**Kabelfernsehzuschauer** *m/pl*)
cable television audience, cable audience, cable television audience

Kabelfernsehzuschauerschaftsmessung *f* (**Kabelzuschauerschaftsmessung** *f*) *(media research)*
cable television audience measurement, cable audience measurement

Kabel-Kleinanzeige *f* (**Kabel-Gelegenheitsanzeige** *f*)
cable classified advertisement, cable classified ad, cable classified

Kabel-Kleinanzeigenwerbung *f* (**Kabel-Gelegenheitsanzeigenwerbung** *f*)
cable classified advertising

Kabelkommunikation *f*
cable communication

Kabelwerbung *f* (**Kabelfernsehwerbung** *f*, **Werbung** *f* **im Kabelfernsehen**)
1. cable advertising, cable television advertising
2. (Kleinanzeigenwerbung) cable classified advertising

Kabelzuschauer *m*
→ Kabelfernsehzuschauer

Kabelzuschauerhaushalt *m*
→ Kabelfernsehzuschauerhaushalt

Kabelzuschauerschaft *f*
→ Kabelfernsehzuschauerschaft

Kabelzuschauerschaftsmessung *f*
→ Kabelfernsehzuschauerschaftsmessung

Kaffeefahrt *f* (**Fahrt** *f* **ins Grüne**) *(advertising)*
sales excursion

Kalender *m*
calendar

Kalenderwerbung *f*
calendar advertising

Kalkulationsaufschlag *m* *(economics)*
markup, *brit* mark-up, price markup

kalkulatorischer Ausgleich *m* (**Ausgleichskalkulation** *f*, **Mischkalkulation** *f*, **preispolitischer Ausgleich** *m*)
leader pricing, loss-leader pricing, leader-pricing strategy, loss-leader pricing strategy

kalkulierte Auflage *f*
→ Kalkulationsauflage

Kampagne *f* (**Feldzug** *m*) *(advertising) (social psychology)*
campaign

Kampagnenevaluierung *f* (**Kampagnenbewertung** *f*) *(advertising) (sales promotion)*
campaign evaluation

Kanal *m*
1. channel
2. *(radio/television)* (Sendekanal) broadcasting channel
3. *(television)* (Fernsehprogramm) channel service
4. → Absatzweg

Kanalfunktion *f* *(economics)*
channel function

Kanalgruppe *f* *(economics)*
group of channels

Kanalisierung *f* *(psychology/marketing)*
canalization

Kanalkapazität *f (information theory)*
channel capacity

Kanalkapitän *m (marketing)*
channel captain, channel leader

Kanalkonflikt *m (marketing)*
channel conflict

Kanalkontrolle *f*
→ Absatzwegekontrolle

Kanalkooperation *f (marketing)*
channel cooperation

Kanalmacht *f* (**Absatzwegemacht** *f*) *(marketing)*
channel power

Kanalmanagement *n* (**Absatzwegemanagement** *n*) *(marketing)*
channel management

Kanalmodifikation *f*
→ Absatzwegemodifizierung

Kandidatenliste *f (media planning)*
list of candidate media, candidate media list, basic media list, list of basic media, basic media schedule

Kandidatenmarketing *n*
candidate marketing, political candidate marketing

Kandidatenmedien *n/pl (media planning)*
basic media *pl*, basic advertising media *pl*

Kannibalisierung *f* (**Kannibalisierungseffekt** *m*) *(economics)*
cannibalization, cannibalizing, market cannibalization, cannibalizing a market

Kapazität *f (economics)*
capacity

Kapazitätsengpaß *m (economics)*
bottleneck

Kapazitätsnutzungsgrad *m (economics)*
capacity utilization rate

Kapazitätsprinzip *n (economics/communication)*
capacity principle, principle of capacity

Kapital *n (economics)*
capital

Kapitalakkumulation *f (economics)*
capital accumulation

Kapitalausweitung *f* (**Zunahme** *f* **des Notenumlaufs**) *(economics)*
capital expansion, expansion of capital, expansion

Kapitalertrag *m* (**Kapitalertragszahl** *f*) *(economics)*
1. return on investment(s) (ROI), return on capital employed ROCE)
2. net earnings on tangible net worth

Kapitalgüter *n/pl*
→ Investitionsgüter

kapitalintensive Entwicklung *f (economics)*
capital-intensive development

Kapitalismus *m*
capitalism

kapitalistische Gesellschaft *f*
capitalist society

Kapitalrendite *f (economics)*
return on investment (ROI)

kapitalrenditebezogene Budgetierung *f (marketing)*
return-on-investment method of budgeting, ROI budgeting

Kapitalrentabilität *f (economics)*
return on assets managed (ROAM)

Kapitalumsatzertrag *m (economics)*
net sales *pl* to tangible net worth

Kapitalumschlag *m* (**Kapitalumschlagshäufigkeit** *f*) *(economics)*
capital turnover

Kapitalwiedergewinnungszeit *f (economics)*
return on time invested (ROTI)

Kappenschachtel *f (packaging)*
capped box

Karenz *f* (**Karenzfrist** *f*, **Karenzzeit** *f*) *(advertising)*
1. *(marketing planning)* (für Werbepreise) rate protection
2. *(outdoor advertising) (transit advertising)* (in der Außen- und Verkehrsmittelwerbung) posting leeway

Karriere *f* **(berufliche Laufbahn** *f*, **Karriereablauf** *f*, **Karriereablaufschema** *n*) *(sociology of work)*
career

Kartell *n* **(Ring** *m*, **Interessengemeinschaft** *f*, **Preisabkommen** *n*) *(economics)*
pool, cartel, *also* kartel, trust

Kartellamt *n* **(Kartellbehörde** *f*) *(economics)*
anti-cartel authority, anti-trust authority, fair trade commission

Kartellgesetz *n*
→ Gesetz gegen Wettbewerbsbeschränkungen (GWB)

Kartellrecht *n* *(economics)*
anti-trust legislation

Karton *m* *(packaging)*
1. *(dünne Pappe)* cardboard, pasteboard, paperboard, board
2. *(Schachtel)* box, cardboard box, carton, container

Kartonage *f*
1. *(packaging)* cardboard cover pasteboard box
2. *(Produkte)* cardboard products *pl*, cardboard goods *pl*, cardboard-box products *pl*, cardboard-box goods *pl*

Kassamarkt *m* *(economics)*
cash bargain market, cash market

Kassapreis *m*
→ Barpreis

Kasse *f*
1. *(Registrierkasse)* cash register
2. *(cinema)* box office, box-office

Kassenauslage *f* **(Kassen-Verkaufsförderungsauslage** *f*) *(POP advertising)*
cash register display, checkout displays *pl*

Kassenterminal *n* *(POP advertising)*
cash register terminal

Kasten *m* *(packaging)*
(Karton) box

Kastenanzeige *f* **(Anzeige** *f* **im Kasten)** *(print media)*
boxed advertisement, box advertisement, boxed ad, box ad

Katalog *m*
catalog, *brit* catalogue

Kataloggeschäft *n*
→ Katalogladen

Kataloggestaltung *f*
catalog design, *brit* catalogue design

Kataloghandel *m* *(retailing)*
catalog retailing, *brit* catalogue retailing

Katalogladen *m* **(Kataloggeschäft** *n*, **Katalogschauraum** *m*, **Katalogbüro** *n*) *(retailing)*
catalog showroom, catalog warehouse

Katalogpreis *m* *(economics)*
catalog price, *brit* catalogue price, list price

Katalogschauraum *m*
→ Katalogladen

Katalogversandhandel *m*
catalog retailing, catalog mail-order retailing, catalog selling, catalog sales *pl*

Kauf *m* **(Einkauf** *m*) *(economics)*
1. *(Kaufakt)* purchase, buy
2. *(Kaufvorgang)* purchasing, buying

Kaufabsicht *f* **(Kaufintention** *f*, **Kaufplan** *m*) *(consumer research)*
buying intention, buying intent, purchase intention, purchase intent, purchasing intention, purchasing intent

Kaufakt *m* **(Kaufhandlung** *f*) *(consumer research)*
act of purchase

Kaufaktmarketing *n*
direct-sale marketing, direct-action marketing

Kaufaktwerbung *f*
→ Kaufwerbung

Kaufangebot *n* *(economics)*
bid, offer, offer to buy

Kaufanreiz *m*
buying incentive

Kaufausweis *m*
→ Kaufschein

Kaufbeeinflusser *m*
→ Beeinflusser

Kaufbereitschaft *f*
→ Kaufabsicht

Kaufbeweggrund *m*
→ Kaufmotiv

Kaufeinfluß *m (consumer research)*
buying influence, purchasing influence

Kaufeinstellung *f (consumer research)*
buying attitude, purchasing attitude

kaufen *v/t*
to buy, to purchase

Kaufeintrittsmodell *n*
→ Durchdringungsmodell

Kaufentscheidung *f* **(Kaufentschluß** *m*) **(bei Konsumenten)** *(consumer research)*
buying decision, purchasing decision purchase decision, consumer decision, consumer choice

Kaufentscheidungsprozeß *m* **(Kaufentschlußprozeß** *m*) *(consumer research)*
buying decision process, process of making buying decisions, purchasing decision process, purchase decision process, process of making purchasing decisions

Kaufentscheidungstyp *m (consumer research)*
type of buying decision, type of purchasing decision, type of consumer decision

Kaufentschlußanalyse *f* **(Kaufentschlußforschung** *f*) *(consumer research)*
activation research, activation analysis

Käufer *m (economics)*
1. buyer, purchaser
2. (Konsument) consumer
3. (Einkäufer) shopper
4. (Kunde) customer
5. *(media research)* single-copy buyer

Käuferanalyse *f (market research)*
buyer analysis, buyers' analysis

Käuferbefragung *f* **(Verbraucherbefragung** *f*) *(market research)*
1. buyer survey, buyer interview
2. (Wiederholungsbefragung) buyer tracking

Käuferbeobachtung *f (market research)*
buyers' observation, consumer observation

Kauferfolg *m* **(Kaufwirkung** *f*) *(advertising)*
(von Werbung) sales effect, sales effectiveness (of advertising), conversion rate

Käuferforschung *f* **(Kaufforschung** *f*)
buyer research, buyer analysis

Käuferkategorie *f*
→ Konsumentenkategorie

Käufermarkt *m (economics)*
buyer's market, *also* loose market

Käuferpanel *n (market research)*
consumer-purchase panel

Käuferrente *f*
→ Konsumentenrente

Käuferreue *f*
→ Kaufreue

Käufersegment *n*
→ Marktsegment

Käufersouveränität *f*
→ Konsumentensouveränität

Käuferstudie *f* **(Käuferuntersuchung** *f*) *(market research)*
purchaser study, purchaser investigation

Käufertyp *m*
→ Konsumententyp

Käufertypologie *f*
→ Konsumententypologie

Käuferverhalten *n (consumer research)*
1. buyer behavior, *brit* buyer behaviour, purchaser behavior, *brit* purchaser behaviour
2. (Einkaufsverhalten) shopping behavior, *brit* shopping behavior

Käufer-Verkäufer-Beziehung *f*
→ Verkäufer-Käufer-Beziehung

Käuferwanderungsanalyse *f (market research)*
buyer flow analysis, analysis of buyer flow

Käuferzeitschrift *f* **(Kundenzeitschrift** *f* **des Handels)**
buyer's guide

Kauffrequenz *f* **(Kaufhäufigkeit** *f*) *(market research)*
1. buying frequency, purchasing freguency, frequency of buying, frequency of purchasing

2. (Einkaufsfrequenz) shopping frequency, frequency of shopping

Kaufgewohnheit *f (consumer research)*
buying habit, purchase habit, purchasing habit, shopping habit

Kaufhandlung *f*
→ Kaufakt

Kaufhäufigkeit *f* (**Einkaufshäufigkeit** *f*, **Einkaufsfrequenz** *f*) *(consumer research)*
shopping frequency, buying frequency

Kaufhaus *n (retailing)*
departmentized specialty store

Kaufhaus *n* **für Gelegenheiten** *(Bargain-Store m) (retailing)*
bargain store

Kaufhemmung *f (consumer research)*
buyer's resistance, buying resistance

Kaufintensität *f (consumer research)*
buying intensity, purchasing intensity

Kaufintention *f*
→ Kaufabsicht

Kaufinteressent *m* (**potentieller Käufer** *m*)
prospective buyer, prospective customer

Kaufkraft *f (economics)*
buying power, purchasing power, *also* spending power

Kaufkraft-Elastizität *f (economics)*
elasticity of buying power, elasticity of purchasing power

Kaufkraftindex *m* (**Kaufkraftindexzahl** *f*, **Kaufkraftindexziffer** *f*) *(economics)*
buying power index (B. P. I.), purchasing power index, *pl* indexes or indices, buying power quota, purchasing power quota

Kaufkraftkarte *f (market research)*
buying power map, purchasing power map

Kaufkraftkennziffer *f* (**Kaufkraftkennzahl** *f*, **Kaufkraftindex** *m*) *(economics)*
buying power index (B.P.I. BPI), buying power quota (B.P.Q., BPQ), purchasing power index

Kaufkraftschwelle *f (economics)*
threshold level of buying power, threshold level of purchasing power

käufliches Warenmuster *n (economics)*
saleable sample, salable sample

Kaufmann *m*
business man, businessman, merchant, dealer, trader

kaufmännische(r) Angestellte(r) *f* (*m*) (**Verkäufer** *m*, **Verkäuferin** *f*, **Handelsgehilfe** *m*, **Handelsgehilfin** *f*)
clerk, clerical worker

Kaufmannsmarke *f*
→ Händlermarke

Kaufmannswarenhaus *n*
→ Gemeinschaftswarenhaus

Kaufmannszunft *f*
merchant guild, merchant gild

Kaufmotiv *n (consumer research)*
buying motive, purchasing motive

Kaufmotivation *f (consumer research)*
buying motivation, purchasing motivation

Kaufmotivationsforschung *f* (**Kaufmotivforschung** *f*)
buying motivation research, purchasing motivation research

Kaufmuster *n* (**Muster** *n* **des Kaufverhaltens**)
buying pattern, purchase pattern, spending pattern

Kaufneigung *f (economics)*
propensity to buy, propensity to purchase, buying propensity, purchasing propensity

Kaufort *m* (**Einkaufsort** *m*, **Verkaufsort** *m*) *(retailing)*
point of purchase (P.O.P., POP), point of sale (P.O.S., POS)

Kaufphase *f (consumer research)*
buying phase, buying stage buy phase

Kaufplan *m (consumer research)*
buying plan, purchase plan

Kaufprozeß *m (consumer research)*
buying process, purchasing process

Kaufprozeßanalyse *f (consumer research)*
buying process analysis, purchasing process analysis

Kaufquote *f* (**Kaufrate** *f*) *(economics)*
conversion rate

Kaufreaktion *f* (**Konsumreaktion** *f*) *(consumer research)*
purchase response, consumer reaction

Kaufreaktionsmuster *n* *(consumer research)*
purchase-response pattern

Kaufreue *f* (**Nachkaufreue** *f*) *(consumer research)*
postdecisional regret, post-purchase doubt, postpurchase cognitive dissonance, cognitive dissonance, buyer's remorse

Kaufrisiko *n* *(consumer research)*
consumer-perceived risk, purchase risk

Kaufsituation *f* *(consumer research)*
buying situation, purchase situation

Kaufstatistik *f* *(consumer research)*
purchasing statistics *pl construed as sg*

Kaufstätte *f*
→ Kaufort

Kaufstruktur *f*
→ Ausgabenstruktur

Kaufverhalten *n* *(consumer research)*
buying behavior, *brit* buying behaviour, purchasing behavior, *brit* purchasing behaviour

Kaufverhaltensbeobachtung *f*
→ Käuferbeobachtung

Kaufverhaltensmodell *n* *(consumer research)*
model of buying behavior, model of purchasing behavior

Kaufverzicht *m*
→ Konsumverzicht

Kaufvorgang *m*
→ Kaufprozeß

Kaufvorhaben *n*
→ Kaufplan

Kaufwahrscheinlichkeit *f* *(consumer research)*
buying probability, probability of buying, purchasing probability, probability of purchase

Kaufwerbemittel *n* *(advertising)*
direct-action advertisement

Kaufwerbung *f* (**Kaufaktwerbung** *f*)
direct-action advertising

Kaufwunsch *m* *(consumer research)*
buying desire, purchasing desire

Kaufzeitschrift *f* (**Einzelverkaufszeitschrift** *f*) *(print media)*
store-distributed magazine, newsstand magazine, kiosk magazine

Kaufzeitung *f* (**Straßenverkaufszeitung** *f*) *(print media)*
newsstand newspaper, newsstand paper

Kaufzwang *m*
→ moralischer Kaufzwang, psychologischer Kaufzwang

Keep-out-Preis *m*
→ Abwehrpreis

Kennmelodie *f* *(radio/television)*
musical signature, signature tune, signature theme, theme

Kennzahl *f* (**Kennziffer** *f*)
1. *(statistics)* ratio, quota
2. → Chiffre

Kennzeichen *n*
→ Markierung

Kennzeichenanzeige *f*
→ Chiffre-Anzeige

kennzeichnen *v/t*
→ markieren

Kennzeichnung *f*
→ Markierung, Charakterisierung

Kennziffer *f*
→ Kennzahl, Chiffre

Kennzifferanzeige *f*
→ Chiffre-Anzeige

Kennzifferdienst *m*
→ Leserdienst

Kennziffergebühr *f*
→ Chiffre-Gebühr

Kennzifferkarte *f*
→ Chiffre-Karte

Kennziffermethode *f* (**Kennwortmethode** *f*) *(advertising)*
(in der Anzeigenwerbung) keying of an advertisement, keying of an ad

Kennzifferwerbung *f*
keying of advertisements

Kernleser *m* (**Stammleser** *m*) *(media research)*
regular reader, primary reader

Kernleserschaft, *f* (**Kernleser** *m/pl*) *(media research)*
regular readers *pl*, regular audience, primary readers *pl*, primary audience

Kernprodukt *n* *(economics)*
core product

Kernsortiment *n*
→ Basissortiment, Standardsortiment

Kernverbreitungsgebiet *n*
→ Hauptverbreitungsgebiet

Kettenanzeige *f*
→ Serienanzeige

Kettengeschäft *n* (**Kettenladen** *m*) *(retailing)*
chain store

Kettenindex *m* (**Kettenindexziffer** *f*, **Gliedziffer** *f*) *(statistics)*
chain index, *pl* indexes or indices, chain index-number, chain-relative

Kettenladen *m*
→ Kettengeschäft *n*

Kettenziffer *f* *(statistics)*
chain-relative, link-relative

Kino *n*
1. (Institution) cinema, motion pictures *pl*, movies *pl*, pictures *pl*, *colloq* the flicks *pl*, the flickers *pl*
2. (Vorstellung) film, picture, movie
3. → Lichtspieltheater (Filmtheater)

Kinobesuch *m* *(media research)*
cinema attendance, film attendance, motion-picture attendance, movie attendance, movie-theater attendance

Kinobesucher *m* *(media research)*
cinemagoer, cinema-goer, filmgoer, film-goer, picture goer, moviegoer, movie-goer

Kino-Dia *n* (**Kino-Diapositiv** *n*)
→ Film-Dia

Kino-Diawerbung *f*
→ Diawerbung

Kinoplakat *n*
cinema poster, film poster, movie poster

Kinoreklame *f*
→ Kinowerbung

Kinowerbeansage *f*
cinema announcement

Kinowerbefilm *m* (**Kinowerbespot** *m*)
1. advertising film, cinema advertising film, advertising picture
2. (Kurzfilm) advertising filmlet

Kinowerbung *f* (**Filmwerbung** *f*, **Filmtheaterwerbung** *f*, **Lichtspieltheaterwerbung** *f*, **Film- und Dia(positiv)werbung** *f*)
screen advertising, theater-screen advertising, cinema advertising, film advertising, in-theater advertising, theater advertising

Kiosk *m*
newsstand, kiosk, *also* kiosque, *brit* bookstall, *brit* news stall

Kioskplakat *n* (**Kioskposter** *n*)
newsstand poster, kiosk poster

Kioskwerbung *f* (**Werbung** *f* **am Zeitungsstand**) *(print media)*
newsstand advertising, kiosk advertising

Kiste *f* *(packaging)*
container, box, *brit* case

Klang *m*
1. sound
2. (Tonqualität) tone

Klangbild *n*
sound pattern, acoustic pattern

Klangbrücke *f* *(radio/television)*
bridge

Klangfarbe *f*
tone color, *brit* tone colour, tone quality, tonality, tone, timbre

Klappdeckelschachtel *f* *(packaging)*
flip-top box

Klappentext *m*
(Buchwerbung) flap blurb, jacket blurb, blurb

Klapp-Plakat *n* (**Klappschild** *n*) *(POP advertising)*
A frame, „A" frame, A board, „A" board

Klarsichtpackung *f* (**Klarsichtschachtel** *f*) *(packaging)*
transparent box, transparent package, transparent pack

klassische Werbung *f*
→ Mediawerbung

klassisches Medium *n*
traditional medium

Klebeumbruch in *(printing)*
(Klebeumbrechen) pasting-up, pasteup, *brit* paste-up, pasting on

Klebeumbruch machen *v/t (printing)*
to paste up (the pages), to paste on

Klebeverschluß *m (packaging)*
adhesion seal, bond seal

Klebezettel *m*
→ Aufkleber

Kleinanzeige *f* (**Gelegenheitsanzeige** *f*, **Rubrikanzeige** *f*) *(advertising)*
classified advertisement, classified ad, small-space advertisement, small-space ad, small advertisement, small ad

Kleinanzeigenrubrik *f* (**Gelegenheitsanzeigenrubrik** *f*, **Kleinanzeigenspalte** *f*, **Gelegenheitsanzeigenspalte** *f*, **Anzeigenrubrik** *f*) *(print media)*
classified column, classified advertising column

Kleinanzeigenwerbung *f* (**Gelegenheitsanzeigenwerbung** *f*, **Rubrikanzeigenwerbung** *f*)
1. classified advertising, *also* small-space advertising
2. (Werbung mit rubrizierten Formatanzeigen) classified display advertising, semi-display advertising

Kleinbedarf *m* (**Klein- und Bequemlichkeitsbedarf** *m*)
→ Convenience Goods

Kleinfläche *f* (**Kleintafel** *f*) *(outdoor advertising)*
junior panel

Kleinflächenplakat *n* (**Kleinflächenanschlag** *m*) *(outdoor advertising)*
junior panel poster

Kleinformat *n (advertising)*
(Anzeige) small size, junior size

kleinformatig *adj*
small-size, small

Kleingedrucktes *n* (**das Kleingedruckte** *n*)
(in Verträgen, Geschäftsbedingungen) the fine print, the mouse print

Kleinhandel *m*
→ Einzelhandel

Kleinkatalog *m*
condensed catalog, *brit* condensed catalogue

Kleinhandelsgeschäft *n*
→ Einzelhandelsgeschäft

Kleinplakat *n*
advertising card, quarter-size poster, small poster

Kleinpreisgeschäft *n* (**Juniorwarenhaus** *n*) *(retailing)*
low-price store, low-margin, low-price store, penny store, mass merchandiser, junior department store

Kleintafel *f*
→ Kleinfläche

Klient *m* (**Auftraggeber** *m*, **Kunde** *m*) *(advertising) (market research)*
client

Klientele *f (marketing)*
client public, clientele

Klotzen *n colloq (advertising)*
1. flight saturation
2. (massierter Werbeeinsatz) heavy-up, heaving up

Knappheit *f (economics)*
1. shortage
2. scarcity

Knittelvers *m* (**holpriger Vers** *m*) *(advertising)*
doggerel

Köder *m* (**Köderangebot** *n*, **Warenköder** *m*) *(economics)*
bait

Köderwerbung f (**Werbung** f **mit Warenködern, mit Köderangeboten**)
bait advertising, bait-and-switch advertising, bait-and-switch selling, bait-and-switch-tactics pl construed as sg, bait-and-switch, switch selling

Koinzidenzbefragung f (**Koinzidenzinterview** n) *(market research)*
1. (Koinzidenzumfrage f, Simultanbefragung f) coincidental survey, coincidental interview, coincidental, *also* concurrent survey, concurrent interview
2. (telefonische Koinzidenzbefragung) coincidental telephone survey, coincidental telephone interview, coincidental telephone test, *also* concurrent telephone survey, concurrent telephone interview, concurrent telephone test
3. *(media research)* (zur Messung von Einschaltquoten) coincidental audience rating, coincidental audience measurement, *also* concurrent audience rating, concurrent audience measurement
4. → Koinzidenzinterview

Koinzidenzinterview n (**Koinzidenzbefragung** f) *(survey research)*
coincidental interview

Koinzidenzinterview n **per Telefon** (**Koinzidenzbefragung** f **per Telefon**)
→ telefonisches Koinzidenzinterview

Koinzidenzmethode f (**Koinzidenztechnik** f, **Koinzidenzbefragungsverfahren** n) *(survey research)*
coincidental survey technique, coincidental technique, coincidental method, coincidental procedure, coincidental method, coincidental interview method, coincidental interview technique, coincidental testing, *also* concurrent method, concurrent technique, duplex method, duplex technique

Kollegenrabatt m (**Verlegerrabatt** m)
publisher's discount

Kollektion f (**Produktrange** f) *(economics)*
product range, range

Kollektionstest m *(market research)*
product range test, range test

Kollektivanzeige f (**Kollektivseite** f)
→ Anzeigenkollektiv

kollektive Entscheidung f (**Kollektiventscheidung** f, **kollektive Abstimmung** f) *(organizational sociology)*
social choice, social decision, collective decision

kollektive Kaufentscheidung f (**Gruppenentscheidung** f)
→ Familieneinkaufsentscheidung

Kollektiventscheidung f (**kollektive Entscheidung** f) *(organizational sociology)*
collective decision

Kollektivseite f
→ Anzeigenkollektiv

Kollektivwarenhaus n
→ Gemeinschaftswarenhaus

Kollektivwerbung f
→ Gemeinschaftswerbung, kooperative Werbung, Sammelwerbung, Verbundwerbung

Kolumne f
1. → Spalte
2. → Kommentar, Leitartikel

Kolumnenbreite f
→ Spaltenbreite

Kolumnenhöhe f (**Kolumnentiefe** f)
→ Spaltenhöhe (Spaltentiefe)

Kolumnenlinie f
→ Spaltenlinie

Kolumnenmaß n
→ Spaltenmaß

Kombination f
combination

Kombinationsbelegung f
→ Kombination

Kombinationsmethode f (**Mischmethode** f) *(advertising)*
(der Werbebudgetierung) composite method (of advertising budget determination)

Kombinationspackung f (**Sammelpackung** f, **Verbundpackung** f) *(packaging)*
combined pack, combipack, composite package, composite container combination sale

Kombinationspreis *m* (**Kombinationstarif** *m*) *(advertising)*
(bei Kombinationsbelegung) combination rate, combined rate

Kombinationsprodukt *n* (**Warenkombination** *f*, **kombiniertes Produktangebot** *n*) *(marketing)*
combination feature, combination sale

Kombinationsrabatt *m* (**Kombinationspreisnachlaß** *m*) *(advertising)*
combination discount, media combination discount, combined scheduling discount, group discount, continuity-impact discount rate (CID), combination buy discount

Kombinationszeichen *n* *(labeling)*
arbitrary mark, coined word

kombinierte Reichweite *f*
→ Bruttoreichweite

kombinierte Werbung *f*
→ Verbundwerbung

kommerzialisierte Freizeit *f* (**kommerzialisierte Muße** *f*)
commercialized leisure

kommerzialisierte Unterhaltung *f* (**kommerzialisiertes Vergnügen** *n*) *(communication research)*
commercialized amusement, commercial amusement

Kommerzialisierung *f*
commercialization

Kommission *f* *(economics)*
commission

Kommissionär *m* (**Kommittent** *m*) *(economics)*
commission agent, commission merchant, commission house

kommissionsfähige Werbung *f* (**vergütungsfähige Werbung** *f*)
above-the-line advertising, theme advertising

Kommissionshandel *m* *(wholesaling)*
commission business, commission agency business

Kommissionsvertreter *m* (**Kommissionsagent** *m*) *(wholesaling)*
commission merchant, commission representative, commission agent

kommunale Werbung *f*
community advertising, advertising activities of communities

Kommunalmarketing *n* (**Marketing** *n* **für die Kommune**)
community marketing, local community marketing

Kommunikand *m* (**Adressat** *m*, **Empfänger** *m* **von Kommunikation**) *(communication research)*
communicand, recipient

Kommunikant *m*
communicant

Kommunikation *f*
communication, communications *pl*

Kommunikationsakt *m* (**Kommunikationshandlung** *f*) *(communication research)*
communication act, communicative act

Kommunikationsberufe *m/pl* (**Kommunikationsgewerbe** *n*)
communications arts *pl*

Kommunikationsbeziehung *f*
communicative relationship

Kommunikationsbudget *n* (**Kommunikationsetat** *m*)
communication budget, budget for communication activities

Kommunikationsdichte *f*
communication density, density of communication(s)

Kommunikationsdiskrepanz *f* (**Widersprüchlichkeit** *f* **der Kommunikation**) *(communication research)*
communication discrepancy

Kommunikationseffekt *m* (**Kommunikationswirkung** *f*)
communications effect, communication effect

Kommunikationserfolg *m* (**Kommunikationswirksamkeit** *f*)
communications effectiveness, communication effectiveness

Kommunikationsevaluation *f* (**Kommunikationsevaluierung** *f*)
evaluation of communication(s), communication(s) evaluation

Kommunikationsfähigkeit *f*
ability to communicate

Kommunikationsfilter *m*
communication filter

Kommunikationsfluß *m* *(communication research)*
flow of communication, communication flow

Kommunikationsform *f*
form of communication, type of communication

Kommunikationsforschung *f*
communication research, communications research

Kommunikationsfunktion *f* **(kommunikative Funktion** *f*) *(advertising)*
(der Werbung) communicative function (of advertising), communication function (of advertising)

Kommunikationsgenauigkeit *f* *(communication research)*
communication accuracy, accuracy of communication

Kommunikationsgraphik *f* **(graphische Darstellung** *f* **eines Kommunikationsnetzes)** *(communication research) (graphic representation)*
communication chart, communication diagram

Kommunikationsinhalt *m*
content of communication(s), communication(s) content

Kommunikationshelfer *m* **(Kommunikationsmittler** *m*)
agent of communication, intermediary of communication

Kommunikationsinhalt *m*
content of communication(s), communication(s) content

Kommunikationsinstrument *n*
instrument of communication(s), means of communication(s)

Kommunikationskanal *m* **(Nachrichtenkanal** *m*, **Nachrichtenübermittlungskanal** *n*) *(communication research)*
communication channel, channel of communication

Kommunikationskette *f*
chain of communication, chain of communications

Kommunikationskonzept *n*
concept of communication(s), communication(s) concept

Kommunikationskosten *pl*
cost of communication(s), communication(s) cost(s) *pl*

Kommunikationslücke *f*
communications gap, communication gap

Kommunikationsmanager *m*
communication manager

Kommunikations-Marketing *n*
message marketing, communication(s) marketing, communicative marketing

Kommunikationsmedium *n* **(Kommunikationsmittel** *n*)
communication medium, medium of communication(s)

Kommunikationsmethode *f*
method of communication(s), communication method

Kommunikationsmittel *n* **(Kommunikationsmedium** *n*) *(communication research)*
communication medium, *pl* communication media

Kommunikationsmittler *m*
→ Kommunikationshelfer

Kommunikations-Mix *n* **(Kommunikationspolitik** *f*)
communications mix, communication mix

Kommunikationsmodell *n* *(communication research)*
communication model, model of communication

Kommunikationsmodell *n* **der Werbung**
communication model of advertising

Kommunikationsmuster *n* **(Muster** *n* **des Kommunikationsprozesses, des Kommunikationsverhaltens)** *(communication research)*
communication pattern, pattern of communication

Kommunikationsnetz n *(communication research)*
communication network, communication net, communication grid, communication pattern, communication structure

Kommunikations-Persuasions-Matrix f *(psychology)*
communication-persuasion matrix (William J. McGuire)

Kommunikationsplanung f
communications planning, communication planning

Kommunikationspolitik f
→ Kommunikations-Mix

Kommunikations-Portfolio n
communications portfolio, communication portfolio

Kommunikationsprozeß m (**Kommunikationsvorgang** m) *(communication research)*
communication process

Kommunikationsqualität f
quality of communication

Kommunikationsquelle f
source of communication, communication source

Kommunikationsrückkoppelung f
feedback of communication, communication feedback

Kommunikationssituation f
communication situation, communicative situation

Kommunikations-Spektrum n
spectrum of communications, communications spectrum, communicative spectrum

Kommunikationsstil m *(communication research)*
communication style, style of communication, communicative style

Kommunikationsstrategie f
strategy of communication(s), communication(s) strategy, communicative strategy

Kommunikationsstrom m
→ Kommunikationsfluß

Kommunikationsstruktur f *(communication research)*
communication structure

Kommunikationssubjekt n
→ Kommunikator

Kommunikationssystem n *(communication research)*
communication system, communications system, system of communication(s)

Kommunikationstaktik f
tactics *pl construed as sg of communication(s)*, communication tactics *pl construed as sg*

Kommunikationstechnik f
→ Kommunikationsmethode

Kommunikationstheorie f (**Theorie** f **der Kommunikation**) *(communication research)*
communications theory, communication theory, *also* information theory, mathematical theory of communication

Kommunikationsumfeld n
communications environment, communicative environment

Kommunikationsverhalten n
communicative behavior, *brit* behaviour, communication behavior

Kommunikationsweg m
→ Kommunikationskanal

Kommunikationswirksamkeit f
→ Kommunikationserfolg

Kommunikationswirkung f (**Kommunikationseffekt** m) *(communication research)*
communication effect, communications effect

Kommunikationswissenschaft f
communication science, communications science, communications *sg*

Kommunikationsziel n
objective of communication, communications objective

kommunikative Dissonanz f
communicative dissonance

kommunikative Integration f (**Integration** f **durch Kommunikation**) *(sociology)*
communicative integration, integration by communication

kommunikative Phase *f*
communicative phase

kommunikatives Handeln *n*
communicative action

Kommunikator *m* (**Adressant** *m*, **Kommunikant** *m*) *(communication research)*
communicator, communicant

Kommunikatoranalyse *f*
communicator analysis

Kommunikatoreffekt *m* *(communication research)*
communicator effect

Kommunikatorforschung *f* (**Adressantenforschung** *f*) *(communication research)*
communicator research

kommunikatorgebundene Prädisposition *f* (**adressantengebundene Prädisposition** *f*) *(communication research)*
communicator-bound predisposition

Kommunikatorglaubwürdigkeit *f* *(communication research)*
communicator credibility, communicator believability

Kommunizierbarkeit *f* (**Mitteilbarkeit** *f*, **Übertragbarkeit** *f*) *(communication research)*
communicability

kommunizieren *v/i*
to communicate

Kompaktwerbung *f*
→ Intensivwerbung

komparative Bezugsgruppe *f* *(group sociology)*
comparative reference group (Harold H. Kelley)

Komparativreklame *f* (**Komparativwerbung** *f*)
→ vergleichende Werbung

Kompartmentalisierung *f*
→ Parzellierung

Kompatibilität *f* (**Vereinbarkeit** *f*, **Verträglichkeit** *f*)
compatibility

Kompensation *f* *(psychology/economics)*
compensation

Kompensationsgeschäft *n* *(economics)*
barter business transaction, barter business, barter trade, barter, compensation deal

Kompensationsprinzip *n* *(decision-making)*
compensation principle

Kompetenz *f* (**Befähigung** *f*, **Tauglichkeit** *f*)
competence

komplementäre Kanäle *m/pl* (**komplementäre Absatzwege** *m/pl*) *(marketing)*
complementary channels *pl*

komplementäres Ereignis *n* *(probability theory)*
complementary event

Komplementärgüter *n/pl* (**komplementäre Güter** *n/pl*) *(economics)*
complementary goods *pl*

Komplementarität *f* (**wechselseitige Ergänzung** *f*)
1. *(communication research)* complementarity
2. *(economics)* → Komplementärgüter

Komplementarität *f* **der Bedürfnisse** *(psychology)*
need complementarity, complementarity of needs

Komplementärwerbung *f* (**flankierende Werbung** *f*)
complementary advertising, collateral advertising

Komplexität *f* (**Komplexheit** *f*, **Vielschichtigkeit** *f*)
complexity

Komponentengeschäft *n*
→ Produktgeschäft

Kompromiß *m*
compromise

Kompromißstrategie *f*
compromise strategy

Kondition *f* (*mostly pl* **Konditionen**) *(economics)*
terms *pl*

Konditionen-Mix *n* (**Konditionenpolitik** *f*)
→ Kontrahierungsmix (Kontrahierungspolitik)

Konditionierung 470

Konditionierung *f* **(Konditionieren** *n***)** *(psychology)*
conditioning

Konditionierungsfehler *m* **(Konditionierungsverzerrung** *f***)** *(psychology/empirical social research)*
conditioning bias

Kondominium *n*
condominium

Konferenz *f* **(Tagung** *f***)**
conference

Konfiguration *f*
1. (Struktur *f*) configuration
2. (Gestalt *f*) *(psychology)* configuration

Konflikt *m* **zwischen Annäherungstendenzen**
→ Appetenz-Konflikt

Konflikt *m* **zwischen Vermeidungstendenzen**
→ Vermeidungs-Konflikt

Konfliktmanagement *n*
conflict management

Konfliktvermeidung *f*
avoidance of conflict, conflict avoidance

Konformität *f*
→ Marktkonformität

Konfrontation *f* *(marketing)*
confrontation

Konfusionskontrolle *f* *(media research)*
confusion control, confusion control technique, confusion control procedure, deflation technique

konglomerative Diversifikation *f* **(Diversifizierung** *f***)** *(marketing)*
conglomerative diversification

Kongreß *m*
congress, convention

Kongreßagentur *f*
congress agency

konjunkturbedingte Arbeitslosigkeit *f* *(economics)*
seasonal unemployment

Konjunkturzyklus *m* **(Konjunkturschwankung** *f***)** *(economics)*
business cycle, trade cycle

Konkurrent *m* **(Mitbewerber** *m***)** *(economics)*
competitor

Konkurrenz *f* **(Wettbewerb** *m***)**
1. *(economics)* (Wettbewerb *m*) competition
2. *(economics)* (die Konkurrenten) the competition, the competitors *pl*, rival companies *pl*, rival firms *pl*, (die Konkurrenzmarke) brand X

Konkurrenzanalyse *f* **(Konkurrenzuntersuchung** *f***)** *(marketing/market research)*
analysis of the competition, competition analysis

Konkurrenzausschluß *m* *(advertising)*
exclusive agency agreement, exclusivity clause

Konkurrenzbeobachtung *f* *(market research)*
observation of the competition, competition observation

Konkurrenzbetrieb *m*
→ Konkurrenzunternehmen

konkurrenzbezogene Budgetierung *f* **(konkurrenzbezogene Methode** *f* **der Werbebudgetierung)** *(advertising)*
competitive-parity method, competitive-parity budgeting

Konkurrenzdenken *n* **(Konkurrenzmentalität** *f*, **wettbewerbsorientierte Haltung** *f*, **kämpferische Einstellung** *f***)**
competitiveness

Konkurrenzdynamik *f* *(economics)*
dynamics *pl construed as sg of competition*

Konkurrenzforschung *f* *(market research)*
competition research

Konkurrenzgleichgewicht *n* **(Gleichgewicht** *n* **des Wettbewerbs)**
competitive equilibrium, *pl* competitive equilibriums or equilibria

Konkurrenzimage *n*
image of competitor(s)

Konkurrenzintensität *f* *(economics)*
intensity of competition

Konkurrenzklausel *f*
→ Konkurrenzausschluß

Konkurrenzmarke *f* **(Konkurrenzprodukt** *n***)** *(economics)*
competitor's brand, brand X

Konkurrenzmarkenstrategie *f (marketing)*
competing-brands strategy, competing brands *pl*

Konkurrenzmethode *f (advertising)*
(der Werbebudgetierung) competitor's advertising method, competitive-parity method, competition-matching approach (to advertising appropriations), competitors' expenditure method

Konkurrenzmobilität *f* **(Wettbewerbsmobilität** *f***)** *(mobility research)*
contest mobility

Konkurrenzproblem *n* **(Wettbewerbsproblem** *n***)** *(operations research)*
competition problem

konkurrenzorientierte Preissetzung *f* **(konkurrenzorientierte Preisgebung** *f***)** *(economics)*
competition-oriented pricing

Konkurrenzreaktion *f (economics)*
competitor's reaction, competitors' reaction, competitor's response, competitors, response

Konkurrenzspanne *f (economics)*
competitors' margin, competitor's margin

Konkurrenzuntersuchung *f*
→ Konkurrenzanalyse

Konkurrenzverhalten *n*
→ Wettbewerbsverhalten

Konkurrenzvorteil *m (economics)*
competitive edge, competitive advantage

Konkurrenzwerbung *f* **(Wettbewerbswerbung** *f***)** (Rudolf Seyffert)
competitive advertising

konkurrierende Kanäle *m/pl (marketing)*
competing channels *pl*

konkurrierende Kooperation *f*
→ antagonistische Kooperation

Konsens *m* **(Konsensus** *m***, Übereinstimmung** *f***)** *(sociology)*
consensus

Konsensentscheidung *f* **(auf Konsens beruhende Entscheidung** *f***, auf Übereinstimmung beruhende Entscheidung** *f***)**
consensual decision

Konsensgrad *m* **(Grad** *m* **des Konsens, Übereinstimmungsgrad** *m***, Grad** *m* **der Übereinstimmung)**
degree of consensus

Konsequenzenmatrix *f*
→ Ergebnismatrix

Konsignatant(in) *m(f)* **(Konsignant** *m***)** *(economics)*
consignor, consigner

Konsignatar *m (economics)*
consignee

Konsignation *f* **(Konsignationsgeschäft** *n***, Konsignationshandel** *m***)** *(economics)*
consignment, consignation, consignation deal, consignation dealing, consignment buying

Konsignationslager *n (economics)*
consignation store, consignation warehouse, consignment

Konsignationssystem *n (economics)*
consignation system, consignment terms *pl*

Konsistenzbedürfnis *n (psychology)*
need for consistency (William J. McGuire)

Konstant-Summen-Spiel *n (game theory)*
constant-sum game

konstantes Summenspiel *n* **(Konstantsummenspiel** *n***)** *(theory of games)*
constant-sum game

Konstanz *f* **(Beständigkeit** *f***)**
constancy

Konstellation *f*
constellation, configuration

Konsum *m* **(Verbrauch** *m***, privater Verbrauch** *m***)** *(economics)*
consumption

Konsumangebot *n* **(Angebot** *n* **an Konsumgütern)** *(economics)*
supply of consumer goods, consumer goods supply

Konsumartikel *m*
→ Konsumgüter

konsumatorische Endhandlung *f*
→ Zielreaktion

Konsumdaten *n/pl* **(Konsuminformationen** *f/pl*, **Verbrauchsdaten** *n/pl*) *(market research)*
consumption data *pl*

Konsument *m* **(Verbraucher** *m*)
consumer

Konsumentenbefragung *f* **(Verbraucherbefragung** *f*) *(market research)*
1. consumer survey, consumer jury test, consumer panel test, consumer opinion test, consumer interview
2. (Wiederholungsbefragung) consumer tracking

Konsumenteneinstellung *f* **(Verbrauchereinstellung** *f*) *(market research)*
consumer attitude

Konsumentenforschung *f* **(Verbraucherforschung** *f*)
consumer research, consumer analysis

Konsumentengesellschaft *f* **(Konsumgesellschaft)** *f*) *(economics)*
consumer society

Konsumentenhandel *m* *(economics)*
consumer trade

Konsumentenhaushalt *m* **(Haushaltseinheit** *f*, **Haushalt** *m*) *(empirical social research)*
spending unit, consumer household, private household

Konsumenteninformation *f* **(Verbraucherinformation** *f*) *(economics)*
consumer information

Konsumenteninteresse *n*
→ Verbraucherinteresse

Konsumentenjury *f* **(Verbraucherjury** *f*) *(market research)*
consumer jury, consumer panel

Konsumentenkredit *m* **(Konsumtivkredit** *m*, **Konsumkredit** *m*) *(marketing)*
consumer credit

Konsumentenloyalität *f*
→ Geschäftstreue, Produkttreue, Markentreue

Konsumentenmarkt *m* **(K-Markt** *m*) *(economics)*
consumer market, C market (Philip Kotler)

Konsumentenmerkmale *n/pl* **(Verbrauchermerkmale** *n/pl*) *(market research)*
consumer characteristics *pl*

Konsumentennachfrage *f* **(Verbrauchernachfrage** *f*) *(economics)*
consumer demand

Konsumenten-Ombudsmann *m*
consumer ombudsman

Konsumentenpanel *n*
→ Verbraucherpanel

Konsumentenpsychologie *f* **(Verbraucherpsychologie** *f*)
consumer psychology

Konsumentenrabatt *m* **(Verbraucherrabatt** *m*) *(economics)*
consumer discount, patronage discount

Konsumentenreaktion *f*
→ Kaufreaktion

Konsumentenrente *f* **(Käuferrente** *f*) *(economics)*
consumer's surplus, consumer surplus, consumer's rent

Konsumentenrisiko *n* **(Verbraucherrisiko** *n*, **Risiko** *n* **des Konsumenten, Risiko** *n* **des Verbrauchers)** *(statistics of decision-making/statistical quality control)*
consumer's risk point (CRP), lot tolerance percentage defective (LTPD), consumer's risk (CR)

Konsumentenschutz *m*
→ Verbraucherschutz

Konsumentenschutzgesetzgebung *f*
→ Verbraucherschutzgesetzgebung

Konsumentensouveränität *f* **(Verbrauchersouveränität** *f*, **Käufersouveränität** *f*) *(economics)*
consumer sovereignty

Konsumentensozialisation *f* **(Verbrauchersozialisation** *f* **)**
consumer socialization

Konsumentenstadt *f* **(Verbraucherstadt** *f* **)**
consumer city

Konsumentenstimmung *f* **(Verbraucherstimmung** *f* **)** *(market research)*
consumer sentiment

Konsumentenstimmungsindex *m* **(Index** *m* **der Verbraucherstimmung)** *(market research)*
index of consumer sentiment

Konsumententreue *f* **(Verbrauchertreue** *f* **)**
→ Geschäftstreue, Produkttreue, Markentreue

Konsumententyp *m* **(Verbrauchertyp** *m*, **Käufertyp** *m***)** *(market research)*
consumer type

Konsumententypologie *f* **(Verbrauchertypologie** *f* **)** *(market research)*
consumer typology

Konsumentenunzufriedenheit *f* **(Verbraucherunzufriedenheit** *f* **)** *(economics)*
consumer dissatisfaction

Konsumentenverhalten *n* **(Verbraucherverhalten** *n*, **Käuferverhalten** *n***)** *(economics)*
consumer behavior, *brit* consumer behaviour

Konsumentenwerbung *f* **(Verbraucherwerbung** *f* **)**
→ Publikumswerbung

Konsumentenwettbewerb *m*
→ Verbraucherwettbewerb

Konsumentenzufriedenheit *f* **(Verbraucherzufriedenheit** *f* **)** *(economics)*
consumer satisfaction

Konsumentenzuversicht *f* **(Verbraucherzuversicht** *f* **)** *(economics)*
consumer confidence

Konsumentscheidung *f*
→ Kaufentscheidung

Konsumerismus *m* *(economics)*
consumerism, consumers' rights movement, consumers' movement

Konsumforschung *f* *(market research)*
consumption research, consumer research

Konsumfreiheit *f* *(economics)*
consumer freedom, consumers' freedom

Konsumfunktion *f* *(economics)*
consumption function

Konsumgenossenschaft *f* *(retailing)*
1. (Konsum *n*, Genossenschaftsladen *m*, Genossenschaftsgeschäft *n*) cooperative shop, co-operative shop
2. (Konsumverein *m*) consumer cooperative, consumer co-operative

Konsumgenossenschaft *f* **(Konsumverein** *m***)** *(retailing)*
consumer cooperative, *brit* consumer co-operative, *colloq* coop, co-op, *also* retail cooperative

Konsumgesellschaft *f* **(Massenkonsumgesellschaft** *f* **)**
mass-consumption society

Konsumgewohnheit *f* **(Muster** *n* **des Konsumverhaltens)** *(economics)*
consumption pattern, consumption habit

Konsumgüter *n/pl* **(Konsumartikel** *m/pl*, **Konsumtivgüter** *n/pl***)** *(economics)*
1. consumer goods *pl*, consumers' goods, consumer products *pl*
2. (dauerhafte) durable consumer goods *pl*, durable consumer products *pl*, consumer durables *pl*, durables *pl*, consumer hardgoods *pl*
3. (nicht dauerhafte) non-durable consumer goods *pl*, non-durable consumer products *pl*, non-durables *pl*

Konsumgüterindustrie *f* *(economics)*
nonbasic industry, consumer goods industry

Konsumgütermarketing *n* **(Konsumtivgütermarketing** *n***)**
consumer goods marketing, consumer products marketing

Konsumgütermarkt *m* *(economics)*
consumer market, consumer goods market, consumer products market

Konsumgütermarktforschung *f*
consumer goods market research, consumer products market research

Konsumgütertypologie *f* *(market research)*
typology of consumer goods, typology of con-

sumer products, consumer goods typology, consumer products typology

Konsumgüterwerbung *f*
consumer goods advertising, consumer products advertising

Konsumklima *n (economics)*
consumption climate, climate of consumption

Konsumkredit *m*
→ Konsumentenkredit

Konsumleitbild *n* **(market psychology)**
consumption model

Konsummarkt *m*
→ Käufermarkt

Konsummotiv *n* **(Konsummotivation** *f***)**
→ Kaufmotiv

Konsummuster *n* **(Verbrauchsmuster** *n***)** *(economics)*
consumption pattern, pattern of consumption behavior, *brit* behaviour

Konsumnachfrage *f* **(Konsumgüternachfrage** *f***)** *(economics)*
demand for consumer goods, demand for consumer products

Konsumneigung *f (economics)*
propensity to consume (John Maynard Keynes)

Konsumniveau *n (economics)*
level of consumption

Konsumnorm *f*
→ Konsumstandard

Konsumpionier *m (consumer research)*
early adopter, consumption pioneer

Konsumpolitik *f*
→ Verbrauchspolitik

Konsumpreisindex *m* **(Index** *m* **der Verbraucherpreise)** *(economics)*
consumer price index, *pl* indices or indexes

konsumrelevanter Persönlichkeitsfaktor *m* *(market psychology)*
consumption-relevant personality factor

Konsumsoziologie *f*
sociology of consumption

Konsumstandard *m* **(Konsumnorm** *f***)** *(market psychology)*
consumption standard

Konsumstil *m (market psychology)*
consumption style

Konsumstruktur *f (economics)*
consumption pattern, consumption structure, structure of consumption

Konsumsymbol *n (economics)*
consumption symbol

Konsumtheorie *f (economics)*
theory of consumption, consumption theory

Konsumtion *f* **(Konsumption** *f***)**
→ Konsum

Konsumtionskredit *m*
→ Konsumentenkredit

Konsumtivbedarf *m*
→ Konsumgüternachfrage

Konsumtivgüter *n/pl*
→ Konsumgüter

Konsumverein *m*
→ Konsumgenossenschaft

Konsumverhalten *n (market research)*
consumption behavior, *brit* consumption behaviour, consumer behavior, *brit* consumer behaviour

Konsumverhaltensforschung *f*
consumption behavior research, *brit* consumption behaviour research

Konsumwunsch *m*
→ Kaufwunsch

Konsumzwang *m*
→ Kaufzwang

Kontakt *m*
1. (sozialer Kontakt *m*) contact
2. *(media research)* (Werbeträgerkontakt *m*, Werbemittelkontakt *m*) exposure

Kontakt *m* **pro Anzeigenseite** *(media research)*
advertising page exposure (apx), ad-page exposure

Kontakt *m* **pro Doppelseite** *(media research)*
double-page spread exposure, DPS exposure

Kontaktbericht *m* **(Kontaktmemorandum** *n*)
(eines Vertreters/Interviewers)
call report, contact report

Kontaktbewertungsfunktion *f* **(Kontaktbewertungskurve** *f*) *(media research)*
response function

Kontaktchance *f*
→ Kontaktwahrscheinlichkeit

Kontaktdosierung *f (media planning)*
exposure dosage

Kontakter *m (advertising)*
account representative, account executive, contact executive, contact man

Kontaktfaktor *m (media research)*
exposure factor

Kontaktforschung *f (media research)*
exposure research

Kontaktfrequenz *f*
→ Kontakthäufigkeit

Kontaktgewichtung *f (media research)*
exposure weighting

Kontaktgruppe *f*
→ Kontaktklasse

Kontaktgruppenleiter *m* **(Kontaktgruppenmanager** *m*) *(advertising)*
account supervisor group head

Kontakthäufigkeit *f* **(Kontaktfrequenz** *f*) *(media research)*
1. frequency of exposure, exposure frequency
2. (Leserschaftsforschung) frequency of reading
3. (Hörerschaftsforschung) frequency of listening
4. (Zuschauerschaftsforschung) frequency of viewing

Kontaktintensität *f (media research)*
intensity of exposure, depth of exposure

Kontaktintervall *n (media research)*
exposure interval, interval of exposure

Kontaktinterview *n (empirical social research)*
screening interview

Kontaktkosten *pl* **(Kontaktpreis** *m*) *(media research)*
cost per exposure

Kontaktmenge *f*
→ Kontaktzahl

Kontaktmessung *f (media research)*
measurement of exposure, exposure measurement, audience measurement

Kontaktmuster *n (media research)*
pattern of exposure, exposure pattern

Kontaktpreis *m*
→ Kontaktkosten

Kontaktqualität *f (media research)*
quality of exposure, exposure quality

Kontaktstrecke *f (outdoor advertising)*
approach to billboard, approach

Kontaktstreuung *f* **(Kontaktvarianz** *f*) *(media research)*
exposure variance, variance of exposure

Kontaktversuch *m* **(Kontaktbesuch** *m*) *(empirical social research)*
(des Interviewers beim Befragten) call

Kontaktverteilung *f (media research)*
exposure distribution, distribution of exposures

Kontaktverteilungskurve *f (media research)*
exposure distribution curve, curve of exposure distribution

Kontaktwahrscheinlichkeit *f* **(Kontaktchance** *f*) *(media research)*
1. probability of exposure, exposure probability, opportunity of exposure, opportunity for exposure, probability of receiving an impression (P.R.I., PRI)
2. (bei Druckmedien, Fernsehen) opportunity to see (O.T.S., OTS)
3. (beim Hörfunk) opportunity to hear (O.T.H., OTH)

Kontaktzahl *f* **(Kontaktmenge** *f*) *(media research)*
number of exposures, audience figure, coverage figure

Kontaktzone *f*
→ Kontaktstrecke

Kontingenz *f (systems analysis) (statistics)*
contingency

Kontingenzanalyse *f (statistics)*
contingency analysis, *pl* analyses, contingent analysis (Charles E. Osgood)

Kontingenzbaum *m* (**Kontingenzbaumanalyse** *f*)
contingency tree, contingency tree analysis

kontinuierliche Werbung *f*
continuous advertising

Kontorhandel *m*
→ Streckenhandel

Kontrahierungs-Mix *n* (**Konditionen-Mix** *n*, **Kontrahierungspolitik** *f*, **Konditionenpolitik** *f*) *(marketing)*
terms mix, terms policy, mix of general business terms, general business terms policy

Kontraktion *f (economics)*
contraction

Kontraktkurve *f* (**Konfliktkurve** *f*) *(economics)*
contract curve

Kontraktmarketing *n* (Bruno Tietz)
contractual marketing, contract buying

Kontramarketing *n*
counter marketing (Philip H. Kotler)

Kontrast *m*
contrast

Kontrastwerbung *f*
contrast advertising

Kontrasuggestibilität *f* (**Gegensuggestibilität** *f*, **umgekehrte Suggestibilität** *f*) *(psychology)*
contrasuggestibility

Kontrasuggestion *f* (**Gegensuggestion** *f*, **umgekehrte Suggestion**) *(psychology)*
contrasuggestion

Kontrollautorität *f* (**Befehlsgewalt** *f*) *(organizational sociology)*
control authority

Kontrolle *f*
control

Kontrollgrenze *f (statistical quality control)*
control limit

kontrollieren *v/t*
to control, to check

kontrollierter Markttest *m (market research)*
controlled market test

kontrollierter Prozeß *m (statistical quality control)*
controlled process

Kontrollkarte *f* (**Kontrollgraphik** *f*, **Kontrolldarstellung** *f*) *(statistical quality control)*
control chart

Kontrollkartentechnik *f (statistical quality control)*
control chart technique

Kontrollpunkt *m (statistical quality control)*
point of control, point of indifference

Kontrollspanne *f (organizational sociology)*
span of control, span of management, span of supervision

Kontrollsystem *n (marketing)*
control system

konvergente Kooperation *f* (**konvergente Zusammenarbeit** *f*, **arbeitsteilige Kooperation** *f*, **Kooperation** *f* **durch konvergentes Handeln**, **Zusammenarbeit** *f* **durch konvergentes Handeln**)
converging-action cooperation, converging-action co-operation

Konvergenz *f*
convergence

Konversions-Marketing *n*
conversional marketing (Philip H. Kotler)

Konversionsrate *f*
conversion rate

Konzentrationskurve *f* (**Lorenzkurve** *f*) *(statistics)*
curve of concentration, concentration curve, Lorenz curve

Konzentrationsstrategie *f*
→ konzentrierte Marketingstrategie

konzentrierte Marketingstrategie *f*
concentrated marketing strategy, concentration strategy

konzentriertes Marketing *n*
concentrated marketing

konzentrische Diversifikation *f* **(konzentrische Diversifizierung** *f*) *(economics)*
concentric diversification

Konzept *n* **(Begriff** *m*, **Konzeption** *f*) *(theory of knowdledge)*
concept

Konzeptanalyse *f* *(advertising research)*
concept analysis, conceptual analysis

Konzeption *f*
conception

Konzeptionstest *m* **(Konzepttest** *m*) *(advertising research)*
concept test, conception test

Konzept-Segmentation *f* *(advertising research)*
concept segmentation, conceptual segmentation

Konzernentflechtungsgesetzgebung *f*
→ Anti-Trust-Gesetzgebung

Konzernrabatt *m* *(economics)*
group discount

Konzession *f* *(economics)*
license, *brit* licence

Konzessionierung *f* *(economics)*
licensing, *brit* licencing

Kooperation *f* **(Zusammenarbeit** *f*)
cooperation, co-operation

Kooperation *f* **durch konvergentes Handeln**
→ konvergente Kooperation

Kooperationsform *f* *(economics)*
form of cooperation, type of cooperation, *brit* co-operation

Kooperationssystem *n* *(economics)*
cooperation system, *brit* co-operation system

Kooperationstyp *m*
→ Kooperationsform

Kooperationsvereinbarung *f* *(economics)*
cooperative agreement, *brit* co-operative agreement, cooperation agreement, *brit* co-operation agreement

Kooperationsverweigerung *f* **(Kooperationsboykott** *m*, **Nicht-Kooperativität** *f*)
noncooperation

Kooperationswerbung *f* **(kooperative Werbung** *f*)
cooperative advertising, *brit* co-operative advertising

kooperativ *adj*
cooperative, co-operative

Kooperative *f*
→ Genossenschaft

kooperative Form *f* **(der Spielstrategie)** *(theory of games)*
cooperative form (of game strategy), co-operative form of game strategy (Oskar Morgenstern)

kooperativer Konflikt *m* **(konstruktiver Konflikt** *m*)
cooperative conflict, co-operative conflict

kooperativer Wettbewerb *m* **(kooperative Konkurrenz** *f*)
cooperative competition, co-operative competition

kooperatives Marketing *n*
cooperative marketing, *brit* co-operative marketing

kooperatives Spiel *n* *(theory of games)*
cooperative game, co-operative game

Kooptation *f* **(Kooptierung** *f*, **Zuwahl** *f*, **Selbstergänzung** *f*) *(organizational sociology)*
cooptation, co-optation, cooption, co-option (Philip Selznick)

Koordination *f* **(Koordinierung** *f*)
coordination, *brit* co-ordination

Koordinationszentrale *f* **(Koordinierungszentrale** *f*)
coordination center, *brit* co-ordination centre

Koordinator *m*
coordinator, *brit* co-ordinator

koordinierte Zusammenarbeit *f*
→ Teamarbeit

Koordinierung *f* **(Koordination** *f*, **Koordinieren** *n*, **Gleichordnung** *f*, **harmonische Abstimmung** *f*, **Harmonisierung** *f*)
coordination, co-ordination

Koorganisation *f*
coorganization, *brit* co-organisation

Kopfbeleg *m*
→ Kopfremission

Kopfremission *f* **(Titelkopfremission** *f*, **Titelremission** *f*)
returns *pl* of cover pages, cover returns *pl*

Koppelanzeige *f*
→ Referenzanzeige

Koppelgeschäft *n*
→ Kopplungsgeschäft

Kopplungsgeschäft *n* **(Koppelangebot** *n*) *(economics)*
package deal

Kopplungswerbung *f*
→ Referenzwerbung

körperliche Arbeit *f*
labor, *brit* labour

körperliche Remission *f* *(print media)*
(newspaper/magazine) full-copy returns *pl*

körperlose Remission *f* **(KR-Verfahren** *n*) *(print media)*
(newspaper/magazine) returns *pl* of cover pages or logos

Körperschaft *f*
corporation, union

Körperschaftseigentum *n* **(gemeinschaftliches Eigentumsrecht** *n*)
corporate property

Kosten *pl* *(economics)*
cost, costs *pl*, (Ausgaben) expenses *pl*

Kosten *pl* **pro Anfrage**
cost per inquiry

Kosten *pl* **pro Antwort (Kosten** *pl* **pro beantwortetes Interview)** *(empirical social research)*
cost per response, cost per element

Kosten *pl* **pro Kontaktversuch (Kosten** *pl* **pro Besuch)**
cost of call

Kosten *pl* **pro Rückantwort**
cost per return, cost per reply, cost per conversion, conversion rate

Kosten *pl* **pro Verkauf** *(economics)*
cost per sale, cost per order

Kosten *pl* **pro Tausend**
→ Tausenderpreis

Kostenanalyse *f* **(Aufwandanalyse** *f*)
cost analysis, *pl* analyses

Kostenbudgetierung *f* *(economics)*
cost budgeting

kostendeckend *adj* *(economics)*
cost-covering

Kostendeckung *f* *(economics)*
cost coverage, coverage of cost

Kosteneffizienz *f* *(economics)*
cost efficiency, *also (false)* cost effectiveness

Kostenelastizität *f* *(economics)*
cost elasticity

Kostenfaktor *m* *(economics)*
cost factor

kostenfrei *adj*
→ kostenlos

Kostenfunktion *f* *(statistics)*
cost function

Kostenindex *m* **für die Lebenshaltung**
→ Lebenshaltungskostenindex

Kostenkontrolle *f* *(economics)*
cost control

kostenlos (kostenfrei) *adj*
free, free of charge, gratuitous

kostenlose Werbung *f*
→ Gratiswerbung, Schleichwerbung

kostenloser Versand *m*
→ Gratisversand (Freiversand)

Kosten-Mix *n (economics)*
cost mix, mix of costs

Kosten-Nutzen-Analyse *f (economics)*
cost-benefit analysis

Kosten-Nutzen-Verhältnis *n (economics)*
cost-benefit-ratio, cost-benefit relationship

kostenorientierte Preissetzung *f (economics)*
cost-oriented pricing

kostenorientiertes Transferpreissystem *n (economics)*
cost-oriented transfer pricing

Kosten-Plus-System *n*
→ Pauschalpreis plus Kosten

Kostenpreis *m (economics)*
cost-oriented price, cost-plus price

Kostenpreiskalkulation *f* (**Kostenprinzip** *n*)
(economics)
cost-oriented pricing, cost-plus pricing

Kostenquote *f* (**Kostenverhältnis** *n*, **Preisquote** *f*, **Preisverhältnis** *n*) *(economics)*
cost ratio

Kostenrangordnung *f*
→ Preisrangordnung

Kostenschätzung *f (economics)*
estimation of cost, cost estimation

Kostenstudie *f* (**Kostenuntersuchung** *f*, **Aufwandsanalyse** *f*, **Aufwandsuntersuchung** *f*) *(economics)*
cost study

Kostenvoranschlag *m* (**Kostenanschlag** *m*) *(economics)*
cost estimate

Kostenzentrum *n (economics)*
expense center, cost center, *brit* centre

Kostprobe *f*
→ Warenprobe

KR-Verfahren *n*
→ körperlose Remission

Kramladen *m*
→ Gemischtwarengeschäft

kreativ *adj*
creative

Kreativagentur *f (advertising)*
creative boutique, boutique, hot shop

Kreativdirektor *m (advertising)*
1. creative director (C.D.)
2. (stellvertretender Kreativdirektor) associate creative director
3. (leitender Kreativdirektor) executive creative director

kreative Innovation *f*
creative innovation

Kreativer *m* (**kreativer Mitarbeiter** *m*, **Kreativmitarbeiter** *m*) *(advertising)*
agency creative, creative artist, creative man

kreatives Problemlösen *n* (**Buffalo-Methode** *f*)
(innovation)
creative problem solution, Buffalo method (Sydney J. Parnes)

Kreativgruppe *f (advertising)*
creative group

Kreativität *f*
creativeness, *also* creativity

Kreativitätsmethode *f* (**Kreativitätstechnik** *f*, **Ideenfindungsmethode** *f*) *(innovation)*
idea development method, creative idea development, idea generation method, creative idea generation

Kreativstrategie *f (advertising)*
creative strategy

kreieren (schaffen, schöpfen) *v/t*
to create, to design to develop

Kreuzelastizität *f (economics)*
cross-elasticity

Kreuzelastizität *f* **der Nachfrage** *(economics)*
cross-elasticity of demand

Kreuzelastizität *f* **des Angebots** *(economics)*
cross-elasticity of supply

Kreuzprodukt *n*
cross product

Kreuzpreiselastizität *f* (**Preiskreuzelastizität** *f*, **Substitutionselastizität** *f*, **Triffinscher Koeffizient** *m*) *(economics)*
cross elasticity of demand, cross price elasticity

kritische Entscheidung *f* *(statistics of decision-making/statistical quality control)*
critical decision

kritische Pfadanalyse *f*
critical path analysis, critical path method (CPM)

kritische Region *f*
→ Zurückweisungsbereich

krypto-deterministischer Prozeß *m* *(stochastics)*
cryptodeterministic process

Kuller *m*
→ Titelkuller

Kumulation *f* *(media research)*
accumulation, accumulation of audiences, audience accumulation, cume

Kumulationseffekt *m* (**Kumulationswirkung** *f*) *(media research)*
cumulative effect, cumulation effect, accumulation

kumulativer Mengenrabatt *m* *(economics)*
cumulative quantity discount

kumulativer Prozeß *m* *(renewal theory)*
cumulative process

kumulierte Hörerschaft *f* (**kumulierte Hörerzahl** *f*) *(media research)*
accumulated audience, cumulated audience, cumulated listeners *pl*, accumulated listers *pl*

kumulierte Leserschaft *f* (**kumulierte Leserzahl** *f*) *(media research)*
accumulated audience, cumulated audience, cumulated readers *pl*, accumulated readers *pl*, cumulated readership, accumulated readership

kumulierte Zuschauerschaft *f* (**kumulierte Zuschauerzahl** *f*) *(media research)*
accumulated audience, cumulated audience, cumulative audience, *colloq* cume, cumulated viewers *pl*, accumulated viewers *pl*, net audience. unduplicated audience

kumulierte Nettoreichweite *f* *(media research)*
cumulative net coverage, accumulative net reach, cumulative net audience, accumulative net audience, net unduplicated audience

kumulierte Reichweite *f* *(media research)*
cumulative coverage, accumulative coverage, cumulative reach, accumulative reach, cumulative audience, accumulative audience, audience accumulation, audience cumulation *colloq* cume

kumulierte Werbewirkung *f* (**kumulative Werbewirkung** *f*)
cumulative advertising effect, cumulated advertising effect

Kunde *m*
1. customer, client, buyer
2. (einer Werbeagentur) account

Kundenanreißer *m* (**Kundenfänger** *m*)
puller-in

Kundenausweis *m*
→ Kaufschein

Kundenbefragung *f* *(marketing research)*
customer survey

Kundenberatung *f*
customer advisory service

Kundenbesuch *m*
1. (einzelner Besuch) call, call on a customer, customer call, canvass
2. (Vorgang) canvassing, detailing

Kundenbesucher *m*
canvasser, detailer

Kundenbeziehungen *f/pl*
customer relations *pl*

Kundenbindung *f*
→ Geschäftstreue, Ladentreue, Markentreue, Produkttreue

Kundendienst *m* (**Kundendienstleistung** *f*, **Kundendienstleistungen** *f/pl*) *(economics)*
1. service, customer service
2. (nach dem Kauf) after-sales service
3. (vor dem Kauf) pre-sales service

Kundendienstpolitik *f* (**Kundendienst-Mix** *n*) *(economics)*
service policy

Kundendienstabteilung *f* *(retailing)*
customer-service department

Kundenerzeugnis *n*
customized product, custom-made product, custom product

Kundenetat *m (advertising)* **(einer Werbeagentur)**
account

Kundenfang *m*
touting, pulling-in of customers

Kundenfänger *m* **(Kundenschlepper** *m*)
tout, puller-in

Kundenforschung *f (market research)*
intercept interviewing, exit interviewing

Kundenfrequenzanalyse *f*
→ Kundenlaufstudie

Kundenkartei *f*
list of buyers, list of customers, mailing list

Kundenlaufanalyse *f* **(Kundenlaufstudie** *f*, **Kundenstromanalyse** *f*, **Kundenfrequenzanalyse** *f*) *(market research)*
customer flow analysis, customer flow investigation, store traffic analysis, store traffic investigation

Kundenlayout *n (advertising)*
comprehensive layout, comprehensive, comp

Kundenmanagement *n (advertising/marketing)*
account management

Kunden-Netto *n (advertising)*
net cost, net, net plus

Kundenplazierung *f (retailing)*
customer spotting

Kundenprofil *n (market research)*
customer profile

Kundenrabatt *m*
→ Rabatt

Kundenservice *m*
→ Kundendienst

Kundenstrom *m (queuing)*
traffic

Kundenstromanalyse *f*
→ Kundenlaufanalyse

Kundenstromintensität *f* **(Intensität** *f* **des Kundenstroms)** *(queuing)*
traffic intensity

Kundenstruktur *f (market research)*
customer structure, customer characteristics *pl*

Kundentreue *f*
→ Geschäftstreuc, Ladentreue, Markentreue, Produkttreue

Kundentyp *m (market research)*
customer type, type of customer

Kundentypologie *f (market research)*
customer typology, typology of customers

Kundenunzufriedenheit *f* **nach dem Kauf**
post-buy dissatisfaction, postdecisional regret

Kundenverhalten *n (marketing research)*
customer behavior, *brit* customer behaviour, client behavior, *brit* client behaviour

Kundenwerbung *f*
→ Publikumswerbung

Kundenzufriedenheit *f*
1. customer satisfaction, buyer satisfaction
2. (nach dem Kauf) postdecisional satisfaction, post-buy satisfaction

Kundenzuschrift *f*
→ Anerkennungsschreiben

Kunstabteilung *f*
→ graphische Abteilung

Kunstfertigkeit *f* **(Geschicklichkeit** *f*)
workmanship

Kunstgewerbeschule *f* **(Kunstschule** *f*, **Kunstfachschule** *f*)
art school

Kunsthandwerk *n*
handicraft

Kunsthandwerker *m*
handicraftsman, *pl* handicraftsmen

Kunsthochschule *f* **(Kunstfachhochschule** *f*)
arts college

Künstler *m*
→ Graphiker, Gebrauchsgraphiker, Gestalter, Designer, Layouter, Illustrator, Photograph

Künstleragentur *f*
talent agency, art representative

künstlerische Gestaltung *f*
→ Gestaltung

künstliche Veralterung *f*
→ geplante Obsoleszenz

Kunstwort *n* **(Phantasiemarke** *f*) *(branding)*
arbitrary mark, coined word

Kupon *m* **(Gutschein** *m*, **Coupon** *m*) *(sales promotion)*
coupon

Kuponanzeige *f* **(Couponanzeige** *f*, **Gutscheinanzeige** *f*)
coupon advertisement, coupon ad

Kuponausschneiden *n*
→ Gutscheinausschneiden

Kuponblock *m*
→ Gutscheinblock

Kuponeinlösung *f*
→ Gutscheineinlösung

Kuponeinlösungsverhalten *n*
→ Gutscheineinlösungsverhalten

Kuponrücklauf *m*
→ Gutscheinrücklauf

Kupon-Test *m* **(Coupon-Test** *m*) *(market research)*
coupon test

Kuponwerbung *f* **(Gutscheinwerbung** *f*, **Coupon-Werbung** *f*)
coupon advertising, couponing

Kurzansage *f* **(Kurzwerbesendung** *f*, **Kurzeinblendung** *f*) *(radio/film/television)*
short announcement, pop-in, *also* filmlet, minute movie, short film, quickie

kurzfristige Schwankung *f* **(kurzfristige Fluktuation** *f*) *(economics)*
short-term fluctuation

kurzfristiges Ziel *n* **(Ziel** *n*)
target

kurzlebige Gebrauchsgüter *n/pl (economics)*
nondurable consumer goods *pl*, nondurables *pl*, orange goods *pl*

kurzlebige Konsumgüter *n/pl (economics)*
nondurable consumer goods *pl*, nondurables *pl*, red goods *pl*

Kurz-Spot *m (television advertising)*
quickie

Kurzwerbefilm *m*
advertising filmlet, advertising minute movie

Kurzzeittest *m (market research)*
short-exposure test

Kybernetik *f*
cybernetics *pl construed as sg* (Norbert Wiener)

kybernetisches Modell *n (organizational sociology)*
cybernetic model

kybernetisches System *n*
cybernetic system

L

L-Form-Anzeige *f* **(L-förmige Anzeige** *f* **)**
L-shaped advertisement, L-shaped ad

labiles Gleichgewicht *n*
unstable equilibrium, *pl* equilibriums *or* equilibria

Labilität *f*
unstability

Laden *m* **(Geschäft** *n*) *(retailing)*
store, shop

Ladenatmosphäre *f (retailing)*
store atmospherics *pl construed as sg*

Ladenaufseher *m (retailing)*
(im Warenhaus) floorwalker, *brit* shopwalker

Ladenausstattung *f (retailing)*
store layout, store design

Ladenbau *m (retailing)*
store construction

Ladenbeobachtung *f (market research)*
store observation, shop observation, in-store observation

Ladenbesitzer *m* **(Ladeninhaber** *m*, **Geschäftsinhaber** *m*) *(retailing)*
storekeeper, *brit* shopkeeper

Ladendesign *n* **(Ladengestaltung** *f* **)** *(retailing)*
store design, *brit* shop design

Ladeneinrichtung *f (retailing)*
store fittings *pl*, store equipment, *brit* shop fittings *pl*, shop equipment, store fixtures *pl*

Ladenfenster *n*
→ Schaufenster

Ladenfront *f (retailing)*
store front, *brit* shop front

Ladenfunk *m (retailing)*
storecasting

Ladengemeinschaft *f*
→ Gemeinschaftswarenhaus

Ladengeschäft *n (retailing)*
store, retail store, shop, retail shop, retail establishment, retail business, independent store

Ladengestaltung *f*
→ Ladendesign

Ladenhandel *m* **(seßhafter Handel** *m*, **stationärer Handel** *m*) *(economics)*
store trade, retail trade, store business, store retailing, shop trade, stationary trade

Ladenhüter *m (retailing)*
shelf warmer, deadwood, dead stock, sticker

Ladenimage *n* **(Geschäftsimage** *n*) *(retailing)*
store image

Ladeninhaber *m*
→ Geschäftsinhaber

Ladenkasse *f* **(Registrierkasse** *f* **)** *(retailing)*
cash register

Ladenkette *f*
→ Einzelhandelskette

Ladenlayout *n* **(Geschäftslayout** *n*) *(retailing)*
store layout, *brit* shop layout

Ladenöffnungszeit *f* **(Geschäftsöffnungszeit** *f* **)**
(retailing)
store opening time, opening time, business hours *pl*

Ladenpreis *m* **(Einzelhandelspreis** *m*, **Endverbraucherpreis** *m*)
1. retail price, consumer price
2. (Listenreis) list price
3. (Zeitschriften) cover price, single-copy price

Ladenschild *n (POP advertising)*
store sign, shop sign, sign, signboard, *colloq* shingle

Ladenschluß *m* (**Ladenschlußzeit** *f*) *(retailing)*
store closing time, closing time, shop closing time

Ladensendung *f* (**Ladenfunk** *m*)
storecast

Ladentest *m* (**Ladenbeobachtung** *f*) *(market research)*
store test, in-store test

Ladentheke *f* (**Ladentisch** *m*) *(retailing)*
store counter, counter

Ladentischauslage *f* (**Thekenauslage** *f*) *(POP advertising)*
counter display, counter display piece, counter dispenser

Ladentreue *f* (**Geschäftstreue** *f*, **Ladenloyalität** *f*, **Geschäftsloyalität** *f*) *(retailing)*
store loyalty, single-store loyalty, patronage

Ladenverkauf *m*
→ Ladenhandel

Ladenverschleiß *m* *(retailing)*
store erosion

Ladenwerbung *f*
→ POP-Werbung

Lage *f*
1. (Standort *m*, Platz *m*, Stellung *f*) location
2. (Situation *f*) state
3. (Pappe) ply, layer

Lageplan *m*
site plan, layout plan

Lager *n* *(economics)*
1. (Vorrat) stock, store, supplies *pl*
2. (Gebäude) warehouse, storehouse, storage room, stock room

Lagerbestand *m*
→ Lager 1.

Lagerbestandsaufnahme *f* *(economics)*
stocktaking, stock inventory, inventory, stock audit

Lagerbestellung *f* (**Lagerauftrag** *m*) *(economics)*
stock order

Lagerdauer *f* *(economics) (retailing)*
(im Einzelhandel) shelf life

Lager-Discounter *m* *(economics)*
warehouse discounter, self-service department store, combination store

Lagerergänzung *f* *(economics)*
warehouse replenishment

Lagergeschäft *n* (**Lagerhandelsgeschäft** *n*) *(retailing)*
warehouse store, box store

Lagerhaltung *f* *(economics)*
storage, stock-keeping, warehouse policy

Lagerhandel *m* *(economics)*
warehouse selling, store retailing

Lagerhaus *n*
→ Lager 2.

Lagerkosten *pl* (**Lagerhaltungskosten** *pl*) *(economics)*
warehouse charges *pl*, warehouse expenses *pl*, storage charges *pl*, storage expenses *pl*, cost(s) (*pl*) of storage

lagern *v/t* *(economics)*
to stock, to store

Lagerpolitik *f* (**Lagerhaltung** *f*, **Lagerplanung** *f*) *(economics)*
inventory planning, warehousing, warehouse policy, storage policy, stockkeeping policy

Lagerraum *m* *(economics)*
stock room, storage room, store room

Lagerschein *m* *(economics)*
warehouse receipt

Lagerstatistik *f* (**Inventarstatistik** *f*) *(economics)*
inventory statistics *pl construed as sg*

Lagerumschlag *m* (**Lagerumschlagshäufigkeit** *f*, **Lagerumschlagsgeschwindigkeit** *f*) *(economics)*
1. stock rotation, stockturn, stockturn rate, inventory turnover, speed of stock rotation, frequency of stock rotation, warehouse replenishment, warehouse replenishment time
2. *(retailing)* stockturn, turnover rate, rate of stockturn, turnover, merchandise turnover, inventory turnover, stock turnover, rate of stockturn, stockturn, merchandise turnover

Lagerumschlagsziffer *f (statistics/economics)*
1. inventory turnover rate, stockturn rate
2. net sales to inventory ratio, net sales to inventory

Lagerung *f*
→ Lagerhaltung

Lagerwirtschaft *f*
→ Lagerhandel, Lagerhandelspolitik

Lagerzyklus *m (economics)*
stock cycle, storage cycle

Laienwerbung *f*
→ Publikumswerbung

Laienwerber *m*
→ Sammelbesteller

Laissez-faire *n (economics) (organizational sociology) (industrial sociology)*
laissez-faire, laisser-faire

Laissez-faire-Führer *m (organizational sociology)*
laissez-faire leader

Landhandel *m (economics)*
agricultural trade, farm trade, rural trade

Landwirt(in) *m(f)* **(Bauer** *m*, **Farmer** *m*)
farmer, farmer-peasant, agriculturist, farm owner, farm operator

Landwirtschaft *f* **(Ackerbau** *m*, **Agrikultur** *f*, **Ackerbau** *m* **und Viehzucht** *f*)
agriculture, farming, husbandry

landwirtschaftlich *adj*
agrarian, agricultural

landwirtschaftliche Betriebsstruktur *f*
farm structure

landwirtschaftliche Bevölkerung *f* **(Agrarbevölkerung** *f*) *(demography)*
agricultural population, farm population, rural farm population

landwirtschaftliche Überproduktion *f*
→ landwirtschaftlicher Überschuß

landwirtschaftlicher Überschuß *m* **(landwirtschaftlicher Produktionsüberschuß** *m*, **landwirtschaftliche Überproduktion** *f*) *(economics)*
agricultural surplus

landwirtschaftliches Einkommen *n (economics)*
farm income

Landwirtschaftsgenossenschaft *f* **(landwirtschaftliche Genossenschaft** *f*)
cooperative farmers' association, co-operative farmers' association

Landwirtschaftsmarketing *n* **(Agrarmarketing** *n*)
agricultural marketing

langfristige Reaktion *f*
→ Wirkungsverzögerung

langlebiges Konsumgut *n*
→ Gebrauchsgut

Langsamverkehr *n* **(langsam vorbeifließender Verkehr** *m*) *(outdoor advertising)*
slow travel

Langzeittrend *m* **(säkularer Trend** *m*) *(statistics)*
secular trend

Langzeitzyklus *m* **(säkularer Zyklus** *m*) *(statistics)*
secular cycle

Laspeyre-Index *m* **(Laspeyrescher Index** *m*) *(statistics)*
Laspeyre's index, *pl* indexes or indices

Lasswell-Formel *f (communication research)*
Lasswell formula (Harold D. Lasswell)

latente Nachfrage *f (economics)*
latent demand

latenter Bedarf *m* **(Erschließungsbedarf** *m*) *(economics)*
latent demand, hidden demand, unsought goods *pl*

latentes Bedürfnis *n (economics)*
latent need

laterale Diversifikation *f* **(laterale Diversifizierung** *f*) *(economics)*
lateral diversification, conglomerate diversification

laterale Integration *f*
→ horizontale Integration

laterale Interaktion *f (organizational sociology)*
lateral interaction

laterale Organisation *f (organizational sociology)*
lateral organization, *brit* organisation

lateraler Prozeß *m (organizational sociology)*
lateral process

lateraler Status *m (organizational sociology)*
lateral status

laterales Prinzip *n* (**laterales Organisationsprinzip** *n*) *(organizational sociology)*
lateral principle

Lauf-Dia *n*
→ Film-Dia

laufende Kosten *pl (advertising)*
below-the-line-cost

Laufkunde *m (retailing)*
chance customer, chance buyer, transient customer, transient buyer

Laufkundschaft, *f (retailing)*
chance customers *pl*, chance buyers *pl*, transient business, transient customers *pl*, transient buyers *pl*

Laufzeit *f*
1. (Werbung) advertising time, advertising period
2. (bei Plakatwerbung) posting period
3. *(film/television)* screen time, running time, length, duration
4. (eines Vertrags) contract period

Lawinensystem *n*
→ Schneeballverfahren

Layout *n*
layout, makeup

Layouter *m*
layout man, layouter, make-up man, makeup man, maker-up

Layoutskizze *f (printing)*
visual, visualization

Layout-Test *m (advertising research)*
layout test, makeup test, make-up test

Layoutzeichner(in) *m(f) (printing)*
layouter, layout man, draftsman, draftswoman, *brit also* draughtsman, draughtswoman

Leased-department-Prinzip *n (retailing)*
leased department principle, concession principle

Leasing *n (economics)*
leasing

Lebensdauer *f*
1. *(economics)* (eines Produkts) product life, entire life
2. *(media research) (newspaper/magazine)* issue life, entire life

Lebenshaltung *f* (**Lebensführung** *f*, **Lebenshaltungsniveau** *n*, **Niveau** *n* **der Lebenshaltung**) *(economics)*
plane of living, level of living

Lebenshaltungskosten *pl* (**Lebenshaltungskostenindex** *m*)
cost of living

Lebenshaltungskostenindex *m* (**Kostenindex** *m* **für die Lebenshaltung**) *(economics)*
consumer price index (CPI, C.P.I.), *pl* indexes or indices, cost-of-living index

Lebensmittelanzeige *f*
food advertisement, food ad

Lebensmitteleinzelhandel *m*
1. (Institution) food retail trade, food retailers *pl*
2. (Funktion) food retailing

Lebensmitteleinzelhandelswerbung *f*
food retail trade advertising, food retail advertising

Lebensmitteleinzelhändler *m*
food store detailer, food detailer, food store, grocery, grocer

Lebensmittelgesetz *n* (**Gesetz** *n* **zur Neuordnung und Bereinigung des Rechts im Verkehr mit Lebensmitteln, Tabakerzeugnissen, kosmetischen Mitteln und sonstigen Bedarfsgegenständen**)
Food, Drug and Cosmetic Act

Lebensmittelmakler *m (wholesaling)*
food broker

Lebensmittelpackung *f*
food package, food pack

Lebensmittel-SB-Laden *m* (**Lebensmittelselbstbedienungsladen** *m*) *(retailing)*
food self-service store, food self-service shop

Lebensmittel-SB-Markt *m* (**Lebensmittelselbstbedienungsmarkt** *m*)
→ Lebensmittel-SB-Laden

Lebensmittelwerbung *f*
food advertising, foodstuff advertising

Lebensphase *f*
→ Familien-Lebenszyklus (Familienzyklus)

Lebensqualität *f*
quality of life, life quality

Lebensstandard *m* *(economics)*
standard of living, living standard

Lebensstil *m* (Alfred Adler) *(psychology)*
style of life, life style, life-style

Lebensstilanalyse *f* (**Lebensstilstudie** *f*, **Lebensstiluntersuchung** *f*) *(market research)*
life-style analysis, life-style study, life-style investigation

Lebensstil-Segmentation *f* *(market research)*
life-style segmentation

Lebensunterhalt *m* (**Auskommen** *n*)
livelihood, sustenance

Lebenszyklus *m* (**Familienzyklus** *m*) *(social psychology)*
life cycle (Erik H. Erikson)

Lebenszyklus *m* **des Einzelhandels**
life cycle of retail institutions, institutional life cycle

Lebenszyklus *m* **einer Institution**
→ institutioneller Zyklus

Lebenszyklusbevölkerung *f* (**Lebenszyklusgrundgesamtheit** *f*)
life-cycle population

leeres Nest *n*
empty nest

Leerpackung *f*
dummy package, dummy

Legende *f*
legend

Lehrling *m* (**Lehrjunge** *m*, **Lehrmädchen** *n*, **Auszubildender** *m*, **Auszubildende** *f*, **Volontär** *m*, **Volontärin** *f*) *(industrial sociology)*
apprentice

Lehrlingsschaft *f* (**Lehrlingsstand** *m*, **Berufsausbildung** *f*) *(industrial sociology)*
apprenticeship

Leiche *f* *colloq*
(Briefwerbung) *colloq* nixie, nix

Leistenanzeige *f*
→ Streifenanzeige

Leistung *f*
1. (Ausführung *f*, Durchführung *f*, Bewerkstelligung *f*) performance
2. *(psychology)* achievement
3. ascription

Leistungsalter *n* *(psychology)*
achievement age

Leistungsanreiz *m* (**Anreiz** *m*, **Ansporn** *m*)
incentive

Leistungsbedürfnis *n* (**Leistungsmotivation** *f*) *(psychology)*
need for achievement, achievement need, achievement drive

Leistungsbeförderung *f* (**Beförderung** *f*, **Ernennung** *f* **aufgrund von Leistungen, nach Verdienst**) *(organizational sociology)*
merit appointment

Leistungsfähigkeit *f* (**Tüchtigkeit** *f*, **Leistungsvermögen** *n*, **Fertigkeit** *f*, **Sachverständigkeit** *f*, **Geübtheit** *f*) *(psychology)*
proficiency

Leistungsgesellschaft *f* (**leistungsorientierte Gesellschaft** *f*)
achievement-oriented society, achieving society (David C. McClelland)

Leistungsgrad *m*
→ Effizienzfaktor

Leistungsgruppe *f*
→ Funktionsgruppe

Leistungsmotivation *f* *(psychology)*
achievement motivation, achievement motive (David C. McClelland)

Leistungsprinzip *n*
performance principle, achievement principle

Leistungsquotient *m (psychology)*
achievement quotient (AQ), accomplishment quotient

Leistungsstandard *m (economics)*
performance standard

Leistungstest *m*
1. (Fertigkeitstest *m*) *(psychology)* proficiency test
2. achievement test, performance test

Leistungsvermögen *n*
proficiency

Leitbild *n* **(Vorbild** *n***, Idol** *n***, Muster** *n***)**
1. model (Person) model person, model
2. (Leitbildgruppe) model group

Leitbildgruppe *f* **(normative Bezugsgruppe** *f***)** *(social psychology)*
normative reference group (Harold H. Kelley)

Leitbildmarketing *n*
model marketing

Leitbildwerbung *f*
model advertising

leitender Angestellter *m* **(Manager** *m***, Geschäftsführer** *m***, Geschäftsleiter** *m***, Unternehmensleiter** *m***)**
executive

leitender Angestellter *m* **der mittleren Führungsebene**
→ Manager der mittleren Führungsebene

Leiter *m*
1. (eines Unternehmens, einer Agentur) manager managing director head
2. (einer Abteilung) head (of a department), department head

Leiter *m* **der Textabteilung**
→ Cheftexter

Leitfaden *m*
1. (Handbuch) manual, guiding manual, guide, guide book, handbook
2. (Lehrbuch) textbook

Leitstudie *f* **(Pilotstudie** *f***, Vorstudie** *f***)** *(market research)*
pilot study, pilot survey, pilot test, exploratory study, pre-survey, test-tube survey

Leitung *f*
→ Management

Leitungsautorität *f*
→ Stabsautorität

Leitungspolitik *f* **(Leitungsgrundsätze** *m/pl***)**
executive policy

Leitungsstab *m*
staff

Leitungssystem *n*
→ Managementsystem

Leontieff-Modell *n*
→ Input-Output-Analyse

Leporellofalz *m* **(Leporellofalzung** *f***, Zickzackfalz** *m***)**
accordion fold, accordion folding, concertina fold, concertina folding, natural fold, natural folding

Lernen *n (psychology)*
learning

Lernkurve *f (psychology)*
learning curve, improvement curve, response function, response curve, experience curve

Lernprozeß *m (psychology)*
learning process

Lernpsychologie *f* **(Psychologie** *f* **des Lernens)**
learning psychology, psychology of learning

Lerntheorie *f* **(Theorie** *f* **des Lernens, Verhaltenstheorie** *f***)** *(psychology)*
theory of learning, learning theory

Lesbarkeit *f* **(Verständlichkeit** *f***)**
readability, reading ease

Lesbarkeitstest *m (media research)*
readability test, reading ease test

Lesebeobachtung *f* **(Beobachtung** *f* **des Leseverhaltens)** *(media research)*
observation of reading behavior, *brit* behaviour, reading observation

Lesedauer *f* **(Lesezeit** *f***)** *(media research)*
time spent reading, reading time

Lesefrequenz *f*
→ Lesehäufigkeit

Lesegeschwindigkeit *f (media research)*
speed of reading, reading speed

Lesehäufigkeit *f* **(Häufigkeit** *f* **des Lesens, Lesefrequenz** *f* **)** *(media research)*
frequency of reading, reading frequency, frequency

Leseintensität *f* **(Nutzungsintensität** *f* **)** *(media research)*
intensity of reading, reading intensity, thoroughness of reading, reading thoroughness

Lesemappe *f* **(Lesezirkelmappe** *f* **)**
magazine portfolio, magazine folder

Lesen *n*
reading, act of reading

Leseort *m (media research)*
place of reading, reading place

Lesephase *f (media research)*
phase of reading, stage of reading, reading phase, reading stage

Leser *m (media research)*
reader

Leser *m* **einer Ausgabe** *(media research)*
issue reader

Leser *m* **im Betrieb**
→ Mitleser

Leser *m* **im weitesten Sinn** *(media research)*
noter

Leser *m/pl* **pro Ausgabe (LpA** *m*, **LpA-Wert** *m*, **Leser** *m/pl* **im Erscheinungsintervall, relativer K$_1$-Wert** *m*) *(media research)*
issue audience, average-issue audience (A.I.A., AIA), average-issue-readership (A.I.R., AIR.), readers *pl* per issue (rpi)

Leser *m/pl* **pro Exemplar (LpE** *m*, **LpE-Wert** *m*, **Leserauflage** *f* **)** *(media research)*
average-issue audience (A.IA., AIA), average-issue readership, primary and secondary audience, readers *pl* per copy (rps)

Leser *m/pl* **pro Nummer (LpN** *m*, **LpN-Wert** *m*) *(media research)*
readers *pl* per copy, rpc, RPC, R.P.C., readers *pl* per single copy

Leser-pro-Nummer-Preis *m* **(LpN-Preis** *m*)
→ Tausend-Leser-Preis

Leser *m/pl* **pro Woche** *(media research)*
weekly readers *pl*, number of readers *pl* per week, weekly readers *pl*

Leseranalyse *f* **(Leserschaftsanalyse** *f* **)** *(media research)*
readership analysis, audience analysis

Leseranalyse *f* **Entscheidungsträger in Wirtschaft und Verwaltung (LAE)**
Readership Analysis Decision-Makers in Industry and Administration

Leseranalyse *f* **Führungskräfte (LAF)**
Readership Analysis Decision-Makers

Leseranalyse *f* **Kinderpresse (LA Kinderpresse)**
Readership Analysis Children's Press

Leseranalyse *f* **medizinischer Fachzeitschriften (LA-Med)**
Readership Analysis of Medical Journals

Leseranalyse *f* **Roman- und Rätselhefte**
Readership Analysis of Fiction and Puzzle Magazines

Leseranalyse *f* **Spezialzeitschriften (LASI)**
Readership Analysis of Special-Interest Magazines

Leserauflage *f*
→ Leser pro Exemplar (LpE)

Leserbefragung *f* **(Leserumfrage** *f* **)** *(media research)*
1. readership survey, audience survey
2. (mit eingedrucktem Fragebogen in der Zeitschrift/Zeitung) coupon survey

Leser-Blatt-Bindung *f* **(LBB)**
reader involvement, reader loyalty, reader confidence

Leserdienst-Karte *f (print media)*
reader service card, reader service inquiry card

Leserbrief *m*
letter to the editor

Leserfluktuation *f (media research)*
(von Heft zu Heft) issue-audience turnover, audience turnover

Leserforschung *f* (**Leserschaftsforschung** *f*)
audience research, readership research, reader research

Leser-Konsumenten-Untersuchung *f (marketing research) (media research)*
reader-consumer investigation, reader-consumer study, reader-buyer investigation, reader-buyer study

Leserkontakt *m*
→ Kontakt

Leserkreis *m*
→ Weitester Leserkreis (WLK), Leserschaft

Leserkreisanalyse *f*
→ Leseranalyse

Leserschaft *f* (**Leser** *m/pl*) *(media research)*
audience, readership, readers *pl*, number of readers, total number of readers, audience score

Leserschaftanalyse *f*
→ Leseranalyse

Leserschaftsforschung *f*
→ Leserforschung

Leserschaftsmessung *f (media research)*
audience measurement, readership measurement

Leserschaftspanel *n (media research)*
panel of readers

Leserschaftsprofil *n (media research)*
audience profile reader profile, readership profile

Leserschaftsstruktur *f* (**Leserschaftszusammensetzung** *f*) *(media research)*
audience characteristics *pl*, audience composition, audience setup, demographic audience characteristics *pl*, demographics *pl*, audience profile, audience structure, readership characteristics *pl*, reader characteristics *pl*, readership composition, readership breakdown, readership setup

Leserschaftsumfrage *f*
→ Leserbefragung

Leserschaftsuntersuchung *f* (**Leserschaftsstudie** *f*) *(media research)*
audience investigation, audience study, readership investigation, readership study

Leserservice *m (print media)*
reader service

Leser-Strukturanalyse *f (media research)*
analysis of readership structure, analysis of audience structure, audience structure analysis

Leserumfrage *f*
→ Leserbefragung

Leseruntersuchung *f*
→ Leserschaftsuntersuchung

Leserwerbung *f*
→ Abonnentenwerbung

Leserzahl *f* (**Leserschaftsumfang** *m*) *(media research)*
audience score, number of readers, audience size, size of audience

Leserzuschrift *f*
→ Leserbrief

Lesestoff *m*
reading, reading matter

Lesestunden *f/pl (media research)*
reading hours *pl*, hours *pl* spent reading

Lesestunden *f/pl* **pro Kopf** (**Pro-Kopf-Lesestunden** *f/pl*) *(media research)*
man-hours *pl* of reading

Lesetage *m/pl (media research)*
reading days *pl*

Lesetage *m/pl* **pro Heft** *(media research)*
reading days *pl* of issue exposure

Leseverhalten *n*
reading behavior, *brit* reading behaviour

Leseverhaltensbeobachtung *f* (**Beobachtung** *f* **des Leseverhaltens**) *(media research)*
observation of reading behavior, *brit* behaviour

Lesevorgänge *m/pl* (**Lesegeschehen** *n*, **Nutzungsvorgänge** *m/pl*) *(media research)*
reader traffic, reading/noting traffic, reading and noting (Daniel Starch), editorial traffic

Lesewahrscheinlichkeit *f* (**Nutzungswahrscheinlichkeit** *f*) *(media research)*
reading probability, probability of reading adult probability

Lesezeit *f*
→ Lesedauer

Lesezirkel *m* **(LZ)** *(print media)*
magazine club, deferred subscription club, clubbing

Lesezirkelwerbung *f*
magazine club advertising, advertising in magazine club portfolios

Letztargumenthypothese *f* **(Recency-Effekt-Hypothese** *f*) *(communication research)*
recency effect hypothesis recency hypothesis

letzter Lesevorgang *m* *(media research)*
recent reading

letzter Sendetermin *m* **(Werbe- oder Programmsendung)**
last telecast (L.T., L.T.C.)

Letztkäufer *m* **(Letztnachfrager** *m*, **Letztverbraucher** *m*)
→ Endverbraucher

Letztverbraucherbefragung *f*
→ Verbraucherbefragung

Letztverbraucherwerbung *f*
→ Verbraucherwerbung, Endverbraucherwerbung

Letztverkaufsstelle *f*
→ Verkaufsstelle

Leuchtbild *n* *(advertising)*
backlighted transparency, translight

Leuchtplakat *n* **(Leuchtposter** *n*) *(outdoor advertising)*
1. glow bulletin, glow bulletin board, glow panel
2. (neonbeleuchtet) neonized bulletin

Leuchtschild *n* *(transit advertising)*
busorama

Leuchtschrift *f*
luminous letters *pl*

Leuchtschriftband *n* **(Leuchtschriftnachrichten** *f/pl*) *(outdoor advertising)*
newscaster

Leuchttransparent *n*
→ Leuchtbild

Leuchtwerbemittel *n*
→ Lichtwerbemittel

Leuchtwerbung *f*
→ Lichtwerbung

Lichtbildwerbung *f*
→ Diawerbung, Film- und Diawerbung

Lichtreklame *f*
→ Lichtwerbung

Lichtspiel *n*
→ Film, Kino, Kinofilm

Lichtspieltheater *n* **(Filmtheater** *n*, **Lichtspielhaus** *n*)
cinema, cinema theater, *brit* theatre, motion-picture house, movie theater, picture house

Lichtspieltheaterwerbung *f*
→ Kinowerbung

Lichtwerbeanlage *f* *(outdoor advertising)*
light advertising equipment

Lichtwerbung *f* **(Leuchtwerbung** *f*) *(outdoor advertising)*
electric sign advertising, electric light advertising, light advertising, lightbox advertising, signpost advertising

Lieferant *m* *(economics)*
supplier

Lieferantenanalyse *f* **(Lieferantenbewertung** *f*, **Lieferantenbeurteilung** *f*) *(economics)*
vendor analysis, vendor evaluation, vendor appraisal

Lieferantentreue *f* *(economics)*
supplier loyalty

Lieferbedingungen *f/pl* **(Lieferungsbedingungen** *f/pl*) *(economics)*
terms *pl* of delivery

Lieferbereitschaft *f* **(Servicegrad** *m*) *(economics)*
serviceability

Lieferhäufigkeit *f* **(Lieferfrequenz** *f*) *(economics)*
frequency of delivery

Liefermenge *f* *(economics)*
quantity delivered

liefern *v/t* *(economics)*
1. to supply
2. (ausliefern) to deliver

Lieferpreis *m (economics)*
delivery price, delivered price

Lieferschein *m* (**Lieferzettel** *m*) *(economics)*
delivery ticket, bill of delivery, delivery note

Lieferservice *m (economics)*
delivery service

Liefertermin *m (economics)*
delivery date, date of delivery

Lieferung *f (economics)*
delivery

Lieferung *f* **frei Haus**
→ Freihauslieferung

Lieferungsgeschäft *n*
→ Lokogeschäft

Lieferwagen *m*
delivery truck, *brit* delivery van

Lieferzeit *f (economics)*
lead time, delivery period, delivery time time of delivery

Lieferzuverlässigkeit *f (economics)*
reliability of delivery, delivery reliability

Lifestyle-Studie *f*
→ Lebensstilanalyse

LIFO-Verfahren *n* (**LIFO**) *(economics)*
LIFO procedure, last-in, first-out procedure, last-in, first-out, LIFO

lineare Programmierung *f* (**lineare Planungsrechnung** *f*) *(operations research)*
linear programming (LP)

linearer Trend *m (statistics)*
linear trend, rectilinear trend

lineares Modell *n (statistics)*
linear model

Linie *f (economics) (organizational sociology)*
(im Gegensatz zum Stab) line

Linie-und-Stab-Organisation *f (organizational sociology)*
linie-and-staff organization, *brit* organisation

Linienautorität *f* (**funktionale Autorität** *f*, **sachbezogene Leitungsautorität** *f*, **fachbezogene Leitungsautorität** *f*) *(organizational sociology)*
line authority

Linienbeziehung *f* (**Leistungsbeziehung** *f*) *(organizational sociology)*
line relationship

Linienfunktion *f* (**Leistungsfunktion** *f*, **Produktionsfunktion** *f*, **sachbezogene Befehlsfunktion** *f*, **fachliche Kommandofunktion** *f*)
line function

Linienmanagement *n* (**funktionales Management** *n*, **Leitung** *f* **der Linie, Produktionsmanagement** *n*) *(organizational sociology)*
line management

Linienorganisation *f* (**Produktionsorganisation** *f*, **Leistungsorganisation** *f*, **Liniensystem** *n*) *(organizational sociology)*
line organization, *brit* line organisation, line system

Linie-Stab-Organisation *f* (**Linie-Stab-System** *n*)
line-staff organization, *brit* organisation

Liniensystem *n*
→ Linienorganisation

Liquidität *f (economics)*
liquidity, solvency

Liquidität *f* **ersten Grads** *(economics)*
liquidity ratio, current ratio

Liquiditätsbedarf *m (economics)*
liquidity requirements *pl*

Liquiditätsdisposition *f (economics)*
liquidity management

Liquiditätsentzug *m (economics)*
liquidity drain

Liquiditätsgrad *m* (**Liquiditätsquote** *f*, **Liquiditätsrate** *f*, **Deckungsgrad** *m*) *(economics)*
current assets to current liabilities, current ratio, liquidity ratio, acid test ratio

List-Broking *n*
Adressenhandel

Liste *f*
1. (Tabelle *f*, Aufstellung *f*, Plan *m*) schedule
2. (Verzeichnis *n*) list

Listenpreis *m*
1. *(economics)* list price, advertised price
2. *(economics)* administered price
3. (für Werbung) card rate, flat rate, basic rate, base rate

Litfaßsäule f *(outdoor advertising)*
poster pillar

Livesendung f **(Live-Sendung** f**)** *(radio/television)*
1. live broadcast, live transmission, live program, *brit* programme
2. (zeitversetzte Livesendung) deferred broadcast, live-time delay broadcast, clock-hour delay broadcast

Live-Spot m *(radio/television)*
live-action commercial

Lizenz f *(economics)*
license, *brit* licence

Lizenzabkommen n *(economics)*
license agreement, *brit* licence agreement

Lizenzdauer f *(economics)*
license period, *brit* licence period

lizenzfrei *adj*
public domain (P.D.)

Lizenzgeber m *(economics)*
licenser, *also* licensor, *brit* licencer

Lizenzgebühr f *(economics)*
license fee, *brit* licence fee

lizenzieren (lizensieren, Lizenz verleihen) v/t *(economics)*
to license, *brit* to licence, to grant a license, *brit* to grant a licence

Lizenzierung f **(Lizensierung** f**, Lizenzverleihung** f**)** *(economics)*
licensing, *brit* licencing

Lizenzinhaber m
licensor, licenser

Lizenznehmer m *(economics)*
licensee, *brit* licencee

Lizenzpolitik f *(economics)*
licensing policy, *brit* licencing policy, licensing

Lizenzprodukt n *(economics)*
licensed product, license product, *brit* licenced product

Lizenzrecht n
→ Lizenz

Lizenzträger m
→ Lizenznehmer

Lizenzvergabe f
→ Lizenzierung

Lizenzvertrag m *(economics)*
license contract, *brit* licence contract

Lockangebot n **(Lockvogelangebot** n**, Köder** m**, Warenköder** m**)** *(economics)*
bait, nailed down

Lockangebotswerbung f **(Lockvogelwerbung** f**, Köderwerbung** f**)**
bait advertising, bait-and-switch advertising, bait-and-switch selling, bait-and-switch-tactics *pl construed as sg*, bait-and-switch, switch selling

Lockartikel m **(Loss Leader** m**, Zugartikel** m**)** *(economics)*
loss leader, price leader

Lockartikelwerbung f
loss leader advertising

Lockvogel m **(Lockvogelangebot** n**)**
→ Lockangebot

Lockvogelwerbung f
→ Lockangebotswerbung

LOFO-Verfahren n **(LOFO)** *(economics)*
LOFO procedure, last-out, first-out procedure last-out, first-out, LOFO

Logistik f
logistics *pl construed as sg*
→ Marketinglogistik (physische Distribution)

logistischer Trend m *(statistics)*
logistic trend

logistisches Modell n *(statistics)*
logistic model, normal ogive model

Lohnarbeit f *(economics)*
wage labor, *brit* wage labour

Lohnarbeiter(in) m(f)
wage worker, wage hand, wage laborer

Lohnempfänger m **(Hauptverdiener** m**, Ernährer** m**) (in einem Haushalt)**
wage earner

Lohnskala f *(economics)*
wage scale

Lohnstruktur f *(economics)*
wage structure

lokale Fernsehwerbung *f* (**örtliche Fernsehwerbung** *f*)
spot television advertising, spot television advertising, spot television, spot television, localized time

lokale Radiowerbung *f* (**lokale Hörfunkwerbung** *f*)
spot radio advertising spot radio, localized time

lokale Werbung *f* (**Werbung** *f* **des örtlichen Einzelhandels**)
local advertising, retail advertising

Lokalhandel *m* (*economics*)
local trade, local business

Lokalsender *m* (**Regionalsender** *m*) (*radio/television*)
1. local-channel station, community station
2. (eines Sendernetzes) O. & O. station (O and O station, O. and O. station), owned and operated station

Lokalsendung *f* (*radio/television*)
local broadcast, local program, *brit* local programme, local-origination broadcast, local origination program, spot broadcast, spot program, spot

Lokaltarif *m* (**Preis** *m* **für örtliche Werbung**)
local rate, retail rate

Lokalwerbung *f*
→ lokale Werbung

Lokogeschäft *n* (*economics*)
spot business, spot transaction, spot deal

Lokohandel *m* (*economics*)
spot trade

Lorenzkurve *f* (**Konzentrationskurve** *f*, **Einkommenverteilungskurve** *f*) (*statistics/economics*)
Lorenz curve, curve of income distribution, income distribution curve

Los *n*
1. (*promotion*) (Lotterielos) lottery, ticket
2. (*statistics/economics*) (Warenposten) lot, batch, charge

lose Beilage *f* (**Losebeilage** *f*) (*advertising*) (*print media*)
loose insert

Losung *f*
→ Slogan

Lotterie *f* (*sales promotion*)
lottery

Lotteriespiel *n*
→ Glücksspiel

Low-interest-Produkt *n* (*economics*) (*consumer research*)
low-interest-product

Low-involvement-Produkt *n* (*economics*) (*consumer research*)
low-involvement product

LpA *m abbr*
Leser pro Ausgabe

LpE *m abbr*
Leser pro Exemplar

LpN *m abbr*
Leser pro Nummer

Luftballon *m* (*sales promotion*)
balloon

Luftballonwerbung *f* (*sales promotion*)
balloon advertising

Luftpackung *f*
→ Mogelpackung

Luftreklame *f* (**Luftwerbung** *f*) (*outdoor advertising*)
air advertising, aerial advertising, sky advertising

Luftschiff-Werbung *f* (*outdoor advertising*)
airship advertising

Luftverkehrslinienwerbung *f*
airline advertising

Luxusbedarf *m* (*economics*)
demand for luxury goods, luxury goods demand

Luxusgüter *n/pl* (**Luxuswaren** *f/pl*) (*economics*)
luxury goods *pl*, luxury products *pl*

Luxusgüterwerbung *f* (**Luxuswarenwerbung** *f*)
luxury goods advertising, luxury product advertising

LZ *abbr*
Lesezirkel

LZ-Leser *m* (*media research*)
magazine-club subscriber, magazine-club reader

M

Machbarkeit *f (economics)*
feasibility

Machbarkeitsstudie *f (economics)*
feasibility study, feasibility investigation

Magazin *n*
1. → Lager
2. → Zeitschrift

Mailing *n*
→ Aussendung, Postaussendung

Mail-order-
→ Versand-, Versandhandels-

MAIS *n abbr*
Marketing-Informations-System

Make-or-buy-Entscheidung *f (economics)*
make-or-buy decision, make or buy

Makler *m (economics)*
broker, agent, middleman, go-between

Maklergebühr *f* (**Maklerprovision** *f*, **Maklerlohn** *m*, **Courtage** *f*) *(economics)*
broker's fee, broker's commission, broker's charge, brokerage, brokerage fee, brokerage commission

Maklergewerbe *n* (**Maklerhandel** *m*) *(economics)*
brokerage

Maklerprovision *f*
→ Maklergebühr

Maklerwerbung *f*
broker's advertising, brokers' advertising, brokerage advertising

Makromarketing *n*
macromarketing, macro-marketing

Makro-Marketing-System *n*
macromarketing system, macro-marketing system

Makromodell *n* (**makroökonomisches Modell** *n*)
macro model, macro-economic model

Makrosegmentierung *f (market research)*
macro segmentation

Makro-Umwelt *f (marketing)*
macro environment

Mall *f* (**Mall-Zentrum** *n*)
→ Einkaufszentrum

Malrabatt *m* (**Wiederholungsrabatt** *m*) *(advertising)*
frequency discount, time discount, series discount, consecutive-weeks discount (C.W.D., CWD), vertical discount

Malstaffel *f* (**Wiederholungsrabattstaffel** *f*) *(advertising)*
frequency discount rate, time discount rate, series discount rate, consecutive-weeks discount rate, C.W.D, rate, CWD rate

Mammutplakat *n (outdoor advertising)*
magna panel poster, magna panel, supersite panel, supersite poster

Management *n (economics)*
management

Management *n* **durch Delegation** *(economics)*
management by delegation

Management *n* **durch Entscheidungsregeln** *(economics)*
management by decision rules

Management *n* **durch Innovation** *(economics)*
management by innovation

Management *n* **durch Kommunikation** *(economics)*
management by communication

Management *n* **durch Motivation** *(economics)*
management by motivation

Management *n* **durch Systemorientierung** (**systemorientiertes Management** *n*) *(economics)*
management by systems

Management

Management *n* **durch Verstärkung** *(economics)*
management by reinforcement

Management *n* **nach Ausnahmeprinzipien** *(economics)*
management by exception

Management *n* **nach Ergebnissen** *(economics)*
management by results

Management *n* **nach Organisationen** *(economics)*
management by organization, *brit* organisation

Management *n* **nach Zielvorgaben** *(economics)*
management by objectives (MBO)

Management-Informations-System *n* **(MIS)** *(economics)*
management information system (MIS)

Managementwissenschaft *f (economics)*
management science

Manipulation *f* **(Manipulieren** *n***)**
manipulation

manipulieren *v/t*
to manipulate

Mannequin *n*
model, mannequin

Marginalanalyse *f* **(Grenzwertanalyse** *f* **)** *(economics)*
marginal analysis

marginaler Bedarf *m (economics)*
marginal need

Marke *f*
1. *(economics)* (Markenname)
brand, brand name, *also* trade name, (Auto, Radio) make
2. → Markenartikel (Markenware)
3. → Markenzeichen
4. → Markierung
5. → Warenzeichen
6. → Rabattmarke

Markenakzeptanz *f* **(Markenartikelakzeptanz** *f* **)** *(economics/marketing)*
brand acceptance

Markenartikel *m* **(Markenprodukt** *n***)** *(economics)*
brand article, branded article, *mostly pl* branded goods *pl*, brand product, branded product, branded merchandise

Markenartikelanzeige *f* **(Markenartikelwerbemittel** *n***)**
brand advertisement, brand product advertisement, brand ad, brand product ad

Markenartikelbewußtsein *n*
→ Markenbewußtsein

Markenartikel-Goodwill *m*
→ Markenwert

Markenartikelhersteller *m* **(Markenartikelprodukt** *m***)** *(economics)*
brand producer, brand article producer, branded goods producer, brand product manufacturer

Markenartikelkäufer *m*
→ Markenkäufer *m*

Markenartikelpräferenz *f*
→ Markenpräferenz

Markenartikelpreis *m*
→ Markenpreis

Markenartikelprofil *n*
→ Markenprofil

Markenartikelsystem *n* **(Markenartikelabsatzsystem** *n***)** *(economics)*
branded goods, system, branded merchandise system, brand product distribution system

Markenartikeltreue *f*
→ Markentreue

Markenartikelvertrieb *m (economics)*
brand distribution, branded merchandise distribution, brand product distribution, branded goods distribution

Markenartikelwerbung *f*
brand advertising, branded goods advertising, brand product advertising, branded merchandise advertising

Markenassoziation *f (market research)*
1. brand association
2. (Assoziation mit einer Gebrauchsgüterkategorie) commodity-brand association

3. (mit einer Produktkategorie) product-brand association

Markenausdehnungsstrategie *f (marketing)*
brand extension strategy, brand extension

Markenauswahl *f* **(Markenauswahlentscheidung** *f***, Markenwahl** *f* **)**
brand choice, interbrand choice

Markenbarometer *n* **(Markenindex** *m***)** *(market research)*
brand barometer, brand trend survey

Markenbekanntheit *f (marketing)*
1. brand awareness, share of mind
2. (Bekanntheitsgrad) brand rating, share of mind rating

Markenbekanntheitsindex *m (market research)*
brand rating index (BRI)

Markenbekanntheitstest *m (market research)*
brand awareness test, share-of-mind test

Markenbevorzugung *f*
→ Markenpräferenz

Markenbewußtsein *n* **(Markenartikelbewußtsein** *n***)** *(marketing)*
brand consciousness, brand product consciousness

Markenbezeichnung *f*
→ Markenname

Markenbild *n*
→ Markenimage, Markenprofile

Markenbildung *f (economics)*
branding

Markenbindung *f*
→ Markentreue

Markendesign *n (marketing)*
brand design

Markendifferenzierung *f (economics)*
brand differentiation

Markenentscheidung *f*
→ Markenauswahl, Markenwahl

Markenerweiterung *f (marketing)*
brand extension

Markenerweiterungsstrategie *f (marketing)*
brand-extension strategy, brand-extension branding

Markenerzeugnis *n* **(Markenfabrikant** *n***)**
→ Markenartikel

Markenfamilie *f (economics)*
family of brands, brand family

Markenfamilienstrategie *f (marketing)*
family branding

Markenfenster *n (POP advertising)*
brand product display window

Markenfigur *f* **(Markensymbol** *n***, Symbolfigur** *f* **)**
trade character

Markenführer *m (economics)*
brand leader

Markenführung *f (economics)*
brand leadership

Markenfunktion *f (economics)*
brand function

Markengebrauchsgut *n (economics)*
branded commodity, branded durable consumer product, branded consumer durable

Markenidentität *f (economics)*
brand identity

Markenimage *n* **(Markenvorstellungsbild** *n***)**
brand image

Markenimagewerbung *f* **(Imagewerbung** *f* **für eine Marke)**
brand image advertising

Markenindex *m (market research)*
brand index

Markeninformation *f*
brand information, (Markeninformationen *pl*)
brand intelligence

Markenkäufer *m* **(Markenartikelkäufer** *m***, Markenwarenkäufer** *m***)** *(economics)*
brand buyer, brand purchaser

Markenloyalität *f*
→ Markentreue

Markenmanagement *n*
brand management

Markenmanager *m*
brand manager

Markenname *m* **(Markenbezeichnung** *f***)** *(economics)*
brand name, trade name

Markenpersönlichkeit *f* *(economics)*
brand personality

Markenpiraterie *f* *(economics)*
brand piracy

Markenpolitik *f* **(Markierungspolitik** *f***)** *(economics)*
brand policy, policy of branding, branding, branding policy

Markenpotential *n*
→ Marktpotential (einer Marke)

Markenpräferenz *f* **(Markenproduktpräferenz** *f***)** *(economics)*
brand preference

Markenprägnanz *f* *(marketing)*
brand-product association, brand association, brand impression

Markenpreis *m* **(Markenproduktpreis** *m***)** *(economics)*
brand price

Markenprodukt *n*
→ Markenartikel

Markenprofil *n* **(Profil** *n* **einer Marke)** *(marketing)*
brand profile

Markenqualität *f* *(marketing)*
brand quality, quality of brand products

Markenstil *m*
→ Werbestil

Markenstrategie *f* *(marketing)*
branding strategy, brand strategy

Markentest *m* *(market research)*
brand product test, brand test

Markentrend *m* *(market research)*
brand trend

Markentreue *f* **(Markenartikeltreue** *f***, Markenbindung** *f***, Markenloyalität** *f***)** *(economics)*
1. brand loyalty
2. (vollkommene Markentreue) brand insistence

Markenverband e.V. *m*
German Brand Producers' Association

Markenverbund *m*
→ Komplementarität

Markenvergleich *m* **(Vergleich** *m* **von Markenartikeln)** *(market research)*
brand comparison

Markenvertrieb *m* **(Markenartikelvertrieb** *m***)** *(economics)*
brand distribution

Markenwahl *f* **(Markenwahlentscheidung** *f*, **Markenauswahl** *f*, **Markenauswahlentscheidung** *f***)** *(economics)*
brand choice

Markenwahrnehmung *f* **(Markenperzeption** *f***)** *(market research)*
brand perception

Markenware *f*
→ Markenartikel

Markenwarenwerbung *f*
→ Markenartikelwerbung

Markenwechsel *m* *(economics)*
brand switching

Markenwechselmodell *n* **(Modell** *n* **des Markenwechsels)** *(market research)*
brand-switching model, model of brand switching

Markenwechsler *m* *(economics)*
brand switcher

Markenwerbung *f*
→ Markenartikelwerbung

Markenwert *m* **(Markenkapital** *n*, **Marken-Goodwill** *m***)** *(economics/marketing)*
brand equity, equity of a brand

Markenzeichen *n* *(economics)*
brand mark

Marketing *n* *(economics)*
marketing

Marketing *n* **der öffentlichen Hand**
→ Öffentliches Marketing

Marketingabteilung *f (economics)*
marketing department

Marketingagentur *f* **(Marketingmittler** *m***)** *(economics)*
marketing agency, marketing agent

Marketingaktivität *f (economics)*
marketing activity, marketing effort

Marketinganalyse *f (economics)*
marketing analysis

Marketing-Assessment *n*
→ Marketing-Folgenbewertung

Marketingassistent(in) *m(f) (economics)*
marketing assistant

Marketing-Audit *n*
→ Marketingrevision

Marketingaufgabe *f (economics)*
marketing task

Marketingausgabe *f* **(Marketingausgaben** *f/pl***)** *(economics)*
marketing expenditure, marketing expenses *pl*

Marketingberater *m (economics)*
marketing adviser, marketing consultant

Marketingberatung *f (economics)*
marketing advice, advisory marketing, marketing consultancy

Marketingberufe *m/pl*
marketing professions *pl*

Marketingbriefing *n*
marketing briefing

Marketingbudget *n* **(Marketingetat** *m***)** *(economics)*
marketing budget

Marketingbudgetallokation *f* **(Marketingbudgetaufteilung** *f***)** *(economics)*
marketing budget allocation, allocation of marketing budget

Marketing-Club *m*
marketing club

Marketingdatenbank *f*
marketing data bank

Marketingdirektor *m (economics)*
marketing manager, marketing executive, marketing director

Marketingdurchführung *f* **(Marketingimplementation** *f***, Strategie-Implementation** *f***)**
marketing implementation

Marketingdynamik *f (economics)*
marketing dynamics *pl construed as sg*, dynamics *pl construed as sg of marketing*

Marketingeffektivität *f (economics)*
marketing effectiveness, effectiveness of marketing, marketing efficiency

Marketingentscheidung *f (economics)*
marketing decision

Marketing-Entscheidungskriterium *n (economics)*
criterion of marketing decision, criterion of marketing decision-making

Marketing-Erfolgskontrolle *f (economics)*
marketing effectiveness control, measurement of marketing performance

Marketingetat *m*
→ Marketingbudget

Marketing-Ethik *f*
ethics *pl construed as sg of marketing*, marketing ethics *pl construed as sg*

Marketing-Experiment *n (marketing research)*
marketing experiment

Marketingforscher *m*
marketing researcher

Marketingforschung *f*
marketing research

Marketingführerschaft *f* **(Marketingführung** *f***)** *(economics)*
marketing leadership

Marketingfunktion *f (economics)*
marketing function

Marketinggebiet *n* **(Marketingbereich** *m***)** *(economics)*
marketing area, marketing territory

Marketinggemeinschaft *f*
→ Gemeinschaftsmarketing

Marketinggenossenschaft *f* **(Erzeugergemeinschaft** *f*) *(economics)*
marketing cooperative, *brit* co-operative

Marketinginformation *f (economics)*
marketing information, (Marketinginformationen *f/pl*) marketing intelligence

Marketing-Informations-System *n* **(MAIS)** *(economics)*
marketing information system (MAIS), marketing intelligence system (MIS)

Marketinginstrument *n (economics)*
marketing instrument, instrument of marketing, marketing tool

Marketingkommunikation *f (economics)*
marketing communication(s *(pl)*

Marketingkontrolle *f (economics)*
marketing control

Marketingkonzept *n* **(Marketingkonzeption** *f*) *(economics)*
marketing concept, marketing philosophy

Marketingkooperation *f*
→ Gemeinschaftsmarketing

Marketingkoordination *f* **(Marketingkoordinierung** *f*) *(economics)*
marketing coordination, coordination of marketing, *brit* co-ordination

Marketingkosten *pl (economics)*
marketing cost(s) *(pl)*

Marketingkostenanalyse *f (economics)*
marketing cost analysis

Marketingkostenrechnung *f (economics)*
marketing costing, marketing cost accounting

Marketingleiter *m (economics)*
head of marketing department, marketing department head, marketing director, director of marketing, marketing executive, marketing manager

Marketinglogistik *f* **(physische Distribution** *f*) *(economics)*
marketing logistics *pl construed as sg,* physical distribution

Marketingmanagement *n (economics)*
marketing management

Marketing-Management-System *n (economics)*
marketing management system

Marketingmanager *m*
→ Marketingleiter

Marketing-Mix *n (economics)*
marketing mix (Neil H. Borden)

Marketing-Mix-Instrument *n*
→ Marketinginstrument

Marketing-Mix-Modell *n*
→ Marketingmodell

Marketingmodell *n (economics)*
marketing model

Marketingökologie *f (economics)*
marketing ecology

Marketingoperation *f (economics)*
marketing operation

Marketingorganisation *f (economics)*
marketing organization, *brit* marketing organisation

marketingorientiert *adj (economics)*
marketing-minded, marketing-oriented

Marketingorientierung *f (economics)*
marketing orientation

Marketingphilosophie *f (economics)*
marketing philosophy

Marketingplan *m (economics)*
marketing plan

Marketingplanung *f (economics)*
marketing planning

Marketingpolitik *f (economics)*
marketing policy

marketingpolitische Instrumente *n/pl (economics)*
instruments *pl* of marketing policy marketing policy instruments *pl*, tools *pl* of marketing policy

Marketingprogramm *n (economics)*
marketing program, *brit* marketing programme

Marketingprozeß *m (economics)*
marketing process

Marketingpsychologie *f* marketing psychology
→ Marktpsychologie

Marketingrecht *n*
marketing legislation, marketing regulations *pl*

Marketingrevision *f (economics)*
marketing audit

Marketing-Service *m (economics)*
marketing services *pl*

Marketingsimulation *f*
marketing simulation

Marketingsituation *f (economics)*
marketing situation

Marketingsoziologie *f*
marketing sociology, sociology of marketing

Marketingstatistik *f*
marketing statistics *pl construed as sg*

Marketingsteuerung *f (economics)*
marketing control

Marketingstrategie *f (economics)*
marketing strategy

Marketingsystem *n (economics)*
marketing system

Marketingtheorie *f (economics)*
marketing theory, theory of marketing

Marketingumwelt *f (economics)*
marketing environment, environment of marketing

Marketingziel *n* (**absatzpolitisches Ziel** *n*) *(economics)*
marketing objective

Marketingzyklus *m (economics)*
marketing cycle

markierte Ware *f*
→ Markenartikel

Markierung *f (economics)*
1. (Waren) branding
2. (Kennzeichnung) marking
3. (Etikettierung) labeling, brand labeling

Markierungspolitik *f* (**Markenpolitik** *f*) *(economics)*
branding policy

Markovkette *f* (**Markoff-Kette** *f*, **Markovsche Kette** *f*) *(stochastics)*
Markov chain

Markovmodell *n* (**Markoff-Modell** *n*, **Markovsches Modell** *n*) *(stochastics)*
Markov model

Markov-Prozeß *m* (**Markoff-Prozeß** *m*, **Markovscher Prozeß** *m*) *(stochastics)*
Markov process

Markt *m (economics)*
market, marketplace, *brit* market-place

Marktabdeckung *f (economics)*
market coverage, market coverage intensity

Marktabgrenzung *f (economics)*
market zoning

Marktabschöpfung *f* (**Marktabschöpfungspolitik** *f*)
→ Abschöpfung (Abschöpfungsstrategie)

Marktakzeptanz *f (economics)*
market acceptance

Marktanalyse *f (market research)*
market analysis

Marktanpassung *f (marketing)*
market adjustment, adjustment to the market

Marktanreiz *m*
→ Marktanstoß

Marktanstoß *m* (**Marktanreiz** *m*) *(marketing)*
market inducement

Marktanteil *m (economics)*
1. market share, share of market
2. (eines Markenartikels) brand share, brand share of market
3. (einer Produktgruppe) category development, market development, category development index, market development index
4. (einer Marke pro 1000 Einwohner) brand

Marktanteilsanalyse 502

development (B.D.), brand development index (B.D.I., BDI)

Marktanteilsanalyse *f (economics)*
market share analysis

Marktatomisierung *f* (**Atomisierung** *f* **des Marktes**) *(economics)*
market atomization, *brit* market atomisation

Marktattraktivität *f (economics/marketing)*
market attractiveness

Marktattraktivitäts-Marktstellungs-Modell *n* (**Marktattraktivitäts-Marktstellungs-Matrix** *f*) *(economics/marketing)*
market attractiveness/business position model, market attractiveness/business position matrix

Marktaufbaumethode *f (marketing)*
buildup method, market buildup method

Marktausschöpfung *f*
→ Abschöpfung

Markausweitung *f (economics)*
market extension

Marktbahnung *f (marketing)*
market facilitation, market inducement

Marktbahnungsstrategie *f (marketing)*
market facilitation strategy

Marktbefragung *f* (**Marktumfrage** *f*) *(market research)*
market survey

marktbeherrschende Stellung *f (economics)*
→ Marktbeherrschung

Marktbeherrschung *f (economics)*
market dominance

Marktbeherrschungsstrategie *f (economics)*
market dominance strategy

Marktbeobachtung *f (market research)*
market observation

Marktbereich *m* (**Marktbereichsstrategie** *f*)
→ Marktumfang

Marktchance *f (marketing)*
market opportunity

Marktcharakter *m* (**Ernst Fromm**) *(psychology)*
market character

Marktdaten *n/pl (economics)*
market data *pl*

Marktdiagnose *f*
→ Marktanalyse

Marktdichte *f (economics)*
market density, density of the market

Marktdifferenzierung *f (economics)*
market differentiation

Marktdurchdringung *f (economics)*
market penetration, market coverage

Marktdurchdringungspolitik *f* (**Marktdurchdringungsstrategie** *f*) *(marketing)*
market penetration policy, penetration pricing

Marktdurchsetzung *f* (**Marktgeltung** *f*) *(economics)*
market acceptance

Markteinführung *f (economics)*
market launch, launch

Markteintritt *m (economics)*
market entry

Markteintrittsstrategie *m (economics)*
market entry strategy

Marktengagement *n* (**Marktengagementstrategie** *f*) *(marketing)*
market commitment, market commitment strategy

Marktentscheidung *f (economics)*
market decision

Markterfordernis *n (marketing)*
market requirement

Markterkundung *f (market research)*
market exploration

Markterschließung *f (marketing)*
market development

Markterschließungsstragie *f (marketing)*
market-development strategy

Markterweiterung *f*
→ Marktexpansion

Marktexpansion *f* (**Markterweiterung** *f*, **Marktausweitung** *f*) *(economics)*
market expansion

Marktexpansionsstrategie *f* (**Markterweiterungsstrategie** *f*, **Marktausweitungsstrategie** *f*) *(economics)*
market expansion strategy

Marktexperiment *n* *(market research)*
market experiment

Marktfähigkeit *f* *(economics)*
marketability

Marktfaktor *m* *(economics)*
market factor

Marktfeld *n* *(economics)*
market field

Marktform *f* *(economics)*
form of the market, type of market, market structure

Marktforscher *m*
market research

Marktforschung *f*
market research

Marktforschungsabteilung *f*
market research department, market research

Marktforschungsberater *m*
market research adviser, market research consultant

Marktforschungsbericht *m* (**Marktforschungsreport** *m*)
market research report

Marktforschungsbriefing *n*
market research briefing

Marktforschungsbudget *n* (**Marktforschungsetat** *m*)
market research budget

Marktforschungsdaten *n/pl*
market research data *pl*

Marktforschungsdesign *n*
→ experimentelle Anlage

Marktforschungsinformationen *f/pl*
market research intelligence

Marktforschungsinstitut *n*
market research institute

Marktforschungsorganisation *f*
organization of market research, *brit* organisation of market research, market research organization

Marktforschungsplan *m*
market research design, design of market research investigation

Marktforschungspräsentation *f*
→ Präsentation

Marktforschungsreport *m*
→ Marktforschungsbericht

Marktforschungsverband *m* (**Marktforscherverband** *m*)
market research association, association of market researchers

Marktforschungsverfahren *n* (**Marktforschungstechnik** *f*)
market research technique

Marktfragmentierung *f* (**Marktparzellierung** *f*) *(economics)*
market fragmentation

Marktführer *m* *(economics)*
market leader

Marktführerschaft *f* (**Marktführung** *f*) *(economics)*
market leadership

Marktgebiet *n* *(economics)*
trading area, trading zone

Marktgeltung *f*
→ Marktdurchsetzung

Marktgeführter *m* *(economics)*
market follower

Marktgeographie *f* *(marketing)*
market geography, market-geography strategy

Markt-Grid *n* (**Marktgitter** *n*) *(market research)*
market grid

Marktgröße *f* (**Marktvolumen** *n*) *(economics)*
market size, size of market, market volume, volume of market

Markthandel *m* (**Meßhandel** *m*) *(economics)*
marketplace trade, local market trade, public market trade

Marktherausforderer *m (economics)*
market challenger

Marktindex *m (economics)*
market index

Marktindikator *m (economics)*
market indicator

Marktinformation *f (economics)*
market information, (Informationen *pl*) market intelligence

Marktinstrument *n (economics)*
market instrument

Marktinvestition *f (economics)*
market investment

Marktkanal *m (economics)*
market channel

Marktkapazität *f (economics)*
market want, want

Marktkapital *n* (Herbert Gross)

Marktkette *f*
→ Absatzkette

Marktkommunikation *f*
market communication, market communications *pl construed as sg*

Marktkonstellation *f (economics)*
market configuration

Marktkontrolle *f (economics)*
market control

Marktkonversion *f (marketing)*
→ Marktumwandlung

Marktlage *f*
→ Marktposition

Marktleistung *f (economics)*
market performance

Marktlogistik *f*
→ Marketinglogistik

Marktlücke *f* (**Marktnische** *f*) *(economics)*
niche in the marketplace, market niche

Marktmacht *f (economics)*
market power

Marktmachtverteilung *f (economics)*
distribution of market power

Marktmanagement *n*
market management

Marktmanager *m*
market manager

Markt- Mix *n*
→ Marketing-Mix

Marktmodell *n (economics)*
market model

Marktmorphologie *f* (**Marktformenlehre** *f*) *(economics)*
market morphology, theory of market structure

Marktnachfrage *f*
→ Nachfrage

Marktneuheit *f* (**Marktinnovation** *f*) *(economics)*
market innovation, innovation

Marktnische *f (economics/marketing)*
market niche, niche in the marketplace

Marktordnung *f (economics)*
market organization, *brit* market organisation, market regulations *pl*

Marktorganisation *f*
1. *(economics)* organization of the market, *brit* organisation of the market
2. *(marketing)* market organization, *brit* market organisation

Marktorientierung *f (economics)*
market orientation

Marktphase *f (economics)*
market phase

Marktplanung *f (economics)*
market planning

Marktpolitik *f (economics)*
market policy

Marktposition *f* (**Marktstellung** *f*) *(economics)*
market position, position in the marketplace, market standing

Marktpositionierung *f*
market positioning

Marktpotential *n* (**MP**) *(economics)*
1. market potential, market sales potential, total market
2. (einer Marke) brand potential, (eines Unternehmens) company sales potential

Marktpotentialanalyse *f (market research)*
market potential analysis, analysis of segmentation, potential analysis, analysis of brand potential

Marktprädisposition *f (marketing)*
market predisposition

Marktpreis *m (economics)*
market price

Marktpreissystem *n* (**Marktpreispolitik** *f*, **Marktpreisstrategie** *f*) *(economics)*
market pricing, market price strategy

Markt-Produkt-Organisation *f* (**kombinierte Markt-Produkt-Organisation** *f*) *(marketing)*
market-product organization, *brit* market-product organization, combined market-product organization, *brit* combined market-product organisation

Marktprofil *n (economics)*
market profile

Marktprognose *f (market research)*
market prognosis, market forecast

Marktprojektion *f (market research)*
market projection

Marktpsychologie *f*
market psychology

Marktrationalisation *f* (**Marktrationalisierung** *f*) *(marketing)*
market rationalization

Marktrationalisationsstrategie *f* (**Marktrationalisierungsstrategie** *f*) *(marketing)*
market rationalization strategy

Marktreaktion *f (economics)*
market response

Marktreaktionsfunktion *f* (**Marktreaktionskurve** *f*)
→ Reaktionsfunktion

Marktregion *f*
→ Marktgebiet

Marktreichweite *f (marketing)*
market reach

Marktreife *f (economics)*
marketability

Marktsättigung *f (economics)*
market saturation, market satiation

Marktsättigungsfunktion *f*
→ Sättigungsfunktion

Marktsättigungsphase *f*
→ Sättigungsphase

Marktschreierei *f* (**marktschreierische Werbung** *f*)
puffing advertising, puffery, puffing, puff, ballyhoo, tum-tum

Marktschreier *m* (**marktschreierischer Kundenwerber** *m*)
barker

Marktschwankung *f (economics)*
market fluctuation, (stärker) market vacillation

Marktsegment *n (market research)*
market segment

Marktsegmentation *f* (**Marktsegmentierung** *f*) *(marketing research)*
market segmentation

Marktseitenverhältnisse *n/pl* (Paul Theisen) *(economics)*
market partner relationships *pl*

Marktselektion *f*
→ Marktsegmentierung

Marktsimulation *f (market research)*
market simulation

Marktsimulationsmodell *n (market research)*
market simulation model

Marktsituation *f (economics)*
market situation

Marktsoziologie *f* (**Soziologie** *f* **der Marktbeziehungen**)
market sociology

Marktspaltung f (**Marktteilung** f) *(marketing)*
market split, split of the market, split market

Marktspanne f *(economics)*
market margin

Marktstatistik f
market statistics *pl construed as sg*

Marktstellung f
→ Marktposition

Marktstrategie f *(marketing)*
market strategy

Marktstruktur f *(economics)*
market structure, market composition

Marktstudie f (**Marktuntersuchung** f) *(market research)*
market study, market investigation

Marktteilung f
→ Marktspaltung

Markttest m *(marketing research)*
market test

Markttheorie f *(economics)*
market theory

Markttransaktion f *(economics)*
market transaction

Markttransparenz f *(economics)*
openness of the market

Markttyp m *(economics)*
type of market, market type

Marktüberschwemmung f (**Marktübersättigung** f, **Marktverstopfung** f) *(economics)*
glut of the market

Marktüberzeugung f *(marketing)*
market persuasion

Marktüberzeugungsstrategie f *(marketing)*
market persuasion strategy

Marktumfangsstrategie f *(marketing)*
market-scope strategy

Marktumwandlung f (**Marktveränderung** f, **Marktkonversion** f) *(marketing)*
market conversion

Marktumwandlungsstrategie f (**Marktveränderungsstrategie** f, **Marktkonversionsstrategie** f) *(marketing)*
market conversion strategy

Marktunifizierung f *(marketing)*
market unification

Marktuntersuchung f
→ Marktstudie

Marktveränderung f
→ Marktumwandlung

Marktveranstaltung f *(economics)*
regular market event, regularly convened market

Marktverhalten n *(economics)*
market behavior, *brit* market behaviour

Marktverhaltensanalyse f *(market research)*
analysis of market behavior, *brit* analysis of market behaviour market behavior analysis, *brit* market behaviour analysis

Marktverstopfung f
→ Marktüberschwemmung

Marktverwässeung f (**Marktverwässerungsstrategie** f) *(marketing)*
market dilution, market-dilution strategy

Marktvolumen n *(economics)*
size of the market, market size, market volume

Marktwachstum n *(economics)*
market growth

Marktwachstums-Marktanteilsportfolio n *(marketing)*
market growth-market share portfolio, growth rate-relative market share matrix

Marktwachstumsrate f *(economics)*
rate of market growth, market growth rate

Marktwandel m
→ Marktumwandlung

Marktwert m *(economics)*
market value

Marktwiderstand m *(economics)*
market resistance, (der Käufer) buyers' resistance

Marktwirkung *f*
→ Marktreaktion

Marktwirkungsfunktion *f*
→ Reaktionsfunktion (Wirkungsfunktion)

Marktwirtschaft *f*
market economy, free market economy

Marktziel *n (economics)*
market objective, market purpose

Mart *m* (**Trade Mart** *m*)
→ Großhandelszentrum

maskierte Anzeige *f* (**abgedeckte Anzeige** *f*) *(advertising research)*
masked advertisement, masked ad, masked copy

Maskierungstest *m* (**Werbemitteltest** *m* **mit Maskierung**) *(advertising research)*
masked-identification test, masked copy-identification test, masked copy identification, masked copy test

Maslows Bedürfnishierarchie *f*
→ Bedürfnishierarchie

Massenartikel *m*
→ Massenprodukt, Massenware

Massenaussendung *f* (**Massenversand** *m*) *(direct marketing)*
mass mailing, blanket mailing, bulk mailing

Massenbedarfsgut *n (economics)*
mass commodity, mass consumer good, meist *pl* goods, mass product, bulk commodity

Massendrucksache *f*
→ Massenaussendung

Massenfenster *n*
→ Stapelfenster

Massenfertigung *f* (**Massenproduktion** *f*) *(economics)*
mass production

Massenfilialunternehmen *n (retailing)*
mass merchandiser

Massengüter *n/pl*
→ Massenware

Massenkommunikation *f*
mass communication, mass communications *pl* construed as *sg*

Massenkommunikationsforschung *f*
mass communication research, mass communications research

Massenkommunikationsmittel *n*
→ Massenmedium

Massenkommunikationsmodell *n (communication research)*
mass communication model

Massenmarkt *m (economics)*
mass market

Massenmedienmodell *n (communication research)*
mass media model

Massenmedium *n*
mass medium

Massenprodukt *n*
→ Massenbedarfsgut

Massenproduktion *f*
→ Massenfertigung

Massenstreuung *f*
→ Allgemeinstreuung

Massensuggestion *f*
mass suggestion

Massenumwerbung *f*
→ Mengenumwerbung

Massenverbrauchsgut *n*
→ Massenbedarfsartikel

Massenversand *m*
→ Massenaussendung

Massenvertrieb *m (economics)*
mass distribution

Massenware *f*
→ Massenbedarfsartikel

Massenwerbung *f*
→ Mengenumwerbung

Massenzeitschrift *f*
mass-circulation magazine, popular magazine

mäßiger Bedarf *m (economics)*
moderate need

Maßzahl *f (mathematics/statistics)*
statistic

mathematische Programmierung *f*
mathematical programming

mathematisches Modell *n*
mathematical model

Matrixmanagement *n (marketing)*
matrix management

Matrixorganisation *f* **(Matrixsystem** *n***)** *(marketing)*
matrix organization, *brit* matrix organisation, matrix system

Matrix-Projekt-Management *n (marketing)*
matrix project management

Matrixsystem *n*
→ Matrixorganisation

Maueranschlag *m*
→ Wandanschlag

Mauerbemalung *f*
→ Wandbemalung

maximal *adj*
maximum

Maximax-Entscheidung *f* **(Maximax-Kriterium** *n*, **Maximax-Regel** *f* **)** *(statistics)*
maximax decision, maximax criterion, maximax rule

Maximierung *f (economics)*
maximization, *brit* maximisation

Maximin-Entscheidung *f* **(Maximin-Kriterium** *n*, **Maximin-Regel** *f* **)** *(statistics)*
maximin decision, maximin criterion, maximin rule

Maximum *n* **(Höchstwert** *m*, **Maximunstelle** *f*, **Scheitelwert** *m*, **Scheitelstelle** *f* **)** *(statistics)*
maximum

maya-Maxime *f* **(Maya-Prinzip** *n***)** *(economics)*
maya principle ("most advanced yet acceptable" principle) (Richard Loewy)

Me-too-Produkt *n (economics)*
me-too product

Me-too-Werbung *f*
me-too advertising

mechanische Kommunikation *f*
mechanical communication

mechanischer Split *m*
→ Anzeigensplitting

Media *n/pl*
→ Medium

Media- *adj*
media

Media-Abteilung *f*
media department

Media-Agentur *f* **(Streuagentur** *f* **)**
media agency, media buying agency, media buying service, media services agency, media buying shop, media broker

Mediaanalyse *f* **(Werbeträgeranalyse** *f* **)** *(media planning)*
media analysis

Media-Assistent(in) *m(f)*
media assistant

Media-Auswahl *f*
→ Mediaselektion

Mediaberater *m*
media consultant

Mediaberatung *f*
media consultancy

Mediabindung *f* **(Leser-Blatt-Bindung** *f* **)** *(media research)*
1. media involvement, media loyalty, media confidence
2. (Senderbindung) *(radio/television)* channel loyalty

Mediabriefing *n*
media briefing

Media-Buyer *m*
→ Mediaeinkäufer

Mediadaten *n/pl* **(Media-Unterlagen** *f/pl***)** *(marketing planning)*
media data *pl*, rate book, media data card

Media-Direktor *m* **(Leiter** *m* **der Media-Abteilung)**
media director, media manager

Mediadisponent *m*
→ Mediaeinkäufer, Anzeigenkäufer

Media-Einkauf *m* **(Streuplanung** *f***)** *(media planning)*
1. media buying
2. *(print media)* space buying
3. *(radio/television)* airtime buying

Media-Einkäufer *m* **(Streuplaner** *m*, **Mediadisponent** *m***)** *(media planning)*
1. media buyer
2. *(print media)* space buyer
3. *(radio/television)* airtime buyer, time buyer

Media-Einsatz *m* **(Media-Einsatzplan** *m***)** *(media planning)*
flow chart

Media-Entbehrlichkeit *f*
→ Leser-Blatt-Bindung, Mediabindung

Media-Experte *m* **(Medienfachmann** *m***)** *(media planning)*
media expert, media man

Mediaforscher *m*
media researcher

Mediaforschung *f* **(Werbeträgerforschung** *f***)**
media research

Mediafunktion *f*
→ Werbeträgerfunktion

Mediagattung *f* **(Werbeträgergattung** *f***)**
media type

Mediagewicht *n* **(Werbeträgergewicht** *n***)** *(media planning)*
media weight, media vehicle weight

Mediagewichtung *f* **(Werbeträgergewichtung** *f***)** *(media planning)*
media weighting, media vehicle weighting

Mediaglaubwürdigkeit *f* **(Werbeträgerglaubwürdigkeit** *f***)**
media credibility, media believability

Media-Image *n*
→ Medienimage

Mediakandidatenliste *f*
→ Kandidatenliste

Mediakombination *f* **(Belegungskombination** *f*, **Werbeträgerkombination** *f***)** *(media planning)*
media combination, advertising media combination, combination, combination buy, combined media scheduling

Mediakonsumgruppe *f*
media consumption group

Medialeiter *m*
→ Mediadirektor *m*

Media-Mann *m*
→ Media-Experte

Mediamanager *m*
→ Mediadirektor

Mediamarketing *n*
media marketing

Mediamathematik *f*
media mathematics *pl construed as sg*, media math

Mediamarkt *m*
→ Medienmarkt

Media-Mix *n*
media mix, *also* media support

Media-Mix-Planung *f*
→ Mediaplanung

Median *m* **(Zentralwert** *m*, **zentraler Wert** *m***)** *(statistics)*
median, median value, midscore

Mediantest *m* **(Zentralwerttest** *m***)** *(statistics)*
median test

Medianutzer *m*
→ Mediennutzer

Medianutzung *f*
→ Mediennutzung

Media-Overlapping *n*
→ Überschneidung

Mediapanel *n* *(media research)*
media panel, media panel survey

Mediaplan 510

Mediaplan *m* **(Streuplan** *m*)
media plan, media schedule, schedule of insertions, schedule, space plan, space schedule, timetable, *colloq* sked

Mediaplaner *m* **(Streuplaner** *m*)
media planner, media man

Mediaplanung *f* **(Streuplanung** *f*)
1. media planning, media scheduling, media buying, media distribution of advertising
2. (Einsatzplanung) media phasing

Mediaplanungsabteilung *f*
→ Media-Abteilung

Mediapräsentation *f*
media presentation

Mediaprestige *n*
→ Werbeträgerprestige

Mediarecht *n*
→ Medienrecht

Mediareichweite *f* **(Reichweite** *f* **eines Werbeträgers)** *(media research)*
media coverage

Mediaselektion *f* **(Media-Auswahl** *f*, **Werbeträgerauswahl** *f*) *(media planning)*
media selection, media choice, advertising media selection

Mediaselektionsentscheidung *f* **(Werbeträgerauswahl** *f*) *(media planning)*
media selection choice, media choice, media choice decision, media selection decision

Mediaselektionsmodell *n* **(Modell** *n* **der Werbeträgerauswahl)** *(media planning)*
media selection model

Mediaselektionsprogramm *n* **(Media-Auswahlprogramm** *n*) *(media planning)*
media selection program, *brit* programme

Mediaselektionsverfahren *n* **(Methode** *f* **der Mediaselektion)** *(media planning)*
media selection procedure, media selection technique, method of media selection

Mediastrategie *f*
→ Medienstrategie

Mediastreuplan *m*
→ Mediaplan

Media-Terminplan *m* **(Terminplan** *m* **des Werbeträgereinsatzes)** *(media planning)*
media timetable, media schedule, schedule, *colloq* sked

Media-Unterlagen *f/pl*
→ Mediadaten

Mediavergleich *m* *(media planning)*
media comparison

Mediaverhalten *n*
→ Mediennutzung, Medienverhalten

Mediavertrag *m*
media agreement, advertising agreement

Mediawahl *f*
→ Mediaselektion

Mediawerbung *f* **(klassische Werbung** *f*, **Werbung** *f* **in Werbeträgern)**
media advertising, media-vehicle advertising, above-the-line advertising, theme advertising

Media-Wirkungsforschung *f*
→ Wirkungsforschung

Mediaziel *n* **(Mediaplanziel** *n*) *(media planning)*
media objective

Medien *n/pl* **(Werbeträger** *m/pl*)
media *pl*

Medienanalyse *f*
→ Mediaanalyse

Medienangebot *n*
→ Werbeträgerangebot

Medienausstattung *f* **(Ausstattung** *f* **der privaten Haushalte mit Medien)** *(consumer research)*
media household penetration

Medienbindung *f*
→ Mediabindung

Medienduplikation *f*
→ externe Überschneidung

Medienforscher *m*
→ Mediaforscher

Medienforschung *f*
→ Mediaforschung

Medienfunktion *f*
→ Werbeträgerfunktion

Mediengattung *f*
→ Mediagattung

Mediengewicht *n*
→ Mediagewicht

Mediengewichtung *f*
→ Mediagewichtung

Medienimage *n* **(Media-Image** *n*, **Image** *n* **eines Werbeträgers)**
media image, media image profile

Medienkombination *f*
→ Mediakombination

Medienkontakt *m* **(Werbeträgerkontakt** *m*, **Kontakt** *m* **mit einem Werbeträger)** *(media research)*
media exposure, advertising media exposure

Mediennutzer *m* **(Nutzer** *m* **eines Werbeträgers)** *(media research)*
media consumer, media user

Mediennutzung *f* **(Werbeträgernutzung** *f*, **Medienkonsum** *m***)** *(media research)*
media consumption

Mediennutzungsverhalten *n* *(media research)*
media consumption behavior, *brit* behaviour

Medienpanel *n*
→ Mediapanel

Medienpolitik *f*
media policies *pl*, media policy, media legislation

Medienpräferenz *f* **(Werbeträgerpräferenz** *f***)** *(media research)*
media preference

Medienrecht *n* **(Mediengesetzgebung** *f***)**
media legislation, media law, media regulations *pl*

Mediensoziologie *f*
media sociology

Medienstatistik *f* **(Werbeträgerstatistik** *f***)**
media statistics *pl construed as sg*

Medienstrategie *f*
media strategy

Medienverbund *m* **(Medienverbundsystem** *n***)**
multimedia system

Medienvergleich *m*
→ Mediavergleich

Medienverhalten *n*
→ Mediennutzungsverhalten

Medienvertrieb *m* **(Pressevertrieb** *m***)**
media distribution

Medienwerbung *f*
→ Mediawerbung

Medienwirkungsforschung *f*
→ Wirkungsforschung

Medien-Zeitbudget *n* *(media research)*
media time budget

Medium *n* **(***pl* **Medien, Werbeträger** *m***)**
medium, advertising medium, media vehicle, advertising vehicle

Megamarketing *n*
megamarketing, mega marketing

Mehrbedarf *m*
→ Zusatzbedarf

mehrdeutige Angaben *f/pl* **(Mehrdeutigkeit** *f* **) (in der Werbung)**
→ irreführende Angaben

mehrdimensionale Morphologie *f*
multidimensional morphology

Mehrfachkontakt *m* **(Wiederholungskontakt** *m***)** *(media research)*
multiple exposure

Mehrfachleser *m* *(media research)*
1. multiple reader
2. (Zeitschriften) multi-magazine reader

Mehrfachpackung *f* **(Mehrstückpackung** *f* **)**
masterpack, multipack, multiple-unit package, multiple-unit packaging, combination pack

Mehrfachtest *m* **(Mehrfachprodukttest** *m***)** *(market research)*
multiple-product test

Mehrfarbanzeige *f* **(mehrfarbige Anzeige** *f* **)**
color advertisement, *brit* colour advertisement, color ad

Mehr-Firmen-Handelsvertreter *m* (**Mehr-Firmen-Vertreter** *m*)
manufacturers' agent

Mehrheit *f (marketing)*
1. majority
2. (frühe Mehrheit, Frühadopter) early majority, early adopters *pl*
3. (späte Mehrheit, Spätadopter) late majority, late adopters *pl*

Mehrheitsirrtum *m* (**Mehrheitstrugschluß** *m*) *(marketing)*
majority fallacy

Mehrheitsumwerbung *f*
→ Mengenumwerbung

Mehrkanalpolitik *f*
→ Mehrwegepolitik

Mehrkanalstrategie *f*
→ Mehrwegestrategie

Mehrkomponentenpackung *f*
→ Mehrfachpackung

Mehr-Produkt-Strategie *f (marketing)*
multiple-product strategy

Mehr-Produkt-Unternehmen *n*
multiple-product enterprise

Mehr-Segment-Strategie *f (marketing)*
multisegment strategy, multi-segment strategy

Mehrstückpreis *m (economics)*
multiple-unit price

Mehrstückpreisgebung *f* (**Mehrstückpreispolitik** *f*) *(economics)*
multiple-unit pricing

Mehrstufenfluß *m* der Kommunikation (**mehrstufige Kommunikation** *f*)
multiple-step flow of communication(s)

Mehrwegepolitik *f* (**Mehrwegestrategie, Mehrkanalpolitik** *f*, **Mehrkanalstrategie** *f*) *(marketing)*
multi-channel policy, multi-channel strategy, multiple-channels policy, multiple-channels strategy, multiple channels *pl*

Mehrwegpackung *f* (**Mehrwegverpackung** *f*)
1. dual-use package, reuse package, re-use package

2. (Strategie/Vorgang) reuse packaging, re-use packaging, dual-use packaging

Mehrwert *m (economics)*
added value, value added

Mehrzweckpackung *f* (**Mehrzweckverpackung** *f*)
multi-purpose package, multi-purpose pack, double-duty package, double-duty pack

Meinungsbildner *m*
→ Meinungsführer

Meinungsbildung *f*
opinion formation, opinion crystallization, opinion cristallization

Mehrzweckstichprobe *f (empirical social research)*
multipurpose sample

Mehrzweckstudie *f* (**Mehrzweckuntersuchung** *f*, **Mehrzweckumfrage** *f*) *(empirical social research)*
multiple-purpose study, multiple-purpose investigation

Meinung *f*
opinion

Meinungsbefragung *f*
public opinion survey, opinion survey

Meinungsfluß *m (communication research)*
flow of opinion, opinion flow

Meinungsführer *m* (**Meinungsbildner** *m*) *(communication research)*
opinion leader, opinion influential (Paul F. Lazarsfeld et al.)

Meinungsführerschaft *f* (**Meinungsführung** *f*) *(communication research)*
opinion leadership

Meistbegünstigungsklausel *f* **(im Mediavertrag)** *(advertising) (media planning)*
favored-nations clause

Mengenabonnement *n*
→ Sammelabonnement, Gruppenabonnement

Mengenrabatt *m* (**Mengennachlaß** *m*)
1. *(economics)* quantity discount, volume discount
2. *(sales promotion)* buying allowance

3. *(advertising)* space discount, case rate discount, (für Mehrfachschaltungen) bulk discount

Mengenstaffel *f (advertising)*
1. quantity discount rate, volume discount rate, space discount rate, case rate
2. (für Mehrfachschaltungen) bulk discount rate

Mengenumwerbung *f* (Rudolf Seyffert)
mass advertising, media advertising

Merchandiser *m (economics)*
merchandiser

Merchandising *n (economics)*
merchandising

Messe *f*
trade fair, fair, trade show

Messebau *m*
exhibition stand construction, exhibit design and construction

Messebauer *m*
exhibition constructor, exhibit constructor, exhibition designer, exhibit designer, exhibit producer

Messebesuch *m*
trade fair attendance, trade show attendance, fair attendance, show attendance

Messebesucher *m*
trade fair attendant, trade show attendant, fairgoer, showgoer

Messeerfolg *m*
trade fair effectiveness, trade show effectiveness

Messeerfolgskontrolle *f*
1. trade fair effectiveness control, trade show effectiveness control
2. (Untersuchung) trade fair audit, trade show audit

Messegelände *n*
trade fair site, trade fair ground, trade show site, trade show ground, fairground, showground

Messemarketing *n*
trade fair marketing, trade show marketing

Messemarktanalyse *f*
trade fair market analysis, trade show market analysis

Messeplanung *f*
trade fair planning, trade show planning

Messestand *m* (Stand *m*, Ausstellungsstand *m*)
exhibition stand

Messetest *m*
trade fair test, trade show test, trade fair audit, trade show audit

Messeumsatz *m*
trade fair sales *pl*, trade show sales *pl*

Messewerbung *f* (Messe- und Ausstellungswerbung *f*)
trade fair advertising, trade show advertising

Messeziel *n*
trade fair objective, trade show objective

Metakommunikation *f (communication research)*
meta-communication

Metamarketing *n*
metamarketing, meta marketing (Philip Kotler)

Metawerbung *f*
meta advertising

Methode *f*
method

Methode *f* **der exponentiellen Glättung**
→ exponentielle Glättung

Methodenbank *f (empirical social research)*
method bank, bank of methods

Methodologie *f*
methodology

Mietlager *n (warehousing)*
public warehouse

Mikromarketing *n*
micromarketing

Mikroökonomie *f* (mikroökonomische Haushaltstheorie *f*)
microeconomics *pl construed as sg*

Mikrosegmentierung *f (market research)*
micro segmentation

Mikrozensus *m* (**Teilerhebung** *f*) *(statistics)*
sample census

Milchkuh *f (economics)*
cash cow

Millimeterpreis *m* (**Millimetertarif** *m*) *(advertising)*
lineage, linage, line rate, *Am* agate line, column inch, inch, column millimeter rate

Mindestabschluß *m* (**Mindestbelegung** *f*) *(advertising)*
minimil rate, minimil, back-up space, back-up page

Mindestanschlagdauer *f* (**Mindestanschlag** *m*) *(outdoor advertising)*
minimum display period, minimum posting period

Mindestauflage *f* (**Minimalauflage** *f*) *(print media)*
minimum circulation, circulation rate base

Mindestbelegung *f* (**Minimalbelegung** *f*)
1. *(outdoor advertising)* minimum showing, quarter showing
2. (print advertising) back-up space, back-up page

Mindesteinkommen *n (economics)*
minimum income, minimum wage

Mindesteinschaltquote *f (radio/television)*
minimum audience rating, minimum rating

Mindestgröße *f* (**Mindestformat** *n*)
minimum size

Mindestpreis *m* (**Minimalpreis** *m*)
1. *(economics)* minimum price
2. *(economics)* umbrella price
3. *(advertising)* minimum rate, end rate

Mindestrabatt *m (economics)*
minimum discount

Mindestzahl *f* **der Kontaktchancen** *(media research)*
minimum frequency (of exposure)

Minimarkttest *m (market research)*
minimarket test

Miniseite *f* (**verkleinerte Seite** *f*) *(printing)*
junior page, pony page minipage, *brit* minipage

Minimax-Entscheidung *f* (**Minimax-Kriterium** *n*, **Minimax-Regel** *f*, **Wald-Regel** *f*) *(statistics)*
minimax decision, minimax criterion, minimax rule

Minimax-Regret-Regel *f* (**Savage-Niehans-Regel** *f*, **Regel** *f* **des geringsten Bedauerns**) *(statistics)*
minimax regret decision rule, minimax regret rule

Minitestmarkt *m (market research)*
mini test market

MIS *n abbr*
Management-Informations-System

Mischkalkulation *f*
leader pricing, loss-leader pricing, leader-pricing strategy, loss-leader pricing strategy

Mission *f* (**Unternehmensmission** *f*)
→ Unternehmensauftrag

Mitbewerber *m*
→ Konkurrent

Mitbewerberanalyse *f*
→ Konkurrenzanalyse

Mitbewerberbeobachtung *f*
→ Konkurrenzbeobachtung

Mitläufereffekt *m* (**Bandwagon-Effekt** *m*) *(economics)*
bandwagon effect, *brit* bandwaggon effect

Mitleser *m* (**Folgeleser** *m*, **Zweitleser** *m*, **Sekundärleser** *m*) *(media research)*
pass-along reader, pass-on reader, non-buyer-reader, claimed non-buyer reader, secondary reader

Mitleserschaft *f* (**Mitleser** *m/pl*, **Folgeleser** *m/pl*) *(media research)*
pass-along audience, pass-along readership, pass-on audience, pass-on-readership, secondary audience, secondary readership

mitteilen *v/t*
to communicate

Mitteilung *f*
communication, message, information

Mittel-Zweck-Analyse *f (economics)*
means-end analysis

Mittel-Zweck-Beziehung *f* (**Mittel-Zweck-Relation** *f*) *(economics)*
means-end relation

Mittelstand *m*
middle class

Mittler *m (economics)*
broker, middleman, functional middleman, go-between, intermediary

Mittlervergütung *f* (**Mittlungsvergütung** *f*, **Mittlerprovision** *f*)

Mittlervergütung *f* **plus Honorar**
→ Pauschale plus commission

Mobile *n (POP advertising)*
mobile, dangler, wobbler

Mobilität *f*
mobility

Mode *f*
fashion

Mode-Akzeptanz *f*
fashion acceptance, acceptance of fashion

Modeartikel *m (economics)*
fashion article, fashion goods *pl*

Modebeilage *f* (**Modesupplement** *n*)
fashion supplement

Modeforschung *f*
fashion research

Modeführer *m (economics)*
fashion leader

Modeführerschaft *f* (**Modeführung** *f*) *(economics)*
fashion leadership

Modell *n*
1. *(economics)* (Muster) model, sample
2. *(economics)* (Ausführung) model, type, design
3. (theoretisches Modell) model
4. (Mannequin) model

5. *(economics)* (Produktmodell) model, prototype, (Nachbildung) mockup, mock-up

Modellagentur *f*
model agency, talent agency

Modellbank *f*
model bank

Modellbau *m*
model making, model construction

Modellbauer *m*
model maker, model constructor

Modellbroschüre *f* (**Modellprospekt** *m*)
composite

Modellkonstruktion *f* (**Modellentwicklung** *f*)
model building

Modellperson *f*
→ Leitbild, Vorbild

Modephotograph *m* (**Modefotograf** *m*)
fashion photographer

Modephotographie *f* (**Modefotografie** *f*)
fashion photography

modern *adj*
modern, (modisch) fashionable

Modeschau *f* (**Modenschau** *f*)
fashion show, fashion parade

Modewerbung *f*
fashion advertising

Modezyklus *m (economics)*
fashion cycle

Modifikation *f* (**Modifizierung** *f*)
modification

Mogelpackung *f*
slack filling, deceptively oversized package, deceptive package, deceptive packaging

Monodistribution *f (economics)*
monodistribution, one-channel distribution

Monopol *n (economics)*
monopoly

monopolistische Konkurrenz *f*
→ monopolitischer Wettbewerb

monopolistischer Bereich *m* **(monopolistischer Spielraum** *m***)**
→ akquisitorisches Potential

monopolistischer Wettbewerb *m (economics)*
monopolistic competition

Monopolpreis *m* **(monopolistischer Preis** *m***)** *(economics)*
monopolistic price, monopoly price

Monte-Carlo-Methode *f* **(Monte-Carlo-Verfahren** *n***)** *(stochastics)*
Monte-Carlo method, Monte-Carlo procedure

moralischer Kaufzwang *m (marketing/advertising)*
moral coercion to buy

morphologische Analyse *f* **(morphologische Methode** *f***, diskursive Problemlösungsmethode** *f***) (Fritz Zwicky)** *(economics)*
morphological analysis

morphologische Matrix *f (economics)*
morphological matrix, morphological grid

morphologischer Kasten *m (economics)*
morphological box

Motiv *n*
1. *(psychology)* (Motivation) motive, motivation
2. *(photography)* (photographisches Motiv) motif

Motivanalyse *f* **(Motivationsanalyse** *f***)** *(psychology/market research)*
motivation analysis, analysis of motives, motive analysis

Motivation *f (psychology)*
motivation

Motivationsauslösung *f*
→ Motivation

Motivationsfaktor *m* **(Motivator** *m***)** *(industrial psychology)*
motivator (Frederick Herzberg)

Motivationsforschung *f* **(Motivforschung** *f***)** *(psychology/market research)*
motivation research (MR), motivational research

Motivationsfunktion *f*
motivational function, motivation function

Motivationslage *f (psychology)*
motivational state

Motivationsmanagement *n*
→ Management durch Motivation

Motivationsmarketing *n*
motivational marketing

Motivationsmodell *n (psychology)*
motivational model, motivation model, pattern of motivation, motivation pattern

Motivationstheorie *f (psychology/market research)*
motivational theory, theory of motivation

Motivator *m*
→ Motivationsfaktor

Motivforschung *f*
→ Motivationsforschung

Motivkonflikt *m (psychology)*
motivational conflict

Motivtheorie *f*
→ Motivationstheorie

Motto *n (advertising)*
motto, slogan

Mülleimerkontrolle *f (market research)*
dustbin check

Multimarkenstrategie *f (economics)*
multiple brand entries strategy, strategy of multiple brand entries

Multi-Media-Analyse *f (media research)*
multimedia analysis

Multi-Media-Plan *m* **(Multi-Media-Kampagne** *f***)** *(advertising)*
multimedia plan, multimedia campaign, multimedia schedule

Multi-Media-Planung *f (advertising)*
multimedia planning, multimedia campaign planning, multimedia scheduling

Multi-Media-System *n*
→ Medienverbund

multinationales Unternehmen *n*
multinational corporation (MNC)

Multipack *m*
→ Mehrfachpackung

Multiplikator *m (communication)*
multiplier

multistrategisches Marketing *n*
multistrategic marketing

Mundwerbung *f* **(Mundreklame** *f* **)**
word-of-mouth advertising, advertising by word of mouth

Muster *n (economics)*
sample
→ Gebrauchsmuster, Geschmacksmuster, Warenmuster, Dienstleistungsmuster, Warenprobe

Musterexemplar *n*
→ Probeexemplar

Musterlager *n (economics)*
stock of samples, depot of samples, store of samples

Mustermesse *f (economics)*
samples fair, samples trade fair, samples trade show, samples exhibition

Musterschutz *m*
→ Gebrauchsmusterschutz, Geschmacksmusterschutz

Musterseite *f (printing)*
sample page, specimen page

Mustertest *m*
→ Konsumentenjury

Musterung *f (economics)*
stockless purchasing

N

nachahmen v/t
1. to imitate, to copy
2. *(economics)* (Patente, Gebrauchsmuster etc.) to pirate, to counterfeit

Nachahmer m
1. imitator
2. (Patent, Gebrauchsmuster) pirate, counterfeiter

Nachahmung f
1. imitation
2. *(economics)* (Patent, Gebrauchsmuster) piracy, counter-feiting
3. *(economics)* (nachgeahmtes Produkt) counterfeit

Nachbarkanal m *(radio/television)*
adjacent channel

Nachbarprogramm n (**Nachbarsendung** f) *(radio/television)*
adjacent program, *brit* adjacent programme, adjacency

Nachbarschaftsladen m (**Convenience Store** m, **Bequemlichkeitsladen** m) *(retailing)*
1. convenience store, convenience goods store, bantam store, vest-pocket supermarket
2. (für Lebensmittel) convenience food store

Nachbarschaftszentrum n *(retailing)*
neighborhood center, neighborhood cluster, neighborhood shopping center

Nachbarspot m (**angrenzende Werbesendung** f) *(radio/television)*
adjacent commercial, adjacency

Nachbelastung f (**Rückbelastung** f)
→ Rabattnachbelastung (Rabattrückbelastung)

nachbestellen v/t *(economics)*
to reorder

Nachbestellung f *(economics)*
1. reorder, reordering
2. (Anschlußauftrag) follow-on order

Nachbildung f
→ Nachahmung

Nachfaßbesuch m *(economics/survey research)* (Vertreter/Interviewer) follow-up call, call-back, call-back, follow-up

Nachfaßbrief m
follow-up letter

Nachfaßwerbung f
1. (Werbemittel) follow-up advertisement, follow-up ad, follow-up
2. (Kampagne) follow-up campaign, follow-through
3. follow-up advertising, follow-through advertising

Nachfrage f *(economics)*
demand

Nachfrageanalyse f (**Bedarfsforschung** f) *(economics)*
analysis of demand, demand analysis

Nachfragedichte f (**Bedarfsdichte** f) *(economics)*
density of demand, density of consumer demand

Nachfrageeffekt m (**externer Konsumeffekt** m) *(economics)*
consumer behavior effect on demand, behavioral effect on demand, psychological demand effect

Nachfrageelastizität f (**Absatzelastizität** f **der Nachfrage**) *(economics)*
elasticity of demand, demand elasticity

Nachfragefluktuation f *(economics)*
fluctuation of demand

Nachfrageforschung f
→ Bedarfsforschung

Nachfragefunktion f (**Nachfragekurve** f) *(economics)*
demand function, demand curve

Nachfragegebiet *n* **(Bedarfsgebiet** *n*) *(economics)*
demand area

nachfragekonforme Preispolitik *f (economics)*
demand-oriented pricing

Nachfragekonzentration *f (economics)*
concentration of demand, demand concentration

Nachfragekurve *f (economics)*
demand curve

Nachfragelücke *f* **(Bedarfslücke** *f*)

Nachfragemacht *f (economics)*
power of demand, buyer power, *also* buying power

Nachfragemessung *f (economics)*
measurement of demand

Nachfragemodell *n (economics)*
demand model

nachfrageorientierte Preissetzung *f (economics)*
demand-oriented pricing

Nachfrageprognose *f* **(Bedarfsprognose** *f*) *(economics)*
demand prognosis, demand forecast, demand prediction

Nachfragereaktion *f (economics)*
demand response

Nachfrageschätzung *f (economics)*
demand estimate

Nachfragesog *m (economics)*
pipeline effect surge of demand, demand pull

Nachfragestruktur *f*
structure of demand, demand structure

Nachfragetheorie *f (economics)*
theory of demand, demand theory

Nachfrageüberhang *m (economics)*
overfull demand

Nachfrageverschiebung *f* **(Bedarfsverschiebung** *f*) *(economics)*
shift of demand, demand shift, change of demand

Nachholbedarf *m (economics)*
pent-up demand, *also* backlog demand, backlog

Nachkauf *m*
→ Ersatzkauf

Nachkaufreue *f*
postdecisional regret, post-purchase doubt, postpurchase cognitive dissonance, cognitive dissonance, buyer's remorse

Nachkauf-Kundendienst *m* **(Nachkaufservice** *m*) *(retailing)*
after-sales service

Nachkaufwerbung *f*
after-sales advertising, post-buy advertising, post-sales advertising, post-purchase advertising

Nachlaß *m* **(Preisnachlaß** *m*) *(economics)*
discount, price discount

Nachlassen *n* **der Gedächtnisleistung** *(psychology) (media research)*
memory decay, memory lapse

Nachlassen *n* **der Werbewirkung (Decay-Effekt** *m*, **Wearout** *m*)
advertising wearout, wearout, advertising decay, decay effect

Nachlaßgutschein *m (sales promotion)*
cents-off coupon, cents-off offer, cents-off store coupon, cents-off store offer

Nachlaßstaffel *f*
→ Rabattstaffel

Nachlieferung *f*
→ Fortsetzungslieferung

Nachrabatt *m* **(nachträglich eingeräumter Rabatt** *m*) *(economics)*
retroactive discount, retroactive rebate

Nachverkauf *m* **(Nachverkäufe** *m/pl*)
→ Ersatzverkauf

Nachwerbung *f*
→ Nachfaßwerbung

Nachzügler *m (psychology/market research)*
laggard

Nahbedarf *m*
→ Convenience Goods

namenlose Ware *f* **(namenloses Produkt** *n***)** *(economics)*
no-name product, unbranded product

Namensanzeige *f (advertising)*
open advertisement, open ad

Namensartikel *m* **(Artikel** *m* **mit Autorenzeile)**
bylined article

Namenszug *m (advertising)*
name slug, flag, logotype, logo

Narkotisierung *f (communication research)*
narcotization

narkotisierende Dysfunktion *f* **(der Massenmedien)** *(communication research)*
narcotizing dysfunction (of the mass media) (Paul F. Lazarsfeld/Robert K. Merton)

Nasenschild *n (POP advertising)*
vertical store sign

Naturalrabatt *m (economics)*
discount in kind, bonus goods *pl*

Naturaltausch *m (economics)*
barter

Naturalwirtschaft *f (economics)*
barter economy

natürliche Sendeunterbrechung *f (radio/television advertising)*
(für Werbesendung) natural break

neben Text (textanschließend) *(advertising)*
(Anzeigenposition) next to reading (N.R., NR), next to reading matter, full position, following and next to reading matter, following or next to reading, following reading

negative Option *f (economics)*
inertia selling

Neobehaviorismus *m (psychology)*
neobehaviorism, *brit* neobehaviourism

Neonbeleuchtung *f* **(Neonlicht** *n***)**
neon light, neon lighting, strip lighting, neonization

Neon-Plakat *n* **(neonbeleuchtetes Plakat** *n***)** *(outdoor advertising)*
neonized bulletin

Neon-Leuchtschild *n* **(Neonreklame** *f***)** *(outdoor advertising)*
neon sign

Neophiler *m (market research)*
neophile

netto (Netto-) *adj*
net (auf Gewinne/Verluste bezogen) bottom-line

Nettoabsatz *m (economics)*
net sales *pl*, net sales volume, net volume

Nettobetrag *m (economics)*
net amount

Netto-Betriebskapital *n (economics)*
net working capital

Netto-Betriebskapitalumsatz *m (economics)*
net sales to net working capital

Nettoeinnahmen *f/pl (economics)*
net income, net income ratio

Nettogewinn *m (economics)*
net profit

Nettohaushaltsreichweite *f (media research)*
net household coverage, net household reach, net audience of households, net households audience

Nettoleserschaft *f* **(-Hörerschaft** *f***, -Zuschauerschaft** *f***)** *(media research)*
net audience, net unduplicated audience, net readership

Nettopreis *m (economics)*
1. net cost, net price
2. *(advertising)* net rate, net cost

Nettopreissetzung *f* **(Nettopreissystem** *n***)** *(economics/advertising)*
net pricing, net costing

Nettoreichweite *f (media research)*
1. net coverage, net rating points *pl* (NRPs *pl*), net cover, reach, cumulative audience, net unduplicated audience
2. *(radio/television)* cumulative reach, net rating, net ratings points *pl* (NRPs *pl*)
3. *(outdoor advertising)* net advertising circulation (N.A.C., NAC), net circulation

Nettosozialprodukt n *(economics)*
net national product (NNP)

Nettoumsatz m **(Nettoverkäufe)** *(economics)*
1. net sales *pl*, net orders processed *pl* (N.O.P.)
2. *(print media) (newspaper/magazine)* (Netto-Einzelverkäufe) net single copy sales *pl*

Nettoumsatzgewinn m *(economics)*
net earnings on net sales

Nettoverkaufsauflage f *(print media) (newspaper/magazine)* net paid circulation, net paid, primary circulation, total net paid circulation, total net paid

Netzanschlag m *(outdoor advertising)*
1. full showing, full run full run showing full service, number 100 showing, 100 showing, one hundred showing, representative showing
2. (Zahl der dafür erforderlichen Plakate) requirements *pl*

Netzwerk n *(marketing planning)*
network

Neubedarf m **(Neunachfrage** f **)** *(economics)*
original product demand, new product demand, primary demand

neubestellen
→ nachbestellen

Neubestellung f
→ Nachbestellung

Neueinführung f
→ Einführung

Neugeschäft n **(Neukunden** m/pl**)** *(advertising/economics)*
new business

Neugeschäftskontakter m *(advertising/economics)*
new business man, new business executive, pioneer salesman

neugiererregendes Werbemittel n **(neugiererregendes Werbeelement** n**)**
teaser

Neuheit f
→ Innovation, Produktinnovation

Neukunden m/pl
→ Neugeschäft

Neunachfrage f
→ Neubedarf

Neupositionierung f
repositioning

Neuprodukteinführung f **(Produkteinführung** f *(economics)*
new product launch, product launch

Neuproduktentwicklung f *(economics)*
new product development

Neuproduktidee f *(economics)*
new product idea

Neuproduktkomitee n **(Neuproduktgruppe** f **)** *(economics)*
new product committee

Neuproduktmanager m *(economics)*
new product manager

Neuproduktmodell n *(economics)*
new product model

Neuproduktplanung f *(economics)*
new product planning

Neuprodukttest m
→ Produkttest

nichtangeschnittene Anzeige f **(Anzeige** f **ohne Beschnitt)** *(advertising) (print media)*
non-bleed advertisement, non-bleed ad

Nichtauslieferung f **(Nichtzustellung** f **)** *(economics)*
non-delivery

nichterwerbswirtschaftliches Versorgungsunternehmen n *(economics)*
public utility, public service

Nicht-Fernsehzuschauer m **(Nichtfernseher** m**, Nichtzuschauer** m**)** *(media research)*
nonviewer

Nichthörer m *(media research)*
non-listener

Nichtkäufer m *(economics)*
nonbuyer

nichtkommerzielles Unternehmen n *(economics)*
nonbusiness enterprise, public utility

nichtkommerzielle Werbung *f*
nonbusiness advertising, noncommercial advertising

nichtkommerzieller Rundfunk *m (radio/television)*
public broadcasting, nonbusiness broadcasting

nichtkommerzielles Marketing *n* **(Non-Business-Marketing** *n***)**
nonbusiness marketing, not-for-profit marketing, social marketing, socio-marketing

nichtkumulativer Mengenrabatt *m (economics)*
noncumulative quantity discount

Nichtleser *m (media research)*
nonreader

nichtlokale Werbung *f* **(überörtliche Werbung** *f***)**
nonlocal advertising

nicht remissionsberechtigt (nicht remittierbar) *adj (print media)*
(newspaper/magazine) nonreturnable

nicht remittierbares Exemplar *n (print media)*
(newspaper/magazine) nonreturnable copy

nichtverbale Kommunikation *f (communication research)*
nonverbal communication

nichtvergütungsfähige Werbung *f* **(nichtkommissionsfähige Werbung** *f***)**
below-the-line advertising, scheme advertising

nichtveröffentlichte Ausgabe *f* **(unveröffentlichte Ausgabe** *f***)** *(media research)*
(Konfusionskontrolle) advance copy, unpublished issue

nichtveröffentlichte Anzeige *f* **(unveröffentlichte Anzeige** *f***)** *(media research)*
(Konfusionskontrolle) unpublished advertisement, unpublished ad

Nicosia-Modell *n* **(des Konsumentenverhaltens)** *(consumer research)*
Nicosia model (of consumer behavior)

NiE *abbr*
Nutzer im letzten Erscheinungsintervall

Niederlassung *f*
→ Filiale

Niedrigpreis *m (economics)*
bottom price, low price, cut price, cut rate

Niedrigpreispolitik *f (economics)*
low price policy, bottom price policy, cut-price policy, cut-rate policy

Niedrigpreiswarenhaus *n*
→ Kleinpreiswarenhaus

Nielsen-Ballungsraum *m (market research)*
Nielsen conurbation

Nielsen-Gebiet *n (market research)*
Nielsen area

Nielsen-Index *m (market research)*
Nielsen index
(Lebensmittelindex - NLI) Nielsen Food Index
(Drogerien-/Apothekenindex - NKI) Nielsen Drug Index

Nische *f*
→ Marktnische

Nischenstrategie *f* **(Nischenpolitik** *f***)** *(economics/marketing)*
nicher strategy, market nicher strategy, nicher policy, market nicher policy

Nischenunternehmen *n* **(Marktnischenunternehmen** *n***)** *(economics/marketing)*
market nicher, nicher

nonverbale Kommunikation *f*
→ nichtverbale Kommunikation

normale Faltkiste *f (packaging)*
regular slotted conta1ner (RSC)

Normalmaß *n* **(Einheitsmaß** *n***)** *(packaging)*
standard measure

Normalpreis *m*
1. *(economics)* standard price
2. *(advertising)* standard rate

Normalrabatt *m* **(Einheitsrabatt** *m***)** *(economics)*
standard discount

Normalsortiment *n*
→ Grundsortiment

Normaluhrwerbung *f (outdoor advertising) (transit advertising)*
clock spectacular advertising

Normalverbraucher m *(economics) (consumer research)*
average consumer

Normierung f
standardization, *brit* standardisation

North-Hatt-Prestige-Skala f *(empirical social research)*
North-Hatt scale of occupational prestige, North-Hatt scale (C. C. North/P. Hatt)

Notverkauf m *(economics)*
emergency sale

Nullnummer f (**Nullausgabe** f, **Nullheft** n) *(print media)*
(newspaper/magazine) dummy magazine, dummy copy, dummy, experimental magazine, pilot issue, pilot number

Nullsummenspiel n *(game theory)*
zero-sum game

numerieren v/t
to number

Nutzen m *(economics)*
utility

Nutzenansatz m
1. *(economics)* utility approach
2. *(communications)* uses-and-gratifications approach (Elihu Katz et al.)

Nutzenerwartung f
utility expectation

Nutzenfunktion f *(economics)*
utility function

Nutzenmaximierung f *(economics)*
utility maximization, *brit* utility maximisation

Nutzenmaximierungshypothese f *(economics)*
hypothesis of utility maximization, *brit* maximisation, theorem of utility maximization

Nutzen-Kosten-Analyse f *(economics)*
benefit-cost analysis

Nutzenmessung f *(economics)*
measurement of utility

Nutzenprofil n *(economics)*
utility profile

Nutzensegmentierung f *(market research)*
benefit segmentation

Nutzentheorie f (Wilhelm Vershofen) *(economics)*
theory of utility, utility theory

Nutzer m
1. *(economics)* user
2. *(media research)* user, exposed person, consumer, *pl* audience, users *pl*, exposed persons *pl*, consumers *pl*
→ Hörer, Leser, Seher

Nutzer m **im letzten Erscheinungsintervall (NiE)** *(media research)*
user during the last publication interval

Nutzer m/pl **pro Ausgabe (NpA)**
→ Leser pro Ausgabe (LpA)

Nutzeranalyse f *(media research)*
audience analysis

Nutzerstruktur f *(media research)*
audience composition, audience comp

Nutzer-Strukturanalyse f *(media research)*
audience structure analysis, audience composition analysis, audience comp analysis

Nutzung f (**Mediennutzung** f) *(media research)*
coverage, media consumption

Nutzungsanalyse f *(media research)*
coverage analysis, audience analysis, media consumption analysis

Nutzungsgewohnheit f *(media research)*
media consumption habit

Nutzungshäufigkeit f (**Nutzungsfrequenz** f) *(media research)*
frequency of media consumption, frequency of exposure

Nutzungsintensität f *(media research)*
quality of media exposure, quality of exposure, exposure intensity, depth of exposure, thoroughness of media consumption

Nutzungsvorgänge m/pl *(media research)*
1. traffic
2. (Lesevorgänge) reader traffic

Nutzungsvorgänge m/pl **pro Seite** *(media research)*
reader traffic per page

Nutzungswahrscheinlichkeit *f (media research)*
1. probability of exposure, exposure probability, opportunity to see (O.T.S., OTS)
2. (Lesewahrscheinlichkeit) probability of reading, reading probability

Nutzwert *m* **(Gebrauchswert** *m***)** *(economics)*
use value

Nutzwertanalyse *f* **(Benutzungsanalyse** *f* **)** *(economics)*
analysis of use value, value analysis, value control, value engineering

O

O-Markt (Organisationen-Markt m**)** *(economics)*
institutional market

Ö-Markt m **(Markt** m **der öffentlichen Hand)** *(economics)*
public utilities market (Philip Kotler)

oben links *(advertising) (print media)*
top left
Anzeigenposition links oben
top left position

oben rechts *(advertising) (print media)*
top right
Anzeigenposition rechts oben
top right position

oberer Eckplatz m **der Titelseite** *(advertising) (print media)*
1. (Anzeigenposition) ear position, ear
2. (rechts) right ear
3. (links) left ear

obligatorische Kombinationsbelegung f *(advertising)*
forced combination buy, forced combination

obligatorischer Konsum m *(marketing)*
mandatory consumption

Obsoleszenz f **(Veralterung** f**, Produktveralterung** f**)** *(economics)*
obsolescence

OC-Kurve f **(OC)**
→ Operationscharakteristik

Odd-even-Preis
→ gebrochener Preis

offene Auslage f **(offene Warenauslage** f**)** *(POP advertising)*
open display, open assortment display, assortment display

offener Verkaufskarton m *(POP advertising)*
cut-case display

öffentlich *adj*
public

öffentliches Marketing n **(Marketing** n **der öffentlichen Hand)**
public service institutional marketing

Öffentlichkeit f
public

Öffentlichkeitsarbeit f **(Public Relations** f/pl**)**
public relations pl *(often construed as sg)* (PR, P.R.), publics sg

Öffentlichkeitsarbeiter m **(PR-Arbeiter** m**)**
public relations man, public information officer (P.I.O.), public relations officer (PRO, P.R.O.)

Öffentlichkeitsarbeitsberater m
→ PR-Berater

Öffentlichkeitsarbeitsberatung f
→ PR-Beratung

Öffentlichkeitsmarketing n
public marketing

Öffentlichkeitswerbung f
1. public service advertising, public service institutional advertising
2. (einzelnes Werbemittel) public service announcement (P.S.A.)

öffentlich-rechtlicher Rundfunk m *(radio/television)*
public service broadcasting

Offerte f
Angebot, Anzeige

Offertengebühr f
→ Chiffregebühr

Office-Test m *(market research)*
office test

ohne Platzvereinbarung (ohne Plazierungsvorschrift) *(advertising)*
1. *(print media)* (Zeitungsanzeige) run-of-paper (R.O.P. ROP) run-of-press (R.O.P., ROP)

2. *(print media)* (Zeitschriftenanzeige run-of-book (R.O.B., ROB), run-of-the book (R.O.B., ROB)
3. *(radio/television)* (Radio-/Fernsehwerbung) run-of-station (R.O.S., ROS), run-of-schedule (R.O.S., ROS)

ökologisches Marketing *n* **(Öko-Marketing** *n***)**
ecological marketing, eco-marketing

Ökonometrie *f (economics)*
econometrics *pl construed as sg*

ökonometrisches Modell *n*
econometric model

Ökonomie *f*

ökonomischer Determinismus *m*
economic determinism

Ökonomisierungsanalyse *f* (Rudolf Seyffert)
analysis of economization

Ökoskopie *f* **(ökoskopische Marktforschung** *f***)**
(Karl Christian Behrens)
ecoscopical market research, market research based on primary statistical data

Ökosystem *n*
ecosystem

Oligopol *n (economics)*
oligopoly

oligopolistischer Wettbewerb *m* **(oligopolistische Konkurrenz** *f***)** *(economics)*
oligopolistic competition

One-Stop-Shopping *n (economics)*
one-stop shopping

Operationscharakteristik *f* **(OC-Kurve** *f***, Prüfplankurve** *f***)** *(statistics)*
operating characteristic (OC), operating-characteristic curve (OC curve), *also* performance characteristic

Operations Research *m* **(Operationsforschung** *f***, unternehmerische Entscheidungsforschung** *f***, wissenschaftliche Unternehmensforschung** *f***)** *(economics)*
operations research (OR, O.R.)

operative Marktforschung *f*
operative market research

Opportunitätskosten *f (economics)*
opportunity cost(s) *(pl)*

optimale Allokation *f* **(bestmögliche Aufteilung** *f* **nach Schichten, Yates-Zakopanaysche Aufteilung** *f* **)** *(statistics)*
optimum allocation

optimale Bestellmenge *f (economics)*
optimum order quantity, economic order quantity (EOQ)

optimale Marketing-Allokation *f*
optimal marketing allocation

optimales Marketing-Mix *n*
optimal marketing mix

optimieren *v/t*
to optimize, *brit* to optimise

Optimierung *f*
optimization, *brit* optimisation, optimizing, *brit* optimising

Optimierung *f* **des Werbebudgets**
advertising budget optimization, *brit* optimisation

Optimierungskriterium *n*
optimization criterion, *brit* optimisation criterion

Optimierungsmodell *n*
optimization model, *brit* optimisation model

Optimierungsprogramm *n*
optimization program, *brit* optimisation programme

Optimierungsverfahren *n*
optimization technique, *brit* optimisation technique, optimization procedure, *brit* optimisation procedure

Optimum-Allokation *f*
→ optimale Allokation

Option *f*
option, choice

Optionsgeschäft *n (economics)*
option business

ordern
→ bestellen

Organisationsbewertung *f*
organizational assessment

Organisationsmarketing *n*
organization marketing, *brit* organisation marketing

Organisationsmodell *n (economics)*
organization model, *brit* organisation model

Organisationsstruktur *f*
organizational structure *brit* organisational structure

Organisationsziel *n*
organizational goal

organisatorische Spezialisierung *f*
organizational specialization

organisatorisches Marketingsystem *n*
organizational marketing system

Original *n* (**Vorlage** *f*) *(photography/printing/film/television/tape)*
original, copy

Originalformat *n* (**Originalgröße** *f*, **1:1**) *(photography/printing)*
original size, same size (s/s, S.S., S S), as is

Originalheftmethode *f* (**Originalheftverfahren** *n*) *(media research)*
through-the-book method (TTB method, TTB), through-the-book technique (TTB technique, TTB), through-the-book (TTB), editorial-interest method, editorial-interest technique, issue-recognition method, issue-recognition technique, issue recognition, issue method, issue technique

Originalheft-Wiedererkennung *f (media research)*
actual issue recognition, issue recognition

örtliche Werbung *f*
→ lokale Werbung

örtlicher Einzelhandel *m*
1. (Institution) local retail trade, local retail business, local retailers *pl*
2. (Funktion) local retailing

örtlicher Großhandel *m*
1. (Institution) local wholesale trade, local wholesale business, local wholesalers *pl*
2. (Funktion) local wholesaling

Ortsbedarf *m (economics)*
local demand

Ortsgeschäft *n*
1. *(economics)* local business
2. *(advertising)* local advertising

Ortsmarketing *n*
→ Kommunalmarketing

ostentative Muße *f* (**demonstrative Muße** *f*)
conspicuous leisure (Thorstein Veblen)

ostentative Verschwendung *f*
conspicuous waste (Thorstein Veblen)

ostentativer Konsum *m*
conspicuous consumption (Thorstein Veblen)

OST-System *n (marketing/economics)*
OST system (objectives, strategies, and tactics)

OTC-Produkt *n (economics)*
OTC pharmaceutical, patent medicine, proprietary medicine

P

P-Markt *m* **(Produzenten-Markt** *m***)** *(economics)*
producer market, industrial market, business market (Philip Kotler)

Paarvergleichsbewertung *f* **(paarweise Werbemittelbewertung** *f***)** *(empirical social research)*
paired comparison rating, paired comparison test

Paasche-Index *m* **(Paasche-Indexzahl** *f*, **Paasche-Indexziffer** *f***)** *(statistics/economics)*
Paasche index

packen *v/t*
to pack, to package

Packgut *n* **(Packgüter** *n/pl***)** *(economics)*
package goods *pl*, packaged goods *pl*

Packmaterial *n* **(Packmittel** *n***)**
→ Verpackungsmaterial

Packpapier *n*
packing paper, wrapping paper, manilla paper, manila paper, manilla, manila, kraft paper, kraft, (Papiersorte) brown paper

Packung *f*
pack, package, packet, wrapping, wrapper

Packungsanhänger *m* **(angehängte Packungszugabe** *f***)**
on-pack premium, on-pack, banded premium, package outsert, outsert

Packungsattrappe *f*
→ Attrappe

Packungsbanderole *f* **(Banderole** *f***)**
package band

Packungsbeilage *f* **(beigegebene Packungszugabe** *f*, **Beipack** *m***)**
near-pack premium, near-pack, package outsert, outsert

Packungsdesign *n* **(Packungsgestaltung** *f***)**
package design, packaging design

Packungseinlage *f* **(eingelegte Packungszugabe** *f***)**
in-pack premium, in-pack, package enclosure, package insert, boxtop premium, box-top premium, boxtop offer, box-top offer

Packungsentwurf *m*
colloq ticky-tack

Packungsfamilie *f*
family package

Packungsgestaltung *f*
→ Packungsdesign

Packungsgröße *f*
package size, size of package

Packungsgutschein *m* **(Packungskupon** *m***)**
package coupon, boxtop coupon, box-top coupon, boxtop offer, box-top offer

Packungsmaterial *n*
→ Verpackungsmaterial

Packungstest *m* **(Verpackungstest** *m***)**
package test packaging test

Packungstests durchführen (Durchführung *f* **von Packungstests)**
package testing

Packungszugabe *f*
package premium, factory-pack premium, factory pack, in-pack, on-pack, container premium

Paketpreis *m* *(economics)*
package price, bundle price

Paketpreisstrategie *f* *(economics)*
package-price strategy, bundle-price strategy

Panorama-Anzeige *f* *(advertising) (print media)*
bleed in the gutter, gutter bleed, double spread advertisement, double-page spread, double spread, double-truck advertisement, double truck

Pappe *f*
1. pasteboard, paperboard, board

2. (dünne Pappe) cardboard
3. (dicke Pappe) millboard

paralleles Lesen n
→ gehäuftes Lesen

Partie f *(economics/statistics)*
lot, batch

Partneragentur f *(advertising)*
partner agency

Partner-Split m **(Anzeigen-Split** m **zwischen mehreren Werbungtreibenden)** *(advertising)*
omnibus cooperative advertisement

Partyverkauf m *(marketing)*
party selling, party-plan selling

Passagier m *(transit advertising)*
passenger, car passenger

Passant m *(outdoor advertising)*
1. transient, passer-by, *pl* (Passanten) passers-by
2. (Fußgänger m) pedestrian

Passantenfluß m *(outdoor advertising)*
pedestrian traffic flow

Passantenzählung f **(Verkehrszählung** f **)** *(outdoor advertising)*
traffic count

passiver Bekanntheitsgrad m **(gestützte Erinnerung** f**)** *(empirical social research)*
aided recall

Patent n *(economics)*
patent

Patentamt n *(economics)*
patent office

Patentanmeldung f *(economics)*
application for a patent patent application

Patentanwalt m *(economics)*
patent attorney, patent lawyer, patent agent

Patenteintragung f *(economics)*
patent registration, registration of a patent

Patentgebühr f *(economics)*
1. (Anmeldungsgebühr) patent filing fee, filing fee
2. (Erteilungsgebühr) patent fee

3. (Jahresgebühr) patent annuity, patent renewal fee, renewal fee

Patentgesetz n *(economics)*
patent law

Patentgesetzgebung f **(Patentrecht** n**)** *(economics)*
patent legislation, patent law, patent regulations *pl*

Patentinhaber m *(economics)*
patent holder

Patentrecht n
→ Patentgesetzgebung

Patronatsfirma f **(Sponsorfirma** f **)** *(printing/radio/television advertising)*
broadcast-program sponsor, sponsor

Patronatsgemeinschaft f **(Sponsorengemeinschaft** f **)** *(radio/television advertising)*
cosponsorship, *brit* co-sponsorship

Patronatssendung f **(gesponserte Programmsendung** f **)** *(radio/television)*
1. sponsored broadcast, sponsored program, *brit* sponsored programme, sponsored radio program, *brit* sponsored radio programme, sponsored television program, *brit* sponsored television programme, sponsored radio, sponsored television, commercial program
2. (mit mehreren Sponsoren) participation program

Pauschale f **(Pauschalhonorar** n**)**
1. *(economics)* global amount, lump sum, global sum
2. *(advertising)* fee basis, fee, agency fee

Pauschale f **plus Kosten (Kosten** *pl* **plus pauschale Pauschal-Kosten-Verfahren** n**)** *(advertising)*
(Agenturvergütung) cost plus fee cost plus

Pauschale f **plus Provision** *(advertising)*
(Agenturvergütung) fee plus commission

Pauschalgebühr f *(economics)*
flat rate, flat fee

Pauschalhonorar n
→ Pauschale

Pauschalhonorierung f *(advertising)*
(Agenturvergütung) flat fee only

Pauschalvergütung f
→ Pauschale

Pause f
1. *(radio/television)* (Unterbrechung) intermission, interval break
1.1. (Programmunterbrechung) program break
1.2. (Lokalsender) station break
1.3. (Sendernetz) chain break

Pausenbild n *(film/television)*
interval slide, interval caption, interlude slide

Pausenfüller m *(radio/television)*
filler, fill-up, fill

Pausensignal n (**Pausenzeichen** n) *(radio/television)*
interval signal

Penetration f *(market research) (media research)*
penetration

Penetrationspolitik f
→ Marktdurchdringungspolitik

Penetrationspreispolitik f
→ Marktdurchdringungspolitik

Penetrationstest m *(empirical social research)*
penetration test

Penetrationsuntersuchung f *(empirical social research)*
penetration study, penetration investigation

Perioden-Werbeplan m (**Phasen-Werbeplan** m) *(advertising)*
1. flighting schedule, flight schedule, blinking schedule, pulsation schedule, wave schedule
2. (mit Klotzphase) burst schedule
3. (mit großen Pausen) drip schedule

Periodenwerbung f (**phasenweise Werbung** f, **pulsierende Werbung** f)
1. flight advertising, flighting, blinking, pulsation advertising pulsation, pulsing, wave scheduling waving
2. (Periodenwerbung mit Phasen intensiver Klotzwerbung) burst advertising, flight saturation advertising, flight saturation
3. (Periodenwerbung mit langen Werbepausen) drip scheduling

Periodikum n (**periodische Druckschrift** f) *(print media)*
periodical, periodical publication, *also* serial, serial publication

periodischer Bedarf m
→ saisonaler Bedarf

Perronanschlag m (**Perronplakat** n, **Perronschild** n) *(transit advertising)*
station display poster, depot display poster, platform advertising poster, dash sign, two-sheet poster, railroad platform poster, railway platform poster, track poster, cross tracks poster

Perronfläche f (**Perronanschlagfläche** f) *(transit advertising)*
platform advertising poster panel, railroad platform poster panel, railway platform poster panel, track poster panel, cross tracks poster panel, station display poster panel

Perronschild n
→ Perronanschlag

Personalbeschaffungsmarketing n
→ Personalmarketing

Personalkauf m
→ Belegschaftshandel

Personalmarketing n (**Personalbeschaffungsmarketing** n)
personnel marketing, recruitment marketing

Personalrabatt m *(economics)*
staff discount

Personalwerbung f
personnel advertising, staff advertising, recruitment advertising

Personen f/pl **mit Kontakt** (**mit Werbeträger- oder Werbemittelkontakt**) *(media research)*
exposed people *pl*, exposed persons *pl*

Personen f/pl **ohne Kontakt** (**ohne Werbeträger- oder Werbemittelkontakt**) *(media research)*
unexposed people *pl*, unexposed persons *pl*

Personeneinschaltquote f *(radio/television) (media research)*
1. *(radio)* individuals-using-radio rating, persons-using-radio rating
2. *(television)* individuals-using-television rating, persons-using-television rating

Personengewicht n *(media planning)*
individual weight

Personengewichtung *f (media planning)*
weighting for individuals

Personenmarketing *n* **(Marketing** *n* **für ein Individuum)**
person marketing

Personenreichweite *f (media research)*
individuals *pl* reached, persons *pl* reached

Personenstandsanzeige *f* **(Familienanzeige** *f* **)**
family announcement, family advertisement, family ad

Personenzuschauerschaft *f* **(-leserschaft** *f*, **-hörerschaft** *f* **)** *(media research)*
audience of individuals, individuals reached *pl*, persons reached *pl*

persönliche Akquisition *f* **(persönliche Anzeigenakquisition** *f* **)**
→ Anzeigenakquisition

persönliche Werbung *f* **(persönlich bezugnehmende Werbung** *f* **)**
person-related advertising

persönlicher Einfluß *m (communication)*
personal influence

persönlicher Verkauf *m (economics)*
1. (einzelner Verkaufsakt) personal sale
2. (persönliches Verkaufen) personal selling, face-to-face selling, *colloq* belly-to-belly selling

persönliches Einkommen *n (economics)*
1. personal income
2. (persönlich verfügbar) personal disposable income
3. personal discretionary income, personal discretionary fund, (verfügbares Geld zum Einkaufen) open-to-buy amount (OTB amount)

Persuasibilität *f (communication)*
persuasibility

Persuasion *f* **(Überredung** *f* **)** *(communication research)*
persuasion

Persuasionskraft *f*
→ Überredungskraft, Überzeugungskraft

Pförtner *m* **(Gatekeeper** *m*, **Informationsselekteur** *m*) *(communication research)*
gatekeeper (Kurt Lewin)

Pfuscher *m*
(in der Werbung) huckster

PGR *abbr*
psychogalvanische Hautreaktion

Phantasiefenster *n* **(Fantasiefenster** *n*, **Ideehnfenster** *n*) *(POP advertising)*
imaginative window display, creative window display

Phantasie-Markenzeichen *n* **(Phantasiezeichen** *n*) *(economics)*
arbitrary mark, coined word

Phantasiename *m* **(Phantasie-Markenname** *m*) *(economics)*
coined word, arbitrary word

Phantasiepreis *m*
→ Mondpreis

Phantasiewort *n*
→ Phantasiename

Pharmawerbung *f*
1. pharmaceutical advertising
2. (für ethische Produkte) ethical advertising

pharmazeutische Industrie *f*
pharmaceutical industry

Phase *f*
phase, stage

Phasenänderung *f*

Phasenmodell *n*
phase model

phasenweise Klotzwerbung *f*
burst advertising, burst phasing, flight saturation advertising

phasenweise Werbung *f* **(Phasenwerbung** *f* **)**

physische Distribution *f* **(physischer Vertrieb** *m*) *(economics)*
physical distribution

Piktogramm *n*
pictogram, *also* pictograph

Pilotprojekt *n*
pilot project

Pilzmethode *f*
→ Schirmmethode

PIMS-Modell *n* **(PIMS-Programm** *n***)** *(marketing)*
PIMS (Profit Impact on Marketing Strategy) model, PIMS (Profit Impact on Marketing Strategy) research program

Pionierstadium *n* **(Pionierphase** *f* **)** *(economics/marketing)*
1. (der Unternehmensentwicklung) entrepreneurial stage (of corporate development)
2. Einführungsphase *f* (im Produktlebenszyklus) pioneering stage (in the product life cycle)

Pipeline-Effekt *m* **(Nachfragesog** *m***)** *(economics)*
pipeline effect

placieren
→ plazieren

Placierung *f*
→ Plazierung

Plakat *n* **(Poster** *n***)** *(outdoor advertising) (transit advertising)*
1. poster, advertising poster, bill, advertising bill, *also* billposter, billboard, placard
2. (klein) sticker, *ungebr* affiche

Plakatankleber *m* *(outdoor advertising) (transit advertising)*
→ Plakatkleber

Plakatanschlag *m* **(Anschlag** *m*, **Bogenanschlag** *m***)** *(outdoor advertising) (transit advertising)*
billposting, bill posting, poster advertising, billsticking, billboard advertising, billing, posting

Plakatanschläger *m*
→ Plakatkleber

Plakatanschlagfläche *f*
→ Anschlagfläche

Plakatanschlaginstitut *n*
→ Plakatanschlagunternehmen

Plakatanschlagkontrolle *f*
→ Anschlagkontrolle

Plakatanschlagstelle *f* **(Anschlagstelle** *f* **)** *(outdoor advertising) (transit advertising)*
poster site, site, advertising poster site, posting site, billboard site

Plakatanschlagunternehmen *n* *(outdoor advertising) (transit advertising)*
poster plant, outdoor poster plant, plant, poster plant operator, billposting agency, billposting company, billposter poster plant, outdoor advertising plant, outdoor advertising plant operator, outdoor advertising contractor

Plakatanschlagwerbung *f* **(Anschlagwerbung** *f*, **Plakatwerbung** *f* **)** *(outdoor advertising) (transit advertising)*
poster advertising, billboard advertising, billposting, billsticking, billboard advertising

Plakataufkleber *m* **(Plakatüberkleber** *m*, **Aufklebestreifen** *m***)** *(outdoor advertising) (transit advertising)*
poster overlay, overlay, paster, snipe

Plakatbeobachtung *f* **(Reichweitenbeobachtung** *f* **)** *(media research)*
poster circulation observation, circulation observation, poster audience observation

Plakatentwurf *m*
poster design

Plakatformat *n* **(Plakatgröße** *f* **)**
poster size

plakatieren
1. *v/i* to post bills, to stick bills
2. *v/t* to post, to stick, to billpost

Plakatierung *f* **(Plakatkleben** *n*, **Plakatanschlagen** *n***)** *(outdoor advertising) (transit advertising)*
posting, billposting, billsticking

Plakatierungsauftrag *m* *(outdoor advertising) (transit advertising)*
billposting order, posting order

Plakatkleben *n*
→ Plakatierung

Plakatkleber *m* **(Plakatanschläger** *m*, **Plakatankleber** *m***)** *(outdoor advertising) (transit advertising)*
billposter, billsticker, poster sticker, bill poster, bill sticker

Plakatkontakt *m* **(Plakatanschlagkontakt** *m*, **Anschlagkontakt** *m***)** *(media research)*
poster exposure, poster advertising exposure, outdoor advertising exposure

Plakatkontrolle *f*
→ Anschlagkontrolle

Plakatmaler *m*
poster painter, poster artist, poster designer, sign painter

Plakatpächter *m*
→ Anschlagflächenpächter

Plakatrahmen *m* **(fester Plakatanschlagrahmen** *m*) *(outdoor advertising) (transit advertising)*
poster frame

Plakatreichweite *f (media research)*
1. advertising poster circulation, outdoor circulation effective circulation
2. (tägliche effektive Reichweite) daily effective circulation (DEC)
3. (absolut) advertising poster audience, outdoor poster audience, poster audience, outdoor audience, outdoor-panel audience

Plakatsäule *f* **(Litfaßsäule** *f*)
→ Anschlagsäule

Plakatreichweitenuntersuchung *f (media research)*
poster audience investigation, poster audience survey, circulation study, circulation investigation

Plakatschrift *f*
display face, display type, poster type, poster lettering

Plakatstatistik *f* **(Anschlagstatistik** *f*) *(outdoor advertising) (transit advertising)*
poster advertising statistics *pl construed as sg*, outdoor advertising statistics

Plakatstelle *f*
→ Anschlagstelle

Plakattafel *f*
→ Anschlagtafel

Plakattest *m* **(Anschlagwerbetest** *m*) *(media research)*
poster test, poster advertising test, billposting test, outdoor advertising test, billboard test

Plakattitel *m*
poster title

Plakatträger *m (outdoor advertising)*
sandwich man

Plakatträgerwerbung *f* **(Werbung** *f* **mit Hilfe von Plakatträgern)** *(outdoor advertising)*
sandwich-board advertising

Plakatumrandung *f* **(weißer Plakatrand** *m*) *(outdoor advertising) (transit advertising)*
poster margin, white poster margin

Plakatwand *f* **(Anschlagwand** *f*, **Anschlagzaun** *m*)
→ Anschlagwand

Plakatwerbung *f* **(Anschlagwerbung** *f*) *(outdoor advertising) (transit advertising)*
poster advertising poster-panel advertising, billboard advertising, iron poor man's art gallery

Plakatzaun *m* **(Anschlagzaun** *m*)
→ Anschlagwand

Planung *f*
planning
→ Marketingplanung, Unternehmensplanung, strategische Planung, Werbeplanung

Planungsphilosophie *f*
philosophy of planning, planning philosophy

Planungssystem *f (marketing)*
planning system

Plattformanschlag *m* **(Plattformplakat** *m*) *(transit advertising)*
→ Perronanschlag

Platz *m* **(Anzeigenraum** *m*, **Anzeigenfläche** *f*) *(advertising)*
space

Platzaufschlag *m*
→ Plazierungsaufschlag

Platzvorschrift *f*
→ Plazierungsvorschrift

plazieren (placieren) *v/t*
to place, to position

Plazierung *f* **(Placierung** *f*) *(advertising)*
placement, placing, position, positioning

Plazierung *f* **oben links (Anzeigenposition** *f* **oben links)** *(advertising)*
top left position

Plazierung *f* **oben rechts (Anzeigenposition** *f* **oben rechts)** *(advertising)*
top right position

Plazierung *f* **unten links (Anzeigenposition** *f* **unten links)** *(advertising)*
bottom left position

Plazierung *f* **unten rechts (Anzeigenposition** *f* **unten rechts)** *(advertising)*
bottom right position

Plazierungsaufschlag *m* **(Aufschlag** *m* **für Vorzugsplazierung)** *(advertising)*
preferred position rate, preferred position surcharge, premium position rate, premium position surcharge

Plazierungseffekt *m* **(Positionseffekt** *m***)** *(advertising)*
position effect, placement effect

Plazierungsvorschrift *f* **(bevorzugte Plazierung** *f***)** *(advertising)*
1. position request, placement request, preferred position, premium position, special position
2. (exklusive Plazierung) franchise position

Plazierungswunsch *m*
→ Plazierungsvorschrift

Plunder *m* **(Talmi** *m***, Schundware** *f***)**
borax

Point-of-Purchase *m* **(POP)**
→ Kaufort (Einkaufsort)

Point-of-Purchase-Material *n*
→ POP-Material

Point-of-Purchase-Werbung *f*
→ POP-Werbung

Point-of-Sale *m* **(POS)**
→ Kaufort (Verkaufsort)

Point-of-Sale-Material *n*
→ POP-Material (POS-Material)

Point-of-Sale-Werbung *f*
→ POP-Werbung (POS-Werbung)

politische Anzeige *f*
political advertisement, political ad

politische Kommunikation *f*
political communication

politische Werbung *f*
1. political advertising
2. (zur Information der Öffentlichkeit) public service advertising, public-interest advertising
3. (politisch engagierte Werbung) advocacy advertising, issue-oriented advertising

politisches Marketing *n* **(Politmarketing** *n***)**
political marketing

Polydistribution *f* *(economics)*
polydistribution

POP-Material *n* **(Point-of-Purchase-Material** *n***, POS-Material** *n***, Poiot-of-Sale-Material** *n***)**
point-of-purchase material, P.O.P. material, POP material, point-of-purchase advertising material, P.O.P. advertising material, POP advertising material, point-of-purchase display material, P.O.P. display material, POP display material, dealer aids *pl*, merchandising material, sales aids *pl*, dealer helps *pl*

POP-Werbung *f* **(Point-of-Purchase-Werbung** *f***, POS-Werbung** *f***, Point-of-Sale-Werbung** *f***)**
point-of-purchase advertising, P.O.P. advertising, POP advertising, point-of-sale advertising, P.O.S. advertising, POS advertising

Portfolio *n* *(economics)*
portfolio

Portfolioanalyse *f* *(marketing)*
portfolio analysis, product portfolio analysis

Portfolio-Management *n* *(economics)*
portfolio management, portfolio analysis

Portfoliomatrix *f* *(economics)*
portfolio matrix, product portfolio matrix

Portfolioplan *m* *(economics)*
portfolio plan

Portfolio-Strategie *f* *(economics)*
portfolio strategy

Portfoliotechnik *f* **(Portfoliomethode** *f***)** *(economics)*
portfolio technique, portfolio method

Portfoliotest *m*
→ Foldertest

Portion *f* *(economics)*
take

Position *f* **(marketing/advertising)**
position

Positionierung *f (marketing)*
positioning

Positionierungsforschung *f (market research)*
positioning research

Positionierungsstrategie *f (marketing planning)*
positioning strategy

Positionsbewertung *f* **(Positionsevaluierung** *f* **)**
position evaluation

Positionseffekt *m* **(Plazierungseffekt** *m***, Standorteffekt** *m***)** *(advertising)*
position effect

Positionsmedium *n*
→ Standortmedium

Postbezieheranalyse *f (media research)*
mail address analysis

Poster *n*
→ Plakat

Postkartenbeikleber *m* **(beigeklebte Antwortpostkarte** *f* **)** *(direct-response advertising)*
bound-in return card

Postkäufer *m*
→ Versandhandelskunde

Postversandwerbung *f*
→ Versandwerbung, Briefwerbung

Postwerbung *f* **(Postreklame** *f* **)**
postal advertising

Postwurfsendung *f*
→ Wurfsendung

Postzeitungsdienst *m (print media)*
mail-subscription service

Postzeitungsordnung *f (print media)*
Mail Subscription Regulations *pl*

potentieller Käufer *m (economics)*
prospective buyer, prospective purchaser, prospect, potential buyer

potentieller Konsum *m*
→ potentieller Verbrauch

potentieller Konsument *m* **(potentieller Verbraucher** *m***)** *(economics)*
prospective consumer, prospect, potential consumer

potentieller Kunde *m (economics)*
prospective customer, prospect, potential customer

potentieller Markt *m (economics)*
prospective market, potential market

potentieller Verbrauch *m* **(potentieller Konsum** *m***)** *(economics)*
prospective consumption, potential consumption

potentieller Verbraucher *m*
→ potentieller Konsument

PR *abbr*
Public Relations

PR-Abteilung *f*
public relations department, PR department, public relations office

PR-Anzeige *f*
PR advertisement, PR ad, public relations advertisement, public relations ad

PR-Arbeit *f*
→ Öffentlichkeitsarbeit

PR-Experte *m* **(PR-Mann** *m***)**
→ Öffentlichkeitsarbeiter

PR-Berater *m* **(Öffentlichkeitsarbeitsberater** *m***)**
public relations consultant, public relations counsellor

PR-Beratung *f* **(Öffentlichkeitsarbeitsberatung** *f* **)**
public relations consultancy, public relations counselling

PR-Direktor *m* **(Leiter** *m* **der PR-Abteilung)**
public relations director, publicity director, public relations manager, publicity manager

Präferenz *f* **(Bevorzugung** *f* **)** *(economics)*
preference

Präferenz-Attribut-Beziehung *f (consumer research)*
preference-attribute relationship

Präferenzsegmentierung f *(economics)*
preference segmentation

Präferenzstruktur f *(economics)*
preference structure

Präferenzsystem n *(economics)*
preference system

Präferenztest m *(market research)*
preference test

Prägeplakat n *(printing)*
die cut

Prägnanz f *(psychology)*
praegnanz, pragnanz, pregnance, precision

Prägnanzprinzip n **(Prägnanzgesetz** n**)** *(psychology)*
praegnanz principle, pragnanz principle, pregnance principle, law of precision, eidotropic principle

Prämie f *(economics)*
premium, bonus, bonus payment, premium money (PM), premium pay, extra pay

Präsentation f **(Agenturpräsentation** f **)**
presentation, (Wettbewerbspräsentation) *colloq* pitch

Präsentationseffekt m **(Darbietungseffekt** m**)**
presentation effect

Präsenter m *(radio/television advertising)*
presenter

Präsentwerbung f
→ Geschenkwerbung

Preis m
1. *(economics)* (für Waren, Dienstleistungen) price
2. *(advertising)* (für Werbemittel) rate cost

Preis m **pro Einschaltprozentpunkt** *(radio/television advertising)*
cost per gross rating point (CPGRP), cost per cover point, cost per rating point

Preis m **pro Werbeminute** *(radio/television/advertising)*
cost per commercial minute

Preisabsatzelastizität f
→ Absatzelastizität, Preiselastizität

Preisabsatzfunktion f *(economics)*
demand function

Preisabsatzkurve f *(economics)*
demand curve

Preisabsprache f **(Preisabrede** f**, Preisabkommen** n**)** *(economics)*
price agreement, price arrangement

Preisaktion f
→ Sonderpreisangebot

Preisanalyse f *(economics)*
price analysis

Preisänderung f *(economics)*
change in price

Preisangabe f *(economics)*
price quotation, quotation

Preisangabenverordnung f
German Price Quotation Decree

Preisanstieg m *(economics)*
price increase, increase in price

Preisaufschlag m *(economics)*
price markup, markup

Preisausgleich m *(economics)*
price equalization, *brit* price equalisation

Preisausschreiben n *(sales promotion)*
prize competition, competition, contest

Preisauszeichnung f *(economics)*
price marking, price labeling

Preisbemessung f
→ Preisbestimmung (Preisfestsetzung)

Preisbereitschaft f **(Preisakzeptanz** f**)** *(economics)*
price acceptance

Preisbereitschaftstest m **(Preisakzeptanztest** m**)** *(market research)*
price acceptance test

Preisbestimmung f **(Preisfestsetzung** f**)** *(economics)*
pricing, price determination, price setting, pricing, price setting

Preisbestimmungsfaktor m *(economics)*
pricing factor, price determining factor, price determinant

Preisbestimmungsrahmen m *(economics)*
pricing framework, framework of pricing

Preisbestimmungs-Rahmen-Modell n *(economics)*
framework-for-pricing-strategy model, pricing-framework model, framework-of-pricing model

Preisbestimmungsziel n
→ Preisziel

Preisbewußtsein n *(economics)*
1. (Preiskenntnis) price awareness
2. (preisorientiertes Verhalten) price consciousness

Preisbildung f *(economics)*
price formation, price setting, pricing

Preisbindung f *(economics)*
1. price maintenance, price fixing
2. (Kontrolle) price regulation

Preisbindung f **der zweiten Hand (vertikale Preisbindung** f**)** *(economics)*
resale price maintenance, vertical price fixing

Preisbrecher m *(economics)*
price cutter

Preisdifferenzierung f *(economics)*
price differentiation, differential pricing

Preisdiskriminierung f *(economics)*
price discrimination

Preis m **"früher - jetzt"**
→ "Jetzt"- "Früher"-Preis, durchgestrichener Preis

Preiseffekt m *(economics)*
price effect, price-aura effect

Preiselastizität f *(economics)*
price elasticity, *also* price sensitivity

Preiselastizität f **der Nachfrage** *(economics)*
price elasticity of demand, *also* price sensitivity of demand

Preisempfehlung f **(empfohlener Preis** m**, Richtpreis** m**)** *(economics)*
recommended retail selling price (RRSP), recommended price, price recommendation, suggested retail price

Preisempfinden n *(economics)*
cost-price judgment

Preisendziffer f **(Preisendzifferneffekt)**
→ Endziffer

Preisentscheidung f *(economics)*
pricing decision

Preiserhöhung f *(economics)*
price increase, increase in price(s), price raise, raise in price(s)

Preisermäßigung f *(economics)*
1. price cut, price reduction, reduction in price(s), reduction of price(s)
2. (Preisrabatt) price discount, price rebate

Preiserwartung(en) f **(**pl**)** *(economics)*
price expectation(s) (pl)

Preisfaktor m *(economics)*
price factor, price determinant

Preisfixierung f
→ Preisbindung

Preisfindung f
→ Preisbestimmung, Preispolitik

Preisflexibilität f **(Preisflexibilitätsstrategie** f**)** *(economics)*
price flexibility, price-flexibility strategy

Preisführer m *(economics)*
price leader

Preisführerschaft f **(Preisführung** f**)** *(economics)*
price leadership

Preisführerschaftsstrategie f **(Preisführungsstrategie** f**)** *(economics)*
price-leadership strategy

Preisgarantie f *(economics)*
price guaranty, price guarantee, price protection

Preisgebung f
→ Preissetzung

Preisgegenüberstellung *f* **(Jetzt-Früher-Preis *m*)** *(economics)*
was-is-price labeling

Preisgefälle *n* *(economics)*
price differential

Preisgefüge *n* **(Preisstruktur *f*)** *(economics)*
price structure

Preisgestaltung *f* *(economics)*
pricing

Preisgrenze *f* **(Preislimit *n*)** *(economics)*
price limit, (obere Grenze) price ceiling, (untere Grenze) bottomline

Preisherabsetzung *f*
→ Preisermäßigung

Preisheraufsetzung *f*
→ Preiserhöhung

Preishöhe *f*
→ Preisniveau

Preisillusion *f* *(economics)*
price illusion

Preisimage *n* *(economics)*
price image

Preisindex *m* *(economics/statistics)*
price index

Preisindex *m* **für die Lebenshaltung (Lebenshaltungskostenindex *m*)** *(economics/statistics)*
consumer price index (C.P.I., CPI), *brit* cost of living index, retail price index

Preisinformation *f* **(Preiskenntnis *f*)** *(economics)*
price information

Preisintervall *n* *(economics)*
price interval

Preiskalkulation *f* *(economics)*
price calculation, calculation of prices

Preiskartell *n* **(Preisabsprache *f*, Preisabrede *f*)** *(economics)*
price cartel

Preiskenntnis *f*
→ Preisbewußtsein 1.

Preisklasse *f* **(Preiskategorie *f*)** *(economics)*
price category, price class, price range

Preiskonstanz *f* *(economics)*
price constancy

Preiskontrolle *f* *(economics)*
price control, price regulation

Preis-Kosten-Kalkulation *f*
→ Kostenpreiskalkulation

Preis-Kosten-Relation *f*
→ Kostenquote

Preislage *f*
→ Preisniveau

Preis-Leistungs-Verhältnis *n* *(economics)*
cost-benefit relation

Preislinienpolitik *f*
→ Preiszonenpolitik

Preisliste *f* *(economics)*
1. price list, rate book
2. *(retailing)* (im Handel) trade list
3. *(advertising)* (bei Werbeträgern) advertising rate card, rate card, rate book, adrate card
4. *(radio/television)* grid card

Preismechanismus *m* *(economics)*
price mechanism

Preisminderung *f*
→ Preisermäßigung

Preismix *n* **(Entgeltpolitik *f*)** *(marketing)*
price mix, pricing mix

Preismodell *n* *(economics)*
price model

Preisnachfrageelastizität *f*
→ Preiselastizität der Nachfrage

Preisnachlaß *m*
price discount

Preisnachlaßgutschein *m* *(sales promotion)*
cents-off coupon, cents-off offer, cents-off store coupon, cents-off store offer

Preisniveau *n* **(Preishöhe *f*)** *(economics)*
price level

Preisobergrenze *f* *(economics)*
price ceiling

Preispaket n *(economics)*
price package, price bundle

Preispaketstrategie f *(economics)*
price-package strategy, price-bundle strategy

Preisparameter m *(economics)*
price parameter

Preisplanung f *(economics)*
price planning

Preispolitik f **(Preisstrategie** f**, Preisgestaltung** f**)** *(economics)*
pricing, price policy, pricing policy, oft pl pricing policies, pricing mix

preispolitischer Ausgleich m
→ kalkulatorischer Ausgleich

preispolitischer Spielraum m *(economics)*
pricing range, price range

preispolitisches Modell n *(economics)*
pricing model

Preispositionierung f *(marketing)* **price positioning**
→ Positionierung

Preisprognose f *(economics)*
price forecast, price prognosis, price prediction

Preispsychologie f
price psychology

Preis-Qualitäts-Assoziation f **(Preis-Qualitäts-Irradiation** f**)** *(economics)*
price-quality association, price-quality irradiation

Preis-Qualitäts-Effekt m **(Preis-Qualitäts-Irradiation** f**)** *(economics)*
price-quality effect, price-aura effect, price-quality irradiation

Preisrangordnung f *(economics)*
price rank order, cost rank order

Preisrätsel n *(sales promotion)*
puzzle competition, (Kreuzworträtsel) crossword puzzle competition

Preisreagibilität f *(economics)*
price sensitivity

Preisreaktionsfunktion f *(economics)*
price response function

Preisreaktionskurve f *(economics)*
price response curve

Preisreduzierung f **(Preisreduktion** f**)**
→ Preissenkung, Preisermäßigung 1.

Preisschild n *(economics)*
price tag, price label, price ticket

Preisschleuderei f *(economics)*
undercutting of prices, price cutting

Preisschwelle f *(economics)*
price line, price tableau, pricing tableau, price threshold

Preisschwelleneffekt m **(Schwelleneffekt** m**)** *(economics)*
price line effect, price threshold effect, threshold effect

Preissenkung f *(economics)*
price reduction, reduction in prices(s) *(pl)*, price cut, price cutting, markdown

Preissetzung f *(economics)*
pricing

Preisskala f *(economics)*
price scale, scale of prices

Preisspaltung f *(economics)*
price splitting, split pricing

Preisspanne f *(economics)*
price range, price margin

Preisstabilität f *(economics)*
price stability, stability of prices

Preissteigerung f *(economics)*
1. → Preiserhöhung
2. (starke Steigerung) price boost

Preissteigerungsklausel f
escalator clause

Preisstellung f *(economics)*
pricing

Preisstellung f **mit teilweiser Übernahme der Frachtkosten** *(economics)*
freight-absorption pricing

Preisstrategie 540

Preisstrategie *f (economics)*
pricing strategy, price strategy

Preisstabilität *f* **(gleichbleibende Preise** *m/pl***)** *(economics)*
price stability, maintaining the price

Preisstrategie *f (economics)*
price strategy, pricing strategy

Preisstrategie-Rahmenmodell *n (economics)*
framework-for-pricing-strategy model, pricing-framework model, framework-of- pricing model

Preisstruktur *f*
→ Preisgefüge

Preistafel *f (economics)*
price board

Preistaktik *f (economics)*
price tactics *pl construed as sg*, pricing tactics *pl construed as sg*, pricing technique

Preistest *m (market research)*
price test, pricing test

Preistheorie *f (economics)*
theory of pricing price theory

Preis-Umsatz-Funktion *f (economics)*
price-turnover function

Preisunterbietung *f (economics)*
price cutting, undercutting, underselling

Preisuntergrenze *f*
→ Preisgrenze

Preisunterschied *m (economics)*
price difference

Preisveränderung *f*
→ Preisänderung

Preisverankerung *f (economics)*
price anchoring

Preisvereinbarung *f*
→ Preisabkommen

Preisvergleich *m (economics)*
price comparison

Preisverzeichnis *n*
→ Preisliste

Preisvorschriften *f/pl (economics)*
price regulations *pl*, price controls *pl*

Preiswahrheit *f (economics)*
truth in pricing

Preiswahrnehmung *f (economics)*
price perception

preiswert *adj (economics)*
low-priced, inexpensive

Preiswettbewerb *m (economics)*
price competition

Preiswiderstand *m (economics)*
price resistance

Preiswilligkeit *f*
→ Preisbereitschaft

Preiswirkung *f (economics)*
price effect

Preisziel *n* **(Preissetzungsziel** *n*, **Ziel** *m* **der Preispolitik)** *(economics)*
pricing objective, price objective

Preiszone *f* **(Preislinie** *f* **)** *(economics)*
price zone, price line

Preiszonenpolitik *f (economics)*
price zoning, zone-delivered pricing

Presseabteilung *f* **(Pressestelle** *f* **)**
press relations department, press relations office, publicity department, public relations department, public relations office

Presseagent *m*
press agent

Presseagentur *f*
press agency

Presseagenturwesen *n*
press agentry

Pressearbeit *f*
press relations *pl construed as sg*

Pressechef *m* **(Leiter** *m* **der Presseabteilung)**
press chief, head of the press relations department, head of the press relations office

Pressefeldzug *m*
→ Pressekampagne

Pressegrosso *n* (**Pressegroßhandel** *m*)
press wholesaling, newspaper and magazine wholesaling

Pressekampagne *f* (**Pressefeldzug** *m*)
→ press campaign

Pressekonferenz *f*
press conference, news conference

Pressekonzentration *f* *(economics)*
concentration of the press, press concentration

Pressemappe *f* (**Mappe** *f* **mit Presseinformationen**)
press kit, press book, pressbook, kit

Pressemitteilung *f* (**Mitteilung** *f* **für die Presse**)
press release, newsrelease, news release

Pressereferent *m*
press and public relations officer, press officer

Presseschau *f* (**Presserundschau** *f*, **Pressespiegel** *m*)
press review, newspaper review

Pressestelle *f*
→ Presseabteilung

Presseverlautbarung *f*
→ Presseinformation

Prestige *n*
prestige, social prestige, status honor

Prestige-Effekt *m* (**Prestigefehler** *m*, **Prestige-Antwortfehler** *m*) *(empirical social research)*
prestige bias, prestige effect

Prestigeführer *m*
prestige leader, cosmopolitan influential

Prestigekonsum *m*
→ demonstrativer Konsum

Prestigemotiv *n* (**Prestigemotivation** *f*)
prestige motive, prestige motivation

Prestigenutzen *m*
→ Geltungsnutzen, Zusatznutzen

Prestigepreis *m* *(economics)*
prestige price

Prestigepreissetzung *f* (**Prestigepreisgebung** *f*) *(economics)*
prestige pricing

Prestigestreben *n*
prestige aspirations *pl*

Prestigewaren *f/pl* (**Prestigegüter** *n/pl*, **Prestigeprodukte** *n/pl*) *(economics)*
prestige goods *pl*, prestige products *pl*

Prestigewerbung *f* (**Repräsetationswerbung** *f*)
prestige advertising, goodwill advertising

Primärbedarf *m* (**Primärnachfrage** *f*)
→ Erstbedarf, Grundbedarf

Primärbedarfsschöpfung *f* (**Neubedarfsschöpfung** *f*) *(economics)*
primary demand stimulation

Primärbedürfnis *n*
→ Grundbedürfnis

primäre Marktforschung *f*
primary market research

Primärkommunikation *f* (**direkte persönliche Kommunikation** *f*)
primary communication, face-to-face communication

Primärleser *m*
→ Erstleser

Primärleserschaft *f*
→ Erstleserschaft

Primärmotiv *n* (**Primärmotivation** *f*)
→ Grundbedürfnis

Primärnachfrage *f*
→ Erstbedarf, Grundbedarf

Primat *m*
primacy

Primat *m* **des Absatzsektors** (**Primat** *m* **des Absatzes**) *(economics)*
primacy of sales

Primateffekt *m* (**Primateffekthypothese** *f*, **Erstargumenthypothese** *f*) *(communication research)*

Primitivperson *f* (Ludwig von Holzschuher) *(psychology)*
primitive individual

Printmedium *n* (**Pressemedium** *n*, **Druckmedium** *n*)
print medium, printing medium, printed-word medium, press medium

Printwerbung *f* (**Printmedienwerbung** *f*, **Werbung** *f* **in gedruckten Medien**)
print advertising, printing advertising, printed advertising, *also* press advertising, publication advertising

Priorität *f* (**Vorrang** *m*)
priority

Privatanzeige *f* (**private Anzeige** *f*)
personal advertisement personal ad, personal announcement

privater Haushalt *m*
→ Haushalt

privater Verbrauch *m* (**privater Konsum** *m*) *(consumer research) (economics)*
private consumption, private household consumption

Privatfernsehen *n*
commercial television, commercial television, commercially impelled television

Privatfunk *m* (**Privatrundfunk** *m*) *(radio/television)*
commercial broadcasting, commercially impelled broadcasting

Privatsender *m* (**privater Rundfunksender** *m*, **private Rundfunkstation** *f*) *(radio/television)*
commercial broadcasting station, commercial station

PR-Leiter *m*
→ PR-Direktor

Probe *f* *(economics)*
1. (Erprobung) trial, test tryout
2. → Dienstleistungsprobe Geschmacksprobe, Warenprobe, Probeexemplar
3. *(radio/television)* rehearsal, dry run

Probeauftrag *m* *(economics)*
trial order

Probeexemplar *n* (**Probeheft** *n*, **Probenummer** *f*) *(print media)*
(newspaper/magazine) sample copy, specimen copy, complimentary copy

Probekauf *m*
→ Erstkauf

Probekäufer *m*
→ Erstkäufer

Probepackung *f*
trial package, test package, sample package

Probepackungsformat *n* (**Probepackungsgröße** *f*)
trial package size, test package size, sample package size

Probeseite *f* (**Satzprobe** *f*, **Musterseite** *f*) *(printing)*
specimen page, sample page

Probesendung *f*
1. *(radio/television)* (Testsendung) test transmission, test broadcast, pilot broadcast, pilot transmission, pilot, audition
2. *(economics)* sample mailing, mailing of a sample

Probestück *n*
→ Warenprobe

Probierkauf *m*
→ Probekauf

Probierstand *m* *(POP advertising)*
product demonstration stand, demonstration stand

Problem *n* (**Problembereich** *m*) *(decision-making)*
problem, problem area

Problemanalyse *f*
problem analysis

Problemerkenntnis *f* (**Problemerkennung** *f*) *(decision-making)*
problem recognition

Problemlösung *f* (**Problemlösen** *n*)
problem solution, problem solving

Problemlösungstechnik *f* (**Problemlösungsverfahren** *n*)
problem solving technique, problem-solving procedure

Problemlösungsverhalten *n*
problem-solving behavior, *brit* problem-solving behaviour

Problemranganalyse *f*
→ ABC-Analyse

Problemtreue *f* (**Bedarfstreue** *f*) (Herbert Gross) *(marketing)*
problem-solving consistency

Product Placement *n*
→ Produktplazierung (Requisitenwerbung)

Produkt *n*
1. *(economics)* (Artikel, Ware) product, product item, *also* produce
2. → Handelsware

Produktabbildung *f*
→ Attrappe

Produktabsatz *m (economics)*
product sale(s) (*pl*)

Produktakzeptanz *f (economics)*
product acceptance

Produktakzeptanztest *m (economics) (marketing research)*
product acceptance test (P.A.T.)

Produktanalyse *f (economics)*
product analysis

Produktangebot *n*
→ Warenangebot

Produktart *f*
→ Produkttyp

Produktattrappe *f*
→ Attrappe

Produktattribut *n (economics)*
product attribute, attribute of a product

Produktauffälligkeit *f*
→ soziale Auffälligkeit

Produktausstrahlung *f* (**Produktausstrahlungseffekt** *m*)
→ Ausstrahlung (Ausstrahlungseffekt)

Produktbenennung *f*
→ Produktbezeichnung

Produktbereich *m*
→ Produktpalette

Produktbeschaffenheit *f*
→ Produktqualität

Produktbewertung *f* (**Produktevaluierung** *f*) *(economics)*
product evaluation, new product evaluation, product screening, new product screening

Produktbewertungsmatrix *f* (**Produktbewertungsschema** *n*) *(economics)*
product evaluation matrix

Produktbewertungsmatrix
product evaluation matrix

Produktbezeichnung *f* (**Produktname** *m*) *(economics)*
product name

Produktbotschaft *f (advertising)*
product message

Produktbudget *n* (**Produktetat** *m*) *(economics)*
product budget

Produktbühne *f*
→ Greifbühne

Produktcharakteristika *n/pl*
→ Produktmerkmal(e)

Produktdarbietung *f*, **Produktpräsentation** *f*) *(economics)*
product presentation

Produktdaten *n/pl (economics)*
product data

Produktdeckungsbeitrag *m*
→ Deckungsbeitrag

Produktdesign *n*
→ Produktgestaltung

Produktdifferenzierung *f (economics)*
product differentiation

Produktdistribution *f*
→ Produktvertrieb

Produkteigenschaft(en) *f(pl)*
→ Produktmerkmale

Produkteinführung *f (marketing)*
product launch, new product launch, product introduction, new product introduction, commercialization

Produkteinstellung *f*
→ Produkteliminierung

Produkt-Einzelkosten *pl (economics)*
unit cost, product unit cost

Produkteliminierung *f* **(Produktelimination** *f* **)** *(economics)*
product elimination, product abandonment, product deletion

Produkteliminierungsstrategie *f* **(Produkteliminationsstragie** *f* **)** *(economics)*
product-elimination strategy, product-abandonment strategy, product-deletion strategy

Produktenbörse *f* **(Warenbörse** *f* **)** *(economics)*
commodity exchange, produce exchange

Produktenttäuschung *f*
→ Nachkaufreue

Produktentwicklung *f (economics)*
product development, new product development

Produktentwicklung *f* **(und -forschung** *f* **)** *(economics)*
product development and research

Produktentwicklungsabteilung *f* **(Venture-Abteilung** *f* **)** *(economics)*
venture department

Produktentwicklungsgruppe *f* **(Venture Team** *n***)** *(economics)*
venture team

Produktentwicklungsprozeß *m (economics)*
product development process

Produkterneuerung *f*
→ Produktvariation

Produktfamilie *f*
→ Produktgruppe

Produktfindung *f*
→ Produktentwicklung

Produktforschung *f* **(und -entwicklung** *f* **)** *(economics)*
product research and development (P.R.D., PRD), research and development (R & D)

Produktfunktion *f (economics)*
function of a product, product function

Produktgattung *f*
→ Produktgruppe, Produkttyp

Produktgeschäft *n (economics)*
product selling

Produktgestaltung *f* **(Produktdesign** *n***)** *(economics)*
product design

Produktgestaltungstest *m* **(Formgebungstest** *m*, **Gestaltungstest** *m***)** *(economics)*
product design test

Produktgruppe *f* **(Produktfamilie** *f*, **Produktlinie** *f* **)** *(economics)*
product line, line

Produktgruppenleiter *m* **(Produktgruppenmanager** *m***)** *(economics)*
product line manager

Produktgruppenorganisation *f (economics)*
product line organization, *brit* organisation

Produktgruppensegmentierung *f (economics)*
product line segmentation

Produktgruppentiefe *f* **(Tiefe** *f* **der Produktgruppe)** *(economics)*
depth of product line

Produktgruppenvergleich *m (economics)*
product line comparison

Produktgruppenwerbung *f*
product line advertising, line advertising

Produktidee *f (economics)*
product idea

Produktideenfindung *f (economics)*
product idea finding, product idea development, product idea generation, new-product idea generation

Produktideentest *m (economics)*
product idea test

Produktimage *n* **(Gattungsimage** *n***)**
product image, generic image

Produktinformation *f (economics)*
product information

Produktinnovation *f (economics)*
product innovation, innovation

Produktinteresse *n (economics)*
product involvement

Produktion *f (economics)*
production, manufacturing

Produktionsablauf *m* (**Produktionsfluß** *m*) *(economics)*
flow of production

Produktionsabteilung *f* (**Herstellungsabteilung** *f*) *(economics)*
production department, production

Produktionsassistent(in) *m(f)* *(film/television)*
production assistent, *colloq* gopher, gofer

Produktionsbericht *m (film/television)*
data sheet

Produktionschef *m* (**Produktionsleiter** *m*) *(economics/film/television)*
production manager, production director

Produktionsfaktor *m (economics)*
production factor

Produktionsfunktion *f (economics)*
production function

Produktionsgenossenschaft *f (economics)*
producer cooperative

Produktionsgüter *n/pl* (**gewerbliche Verbrauchsgüter** *n/pl*) *(economics)*
producer goods *pl*, producer's goods *pl*, producers' goods *pl*, instrumental goods *pl*, intermediary goods *pl*, auxiliary goods *pl*

Produktionsgütermarketing *n*
producer goods marketing

Produktionsgütermarktforschung *f*
producer goods market research

Produktionsgüterwerbung *f*
producer goods advertising

Produktionskapazität *f (economics)*
production capacity, productive capacity

Produktionskosten *pl*
→ Herstellungskosten

Produktionsleiter *m* (**PL**)
1. *(economics)* production manager, plant manager, production director
2. *(film/television)* executive producer

Produktionsmittel *n/pl (economics)*
capital goods *pl*, means *pl* of production

Produktionsmittelwerbung *f*
→ Investitionsgüterwerbung

Produktionsorientierung *f (economics)*
production orientation

Produktionspalette *f*
→ Produktpalette

Produktionsplan *m (economics)*
production plan, production schedule

Produktionsplanung *f (economics)*
production planning

Produktionspolitik *f (economics)*
production policy

Produktionsprogramm *n (economics)*
production program, *brit* programme

Produktionsstatistik *f*
production statistics *pl construed as sg*

Produktivgüter *n/pl (economics)*
capital goods *pl*, industrial goods *pl*

Produktivgütermarketing *n*
capital goods marketing

Produktivgüterwerbung *f*
capital goods advertising

Produktivität *f (economics)*
productivity

Produktkategorie *f* (**Produktklasse** *f*) *(economics)*
product category

Produktklassifikation *f (economics)*
product classification

Produktkonzept *n (economics)*
product concept

Produktkonzeption *f (economics)*
product conception

Produkt-Kunden-Zentrum *n (economics/marketing)*
product-customer center (PCC)

Produkt-Kunden-Zentrumsmanager *m (economics/marketing)*
product-customer center manager, PCC manager

Produktlebensdauer *f (economics)*
product life

Produktlebenszyklus *m* (**PLZ**) *(economics)*
product life cycle (PLC), life cycle of a product

Produktleistung *f (economics)*
product performance

Produktlinie *f*
→ Produktgruppe

Produktloyalität *f*
→ Markentreue

Produktmanagement *n* (**Produktmanagersystem** *n*, **Integrationssystem** *n*) *(economics)*
product management, brand management, program management, project management, product planning management, product management system, brand management system

Produktmanager *m (economics)*
product manager, brand manager, program manager, project manager, *also* merchandise manager, product planning manager

Produktmarke *f*
→ Gattungsmarke

Produktmarkierung *f*
→ Markierung

Produktmarkt *m (economics/marketing)*
product market

Produkt/Markt-Expansionsmatrix *f*
→ Ansoffsche Matrix

Produkt/Markt-Konzentrationsstrategie *f*
→ Marktabdeckungsstrategie

Produkt/Markt-Raster *m*
→ Marktsegmentierung

Produktmerkmal(e) *n* (*pl*) (**Produkteigenschaft(en)** *f* (*pl*)) *(economics)*
product characteristic(s) *pl*, product feature(s) (*pl*)

Produkt-Mix *n (marketing)*
product mix
→ Produktpolitik, Produktpalette

Produktmodell *n (economics)*
product modell, prototype

Produktmodifikation *f* (**Produktmodifizierung** *f*) *(economics)*
product modification

Produktmomentkorrelation *f* (**Pearsonsche Maßkorrelation** *f*) *(statistics)*
product-moment correlation, Pearson product-moment correlation

Produktname *m*
→ Produktbezeichnung

Produktneueinführung *f*
→ Produkteinführung

Produktnutzen *m (economics)*
product utility

Produktnutzung *f* (**Produktgebrauch** *m*) *(economics)*
product usage

Produktnutzungsmethode *f* (**Produktnutzungstest** *m*) *(economics)*
product-user method, product-user test, product-usage segmentation

Produktorganisation *f (marketing)*
product organization, *brit* product organisation

Produktpalette *f (economics)*
product scope, product range, product mix

Produktpalettenstrategie *f (marketing)*
product-scope strategy

Produktpersönlichkeit *f* (**Markenpersönlichkeit** *f*) *(economics)*
product personality, brand personality (Pierre D. Martineau)

Produktplanung *f (economics)*
product planning, *also* merchandising

Produktplazierung *f* (**Product Placement** *n*, **Requisitenwerbung** *f*)
product placement

Produktpolitik *f* (**Produkt-Mix** *n*) *(marketing)*
product policy, product mix

Produktportfolio *n (economics)*
product portfolio

Produktportfolioanalyse f *(marketing)*
product portfolio analysis

Produktpositionierung f *(marketing)*
product positioning, positioning a product

Produktprobe f
→ Warenprobe

Produktprofil n *(economics)*
product profile

Produktprogramm n
→ Produktionsprogramm

Produktqualität f *(economics)*
product quality

Produktraum m **(Merkmalsraum** m **für ein Produkt)** *(economics)*
product space, property space of a product, product property space

Produkt-Segment-Strategie f *(marketing)*
product usage segmentation strategy, product usage segmentation

Produktsortiment n *(retailing)*
product assortment

Produktstrategie f *(economics)*
product strategy

Produkttest m *(economics)*
product test

Produkttesten n *(economics)*
product testing

Produkttest-Panel n *(economics)*
product testing panel

Produkttreue f **(Materialtreue** f**)** (Herbert Gross) *(economics)*
product loyalty

Produkttyp m **(Produktart** f**)** *(economics)*
type of product, product type

Produkttyp-Markt m *(economics/marketing)*
product-type product market

Produktüberschneidung f **(Produktüberschneidungsstrategie** f**)** *(marketing)*
product overlap, product-overlap strategy

Produktvariation f **(Produktrelaunch** m, **Relaunch** m**)** *(marketing)*
product variation product relaunch

Produktveränderung f
→ Produktvariation

Produktvereinheitlichung f
→ Marktunifizierung

Produktvergleich m *(advertising)*
product comparison comparison of products

Produktverpackung f
→ Verpackung

Produktversprechen n *(marketing)*
product proposition

Produktversteinerung f **(Produktpetrifizierung** f**)** *(economics)*
product petrification

Produktverwendungstest m *(market research)*
product usage test

Produktwahrnehmung f *(economics)*
product perception

Produktwerbung f
product reputation advertising, product advertising, product copy

Produktziel n *(economics)*
product objective, product purpose

Produzent m
1. *(economics)* producer, manufacturer
2. *(film/radio/television)* producer

Produzentenhaftung f **(Herstellerhaftung** f**)** *(economics)*
product liability, manufacturer's product liability, producer's product liability

Produzentenmarkt m *(economics)*
producer market

Produzentenrente f *(economics)*
producer's surplus (Alfred Marshall)

Produzentenrisiko n *(economics/statistics)*
producer's risk

Produzentenwerbung f **(Herstellerwerbung** f**)**
→ Firmenwerbung

Profil-Marketing *n*
→ Corporate Identity

Profit *m*
→ Gewinn

Profitzentrum *n* **(Profit Center** *n*, **Ertragszentrum** *n*) *(economics)*
profit center

Profitkauf *m (economics)*
most profitable purchase *m*

Proformarechnung *f (economics)*
pro forma invoice

Prognose *f (statistics/economics)*
prognosis, forecast, prediction

Prognosefehler *m* **(Vorhersagefehler** *m*) *(statistics/economics)*
forecasting error, error in prediction

Prognosemodell *n (statistics/economics)*
prognosis model, forecasting model

Prognosetechnik *f* **(Prognoseverfahren** *n*) *(statistics/economics)*
forecasting technique, prognosis technique, forecasting procedure, prognosis procedure

Program-Analyzer-Verfahren *n* **(Programmanalysatorverfahren** *n*) *(media research)*
program analyzer technique (Paul F. Lazarsfeld/Frank Stanton)

Programm *n*
1. *(marketing)* program, *brit* programme
2. *(radio/television)* program, *brit* programme, (Sendekanal) channel
3. (Programmzettel) playbill, program, *brit* programme

Programmanalyse *f (media research)*
program analysis, *brit* programme analysis

Programmanalysator *m* **(Programmanalysiergerät** *n*)
→ Program-Analyzer-Verfahren

Programmankündigung *f (radio/television)*
1. promotional announcement, promotional spot, promo, station promo, *colloq* teaser, program announcement, *brit* programme announcement
2. (Hinweistafel) program billboard

Programmanzeige *f*
program billing, *brit* programme billing, program bill-board, billboard

Programmblock *m (radio/television)*
program block, programming block, *brit* programme block

Programmeinblendung *f (radio/television)*
program insert, *brit* programme insert

Programmeinschaltquote *f (radio/television)*
program rating

Programm-Evaluierungs-Technik *f*
program evaluation review technique (PERT)

Programmhinweis *m (radio/television)*
1. promotional program announcement, promotional announcement, promotional spot, promo, station promo, *colloq* teaser, plug
2. (am Ende eines anderen Programms) program trailer, trailer announcement, trailer

programmunterbrechende Werbesendung *f* **(programmunterbrechende Werbung** *f*, **programmunterbrechender Werbespot** *m*) *(radio/television)*
1. straight commercial, middle commercial, cut-in commercial, station break commercial
2. (integrierte Werbesendung) integrated commercial, blended commercial
3. (mit denselben Schauspielern wie in der Programmsendung) cast commercial
4. (mit Stars) star commercial

Programmunterbrechung *f* **(für Werbung)** *(radio/television)*
commercial break, break, station break, commercial cut-in, cut-in, commercial slot, commercial unit

progressive Kundenwerbung *f*
→ Schneeballverfahren (Hydrasystem)

Prohibitivpreis *m* **(prohibitiver Preis** *m*) *(economics)*
prohibitive price

Projektanalyse *f (economics)*
project analysis

Projektevaluierung *f (economics)*
project evaluation

Projektleiter *m* **(Projektmanager** *m*) *(economics)*
project manager, venture manager

Projektmanagement *n (economics)*
project management, venture management

Projektmanager *m*
→ Projektleiter

Projektorganisation *f (economics)*
project organization, *brit* project organisation

Projektplan *n (economics)*
project plan

Projektplanung *f (economics)*
project planning

Projektteam *n (economics)*
project team, venture team

Pro-Kopf-Einkommen *n (economics)*
per capita income, income per capita, income per person income per head

Pro-Kopf-Umsatz *m (economics)*
per capita sales *pl*, per capita turnover

Pro-Kopf-Verbrauch *m (economics)*
per capita consumption

PROM-Modell *n (economics)*
profitability optimization model (PROM)

Promoter *m*
→ Verkaufsförderer; Fachpromoter, Machtpromoter

Promotion *f*
→ Verkaufsförderung, Absatzförderung

Promotionsausgaben *f/pl (marketing)*
promotional expenditure

Promotions-Mix *m*
→ Absatzförderungs-Mix

Promotionspreis *m (economics)*
promotional price

Propaganda *f*
propaganda

Propagandafilm *m*
propaganda film

Propagandist *m*
1. propagandist, propagator
2. → Verkaufsförderer, Vorführer

propagieren *v/t*
to propagate, to propagandize

Propergeschäft *n*
→ Eigengeschäft

Properhändler *m*
→ Eigenhändler

Propositionstest *m (economics) (marketing) (advertising)*
proposition test

pro rata (prorata) *adj (economics)*
prorata, pro rata

Prorata-Rückerstattung *f (economics)*
prorata refund, pro rata refund

Prospekt *m* **(Werbeprospekt** *m*, **Werbebroschüre** *f*)
pamphlet, advertising pamphlet, folder, advertising folder, booklet, advertising booklet, brochure, advertising brochure, prospectus, handout, giveaway, dodger, flier

Prospektanzeige *f*
free-standing insert, free-standing stuffer, newspaper stuffer, sheridan stuffer, giant insert

Prospektausgestaltung *f*
→ Prospektgestaltung

Prospektbeilage *f*
→ Beilage

Prospektgestaltung *f*
pamphlet design, advertising pamphlet design, folder design, advertising folder design, advertising booklet design, booklet design, brochure design, advertising brochure design, prospectus design, handout design, giveaway design, dodger design, flier design

Prospektständer *m (POP advertising)*
pamphlet rack, pamphlet stand, folder rack, folder stand, booklet rack, booklet stand

Prospekttest *m*
pamphlet test, brochure test, folder test

Prospektverteilung *f*
pamphlet distribution, folder distribution, booklet distribution, booklet distribution, brochure distribution

Prototyp *m (economics)*
prototype

Provision *f* **(Mittlervergütung** *f*, **Kommission** *f*)
(economics/advertising)
1. commission
2. → Agenturprovision

Provision *f* **plus Skonto (Agenturprovision** *f* **plus Skonto)** *(advertising)*
fifteen and two, 15 and 2, 15 & 2

provisionieren *v/t (advertising)*
to pay a commission

Provisionsbasis *f* **(Provisionsgutschrift** *f*) *(advertising)*
commission credited

Provisionsnachlaß *m (advertising)*
commission discount, credit

Provisionsteilung *f* **(Aufteilung** *f* **der Agenturprovision)** *(advertising)*
split commission

Provisionsvertreter *m*
→ Handelsvertreter

Prozentsatz *m*
percentage

Prozentsatz-des-Gewinns-Methode *f* **(der Werbebudgetierung)**
→ Gewinnanteilsmethode

Prozentsatz-des-Umsatzes-Methode *f* **(der Werbebudgetierung)**
→ Umsatzanteilsmethode

prozyklische Werbung *f* **(zyklische Werbung** *f*)
cyclical advertising, procyclical advertising

prozyklischer Wandel *m* **(zyklischer Wandel** *m*)
cyclical change

Prüfliste *f* **(Checkliste** *f*, **Merkliste** *f*, **Kontrolliste** *f*)
check list checklist

Prüflistenverfahren *n* **(Checklistenverfahren** *n*)
checklist technique, check list technique

Prüfposten *m* **(Abnahmeposten** *m*) *(economics) (statistics)*
inspection lot

psychischer Kaufzwang *m*
→ psychologischer Kaufzwang

psychogalvanische Hautreaktion *f* **(psychogalvanischer Reflex** *m*) *(empirical social research)*
psychogalvanic response (PGR), psychogalvanic reaction, psychogalvanic skin response, galvanic skin response, basal skin response (BSR), basal skin resistance

Psychogalvanometer *n* **(Galvanometer** *n*) *(empirical social research)*
psychogalvanometer, galvanometer

psychographische Daten *n/pl (empirical social research)*
psychographics *pl*, psychographic characteristics *pl*

psychographische Marktsegmentierung *f (marketing) (marketing research)*
psychographic market segmentation

psychologische Marktanalyse *f*
psychological market analysis

psychologische Marktforschung *f*
psychological market research

psychologische Marktsegmentation *f (market research)*
psychological market segmentation

psychologische Preissetzung *f (economics)*
psychological pricing

psychologischer Kaufzwang *m*
psychological coercion to buy, psychological pressure to buy

psychologischer Preis *m (economics)*
psychological price

psychologisches Marktmodell *n (marketing research)*
psychological market model

psychophysiologische Messung *f*
psychophysiological measurement

Public Affairs *pl*
public affairs

Publicity *f*
publicity

Public Relations *pl* **(PR) (Public-Relations-Arbeit** *f* **)**
→ Öffentlichkeitsarbeit

Public-Relations-Abteilung *f*
→ PR-Abteilung

Public-Relations-Arbeit *f* **(PR-Arbeit** *f* **)**
→ Öffentlichkeitsarbeit

Public-Relations-Berater *m*
→ PR-Berater

Public-Relations-Chef *m*
→ PR-Chef

Public-Relations-Fachmamn *m* **(Public-Relations-Experte** *m***)**
→ Öffentlichkeitsarbeiter

Public-Relations-Gesellschaft *f* **(PR-Gesellschaft** *f* **)**
public relations association, PR association

Publikum *n*
audience, public

Publikumsforschung *f*
audience research
→ Hörerforschung, Leserforschung, Zuschauerforschung

Publikumspresse *f*
consumer press, general-interest press

Publikumsuntersuchung *f* **(Publikumsstudie** *f* **)** *(media research)*
audience investigation
→ Hörerschaftsuntersuchung, Leserschaftsuntersuchung, Zuschauerschaftsuntersuchung

Publikumswerbung *f*
consumer advertising, consumer-directed advertising, national consumer advertising

Publikumszeitschrift *f*
consumer magazine, consumer journal general-interest magazine, general editorial magazine, general magazine

publizieren *v/t* + *v/i*
to publish, to publicize

Publizität *f*
publicity

Pull-Methode *f* **(Pull-Strategie** *f* **)** *(marketing)*
pull strategy, pull method, pull distribution strategy, pull method, pull distribution strategy, pull distribution method

Pulsfrequenznessung *f* *(advertising research)*
pulse-frequency measurement, measurement of pulse frequency

pulsierende Werbung *f* **(Pulsation** *f*, **phasenweise Werbung** *f* **)**
→ Periodenwerbung

Punktbewertung *f* *(statistics)*
scoring

Punktbewertungsmodell *n* *(statistics)*
scoring model

Punktbewertungsverfahren *n* *(statistics)*
scoring technique

Punktmarkt *m* *(economics)*
spot market, cash market

Punktprognose *f* **(Punktvoraussage** *f* **)** *(statistics/economics)*
point prognosis, point prediction

Pupillometer *n* *(advertising research)*
pupillometer

Pupillometrie *f* *(advertising research)*
pupillometrics *pl* (construed a sg), pupil measurement

Push-Methode *f* **(Push-Strategie** *f*, **Schubstrategie** *f* **)** *(marketing)*
push strategy, push method, push distribution strategy, push distribution method

Q

Qualifikation *f*
qualification

qualifizierter Empfänger *m*
→ tatsächlicher Empfänger

qualifizierter Hörer *m*
→ tatsächlicher Hörer

qualifizierter Leser *m*
→ tatsächlicher Leser

Qualifizierung *f*
→ Kontaktqualität

Qualität *f*
quality

Qualität *f* **des Arbeitslebens**
quality of work life

qualitative Marktforschung *f*
qualitative market research

qualitative Mediaforschung *f*
qualitative media research

qualitativer Medienvergleich *m (media planning)*
qualitative media comparison

Qualitätsausrichtung *f* **der Nachfrage** *(economics)*
quality-orientation of demand

Qualitätsbewußtsein *n (economics)*
quality consciousness

Qualitätsbezeichnung *f (economics)*
quality label, quality description

Qualitätseffekt *m (economics)*
quality effect

Qualitätserzeugnis *n* **(Qualitätsprodukt** *n***)** *(economics)*
quality product, quality produce, high-quality product

Qualitätsgarantie *f (economics)*
quality guarantee, quality guaranty, quality warranty

Qualitätsimage *n (economics)*
quality image

Qualitätsindex *m (economics)*
quality index

Qualitätsindikator *m (economics)*
quality indicator

Qualitätskonkurrenz *f* **(Qualitätswettbewerb** *m***)** *(economics)*
quality competition, product quality competition

Qualitätskontrolle *f* **(statistische Qualitätskontrolle** *f***)** *(statistics)*
quality control, statistical quality control

Qualitätsmodifizierung *f (marketing planning)*
quality modification

Qualitätsniveau *n (economics)*
quality level

Qualitätspolitik *f (economics)*
quality policy, product quality policy

Qualitätsprofil *n (economics)*
quality profile

Qualitätsschutz *m* **(Qualitätssicherung** *f***)** *(economics)*
quality protection

Qualitätsstandard *m* **(Qualitätsgrundsatz** *m***)** *(economics)*
quality standard

Qualitätstest *m* **(Produktqualitätstest** *m***)** *(economics)*
quality test, product quality test

Qualitätswahrnehmung *f*
quality perception

Qualitätswettbewerb *m*
→ Qualitätskonkurrenz

Qualitätszeichen *n*
→ Qualitätsbezeichnung, Gütezeichen

Quantität *f*
quantity

quantitative Marktforschung *f*
quantitative market research

quantitative Mediaforschung *f*
quantitative media research

quantitativer Medienvergleich *m*
quantitative media comparison

Quantuplikation *f*
1. *(statistics)* quantuplication
2. *(media research)* multiple overlapping, quantuplication

Quantuplikationstabelle *f (media research)*
quantuplication table, multiple overlapping table

Quelle *f (communication research)*
source

Quintilenanalyse *f (statistics/media research)*
quintile analysis

Quote *f (economics/statistics)*
quota
→ Verkaufsquote

Quotient *m (mathematics/statistics)*
quotient

R

® abbr
registered trademark
→ eingetragenes Warenzeichen

Rabatt m *(economics)*
discount, allowance, price discount

Rabattgutschein m *(promotion)*
cents-off coupon, cents-off store coupon, price-off coupon

Rabattkartell n *(economics)*
discount cartel, discount agreement

Rabattkombination f
→ Kombinationsrabatt

Rabattmarke f *(sales promotion)*
trading stamp, trade stamp, discount stamp

Rabatt-Nachbelastung f **(Rabattrückbelastung** f **)** *(economics)*
billback, allowance

Rabattpolitik f *(economics)*
discount policy, price discount policy, discounting

Rabattrecht n *(economics)*
discount law, discount legislation, discount regulations pl

Rabattsatz m **(Höhe** f **des Rabatts)** *(economics)*
discount rate

Rabattschinder m *(advertising)*
(Werbung, die zur Erhaltung eines Rabatts geschaltet wird) rate holder

Rabattstaffel f *(economics)*
discount list, price discount list

Rabattwettbewerb m *(economics)*
discount competition, discounting competition, price discount competition

Rack Jobber m
→ Regalgroßhändler

Radioreklame f
→ Hörfunkwerbung

Rahmenpreis m *(economics)*
umbrella price

Rahmenprogramm n *(radio/television)*
1. backing program, *brit* programme
2. (für Werbung) commercial program, *brit* programme, sponsored program, *brit* programme

Rahmenvereinbarung f *(economics)*
skeleton agreement

Ramschkauf m **(Restekauf** m **)** *(economics)* *(retailing)*
remainder buy, remainders buy

Ramschkiste f
→ Wühlkiste

Ramschmarkt m **(Restemarkt** m **)** *(economics)*
remainders market

Ramschpreis m **(Restwarenpreis** m **)** *(economics)*
remainders price, remainder price

Ramschware f **(Restware** f **)** *(economics)*
remainders pl

Randsortiment n *(economics)*
marginal assortment, marginal merchandise assortment

Rangreihenbildung f **(Rangreihenverfahren** n **)** *(media planning)*
ranking, rank order method, master newspaper list, mock newspaper schedule

rationale Entscheidung f *(decision-making)*
rational decision

rationale Werbung f **(begründende Werbung** f **)**
1. (Werbemittel) rational advertisement, argumentative copy, reason-why copy
2. (Werbestrategie) rational advertising, argumentative advertising, reason-why advertising, reason-why, long-circuit appeal, factual approach

rationale Preissetzung f *(economics)*
rational pricing

rationales Wahlverhalten n *(economics)*
rational-choice behavior, *brit* rational-choice behaviour, rational choice

Rationalisierung f *(economics)*
rationalization, *brit* rationalisation

Rationalität f
rationality

Rationierung f *(economics)*
rationing

Rauchschriftwerbung f **(Himmelsschriftwerbung** f **)** *(outdoor advertising)*
skywriting, skytyping, sky advertising

Raumausstattungswerbung f
→ Schauwerbung

Räumungsverkauf m
→ Ramschverkauf

Reaktanz f *(advertising psychology)*
reactance, psychological reactance (J. W. Brehm)

Reaktanzeffekt m *(advertising psychology)*
reactance effect, reactance, psychological reactance effect

Reaktanztheorie f *(advertising psychology)*
theory of reactance, rectance theory

Reaktion f
reaction, response

Reaktionsfunktion f **(Responsefunktion** f **)** *(market & media research)*
response function

Realeinkommen n *(economics)*
real income

Reallohn m *(economics)*
real wage

Realtypus m **(Max Weber)**
real type
cf. Idealtypus

Reason-Why m
→ rationale Werbung, begründende Werbung

Recency-Effekt m
→ Letztargumenthypothese

Rechenschaftspflicht f **(Verpflichtung** f **zur Rechenschaftslegung)** *(economics)*
accountability, obligation to render an account

redaktionell (Redaktions-) *adj*
editorial

redaktionell gestaltete Anzeige f **(redaktionelle Anzeige** f **, redaktionell aufgemachte Anzeige** f **)** *(advertising)*
editorial-style advertisement, editorial-style ad, editorializing advertisement, editorializing ad, reading notice, reader advertisement, reader ad, *colloq* advertorial

redaktionelle Werbung f
editorial-style advertising, editorializing advertising, editorial publicity, publicity

redaktionelle Zugabe f *(advertising)*
editorial mention, puff notice, puff

redaktioneller Hinweis m
editorial mention, free mention, free puff, puff notice, puff

redaktioneller Teil m **(im Gegensatz zum Anzeigenteil)**
editorial section, editorial content editorial pages *pl*, editorial matter, (Text) editorial copy

redaktionelles Umfeld n **(redaktioneller Kontext** m **)**
editorial environment editorial context

redliche Werbung f
fair practice advertising, fair advertising practice

Reduktion f *(economics/photography/printing)*
reduction
→ Preismäßigung

Reduktionsmarketing n
1. market dilution
2. demarketing, *brit* de-marketing
3. pruning, pruning of marginal markets, pruning-of-marginal-markets strategy
4. harvesting, market harvesting, market-harvesting

Reduktionswerbung f
reductionist advertising

Referenzanzeige *f* (**Verbundanzeige** *f*, **Koppelungswerbemittel** *n*, **Koppelanzeige** *f*)
1. tie-in advertisement, tie-in ad, tie-in
2. *(radio/television)* (Werbesendung) tie-in commercial

Referenzgruppe *f*
→ Bezugsgruppe

Referenzperson *f*
→ Bezugsperson

Referenzwerbung *f* (**Verbundwerbung** *f*, **Koppelungswerbung** *f*)
tie-in, advertising

Reflektion *f* (**Rückstrahlung** *f*, **Reflexion** *f* **Reflektieren** *n*)
reflection, *brit* reflexion

Reflektor *m*
reflector, (Katzenauge) reflector button, reflection button, *colloq* light stealer

Reflex *m*
reflex

Reflexbeleuchtung *f* *(photography/film/television/outdoor advertising)*
reflected lighting

Regal *n* (**Warenregal** *n*) *(POP advertising)*
rack shelf, display rack

Regalanziehungskraft *f* *(POP advertising)*
shelf appeal

Regalaufklebestreifen *m* (**Regalaufkleber** *m*) *(POP advertising)*
shelf tape, shelf strip

Regalauslage *f* (**Warenauslage** *f* **im Regal**) *(POP advertising)*
shelf display

Regalauszug *m* (**Auszug** *m* **für Sonderauslagen**) *(POP advertising)*
shelf extender, extender

Regalbrett *n* *(POP advertising)*
shelf

Regalfläche *f* (**Regalplatz** *m*) *(POP advertising)*
shelf space

Regalgroßhändler *m* (**Regalgrossist** *m*) *(wholesaling)*
rack jobber, service merchandiser, feeder, jobber

Regalgroßhandel *m* (**Regalgrosso** *n*) *(retailing)*
rack jobbing service, merchandising, feed jobbing

Regalkapazität *f* *(retailing)*
shelf space capacity

Regalmakler *m*
→ Regalgroßhändler

Regalmeterstrecke *f* (**Regalstrecke** *f*) *(retailing)*
shelf footage

Regalmiete *f* *(retailing)*
shelf rent, display space rent

Regalpackung *f* *(retailing)*
1. shelf pack, shelf package
2. (sehr platzsparend) shelf miser, space miser

Regalplakat *n* *(POP advertising)*
shelf poster, *colloq* shelf talker

Regalplatz *m*
→ Regalfläche

Regal-Preismarkierung *f* (**Regalpreisschild** *n*) *(POP advertising)*
shelf marker

Regalprospekt *m* (**Regalfaltblatt** *n*) *(POP advertising)*
shelf folder, rack folder

Regalschild *n* *(POP advertising)*
shelf card

Regalstreifen *m* (**Regal-Werbestreifen** *m*) *(POP advertising)*
shelf strip, case strip, channel strip

Regalwipper *m* *(POP advertising)*
shelf wobbler

Regel *f* **des geringsten Bedauerns**
→ Minimax-Regret-Regel

regelmäßiger Hörer *m* *(media research)*
regular listener, regular radio listener

regelmäßiger Leser *m* (**Kernleser** *m*) *(media research)*
regular reader

regelmäßiger Zuschauer m *(media research)*
regular viewer

regelmäßiges Hören n **(Regelmäßigkeit** f **des Hörens)** *(media research)*
regular listening, regularity of listening

regelmäßiges Lesen n **(Regelmäßigkeit** f **des Lesens)** *(media research)*
regular reading, regularity of reading

regelmäßiges Zuschauen n **(regelmäßiges Fernsehen** n, **Regelmäßigkeit** f **des Fernsehens)** *(media research)*
regular viewing, regular television watching, regularity of viewing

Regionalbelegung f **(Belegung** f **regionaler Medien)** *(media planning)*
regional buy, regional media buy

regionale Methode f *(advertising)*
(der Werbebudgetierung) area-by-area allocation (ABA, A.B.A.) (of advertising budget), area allocation method (of advertising budget determination, market-by-market allocation (MBM, M.B.M.)

regionaler Anzeigensplit m *(advertising) (media planning)* **geographic split run**

regionaler Testmarkt m *(market research)*
regional test market, local test market

regionales Fensterprogramm n **(Regionalfenster** n) *(television)*
regional window program, *brit* regional window programme

Regionalfenster n
→ regionales Fensterprogramm

Regionalfernsehen n
regional television, regional TV, local television, local TV

Regionalmarketing n
regional marketing, local marketing

Regionalwerbeplan m **(regionaler Werbeplan** m)
regional advertising plan, regional plan, sectional advertising plan, sectional plan

Regionalwerbung f
regional advertising, sectional advertising

Regionalzentrum n **(regionales Einkaufszentrum** n) *(retailing)*
regional shopping center, regional center

Registrierkasse f *(retailing)*
cash register

Reichweite f
1. *(media research)* coverage, media coverage, *colloq* cover, reach, audience penetration, audience
2. *(radio/television)* gross rating points *pl* (GRPs, G.R.P.s)
3. → Sendebereich (Empfangsbereich)

Reichweitenanalyse f *(media research)*
coverage analysis

Reichweitenanalytiker m **(Reichweitenforscher** m) *(media research)*
coverage analyst, coverage researcher

Reichweitendaten n/pl *(media research)*
coverage data *pl*

Reichweitenmessung f *(media research)*
measurement of media coverages, coverage measurement

Reichweiten-Tausenderpreis m *(media planning)*
cost per thousand exposures, cost per gross rating point (CPGRP, C.P.G.R.P.)

Reichweitenstudie f **(Reichweitenuntersuchung** f) *(media research)*
coverage study, coverage investigation, media coverage study, media coverage investigation, audience study, audience investigation

Reichweitenüberschneidung f *(media research)*
overlapping of audiences, overlapping of coverages

Reichweitenuntersuchung f
→ Reichweitenstudie

Reichweitenvergleich m *(media research)*
comparison of coverages, coverages comparison

Reichweitenzuwachs m *(media research)*
coverage increase, audience increase

Reifephase f **(Reifestadium** n) *(economics/marketing)*
1. (der Unternehmensentwicklung) maturity, maturity stage (of corporate development)

reine Konkurrenz

2. (im Produktlebenszyklus) maturity stage, product maturity

reine Konkurrenz *f (economics)*
pure competition

reine Textanzeige *f*
→ Textanzeige, Fließsatzanzeige

Reinerlös *m (economics)*
net revenue, net proceeds *pl*

Reingewinn *m (economics)*
net profit, net earnings on net sales

Reinlayout *n (printing)*
comprehensive layout, comprehensive, comp, master layout, finished layout, finished art, mechanical, keyline, art-type mechanical

Reinzeichner(in) *m(f) (advertising)*
draftsman, *pl* draftsmen, drafts-woman, *pl* draftswomen, *also* draughtsman, draughtman, draughts-woman, draughtwomen

Reinzeichnung *f (advertising)*
finished art, finished artwork, finished drawing, final artwork, final drawing, camera-ready artwork

Reisebeilage *f (print media)*
travel supplement

Reisender *m* (**Handlungsreisender** *m*) *(economics)*
salaried salesman, travel salesman, manufacturer's agent, manufacturer's salesman, manufacturer's salesperson, manufacturer's representative

Reise- und Bewirtungsspesen *f/pl (accounting)*
travel and entertainment (T and E T & E)

reißerische Werbung *f*
hype, hyped-up advertising

Reizschwelle *f* (**eben merklicher Unterschied** *m*, **Unterschiedsschwelle** *f*) *(psychology)*
just noticeable difference (JND), difference threshold, difference limen (DL), absolute threshold, liminal difference

Reklamation *f (economics)*
complaint

Reklame *f*
→ Werbung

Reklame-
→ Werbe-, Werbungs-

Reklamegegenstand *m* (**von geringem Wert**)
→ Zugabeartikel

Reklamerummel *m (advertising)*
ballyhoo, boom

Reklamezeitschrift *f*
→ Anzeigenblatt

Rekordationszahl *f*
→ Gedächtniserfolg

relative Deprivation *f* (**relative Entsagung** *f*)
relative deprivation (Samuel A. Stouffer/Robert K. Merton)

relative Einkommenshypothese *f (economics)*
relative-income hypothesis (J.S. Duesenberry)
cf. Dauereinkommenshypothese

relative Gratifikation *f (empirical social research) (consumer research)*
relative gratification

relativer Vorteil *m (psychology/market research)*
relative advantage

relatives Einkommen *n (consumer research)*
relative income

relativierter K₁-Wert *m*
→ Leser pro Ausgabe (LpA)

Relaunch *m* (**Revitalisierung** *f*)
→ Produktvariation

relevanter Produktmarkt *m* (**relevante Vergleichsmarken** *f/pl*) *(economics)*
brand set, evoked set, consideration frame

Relevanz *f (empirical social research)*
relevance

Relevanzbaum *m* (**Relevanzbaumanalyse** *f*)
relevance tree, relevance tree analysis

Remission *f*
1. *(media distribution)* returning (of unsold copies), returns *pl*
2. *(radio)* reflectance, reradiation, re-emission

remissionsberechtigt (remissionsfähig) adj *(media distribution)*
returnable

Remissionsexemplar n **(Remissionsstück** n**)**
→ Remittende

Remittende f **(Remissionsexemplar** n**, Remissionsstück** n**)** *(media distribution)*
return copy, return

Remittendenauflage f *(media distribution)*
returns *pl*, number of returns, number of return copies

Remittendendurchschnitt m **(Remissionsrate** f**)** *(media distribution)*
average number of returns, average number of return copies, return rate, rate of returns

Rentabilität f *(economics)*
profitability, *also* profitableness

Rentabilitätsanalyse f *(economics)*
present-value index, profitability index

Rentabilitätskennziffer f **(Rentabilitätskennzahl** f**)** *(statistics/economics)*
profitability ratio

Rentabilitäts-Optimierungs-Programm n *(economics)*
profitability optimization program
→ PROM-Modell

repliziertes Lesen n
→ gedehntes Lesen

Repräsentant m *(economics)*
representative

Repräsentationswerbung f **(Repräsentativwerbung** f**)**
→ Firmenwerbung, institutionelle Werbung, Prestigewerbung

Repräsentativwerbung f
→ Repräsentationswerbung

Reservefonds m *(advertising)*
(für Werbung) advertising reserve, contingency fund

Reservelager n *(economics)*
(im Sortiment) reserve stock, back-up merchandise, buffer inventory

Residualmethode f *(advertising)*
(der Werbebudgetierung) residual method of advertising budget determination, residual of previous year's surplus method

Resonanz f *(marketing)*
(von Umworbenen, Käufern) response

Resonanzanalyse f **(Resonanzauswertung** f**)** *(market research)*
response analysis, response investigation

Response-Funktion f
→ Reaktionsfunktion

Response-Marketing n
→ Direktmarketing

Response Set m
→ Reaktionseinstellung

Response-Werbung f
→ Rücklaufwerbung

Ressource f *(mostly pl* **Ressourcen***) (economics)*
resource, resources *pl*

Ressourcenplanung f *(economics)*
resource planning

Ressourcenpotential n *(economics)*
resource potential

Restauflage f
remainders *pl*, overstock, overruns *pl*

Resteverkauf m
remainders sale (einzelner Verkaufsakt), remainders selling (das Verkaufen)

Restriktionspreis m **(restriktiver Preis** m**)** *(economics)*
restrained price

Retouren f/pl **(unzustellbare Direktwerbeaussendungen)**
colloq nixies *pl*

Revealed-Preference-Theorie f
→ Theorie der faktischen Präferenz

Reverssystem n *(economics)*
price guaranty system, guaranty against price decline

Revitalisierungs-Marketing n **(Remarketing** n**)**
remarketing, revival marketing Phillip Kotler

Rezeption

Rezeption *f (communication research)*
reception

Rezeptionsanalyse *f (communication research)*
reception analysis

Rezession *f (economics)*
recession

Rezessionsmarketing *n*
recession marketing, anticyclical marketing

Rezipient *m* (**Empfänger** *m*) *(communication research)*
recipient

Rezipientenforschung *f*
recipient research

reziprokes Publikum *n (marketing planning)*
reciprocal public

Reziprozität *f*
reciprocity, reciprocation

Richtigstellung *f* (**Berichtigung** *f*)
correction, rectification

Richtigstellungsanzeige *f*
corrective ad

Richtpreis *m* (**empfohlener Preis** *m*) *(economics)*
recommended retail selling price (RRSP), recommended price, price recommendation, suggested retail price

Richtstrahlansatz *m*
→ gezielte Streuung

Richtzahl *f*
→ Kennzahl

Risiko *n*
risk

Risikoanalyse *f (economics)*
1. risk analysis
2. venture analysis

Risikofunktion *f (statistics)*
risk function

Risikomanagement *n (economics)*
venture management

Risikoreduzierung *f*
risk reduction

Risikoverhalten *n (psychology/economics)*
risk-taking, risk-taking behavior, *brit* risk-taking behaviour

Rohentwurf *m* (**Rohskizze** *f*, **Rohlayout** *n*) *(advertising)*
1. rough draft, rough, rough drawing, rough sketch, rough layout, raw draft, thumbnail sketch, thumbnail, scamp
2. (Kundenentwurf) client rough, clean rough

Rohfassung *f*
1. rough draft, rough form
2. (Drehbuch) working script, unpolished script

Rohlayout *n*
→ Rohentwurf

Rohmaterial *n*
→ Rohstoff

Rohskizze *f*
→ Rohentwurf

Rohstoff *m* (**Rohmaterial** *n*) *(economics)*
raw material, *mostly pl* raw materials

Rolltitel *m (film/television)*
creeping title, creeper title, rolling title, roll title, rolling caption

Rolltitelgerät *n* (**Rolltitelwalze** *f*, **Rolltitelmaschine** *f*) *(film/television)*
crawl roll, title roll

Rotationsschema *n* (**Rotationsplan** *m*) *(advertising)*
1. (in der Werbung) rotary plan, rotation plan, rotation
2. (in der Außenwerbung) rotating bulletin boards *pl*, rotary plan, rotation plan
3. (obligatorisch) captive rotary plan, captive rotation, captive rotary

Rough *m*
→ Rohentwurf

Routine *f*
routine

Routineentscheidung *f*
routine decision

Routinekauf *m* (**Routine-Kaufentscheidung** *f*) *(consumer research)*
routine buying decision

Routinemanagement *n (economics)*
routine management

Rubrikanzeige *f* **(rubrizierte Anzeige** *f*, **Kleinanzeige** *f*)
classified advertisement, classified ad

rubrizierte Großanzeige *f* **(rubrizierte Formatanzeige** *f*)
classified display advertisement, classified display ad, semi-display advertisement, semi-display ad

rubrizierte Kleinanzeige *f*
→ Rubrikanzeige, Kleinanzeige

Rückantwortkarte *f* **(Antwortkarte** *f*) *(advertising)*
reply card, return card, *colloq* bingo card

Rückantwortschein *m* **(Rückantwortgutschein** *m*) *(advertising) (sales promotion)*
reply coupon, return coupon

Rückenplakat *n* **(Rückenschild** *n*) *(POP advertising)*
backer card

Rückerstattung *f* **(Rückvergütung** *f*, **Rückzahlung** *f*) *(sales promotion)*
money refund, refund, rebate

Rückflächenschild *n* **(Rückflächenplakat** *n*)
→ Heckplakat

Rückgabegarantie *f* **(Rücknahmegarantie** *f*) *(economics)*
money-back guaranty, money-back guarantee, money back, refund offer

Rückgangsstadium *n* **(Rückgangsphase** *f*) **(im Produktlebenszyklus)**
→ Degenerationsphase

Rücklauf *m* *(direct marketing)*
(Rückläufer) return

Rückläufe *m/pl* *(direct marketing/survey research)*
returns *pl*, response

Rückläufer *m*
→ Rücklauf

Rücklaufquote *f* **(Rücklaufrate** *f*) *(direct marketing/survey research)*
return rate, rate of returns

Rücklaufwerbung *f* **(Direct-Response-Werbung** *f*)
direct-response advertising

Rücknahmeverpflichtung *f*
→ Rückgabegarantie

Rücksende-Freiumschlag *m* *(advertising) (sales promotion)*
self-addressed envelope

Rücksendung *f*
return mailing, return

Rückstand *m* **(Zahlungsrückstand** *m*) *(economics)*
arrears *pl*
im Rückstand sein
to be in arrears

Rückstrahler *m* **(Katzenauge** *n*) *(outdoor advertising)*
reflector button, reflection button

Rückvergütung *f* *(economics)*
rebate

Rückwärtsintegration *f* **(vertikale Absatzwegeintegration** *f*) *(economics) (marketing)*
vertical channel integration, vertical integration

Rückwärtsdiversifikation *f* **(Rückwärtsdiversifizierung** *f*) *(economics) (marketing)*
vertical diversification, concentric diversification

Ruf *m* **(Reputation** *f*)
reputation, repute

Rumpffläche *f* *(transit advertising)*
car side, bus side, side panel

Rumpfflächenbemalung *f* *(transit advertising)*
painted bus side, painted car side

Rumpfflächenposition *f* *(transit advertising)*
bus side position, bus side, side position

Rumpfflächenwerbung *f* *(transit advertising)*
outside transit advertising, bus side advertising, side panel

Rundbrief *m* **(Rundschreiben** *n*)
circular letter, circular

Rundfunk *m* **(Rundfunkwesen** *n*) *(radio/television)*
broadcasting

Rundfunkforschung *f (radio/television)*
broadcasting research, broadcast research
→ Hörerforschung, Zuschauerforschung

Rundfunk-Kommunikation *f (radio/television)*
broadcast communication

Rundfunkmedium *n (radio/television)*
broadcasting medium, broadcast medium

Rundfunksender *m (radio/television)*
1. broadcasting station, broadcast station, broadcaster
2. (Übertragungssender) broadcasting transmitter, broadcast transmitter

Rundfunksendung *f (radio/television)*
broadcast program, *brit* programme, broadcast show, aircast, broadcast transmission

Rundfunkspot *m*
broadcast spot

Rundfunkwerbekampagne *f* (**Rundfunkkampagne** *f*) *(radio/television)*
broadcast media campaign, broadcast advertising campaign

Rundfunkwerbesendung *f (radio/television)*
broadcast commercial, commercial

Rundfunkwerbung *f* (**Funkwerbung** *f*) *(radio/television)*
broadcast advertising, broadcast media advertising

Rundfunkwerbungtreibender *m (radio/television)*
broadcast advertiser

Rundschreiben *n*
→ Rundbrief

Rundschreibenversand *m*
mailing of circular letters, circularization

Rundumbemalung *f* (**Rundumstreifen** *m*) *(transit advertising)*
waistband

Rundum-Ganzbemalung *f (transit advertising)*
transit spectacular, painted bus

S

Sachgüter *n/pl (economics)*
material goods

sachliche Wirkungsübertragung *f*
→ Spill-over-Effekt

Sachmittelwerbung *f* **(Sachwerbung** *f* **)**
above-the-line advertising, advertising media advertising, media advertising, theme advertising

saisonale Werbung *f* **(Saisonwerbung** *f* **)**
seasonal advertising

saisonaler Marktanteil *m (economics)*
seasonal market share

Saisonartikel *m* **(Saisongüter** *n/pl*, **Saisonware** *f* **)** *(economics)*
seasonal article, seasonal goods *pl*, seasonal merchandise

Saisonausverkauf *m* **(Saisonschlußverkauf** *m* **)** *(retailing)*
seasonal closing-out sale

Saisonpreis *m (economics)*
seasonal price

Saisonrabatt *m (economics)*
seasonal discount

Saisonschlußverkauf *m* **(Inventurverkauf** *m*, **Schlußverkauf** *m* **)**

Saisonschwankung *f (statistics)*
seasonal fluctuation, seasonal variation

Saisonverkauf *m*
→ Saisonausverkauf

Saisonwerbung *f*
→ saisonale Werbung

Sammelanzeige *f*
→ Kollektivanzeige

Sammelbesteller *m (economics)*
in-home seller, nonstore retailer, party-plan seller

Sammelbestellsystem *n* **(Sammelbestellerverkauf** *m* **)** *(economics)*
in-home selling, in-home retailing, nonstore retailing, party-plan selling, party selling

Sammelbild *n (sales promotion)*
(Zugabe) continuity picture

Sammelgutschein *m (sales promotion)*
continuity coupon, patronage coupon

Sammelkatalog *m*
collective catalog, *brit* catalogue

Sammelpackung *f* **(Sammelgebinde** *n* **)**
multipack, multi-unit pack, multiple-unit pack, collation pack

Sammelplakat *n (outdoor advertising) (transit advertising)*
collective advertising poster

Sammelrevers *m* **(Sammelreverssystem** *n* **)**
→ Reverssystem

Sammelwerbung *f* **(offene Kollektivwerbung** *f* **)**
association advertising, collective advertising

Sammelzugabe *f (sales promotion)*
continuity premium

Satisfizierung *f (decision making)*
satisficing, satisfying

Satisfizierungsmodell *n*
satisficing model (Herbert A. Simon)

Sättigung *f (economics)*
saturation, satiation

Sättigungsabsatz in *(economics)*
saturation sales *pl*, satiation sales *pl*

Sättigungsfunktion *f (economics)*
growth saturation function, saturation function

Sättigungsgrad *m*
→ Sättigungsniveau

Sättigungsgrenze *f* **(Wachstumsgrenze** *f* **)** *(economics)*
saturation limit, growth limit, saturation line

Sättigungskurve *f (economics)*
growth saturation curve, saturation curve

Sättigungsmenge *f (economics)*
saturation quantity

Sättigungsniveau *n* **(Wachstumsgrenze** *f* **)** *(economics)*
saturation level, growth saturation limit, satiation level

Sättigungsphase *f* **(Phase** *f* **der Marktsättigung)** *(economics)*
(im Produktlebenszyklus) saturation stage

Sättigungsprozeß *m (economics)*
saturation process

Sättigungspunkt *m (economics)*
saturation point, growth saturation point

Sättigungsreichweite *f* **(hundertprozentige Reichweite** *f* **)** *(media research)*
saturation coverage, saturation, blanket coverage, satiation coverage, satiation, *(outdoor advertising)* saturation, showing, supersaturation showing, 100 showing, one hundred showing, hundred showing, number 100 showing, 150 showing, number 150 showing

Sättigungsreichweitenwerbung *f* **(Sättigungswerbung** *f* **)**
saturation advertising, saturation, satiation advertising, satiation

Satz *m*
(Gruppe zusammengehöriger Teile) set

Satzanzeige *f*
publication-set type advertisement, publication-set type ad, paper-set advertisement, paper-set ad, pub-set ad

Savage-Niehans-Regel *f*
→ Minimax-Regret-Regel

Say'sches Theorem *n* **(Theorem** *n* **von Say)** *(economics)*
Say's theory, Say's hypothesis (Jean Baptiste Say)

SB *abbr*
Selbstbedienung

SB-Großhandel *m*
→ Selbstbedienungsgroßhandel

SB-Laden *m*
→ Selbstbedienungsladen

SB-Lebensmittelmarkt *m* **(SB-Markt)**
→ Selbstbedienungsmarkt

SB-Warenhaus *n*
→ Selbstbedienungswarenhaus, Verbrauchermarkt

SB-Zentrum *n*
→ Selbstbedienungszentrum

Schachbrettanzeige *f*
checkerboard advertisement, checkerboard ad, checkerboard

Schachmustertestbild *n (television)*
checkerboard test pattern

Schachtel *f* **(packing)**
1. box
2. (flache, weiche) pack, packet
3. (Karton) carton

Schachtelkarton *m* **(Schachtelpappe** *f* **)** *(packaging)*
boxboard, box board

Schachtelpappe *f (packaging)*
(aus Papierabfällen) chipboard

Schaltung *f*
1. *(advertising) (media planning)* (Schalten von Werbemitteln) placement (of an ad), media buying, media buy
2. *(advertising) (media planning) (print media)* (Werbemittel, die nach Fläche berechnet werden) space buying
3. *(advertising) (media planning) (radio/television)* (Funkmedien) airtime buying, time buying

Scharfschützenansatz *m (advertising) (media planning)*
(in der Werbung) rifle approach (of advertising), selective advertising, highly-selective advertising

Schaufenster *n (POP advertising)*
shopwindow, *brit* shop window, show window, display window, store window

Schaufensteraktion *f (POP advertising)*
window display action, shopwindow display action, display window action

Schaufensterauslage *f* **(Schaufensterdekoration** *f*) *(POP advertising)*
window display

Schaufensterbeleuchtung *f (POP advertising)*
shopwindow illumination, window illumination, (beleuchtetes Schaufenster) illuminated window

Schaufensterdekorateur *m (POP advertising)*
window dresser, window trimmer

Schaufensterdekoration *f (POP advertising)*
window dressing, window trimming

Schaufenstergestalter *m*
→ Schauwerbegestalter

Schaufenstergestaltung *f*
→ Schaufensterdekoration, Schauwerbung

Schaufensterplakat *n (POP advertising)*
1. window display poster, window poster, windowcard display poster
2. (Klebestreifen) window streamer, window banner
3. (kleinformatig) window sticker

Schaufensterrotor *m (POP advertising)*
lazy Susan display, lazy Susan

Schaufensterschild *n* **(Kleinplakat** *n*) *(POP advertising)*
showcard, show card

Schaufensterware *f (POP advertising)*
window display goods *pl*, window display merchandise

Schaufensterwerbung *f (POP advertising)*
window display advertising, display advertising, shop window advertising, shopwindow display advertising

Schaufensterwettbewerb *m (POP advertising)*
window dressing contest, shopwindow competition, shop window competition

Schaukasten *m* **(Auslagenvitrine** *f*) *(POP advertising)*
showcase, display case, exhibition case

Schaupackung *f*
display package, dummy pack, dummy

Schauständer *m* **(Auslageregal** *n*) *(POP advertising)*
display rack

Schaustück *n* **(Ausstellungsstück** *n*) *(POP advertising)*
exhibit

Schauwerbeassistent *m (POP advertising)*
junior display artist, display artist's assistent

Schauwerbeberater *m (POP advertising)*
freelance display artist, freelance advertising display artist

Schauwerbegestalter *m* **(Schauwerber** *m*) *(POP advertising)*
display artist, advertising display artist

Schauwerbegestaltung *f* **(Schauwerbung** *f*) *(POP advertising)*
display art, advertising display art

Schauwerbeleiter *m (POP advertising)*
managing display artist, managing advertising display artist

Schauwerber *m*
→ Schauwerbegestalter

Schauwerbung *f*
→ Schauwerbegestaltung

Scheibenplakat *n* **(Seitenscheibenplakat** *n*) *(transit advertising)*
window poster

Scheinkäufer *m* **(Testkäufer** *m*) *(market research)*
(im Ladentest) mystery shopper, test buyer, test shopper

Schemabrief *m (advertising)*
form letter

scherzhafte Werbung *f* **(scherzhafte Reklame** *f*)
humorous advertising

Schicht *f*
→ soziale Schicht

Schichtzugehörigkeit *f* **(soziale Schichtzugehörigkeit** *f*)
class, social class

Schild *n*
1. (Ladenschild) shop sign, sign, signboard *colloq* shingle
2. (Firmenschild) nameplate, name plate, facia
3. (Leuchtschild) illuminated sign
4. (Etikett) label, tag, tab, sticker

Schildermaler *m*
sign painter, signpost writer

Schirmwerbung *f* **(Dachwerbung** *f* **)**
umbrella advertising

Schläfereffekt *m* **(Sleeper-Effekt** *m*) *(communication research)*
sleeper effect (Carl I. Hovland)

Schlager *m*
1. → Kassenschlager
2. → Lockartikel, Lockangebot

Schlagwort *n*
1. (Werbeslogan) slogan
2. (Stichwort) catchword, catch word, catch phrase keynote

Schlagzeile *f*
1. headline, heading, head
2. (groß aufgemachte) banner headline, screamer headline, screamer, shout, streamer

Schleichwerbung *f* **(getarnte Werbung** *f*, **Schmuggelwerbung** *f* **)**
editorial mention advertising, editorial hosting, hosting, editorial mention, covert advertising, (Einzelfall von Schleichwerbung) puff notice, puff, free puff, free mention, plug; Schleichwerbung machen für: to plug

Schlepptransparent *n* *(outdoor advertising) (transit advertising)*
airplane banner, aircraft trailing banner

Schleuderartikel *n* **(billige Massenware** *f* **)** *(economics)*
catchpenny article, catchpenny product, catchpenny, borax goods *pl*, schlock merchandise, *brit* cut-price merchandise

Schleuderpreis *m* *(economics)*
giveaway price, cutrate price, cutrate, *brit* cut-rate price

Schlüsselfunktion *f*
key function

Schlüsselindikator *m*
key indicator

Schlüsselinformation *f*
key information

Schlüsselmarkt *m* *(economics)*
key market

Schlüsselmarktstrategie *f* *(marketing)*
key market strategy

Schlüsselreiz *m* *(psychology)*
cue, discriminative stimulus (S^D, S^Δ, key stimulus

Schlußtermin *m*
→ Anzeigenschluß, Redaktionsschluß, Annahmeschluß

Schlußverkauf *m*
→ Saisonschlußverkauf

Schmuckfarbe *f* *(printing)*
additional color, *brit* colour, second color, accompanying color, spot color

Schmuggelwerbung *f*
→ Schleichwerbung

Schneeballsystem *n* **(Schneeballverfahren** *n*, **progressive Kundenwerbung** *f*, **Hydrasystem** *n* **)**
1. *(marketing/promotion)* (Kundenwerbung) snowball system, snowball procedure, endless chain method, chain prospecting
2. *(statistics)* (Stichprobenverfahren) snowball sampling, (Stichprobe) snowball sample

Schnellgreifbühnentest *m*
→ Greifbühnentest

schnell umschlagende Konsumgüter *n/pl* *(economics)*
fast moving consumer goods *pl* (FMCG), fast-moving, high-turnover goods *pl*

Schnellverkehr *m* *(transit advertising)*
fast travel

schöpferisch *adj*
creative

Schrägstellung *f* **(Schrägposition** *f* **)** *(outdoor advertising)*
angled position

Schrotflintenansatz *m*
→ ungezielte Streuung

Schrumpffolie *f* *(packaging)*
shrinkwrapping, shrinkwrap

Schubstrategie *f* **(Schubmethode** *f* **)** *(sales promotion)*
push strategy, push policy

Schüttware f **(Schüttgüter** n/pl**)** (economics)
bulk commodity, bulk goods pl

Schutzblatt n
cover flap, flap, jacket flap

Schutzfolie f
overlay, protective overlay

Schutzmarke f
→ eingetragenes Warenzeichen

Schutzrechte n/pl
→ gewerblicher Rechtsschutz

Schutzschicht f
protective coating

Schutzumschlag m
book jacket, book wrapper, jacket wrapper, dust jacket, dust cover, jacket, wrapper, cover, protective cover

Schutzumschlagtext m
→ Klappentext

Schwabesches Gesetz n
→ Engelsches Gesetz (Engel-Schwabesches Gesetz)

Schwachstelle f (economics)
weakness

Schwachstellenanalyse f (economics)
analysis of weaknesses, strenghts-and-weaknesses analysis

Schwarzer Markt m (economics)
black market

Schwarzes Brett n **(Anschlagbrett** n**)**
notice board

schwarzweiß adj
black-and-white (b & w, b and w, b/w, B & W, b and W, B/W)

Schwarzweißanzeige f (printing)
black-and-white advertisement, black-and-white ad, b & w ad

Schwellenangst f (psychology)
fear of entering (a store), threshold anxiety

Schwellenpreis m (economics)
line price

Schwerinkurve f (empirical social research)
Schwerin curve (Horace Schwerin)

Schwerin-Präferenz-Test m **(Schwerin-Test** m**)** (market research)
Schwerin preference test, Schwerin test, brand-preference change test, brand-preference change study, gift method (of investigating brand-preference change), gift technique (Schwerin Research Corporation)

Schwerkraftgesetz n **im Einzelhandel** (economics)
law of retail gravitation William F. Reilly)

Scoringmodell n
→ Punktbewertungsverfahren

Scribble n
→ Rohzeichnung

Segment n (statistics/research)
segment

Segmentation f **(Segmentierung** f **)**
1. (statistics) segmentation
2. → Marktsegmentierung

Segmentationsanalyse f **(Segmentanalyse** f **)** (social research/market research)
segmentation analysis, segment analysis, tree analysis

segmentiertes Marketing n (economics)
segmented marketing, market segmentation

Segmentierung f
→ Segmentation

Sehbeteiligung f (television)
share of audience, audience share

Sehdauer f **(Verweilzeit** f**)** (media research)
time spent viewing, viewing time

Seher m
→ Zuschauer

Seher m/pl **pro Sendung** (media research)
broadcast audience, program audience, brit programme audience

Seher m/pl **pro Tag** (media research)
viewers pl per day

Seherschaft f
→ Zuschauerschaft

Sehwahrscheinlichkeit *f*
→ Kontaktwahrscheinlichkeit

Seitenbeachtung *f (media research)*
page traffic, page traffic score

Seitenfläche *f*
→ Rumpffläche

Seitenflächenposition *f*
→ Rumpfflächenposition

Seitenformat *n* **(Seitengröße** *f* **)** *(printing)*
page size size of (the) page, (beschnitten) trim size

Seitenkontakt *m (media research)*
1. page exposure
2. (Lesevorgänge pro Seite) page traffic, page traffic score

Seitenlayout *n (printing)*
page design, page makeup, page layout

Seitenplakat *n*
→ Rumpfflächenplakat

Seitenpreis *m* **(Preis** *m* **für eine ganzseitige Anzeige)** *(advertising)*
page rate, full-page rate, full-page advertisement rate, full-page adrate

Seitenscheibenplakat *n (transit advertising)*
sidewindow poster, sidewindow display

Seitenspiegel *m (printing)*
1. page plan
2. (gezeichnete Skizze) key drawing

Seitenteil *m* **(Teil** *m* **einer Seite)** *(advertising) (print media)*
fraction of a page, page fraction, fractional page space

seitenteilige Anzeige *f (advertising) (print media)*
fractional page advertisement, fractional page ad

Seitenumbruch *m (printing)*
page makeup, *brit* page make-up, page paste-up, *brit* page paste-up

Sekundärbedarf *m (economics)*
secondary demand

Sekundärbedürfnis *n (psychology)*
secondary need, acquired need

Sekundärkommunikation *f*
secondary communication

Sekundärleser *m*
→ Zweitleser, Folgeleser

Sekundärleserschaft *f*
→ Zweitleserschaft

Sekundärnachfrage *f*
→ Sekundärbedarf

Sekundärwerbeträger *m* **(Nebenwerbemedium** *n***)** *(advertising) (media planning)*
fringe publication
cf. Hauptwerbeträger

sekundärer Sektor *m (economics)*
secondary sector

selbe Stelle – selbe Welle *f (radio/television)*
across the board

Selbstauswahl *f*
→ Teilselbstbedienung

Selbstbedienung *f* **(SB)** *(retailing)*
self-service

Selbstbedienungsgeschäft *n* **(Selbstbedienungsladen** *m***)** *(retailing)*
self-service store, self-service shop

Selbstbedienungsgroßhandel *m (economics)*
1. (Funktion) cash-and-carry wholesaling
2. (Institution) cash-and-carry wholesale trade, cash-and-carry trade

Selbstbedienungsladen *m*
→ Selbstbedienungsgeschäft

Selbstbedienungswarenhaus *n* **(SB-Warenhaus** *n***)** *(retailing)*
self-service department store

Selbstbeschränkung *f* **(Selbstbeschränkungsvorschrift,** *f* **)**
self-policing regulation
→ Wettbewerbsregeln

Selbstbeschränkungsabkommen *n*
self-policing agreement, self-policing regulations *pl*
→ Wettbewerbsregeln

Selbstbild *n* (**Selbstimage** *n*)
→ Eigenimage

Selbstimage *n*
→ Eigenimage

Selbstkonzept *n*
→ Eigenimage

Selbstkosten *pl* (**Gestehungskosten** *pl*) *(economics)*
prime cost(s) *(pl)*, first cost s) *(pl)*

Selbstkostenpreis *m (economics)*
cost price
zum Selbstkostenpreis verkaufen: to sell at cost

Selbstselektion *f (retailing)*
self selection
→ Teilselbstbedienung

Selbstüberzeugung *f* (**Selbstbeeinflussung** *f*) *(communication research)*
self-persuasion, self-persuasion

Selbstverwirklichung *f (psychology)*
self-actualization, self-realization, *brit* self-realisation (Carl G. Jung) (Kurt Goldstein) (Abraham H. Maslow)

Selbstverwirklichungsbedürfnis *n (psychology)*
self-actualization need (Abraham H. Maslow)

Selbstwahl *f*
→ Teilselbstbedienung

Selbstwahrnehmungstheorie *f* (**Theorie** *f* **der Selbstwahrnehmung**) *(attitudinal research)*
self-perception theory, theory of self-perception

Selektion *f*
selection

selektive Absatzpolitik *f*
→ selektiver Vertrieb

selektive Distribution *f*
→ selektiver Vertrieb

selektive Erinnerung *f (psychology)*
selective memory, selective retention, selective recall

selektive Kommunikation *f*
selective communication

selektive Sensitivierung *f*
selective sensitization

selektive Wahrnehmung *f* (**selektive Perzeption**) *f (psychology)*
selective perception, selective attention, selective exposure

selektive Verzerrung *f (psychology)*
selective distortion

selektive Werbung *f*
selective advertising, selective demand advertising, selective demand promotion, promotion of selective demand

selektiver Einfluß *m (communication research)*
selective influence

selektiver Kontakt *m (communication research)*
selective exposure

selektiver Verkauf *m (economics)*
selective selling

selektiver Vertrieb *m* (**selektive Absatzpolitik** *f*, **selektive Distribution** *f*) *(economics)*
selective distribution, limited distribution

selektives Behalten *n (communication research)*
selective retention

Selektivität *f*
selectivity

Selektivvertrieb *m*
→ selektiver Vertrieb

Self-Liquidator *m* (**Self-liquidating Offer** *n*)
→ SLO-Angebot

Selling Center *n*
→ Verkaufsgremium

seltener Leser *m*
→ gelegentlicher Leser

Sendeablaufprotokoll *n* (**Ablaufprotokoll** *n*) *(radio/television)*
presentation log, transmission log, station log, log

Sendeanstalt *f (radio/television)*
broadcasting corporation, broadcasting company, broadcasting organization, *brit* organisation

Sendeauftrag *m (radio/television)*
broadcast order

Sendeaufzeichnung *f (radio/television)*
1. recorded broadcast, recorded program, *brit* programme
2. *(zur zeitverschobenen Ausstrahlung)* delayed broadcast
3. *(Sendekonserve)* canned broadcast, canned program, *brit* programme

senden *v/t*
1. (mit der Post) to send, to forward, to dispatch, *also* to despatch, to mail, to ship, *brit* to post
2. *(radio/television)* to broadcast, to air
3. *(television)* to telecast, *brit* to televise

Sendepause *f (radio/television)*
intermission, interval, break, station break

Sendeplan *m*
→ Sendeablaufplan

Sendeprotokoll *n*
→ Sendeablaufprotokoll, Sendungsprotokoll

Sender *m* (**Sendestation** *f*)
1. *(radio/television)* broadcasting station, station, *brit* wireless station
2. *(radio/television)* (Übertragungssender) transmitter, transmitting station
3. *(radio/television)* (Sendeverstärker) relay station, trans-lator station, translator
4. *(communication research)* (Kommunikator) sender, communicator, source
5. → Absender

Senderbeteiligung *f (radio/television research)*
network rating, station rating

Senderdia *n* (**Senderkennungsdia** *n*) *(television)*
station identification slide, station ID slide, station identification, station ID

sendereigenes Programm *n* (**Eigenprogramm** *n* **eines Lokalsenders**) *(radio/television)*
station-produced program, sustaining program, sustaining show, sustainer

Senderkette *f*
→ Sendernetz

Sendernetz *n* (**Senderkette** *f*) *(radio/television)*
broadcasting network, network, broadcasting chain, chain, *colloq* net, web

Sendernetzprogramm *n (radio/television)*
network broadcast, network program, *brit* programme

Sendertreue *f* (**Senderbindung** *f*, **Senderloyalität** *f*) *(radio/television research)*
channel loyalty, station loyalty

Sendeunterbrechung *f (advertising)*
1. (für Werbung) advertising break, commercial break
2. (Senderunterbrechung) station break, (Ausfall) dead air

Sendezeit *f (radio/television)*
1. broadcasting time, air time, airtime, transmission time
2. *(advertising)* (für Werbung) commercial time commercial occasion, *brit* commercial slot
3. (zugewiesene Sendezeit) allotted time

Sendung *f*
1. *(radio/television)* broadcast, aircast, program, *brit* programme, show, transmission
2. (Postaussendung) mailing
3. (Warenaussendung) consignment, shipment

senkrechte Halbseite *f*, (**hochformatige Halbseite** *f*) *(printing)*

Sensationswerbung *f*
stunt advertising

Sensitivität *f* (**Empfindlichkeit** *f*) *(psychology)*
sensitivity

Sensitivitätsanalyse *f*
1. *(psychology)* sensitivity analysis
2. *(economics)* sensitivity analysis

Serie *f (radio/television)*
series *sg*, serial

Serienanzeige *f*
→ Anzeigenserie

Seriennachlaß *m*
→ Wiederholungsrabatt, Malrabatt

Service *m*
→ Kundendienst

Servicebereich *m*
→ Dienstleistungssektor

Service Fee *f (advertising)*
service fee

Service-Fee-System *n*
→ amerikanisches Abrechnungsverfahren

Servicegrad *m*
→ Lieferbereitschaft

Serviceleistung *f*
→ Kundendienst

Service Merchandiser *m*
→ Regalgroßhändler

Service *m* **nach dem Kauf**
→ Kundendienst

Sheth-Modell *n* **(des industriellen Einkaufsverhaltens)**
Sheth model (of industrial buying)

Shopping Goods *pl* **(Güter** *n/pl* **des gehobenen Bedarfs)** *(economics)*
shopping goods *pl*

Sicherheitsbedürfnis *n (psychology)*
safety need, *also* security need (Abraham H. Maslow)

Sicherheitsbestand *m (economics)*
safety stock(s) *(pl)*

Sicherheitsmotiv *n*
→ Sicherheitsbedürfnis

Sichtbarkeit *f*
visibility

Sichtbarkeitstest *m (outdoor advertising)*
visibility test

Sichtbereich *m (outdoor advertising)*
field of visibility

Sichtpackung *f (packaging)*
transparent box, transparent package, transparent pack

Sichtzeichen *n*
visual signal, marker

Siegelmarke *f*
paper seal

Signet *n*
emblem, logotype, logo

Simulation *f*
simulation

Simulationsmodell *n (market research)*
simulation model

sittenwidrige Werbung *f*
immoral advertising, unfair practice

situationaler Einfluß *m*
situational influence

Situationsanalyse *f*
situational analysis (Lovell J. Carr)

Situationsbewertung *f* **(Situationseinschätzung** *f* **(marketing planning)**
situation assessment

Situationsdilemma *n*
situational dilemma

Situationskomödie *f (radio/television)*
situation comedy, sitcom, *also* sitcom

Situationsverhalten *n*
situational behavior (*brit* behaviour)

situatives Marketing *n* situative marketing

Skimming-Politik *f*
→ Abschöpfungsstrategie

Skimming-Preis *m*
→ Abschöpfungspreis

Skizze *f*
1. sketch, rough draft, rough, raw draft, outline
2. (eines Layouts) visualization, *brit* visualisation, visual

Skizzenmappe *f*
sketchbook, sketch folder

Skizzenzeichner(in) *m(f)*
sketcher

skizzieren *v/t*
to sketch, to trace out, to outline, to make a sketch of, to make a rough draft of

sklavische Nachahmung *f (economics)*
slavish imitation, servile imitation

Skonto *m/n* **(***pl* **Skontos, Skonti; Barzahlungsrabatt** *m***)** *(economics)*
cash discount, *also* prompt payment discount

Sleeper-Effekt *m*
→ Schläfereffekt

Slice-of-Life-Technik *f* (**Slice-of-Life-Werbung** *f*)
slice-of-life advertising, slice-of-life method, slice-of-life technique, slice of life

SLO-Angebot *n* (**SLO-Zugabe** *f*) *(economics)*
self-liquidating premium, self-liquidator, self-liquidating offer (SLO), purchase-privilege premium

Slogan *m*
slogan

Snob-Effekt *m* *(economics)*
snob effect

Snob-Appeal *m*
snob appeal

Sofortzugabe *f* *(promotion)*
direct premium

Soll-Kapitalrendite *f* *(economics)*
target return on investment, target ROI

Soll-Profit-Planung *f* *(marketing planning)*
target profit planning

Soll-Profit-Preissetzung *f* *(marketing planning)*
target-profit pricing

Sommerloch *n* (**Sommerflaute** *f*) *(economics/advertising)*
summer doldrums *pl*

Sommerschlußverkauf *m* *(retailing)*
summer closing-out sale, summer sales(s) *pl*

Sonderanfertigung *f* *(economics)*
customized product, custom-made product, custom product

Sonderangebot *n* *(economics)*
bargain, bargain offer, bargain sale, special offer

Sonderangebotsanzeige *f*
bargain advertisement, bargain sales advertisement, bargain ad, bargain sales ad

Sonderangebotsfläche *f* *(retailing)*
(im Laden) bargain basement

Sonderangebotskaufen *n* *(retailing)*
bargain buying, bargain sales buying, *colloq* cherrypicking

Sonderangebotspackung *f* *(retailing)*
price pack, price-off pack

Sonderangebotspolitik *f* (**Sonderangebotsstrategie** *f*) *(retailing)*
bargain sales policy, bargain sales strategy

Sonderangebotstisch *m* *(retailing)*
bargain counter, bargain sales counter

Sonderangebotsverkauf *m* *(retailing)*
bargain sale(s) (*pl*), bargain selling

Sonderangebotswerbung *f* *(retailing)*
bargain sales advertising, bargain advertising

Sonderausgabe *f* (**Sonderheft** *n*) *(print media)*
1. (Zeitschrift) special edition, special issue
2. (Themenheft) feature issue
3. (sehr umfangreich) directory issue
4. (Saisonausgabe) boom issue

Sonderauslage *f* *(POP advertising)*
special display

Sonderausverkauf *m*

Sonderbeilage *f* *(print media)*
(newspaper/magazine) special supplement

Sonderbestellung *f* *(economics)*
special order

Sonderdisplay *n*
→ Sonderauslage

Sonderfläche *f* (**Sonderstelle** *f*) *(outdoor advertising)*
special-purpose site

Sonderformat *n* *(advertising)*
special shape

Sonderformatanzeige *f*
special shape advertisement, special-shape ad

Sonderheft *n*
→ Sonderausgabe

Sondernachlaß *m*
→ Sonderrabatt

Sondernummer *f*
→ Sonderausgabe

Sonderpackung *f*
special package, special pack, bonus package, bonus pack

Sonderplazierung f *(advertising)*
special position, special placement
→ Vorzugsplazierung

Sonderpreis m
1. *(economics)* special price, premium price
2. *(advertising)* special rate, off card rate
3. *(advertising)* (für Sonderplazierung) premium rate

Sonderrabatt m *(economics)*
special discount, extra discount

Sonderstelle f
→ Sonderfläche

Sonderthemenheft n
→ Sonderausgabe

Sonderveranstaltung f *(retailing)*
special event

Sonderverkauf m
→ Sonderangebotsverkauf

Sonderverkaufsprämie f *(retailing) (sales promotion)*
(für Einzelhändler) push money (P.M., PM), premium money, spiff money, spiff

Sonderzuschlag m *(economics/advertising)*
special surcharge

SOP *abbr*
Streuplan-Optimierungsprogramm

Sorte f **(Warensorte** f**)** *(economics)*
product item, item, product sort, merchandise sort

Sortiment n **(Warensortiment** n**)** *(economics/retailing)*
merchandise assortment, assortment

Sortimentsanalyse f *(retailing)*
merchandise assortment analysis, assortment analysis

Sortimentsauslage f *(POP advertising)*
assortment display

Sortimentsbereinigung f *(retailing)*
merchandise assortment adjustment, assortment adjustment, merchandise assortment cleaning, assortment cleaning

Sortimentsbreite f **(Breite** f **des Sortiments)** *(economics/retailing)*
width of merchandise assortment, merchandise assortment width, width of assortment, assortment width

Sortimentsdimension(en) f *(pl)* *(economics/retailing)*
dimension(s) *(pl)* of merchandise assortment

Sortimentsfunktion f *(retailing)*
sorting function

Sortimentsgroßhandel m
general merchandise wholesaling, general merchandise wholesale trade

Sortimentsgroßhändler m *(wholesaling)*
general merchandise wholesaler, general-line wholesaler

Sortimentsgroßhandlung f *(wholesaling)*
general merchandise wholesaler

Sortimentskontrolle f *(economics/retailing)*
merchandise assortment control, assortment control

Sortimentsoptimierung f *(economics/retailing)*
merchandise assortment optimization, *brit* optimisation

Sortimentsplanung f *(retailing)*
merchandise assortment planning process (MAPP), merchandise assortment planning, assortment planning

Sortimentspolitik f *(economics/retailing)*
merchandise assortment policy

Sortimentsrabatt m *(economics/retailing)*
full product range discount

Sortimentstiefe f **(Tiefe** f **des Sortiments)** *(economics/retailing)*
depth of merchandise assortment, merchandise assortment depth, depth of assortment, assortment depth

Sortimentsverbund m *(retailing)*
merchandise tie-in

Sortimentsverbundenheit f *(economics/retailing)*
complementarity of merchandise assortment

Sortimentsversandhandel m *(retailing)*
general merchandise mail-order trade

sozial auffälliges Produkt *n* (**soziale Produktauffälligkeit** *f*) *(economics)*
socially conspicuous product, conspicuous product

Soziomarketing *n* (**Sozialmarketing** *n*)
social marketing, nonbusiness marketing

sozioökonomischer Status *m* (**sozio-ökonomische Stellung** *f*) *(empirical social research)*
socioeconomic status (SES), socioeconomic position

sozioökonomische Schicht *f* (**sozio-ökonomische Schichtzugehörigkeit** *f*) *(empirical social research)*
socioeconomic class, socioeconomic level

Spalte *f* (**Kolumne** *f*) *(printing)*
column

Spannband *n*
1. *(outdoor advertising)* banner, wall banner
2. *(POP advertising)* arch, banner, overwire hanger

Spannplakat *n*
→ Spannband

Sparneigung *f (economics)*
propensity to save

Sparte *f (economics)*
(Bereich) field, area, section, branch

Spartenorganisation *f*
→ produktorientierte Marketingorganisation

späte Mehrheit *f (psychology/market research)*
late majority

Specialty Goods *pl* (**Spezialbedarfsgüter** *n/pl*, **Spezialbedarf** *m*) *(economics)*
specialty goods *pl*

Spediteur *m*
common carrier

Speisekammertest *m (market research)*
pantry check, pantry inventory, pantry poll, pantry audit

Spendenmarketing *n*
charity marketing

Spendenwerbemittel *n* (**Spendenwerbeanzeige** *f*)
charity advertisement, charity ad

Spendenwerbung *f*
charity advertising

Sperrfrist *f* (**Sperrvermerk** *m*)
embargo

Spesen *pl (economics)*
expenses *pl*, travel and entertainment, T and E, T & E

Spezialbedarf *m* (**Spezialbedarfsgüter** *n/pl*)
→ Specialty Goods

Spezialgeschäft *n (retailing)*
specialty store, specialty shop

Spezialgroßhandel *m*
1. (Funktion) specialty wholesaling
2. (Institution) specialty wholesale trade, specialty wholesaling

Spezialgroßhändler *m* (**Spezialgroßhandlung** *f*) *(wholesaling)*
specialty wholesaler, specialty-line wholesaler

Spezialgüter *n/pl*
→ specialty goods

Spezialhandel *m (economics)*
specialty selling

spezialisierte Organisation *f (advertising)*
specialized organization, specialized agency organization

Spezialisierung *f*
specialization, *brit* specialisation

Spezialist *m (organizational sociology)*
specialist

Spezialmittler *m*
media broker

Spezialpreis *m*
→ Sonderpreis

Spezialstelle *f*
→ Sonderstelle

Spezialzentrum *n (retailing)*
special center, *brit* special centre

Spiegelbildimage *n* (**Spiegelimage** *n*)
→ Eigenimage

spiegeln v/t *(printing)*
(Klebeumbruch machen) to paste up, to make the paste-up

Spieltheorie f **(Theorie** f **der Spiele)**
theory of games, game theory, games theory, theory of interdependent decisions (J. von Neumann)

Spill-over-Effekt m **(sachliche Wirkungsübertragung** f**)** *(media research)*
spillover effect, spillover

Spionspiegel m **(Einwegspiegel** m**)** *(empirical social research)*
one-way mirror, one way mirror

Spiralentheorie f **(der Werbung)**
spiral theory (of advertising)

Spirituosenwerbung f
→ Alkoholwerbung

Spitzenunternehmen n *(economics)*
blue-chip organization, blue-chip company

Split m **(Splitten** n**)**
→ Anzeigensplit

Split-Run m **(Split-run-Verfahren** n**)**
→ Anzeigensplit

sponsern v/t
to sponsor

Sponsor m
sponsor

Sponsorenschaft f
sponsorship

Sponsoring n
sponsoring

Sponsorsendung f **(gesponserte Sendung** f**)**
sponsored broadcast

spontan *adj*
spontaneous, top-of-the-mind, top-of-mind

Spontanhandlungsverfahren n **(Spontanverfahren** n**)** *(market research)*
spontaneous action technique, impulse action technique

Spontankauf m
→ Impulskauf

Sportplatzwerbung f
→ Bandenwerbung

Spot m
→ Werbespot

Sprechblase f
balloon, bubble, blurb

Spruchband n
→ Spannband

Sprungwerbung f **(Publikumswerbung** f**)**
consumer advertising, consumer-directed advertising, national advertising, national advertising to consumers, national consumer advertising

Stab m *(organizational sociology)*
(im Gegensatz zur Linie) staff

stabilisieren (stabil halten, stützen) v/t *(economics)*
1. to stabilize, *brit* to stabilise
2. (Preise) to peg (prices)

Stabilisierungswerbung f
→ Erhaltungswerbung

Stabilität f
→ Preisstabilität

Stab-Linien-Organisation f **(Stab-Linien-System** n**)** *(organizational sociology)*
line-and-staff organization, *brit* line-and-staff-organisation

Stabsabteilung f *(organizational sociology)*
staff department

Stabsorganisation f **(Stabssystem** n**)** *(organizational sociology)*
staff organization, *brit* organisation

Städtewerbung f
→ Kommunalwerbung

Stadtpresseamt n
city information office, city information department

Staffelpreis m **(Staffeltarif** m**)** *(economics)*
graduated price, graded price

Staffelrabatt m *(economics)*
graded discount, graduated discount

Staffelwerbung *f* (**Staffelwerbeplan** *m*, **Stufenwerbeplan** *m*)
even flighting schedule, even flighting, flighting, staggered scheduling

Stagflation *f (economics)*
(aus Stagnation + Inflation) stagflation

Stagnation *f (economics)*
stagnation

Stammkunde *m (economics/retailing)*
patronizer, regular customer, steady customer

Stammkundschaft *f* (**Stammkunden** *m/pl*) *(economics/retailing)*
1. patronizers *pl*, regular customers *pl*, steady customers *pl*
2. (Vorhandensein von Stammkundschaft) patronage, consumer patronage

Stammleser *m*
→ regelmäßiger Leser

Stammleserschaft *f* (**Stammhörerschaft** *f*, **Stammzuschauerschaft** *f*) *(media research)*
bedrock audience

Stand *m*
→ Messestand

Standard *m*
standard

Standardgröße *f* (**Standardformat** *n*)
standard size

Standardisierung *f (economics)*
(Normierung) standardization, *brit* standardisation

Standardpreis *m*
→ Einheitspreis, Stückpreis

Standardprodukt *n* (**Einheitsprodukt** *n*) *(economics)*
standard product

Standardsortiment *n*
→ Grundsortiment

Standausstattung *f* (**Ausstattung** *f* **von Messe- oder Ausstellungsständen**)
exhibition stand design, stand design

Standbau *m* **für Messen**
exhibition stand construction

Standby-Spot *m* (**Standby-Werbespot** *m*) *(radio/television advertising)*
1. standby preemptible spot
2. (jederzeit absetzbar) section III spot
3. (bedingt absetzbar) section II spot

Ständer *m (POP advertising)*
1. stand
2. (Gestell) rack
3. (Säule) pillar, post
4. (Stütze) support

Standort *m (economics)*
1. site location, site, placement position location, position
2. *(retailing)* (Einzelhandelsgeschäft) store location
3. *(advertising) (media planning)* (Werbemittel) advertising location, advertising position
4. *(outdoor advertising) (transit advertising) (media planning)* (Plakat, Anzeige) space position
5. *(outdoor advertising)* (Anschlagstelle) poster site location, site location, placement position

Standortagglomeration *f*
→ Einzelhandelsagglomeration (Agglomeration des Einzelhandels)

Standortanalyse *f (economics)*
1. location analysis, site location analysis
2. (Einzelhandelsgeschäft) store site analysis, retail store site analysis

Standortbewertung *f (economics)*
1. location evaluation, site location evaluation, site evaluation
2. *(retailing)* (Einzelhandelsgeschäft) store site evaluation, retail store site evaluation, retail site evaluation
3. *(outdoor advertising)* (Anschlagstelle) poster site evaluation, poster placement site evaluation

Standortentscheidung *f (economics)*
1. location decision, site location decision, site selection decision
2. *(retailing)* (Einzelhandelsgechäft) store location decision, store site selection decision

Standortentscheidungsmodell *n (economics)*
1. location decision model, site location decision model site selection decision model
2. (Einzelhandelsgeschäft) store site selection model, store location decision model, store site decision selection model

Standortfaktor m *(economics)*
location factor, site location factor, site factor

Standortforschung f *(economics)*
1. location research, site location research, site research
2. (Einzelhandel) store location research, store site location research, retail store location research, retail site location research

Standortgemeinschaft f **(Standortkooperation** f**)**
→ Agglomeration (des Einzelhandels)

Standortmedium n **(Positionsmedium** n**)** *(advertising)*
position medium

Standortmerkmal n *(economics)*
location characteristic, site location characteristic, site characteristic

Standortmodell n
→ Standortentscheidungsmodell

Standortplanung f *(economics)*
location planning, site location planning, site planning

Standortpolitik f *(economics)*
location choice policy, site choice policy, site location policy, site selection policy

Standortskizze f **(Anschlagstellenkarte** f**)** *(outdoor advertising)*
location card, spotted map, spotting map

Standortstrategie f
→ Standortpolitik

Standortvergleich m *(economics)*
site comparison, comparison of site, location site comparison, location comparison

Standortwahl f *(economics)*
site selection, location choice

Standortzentrum n
→ Großhandelszentrum

Stapelartikel m **(**pl**) (Stapelgüter** n/pl**)** *(economics)*
staple goods pl, staple items pl, staple products pl, staple

Stapelauslage f *(retailing) (POP advertising)*
scrambled merchandise display

Stapelfenster n **(Massenfenster** n**)** *(POP advertising)*
jumble display window, classification dominance display window, wide-assortment display window, huge-assortment display window

Stapeltisch m
→ Wühltisch

Stärke f *(economics)*
strength

Starprodukt n *(economics)*
star, star product, cash cow, bell cow, blue chip

Starsystem n *(advertising)*
star system

Starrummel m **(Starreklame** f**)** *(advertising)*
star billing

Star-Werbesendung f
→ programmunterbrechende Werbesendung

stationärer Handel m *(economics)*
stationary trade
cf. ambulanter Handel

stationäres Gleichgewicht n
stationary equilibrium

statistische Entscheidungstheorie f
statistical theory of decision-making, statistical decision-making theory, statistical decision theory

statistische Marktdaten n/pl
statistical market data pl

statistische Nachfrageanalyse f *(economics)*
statistical analysis of demand, statistical demand analysis

statistische Qualitätskontrolle f
statistical quality control, quality control

Status m **(sozialer Status** m**, Sozialstatus** m**)**
status

Statusangst f **(Angst** f **vor Statuswechsel, Statusunsicherheit** f**)**
status anxiety, status concern

Statussucher m
status seeker (Vance Packard)

Statussymbol *n*
status symbol

Stelle *f*
→ Anschlagstelle, Position, Plazierung, Standort

Stellenangebot *n* (**Stellenangebotsanzeige** *f*) *(advertising)*
1. personnel wanted ad(vertisement), wanted ad, recruitment advertisement, recruitment ad, vacant position(s) ad(vertisement)
2. (Rubriküberschrift in der Zeitung) vacancies *pl*, vacant positions *pl*, positions offered *pl*, positions *pl*, situations vacant *pl*, situations *pl*, personnel wanted

Stellengesuch *n* (**Stellengesuchanzeige** *f*)
employment wanted ad(vertisement), situation wanted ad(vertisement), *colloq* want ad

Stellplakat *n*
→ Aufsteller

Stichtagsbefragung *f* (**Stichtagserhebung** *f*, **Stichtagsermittlung** *f*, **Stichtagsuntersuchung** *f*) *(media research)*
instantaneous survey

Stichzeitraumbefragung *f* (**Stichzeitraumerhebung** *f*, **Stichzeitraumermittlung** *f*, **Stichzeitraumuntersuchung** *f*) *(media research)*
instantaneous survey

Stil *m*
style

stilistische Modifikationen *f/pl (marketing planning)*
style modifications *pl*

stilistische Obsoleszenz *f* (**stilistische Veralterung** *f*)
style obsolescence

Stimmung *f*
mood, (von Personengruppen) sentiment
→ Konsumentenstimmung

Stimulation *f (psychology)*
stimulation

Stirnwand *f (transit advertising)*
(im Verkehrsmittel) bulkhead

Stirnwandaufkleber *m* (**Stirnwandplakat** *n*) *(transit advertising)*
bulkhead card

stochastischer Fall *m*
→ Entscheidung unter Risiko

stochastisches Modell *n*
stochastic model

stornieren *v/t (economics)*
to cancel

Stornierung *f* (**Storno** *n*) *(economics)*
cancellation, cancelation

Stornierungsfrist *f (economics)*
cancellation date, cancelation date

Storyboard *n (television)*
storyboard, strip cartoon, photomatic

Storyboardtest *m (television)*
storyboard test

stoßweise Werbung *f* (**Stoßwerbung** *f*)
burst advertising, impact scheduling, impacting

Straßenbahn- und Omnibuswerbung *f*
→ Verkehrsmittelwerbung

Straßenhandel *m (economics)*
street selling, street sales *pl*, street vending

Straßenverkauf *m* (**Straßenverkäufe** *m/pl*) *(print media)*
(Zeitung) street sales *pl*, newsboy sales *pl*, boy sales *pl*

Straßenverkäufer *m (economics)*
street vendor

Straßenverkaufszeitung *f*
→ Kaufzeitung

Strategie *f*
strategy

strategische Entscheidung *f (economics)*
strategic decision

strategische Marketingplanung *f*
→ strategisches Marketing

strategische Planung *f*
strategic planning

strategische Situation *f (marketing)*
strategic situation

strategischer Faktor *m* **(Strategiefaktor** *m***)** *(marketing)*
strategic factor

Strategischer Geschäftsbereich *m* **(SGB)** *(marketing)*
strategic business unit (SBU)

strategischer Marketingplan *m*
strategic marketing plan

strategischer Planer *m*
strategic planner

strategisches Marketing *n* **(strategische Marketingplanung** *f* **)**
strategic marketing, strategic marketing planning

Strebeflächenplakat *n* *(transit advertising)*
bulkhead card

Strebung *f*
→ Sekundärbedürfnis

Streckenanschlag *m* **(Streckenplakat** *n***)** *(transit advertising)*
railroad showing, railroad bulletin

Streckengeschäft *n* **(Streckenhandel** *m*, **Streckengroßhandel** *m***)** *(economics)*
stockless retailing, nonstore retailing, nonstore wholesaling

Streckengroßhändler *m* **(Drop Shipper** *m***)** *(wholesaling)*
drop shipper

Streckenhandelsbetrieb *m* **(Streckenhändler** *m***)** *(economics)*
nonstore wholesaler, stockless dealer

Streckenwerbung *f* *(transit advertising)*
road sign advertising, railroad bulletin advertising, railroad advertising

Streifband *n* **(Kreuzband** *n***)** *(packaging)*
wrapper, newspaper wrapper
per Streifband (Kreuzband): by book mail, *brit* by book-post

Streifenanzeige *f* **(Leistenanzeige** *f* **)**
strip advertisement, strip ad

Streifenbildanzeige *f*
cartoon advertisement, cartoon ad, comic-strip advertisement, comic-strip ad

Streuagentur *f*
→ Mediaagentur

Streuanalyse *f*
advertising analysis

Streuart *f*
type of media planning

Streuauftrag *m*
media buying order

Streubereich *m* *(media research)*
coverage area, circulation area, circulation

Streudauer *f* *(media planning)*
advertising time, duration of advertising campaign

Streudichte *f* *(media planning)*
advertising density, density of advertising

Streuen *n*
→ Streuung

Streufachmann *m*
→ Mediaplaner

streufähige Werbemittel *n/pl* *(media planning)*
above-the-line advertisements *pl*, above-the-line advertising, above the line

Streufeld *n* *(media planning)*
advertising zone, advertising area

Streugebiet *n*
→ Streubereich

Streukosten *pl* *(media planning)*
media buying cost(s) *(pl)*

Streumedium *n*
→ Werbeträger

Streumenge *f* *(media planning)*
number of advertisements

Streumittel *n*
→ Werbeträger

Streumittelanalyse *f*
→ Werbeträgeranalyse, Mediaanalyse

Streumittler *m* *(media planning)*
media broker

Streuperiode *f*
→ Werbeperiode

Streuplan *m*
→ Mediaplan

Streuplaner *m*
→ Mediaplaner

Streuplanung *f*
→ Mediaplanung

Streuprospekt *m*
→ Prospekt

Streuung *f*
→ Mediaplanung (Streuplanung), Mediaeinkauf, Mediaselektion

Streuungsfachmann *m*
→ Mediaplaner

Streuverluste *m/pl (media planning)*
coverage waste, waste coverage

Streuversand *m (print media)*
(Zeitschrift) non-qualified distribution, non-controlled distribution

Streuweg *m (media planning)*
advertising delivery channel, audience delivery channel

Streuwertanalyse *f (media planning)*
media performance analysis

Streuwertfaktor *m (advertising) (media planning)*
cost per conversion factor, conversion rate

Streuwirkung *f*
→ Werbewirkung

Streuzahl *f (media planning)*
advertising audience, audience

Streuzeit *f*
→ Streudauer

Strichcodierung *f* (**Strichkodierung** *f*) *(retailing)*
bar codi ng
→ EAN-Code, UPC-Code

Struktur *f*
structure

Strukturanalyse *f*
1. structural analysis, structure analysis, analysis of structure
2. *(media research)* audience structure analysis, analysis of audience structure

Strukturdaten *n/pl*
structural data *pl*, structure data *pl*

Strukturmodell *n*
structural model

Strukturwandel *m* (**struktureller Wandel** *m*)
structural change

Stückkosten *pl (economics)*
unit cost(s) *(pl)*

Stückpreis *m (economics)*
unit price

Stückproduktion *f (economics)*

Stückspanne *f* (**Artikelspanne** *f*) *(economics)*
unit margin, margin per unit, profit margin per unit

Stufenmodell *n* (**der Werbewirkung**)
step model (of advertising effect), stage model, phase model (of advertising effect)

Stufenplan *m* (**Stufenwerbeplan** *m*) *(advertising)*
cream plan

Stufenrabatt *m*
→ Staffelrabatt, Funktionsrabatt

Stufenwertzahlverfahren *n* (**der Standortpolitik**) *(economics)*
zone score technique, zone scoring technique

stummer Verkäufer *m (sales promotion)*
dummy salesman, silent salesman, counter display container, counter display, counter dispenser, dispenser

stümperhafte Anzeige *f* (**stümperhaft gemachte Werbung** *f*)
buckeye

Stützplakat *n* (**Stützschild** *n*)
backer card

Stützpreis *m (economics)*
pegged price

Styling *n*
styling

Stylist(in) *m(f)*
stylist

Subkontraktor *m* (**Sub-Unternehmer** *m*) *(economics)*
subcontractor

subliminale Wahrnehmung *f*
→ unterschwellige Wahrnehmung

subliminale Werbung *f*
→ unterschwellige Werbung

Submission *f*
→ Ausschreibung

Subskribent *m*
→ Abonnent

subskribieren
→ abonnieren

Subskription *f*
→ Abonnement

Subskriptionspreis *m* (**Vorbestellungspreis** *m*) *(advertising)*
advance rate, advance booking rate

Substitution *f* *(economics)*
substitution

Substitutionalität *f* *(economics)*
substitutionality

Substitutionselastizität *f* *(economics)*
substitutionality, substitution elasticity

Substitutionsgüter *n/pl* (**Substitutionsprodukte** *n/pl*) *(economics)*
substitutional goods

Substitutionseffekt *m* *(economics)*
substitution effect, substitutionality

Substitutionskonkurrenz *f* (**Substitutionswettbewerb** *m*) *(economics)*
substitutional competition

Substitutionsprozeß *m* *(economics)*
substitution process

substitutive Güter *n/pl*
→ Substitutionsgüter

Subsystem *n*
subsystem

Suchanzeige *f* *(advertising)*
want advertisement, wanted ad

Suggestibilität *f* (**Empfänglichkeit** *f* **für Suggestion, Beeinflußbarkeit** *f*) *(psychology) (communication research)*
suggestibility

Suggestion *f* *(psychology) (communication research)*
suggestion

suggestive Werbung *f* (**Suggestivwerbung** *f*)
suggestive advertising

suggestiver Werbetext *m* (**suggestiver Anzeigentext** *m*)
suggestive copy

Suggestivverkauf *m* (**suggestives Verkaufen** *n*) *(economics)*
suggestive selling, suggestion selling

Suggestivwerbung *f*
→ suggestive Werbung

sukzessive Etatfestsetzung *f*
build-up method (of advertising budget determination), buildup method, build-up approach, buildup approach

Superette *f* *(retailing)*
superette, bantam store, vest-pocket supermarket

superiore Güter *n/pl* *(economics)*
superior goods *pl*, superior products *pl*

Superlativwerbung *f*
superlative advertising, advertising with superlatives

Supermarkt *m* *(retailing)*
supermarket

Superposter *n* (**Superplakat** *n*)
→ Großplakat, Mammutplakat

Super-Supermarkt *m* *(retailing)*
super store, supersupermarket, hypermarket, hypermarché, hypermarche

Supplement *n* *(print media)*
1. supplement, newspaper supplement, newspaper magazine
2. (nicht eigenproduziert) syndicated supplement

supranationales Marketing *n*
supranationales marketing

Surrogat *n*
surrogate

Surrogatindikator *m (consumer research)*
surrogate indicator

Surrogatkonkurrenz *f* **(Surrogatwettbewerb** *m*)
(economics)
surrogate competition

Symbiotik-Marketing *n* **(symbiotisches Marketing** *n*)
symbiosis marketing, symbiotic marketing

Symbol *n*
symbol, conventional sign

symbolische Konvergenz *f (communication research)*
symbolic convergence

symbolisches Modell *n*
symbolic model

Synchro-Marketing *n*
synchro marketing

Synektik *f*
synectics *pl construed as sg*

Synergie *f*
synergy (Lester F. Ward)

Synergieeffekt *m* **(Synergiewirkung** *f*)
synergistic effect

Synopsis *f* **(Synopse** *f*)
synopsis

System *n* **überlappender Gruppen**
→ Teamorganisation

Systemanalyse *f*
systems analysis, *also* systemic analysis

Systemdiagramm-Methode *f*
systems diagram method (Russell L. Ackoff)

Systemeffekt *m*
systems effect

Systemforschung *f*
systems research

Systemgeschäft *n* **(Systemverkauf** *m*) *(economics)*
systems contracting, systems selling

Systemmanagement *n*
systems management

Systemtheorie *f*
systems theory (general systems theory) (GST)

Systemtheorie *f*
systems theory, general systems theory (GST), systems analysis, general systems analysis (Ludwig von Bertalanffy)

System-Verbesserungs-Forschung *f*
Systems Improvement Research (SIR)

Systemvergleich *m (advertising)*
(in der Werbung) systems comparison

Systemverkauf *m*
→ Systemgeschäft

Szenario *n* **(Szenarium** *n*) *(economics)*
scenario

Szenariotechnik *f* **(Szenarioverfahren** *n*) *(market research)*
scenario technique, scenario method, scenario building

Szenarium *n*
→ Szenario

T

tabellarisch *adj (statistics)*
tabular

tabellarisieren (tabellieren) *v/t (statistics)*
to tabulate

Tabelle *f* **(statistische Tabelle** *f*)
table, statistical table

Tabellierung *f* **(Tabulation** *f*) *(statistics)*
tabulation

Tachistoskop *n (market research)*
tachistoscope, T-scope

tachistoskopische Methode *f* **(tachistoskopisches Verfahren** *n*, **Tachistoskopie** *f*) *(market research)*
tachistoscope test technique, tachistoscope research technique, tachistoscope research, tachistoscopy, T-scope technique

Tachistoskoptest *m (market research)*
tachistoscope test, T-scope test

tachistoskopisches Verfahren *n*
→ tachistoskopische Methode

Tagebuch *n (market & media research)*
diary

Tagebuchmethode *f* **(Tagebuchtechnik** *f*) *(market & media research)*
diary method, diary technique diary research, diary keeping method, diary keeping technique, diary keeping

Tagebuchpanel *n (market & media research)*
diary panel

Tagegeld *n (economics)*
daily allowance, per diem allowance, perdiem

Tagesbericht *n*
(eines Vertreters) daily report

Tagesreichweite *f (radio)*
(technische Tagesreichweite eines Senders) daytime service range, daytime range, diurnal service range, diurnal range

Tageszeitungsanzeige *f*
daily newspaper advertisement, daily paper advertisement, newspaper advertisement, daily paper ad, newspaper ad

Tageszeitungsleseranalyse *f (media research)*
daily newspaper audience analysis, newspaper audience analysis

täglich *adj*
1. daily, *attr* every day
2. *(radio/television) (media planning)* across the board

taktischer Aktionsplan *m (marketing)*
tactical action program (TAP)

Talkshow *f (radio/television)*
talk show, *brit* chat show

Talmi *m* **(Plunder** *m*, **Talmiprodukt** *n*) *(economics)*
derog borax, schlock merchandise

Tandem-Spot *m (television)*
double spot, piggyback commercial, piggyback, split commercial

Tante-Emma-Laden *m (retailing)*
mom-and-pop store, mom-and-pop shop

Tarif *m*
→ Anzeigenpreis, Werbetarif

Tarifgemeinschaft *f (advertising)*
rate association

Tarifkombination *f (advertising)*
rate combination, combined rate

Tarifliste *f*
→ Anzeigenpreisliste, Werbepreisliste, Preisliste

Tarifstaffel *f*
→ Preisstaffel

Tarnwerbung *f*
→ Schleichwerbung

tatsächlicher Empfänger   584

tatsächlicher Empfänger *m* **(qualifizierter Empfänger** *m***)** *(media research)*
qualified recipient, proven buyer, proven reader-buyer

tatsächlicher Hörer *m* **(qualifizierter Hörer** *m***)** *(media research)*
qualified listener, proven listener

tatsächlicher Leser *m* **(qualifizierter Leser** *m***)** *(media research)*
qualified reader, proven reader, qualified issue reader

tatsächlicher Zuschauer *m* **(tatsächlicher Seher** *m***, qualifizierter Zuschauer** *m***, qualifizierter Seher** *m***)** *(media research)*
qualified viewer, proven viewer

Tausch *m* *(economics)*
barter, truck, (Umtausch) exchange
→ Naturaltausch, Gegengeschäft

Tauschanzeige *f*
→ Gegengeschäftsanzeige

täuschende Reklame *f*
→ irreführende Werbung

Tauschexemplar *n* *(print media)*
(newspaper/magazine) exchange copy

Tauschgeschäft *n*
→ Gegengeschäft

Tauschhandel *m* *(economics)*
barter trade, barter

Täuschung *f*
→ Irreführung

Tausender-Auflagenpreis *m* *(media advertising)*
cost per thousand circulation, cost per thousand copies

Tausender-Kontaktpreis *m* **(Tausend-Kontakte-Preis** *m***)** *(media advertising)*
1. cost per thousand exposures
2. *(print media)* (pro tausend Leser) cost per thousand readers
3. *(radio)* (pro tausend Hörer), cost per thousand listeners
4. *(television)* (pro tausend Zuschauer) cost per thousand viewers
5. (pro tausend Haushalte) cost per thousand households, cost per thousand homes
6. (pro tausend gewichtete Kontakte) cost per thousand weighted exposures

Tausenderpreis *m* *(media advertising)*
cost per thousand (CPM, C.P.M., *brit* CPT, C.P.T.), cost per 1000

Tausend-Leser-Preis *m* *(media advertising)*
cost per thousand readers, cost per 1000 readers

Tausend-Seiten-Preis *m* *(media advertising)*
cost per page per thousand circulation

Taxiwerbung *f*
taxi-cab advertising

Team *n*
team

Teamorganisation *f* **(teamorientierte Marketingorganisation** *f***)**
team organization, *brit* organisation, team-oriented organization

Teamverkauf *m* **(Teamverkaufen** *n***)** *(marketing planning)*
team selling

Technik *f*

technische Einzelheiten *f/pl* **(technische Daten** *n/pl***)** *(advertising)*
(bei Werbung) mechanical requirements *pl*, mechanical data *pl*

technische Kosten *pl*
→ Herstellungskosten

technische Unwirtschaftlichkeit *f* *(economics)*
technical diseconomies *pl*

technische Werbung *f*
technical advertising

technisches Verkaufspersonal *n*
technical sales personnel

Technologiefolgenabschätzung *f* **(technologische Vorhersage** *f***)**
technology assessment, technological forecasting

Teilausverkauf *m*
→ Ausverkauf

Teilbarkeit *f* *(psychology/market research)*
divisibility

Teilbelegung f *(media planning)*
1. *(print media)* (Anzeigenwerbung) split-run advertising, split-run circulation, split run
2. *(outdoor advertising)* (Anschlagwerbung) fractional showing
2.1. (Minimalbelegung bei Außenanschlägen) quarter showing, number 25 showing, quarter run, quarter service, spot coverage 25 showing
2.2. (Halbbelegung) half showing, half run, half service, number 50 showing, 50 showing

Teilbelegungsanzeige f *(media planning)*
split-run advertisement, split-run ad

Teilkostenrechnung f *(economics)*
segmental analysis, contribution accounting

Teillieferung f *(economics)*
1. (Vorgang der teilweisen Lieferung) part delivery, partial delivery, delivery in parts
2. (die teilweise gelieferte Ware) part shipment, part consignment

Teilmarkt m
→ Marktsegment

Teilmarktstrategie f
→ Marktsegmentierung

Teilselbstbedienung f **(Halbselbstbedienung** f, **Selbstauswahl** f) *(retailing)*
self-selection, semi-self service

Tele-Banking n
tele banking

Telefonbefragung f **(telefonische Befragung** f)
(market & media research)
1. (Umfrage) telephone survey, phone survey, voice-to-voice interview, telephone survey, telephone interviewing, phone interviewing
2. → Telefoninterview

Telefonbuch n
telephone directory, telephone book

Telefonbuchwerbung f
telephone directory advertising, telephone book advertising

Telefongeschäft n
→ Telefonverkauf

Telefoninterview n **(telefonisches Interview** n)
(market & media research)
1. telephone interview, phone interview

2. (Telefonbefragung, telefonisches Koinzidenzinterview) telephone coincidental interview
→ Koinzidenzinterview

telefonische Befragung f
→ Telefonbefragung

telefonisches Interview n
→ Telefoninterview

Telefonmarketing n
telephone marketing

Telefonverkauf m
telephone selling

Telefonwerbung f
telephone advertising

Teleshopping n *(economics)*
teleshopping

Tendenz f
tendency

Terminabteilung f
traffic department

Terminanzeige f
fixed date advertisement, fixed date ad

Terminauftrag m **(Anzeigenterminauftrag** m)
(advertising)
wait order, hold order

Terminer m **(Terminüberwacher** m) *(advertising)*
(in einer Werbeagentur) accelerator, traffic manager, traffic controller

Termingeschäft n *(economics)*
futures business, forward business, futures transaction, forward transaction

Terminkoordinator m
→ Terminer

Terminkoordinierung f **(Terminkoordination** f, **Terminplanung** f)
1. *(advertising)* (in einer Werbeagentur) traffic management, traffic control, (System der Terminkoordinierung) traffic system
2. *(economics)* traffic management

Terminmarkt m *(economics)*
futures market

Terminplanung *f*
→ Terminkoordinierung, Zeiteinsatzplanung der Werbeeinsätze

Terminüberwacher *m*
→ Terminer

tertiärer Sektor *m*
→ Dienstleistungssektor

Testaussendung *f (direct advertising)*
test mailing, sample mailing, trial mailing

testen *v/t*
to test

Testen *n (market & media research)*
testing

Testfaktor *m (market & media research)*
test factor

Testgeschäft *n*
→ Testladen

Testimonial *n (advertising)*
testimonial

Testimonialanzeige *f (advertising)*
testimonial advertisement, testimonial ad, testimonial

Testimonialsendung *f* **(Testimonial-Spot** *m*, **Testimonial-Werbesendung** *f*) *(radio/television)*
testimonial commercial, testimonial

Testimonialwerbung *f*
testimonial advertising

Testkampagne *f* **(Werbetestkampagne** *f*, **Probekampagne** *f*) *(advertising)*
test campaign

Testkauf *m (marketing research)*
test purchase, phantom purchase

Testkäufer *m (market research)*
test shopper, comparison shopper, mystery shopper

Testladen *m* **(Testgeschäft** *n*) *(market research)*
test store

Testmarketing *n (marketing research)*
test marketing

Testmarkt *m (marketing research)*
test market

Testmarkteffekt *m (market research)*
test market effect

Testmarktkontrolle *f (market research)*
test market control

Testmarkttest *m (market research)*
test market test

Testmarktverfahren *n* **(Testmarktmethode** *f*) *(market research)*
test marketing technique, test marketing method, test marketing

Testversand *m*
→ Probeaussendung

teuer *adj*
expensive, high-priced

Text *m*
1. *(printing)* text, reading matter, text matter
2. *(radio/television)* (zum Ablesen) script, text script
3. *(advertising)* (Werbetext, Anzeigentext) copy, advertising copy, body copy

Text *m* **mit Sperrfrist**
release copy

Textabteilung *f* **(Werbetextabteilung** *f*) *(advertising)*
copy department, copywriting department

Textanalyse *f* **(Werbetextanalyse** *f*)
copy analysis

textanschließend *adj/attr (advertising)*
following matter, following or next to reading matter, following reading matter, following or next to reading, full position

textanschließende Anzeige *f*
full position advertisement, full position ad

Textanzeige *f*
1. text-type advertisement, text-type ad
2. (reine Textanzeige) tell-all copy, all-copy ad(vertisement)

Textblock *m* **(Textabschnitt** *m*)
(advertising) copy block

texten *v/i (advertising)*
to copywrite, to write copy, to write advertising copy

Texten *n* (**Werbetexten** *n*) *(advertising)*
copywriting

Texter *m* (**Werbetexter** *m*) *(advertising)*
copywriter, copy writer

Textlänge *f*
length of text, amount of copy

Textredakteur *m*
copy editor

Textredaktion *f*
copy editing

Texttafel *f*
→ Klapptafel

Textteil *m* (**einer Anzeige**) *(advertising)*
body matter, running body, body copy, running text

Textteilanzeige *f*
full-position advertisement, full-position ad

Textumrahmung *f* *(printing)*
(um eine Abbildung herum gesetzter Text) runaround copy, runaround matter, runaround

Textverständlichkeit *f*
reading ease, reading ease score

Theaterplakat *n* (**Theaterprogramm** *n*, **Theaterzettel** *m*)
playbill

Theke *f*
→ Ladentisch

Thekenaufsteller *m* *(POP advertising)*
1. (Aufstellerkarte) counter card
2. (stummer Verkäufer) counter dispenser, dispenser
3. (Auslage) counter display piece, counter display
4. (Auslagebehälter) counter display container

Thema *n*
1. subject, topic, theme
2. *(advertising)* (Leitmotiv eines Werbetextes) copy theme, advertising theme, copy platform platform

Themenauslage *f* (**Themenschaufenster** *n* *(POP advertising)*
theme display window

Themenzentrum *n* *(retailing)*
theme center

Theorem *n* **von Say**
→ Say'sches Theorem

Theorie *f* **der Internalisierung** *(economics)*
theory of internalization

Theorie *f* **der sozialen Motivation** *(social psychology)*
theory of social motivation

Theorie *f* **der sozialen Wahrnehmung**
theory of social perception

Theorie *f* **des motivierten Handelns** *(attitudinal research)*
theory of reasoned action (Icek Ajzen & Martin Fishbein)

Tischkarte *f* (**Tischaufsteller** *m*, **Tischaufstellkarte** *f*) *(POP advertising)*
tent card

Titel *m*
1. *(printing)* title
2. (Motto) slogan, title, motto
3. *(film/television)* (Titelinsert) caption, title, credit title, credits *pl*

Titelbox *f* *(advertising)*
1. ear, *mostly pl* ears
2. (Titelboxplazierung) ear space

Titelboxanzeige *f*
ear

Titelkarte *f* *(media research)*
masthead card, logo card

Titelkartenheft *n* *(media research)*
masthead card booklet, masthead booklet masthead folder

Titelkartenmethode *f* (**Titelkartenverfahren** *n*, **Kartenvorlage** *f*) *(media research)*
masthead card technique, card sorting, card method

Titelkarton *m*
art board, fashion board

Titelkopfanzeige *f*
→ Titelboxanzeige

Titelkopfposition *f*
→ Titelbox

Titelkuller *m*
→ Titelbox

Titelmelodie *f* **(Titelsong** *m*) *(film/television)*
theme song

titeln (betiteln) *v/t*
to title

Titelseite *f*
title page, front page, cover page, front cover, cover, first cover (C), outside front cover (OFC, O.F.C.)

Titelseiten-Wiedererkennung *f* *(media research)*
cover recognition

Totalausverkauf *m*
→ Ausverkauf

Totalbelegung *f*
1. *(outdoor advertising)* → Netzanschlag
2. *(transit advertising)* total bus

Totalimage *n* **(Gesamtimage** *n*) *(market & media research)*
multiple image

Tourenplanung *f* **(Tourenpolitik** *f*) *(economics)*
(Außendienst) itinerary planning

Tourismus *m*
→ Fremdenverkehr

Tourismuswerbung *f*
→ Fremdenverkehrswerbung

Trade Mart *m*
→ Großhandelsdispositionszentrum

Trading-down *n* *(economics)*
trading down

Trading-up *n* *(economics)*
trading up

Traffic-Abteilung *f*
→ Terminabteilung

Traffic-Manager *m*
→ Terminer

Tragetasche *f* **(Tragtasche** *f*, **Tüte** *f*) *(packaging)*
1. paper bag
2. (Plastik) plastic bag

Tranchenverkäufe *m/pl* *(print media)*
(Zeitschrift) bulk sales *pl*, single copy sales *pl* in bulk

Transaktion *f* **(soziale Transaktion** *f*)
transaction, social transaction

Transaktionsanalyse *f* **(transaktionale Analyse** *f*) *(psychology)*
transactional analysis (TA) (Eric Berne)

Transaktionsepisode *f* *(economics) (industrial marketing)*
transaction episode

Transaktionskosten *pl* *(economics)*
transaction cost

Transaktionsprozeß *m*
transactional process, transaction process

Transaktionstheorie *f* **der Wahrnehmung** *(psychology)*
transactional theory of perception

Transaktionsunsicherheit *f* **(Transaktionsungewißheit** *f* *(industrial marketing)*
transaction uncertainty

Transferpreis *m* *(economics)*
transfer price

Transferpreispolitik *f* **(Transferpreisstrategie** *f*) *(economics)*
transfer pricing

Transit *m*
transit

Transitzeit *f* *(physical distribution)*
transit time

Transparent
1. (Durchscheinbild) backlighted transparency, transparency
2. → Spruchband

Transport *m* *(marketing)*
transportation

Trend *m* *(statistics)*
trend

Trendanalyse *f (statistics/marketing research)*
1. trend analysis
2. trend-impact analysis (TIA)

Trendausschaltung *f* (**Trendeliminierung** *f*) (*statistics*)
trend elimination, elimination of trends

trendbereinigte Zeitreihe *f (statistics)*
trend free series, trend-free series

Trenderhebung *f* (**Wiederholungsbefragung** *f*) *(market research)*
tracking study, tracking investigation, tracking

Trendextrapolation *f (statistics)*
trend extrapolation

Trendforschung *f (market research)*
trend research, tracking research

Trendkorrektur *f* (**Trendanpassung** *f*) *(statistics)*
trend fitting

Trendprognose *f (economics)*
trend forecast, trend prognosis, trend prediction

Trendstudie *f* (**Trenduntersuchung** *f*)
trend study, trend investigation

Trendvergleich *m* (**Vergleich** *m* **von Trends**) *(economics/statistics)*
trend comparison, comparison of trends

Tresen *m* (**Ladentresen** *m*)
→ Ladentheke

Tresenaufsteller *m*
→ Thekenaufsteller

Treuerabatt *m (economics)*
patronage discount

Treuevergütung *f (economics)*
patronage bonus

Trick *m*
1. *(film)* special effect(s) *(pl)*, animation, film animation
2. → Werbetrick

Trickabteilung *f (film)*
special effects department, special effects section, effects department, effects section, animation department

Trickaufnahme *f (film)*
animation picture, rostrum shot

Trickeffekt *m (film)*
special effect, stunt effect, (Zeichentrick) cartoon effect

Trickfilm *m (film)*
1. (Zeichentrickfilm) animated cartoon, animated film, rostrum film
2. (allg.) special effects film, effects film, stunt film

Trickfilmherstellung *f* (**Zeichentrickfilmherstellung**) *f*) *(film)*
cartoon animation, animation

Trickgraphik *f* (**Trickgrafik** *f*) *(film)*
animated caption

Trickstudio *n (film)*
1. special effects studio, special effects room, effects studio, effects room
2. (Zeichentrick) animation studio, animation room

Trickzeichner *m (film)*
cartoonist, animator, cartoonfilm artist, cartoon animator

Tüte *f*
→ Tragetasche

Typ *m*
type

Typologie *f*
typology

Typologie *f* **des Kaufverhaltens**
typology of buying behavior, *brit* buying behaviour

Typologie *f* **des Konsumverhaltens** *(market research)*
typology of consumer behavior, *brit* behaviour

Typologisierung *f*
typologization, *brit* typologisation

Typus *m*
→ Typ

U

U-Bahn-Plakat *n (transit advertising)*
subway poster, underground poster, *brit* tube card

Überbrückungssendung *f (radio/television)*
bumper, cushion, pad

Überflußgesellschaft *f* **(Gesellschaft** *f* **im Überfluß)** *(economics)*
affluent society (John Kenneth Galbraith)

Übergang *m*
1. *(radio/television/film)* transition, change, switch, bridge, segue
1.1. (Anschluß) changeover, *brit* change-over, junction
1.2. (Programm) continuity
2. *(printing)* break, (Seitenübergang) page break

Überkontakt *m (media research)*
overexposure

Übernahme *f*
1. *(economics)* takeover, *brit* take-over
2. *(radio/television)* (einer Sendung) relay, rebroadcast

übernationale Marktforschung *f*
→ internationale Marktforschung

überörtliche Werbung *f* **(überregionale Werbung** *f***)**
nonlocal advertising, national advertising

überprüfte Auflage *f (print media)*
(newspaper/magazine) audited circulation

überprüfte Erinnerung *f (media research)*
proven recall

überprüfte Markenerinnerung *f* **(überprüfte Marken-Werbeerinnerung** *f***)** *(advertising research)*
1. proved name registration (PNR, P.N.R.)
2. (Zahl der sich erinnernden Personen) proved name registration score, PNR score, P.N.R. score (Gallup & Robinson)

überprüfte Werbeerinnerung *f (advertising research)*

ad-retention rate, at retention (W.R. Simmons & Associates)

Überredbarkeit *f* **(Beeinflußbarkeit** *f***)** *(psychology) (communication research)*
persuasibility, influenceability

überreden (überzeugen) *v/t*
to persuade

Überredung *f* **(Beeinflussung** *f***)** *(psychology) (communication research)*
persuasion

überregional *adj*
national, nonlocal

überregionale Einschaltquote *f* **(nationale Einschaltquote** *f***)** *(radio/television)*
national rating (program area basis), national rating (program station basis)

überregionale Werbung *f* **(nationale Werbung** *f***)**
national advertising, general advertising

überregionaler Werbepreis *m* **(nationaler Werbetarif** *m***)**
national advertising rate, national rate

überregionaler Werbungtreibender *m* **(nationaler Werbungtreibender** *m***)**
national advertiser

Überschneidung *f (media research)*
overlapping, overlap
→ externe Überschneidung (Quantuplikation, Duplikation) interne Überschneidung (Kumulation)

Überschneidungskoeffizient *m (media research)*
1. (externe Überschneidung) duplication coefficient, quantuplikation coefficient
2. (interne Überschneidung) cumulation coefficient
→ externe Überschneidung, interne Überschneidung

Überschrift *f*
1. *(printing/film/television)* (Titel) heading, head caption, title
2. *(printing)* (Schlagzeile) headline, heading, head
3. *(printing)* (über eine Spaltenbreite) crosshead, crossheading

überschwemmter Markt *m* (**übersättigter Markt** *m*) *(economics)*
glutted market

Übersichtskizze *f*
→ Skizze

Überstreuung *f (media planning)*
saturation, supersaturation

übertreibende Werbung *f*
exaggerated advertising, *colloq* hyped-up advertising

Überzeugung *f*
persuasion

Ubiquität *f (economics)*
(Markenartikel) ubiquity

Uhrenanlage *f* (**Uhrenwerbeanlage** *f*) *(outdoor advertising/transit advertising)*
clock spectacular

umbrechen *(printing)*
1. *v/t + v/i* to make up
2. (kleben) to paste up

Umbrechen *n*
→ Schirmwerbung

Umbruch *m (printing)*
1. makeup, *brit* make-up, making up, making-up
2. (Seitenumbruch) page makeup, page design
3. (Klebeumbruch) pasteup, pasting up, pasting-up

Umbruchabzug *m (printing)*
1. (*also* einzelnen Blättern) slip proof, slip page
2. (Abzug einer umbrochenen Seite) page proof
3. (auf Fahnen) makeup galley

Umbruchbildschirm *m (printing)*
makeup screen, *brit* make-up screen

Umbruchskizze *f* (**Seitenspiegel** *m*) *(printing)*
key drawing, keyline, key, type mechanical

Umfangsanalyse *f (media research)*
analysis of advertising to editorial ratio, analysis of editorial to advertising ratio

Umfeld *n*
1. environment
2. (soziales Umfeld) social environment
3. (redaktionelles Umfeld) editorial environment

Umlauf *m*
1. (Rundschreiben) circular letter, circular
2. *(printing)* (umlaufender Artikel) carry-over article, carryover article, carryover, turn article, (umlaufende Kolumne) carry-over column, carryover column, carryover, (Umlaufenlassen) overrunning, (der umlaufende Teil eines Artikels) overrun, (umlaufende Überschrift) jump head

umlaufen *v/t (printing)*
1. (um ein Bild) to run around
2. (überlaufen) to run over

umlaufende Überschrift *f*
→ Umlauf 2.

umlaufender Artikel *m*
→ Umlauf 2.

umlaufen lassen *v/t (printing)*
to overun

Umpositionierung *f (marketing)*
repositioning

Umriß *m*
outline

Umrißbild *n* (**Umrißskizze** *f*)
outline picture, thumbnail sketch, thumbnail

Umsatz *m (economics)*
1. turnover, sales volume
2. turnover, merchandise turnover, inventory turnover, stock turnover, turnover rate, rate of stockturn, stockturn

Umsatzabnahmerate *f*
→ Umsatzquote

Umsatzanalyse *f (economics)*
analysis of turnover, turnover analysis, sales analysis, money volume sales analysis, money volume analysis

umsatzbezogene Methode f *(advertising)* (der Werbebudgetierung) sales ratio method (of avertising budget determination), function-of-sales method, (prozentual) percentage-of-sales method, (stückbezogen) unit rate method

Umsatzeffekt m
→ Umsatzwirkung

Umsatzerfolg m **(der Werbung) (Absatzerfolg** m**)**
sales effect (of advertising)

Umsatzerfolgskontrolle f *(economics)*
sales effectiveness control

Umsatzerfolgsmessung f *(economics)*
measurement of sales effectiveness

Umsatzkennziffer f
→ Absatzkennziffer

umsatzorientierte Methode f **(der Werbebudgetierung)**
→ umsatzbezogene Methode

Umsatzprognose f
→ Absatzprognose

Umsatzquote f **(Umsatzrate** f**)** *(economics)*
turnover rate, sales ratio

Umsatzreaktionsfunktion f
→ Reaktionsfunktion

Umsatzstatistik f
→ Absatzstatistik

Umsatzsteigerung f **(Umsatzzuwachs** m**)** *(economics)*
monetary sales growth

Umsatzvolumen n
→ Absatzvolumen, Umsatz

Umsatzwirkung f **(Umsatzeffekt** m**)** *(economics)*
sales effect

Umsatzziel n
→ Absatzziel

Umschlag m
1. (Schutzumschlag) cover jacket, dust jacket
2. (Briefumschlag) envelope, (Schutzhülle) folder
3. *(economics)* (Warenumschlag) turnover, (im Lager) stockturn

umschlagen
1. v/t *(printing)* (Druckbogen) to work and turn, to printing and turn
2. v/i *(economics)* (Waren) to turn over

Umschlaggeschwindigkeit f **(Umschlaghäufigkeit** f**)** *(economics)*
turnover rate, rate of stockturn, turnover, merchandise turnover, inventory turnover, stock turnover, stockturn

Umschlaggestaltung f *(print media)*
1. (Zeitschrift) cover design
2. (Buch) jacket design

Umschlagseite f *(print media)*
cover page, cover (C), (1. Umschlagseite = Titelseite: U 1) outside front cover (OFC., O.F.C.), first cover (C), front cover, cover page, cover. 2. Umschlagseite: U 2) inside front cover (IFC, I.F.C.). 3. Umschlagseite: U 3) inside back cover (IBC, I.B.C.). 4. Umschlagseite: U 4) outside back cover (OBC, O.B.C.), fourth cover (4 C), back cover

Umschlagsgeschwindigkeit f **(Umschlagshäufigkeit** f**)**
→ Umschlaggeschwindigkeit

Umschlagtext m **(Waschzettel** m **auf dem Schutzumschlag)**
flap blurb, jacket blurb, blurb

Umschlagtitel m
cover title

umsonst
→ gratis, frei

Umwälzverfahren n **(Wechselstreuung** f**, Wechselstreuplan** m**, Rotationsstreuung** f**, Rotationsstreuplan** m**)** *(media planning)*
staggered advertising schedule, staggered schedule, rotary plan, rotation plan, wave posting, wave scheduling, pulsation

Umwelt f
environment

Umweltbedingung f
environmental condition

Umweltbeobachtung f *(marketing)*
environmental scanning, environmental monitoring

Umweltfaktor *m*
environmental factor

Umweltforschung *f*
environment research

Umweltschutz *m*
environmental protection, protection of the environment

Umworbene *m/pl*
→ Zlelgruppe, Zielperson

unangemeldeter Besuch *m (economics/market research)*
(Vertreter, Interviewer) cold call

unangeschnittene Doppelseite *f* **(unbeschnittene Doppelseite** *f* **)** *(printing)*
two pages *pl* facing

unausgewogenes Portfolio *n* **(unausgewogenes Produktportfolio** *n*) *(economics)*
unbalanced portfolio, unbalanced product portfolio

unbeschnitten (nicht beschnitten) *adj (printing)*
non-bleed, untrimmed, uncut

undifferenzierte Marketingstrategie *f*
undifferentiated marketing strategy

undifferenziertes Marketing *n*
undifferentiated marketing

ungeschützt (urheberrechtlich ungeschützt)
→ gemeinfrei

Ungewißheit *f*
uncertainty

ungezielte Streuung *f* **(von Werbemitteln) (Schrotflintenansatz** *m*) *(media planning)*
non-selective advertising, shotgun approach

Universalgenossenschaft *f*
→ Full-Service-Genossenschaft

Universalmesse *f (economics)*
universal trade fair, universal fair, general trade fair, general fair
cf. Fachmesse

unlautere Werbung *f*
unfair advertising, unfair practice in advertising

unlauterer Wettbewerb *m (economics)*
unfair competition, unfair trade practice

Unlauterkeit *f (economics/advertising)*
unfairness, unfair practice

unrichtige Angabe *f*
→ irreführende Angabe

Unsicherheit *f*
→ Entscheidung unter Unsicherheit

unten links *(advertising)*
bottom left, (Anzeigenposition links unten) bottom left position

unten rechts *(advertising)*
bottom right, (Anzeigenposition rechts unten) bottom right position

unter Text (unterhalb des Textes) *(printing)*
(Anzeigenposition) below text

Unterkundengeschäft *n (economics)*
subcontracting

Unternehmensanalyse *f (economics)*
corporate appraisal, business appraisal

Unternehmensauftrag *m* **(Unternehmensbestimmung** *f*, **Unternehmensmission** *f*, **Mission** *f* **)** *(marketing)*
corporate mission, business mission, mission

Unternehmensausrichtung *f*
→ Unternehmensorientierung

Unternehmensberater *m (economics)*
management consultant

Unternehmensberatung *f (economics)*
management consultancy

Unternehmensentscheidung *f (economics)*
corporate decision, business decision

Unternehmensfunktion *f (economics)*
corporate function, function of a business enterprise

Unternehmensgestalt *f*
corporate design

Unternehmensidentität *f*
corporate identity (CI, C.I.)

Unternehmensimage *n* **(Unternehmensbild** *n*)
corporate image

Unternehmensimagewerbung *f*
corporate image advertising

Unternehmenskultur *f*
corporate culture

Unternehmensleiter *m*
chief executive officer (CEO)

Unternehmensöffentlichkeit *f (marketing)*
corporate public

Unternehmensorientierung *f* (**Unternehmensausrichtung** *f*) *(marketing)*
corporate orientation

Unternehmenspolitik *f (economics)*
corporate policy

Unternehmensstrategie *f (economics)*
corporate strategy

Unternehmenstyp *m (economics/marketing)*
type of firm

unternehmensübergreifende Konfliktlösung *f* (**Lösung** *f* **von Branchenkonflikten**)
superorganizational conflict solving, superorganizational conflict solution, superorganizational conflict-solving strategy, resolving superorganizational conflict, strategy of resolving superorganizational conflict

Unternehmensumwelt *f*
corporate environment, environment of the corporation

Unternehmenswerbung *f* (**Unternehmenskommunikation** *f*)
corporate advertising, corporate image advertising, corporate communication, institutional advertising

Unternehmensziel *n (economics)*
1. corporate goal
2. corporate target

Unternehmenszielsetzung *f (economics)*
corporate objective

Unternehmenszweck *m*
→ Unternehmensauftrag

Unternehmerrente *f*
→ Produzentenrente

Untersatz *m (promotion)*
(für Getränke) drip mat, mat

unterschwellig *adj (psychology)*
subliminal, sublimal

unterschwellige Kommunikation *f (psychology)*
subliminal communication

unterschwellige Konditionierung *f (psychology)*
subliminal conditioning

unterschwellige Stimulation *f* (**unterschwellige Reizung** *f*) *(behavioral research)*
subliminal stimulation

unterschwellige Wahrnehmung *f (psychology)*
subliminal perception

unterschwellige Werbung *f (psychology)*
subliminal advertising

untersuchen *v/t (market research)*
to investigate, to study, to examine

Untersuchung *f* (**Studie** *f*) *(market research)*
investigation, study

Untertitel *m*
subtitle, subheading, subhead

Unterüberschrift *f* (**Unterzeile** *f*)
1. subheading, subhead, deck head, step line, dropline, drop head, streamer line
2. (Spitzmarke) side heading

Untervertrag *m (economics)*
subcontract

unverbindlich *adj/adv*
recommended, on speculation, *short* on spec

unverbindlicher Richtpreis *m*
→ empfohlener Preis (Preisempfehlung)

unveröffentlicht *adj/adv*
unpublished

unveröffentlichtes Heft *n* (**unveröffentlichte Ausgabe** *f*) *(media research)*
prepublished copy, prepublished issue, advance copy

UPC-Strichcodesystem *n* (**UPC-Strichcodierung** *f*) *(retailing)*
universal product code (UPC)

Urheber *m*
author, creator, designer

Urheberrecht *n*
copyright

Urheberrechtsgesetz *n* **(UrhG)**
copyright law

Urheberrechtsgesetzgebung *f*
copyright legislation

urheberrechtlich schützen *v/t*
to copyright

Usance *f*
→ Handelsbrauch

Utilität *f* **(Utilitätsprinzip** *n***)**
→ Nutzen

UVM-Lieferantenkode *m (retailing)*
universal vendor marking (UVM)

UWG *abbr*
Gesetz gegen den unlauteren Wettbewerb

V

Valenz *f*
valence (Kurt Lewin)
variable

variable Kosten *pl (economics)*
variable costs *pl*
cf. fixe Kosten

variable Kosten-Preissetzung *f (economics)*
variable-cost pricing

Veblen-Effekt *m (economics)*
Veblen effect, prestige effect

Veralterung *f* (**Obsoleszenz** *f*) *(economics)*
obsolescence

veranschaulichen *v/t*
to visualize

Veranschaulichung *f*
visualization

Verbandsmarketing *n*
association marketing

Verbandswerbung *f*
association advertising

Verbrauch *m*
→ Konsum

Verbraucher *m*
→ Konsument

Verbraucheranalyse *f (market research)*
consumer analysis

Verbraucheranteil *m (economics)*
consumer share

Verbraucheraufklärung *f*
consumer education

Verbraucherbefragung *f*
→ Konsumentenbefragung

Verbraucherbewegung *f*
→ Konsumerismus

Verbraucherforschung *f*
→ Konsumentenforschung

Verbrauchergenossenschaft *f*
→ Konsumgenossenschaft

Verbraucherinformation *f*
→ Konsumenteninformation

Verbraucherinteresse *n* (**Konsumenteninteresse** *n*) *(economics)*
consumer interest

Verbrauchermarkt *m* (**Selbstbedienungswarenhaus** *n*, **SB-Warenhaus** *n*) *(retailing)*
self-service department store, combination store

Verbrauchernachfrage *f*
→ Konsumentennachfrage

Verbraucher-Ombudsmann *m*
→ Konsumenten-Ombudsmann

Verbraucherorganisation *f*
consumer organization, *brit* organisation

Verbraucherpackung *f*
consumer package, consumer pack

Verbraucherpanel *n* (**Konsumentenpanel** *n*) *(market research)*
consumer panel survey, consumer panel test, consumer panel, consumer jury

Verbraucherpolitik *f* (**Verbraucherschutz** *m*)
consumer protection

Verbraucherpreis *m*
→ Endverbraucherpreis

Verbraucherrabatt in
→ Konsumentenrabatt

Verbraucherrisiko *n*
→ Konsumentenrisiko

Verbraucherschutz *m*
→ Verbraucherpolitik

Verbrauchersouveränität *f*
→ Konsumentensouveränität

Verbraucherverband *m*
consumer association, consumers' association

Verbraucherverhalten *n*
→ Konsumentenverhalten

Verbraucherwerbung *f*
→ Publikumswerbung

Verbraucherwettbewerb *m* *(sales promotion)*
consumer contest

Verbraucherzeitschrift *f*
→ Kundenzeitschrift

Verbraucherzufriedenheit *f*
→ Konsumentenzufriedenheit

Verbraucherzugabe *f* *(sales promotion)*
consumer premium, bonus

Verbrauchsdaten *n/pl*
→ Konsumdaten

Verbrauchselastizität *f*
→ Elastizität

Verbrauchsforschung *f* **(Konsumforschung** *f*)
1. consumption research
2. (Kaufverhaltensforschung) buyer behavior research, buying behavior research, *brit* behaviour

Verbrauchsfunktion *f*
→ Konsumfunktion

Verbrauchsgewohnheit *f*
→ Konsumgewohnheit

Verbrauchsgüter *n/pl* **(kurzlebige Konsumgüter** *n/pl*) *(economics)*
non-durable consumer goods *pl*, nondurables *pl*
cf. langlebige Konsumgüter

Verbrauchsgüterwerbung *f*
→ Konsumgüterwerbung

Verbrauchsverhalten *n*
→ Konsumverhalten

verbreitete Auflage *f* **(tatsächlich verbreitete Auflage** *f*, **Vertriebsauflage** *f*) *(print media)* *(newspaper/magazine)* total circulation

Verbreitung *f*
1. (Nachricht, Produkt) circulation, dissemination, spread
2. (Diffusion) diffusion
3. (Propagierung) propagation
4. *(print media)* (Zeitschrift Zeitung) circulation, coverage
5. *(economics)* (Vertrieb) distribution

Verbreitungsanalyse *f* *(media research)*
distribution analysis

Verbreitungsgebiet *n*
1. *(advertising)* (Streugebiet) circulation area, coverage area, media market
2. *(radio/television)* brocdasting area, service area, signal service area, coverage area, circulation area, signal area

Verbundaktion *f* *(advertising)*
tie-in campaign, tie-in

Verbundanzeige *f* **(Referenzanzeige** *f*)
tie-in advertisement, tie-in ad, tie-in

Verbundeffekt *m*
→ Ausstrahlungseffekt, Irradiation

Verbundmarke *f* *(economics)*
tie-in brand, cross-ruff brand

Verbundmarketing *n*
tie-in marketing

Verbundmarktforschung *f*
→ Gemeinschaftsmarktforschung

Verbundmessung *f*
→ konjunkte Analyse

Verbundpackung *f* **(Combipack** *m*)
combipack, multiple-product package

Verbundwerbemittel *n*
tie-in advertisement, tie-in ad, crossruff advertisement crossruff ad

Verbundwerbesendung *f* **(Komplementärwerbesendung** *f*) *(radio/television)*
tie-in commercial, tie-in

Verbundwerbung *f* **(Komplementärwerbung** *f*, **Referenzwerbung** *f*)
tie-in advertising, tie-in

Verbundwirkung *f*
→ Ausstrahlungseffekt, Irradiation

Verdingung *f*
→ Ausschreibung

Verdrängungswerbung *f* (**Verdrängungswettbewerb** *m*) *(economics)*
predatory competition

Verdrängungswettbewerb treiben *v/t* *(economics)*
to make predatory competition

Veredelungsmaterialien *n/pl* (**Veredelungsstoffe** *m/pl*) *(economics)*
process materials *pl*

Verfalldatum *n* (**Frischestempel** *m*) *(economics)*
(auf Lebensmittelpackungen)

verfügbare Kaufkraft *f*
→ Kaufkraft

verfügbares Einkommen *n* (**frei verfügbares Einkommen** *n*) *(economics)*
1. disposable income
2. discretionary income, discretionary fund, (verfügbares Geld zum Einkaufen) open-to-buy amount (OTB amount)

Vergessen *n* *(psychology)* *(media research)*
1. forgetting
2. (Gedächtnisfehler) memory error
3. (Gedächtnisverfall) memory decay

Vergessenskurve *f* *(psychology)*
curve of forgetting, (des Gedächtnisverfalls) memory decay curve

vergleichende Bezugsgruppe *f*

vergleichende Werbung *f* (**vergleichende Reklame** *f*)
comparison advertising, comparative advertising

Vergleichsgüter *n/pl* *(economics)*
comparison goods *pl*

Vergleichsmethode *f* *(advertising)*
(der Werbebudgetierung) comparison method, comparison with total product group

Vergnügungssteuer *f* *(economics)*
admission tax, entertainment tax

vergrößern
v/t *(economics)* (Sortiment) to enlarge, to extend, to expand

Vergrößerung *f* (**Vergrößern** *n*)
(economics) (Sortiment) enlargement, extension, expansion

Vergütung *f*
(Honorar) remuneration, payment

vergütungsfähige Werbung *f* (**kommissionsfähige Werbung** *f*)
above-the-line advertising, theme advertising

Verhalten *n* (**Verhaltensweise** *f*)
behavior, *brit* behaviour

Verhaltensabsicht *f* (**Verhaltensintention** *f*)
(empirical social research)
behavioral intention (BI), *brit* behavioural intention

Verhaltensalternative *f* *(decision-making)*
behavior alternative, *brit* behaviour alternative, behavioral alternative, *brit* behavioural alternative

Verhaltensänderung *f*
→ Verhaltenswandel

Verhaltensanalyse *f* (**Analyse** *f* **des Verhaltens**)
behavioral analysis, *brit* behavioural analysis, behavior analysis, analysis of behavior, *brit* behaviour

Verhaltensbeobachtung *f*
observation of behavior, *brit* behaviour, behavior observation, behavioral observation, *brit* behavioural observation

Verhaltensbiologie *f*
biology of behavior, *brit* behaviour

Verhaltensdisposition *f*
behavioral disposition, *brit* behavioural disposition

Verhaltens-Entscheidungs-Theorie *f* *(decision-making)*
behavioral decision theory (*brit* behavioural decision theory) (W. Edwards)

Verhaltenserwartung *f*
behavioral expectation, *brit* behavioural expectation

Verhaltensintention *f*
→ Verhaltensabsicht

Verhaltensinvestition *f*
behavioral investment, *brit* behavioural investment (Robert Dubin)

Verhaltens-Managementstil *m*
behavioral management style

Verhaltensmodell *n*
behavioral model, *brit* behavioural model, behavior model, *brit* behaviour model

Verhaltensmuster *n*
behavioral pattern, *brit* behavioural pattern, behavior pattern, *brit* behaviour pattern

Verhaltensökologie *f*
behavioral ecology, *brit* behavioural ecology

Verhaltensraum *m*
behavior space, *brit* behaviour space

Verhaltensregeln *f/pl* **in der Werbung**
code of advertising practice, advertising standards *pl*, code of ethics in advertising, ethical code in advertising

Verhaltensrepertoire *n*
behavioral repertoire (John W. Thibaut and Harold H. Kelley)

Verhaltenstheorie *f* **(Theorie** *f* **des Verhaltens)**
behavior theory, *brit* behaviour theory

Verhaltensumwelt *f*
behavioral environment, *brit* behavioural environment, behavioral setting, *brit* behavioural setting (Roger Barker)

Verhaltenswissenschaften) *f(pl)*
behavioral science(s) *(pl)*, *brit* behavioural science(s) *pl*

Verhältnis *n (statistics)*
ratio, proportion

Verhältnis *n* **von Redaktion zu Anzeigen** *(print media)*
editorial to advertising ratio, advertising to editorial ratio

Verhältniszahl *f* **(Verhältnisziffer** *f* **)** *(statistics)*
ratio

Verhandlung *f*
1. (einzelne Verhandlung) negotiation
2. (der Vorgang des Verhandelns) bargaining

Verhandlungsmenge *f (theory of games)*

Verhandlungspreis *m* **(verhandelter Preis** *m***)** *(economics)*
negotiated price

Verhandlungsstärke *f (industrial psychology)*
bargaining power

Verkauf *m (economics)*
1. (Verkaufsakt) sale
2. (Verkaufen) selling, (*also*) vending
3. (Verkaufsabteilung) sales department

verkaufen *v/t (economics)*
to sell, (*also*) to vend

Verkäufer(in) *m(f) (economics)*
salesperson, salesman, saleswoman, seller, (Angestellter) salesclerk, *brit* shop assistant

Verkäufermarkt *m (economics)*
seller's market, sellers' market
cf. Käufermarkt

Verkäuferstab *m* **(Verkäufer** *m/pl***)** *(economics)*
salesforce, sales staff, salespeople *pl*

Verkäufertest *m* **(Kontrollkauf** *m*, **Testkauf** *m*, **Testkaufaktion** *f* **)**
→ Kauftest

Verkaufsabteilung *f*
→ Verkauf 3.

Verkaufsagent *m (economics)*
sales agent, selling agent

Verkaufsaktion *f* **(Verkaufskampagne** *f* **)** *(economics)*
sales campaign

Verkaufsanalyse *f* **(Absatzanalyse** *f* **)** *(economics)*
sales analysis

Verkaufsanzeige *f*
sales advertisement, sales ad, direct-action advertisement, promotional advertisement, promotional ad

Verkaufsappell *m*
sales appeal

Verkaufsargument *n*
sales argument, sales proposition, selling proposition, sales point, selling point

Verkaufsauflage *f* (**verkaufte Auflage** *f*) *(print media)*
1. *(newspaper/magazine)* number of copies sold, paid circulation, net paid circulation, total net paid circulation, total net paid, total paid
2. (einschließlich Sammelbezieher) total net paid including bulk
3. (ohne Sammelbezieher) total net paid excluding bulk
4. (durchschnittliche Verkaufsauflage) average net paid circulation, average net paid

Verkaufsauslage *f (POP advertising)*
sales display, merchandise display

Verkaufsaußenorganisation *f (economics)*
sales force, salesforce

Verkaufsausschreibung *f*
→ Ausschreibung

Verkaufsautomat *m (retailing)*
vending machine, automatic vending machine, vendor, automat, sales automat

Verkaufsbehälter *m (POP advertising)*
counter display container, sales container, counter dispenser, dispenser

Verkaufsberater(in) *m(f) (economics)*
sales consultant

Verkaufsbereich *m*
→ Absatzgebiet

Verkaufsbericht *m*
→ Vertreterbericht, Bericht, Besuchsbericht

Verkaufsbezirk *m*
→ Absatzbezirk

Verkaufsbüro *n (wholesaling)*
sales office, manufacturer-owned sales office

Verkaufsdatum *n (print media)*
(Zeitschrift) on-sale date

Verkaufsdisplay *n*
→ Verkaufsauslage

Verkaufseinheit *f*
sales unit, unit

Verkaufsfeldzug *m*
→ Verkaufsaktion

Verkaufsfiliale *f (retailing)*
sales outlet, sales branch
1. (eines Herstellers) manufacturer's sales branch, manufacturer's sales office, manufacturer's store branch store, branch house, branch office, branch establishment, sales outlet, outlet
2. (eines Handelsunternehmens) retail store, retail outlet, sales outlet, outlet, branch store
3. (einer Handelskette) chain store

Verkaufsfläche *f (retailing)*
selling space

Verkaufsflächenaufteilung *f (retailing)*
selling space allocation

Verkaufsförderer *m*
sales promoter, merchandiser

Verkaufsförderung *f*
sales promotion, merchandising, (beim Handel) trade promotion, (bei Konsumenten) consumer promotion

Verkaufsförderungsabteilung *f*
sales promotion department, merchandising department, promotion department

Verkaufsförderungsagentur *f*
sales promotion agency

Verkaufsförderungsberater *m* (**Verkaufsförderungsfachmann** *m*)
→ Verkaufsförderer

Verkaufsförderungsleiter *m* (**Leiter** *m* **der Verkaufsförderung**)
sales promotion manager, managing sales promoter, sales promotion executive, executive sales promoter

Verkaufsförderungsmaterial *n*
1. sales promotion material, promotional material, sales aids *pl*, sales tools *pl*, *colloq* promotools *pl*
2. (Ausrüstung) promotional kit, promotional package

Verkaufsförderungsmittel *n*
sales promotion aid, promotion matter, promotional matter, *colloq* promotool

Verkaufsförderungs-Mix *n*
sales promotion mix, promotional mix

Verkaufsförderungsrabatt *m (economics)*
promotional discount, promotional price discount, promotional allowance

Verkaufsforschung *f*
sales research

Verkaufsgebiet *n*
→ Absatzgebiet, Vertriebsgebiet

Verkaufsgebietstest *m*
→ Gebietsverkaufstest

Verkaufsgespräch *n*
personal sales transaction, personal selling

Verkaufsgondel *f (POP advertising)*
sales gondola, gondola

Verkaufsgremium *n* (**Selling Center** *n*) *(retailing)*
selling center
cf. Einkaufsgremium

Verkaufshandbuch *n* (**Verkaufskatalog** *m*, **Verkaufsmappe** *f*) *(sales promotion)*
sales manual, salesfolder, sales folder, sales portfolio

Verkaufshelfer *m*
→ Verkaufsförderer, Absatzhelfer

Verkaufshilfe *f* (*mostly pl* **Verkaufshilfen**)
→ Händlerhilfen

Verkaufsinsel *f (POP advertising)*
island display, island

Verkaufskampagne *f*
→ Verkaufsaktion

Verkaufskanal *m*
→ Absatzkanal, Vertriebskanal

Verkaufskatalog *m*
→ Verkaufshandbuch

Verkaufskontrolle *f*
→ Absatzkontrolle

Verkaufskooperation *f*
→ Absatzkooperation

Verkaufskosten *pl*
→ Abatzkosten

Verkaufskunst *f (economics)*
salesmenship

Verkaufslager *n (retailing)*
warehouse showroom

Verkaufsleistung *f* (**Verkaufseffizienz** *f*) *(economics)*
sales effectiveness

Verkaufsleiter *m (economics)*
sales manager, sales executive

Verkaufsleitung *f* (**Verkaufsmanagement** *n*) *(economics)*
sales management

Verkaufsmesse *f (economics)*
sales fair
cf. Mustermesse

Verkaufsmethode *f* (**Verkaufsform** *f*)
→ Bedienungsmethode

Verkaufsniederlassung *f*
1. *(retailing)* sales outlet, outlet
2. *(wholesaling)* sales branch

Verkaufsorganisation *f (economics)*
1. sales organization, *brit* organisation, salesforce
2. (unternehmerische Funktion) sales management

Verkaufsorientierung *f (marketing)*
sales orientation

Verkaufsort *m*
→ Kaufort

Verkaufspackung *f*
consumer package, consumer pack, retail package, retail pack

Verkaufspersonal *n (economics)*
salespeople *pl*, sales people *pl*

Verkaufsplakat *n*
commercial sign

Verkaufsplan *m*
→ Absatzplan

Verkaufsplanung *f*
→ Absatzplanung

Verkaufspolitik *f*
→ Absatzpolitik

Verkaufspotential *n*
→ Absatzpotential

Verkaufsprämie f (**Verkäuferprämie** f) *(sales promotion)*
1. salesman's premium
2. sales incentive
3. premium money, push money

Verkaufspräsentation f
→ Verkaufsvorführung

Verkaufspreis m *(economics)*
1. selling price, *also* sale price
2. (faktischer Preis nach Abzug des Händlerrabatts) code price
3. (Zeitschrift) cover price

Verkaufsprognose f
→ Absatzprognose

Verkaufsquote f *(economics)*
sales quota, quota

Verkaufsraum m *(retailing)*
salesroom

Verkaufsschlager m *(economics)*
seller, bestseller, sleeper

Verkaufsschulung f
→ Verkaufstraining

Verkaufsständer m *(POP advertising)*
display container, dispenser, display rack, sales rack

Verkaufsstatistik f
→ Absatzstatistik

Verkaufsstelle f
→ Kaufort, Verkaufsniederlassung

Verkaufsstrategie f (**Verkaufstechnik** f) *(economics)*
sales strategy, selling strategy, sales technique, selling technique

Verkaufssystem n
→ Bedienungsform

Verkaufstätigkeit f *(economics)*
selling, sales activity, (juristisch *also*) vending

Verkaufstechnik f
→ Verkaufsstrategie

Verkaufstest m
→ Ladentest

Verkaufstisch m
→ Auslagetisch

Verkaufstrainer m *(economics)*
sales trainer

Verkaufstraining n *(economics)*
sales training

Verkaufsverpackung f
→ Verkaufspackung

Verkaufsvertreter m *(wholesaling)*
sales representative, selling agent, selling agent

Verkaufsvorführung f *(sales promotion)*
sales demonstration, demonstration

Verkaufswagen m *(retailing)*
mobile shop, merchandising bus

Verkaufswerbung f
sales advertising, promotional advertising

Verkaufswettbewerb m *(sales promotion)*
sales contest

Verkaufsziel n *(personal selling)*
sales objective, sales goal

Verkaufsziffer f
→ Absatzziffer

Verkaufszugabe f *(sales promotion)*
sales premium

verkaufte Auflage f
→ Verkaufsauflage

Verkehrskreis m
→ beteiligte Verkehrskreise

Verkehrsmittelanschlag m (**Verkehrsmittelplakat** n) *(transit advertising)*
transit card, transit poster car card, bus card, transportation poster

Verkehrsmittelanschlagfläche f *(transit advertising)*
car panel, bus panel

Verkehrsmittelanschlag-Tarif m (**Tarif** m **für Verkehrsmittelanschläge**) *(transit advertising)*
car card rate, bus card rate, transit advertising rate

Verkehrsmittelbenutzer m *(transit advertising)*
car passenger, passenger, bus passenger

Verkehrsmittelplakat n **(Verkehrsmittelschild** n**)**
→ Verkehrsmittelanschlag

Verkehrsmittelwerbung f
transit advertising, transportation advertising, transport advertising, car card advertising

Verkehrswerbemittel n
→ Verkehrsmittelwerbung

Verkehrszählung f *(outdoor advertising)*
traffic count

verkleinern v/t *(economics)*
(Sortiment) to reduce to dwindle down, to diminish

Verkleinerung f **(Verkleinern** n**)**
(economics) (Sortiment) reduction

Verknappung f *(economics)*
shortage

Verlag m
publishing company, publishing house, publisher

Verlagsbranche f **(Verlagsgewerbe** n**, Verlagswesen** n**)**
publishing industry, publishing

verlegen v/t + v/i
to publish

Verleger m
publisher

Verlosung f *(sales promotion)*
sweepstakes, consumer sweepstakes

vermarkten v/t *(economics)*
to market, to commercialize

Vermarktung f *(economics)*
commercialization

Vermarktungsphase f **(Vermarktungsstadium** n f *(marketing planning)*
commercializaton phase, commercializaton stage

Vermittlung f
mediation

Vermittlungsvertreter m *(economics)*
broker, merchandise broker

Vernichtungspreis m *(economics)*
elimination price

Vernichtungswettbewerb m
→ Verdrängungswettbewerb

veröffentlichen v/t + v/i
to publish, to publicize

Veröffentlichung f
publication

verpacken v/t
to pack, to package

Verpackung f
packaging, packing

Verpackungsberater m
packaging consultant

Verpackungsfachmann m
→ Packungsfachmann

Verpackungsforschung f
packaging research

Verpackungsgestalter m **(Packungsgestalter** m**, Packungsdesigner** m**)**
package designer

Verpackungsgestaltung f **(Packungsgestaltung** f**, Packungsdesign** n**)**
package design

Verpackungsgutschein m
→ Packungsgutschein

Verpackungsmaterial n **(Packungsmaterial** n**)**
packaging material, package material

Verpackungstest m
→ Packungstest

Verpackungswesen n
packaging

Verpackungszugabe f
→ Packungszugabe

Versandauflage f *(print media)*
(newspaper/magazine) mail circulation

Versandgroßhändler *(wholesaling)*
mail-order wholesaler

Versandhandel *m* (**Versandgeschäft** *n*) *(retailing)*
1. (Institution) mail-order trade, mail-order business
2. (Funktion) mail-order trading, mail-order retailing, mail – order selling

Versandhaus *n* (**Versandhandelsunternehmen** *n*) *(retailing)*
mail-order house, mail-order company, mail-order firm, mail-order business

Versandhauskatalog *m* (**Versandkatalog** *m*) *(retailing)*
mail-order catalog, *brit* catalogue

Versandhauswerbung *f*
mail-order advertising

verschlüsseln (kodieren) *v/t (advertising)*
(Anzeige chiffrieren) to key (an advertisement)

verschlüsselte Anzeige *f*
→ Chiffre-Anzeige

Verschlüsselung *f* (**Chiffrieren** *n*) *(advertising)*
(von Anzeigen) keying (of ads)

Versicherungsmarketing *n*
insurance marketing

Versicherungswerbung *f*
insurance advertising

Verstärker *m (behavioral research)*
reinforcer, reinforcing stimulus

Verstärkerhypothese *f* (**Verstärkungshypothese** *f*) *(communications)*
reinforcement hypothesis, limited-effects model) (Joseph T. Klapper)

Verstärkung *f (behavioral research)*
reinforcement

Verstärkungswerbung *f*
→ Festigungswerbung, Erhaltungswerbung

versteckte Werbung *f*
→ Schleichwerbung, unterschwellige Werbung

verstecktes Angebot *n (advertising)*
blind offer, buried offer, hidden offer, subordinated offer

versteigern *v/t (economics)*
to auction

Versteigerung *f (economics)*
auction, auction sale

Versuch *m (economics)*
(economics) (Prüfung) trial, attempt, check

Verteiler *m*
1. (Versandliste) mailing list
2. → Umlauf
3. distributor, distribution frame, distribution board, manifold

Verteilerkontrolle *f*
mailing list control

Verteilungsanalyse *f*
→ Distributionsanalyse

Verteilungsapparat *m*
→ Vertriebsapparat

Vertikalauslage *(POP advertising)*
vertical case, vertical display

vertikale Absatzwegeintegration *f (economics)*
vertical channel integration

vertikale Diversifikation *f* (**vertikale Diversifizierung** *f*) *(economics)*
vertical diversification, concentric diversification

vertikale Kommunikation *f*
vertical communication

vertikale Konkurrenz *f*
→ vertikaler Wettbewerb

vertikale Migration *f (marketing)*
vertical migration

vertikaler Wettbewerb *m* (**vertikale Konkurrenz** *f*) *(economics)*
vertical competition

vertikale Preisbindung *f*
→ Preisbindung der zweiten Hand

vertikale Preisempfehlung *f*
→ Preisempfehlung

vertikales Marketing *n*
vertical marketing, vertical marketing system

Vertragshändler *m (economics)*
appointed dealer, franchised dealer

Vertragshändlersystem n *(economics)*
appointed dealer system, franchised dealer system

Vertragsjahr n
→ Abschlußjahr

Vertrauenswerbung f
goodwill advertising, patronage institutional advertising, institutional advertising

vertreiben (distribuieren) v/t *(economics)*
to distribute

Vertreter m *(economics)*
1. (Repräsent) representative, rep
2. → Handelsvertreter

Vetreterbericht m **(Besuchsbericht** m**)** *(economics)*
call report

Vertreterbezirk m **(Verkaufsbezirk** m**)** *(economics)*
sales district, sales agent's district

Vertreterorganisation f
→ Außendienstorganisation

Vertreterprovision f *(economics)*
agent's commission, salesman's commission

Vertretervertrag m
agency agreement, agent's agreement, representative's agreement

Vertreterwerbung f
agents' recruitment, sales agent's recruitment

Vertrieb m *(economics)*
1. (Absatz) sale, sales pl
2. distribution

Vertriebsabteilung f *(economics)*
1. (Absatzabteilung) sales department
2. distribution department
3. (Medienvertrieb) circulation department

Vertriebsauflage f
→ verbreitete Auflage

Vertriebsauslieferung f *(print media)*
(newspaper/magazine) circulation delivery

Vertriebsbefragung f *(marketing research)*
salesforce survey, sales-force survey

Vertriebsbezirk m *(print media)*
(newspaper/magazine) circulation district

Vertriebsbindung f
→ Abnehmerbindung, Absatzbindung

Vertriebsdichte f *(print media)*
(newspaper/magazine) circulation density

Vertriebserfolgsrechnung f
→ Absatzerfolgsrechnung

Vertriebserlös(e) m(pl) *(print media)*
(newspaper/magazine) circulation revenue

Vertriebsetat m **(Vertriebsbudget** n**)** *(economics)*
sales budget

Vertriebsforschung f **(Distributionsanalyse** f**)** *(market research)*
distribution research

Vertriebsgebiet n *(economics)*
1. → Absatzgebiet
2. *(print media) (newspaper/magazine)* circulation area

Vertriebsintensität f *(economics)*
intensity of distribution, distribution intensity

Vertriebskanal m
→ Absatzkanal, Absatzweg(e)

Vertriebskennzahl f
→ Absatzkennzahl

Vertriebskontrolle f *(economics)*
1. → Absatzkontrolle
2. *(print media) (newspaper/magazine)* distribution control

Vertriebskooperation f
→ Absatzkooperation

Vertriebskosten pl *(economics)*
1. → Absatzkosten
2. distribution cost(s) pl)

Vertriebskostenanalyse f **(Vertriebskostenrechnung** f**)** *(economics)*
distribution cost analysis (DCA)

Vertriebsleiter m *(economics)*
1. → Verkaufsleiter
2. *(print media) (newspaper/magazine)* distribution manager, circulation manager

Vertriebsmarketing *n (economics)*
distribution marketing

Vertriebsmethode *f (economics)*
1. → Absatzmethode, Verkaufsmethode
2. *(print media) (newspaper/magazine)* distribution method, circulation method

Vertriebsmodell *n (economics)*
distribution model

Vertriebsorganisation *f (economics)*
1. → Absatzorganisation *f* Verkaufsorganisation *f*
2. *(print media) (newspaper/magazine)* distribution organization, *brit* organisation

Vertriebsplan *m*
→ Absatzplan

Vertriebsplanung *f*
→ Absatzplanung

Vertriebspolitik *f* (**Distributions-Mix** *n*, **Distributionspolitik** *f*) *(economics)*
distribution policy, distribution mix

Vertriebssystem *n (economics)*
distribution system, circulation system

Vertriebsverband *m*
→ Absatzkooperation

Vertriebsweg *m*
channel of distribution

Verwaltungsentscheidung *f (economics)*
administrative decision

Verwaltungsplanung *f (economics)*
administrative planning

Verwender *m* (**Nutzer** *m*) *(economics)*
user

Verwenderanteil *m* (**Nutzeranteil** *m*) *(economics)*
share of users

Verzichtswerbung *f*
→ Reduktionsmarketing, Reduktionswerbung

Verzögerungseffekt *m*
→ Wirkungsverzögerung

Videotext *m* (**Videotex** *m*)
videotext

Vielleser *m (media research)*
heavy reader

Vielseher *m (media research)*
heavy viewer

Vierfarbendruck *m*
1. *(Verfahren)* four-color process, *brit* four-colour process, four-color printing, *brit* four-colour printing
2. *(Produkt)* four-color print, *brlit* four-colour print

vierfarbig *adj (printing)*
four-color, *brit* four-colour, 4/C, 4/c

vierfarbige Anzeige *f* (**Vierfarbenanzeige** *f*)
four-color advertisement, *brit* four-colour advertisement, four-color ad, 4/C ad, 4/c ad

vierte Umschlagseite *f* (**U 4** *f*)
(Zeitschrift) outside back cover (OBC, O.B.C.), fourth cover (4 C), back cover

Viertelseite *f (advertising)*
quarter page

viertelseitige Anzeige *f (advertising)*
quarter-page advertisement, quarter-page ad

visualisieren *v/t (psychology)*
to visualize

Visualisierung *f (psychology)*
visualization

visuelle Kommunikation *f*
visual communication

Vitrine *f* (**Auslagevitrine** *f*, **Schaukasten** *m*) *(POP advertising)*
display case, showcase show case

VK *abbr*
Verkauf

Vollbeleg *m*
→ Belegexemplar

Vollbelegung *f (advertising) (media planning)*
1. *(Zeitung)* full run, every day (E.D.), every issue (E.I.)
2. *(Zeitschrift)* full run every issue (E.I.)

voller Spaltensatz *m* (**in voller Spaltenbreite** *f*) *(printing)*
full measure

vollkommener Wettbewerb *m* **(vollkommene Konkurrenz** *f*) *(economics)*
pure competition, perfect competition

Vollkostenansatz *m* **(Direktkostenansatz)** *m* *(economics)*
direct-cost approach, direct costing, absorption pricing

Vollkostenkalkulation *f* **(Vollkosten-Preissetzung** *f*) *(economics)*
markup pricing

Vollservice *m*
→ Full-Service

Vollsichtauslage *f* *(POP advertising)*
full display

Vollsichtregal *n* *(POP advertising)*
display rack, display shelf

vollständiges Belegexemplar *n*
→ Vollbeleg

vollständige Konkurrenz *f* *(economics)*
atomistic competition, perfect competition, pure competition

Volumen *n*
volume

Volumensegmentation *f*
volume segmentation

Vorankündigung *f* **(Voranzeige** *f*)
advance notice, advance announcement

Voranschlag *m*
→ Kostenvoranschlag

Vorausbesuch *m* *(economics)*
(Vertreter) advance canvass

Vorausdruck *m*
→ HiFi-Endlosfarbanzeige

Vorausexemplar *n*
predate issue

Vorbildwerbung *f*
→ Leitbildwerbung

vorgeschriebene Plazierung *f*
→ Plazierungsvorschrift

Vorratsmarke *f* **(Vorratszeichen** *n*) *(economics)*
blanket brand

Vorspann *m*
1. introduction, introductory lines *pl*, headnote
2. *(film)* (Titel) opening credits *pl* opening titles *pl*, opening credit lines *pl*
3. (Vorschau) preview, *Am also* prevue

Vorstellungsbild *n*
→ Image

Vorverbraucherpanel *n* *(market research)*
industrial user panel

Vorverkauf *m* *(economics)*
advance sale

vorverpackte Ware *f*
→ Fertigware

Vorwahl *f*
→ Teilselbstbedienung (Selbstauswahl)

Vorwärtsintegration *f* **(vertikale Diversifizierung** *f*) *(economics)*
vertical diversification, vertical integration

Vorzugsplatz *m* **(Vorzugsplazierung** *m*)
→ Plazierungsvorschlag

Vorzugspreis *m*
→ Sonderpreis

W

W-Markt *m*
→ Wiederverkäufermarkt

Wachstum *n (economics)*
growth

Wachstumsfunktion *f (economics/statistics)*
growth function

Wachstumsideologie *f (economics)*
ideology of growth, growth ideology

Wachstumskurve *f (economics/statistics)*
growth curve

Wachstumsmodell *n (economics/statistics)*
growth model

Wachtumsphase *f (economics/marketing)*
1. (der Unternehmensentwicklung) growth stage (of corporate development)
2. (im Produktlebenszyklus) growth stage (in the product life cycle)

Wachstumspolitik *f (economics)*
policy of growth, growth policy

Wachstumspotential *n (economics)*
growth potential

Wachstumsstrategie *f (economics)*
strategy of growth, growth strategy

Wachstumsziel *f (marketing planning)*
growth objective, growth and survival objective

Wahlspruch *m*
→ Slogan, Motto

wahrgenommene Ähnlichkeit *f (communication research)*
perceived similarity

wahrgenommenes Risiko *n (consumer research)*
perceived risk

Wahrheit *f* **in der Werbung**
truth in advertising

Wahrnehmung *f (psychology)*
perception

Wahrnehmungsabwehr *f* **(perzeptorische Abwehr** *f***)** *(psychology)*
perceptual defense, *brit* defence

Wahrnehmungsdisposition *f (psychology)*
perceptual set, perceptual readiness, perceptual predisposition

Wahrnehmungsgegenstand *m (psychology)*
percept

Wahrnehmungskarte *f* **(Wahrnehmungslandkarte** *f***)** *(market research)*
1. perceptual map, market map, connotative map
2. (Anfertigung von Wahrnehmungskarten) perceptual mapping, market mapping, connotative mapping

Wahrnehmungspsychologie *f*
perceptual psychology

Wahrnehmungsschwelle *f*
→ Reizschwelle

Wahrnehmungsstil *m (psychology)*
perceptual style (Fritz Heider)

Wahrnehmungswirklichkeit *f*
perceived reality

Wahrscheinlichkeit *f* **des Kaufs**
→ Kaufwahrscheinlichkeit

Wald-Regel *f*
→ Minimax-Regel (Minimax-Kriterium)

Wandbemalung *f (outdoor advertising)*
painted wall, wall painting

Wandel *m*
change

Wanderausstellung *f (economics)*
traveling exhibition, *brit* travelling exhibition, traveling display

Ware f (oft pl **Waren**) (economics)
1. product(s) (pl) merchandise
2. (Handelsware) commodity

Warenabsatz m
→ Absatz

Warenangebot n
→ Angebot, Sortiment

Warenaufsteller m (**Warenständer** m) (POP advertising)
floor stand, display stand

Warenauslage f (POP advertising)
1. product display, merchandise display
2. (im Geschäft) in-store display

Warenauslagefläche f (retailing)
display space

Warenauslieferung f
→ Auslieferung

Warenausstattung f
→ Ausstattung

Warenausstellungswagen m (**Warenausstellungsbus** m) (retailing)
merchandising bus

Warenauszeichnung f (economics)
product labeling, labeling

Warenautomat m
→ Verkaufsautomat

Warenbehälter m (retailing)
dump bin

Warenbestand m (economics)
merchandise stock

Warenbörse f (**Produktenbörse** f) (economics)
commodity exchange, produce exchange

Warengestaltung f
→ Produktgestaltung

Warengruppe f
→ Produktgruppe

Warenhaus n (retailing)
1. department store
2. general merchandise store

Warenköder m
→ Lockangebot (Lockvogelangebot)

Warenkorb m (statistics/economics)
commodity basket, market basket

Warenmarkierung f
→ Markierung

Warenmuster n (**Warenprobe** f) (promotion)
1. sample, product sample, sample product
2. (Gratismuster) free sample, leave behind
3. (verkäuflich) salable sample, saleable sample

Warenprozeßpolitik f
→ Marketinglogistik

Warenpyramide f (POP advertising)
floor pyramid

Warenrückvergütung f
→ Rückvergütung

Warensorte f (**Sorte** f) (economics)
product item, item, product sort, merchandise sort

Warensortiment n
merchandise assortment, assortment

Warenstapel m (**Stapelauslage** f) (POP advertising)
mass display, jumble display

Warentest m (**vergleichender Warentest** m) (economics)
product rating

Warentisch m (**Warenauslagetisch** m) (POP advertising)
dump table, product display table, display table

Warenumschlag m
→ Umschlagsgeschwindingkeit

Warenverpackung f
→ Verpackung

Warenzeichen n (economics)
trademark, trade-mark

Warenzeichengesetz n (**WZG**) (economics)
trademark law

Warenzeichenrecht n (economics)
trademark legislation

Warenzeichenregister n (**Warenzeichenrolle** f) (economics)
principal register

Warenzeichenschutz *m (economics)*
trademark protection

Warnhinweis *m (advertising)*
(auf Werbemitteln) warning label (in advertisements)

Was-können-wir-uns-leisten-Methode *f* **(der Werbebudgetierung)**
→ finanzmittelbezogene Budgetierung

Waschzettel *m (advertising)*
blurb, (Buch) flap blurb, jacket blurb

Waschzetteltext *m (advertising)*
blurb copy, canned copy

Wegeplanung *f (personal selling)*
routing, routing and scheduling

Wegwerfpackung *f*
→ Einwegpackung

Wegwerfpreis *m*
→ Schleuderpreis

Wegwerfwerbung *f (advertising)*
ashcanning, junking

weißer Artikel *m* **(weiße Ware** *f*, **weißes Produkt** *n***)**
white good, *mostly pl* white goods, white product, unbranded product, unbranded good, *mostly pl* unbranded goods, no-name product, no-name good, *mostly pl* no-name goods

weißer Kittel *m* **(für Ärzte)** *(advertising)*
1. (in Werbung) white coat
2. (die das Tragen weißer Kittel in der Publikumswerbung untersagende gesetzliche Regel) white coat rule

weißer Rand *m (outdoor advertising)*
blanking area

Weiterverkauf *m (economics)*
resale

Weitester Empfängerkreis *m* **(WEK)** *(media research)*
(Zeitschrift) total number of (magazine) recipients

Weitester Hörerkreis *m* **(WHK)** *(media research)*
total audience, total exposure, total listeners *pl*

Weitester Leserkreis *m* **(WLK)** *(media research)*
total audience, total audience impressions *pl*, total readers *pl*, total exposure, total effective exposure (TEE)

Weitester Nutzerkreis *m* **(WNK)** *(media research)*
total audience, total effective exposure TEE)

WEK *abbr*
Weitester Empfängerkreis

Wellpappe *f (packaging)*
corrugated board, corrugated cardboard, corrugated pasteboard, corrugated paper, cellular board

Weltmarke *f (economics)*
global brand, worldwide brand

Welt-Urheberrechtsabkommen *n*
Universal Copyright Convention

Werbeabgabe *f*
→ Werbesteuer

Werbeabteilung *f*
advertising department

Werbeabwehr *f* **(Abwehr** *f* **gegen Werbung)**
advertising resistance

Werbeagent *m*
→ Werbefachmann

Werbeagentur *f*
advertising agency, ad agency, agency

Werbeakademie *f*
advertising academy

Werbeaktion *f*
advertising campaign, promotional campaign

Werbeaktivität(en) *f(pl)*
advertising activity (activities *pl*)

Werbeakzidenzen *f/pl*
→ Akzidenzdruck (Akzidenzen)

Werbeanalyse *f*
advertising analysis

Werbeanalytiker *m*
advertising analyst

Werbeangebot *n*
1. → Sonderangebot
2. → Lockartikel

Werbeanhänger *m (POP advertising)*
advertising label

Werbeansage *f* (**Werbedurchsage** *f*)
advertising announcement

Werbeansatz *m*
advertising approach

Werbeanschlag *m*
advertising bill, advertising poster, advertising card

Werbeanstoß *m*
→ Werbekontakt

Werbeanstrengungen *f/pl*
advertising efforts *pl*

Werbeanteil *m* (**Anteil** *m* **der Werbung**)
advertising share, share of advertising (SOA)

Werbeantwort *f*
→ Rücklauf

Werbeantwortbrief *m* (**Werbeantwortumschlag** *m*)
business reply envelope

Werbeantwortkarte *f*
business reply card, advertising reply card

Werbeappell *m*
1. advertising appeal
2. (eines Werbemittels) copy appeal

Werbeargument *n*
advertising point, advertising angle, copy angle, angle

Werbeart *f* (**Werbeform** *f*)
type of advertising, kinds of advertising

Werbeartikel *m*
advertising novelty, novelty, advertising specialty, specialty

Werbeartikelhändler *m* (**Werbeartikelvertrieb** *m*)
advertising novelty dealer, advertising novelty distributor, advertising specialty dealer, advertising specialty distributor

Werbeassistent *m*
advertising assistant

Werbeatelier *n*
→ Werbestudio

Werbeaufdruck *m*
1. advertising imprint, imprint
2. (Händleraufdruck) dealer imprint

Werbeaufkleber *m*
advertising label, poster stamp

Werbeaufnahme *f*
→ Werbephoto

Werbeaufschrift *f*
advertising label

Werbeauftrag *m (advertising) (media planning)*
1. advertising order, advertisement order
2. (bei Werbung, die in Flächeneinheiten berechnet wird) space order
3. (bei Werbung die in Zeiteinheiten berechnet wird) time order

Werbeaufwand *m* (**Werbeaufwendungen** *f/p*
1. advertising expenditure
2. (Volumen) advertising weight, advertising volume, advertising support, support
3. (Höhe des Werbeaufwands) advertising level, level of advertising expenditure

Werbeausbildung *f* (**werbliche Ausbildung** *f*)
advertising education

Werbeausgaben *f/pl*
advertising outlay(s) (*pl*), advertising expenses *pl*, advertising money

Werbeausgaben-Umsatz-Beziehung *f* (**Werbeausgaben-Absatz-Verhältnis** *n*)
advertising-to-sales ratio, A/S ratio, conversion rate, cost per sale, cost per conversion' cost per order (cpo)

Werbeaussage *f*
→ Werbebotschaft

Werbeaussendung *f*
→ Direktwerbeaussendung

Werbeauswirkung *f*
→ Werbewirkung

Werbebehauptung *f*
advertising claim, copy claim

Werbebeilage *f*
→ Beilage

Werbebeobachtung *f*
advertising tracking, advertising observation

Werbeberater *m*
advertising consultant, advertising counselor, *brit* counsellor

Werbeberatung *f*
1. (Beratungstätigkeit) advertising consultancy, advertising counsel
2. → Werbeberatungsbüro

Werbeberatungsbüro *n*
advertising consultant, advertising counselor, *brit* counsellor

Werbeberichtigung *f*
1. → Berichtigungswerbung
2. → Werberevision

Werbeberuf *m*
advertising profession

Werbeberührte *m/pl* **(Personen** *f/pl* **mit Werbekontakt)** *(advertising research)*
exposed persons *pl*, exposed people *pl*

Werbeberührung *f*
→ Werbekontakt, Werbemittelkontakt, Kontakt

Werbebeschränkungen *f/pl*
advertising restrictions *pl*

Werbebild *n*
advertising picture

Werbeblock *m* *(radio/television)*
commercial pod, pod, commercial occasion, commercial break, clutter, clutter position, *brit* commercial slot

Werbebotschaft *f* **(Werbeaussage** *f* **)**
advertising message

Werbebranche *f*
advertising industry, advertising trade, advertising profession

Werbebrief *m*
advertising letter, sales letter, promotional letter

Werbebriefing *n*
advertising briefing

Werbebroschüre *f*
advertising pamphlet, advertising folder, advertising booklet, advertising brochure

Werbebudget *n* **(Werbeetat** *m***)**
1. advertising budget
2. (bewilligter Etat) advertising appropriation

Werbebudgetallokation *f*
advertising budget allocation, advertising allocation, allocation of advertising expenditure, allocation

Werbebudgetierung *f* **(Bestimmung** *f* **des Werbeetats)**
advertising budget determination, advertising budget appropriation, advertising budgeting, budgeting

Werbebudgetplanung *f*
advertising budget planning

Werbebüro *n*
advertising office

Werbechancenanalyse *f*
advertising opportunity analysis

Werbechef *m*
→ Werbeleiter

Werbedestinatare *m/pl*
→ Zielgruppe, Zielperson

Werbedia *n* **(Werbediapositiv** *n***)**
advertising film slide, advertising slide

Werbedosis *f*
number of advertising exposures, advertising impressions *pl*

Werbedruck *m*
advertising impact, advertisement impact, impact

Werbedrucksache *f*
advertising matter

Werbedruckschrift *f*
→ Werbebroschüre

Werbedrucktest *m* **(Impakttest** *m***)** *(advertising research)*
advertising impact test, impact test

Werbedurchdringung *f* **(Penetration** *f* **)**
advertising penetration, penetration

Werbedurchführung *f*
advertising execution, execution of advertising

Werbedurchsage *f (radio/television)*
advertising announcement, commercial announcement, spot announcement, announcement, spot

Werbedynamik *f*
dynamics *pl construed as sg of advertising, advertising dynamics pl construed as sg*

Werbeeffekt *m*
→ Werbewirkung

Werbeeffizienz *f* **(Werbewirksamkeit** *f* **)**
advertising efficiency, efficiency of advertising

Werbeeinblendung *f (radio/television)*
1. commercial cut-in, commercial break
2. (in eine Programmsendung) commercial integration
3. (eingeblendete Sendung) integrated commercial, blended commercial, cast commercial

Werbeeindruck *m*
1. (eingedruckte Werbung) advertising imprint, imprint
2. (allgemeiner Eindruck) commercial impression(s) *(pl)*, advertising impression(s) *(pl)*

Werbeeinfluß *m*
advertising influence

Werbeeinkauf *m*
→ Mediaeinkauf

Werbeeinnahmen *f/pl*
advertising receipts *pl*

Werbeeinsatz *m*
→ Werbeanstrengung, Werbeaufwand

Werbeelastizität *f* **(der Nachfrage)** *(economics)*
advertising elasticity (of demand)

Werbeelement *n*
advertising element

Werbeentscheidung *f*
advertising decision

Werbeerfolg *m*
1. advertising effectiveness
2. (Einzelerfolg) advertising success

Werbeerfolgsforschung *f* **(Werbebewirkungsforschung** *f* **)** *(advertising research)*
advertising effectiveness research

Werbeerfolgskontrolle *f* **(Werbebewirkungskontrolle** *f* **)** *(advertising research)*
advertising effectiveness control, effectiveness-of-advertising control

Werbeerfolgskriterium *n*
criterion of advertising effectiveness

Werbeerfolgsmessung *f (advertising research)*
measurement of advertising effectiveness

Werbeerfolgsprognose *f (advertising research)*
advertising effectiveness forecast, forecast of advertising effectiveness, prognosis of advertising effectiveness, prediction of advertising effectiveness

Werbeergebnis *n* **(greifbares Resultat** *n* **von Werbung)**
advertising result, *mostly pl* advertising results

Werbeerinnerung *f* **(Werbemittelerinnerung** *f* **)** *(advertising research)*
1. advertising recall, recall, (Texterinnerung) copy recall
2. (an den Inhalt der Werbebotschaft) advertising playback, ad playback
3. (einen Tag nach Kontakt) day-after recall (DAR)

Werbeerinnerungstest *m (advertising research)*
advertising recall test, recall test, copy recall test

Werbeerlös *m* **(Werbeertrag** *m* **)**
advertising revenue

Werbeerreichte *m/pl*
→ Werbeberührte

Werbeerträge *m/pl*
→ Werbeerlös

Werbeetat *m*
→ Werbebudget

Werbeetikett *n*
advertising label, label

Werbeevaluierung *f*
1. advertising evaluation
2. (Werbemittelevaluierung) advertisement evaluation, ad evaluation

Werbeexemplar

3. (Evaluierungsmethode) advertising evaluation technique, ad-evaluation technique

Werbeexemplar *n* **(Probeexemplar** *n*) *(print media)*
(newspaper/magazine) promotion copy

Werbefachhochschule *f*
advertising college

Werbefachleute *pl*
advertising experts *pl*, admen *pl*, adexperts *pl*

werbefachliche Ausbildung *f*
→ Werbeausbildung

werbefachlicher Beruf *m*
→ Werbeberuf

Werbefachmann *m*
advertising expert, adexpert, advertising man, adman

Werbefachschule *f*
advertising trade school

Werbefachverband *m*
advertising trade association, advertising association

Werbefachzeitschrift *f*
advertising trade magazine, advertising trade journal, advertising magazine, advertising journal

Werbefachzeitung *f*
advertising trade paper, advertising paper

Werbefaktor *m*
advertising factor

Werbefaltprospekt *m*
advertising folder

Werbefeldzug *m* **(Werbekampagne** *f*)
advertising campaign

Werbefernsehblock *m*
→ Werbeblock

Werbefernsehen *n* **(Fernsehwerbung** *f*)
commercial television, commercial television, television advertising, television advertising

Werbefernsehkumulation *f*
commercial clutter, clutter

Werbefernsehzeit *f*
commercial time, commercial time slot, commercial time segment, daypart, day part

Werbefernsehzuschauer *m*
commercial television viewer, commercial viewer, (*pl*) commercial audience, commercial viewers *pl*

Werbefigur *f*
trade character

Werbefilm *m*
advertising film, advertising picture, commercial picture, commercial film, commercial movie, publicity film, publicity picture

werbefinanziertes Fernsehen *n*
sponsored television, sponsored television

werbefinanzierter Hörfunk *m* **(werbefinanziertes Radio** *n*)
sponsored radio

Werbefläche *f (print media) (outdoor advertising) (transit advertising)*
advertising space, space

Werbeflächenpächter *m*
→ Anschlagflächenpächter

Werbeflugblatt *n*
advertising flyer, advertising flier, advertising handbill, advertising leaflet, advertising fly sheet, advertising bill

Werbeform *f*
→ Werbeart

Werbeforschung *f*
advertising research

Werbeforschungsbudget *n* **(Werbeforschungsetat** *m*)
advertising research budget

Werbeforschungsprojekt *n*
advertising research project

Werbeforschungsstudie *f* **(Werbeforschungsuntersuchung** *f*)
advertising research study, advertising research investigation

Werbefoto *n*
→ Werbephoto

Werbefotograf *m*
→ Werbephotograph

Werbefotografie *f*
→ Werbephotographie

werbefreie Zeit *f* **(werbefreie Sendezeit** *f*) *(radio/television)*
blocked-out time

Werbefrequenz *f*
→ Werbehäufigkeit

Werbefunk *m*
→ Hörfunkwerbung

Werbefunkhörer *m/pl* **pro Tag** *(media research)*
commercial radio listeners *pl* per day

Werbefunkhörer *m/pl* **pro Woche** *(media research)*
commercial radio listeners *pl* per week

Werbefunkhöreranalyse *f*
→ Höreranalyse

Werbefunktion *f*
advertising function

Werbefunkvertreter *m* *(radio/television)*
station representative, station rep

Werbegabe *f*
→ Werbegeschenk

Werbegag *m* **(Reklamegag** *m***)**
advertising gimmick

Werbegedicht *n*
advertising rhyme

Werbegemeinschaft *f*
advertising cooperative

Werbegemeinte *m/pl*
→ Zielgruppe

Werbegesamtausgaben *f/pl*
total advertising expenditure

Werbegeschenk *n*
1. advertising gift, promotional gift, advertising specialty, specialty, advertising novelty, novelty
2. (einzelne Werbegabe) door opener

Werbegesetz *n*
advertising law

Werbegesetzgebung *f*
advertising legislation

Werbegestalter *m*
→ Gestaltung

Werbegestaltung *f*
advertising design

Werbegewinn *m* **(Werbeprofit** *m***)**
advertising profit, advertising payout

Werbegraphik *f* **(Werbegrafik** *f***)**
advertising art, creative art, commercial art

Werbegraphiker(in) **(Werbegrafiker(in))** *m(f)*
advertising artist, creative artist, commercial artist

Werbegroßfläche *f*
→ Anschlaggroßfläche

Werbegrundsätze *m/pl*
advertising policy

Werbehandzettel *m*
→ Werbeflugblatt

Werbehäufigkeit *f* **(Werbefrequenz** *f***)** *(media planning)*
advertising frequency, frequency of advertising

Werbeheft *n*
→ Werbeexemplar

Werbehilfe *f*
→ Händlerhilfsmittel, Verkaufshilfe

Werbehinweis *m*
→ redaktioneller Hinweis

Werbehochschule *f*
→ Werbefachhochschule

Werbeidee *f*
advertising idea

Werbeinserat *n*
→ Inserat, Anzeige

Werbeinstrument *n*
advertising instrument, instrument of advertising, advertising tool

Werbeintensität *f*
advertising intensity, intensity of advertising

Werbejargon *m*
advertising slang, Madisonese

Werbejournal *n*
→ Werbefachzeitschrift

Werbekampagne *f*
→ Werbefeldzug

Werbekatalog *m*
→ Katalog

Werbekaufmann *m*
→ Werbefachmann

Werbeklub *m*
advertising club

Werbekodex *m* **(Verhaltensregeln** *f/pl* **für die Werbepraxis)**
code of advertising practice, advertising code, code of advertising standards, advertising standards *pl*

Werbekolonne *f*
→ Anschlagkolonne

Werbekommunikation *f* **(werbliche Kommunikation** *f*)
advertising communication

Werbekonstante *f*
advertising constant

Werbekontakt *m* *(advertising research) (media research)*
advertising exposure, exposure to advertising

Werbekontakter *m*
→ Kontakter

Werbekontrolle *f*
advertising control

Werbekonzept *n*
advertising concept

Werbekonzeption *f*
advertising conception

Werbekonzeptionstest *m*
→ Konzeptionstest

Werbekooperation *f*
→ Gemeinschaftswerbung

Werbekosten *pl*
advertising cost(s) (*pl*), cost(s) *pl* of advertising

Werbekosten *pl (economics)*
advertising cost(s) (*pl*)

Werbekostenanalyse *f*
advertising cost analysis

Werbekostenzuschuß *m* **(WKZ)**
dealer promotion rebate, promotion rebate, promotion allowance, merchandising allowance

Werbekupon *m*
→ Kupon

Werbekurzfilm *m*
advertising filmlet

Werbelehre *f* **(Werbekunde** *f*)
advertising science

Werbeleistung *f*
advertising performance

Werbeleistungsprüfung *f* **(Werbeleistungskontrolle** *f*)
advertising performance audit

Werbeleiter(in) *m(f)*
advertising manager, advertising executive

Werbeleitfaden *m*
advertising guide

Werbeleitung *f*
advertising management

Werbeleumund *m*
advertising record

Werbelichtbild *n*
→ Werbedia

Werbemanagement *n*
advertising management
→ Werbeleitung

Werbemanager(in) *m(f)*
→ Werbeleiter

Werbemann *m* **(Werber** *m*)
advertising man, adman, ad man

Werbemannschaft *f*
→ Werbestab

Werbemappe *f* **(Angebotsmappe** *f* **)**
advertising portfolio, advertising kit

Werbemarkt *m*
advertising market

Werbemaßnahme *f* **(werbliche Maßnahme** *f* **)**
advertising measure

Werbematerial *n*
advertising material, advertising matter, advertising aids *pl*, promotion material, promotional material, leave behind

Werbemedien *n/pl* **(Werbemedia** *n/pl* **)**
→ Werbeträger

Werbemethode *f*
advertising method, advertising technique

Werbemittel *n*
advertisement, ad, *also* adv., advert

Werbemittelanalyse *f*
advertisement analysis, ad analysis copy analysis

Werbemittelbeachtung *f*
advertisement noting, ad noting,

Werbemittelerinnerung *f*
advertisement recall, ad recall, advertising recall, copy recall

Werbemittelevaluierung *f*
advertisement evaluation, ad evaluation, advertising evaluation, advertising copy evaluation, copy evaluation

Werbemittelexperiment *n*
advertisement experiment, ad experiment, copy experiment

Werbemittelforschung *f*
advertising copy research, copy research

Werbemittelfunktion *f* *(advertising)*
(der Werbung) copy function (of an advertisement) (Alfred Politz)

Werbemittelgestalter *m*
→ Gestalter

Werbemittelgestaltung *f*
1. → Gestaltung
2. (Art der Gestaltung) advertisement format

Werbemittelgestaltungstest *m*
→ Gestaltungstest

Werbemittelkontakt *m* **(Werbekontakt** *m*) *(advertising research) (media research)*
advertising exposure, advertisement exposure, exposure to an advertisement, exposure to advertising, ad exposure, (im Starchtest) ad noting

Werbemittelkontaktchance *f*
→ Kontaktchance

Werbemittelkontaktmessung *f*
→ Kontaktmessung

Werbemittelleistung *f* **(Werbemittelqualität** *f* **)**
copy performance, advertising performance

Werbemittel-Nachtest *m* **(Werbemittel-Posttest** *m*) *(advertising research)*
advertisement post test, ad post test, copy post-test

Werbemittel-Vorstudie *f* **(Werbemittel-Pretest** *m*) *(advertising research)*
advertisement pretest, ad pretest, copy pretest

Werbemittelreichweite *f*
→ Reichweite

Werbemittelstrategie *f*
advertisement strategy, ad strategy, copy strategy

Werbemittelstreuung *f*

Werbemitteltest *m* *(advertising research)*
advertisement test, advertising test, copy test

Werbemittelumsätze *m/pl*
advertising turnover

Werbemittelwiedererkennung *f*
advertisement recognition, ad recognition, advertising recognition, copy recognition

Werbemittler *m* **(Werbungsmittler** *m*, **Werbemittlung** *f* **)**
advertising broker, advertising contractor

Werbemix *n*
advertising mix

Werbemobile *n*
→ Mobile

Werbemodell

Werbemodell n *(advertising research)*
advertising model

Werbemöglichkeit f
advertising opportunity

Werbemonopol n
advertising monopoly

Werbemusik f
advertising music, music in advertising

werben v/t
1. (Werbung treiben) to advertise, *Am also* to advertize
2. (Kunden, Abonnenten, Personal werben) to recruit, to solicit
3. (Haustürwerbung treiben) to canvass, *also* to canvas

Werbenachlaß m
→ Werberabatt

werbende Führung f
human relations *pl construed as sg*

Werbender Buch- und Zeitschriftenhandel m **(WBZ)**
subscription book and magazine trade

Werbenummer f
→ Werbeexemplar

Werbeobjekt n **(Werbegegenstand** m**)**
advertising object

Werbeorganisation f
advertising organization, *brit* organisation

Werbeoptimierung f
→ Optimierung

Werbeoptimierungsmodell n
→ Optimierungsmodell

Werbepackung f
→ Probepackung

Werbepause f
advertising hiatus, hiatus, out period

Werbeperiode f **(Werbephase** f**)**
advertising period, advertising stage, advertising phase, flight

Werbephoto n **(Werbefoto** n**)**
advertising photo, advertising photography

Werbephotograph m **(Werbefotograf** m**)**
advertising photographer

Werbephotographie f **(Werbefotografie** f**)**
1. advertising photography
2. → Werbephoto

Werbeplakat n
→ Plakat

Werbeplakette f
advertising button, advertising badge

Werbeplan m
1. advertising plan
2. (Zeitplan) advertising schedule

Werbeplaner m
advertising planner

Werbeplanung f
1. advertising planning, campaign planning
2. (Zeitplanung) advertising scheduling, scheduling

Werbepolitik f
advertising policy

Werbepraktikant(in) m **(** f **)**
advertising intern

Werbepraktik(en) f **(** pl **) (Werbeusance** f **)**
advertising practice

Werbepraktiker m
advertising practitioner

Werbepraxis f
advertising practice, practice in advertising

Werbeprämie f
advertising premium, advertising bonus

Werbepräsentation f
→ Präsentation

Werbepreis m
→ Sonderangebotspreis

Werbepreisausschreiben n
→ Preisausschreiben

Werbepreisnachlaß m
advertising discount, advertising allowance

Werbeprogramm n **(Grundkonzept** n **der Werbung)**

advertising platform, copy platform, copy outline, advertising program, *brit* programme

Werbeprospekt *m*
→ Prospekt

Werbeprovision *f*
→ Provision

Werbepsychologie *f*
advertising psychology

Werbepublikation *f*
advertising publication

Werbepublikum *n*
advertising audience

Werber *m*
1. → Abo-Werber
2. → Propagandist
3. → Werbungtreibender
4. → Handelsvertreter

Werberabatt *m*
advertising discount

Werberat *m*
Am advertising review board, *brit* advertising standards authority

Werbereaktion *f* **(Reaktion** *f* **auf Werbung)** *(advertising research)*
advertising response, response to advertising

Werbereaktionsfunktion *f* *(advertising research)*
advertising response function

Werberealisation *f*
→ Werbedurchführung

Werberecht *n*
advertising law, advertising legislation, advertising regulations *pl*

werberechtliche Vorschriften *f/pl*
advertising regulations *pl*

Werbereichweite *f*
→ Reichweite

Werbereim *m*
advertising rhyme

Werberendite *f*
advertising yield

Werberentabilität *f*
advertising payout rate, payout rate of advertising, payout rate

Werberevision *f*
advertising performance audit, advertising audit

Werberhythmus *m*
advertising flight, flight schedule

Werberichtlinien *f/pl*
→ Verhaltensregeln

Werberundbrief *m* **(Werberundschreiben** *n***)**
advertising circular, circular letter

Werbesaison *f*
→ Werbeperiode

Werbesatz *m*
catchline, catch line, catch phrase

Werbeschaffender *m*
→ Werbeberuf

Werbeschild *n*
→ Schild

Werbeschlager *m*
advertising hit

Werbeschreiben *n*
→ Werbebrief

Werbeschrift *f*
→ Werbebroschüre, Werbeprospekt

Werbeschulung *f*
→ Werbeausbildung

Werbeselbstkontrolle *f*
self-policing of advertising

Werbesendezeit *f* **(Sendezeit** *f* **für Werbung)**
commercial time, commercial occasion, availability, *brit* commercial slot, time slot

Werbesendung *f*
1. *(radio/television)* commercial, commercial broadcast
2. *(radio)* radio commercial
3. *(television)* television commercial, television commercial
4. → Werbeaussendung

Werbesendungskontakt *m* **(Kontakt** *m* **mit einer Werbesendung)** *(media research)*
commercial exposure

Werbeslang *m*
→ Werbejargon

Werbesoziologie *f*
advertising sociology, sociology of advertising

Werbespezialist *m*
→ Werbefachmann

Werbespot *m* **(Kurzwerbesendung** *f*) *(radio/television)*
spot announcement, spot, spot commercial, commercial spot

Werbesprache *f*
advertising language, language of advertising

Werbespruch *m*
advertising slogan, slogan

Werbestatistik *m*
advertising statistics *pl construed as sg*

Werbestempel *m* **(Freistempel** *m*)
indicia, advertising indicia

Werbesteuer *f*
advertising tax, tax on advertising

Werbestil *m*
advertising style, style of advertising

Werbestrategie *f*
1. advertising strategy
2. (Werbemittelstrategie) copy strategy

Werbestreifen *m*
→ Werbefilm

Werbestreuplanung *f*
→ Mediaplanung (Streuplanung)

Werbestreuung *f*
→ Streuung

Werbestudium *n*
advertising studies

Werbesubjekt *n*
advertising subject

Werbesymbol *n*
advertising symbol

Werbetafel *f*
→ Anschlagtafel

Werbetaktik *f*
advertising tactics *pl construed as sg*

Werbetätigkeit *f* **(Werbeaktivität** *f*)
advertising activity

Werbeteam *n* **(Werbemannschaft** *f*, **Werbestab** *m*)
advertising team, advertising group, advertising staff

Werbetechnik *f*
→ Werbemethode

Werbetechnikum *n*
→ Werbefachhochschule

Werbeterminologie *f*
advertising terminology

Werbetest *m* *(advertising research)*
1. advertising test
2. (Feldtest) advertising field test, advertiser's test

Werbetext *m*
1. advertising copy, copy, advertising text
2. (Textteil eines Werbemittels) body copy

Werbetextanalyse *f*
advertising copy analysis, copy analysis, copy research

Werbetexten *n*
copywriting

Werbetexter *m* **(Texter** *m*)
copywriter, c opy writer, advertising copywriter, advertising copy writer

Werbetheorie *f*
advertising theory, theory of advertising

Werbeträger *m*
advertising medium, medium, advertising vehicle, vehicle

Werbeträgeranalyse *f*
→ Mediaanalyse

Werbeträgerauswahl *f*
→ Mediaselektion

Werbeträgerbewertung *f* **(Werbeträgerevaluierung** *f* **)**
advertising media evaluation, media evaluation

Werbeträgererinnerung *f*
advertising media recall, media recall

Werbeträgerforschung *f* **(Mediaforschung** *f* **)**
advertising media research, media research

Werbeträgerfunktion *f* *(advertising)*
(der Werbung) media function (of an advertisement) (Alfred Politz)

Werbeträgergewichtung *f*
→ Mediagewichtung

Werbeträgerimage *n*
→ Medienimage

Werbeträgerkombination *f*
→ Mediakombination

Werbeträgerkontakt *m* *(media research)*
media exposure, exposure

Werbeträgerplanung *f*
→ Mediaplanung

Werbeträgerreichweite *f*
→ Mediareichweite

Werbeträgerstrategie *f* media strategy

Werbeträgerverbreitung *f*
→ Verbreitung

Werbeträgervertrieb *m*
→ Medienvertrieb

Werbeträgerwiedererkennung *f*
advertising media recognition, media recognition

Werbetreibender *m*
→ Werbungtreibender

Werbeuhr *f* **(Reklameuhr** *f* **)**
clock spectacular

Werbeumsatz *m* **(Werbeumsätze** *m/pl***)**
advertising turnover, advertising sales *pl*

Werbeumwelt *f*
advertising environment, environment of advertising

Werbe- und Verkaufshilfen *f/pl*
→ Verkaufshilfen, Händlerhilfen

Werbeunterlagen *f/pl*
→ Werbematerial

Werbeunterricht *m*
→ Werbeausbildung

Werbeusance *f*
advertising practice

Werbevariable *f*
advertising variable

Werbeveranstaltung *f*
advertising event, advertising show, promotional event

Werbeverband *m*
→ Werbefachverband

Werbeverbot *n*
advertising prohibition

Werbeverfahren *n*
→ Werbemethode

Werbeverkauf *m*
→ Sonderveranstaltung

Werbeversand *m*
promotional mailing

Werbeverhalten *n*
advertising behavior, *brit* behaviour

Werbevertrag *m*
1. advertising contract, advertising agreement
2. (Agenturvertrag) agency agreement
3. (für Werbung, die in Flächeneinheiten berechnet wird) space contract
4. (für Werbung, die in Zeiteinheiten berechnet wird) time contract

Werbevolumen *n*
advertising volume, advertising weight, adstock

Werbevorbereitung *f*
preparation of advertising, campaign preparation, copy preparation

Werbevorspann *m* **(Vorspann** *m* **vor einem Werbefilm)** *(film/television)*
cowcatcher

Werbewagen *m*
→ mobile Großfläche

Werbewand *f* **(Werbefläche** *f*) *(outdoor advertising)*
billboard hoarding, hoarding

Werbeweg *m*
advertising channel

Werbewert *m*
advertising value

Werbewesen *n*
→ Werbung

Werbewiderstand *m*
1. advertising resistance, resistance to advertising
2. → Reaktanz

Werbewimpel *m* **(Werbefähnchen** *n*) *(sales promotion)*
advertising pennant, pennant, flag

Werbewirksamkeit *f* *(advertising research)*
advertising effectiveness

Werbewirkung *f* *(advertising research)*
advertising effect

Werbewirkungsanalyse *f* *(advertising research)*
advertising effectiveness analysis, analysis of advertising effectiveness

Werbewirkungsforschung *f* *(advertising research)*
advertising effectiveness research

Werbewirkungsfunktion *f* *(advertising research)*
advertising response function

Werbewirkungshypothese *f* *(advertising research)*
advertising effectiveness hypothesis

Werbewirkungskontrolle *f*
→ Werbeerfolgskontrolle

Werbewirkungskriterium *n*
→ Werbeerfolgskriterium

Werbewirkungskurve *f* *(advertising research)*
advertising response curve

Werbewirkungsmessung *f*
→ Werbeerfolgsmessung

Werbewirkungsmodell *n* *(advertising research)*
model of advertising effect

Werbewirkungsprüfung *f*
→ Werbeerfolgskontrolle

Werbewirtschaft *f*
advertising industry, advertising trade, advertising

Werbewissenschaft *f*
advertising science

Werbezeichner(in) *m(f)*
advertising cartoonist

Werbezeichnung *f*
advertising cartoon

Werbezeit *f* **(Werbesendezeit** *f*, **Sendezeit** *f* **für Werbung)** *(radio/television)*
commercial time

Werbezeitschrift *f*
→ Werbefachzeitschrift

Werbezeitung *f*
→ Werbefachzeitung

Werbezettel *m*
→ Handzettel

Werbeziel *n*
advertising objective, advertising goal, advertising end

Werbezone *f* **(Werbegebiet** *n*, **Streufeld** *n*) *(media planning)*
advertising zone

Werbezugabe *f* *(sales promotion)*
advertising premium, premium

Werbezweck *m*
advertising purpose

Werbezyklus *m*
advertising cycle

werblich *adj*
advertising, advertisement, ad

werbliche Effizienz *f*
→ Werbeleistung

werbliche Kommunikation f
→ Werbekommunikation

werbliche Sozialisation f
advertising socialization, *brit* socialisation

Werbung f **(Reklame** f**, Werbewesen** n**)**
advertising, *Am ungebr also* advertizing

Werbung f **am Verkaufsort**
→ POP-Werbung

Werbung f **für Investitionsgüter**
→ Investitionsgüterwerbung

Werbung f **für Konsumgüter**
→ Konsumgüterwerbung

Werbung f **im Erzählstil**
narrative advertising, narrative copy

Werbung f **in Fachkreisen (Fachwerbung** f**)**
business advertising, trade advertising, industrial advertising, professional advertising, advertising to trade channels

Werbung f **in streufähigen Werbemitteln**
above-the-line advertising, theme advertising

Werbung f **in nichtstreufähigen Werbemitteln**
below-the-line advertising

Werbungdurchführung f
→ Werbedurchführung

Werbungschaffender m
→ Werbeschaffender

Werbungskosten pl
Am class B deductions pl, *brit* expenses pl against earnings

Werbungsmittler m
→ Werbemittler

Werbungsvertreter m
→ Abonnementswerber

Werbungtreibender m
1. advertiser
2. (in Medien, deren Preise nach Flächeneinheiten berechnet werden) space buyer
3. (in Medien, deren Preise nach Zeiteinheiten berechnet werden) airtime buyer, time buyer

Wert m
value

Wertanalyse f *(economics)*
value analysis, value engineering, value control

Wert-Erwartungs-Modell n
→ Fishbein-Modell

Wertedynamik f **(Wertewandel** m**)**
dynamics *pl construed as sg* of value change, change of values

Wertekonflikt m
value conflict (Daniel Katz)

Wertemarketing n
value marketing

wertentsprechender Preis m *(economics)*
value-in-use price

Werteorientierung f
→ Wertorientierung

Wertesystem m
value system

Wertewandel m
value change

Wertgutschein m **(Geschenkgutschein** m**)** *(sales promotion)*
gift coupon, gift voucher, premium token

Wertmarke f
→ Sammelgutschein

Wertorientierung f

Wertrabatt m *(economics)*
cash discount

Wertreklame f
→ Wertwerbung

Wertwerbung f **(Wertreklame** f**)**
→ Zugabewerbung

Wettbewerb m
1. *(economics)* (Konkurrenz) competition
2. *(sales promotion)* (Werbewettbewerb) contest

Wettbewerber m
→ Konkurrent

Wettbewerbsanalyse f
→ Konkurrenzanalyse

Wettbewerbsbeschränkung *f (economics)*
restraint of trade

Wettbewerbsgesetz *n*
→ Gesetz gegen den unlauteren Wettbewerb (UWG)

Wettbewerbs-Paritäts-Methode *f* **(der Werbebudgetierung)**
→ konkurrenzbezogene Methode

Wettbewerbspräsentation *f (advertising)*
speculative presentation, *colloq* pitch

Wettbewerbsrecht *n*
unfair competion legislation

Wettbewerbsregeln *f/pl*
self-policing, rules *pl* against unfair competition

Wettbewerbsverbot *n*

Wettbewerbsvorteil *m (economics)*
competitive advantage, competitive edge

Wettbewerbswerbung *f*
→ Konkurrenzwerbung

wettbewerbswidrige Werbung *f*
unfair practice in advertising

WHK *abbr*
Weitester Hörerkreis

Widersprüchlichkeit *f* **der Kommunikation** *(communication research)*
discrepancy, communication discrepancy

Wiederabdruck *m*
reprint

Wiederaufführung *f*
film rerun, rerun

Wiederaufführungshonorar *n* **(Wiederholungshonorar** *n***)** *(radio/film/television)*
residual re-use fee, S.A.G. fee

Wiedereinführung *f*
→ Produktvariation

Wiedererkennung *f (media research)*
1. recognition
2. (eines bestimmten Hefts) issue recognition
3. (Werbemittelwiedererkennung) advertising recognition
4. (Werbeträgerwiedererkennung) advertising media recognition, media recognition

Wiedererkennungsbefragung *f* **(Wiedererkennungsumfrage** *f* **)** *(media research)*
recognition survey, recognition test

Wiedererkennungsmethode *f* **(Wiedererkennungsverfahren** *n***)** *(media research)*
recognition method, recognition technique, issue method, issue technique

Wiedererkennungstest *m (media research)*
recognition test

Wiedererkennungswert *m (media research)*
1. recognition value, recognition score
2. (Quote) recognition rating

Wiederholung *f*
repetition, reiteration

Wiederholungsanzeige *f*
repeat advertisement, rerun

Wiederholungsbefragung *f*
→ Trenderhebung

Wiederholungsbesuch *m (economics/survey research)*
(Vertreter/Interviewer) callback, call-back, return call

Wiederholungsrabatt *m*
→ Malrabatt

Wiederholungssendung *f (radio/television)*
rebroadcast

Wiederholungskauf *m* **(Wiederkauf** *m***)** *(economics)*
1. (einzelner Kaufakt) repeat purchase
2. (das wiederholte Kaufen) repeat purchasing

Wiederkäufer *m (economics)*
repeat buyer, repeat purchaser

Wiederkaufrate *f* **(Wiederkaufquote** *f***)** *(economics)*
repeat buying rate

Wiederverkauf *m* **(Weiterverkauf** *m***)** *(economics)*
resale

wiederverkaufen *v/t (economics)*
to resell

Wiederverkäufer m *(economics)*
1. reseller, (Einzelhändler) retailer, (Großhändler) wholesaler
2. original equipment manufacturer (OEM)

Wiederverkäufermarkt m **(W-Markt** m**)** *(economics)*
reseller market, reseller's market (Philip Kotler)

Wiederverkäuferrabatt m
→ Funktionsrabatt

Wiederverkäuferstrategie f *(marketing)*
original equipment manufacturer (OEM) strategy, OEM strategy, dealing with an original equipment manufacturer

Wiederverkaufsrate f *(economics)*
resale rate

Wiederverkaufswert m *(economics)*
resale value

Wiederverwendung f *(economics)*
reuse, re-use

Wildanschlag m **(wilder Anschlag** m**)** *(outdoor advertising)*
1. (Vorgang) fly posting, sniping
2. (einzelnes Plakat) fly poster

Winterschlußverkauf m *(retailing)*
winter closing-out sale, winter sale(s) *(pl)*

Wirkdauer f
→ Streudauer

wirksame Kaufkraft f *(economics)*
effective buying income (EBI)

wirksame Reichweite f *(media research)*
effective coverage, effective audience

Wirksamkeit f
effectiveness

Wirksamkeitstest m
→ Werbewirksamkeitstest

Wirkung f
effect

Wirkungsanalyse f *(advertising research)*
effectiveness analysis

Wirkungsbereich m *(outdoor advertising)*
effective circulation

Wirkungsforschung f
effectiveness research

Wirkungsfunktion f **(Wirkungskurve** f**)** *(empirical social research)*
response function, response curve

Wirkungsgewicht n
→ Kontaktgewicht

Wirkungshierarchiemodell n
→ Hierarchy-of-effects-Modell

Wirkungskurve f
→ Wirkungsfunktion

Wirkungsmessung f *(market & media research)*
effect measurement, measurement of effect

Wirkungsmodell n *(market & media research)*
effect model

Wirkungspanel n *(media research)*
impact panel

Wirkungsverzögerung f *(advertising research)*
delayed response effect, carryover effect, delayed response, carryover

wirtschaftlicher Anreiz m *(marketing)*
economic incentive

wirtschaftliches Klima n **(Wirtschaftsklima** n**)**
economic climate

Wirtschaftlichkeit f *(economics)*
profitability

Wirtschaftlichkeitsanalyse f *(economics)*
1. profitability analysis, profit economics analysis
2. business analysis

Wirtschaftlichkeitsvergleich m *(economics)*
profitability comparison

Wirtschaftsadreßbuch n
→ Branchenadreßbuch, Handelsadreßbuch

Wirtschaftswerber m
business advertiser

Wirtschaftswerbung f
business advertising

Wirtschaftszweig m
→ Branche

WKZ *abbr*
Werbekostenzuschuß

WLK *abbr*
Weitester Leserkreis

WNK *abbr*
Weitester Nutzerkreis

Wochenbericht *m*
weekly report

Wochenmarkt *m (economics)*
weekly market

Wohlstand *m (economics)*
wealth

Wohltätigkeitsanzeige *f* **(Spendenanzeige** *f* **)** *(advertising)*
charity advertisement, charity ad

Wohltätigkeitswerbung *f* **(Spendenwerbung** *f* **)**
charity advertising

Wolkenschreiber *m*
→ Himmelsschreiber

Wortmarke *f* **(Wortzeichen** *n***)**
→ Markenname

Wühlkiste *f* **(Wühlkorb** *m***)** *(POP advertising)*
jumble basket, jumble display, dump table, dump bin dumper

Würfelsystem *n*
→ Matrixorganisation

Wz *abbr*
Warenzeichen

WZG *abbr*
Warenzeichengesetz

Z

Zahlenzeichen *n (economics)*
trademark number

Zahlteller *m (POP advertising)*
cash mat

Zeichen *n*
sign, sign stimulus

Zeichenrolle *f* **(Warenzeichenrolle** *f* **)** *(economics)*
principal register, register of trademarks

Zeichenschutz *m*
→ Warenzeichenschutz

Zeichentrick *m (film)*
1. (Verfahren) cartoon animation, animation
2. (Film/Aufnahme) animated cartoon, animated picture

Zeichentrickfilm *m (film)*
animated cartoon

Zeilenpreis *m (advertising)*
1. (bei Anzeigen) line rate, cost per line
2. (pro Millionenauflage) milline rate
3. (Höchstpreis pro Millionenauflage) maximil rate
4. (Niedrigstpreis pro Millionenauflage) minimil rate

Zeilenumfang *m* **(Zeilenzahl** *f* **)** *(printing)*
lineage, linage

Zeitablaufsmedien *n/pl* **(Ablaufsmedien** *n/pl*)
(media research)
time-bound media *pl*, transient media *pl*

Zeitbudget *n (market research)*
time budget

Zeitbudgetforschung *f (market research)*
time-budget research

Zeitbudgetstudie *f* **(Zeitbudgetuntersuchung** *f* **)**
(market research)
time-budget study, time-budget investigation

Zeitfilter *m (media research)*
time period filter, time-related filter

Zeitnachlaß *m* **(Zeitrabatt** *m*)
→ Wiederholungsrabatt

Zeitplan *m*
timetable, time schedule, schedule

Zeitpräferenz *f (economics)*
time preference

Zeitrabatt *m*
→ Wiederholungsrabatt

Zeitreihe *f* **(zeitliche Reihe** *f* **)** *(statistics)*
time series

Zeitreihenanalyse *f* **(Zeitreihenzerlegung** *f* **)**
(statistics/marketing research)
time series analysis

Zeitschrift *f (print media)*
periodical, magazine, journal, *colloq Am* book

Zeitschriftenabfrage *f* **(Zeitschriften-Abfragemodus** *m*) *(media research)*
1. question order
2. (jede Frage für alle Zeitschriften nacheinander) vertical question order
3. alle Fragen zunächst für eine Zeitschrift, dann für die nächste) horizontal question order

Zeitschriftenabonnement *n* **(Zeitschriftenabo** *n*)
magazine subscription, periodical subscription, subscription to a magazine, subscription to a periodical

Zeitschriftenabonnent *m*
magazine subscriber, subscriber to a magazine

Zeitschriftenanzeige *f* **(Anzeige** *f* **in einer Zeitschrift)**
magazine advertisement, magazine ad

Zeitschriftenart *f*
type of magazine, type of periodical

Zeitschriftenbeilage *f*
→ Beilage

Zeitschriftengattung *f*
magazine category, type of magazine

Zeitschriftengroßhandel *m*
1. (Funktion) magazine wholesaling, magazine wholesale
2. (Institution) magazine wholesale trade

Zeitschriftengroßhändler *m*
magazine wholesaler

Zeitschriftenhandel *m*
1. (Funktion) magazine selling, magazine trading
2. (Institution) magazine trade

Zeitschriftenhändler *m*
magazine dealer

Zeitschriitenhändler *m*
magazine dealer

Zeitschriftenherstellung *f*
magazine production, periodical production, journal production

Zeitschrifteninserat *n*
→ Zeitschriftenanzeige

Zeitschriftenlayout *n*
magazine makeup, makeup of a magazine

Zeitschriftenleser *m (media research)*
magazine reader, reader of a magazine, periodical reader, reader of a periodical, journal reader, reader of a periodical

Zeitschriftenleserschaft *f (media research)*
magazine audience, magazine readers *pl*

Zeitschriftenstand *m* (**Zeitschriftenständer** *m*) *(POP advertising)*
magazine rack, magazine stand

Zeitschriftentitel *m* (**Zeitschriftentitelzug** *m*)
magazine title, magazine

Zeitschriftenwerbung *f* (**Werbung** *f* **in Zeitschriften**)
magazine advertising, periodical advertising

Zeitstaffel *f*
→ Wiederholungsrabatt

Zeitung *f*
newspaper, paper

Zeitung *f* **im Großfolioformat**
blanket sheet

Zeitungsabonnement *n*
newspaper subscription, subscription to a newspaper

Zeitungsabonnent *m*
newspaper subscription, subscriber to a newspaper

Zeitungsagentur *f* (**Presseagentur** *f*)
newspaper agency, newspaper syndicate

Zeitungsanzeige *f*
newspaper advertisement, newspaper ad

Zeitungsanzeigenannahme *f*
→ Anzeigenannahme

Zeitungsauslieferung *f* (**Zeitungszustellung** *f*)
newspaper delivery

Zeitungsausträger *m* (**Zeitungsjunge** *m*)
newsboy, delivery man, carrier

Zeitungsautomat *m*
newspaper slot machine, slot machine

Zeitungsbeilage *f*
1. → Beilage
2. → Supplement

Zeitungsbranche *f*
newspaper industry, newspaper publishing

Zeitungsgattung *f*
newspaper category, type of newspaper

Zeitungsgroßhandel *m*
1. (Funktion) newspaper wholesaling, newspaper wholesale
2. (Institution) newspaper wholesale trade, newspaper wholesale business

Zeitungsgroßhändler *m*
newspaper wholesaler, news agent

Zeitungshandel *m*
1. (Funktion) newspaper selling, newspaper dealing
2. (Institution) newspaper trade

Zeitungshändler *m* (**Zeitungs- und Zeitschriftenhändler** *m*)
newsdealer, newsagent, newsvendor

Zeitungsinserat *n*
→ Zeitungsanzeige

Zeitungskiosk *m*
→ Zeitungsstand, Kiosk

Zeitungskopf *m (printing)*
newspaper masthead, masthead nameplate, name flag, logotype, logo

Zeitungslesen *n*
newspaper reading, paper reading

Zeitungsleser *m*
newspaper reader, paper reader

Zeitungsleserschaft *f*
newspaper audience, paper audience, newspaper readers *pl*, paper readers *pl*

Zeitungsreklame *f*
→ Zeitungswerbung

Zeitungsstand *m* **(Zeitungskiosk** *m*)
newsstand, *brit* news stall

Zeitungstyp *m*
type of newspaper, newspaper type

Zeitungsverkauf *m*
newspaper selling, (einzelner Verkaufsakt) newspaper sale

Zeitungsverkäufer *m*
→ Zeitungshändler

Zeitungsvertrieb *m*
newspaper distribution

Zeitungswerbung *f* **(Werbung** *f* **in Zeitungen)**
newspaper advertising

Zeitwert *m (economics)*
present value

Zeitzündereffekt *m* **(Spätzündereffekt** *m*)
→ Wirkungsverzögerung

Zentrale *f* **zur Bekämpfung unlauteren Wettbewerbs e.V.**
Better Business Bureau

Zentraleinkauf *m*
→ zentralisierter Einkauf

zentralisierter Einkauf *m* **(Zentraleinkauf** *m*) *(retailing)*
centralized buying, *brit* centralised buying

Zerfallsverfahren *n*
→ Deformationsverfahren

Ziel *n*
1. goal
2. target
3. (Zielsetzung) objective

Ziel-Aufgaben-Methode *f* **(der Werbebudgetierung)**
objective-and-task method (of advertising budget determination), plunge method, task method, target sum method

Zielgruppe *f*
1. target group
2. (Gesamtheit) target population

Zielgruppenaffinität *f (marketing research)*
affinity

Zielgruppenanalyse *f (marketing research)*
target group analysis

Zielgruppenauswahl *f (marketing research)*
target group selection

Zielgruppenbeschreibung *f (marketing research)*
target group description

Zielgruppenbestimmung *f (marketing research)*
target group determination

Zielgruppendemographie *f*
→ demographische Martsegmentierung

Zielgruppenforschung *f (marketing research)*
target group research

Zielgruppengewicht *n (media planning)*
target group weight

Zielgruppengewichtung *f (media planning)*
target group weighting

Zielgruppenkommunikation *f (marketing research)*
target group communication

Zielgruppenpsychographie *f*
→ psychographische Marktsegmentierung

Zielgruppenzeitschrift *f*
demographic magazine, demographic edition, horizontal publication

Zielmarketing

Zielmarketing *n*
target marketing

Zielmarkt *m*
target market, target consumers *pl*

Ziel-Mittel-Beziehung *f*
means-end relation

Ziel-Öffentlichkeit *f*
→ Zielpublikum

zielorientierte Budgetierung *f*
→ Ziel-Aufgaben-Methode

Zielperson *f* *(marketing research)*
target person, (Konsument) target consumer

Zielpublikum *n* (**Ziel-Öffentlichkeit** *f*) *(marketing research)*
target public

Ziffernanzeige *f*
→ Chiffre-Anzeige

Zifferngebühr *f*
→ Chiffre-Gebühr

zitierende Werbung *f*
→ allegatorische Werbung

Zone *f* *(marketing)*
zone

Zonenplan *m* (**Gebietsplan** *m*, **Zonenwerbeplan** *m*) *(marketing)*
zone plan

Zufallsfaktor *m* *(statistics/marketing research)*
random factor, chance factor

Zufallsfaktorenanalyse *f* *(statistics/marketing research)*
random factor analysis

Zufallskunde *m*
→ Laufkunde *m*

Zufallskundschaft *f*
→ Laufkundschaft

Zugabe *f* (**Werbezugabe** *f*)
advertising premium, premium

Zugabeangebot *n* (**Warenangebot** *n* **mit Zugabe**) *(economics)*
premium offer

Zugabeartikel *m* *(economics)*
premium product

Zugabenserie *f*
→ Sammelzugabe

Zugabentest *m* (**Zugabetest** *m*) *(economics)*
premium test

Zugabeverordnung *f* (**ZugabeVo** *f*) *(economics)*
premium regulations *pl*

Zugabewerbung *f*
premium advertising

Zugartikel *m* *(economics)*
puller

Zugkraft *f* *(advertising)*
(der Werbung) pulling power pull, drawing power, draw, attraction

Zugnummer *f*
audience puller, puller

Zugpferd *n* *(economics)*
drawing card

Zugstrategie *f* *(promotion)*
pull strategy, pull method

ZugVO *f* *abbr*
Zugabeverordnung

Zuhausehören *n* *(media research)*
in-home listening, at-home listening

Zuhausehörer *m* *(media research)*
in-home listener, at-home listener

Zuhausehörerschaft *f* (**Zuhausehörer** *m/pl*) *(media research)*
in-home audience, at-home audience, in-home listeners *pl*, at-home listeners *pl*

Zuhauselesen *n* *(media research)*
in-home reading, at-home reading

Zuhausleser *m* *(media research)*
in-home reader, at-home reader

Zuhausleserschaft *f* (**Zuhauseleser** *m/pl*) *(media research)* in-home audience, at-home audience, in-home readers *pl*, at-home readers *pl*

Zuhausesehen *n* (**Zuhause-Fernsehen** *n*) *(media research)*
in-home viewing, at-home viewing

Zuhauseseher *m* (**Zuhausezuschauer** *m*, **Zuhausefernsehzuschauer** *m*) *(media research)*
in-home viewer, at-home viewer

Zuhauseseherschaft *f* (**Zuhausezuschauerschaft** *f*, **Zuhausezuschauer** *m/pl*, **Zuhauseseher** *m/pl*) *(media research)*
in-home audience, at-home audience, in-home viewers *pl*, at-home viewers *pl*

Zuhörer *m*
→ Hörer

Zuhörerschaft *f*
→ Hörerschaft

Zusammensetzung *f* (der Leserschaft...)
→ Leserschaftszusammensetzung, Hörerschaftszusammensetzung, Zuschauerschaftszusammensetzung

Zusatzfarbe *f*
→ Schmuckfarbe

Zusatznutzen *m* (**Erbauungsnutzen** *m*, **Geltungsnutzen** *m*) (**Wilhelm Vershofen**) *(economics)*
additional utility, prestige utility

Zusatzqualität *f*
→ Integralqualität

Zuschauer *m* (**Fernsehzuschauer** *m*)
television viewer, viewer, *also* televiewer, (*pl*) die Zuschauer) audience

Zuschaueranteil *m* *(media research)*
share-of-audience, audience share

Zuschauerbeteiligungsprogramm *n* (**Zuschauerbeteiligungssendung** *f*) *(television)*
audience participation program, *brit* programme, audience-participation show

Zuschauerdaten *n/pl* *(media research)*
audience data *pl*, viewer data *pl*

Zuschauerfluß *m* (**Zuschauerfluktuation** *f*)
audience flow, audience turnover

Zuschauerforschung *f* (**Zuschauerschaftsforschung** *f*) *(television)*
audience research, television audience research, broadcast audience research, *also* viewer research

Zuschauergewohnheiten *f/pl* (**Sehgewohnheiten** *f/pl*)
viewing habits *pl*

Zuschauermessung *f* (**Zuschauerschaftsmessung** *f*) *(media research)*
audience measurement, television audience measurement, television audience measurement, television audience measurement, broadcast audience measurement

Zuschauerschaftspanel *n* *(media research)*
panel of television viewers, panel of viewers, viewer panel, television audience panel, audience panel

Zuschauerschaftsstudie *f* (**Zuschauerschaftsuntersuchung** *f*) *(media research)*
audience study, audience investigation, television audience study, television audience study, television audience investigation, viewer study, viewer investigation

Zuschauerschaftsstruktur *f* (**Zuschauerstruktur** *f*) *(media research)*
audience structure, television audience structure, television audience structure, audience characteristics *pl*, audience composition, audience comp, audience setup, *brit* set-up, audience profile, viewer structure, viewer characteristics *pl*, viewer profile

Zuschauerverhalten *n*
viewer behavior, *brit* viewer behaviour

Zuständigkeit *f* (**eines Werbeträgers**) (**Z-Wert** *m*) *(media research)*
media competence

Zustelldienst *m* *(economics)*
delivery service, home delivery service

Zusteller *m* *(economics)*
delivery man

Zustellpreis *m* *(economics)*
delivery price

Zustelltermin *m* *(economics)*
delivery date, date of delivery

Zuwendung *f* **(Zuwendungsindex** *m***)** *(media research)*
affinity, affinity index

zweidimensionale Morphologie *f* *(marketing)*
two-dimensional morphology

Zweidrittelseite *f* *(printing)*
two-thirds page

Zweierpackung *f* **(Zweierpack** *n***)** *(packaging)*
twin pack

Zweifachbelegung *f* **(Doppelbelegung** *f* **)** *(transit advertising)*
double-carding

Zweifarbendruck *m* *(printing)*
1. (Verfahren) two-color printing, *brit* two-colour printing, two-color process, *brit* two-colour process
2. (Produkt) two-color printing, *brit* two-colour printing

zweifarbig *adj* *(photography/printing)*
two-color, *brit* two-colour

Zweiggeschäft *n* **(Zweigniederlassung** *f* **)** *(retailing)*
branch store, branch shop, (einer Handelskette) chain store

Zweigstelle *f*
→ Filialbetrieb

Zwei-Hemisphären-Theorie *f* *(brain research)*
two-hemisphere theory

zweiseitige Kommunikation *f*
interactive communication

Zwei-Stufenfluß *m* **(der Kommunikation)** *(communication research)*
two-step flow (of communication) (Paul F. Lazarsfeld)

zweite Umschlagseite *f* **(U 2** *f* **)** *(print media)*
(Zeitschrift) inside front cover (IFC. I.F.C.)

Zweitleser *m* **(Sekundärleser** *m***, Folgeleser** *m***)** *(media research)*
secondary reader, pass-along reader, pass-on reader, non-buyer reader

Zweitmarke *f*
flanker brand

Zweitmarkenstrategie *f*
flanker-brand strategy

Zweitnutzen *m*
→ Zusatznutzen

Zwei-Weg-Kommunikation *f* *(communication research)*
two-way communication, interactive communication

Zwei-Zyklen-Fluß *m* **(der Kommunikation)** *(communication research)*
two-cycle flow (of communication) (Verling C. Troldahl)

Zwischenverkäufer *m*
→ Wiederverkäufer

zyklische Werbung *f*
→ prozyklische Werbung

zyklischer Wandel *m*
cyclical change